教育部哲学社会科学研究基地重大项目

俄罗斯人文思想与中国

Русские гуманитарные идеи и Китай

主编 陈建华

重庆出版集团 重庆出版社

图书在版编目(CIP)数据

俄罗斯人文思想与中国 / 陈建华 等著. —重庆:重庆出版社, 2011.10
ISBN 978-7-229-04376-6

Ⅰ.①俄… Ⅱ.①陈… Ⅲ.①思想史—研究—俄罗斯 Ⅳ.①B512

中国版本图书馆 CIP 数据核字(2011)第 145844 号

俄罗斯人文思想与中国
ELUOSI RENWEN SIXIANG YU ZHONGGUO

陈建华　等著

出 版 人:罗小卫
责任编辑:吴立平　汪小瑞
责任校对:何建云
装帧设计:周　娟　钟　琛

重庆出版集团　出版
重庆出版社

重庆长江二路 205 号　邮政编码:400016　http://www.cqph.com
重庆出版集团艺术设计有限公司制版
重庆川外印务有限公司印刷
重庆出版集团图书发行有限公司发行
E-MAIL:fxchu@cqph.com　邮购电话:023-68809452
全国新华书店经销

开本:787 mm×1 092 mm　1/16　印张:34.5　字数:605 千
2011 年 10 月第 1 版　2011 年 10 月第 1 次印刷
ISBN 978-7-229-04376-6
定价:58.00 元

如有印装质量问题,请向本集团图书发行有限公司调换:023-68706683

版权所有　侵权必究

导　言

中国在改革年代大规模引进20世纪外国人文思想家的著作,这些著作就总体而言是颇有价值的,它们对处于社会转型阶段的中国学界产生了深刻影响。外国人文思想家在面对人类永恒问题时所作的深刻思考,对重要的文化问题所作的严肃反思,对人文学科某些领域所作的独到探索,都引起了中国读者的浓厚兴趣。其中一些优秀思想家的广阔的文化视野、不倦的精神追求,以及充满力度和新意的思想成果,触动了当代中国知识分子对自我的反省和对诸多理论与现实的问题的沉思。这些思想家中包括一部分杰出的俄罗斯人文思想家。

俄罗斯人文思想具有独特、丰富而复杂的精神内涵。20世纪中国对俄罗斯文化及其人文精神并不陌生,而且还深受其影响。"五四"以来的中国知识分子强烈地认同俄罗斯文化中蕴含着的鲜明的民主意识、人道精神和历史使命感。红色中国对俄苏文化更是表现出空前的热情,俄罗斯优秀的文学艺术曾风靡整个中国。尽管20世纪中俄(苏)两国之间的国家关系几经曲折,但是俄苏文化的影响力却历久而不衰。相当长一段时间,人们可以如数家珍地说起俄国的赫尔岑、别林斯基、普列汉诺夫,说起普希金、托尔斯泰、高尔基,说起列宾、柴科夫斯基、乌兰诺娃,说起更多的俄罗斯卓越的思想家、艺术家和作家。在俄罗斯人文思想浸润下生长起来的俄罗斯文化是世界文化中的奇葩,取得的成就举世公认,在20世纪世界文化史上占有举足轻重的地位。

然而,由于主客观条件的限制,特别是过于浓厚的政治倾向和功利色彩,人们对俄罗斯文化全面和客观的了解和把握曾受到阻碍。在中国,许多人更熟悉的是俄苏"红色经典",更熟悉的是苏联时代的主流思潮、主流思想家和

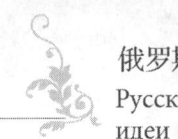

艺术家。这些当然有其价值,但除此之外,俄罗斯知识分子在探索社会的发展道路时,还出现过诸多重要的社会思潮和文化思潮。俄罗斯在实现自己的建设现代民族文化的目标时,在人文科学领域取得了一些不同于西方的创造性的文化成果。从19世纪末20世纪初的"白银时代"开始,就出现了诸如别尔嘉耶夫、索罗维约夫、布尔加科夫、舍斯托夫、梅列日科夫斯基、艾亨鲍姆、巴赫金、洛特曼等一大批有成就的人文思想家,可是在改革开放以前的中国,人们对他们知之甚少。有的甚至在1980年代仍鲜为人知,如别尔嘉耶夫。当时国内除少数几位学人注意到别尔嘉耶夫的价值外,这位俄罗斯思想家不为大多数人所知晓[①]。直到20世纪90年代,这位俄罗斯学者才开始成为学界的一个亮点。这固然与他著作的中译本在此时接连推出有关,但其背景则是处于转型期的俄罗斯学界对他的大力推介,更重要的是别尔嘉耶夫思想的自身魅力。作为一个活跃在20世纪上半期的俄罗斯哲学家,别尔嘉耶夫早就享有世界声誉。他对人类精神发展的历史和俄罗斯民族精神特征的研究,在一定程度上影响了俄罗斯乃至欧洲哲学思潮的发展,这种影响不仅仅限于哲学界。由于众所周知的原因,在相当长的时间里,别尔嘉耶夫和许多俄罗斯杰出的思想家一样在自己的祖国遭到排斥,他在中国也同样遭到冷遇。因此,如今学界对他的重视并不为过,即使从弥补缺憾的角度来说也是十分必要的。这种情况同样存在于相当一部分俄罗斯人文思想家身上。他们受到中国学界关注的时间和程度是很不一样的,如巴赫金就较其他人更早且更多地受到关注。本书这样谈到"巴赫金热"及其对中国的影响:"巴赫金理论在20世纪80年代初进入中国后,不仅掀起阵阵研究热潮,也对中国当代文艺批评产生了深远影响。对话、复调、狂欢等术语已广泛渗入中国当代文艺学的话语建构中,为研究者和批评家们频频使用,显示出在巴赫金理论的影响下中国学者研究方法和思维的转换。"认真研究巴赫金的思想如何为当代中国文论界借用,并成为其开

[①] 清华大学教授潘光旦曾在1948年7月5日《华北日报·时论》(此文又载《中央日报周刊》1948年7月11日第5卷第2期、《观察》1948年7月17日第4卷第20期)上撰文《悼贝蒂也夫(NicolaiBerdyaev)教授》,纪念当年去世的这位俄罗斯思想家。王雪峰教授对此文做过归纳,现录下备考:"在这篇三千多字的文章里,潘光旦不仅介绍了别尔嘉耶夫的生平,并且对他的《自由与性灵》、《俄国的革命》、《我们的时代的终结》等著作做了简评。当然,别尔嘉耶夫最能触动潘光旦思想的著作当推《奴役与自由》。潘认为该书'代表着他的全部哲学思想的一个复述和归结,就是人格论,亦可称为人格社会论',而别尔嘉耶夫关于人的三种不同状态(主人、奴隶、自由人)的讨论,以及对包括上帝在内各种具体的、抽象的事物'无往而不是奴役人的事物'的判断,更被潘光旦视为'当头棒喝'。"

导言

启研究空间的思维策略和话语资源，显然也是很有必要的。

我们没有也不可能在有限的篇幅内对整个俄罗斯人文思想作全方位的观照，而是在上编选择了20世纪俄罗斯有代表性的若干位人文思想家作为考察对象，如别尔嘉耶夫、艾亨鲍姆、巴赫金和洛特曼等。书中对他们的人文思想和学术成就的某些重要方面作了深入考察，对某些学者在中国的影响作了系统梳理，借此以更清晰地把握俄罗斯人文思想的精髓，了解其与中国人精神生活和文化发展之间的关系。同时，本书还在下编选择了若干专题探讨俄罗斯人文思想对当代中国文化的影响，两国文化政策对文化交流的影响等问题，具体涉及的有：俄罗斯人文思想在中国的传播途径、报刊在跨国传播中的重要作用、俄苏"红色经典"与当代中国人的精神生活的关联、中俄文化交流背景下的中国翻译家等。俄罗斯人文思想与中国的关系是一个涉及文史哲等领域的话题，本书的切入口以文学为主但旁及其他人文领域，学科之间的互释有助于揭示在单个学科内部容易被遮蔽的问题。

本书是教育部人文社科重点基地华东师范大学俄罗斯研究中心重大项目成果，成书时编者有意识地压缩了部分专题，目的是集中力量阐明重点问题，通过较为扎实的研究使话题得以深入。全书八章，由陈建华负责总体构思和统稿，撰写分工如下：导言陈建华；第一章耿海英；第二章张素玫；第三章李冬梅；第四章杨明明（1—3节）、耿海英（第4节）；第五章陈国恩、张健（1—4节），孙霞（第5节）；第六章陈建华、罗巧玲；第七章陈建华、沈喜阳；第八章共6节，分别为周琼、叶佳佳、陈婧、秦烨、许王丽、赵明怡。在书稿即将付梓之际，本人对重庆出版集团重庆出版社的诸位友人的敬业精神和专业水准表示敬意，并代表全体作者衷心感谢陈兴芜总编等集团领导对学术事业的一贯支持，感谢重点室前后两任主任吴立平和别必亮先生，以及责编汪小瑞等诸位编辑的辛勤付出。

俄罗斯留下了丰硕的人文思想的遗产，值得后人去艰苦探索和开掘，而它与中国文化的关系更值得人们去持续的关注。本书的研究肯定还存在诸多不足，希望得到专家和读者的指正。

陈建华
2011年初夏于夏州花园

目 录

导 言 / 1

上 编

第一章 别尔嘉耶夫的"俄罗斯思想"及其在中国的传播 / 3
第一节 别尔嘉耶夫的"俄罗斯思想"与俄罗斯文学 / 4
第二节 别尔嘉耶夫研究在中国 / 53

第二章 巴赫金与中国当代文艺批评 / 86
第一节 巴赫金与中国当代文艺理论研究 / 86
第二节 巴赫金与中国当代文学批评实践 / 108
第三节 巴赫金与中国当代文化研究 / 136

第三章 艾亨鲍姆的"形式论"诗学及其哲学基础 / 172
第一节 艾亨鲍姆的"形式论"诗学 / 172
第二节 艾亨鲍姆"形式论"诗学的哲学基础 / 202

第四章 洛特曼符号学思想及其在中国的研究 / 225
第一节 洛特曼符号学思想的本国理论资源 / 225
第二节 洛特曼的符号学思想 / 241
第三节 洛特曼的文本理论 / 254
第四节 洛特曼符号学研究在中国 / 273

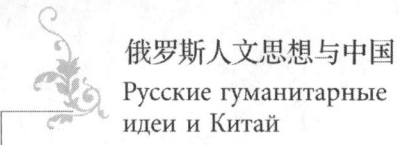

下 编

第五章 俄苏文学传播中的中国现代期刊 / 291
第一节 《新青年》与俄苏文化译介 / 291
第二节 《小说月报》与俄苏文学翻译 / 302
第三节 鲁迅系刊物与俄苏文学的翻译 / 315
第四节 "创造"、"太阳"与"新月"的三种态度 / 328
第五节 "左联"十年论争与俄苏文学文论传播中的期刊 / 341

第六章 俄苏文学传播中的中国译介专刊 / 374
第一节 1940年代的俄苏文学译介专刊 / 374
第二节 "文革"期间的内部译介专刊 / 381
第三节 热潮期的俄苏文学译介专刊 / 390
第四节 转折期的俄苏文学译介专刊 / 409
第五节 调整期的俄苏文学译介专刊 / 416

第七章 俄苏"红色经典"在中国的传播与接受 / 428
第一节 俄苏"红色经典"的定位 / 428
第二节 精神契合："新俄文学"进入中国 / 432
第三节 俄苏"红色经典"在1950—1970年代的中国 / 439
第四节 俄苏"红色经典"在1980年代以来的中国 / 450

第八章 中俄文化交流背景下的中国翻译家 / 467
第一节 巴金 / 468
第二节 曹靖华 / 484
第三节 戈宝权 / 496
第四节 查良铮 / 506
第五节 高莽 / 518
第六节 草婴 / 529

ОГЛАВЛЕНИЕ

Введение / 1

Раздел 1

Глава 1 "Русская идея"Бердяева и её распространение в Китае / 3
 Раздел 1 "Русская идея" Бердяева и русская литература / 4
 Раздел 2 Изучение Бердяева в Китае / 53

Глава 2 Бахтин и современная китайская литературная критика / 86
 Раздел 1 Бахтин и изучение теории современной китайской литературы / 86
 Раздел 2 Бахтин и практика современной китайской литературной критики / 108
 Раздел 3 Бахтин и изучение современной китайской культуры / 136

Глава 3 "Формализм" Эйхенбаума и его философские основы / 172
 Раздел 1 "Формализм" Эйхенбаума / 172
 Раздел 2 Философские основы"Формализма" Эйхенбаума / 202

Глава 4 Семиотика Лотмана и ее исследование в Китае / 225
 Раздел 1 Теоретические источники лотманской семиотики в России / 225
 Раздел 2 Семиотика Лотмана / 241
 Раздел 3 Теория текста Лотмана / 254

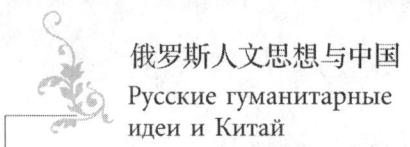

Раздел 4　Изучение лотманской семиотики в Китае / 273

Раздел 2

Глава 5　Современная китайская периодика в процессе распространения русско–советской литературы / 291

Раздел 1　《Новая молодёжь》и перевод и реферирование русско–советской культуры / 291

Раздел 2　《Ежемесячный роман》и перевод русско–советской литературы / 302

Раздел 3　Лусюньские журналы и перевод русско–советской литературы / 315

Раздел 4　Три отношения у союзов "Творчества", "Солнца" и "Молодой луны" / 328

Раздел 5　Десятилетние дискуссии у "Лиги левых писателей Китая" и периодика в процессе распространения русско–советской литературы и теории литературы / 341

Глава 6　Китайская переводная периодика в процессе распространения русско–советской литературы / 374

Раздел 1　Переводная периодика русско–советской литературы в 1940-е годы / 374

Раздел 2　Внутренняя переводная периодика во время "Великой пролетарской культурной революции" / 381

Раздел 3　Переводная периодика русско–советской литературы в подъёмный период / 390

Раздел 4　Переводная периодика русско–советской литературы в переломный период / 409

Раздел 5　Переводная периодика русско–советской литературы в период регулирования / 416

Глава 7　Распространение и восприятие русско–советской《"красной классики"》в Китае / 428

Раздел 1　Локализация русско–советской "красной классики" / 428

ОГЛАВЛЕНИЕ

Раздел 2 Совпадение в духе: проникновение "ново-русской литературы" в Китай / 432

Раздел 3 Русско-советская "красная классика" на протяжении 1950-1970-х годов в Китае / 439

Раздел 4 Русско-советская "красная классика" после 1980-го года в Китае / 450

Глава 8 Китайские переводчики в контексте культурного общения между Китаем и Россией / 467

Раздел 1   Ба Цзинь / 468

Раздел 2   Цао Цзинхуа / 484

Раздел 3   Гэ Баоцюань / 496

Раздел 4   Чжа Лянчжэн / 506

Раздел 5   Гао Ман / 518

Раздел 6   Цао Ин / 529

上 编
Раздел 1

第一章 别尔嘉耶夫的"俄罗斯思想"及其在中国的传播

尼·别尔嘉耶夫(1874—1948)作为20世纪初俄罗斯文化复兴运动中宗教哲学最杰出的代表,曾获诺贝尔文学奖提名。他在西方赢得了巨大声誉,也在我国思想文化界产生了较大影响。

别尔嘉耶夫对作为民族生活和民族使命的精神主题"俄罗斯思想"的思考,是通过俄罗斯的思想运动、民族意识的发展来阐释的。他视野广阔,从中世纪到20世纪20年代,从"民间宗教信仰的本能"到顶级的理论著作与艺术作品都包括在其中,但对他具有绝对意义的是19世纪的俄国文学(及其后的"白银文学")。在这里汇聚了俄罗斯精神的所有线索与主要成就。别尔嘉耶夫确信,正是在俄罗斯文学中"隐藏着最深的哲学与宗教渴望"。他正是从俄国五彩缤纷的文学创作和批评里看到俄罗斯精神的不同走向。他在普希金、莱蒙托夫、果戈理、丘特切夫、托尔斯泰、陀思妥耶夫斯基、赫尔岑、别林斯基、车尔尼雪夫斯基、皮萨列夫,以及与他同时代的罗赞诺夫、梅列日科夫斯基、伊万诺夫、别雷、勃洛克等所代表的不同的文学倾向中,看到了俄国宗教与国家、知识分子与人民、斯拉夫派与西欧派、俄罗斯社会主义与俄罗斯虚无主义、俄罗斯民粹主义与俄罗斯无政府主义、俄罗斯的末世论思想与俄罗斯的马克思主义等这些既对立又联系,复杂而多层的俄罗斯精神。

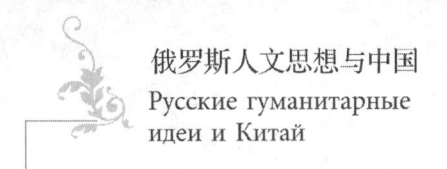

俄罗斯人文思想与中国
Русские гуманитарные
идеи и Китай

第一节　别尔嘉耶夫的"俄罗斯思想"与俄罗斯文学

把"俄罗斯思想"作为民族精神生活的主题与民族使命的总和,在别尔嘉耶夫之前,恰达耶夫、霍米亚科夫、基里耶夫斯基、丘特切夫、托尔斯泰,特别是陀思妥耶夫斯基就此都进行过探索与思考。而后,稍晚于陀思妥耶夫斯基的被视为俄国宗教哲学之父的 B. 索洛维约夫 1888 年在巴黎还以"俄罗斯思想"为题作了专门讲演,他把"俄罗斯思想"作为超历史的与超验的哲学主题,在形而上的层面上展开论述。别尔嘉耶夫的"俄罗斯思想"也是这样一个理路,正如他在《俄罗斯思想》一书开头所讲:"使我感兴趣的问题是上帝关于俄罗斯所作的思考。"①

自彼得大帝改革以来,就产生了俄国近代史上具有俄国特色的东方与西方问题。这一问题到了 19 世纪二三十年代以恰达耶夫的《哲学书简》为标志在思想界得到了最尖锐的表达,此后便形成了西欧派与斯拉夫派的思想分野。这一分野表面看是对待欧洲的态度问题,实质是选择俄国的道路问题。这一问题贯穿着整个 19 世纪直至 20 世纪初(甚至是整个 20 世纪,尤其是八九十年代后)的俄罗斯思想史。在这一思想斗争中,由于对国家与教会、人民与知识分子、历史与文化等等元素的不同态度,出现了各种思想主题:社会主义、共产主义、民粹主义、虚无主义、无政府主义、马克思主义、人道主义、禁欲主义、神正论与人正论、末日论与弥赛亚说、新基督教思想等。别尔嘉耶夫正是通过这一俄罗斯民族意识的觉醒与发展,通过俄罗斯的思想运动来阐释"俄罗斯思想"的。在这一阐释中,他涉及了众多的哲学家、文学家、神学家、历史学家、社会学家,但对于他具有完全绝对性意义的是 19 世纪的文学。因为在俄罗斯民族意识的觉醒与俄罗斯的思想运动中,俄罗斯作家及其创作扮演了十分活跃与重要的角色,作家及其创作所表达的思想构成了俄罗斯思想史中一股强大的力量,在文学里汇聚了俄罗斯思想的所有线索和它主要的成就,我们可以称之为是俄罗斯思想的文学表达。别尔嘉耶夫在多处强调,俄罗斯思想

---

① Бердяев Н. А. Русская идея. М., 2000. С.4.

第一章 别尔嘉耶夫的"俄罗斯思想"及其在中国的传播

的特征,"更多地是表现在俄罗斯作家那里,而不是职业哲学家那里"①,"最杰出的宗教哲学思想不是由专门的神学家,而是由作家,由自由人表述的。"②也许没有哪个民族的作家像俄罗斯民族的作家那样在其民族精神的成长中具有如此重要的作用。别尔嘉耶夫指出,俄罗斯文学"是俄罗斯精神的最伟大的记录"③。他正是从俄国极其丰富深厚的文学创作、文学批评以及一系列俄国作家本人身上看到了俄罗斯精神的不同走向,正是在俄罗斯文学的所有角落中,敏锐地捕捉到了它所表达的俄罗斯民族思想的各种倾向,这些倾向共同构成了俄罗斯思想的整体。

别尔嘉耶夫对"俄罗斯思想"的阐释集中体现在《俄罗斯思想》一书中(此前还有《俄罗斯的命运》、《俄罗斯共产主义的根源与意义》等也都涉及了"俄罗斯思想"这一论题)。该书写于1943年,出版于1946年。这时,作为宗教哲学家的别尔嘉耶夫,是以其业已成熟的宗教哲学思想来观照俄罗斯的思想运动。由于在书中作者涉及了众多的俄罗斯思想现象,正像他说的,有"太多的感想",因此,初初读来似乎有些零乱、无序。但当我们细细梳理,就会发现,在这纷繁、复杂的思想现象中,可以建构起一个"俄罗斯精神的多极结构",并且是具有宗教品质的多极精神结构:斯拉夫主义与西欧主义、社会主义与个人主义、民粹主义与民族主义、虚无主义与无政府主义、人正论与神正论、人神与神人、有神论与无神论、人道主义、革命民主主义、自由主义、俄罗斯马克思主义、俄罗斯共产主义、俄罗斯弥赛亚主义、自由基督教思想、末日论思想、启示录思想……这些思想倾向构成了一个多面立体;同时,各种思想倾向之间错综复杂地相互交叉,构成了多面立体的各个棱。多面立体有一个重心——宗教性,每一种思想倾向都指向这里,都具有一种宗教品质。别尔嘉耶夫指出:"在19世纪的俄罗斯文化中,宗教问题具有决定性意义。"④"俄罗斯的各种不信教倾向——社会主义、民粹主义、无政府主义、虚无主义和我们的无神论——都具有宗教主题,弥漫着宗教激情。……俄罗斯的社会主义就是上帝与不死的问题。对于革命知识分子来说,革命就是宗教。"⑤"俄罗斯文学

---

① Бердяев Н. А. Опыт эсхатологической метафизики. М., 2003. С. 407.
② Бердяев Н. А. Русская идея. М., 2000. С. 137.
③ Бердяев Н. А. Истоки и смысл русского коммунизма. М., 1990. С. 63.
④ Бердяев Н. А. Русская идея. М., 2000. С. 136.
⑤ Бердяев Н. А. Русская идея. М., 2000. С. 138.

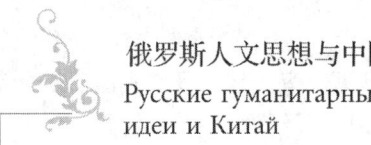

不是诞生于喜悦的创造力量的过剩,而是产生于个人和人民命运的痛苦与苦难,产生于拯救全人类的探索中,而这意味着,俄罗斯文学的基本主题是宗教性的。"①"宗教问题折磨着伟大的俄罗斯文学。关于生活的意义问题,关于从恶中拯救人、人民和全人类的问题高于文化创造的问题。"②是的,整整一个世纪的俄国作家经历、体验着欧洲的人道主义危机、传统的人道主义理想的变形、个人人道主义造成的悲剧;并且,在基督教人类学这一共同的取向中,克服这一危机的渴望使他们彼此或越来越接近,或越来越对立。关于人的问题的最后的和最高的形式是人对上帝的态度问题,是人在上帝和生命世界之间的地位问题,是关于神人与人神的问题。在俄罗斯文学的所有角落都可以感到这个问题的存在。19世纪俄国文学(及其延续的"白银文学")的核心思想是关于人的思想;它全部的创作活动,连同它全部的个性趣味和它全部的道德与审美判断的多样性,都是关于这个文学思想的,它有着一种敏锐的关于"人"的直觉。别尔嘉耶夫确信,在俄罗斯文学中"隐藏着最深的哲学和宗教渴望"③。

至于传统文学批评所强调的俄罗斯文学的现实主义性质,别尔嘉耶夫则认为,对于俄罗斯思想家、俄罗斯作家来说,"与其说他们追求的是文化的完善,创作成果的完善,不如说是生活的完善,生活真理的完善——19世纪俄罗斯文学的现实主义就体现在这一点上,而人们常常不理解这一点。……俄罗斯文学的性质是现实主义,但完全不是粗浅意义上的现实主义,而几乎是宗教意义上的现实主义,进一步说,是纯粹宗教意义上的现实主义。这是揭示生活的真理与深度的现实主义。……俄罗斯作家没有局限在文明的樊篱之中,因而,他们触及到了生和死的秘密。果戈里、托尔斯泰、陀思妥耶夫斯基都是如此。"④生与死的秘密是宗教性的秘密。

别尔嘉耶夫对俄罗斯思想和俄罗斯文学的宗教性的总体定性,又与他对整个俄罗斯民族、整个俄罗斯民族精神的宗教性的定位相关。他说:"俄罗斯民族的灵魂为东正教会所造就,它获得了纯粹的宗教构造。"⑤他把俄罗斯民

---

① Бердяев Н. А. Истоки и смысл русского коммунизма. М., 1990. C. 63.
② Бердяев Н. А. Русская идея. М., 2000. C. 70.
③ Бердяев Н. А. Опыты философские, социальные и литературные (1900 – 1906 гг.). СПб., 1907.
④ Бердяев Н. А. Истоки и смысл русского коммунизма. М., 1990. C. 64.
⑤ Бердяев Н. А. Истоки и смысл русского коммунизма. М., 1990. C. 8.

族理解为是一个上帝的民族,他非常认同诗人丘特切夫的一首诗对俄罗斯民族的界定并多次引用:"用理性无法理解俄罗斯,/也无法用普通的尺度衡量:/俄罗斯有自己独特的个性,/对她适用的只能是信仰。"他在诗人的诗歌中,读出了俄罗斯的宗教性,对于这种宗教性,只能以宗教的方式才能理解:"只能以宗教品格的信仰、希望和爱来理解俄罗斯。"[1]别尔嘉耶夫认为,俄罗斯灵魂的宗教构造培育出了俄罗斯人某些根深蒂固的个性:教条主义,禁欲主义,为自己的信仰(不管它是什么信仰)而忍受痛苦与牺牲的能力,以及对超验事物的追求,这种超验事物或者是关于永恒的彼岸世界的,或者是关于未来和此岸世界的。

别尔嘉耶夫以宗教性为核心,阐释了俄罗斯思想。虽然他并没有直接提出"俄罗斯精神的多极结构"的说法,但是,无疑他一直在力图剖析俄罗斯民族的精神结构。在《俄罗斯共产主义的根源与意义》一书中他讲道:"就精神结构而言,俄罗斯民族是东方的,俄罗斯是基督教的东方。"[2]在《俄罗斯命运》中他又说:"那种谜一样的二律背反在俄罗斯随处可循。可以建立无数个有关俄罗斯性格的命题与反命题。"[3]而在《俄罗斯思想》第一章中揭示俄罗斯民族的多种极化性和矛盾性,也使用诸如"在俄罗斯精神结构的基础中……"这样的语句。在《俄罗斯共产主义的根源与意义》中还有这样的表述:"无政府主义,像虚无主义、民粹主义一样,同样是俄罗斯精神富有特色的产物。这是俄罗斯民族精神结构中之一极。"[4]可见,别尔嘉耶夫一直致力于揭开俄罗斯民族精神结构之谜。

一、斯拉夫主义与西欧主义

谈到斯拉夫主义与西欧主义的分野,首先要谈到的就是作为俄罗斯独立的创新思想萌芽的恰达耶夫及其《哲学书简》、《疯人的辩护》。这一萌芽具有重要意义,"尼古拉一世对这一萌芽的回答是:宣布恰达耶夫疯了,让医生每周去给他看病;禁止他写作,命令他沉默。"赫尔岑则认为《哲学书简》"如同黑夜里响起的枪声"。

---

[1] Бердяев Н. А. Русская идея. М., 2000. С.4.
[2] Бердяев Н. А. Истоки и смысл русского коммунизма. М., 1990. С.7.
[3] Бердяев Н. А. Судьба России. М., 2004. С.281.
[4] Бердяев Н. А. Истоки и смысл русского коммунизма. М., 1990. С.53.

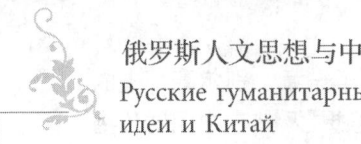

恰达耶夫的《哲学书简》体现了完整的历史哲学。别尔嘉耶夫指出："我们全部的历史哲学都将是回答恰达耶夫书简中所提出的问题。"①历史哲学的主题是19世纪俄罗斯思想最基本的主题。俄罗斯的使命何在？俄罗斯道路的特殊性何在？她是东方还是西方？她应该走彼得的道路还是回到彼得之前的莫斯科的罗斯？

别尔嘉耶夫认为，恰达耶夫是以彻底的西欧派身份说话。他在《哲学书简》中表达了对俄罗斯历史的反叛与否定，提出了"俄罗斯人的'失语症'"。他说："我们没有给世界任何东西，也没有教会世界任何东西；在人类的思想总体中我们没有贡献任何一个思想，我们没有拿出一样东西去促进人类智慧的进步。甚至，由于人类智慧的进步使我们遭到了惩罚，我们便曲解这种进步。"②别尔嘉耶夫说，他的西欧论是一个爱国主义者痛心的呐喊，他对俄罗斯、俄罗斯历史的否定也是典型的俄罗斯式的否定。这是一种强烈的自我否定，就是在这种强烈的自我否定中俄罗斯获得了自我意识，这是俄罗斯思想发展中的辩证法。需要强调的是，别尔嘉耶夫认为，恰达耶夫的西欧主义是宗教式的，"他十分认同天主教，在其中看到了一种对于世界历史来说积极的、有组织性的、统一的力量，也看到了可以拯救俄罗斯的力量。"③但同时，恰达耶夫在《疯人的辩护》中也提出了俄罗斯肩负有伟大使命的论点。恰达耶夫认为，俄罗斯民族的力量在历史中并不是现实的状态，而是潜在的状态。俄罗斯民族过去的非现实性力量，虽然在历史中它缺乏作用，但却为它之伟大未来提供了可能的保证。恰达耶夫深信俄罗斯的神秘使命，俄罗斯可以在欧洲的精神生活中占有崇高的地位。在他的后半生中，恰达耶夫同样承认了东正教的伟大。他说："我深信，我们负有解决社会制度的大部分问题的使命，使旧社会中产生的大部分思想走到尽头，回答困扰人类的最重要的问题。"④别尔嘉耶夫认为，在这里，恰达耶夫表述了19世纪俄罗斯思想所有学派的基本思想，当然也是俄罗斯文学的基本思想，而且，恰达耶夫的思想是十足的俄罗斯弥赛亚思想，他是俄罗斯先于斯拉夫主义与西欧主义的宗教上的西欧派。恰达耶夫追寻的是尘世的上帝之国，期待的是新的、圣灵时代，相信俄罗斯将向世界

---

① Бердяев Н. А. Русская идея. М., 2000. С. 32.
② http://www.vehi.net/chaadaev/filpisma.html
③ Бердяев Н. А. Истоки и смысл русского коммунизма. М., 1990. С. 22.
④ http://www.vehi.net/chaadaev/apologiya.html

说出新的话语。这是俄罗斯典型的期待,所有这些都是独特的俄罗斯问题的范畴。

在恰达耶夫之后,斯拉夫主义与西欧主义之争①就充斥了俄罗斯。从1840年代起,基里耶夫斯基、霍米雅科夫、K.C.阿克萨科夫、舍维廖夫、别林斯基、赫尔岑、斯坦凯维奇、屠格涅夫、陀思妥耶夫斯基、果戈理都是这场思想争论的思考者、参与者。在这一争论中显现了俄罗斯最早的两种思想倾向。这里首先要解决的问题是,怎样看待似乎把俄国历史划分成为两个部分的彼得改革的意义与影响,两派的冲突首先在这里产生。西方主义完全肯定彼得的改革,认为未来的俄国要走西方的道路;斯拉夫主义者则相信俄罗斯具有建立在东正教精神基础上的特殊文化形式,俄罗斯有其特殊的道路,彼得大帝的改革和彼得时期的欧化改变了俄罗斯。

斯拉夫主义者建构了关于俄罗斯及其道路的独特性的学说,并试图说明俄罗斯区别于西方的原因,也试图揭示西方历史的本原。他们认为,俄罗斯是有机性与整体性的,而西方是机械化、理性化与分裂的。别尔嘉耶夫在霍米雅科夫、K.C.阿克萨科夫、基里耶夫斯基等那里发现了对这一学说的主要表述。霍米雅科夫认为,宗教信仰是全部文明的基础,是全部历史道路的基础,是哲学思想的基础。俄罗斯的本原是东正教信仰,西欧的本原是天主教信仰。理性主义是全部恶的本原,但唯理主义奠定了天主教的经院哲学的基础。基里耶夫斯基说:"神学在西方带有理性抽象的特点,而在东正教这里,它则保持了精神的完整性;在西方,它是理性力量的发展,在俄罗斯它则是内在的、生存的东西的努力。"②斯拉夫主义者希望发现以东正教为精神基础的独特的文化类型与社会制度。K.C.阿克萨科夫曾说:"在西方,灵魂被扼杀了,它被完善的国家形式、警察式的公用事业所代替;良心被法律所代替;内在的动机被规则所代替;甚至慈善事业也变为机械的、不是自觉的事情;在西方,都只关心国家的模式。"而"俄罗斯国家的基础是自愿、自由与和平"③。不过,别尔嘉耶夫批判 K.C.阿克萨科夫的思想背离了历史现实,认为这暴露了斯拉夫主义关于俄罗斯与西方思想的非历史性,这只是一种类型学,是精神类型的分类,而

---

① 别氏认为,虽然具有历史形态的两个派别逐渐过时了,甚至可被认为的克服了,但是,问题本身却被保留了下来,而且,在20世纪以新的形式被重新提出来。

② Бердяев Н. А. Русская идея. М., 2000. С.38.

③ Бердяев Н. А. Русская идея. М., 2000. С.38.

不是历史类型的分类。与其说,这是他们对俄罗斯的揭示,不如说是对俄罗斯的期待。别尔嘉耶夫认为,虽然他们的历史观念是错误的,但他们的这个思想还保留着力量。他们确信俄罗斯和俄罗斯民族的伟大使命,相信他们发现了真理,并力图表述这种使命的特点。他们确信,俄罗斯不应该重复西方的道路,而且斯拉夫—俄罗斯的世界——就是未来的世界。霍米雅科夫的诗表达了他坚定的信念:"啊,我的俄罗斯,/你的胸膛是宁静和光明的源泉,/流淌出生命之水,/隐蔽着、不为人知,却无比强大。"

别尔嘉耶夫指出,斯拉夫主义者的另一个重要思想是,他们把农民的村社看做是俄罗斯某种永恒的基础和它的特殊性的保证。他们把村社与西方的个人主义对立起来。村社对于他们来说,具有的不是历史的而是历史之外的价值,好像它是这个世界中的"另一个世界"。还有,尽管霍米雅科夫并没有宗教上的专制制度观念,他是神权政治国家和政教合一制度的反对者,但他和所有的斯拉夫主义者都把君主政治放在西方的独裁政治的对立面,把它看做是俄罗斯特殊性和俄罗斯使命的必要要素,因此,也可以说,斯拉夫主义者是君主主义者,甚至是专制的君主主义的拥护者。他们确信,俄罗斯有三个基础,即东正教、君主专制和民族性。但是,这与官方意识形态提出俄罗斯的三个原则"东正教、专制制度和民族性"有着完全不同的理解,两者的精神是对立的。对官方意识而言,专制制度居于首位,东正教和民族性从属于君主专制,而且,东正教不是精神性的,而是外在的、国家性的东西,并被转化为手段。而斯拉夫主义者则把东正教理解为俄罗斯历史的根基而具有独特性,并将其放在首位。他们承认的是宗教本原的绝对的首要地位,并寻找纯粹的、尚未被曲解的、未被历史影响所扭曲的东正教。同时,他们渴望揭示真正的民族性和民族精神。他们认为,人民不属于国家,人民负有宗教的、精神的使命。他们有自己的乌托邦,这一乌托邦中融进了理想的东正教、理想的君主专制、理想的民族性。斯拉夫主义论证了俄罗斯不同于西方的使命。别尔嘉耶夫认为,斯拉夫主义者表达了俄罗斯意识的一极,这也是19世纪俄罗斯知识分子和全部俄罗斯文学的典型特点之一。斯拉夫主义的这一思想中包含着民粹主义的成分,别尔嘉耶夫认为,斯拉夫主义者奠定了对于19世纪的俄罗斯思想是如此典型的、后来获得了宗教形式的民粹主义的基础。斯拉夫主义者信仰人民,信仰人民的真理,人民对于他们来说首先是保存了东正教信仰和民族生活方式的庄稼汉。斯拉夫主义者是村社的热情捍卫者,村社被认为是有机的、独特的

第一章 别尔嘉耶夫的"俄罗斯思想"及其在中国的传播

俄罗斯农业经济生活方式,就像所有民粹主义者所认为的那样。

西欧主义者则接受彼得大帝的改革和彼得时代。别尔嘉耶夫认为,西欧派,与其说是一个西方化现象,不如说更是一个东方化现象。对于西方人来说,西方是一个现实,而且常常是一个令人厌烦与痛恨的现实;但对于俄罗斯人来说,西方则是理想与梦想。西方主义者是像斯拉夫主义者一样热爱俄罗斯、热切地希望她富强的俄罗斯人。在西方主义者中间形成了两种倾向:一种是自由主义的西方主义,斯坦凯维奇、格拉诺夫斯基即是其代表;另一种是对俄罗斯命运具有核心作用的、进行社会改造的社会主义的西方主义。其代表正是在俄罗斯文学中被称为革命民主主义文学先驱的别林斯基与赫尔岑,他们代表了左派西方主义,正是他们孕育了俄罗斯的未来。

19世纪的俄罗斯所受的西方的影响主要来自谢林与黑格尔,他们"几乎成了俄罗斯的思想家"(别尔嘉耶夫语)。1840年代西方主义的代表之一赫尔岑同样经历了黑格尔阶段。别尔嘉耶夫说:"赫尔岑对于俄国历史哲学具有巨大意义。如果说他不是40年代最深刻的人物,也是最出色的人物。"[1]他侨居国外,身处西方1848年的革命氛围之中,为革命所吸引,并对革命寄予很大的希望。但是,他很快就经历了对革命的后果失望。赫尔岑在西方社会主义者身上看到了市侩的小资产阶级精神,他是最先看到社会主义可能资产阶级化的人之一;这种市侩习气深深地伤害了他,给他以沉重的打击。别尔嘉耶夫指出:"赫尔岑对西方的倾慕是典型的俄罗斯式的,同样,他对西方的失望也是俄罗斯式的。"[2]赫尔岑对西方的失望一如恰达耶夫对俄国的失望。在赫尔岑的这种体验之后,在俄罗斯,纯粹倾慕式的西方主义变得不再可能了。赫尔岑在西欧没有看到一种可以抵御小市民王国的力量;西欧的工人是市民,市民不可能拯救市民本身。于是,赫尔岑把目光转向了俄国国内。他看到,"正是在俄罗斯,在俄罗斯人民中间潜藏着新的、优良的、非小市民的、非资产阶级的潜力,他在俄罗斯的庄稼汉身上,在庄稼汉灰色的大皮袄里,在农村村社里看到了这一潜能。在俄罗斯的农民世界中潜藏着个性原则与社会性普遍性原则和谐融合的可能性。"对俄罗斯人民的信心,对庄稼汉身上所包含的真理的信心,是他最后的指望。于是,我们看到,在赫尔岑身上,斯拉夫主义与西方主义

---

[1] Бердяев Н. А. Русская идея. М., 2000. С. 38.
[2] Бердяев Н. А. Истоки и смысл русского коммунизма. М., 1990. С. 29.

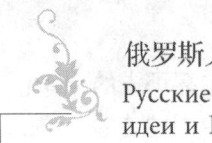

结合了起来,他成为民粹主义的社会主义者。西方主义的内在分化也正在于此,因为,自由主义的社会主义设想,俄罗斯必须走西方走过的道路。别尔嘉耶夫说:"关于俄罗斯的特殊道路,关于它之避免西方工业资本主义发展道路的俄罗斯问题,由民粹主义的社会主义所揭示,……赫尔岑成了民粹主义的、特殊的俄罗斯式的社会主义的发源地。"[①]赫尔岑的民粹主义的社会主义发展了恰达耶夫的思想,即俄罗斯人民将摆脱全世界历史的重负而更加自由,将能在未来创造新的世界。别尔嘉耶夫认为,赫尔岑第一个尖锐地表达了俄罗斯对西方市侩习气的反抗,看到了西方社会主义自身中市侩习气的危险性。但别尔嘉耶夫进一步指出,这不仅仅是民粹主义的社会主义思想,在这一思想中有更深刻的深度——尽管赫尔岑本身肤浅的哲学没有达到这一深度;这是与俄罗斯的弥赛亚主义联系在一起的俄罗斯思想。

然而,在赫尔岑的民粹主义的社会主义中有一个核心的和根本的东西,这就是他对个性原则的强调。他之所以认同俄罗斯的"村社"的社会组织形式,就是因为他在其中既看到了个性原则,又看到了社会性原则。别尔嘉耶夫认为,赫尔岑是坚定的人格论者,对于他来说,人高于一切,重于一切。最高价值是人的个性,无论为了什么目的也不能牺牲人的个性。(在这一点上,他与别尔嘉耶夫是相通的。)不过,他不能从哲学上论证人的个性的最高价值。比起哲学家来,他更是一个文学家,不能要求他论证与发展历史哲学,他不具备真正的哲学修养。别尔嘉耶夫分析说,赫尔岑反对西方的市侩习气是与他的个性思想联系在一起的。他在欧洲看到了人的个性的削弱以至消失,中世纪的骑士被小店铺老板所代替。他在俄罗斯庄稼汉身上寻找拯救,战胜市侩习气的出路。他认为,俄罗斯的庄稼汉比西方的布尔乔亚更具有个性,尽管他们是农奴。在他们的身上结合了个性与共同性因素,个性不是封闭的利己主义,它只有在共同性中才是可能的。对西欧失望的赫尔岑相信俄罗斯农民的村社。在这里,我们看到了他的西方主义与斯拉夫主义的结合,也听到了后来梅列日科夫斯基对西方小市民习气的批判的先声。赫尔岑反对资产阶级世界,并把它与俄罗斯世界对立起来。

别尔嘉耶夫还指出,赫尔岑的历史哲学具有悲观主义色彩。他把个性与历史、历史的宿命进程对立起来。他不赞成关于进步的乐观主义学说,不相信

[①] Бердяев Н. А. Русская идея. М., 2000. С. 53.

第一章 别尔嘉耶夫的"俄罗斯思想"及其在中国的传播

人类进步的决定论观点,不相信社会能够必然地朝着更好、更完善、更幸福的方向向上运动。但与他的消极的历史哲学相反,他却相信俄罗斯民族的未来。他批评进步论的根据是人格主义的。他不同意为了历史,为了历史中仿佛伟大的使命而牺牲人的个性,也不想把人的个性变为非人的目的的工具,不同意为了下一代而牺牲现在的一代。他反对把世界历史精神与进步凌驾于人的个性之上。这是为人的个性而进行的斗争。这也是非常俄罗斯式的问题。别尔嘉耶夫认为,赫尔岑的社会主义是民粹主义的社会主义,又是个人主义的社会主义,后来别氏更愿意把它说成是人格主义的社会主义。赫尔岑认为这才是俄罗斯的社会主义。这样,他越出了西方主义的阵营,但却捍卫了俄罗斯的特殊道路。这使他"在俄罗斯社会思想史上成为一个具有鲜明个性的独树一帜的人物"[1]。在别尔嘉耶夫对赫尔岑的论述中,我们更多地看到了别氏自己的思想倾向。

在对待两派的态度上,果戈理虽然与斯拉夫圈子多有交往,但他似乎游离于两派争论之外,为俄罗斯寻找一条中间道路。而关于陀思妥耶夫斯基,别尔嘉耶夫则认为,"陀思妥耶夫斯基是批评地对待斯拉夫主义者,并否认自己源出于他们。陀思妥耶夫斯基珍视西方主义者的新经验、意志的力量和复杂化的意识。对他来说,斯拉夫主义者不懂得运动。他认为生活是悲剧式的现实,反对斯拉夫主义者静止的唯心主义。"[2]别尔嘉耶夫在陀思妥耶夫斯基身上发现了最为矛盾的民族意识,这一意识与他对待西方的态度完全对立。一方面,陀思妥耶夫斯基是坚决的普济主义者,对他来说,俄罗斯人就是全人类人,俄罗斯的使命也就是世界的使命,俄罗斯不是一个封闭的自足的世界。另一方面,陀思妥耶夫斯基又表现出真正的排外性。他不能容忍犹太人、波兰人、法国人,具有民族主义倾向。在他身上反映了俄罗斯民族的矛盾性,他是矛盾的混合体。别尔嘉耶夫认为,陀思妥耶夫斯基在其作品《少年》中借维尔西洛夫之口表达了许多自己的思想,说出了关于欧洲最惊人的话,这样的话就连任何一个西方人都没有说过,这些话表达的是俄罗斯的普济主义。别尔嘉耶夫摘引了维尔西洛夫的话:"对于俄罗斯人来说,欧洲就像俄罗斯一样珍贵:她的每一块石头,都是那么亲切和珍贵。欧洲像俄罗斯一样也是我们的祖国。啊,

---

[1] Бердяев Н. А. Русская идея. М., 2000. С. 91.
[2] Бердяев Н. А. Русская идея. М., 2000. С. 45.

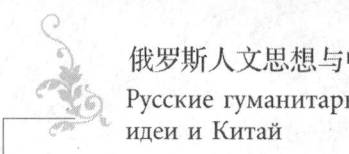

还有,爱俄罗斯没有比我爱她更多的了,但我永远也不能因为威尼斯、罗马、巴黎、它们的科学和艺术财富、它们整个的历史对我比俄罗斯更亲切而责怪我自己。……一个俄罗斯存在着,不是为了自己,而是为了思想;有一个意味深长的事实,即,已经将近一百年了,俄罗斯牢固地存在着,不是为了自己,仅仅是为了一个欧洲。"[1]别尔嘉耶夫指出,在《作家日记》中有同样的重复:"欧洲——这是一片危险而神圣的土地。欧洲,啊,你们知道吗,先生们,——这欧洲本身,这'神圣'的奇迹之国度,对于我们,这些斯拉夫派的幻想家——按你们的说法我们是欧洲的宿敌——是多么珍贵。你们知道吗,这些'奇迹'对我们是多么珍贵,我们是多么热爱和崇敬它们,我们比热爱和崇敬我们自己的同胞兄弟更热爱和崇敬那些留下了它们的伟大的民族和他们所创造的所有伟大、美好、卓越的东西。"[2]但是,像大部分思考俄罗斯与欧洲这一问题的人一样,陀思妥耶夫斯基认为,欧洲开始衰落了,尽管它有伟大的过去,给人类历史带来了伟大的财富。别尔嘉耶夫指出,陀思妥耶夫斯基有条件地称自己为斯拉夫主义者。别尔嘉耶夫认为,陀思妥耶夫斯基的思想首先说明了这样一个问题,即,斯拉夫主义与西方主义都应当被克服,但这两种思想都应当创造性地被克服而使它们进入俄罗斯思想体系。

总之,别尔嘉耶夫在这些斯拉夫主义者与西方主义者同时又具有文学者身份的人那里发现,斯拉夫主义把自己的俄罗斯理想、完善之秩序的理想的乌托邦与俄罗斯历史的过去(即彼得之前)混为一谈;而西方主义者犯的是另一种错误,即他们把俄罗斯完善的生活秩序之理想与他们想象中的现代欧洲混为一谈,现代欧洲与他们所想的理想状态根本不符。所以,斯拉夫主义者与西方主义者那里都有幻想的成分,他们都以自己的理想与不能忍受的尼古拉一世时代的现实对抗。别尔嘉耶夫指出,两派对彼得大帝改革的评价都是错误的。斯拉夫主义者不懂得,彼得大帝的改革对于现实的俄罗斯在世界上的使命来说是不可避免的,他们不愿意承认,只有在彼得大帝时期,俄罗斯、俄罗斯的思想与话语,包括斯拉夫主义者自己的思想的发展才成为可能,伟大的俄罗斯文学才成为可能。而西方主义者不懂得俄罗斯的独特性,他们不愿意承认彼得大帝改革的弊病,看不到俄罗斯的特殊性。

---

[1] Бердяев Н. А. Миросозерцание Достоевского. М., 2004. С. 491–492.
[2] Бердяев Н. А. Миросозерцание Достоевского. М., 2004. С. 491–492.

二、社会主义与共产主义

在探讨俄罗斯的社会主义和共产主义之前,有必要探讨一下俄国社会的一个特殊群体,即知识分子。俄国知识分子之主题是别尔嘉耶夫所关注的重要问题之一,别尔嘉耶夫认为,整个19世纪俄国思想运动的激荡,都始于一个俄国知识分子群体的诞生。他认为,俄国知识分子是有着独特含义的,是俄罗斯的独特现象,是只存在于俄罗斯的、完全特殊的、精神性的社会构成。知识分子不是一个社会阶级,而是由不同社会阶层构成的:贵族、神甫和助祭的儿子们、小官吏、小市民、农民、忏悔的贵族、革命者。知识分子是一种精神性的,而非职业性和经济性的群体,这个群体迷恋于思想,只凭思想、社会性质的思想观念而结为一体,并准备为自己的思想去坐牢、服苦役以至被处死。知识分子有着深刻的宗教性,他们更多地像有着自己的特殊的偏执的道德、自己必须严格遵守的世界观、自己独特的风格习惯的"僧侣团体"或"宗教派别"。别尔嘉耶夫认为,这体现了俄罗斯精神的深刻的东正教基础:远离充满恶的世界、禁欲主义、勇于牺牲和忍受苦难。知识分子群体的另一个特征是它的无根基性,与所有阶层的日常生活和传统相脱离:分裂、背弃、漂泊、与现实不调和、向往未来、向往更公正的生活,是他们的常态。别尔嘉耶夫在恰茨基的孤独、奥涅金的叛逆、毕巧林的忧愤中都看到了这种无根基性;他还看到了陀思妥耶夫斯基所关注的俄国知识分子群体的命运,称他们是俄罗斯历史上彼得时代的漂泊者,陀思妥耶夫斯基要揭示的就是这一漂泊性的精神基础。别尔嘉耶夫认为,还有一点非常重要,即由于知识分子群体所具有的宗教性质,任何学说到了他们那里都会变成信仰的教条,他们特别具有一种把西方的思想和学说极权式和教条式地接收与转化的能力,对待圣西门学说、傅立叶学说、黑格尔学说、唯物主义、马克思主义都是如此。(如,在那个时代,唯物主义学说在他们那里成了宗教信仰的对象,所有它的反对者都被看成是人民解放的仇敌。)与这一教条主义特征联系在一起的是他们对极权性、整体性的世界观的追求。他们不理解相对的意义、历史进程的阶段性、各种文化范畴的分化。这一世界观寻找的是生活的完善,而不仅仅是哲学、科学、艺术的完善。别尔嘉耶夫认为,甚至根据这一极权性、完整性特点就可以确定知识分子的属性。也正是这一属性,导致了激进革命知识分子的极端倾向。俄国知识分子具有社会动机和革命情绪,这孕育出了那样一种类型的人——革命是他们唯一的专业。

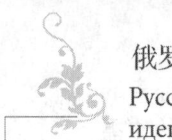

俄罗斯人文思想与中国
Русские гуманитарные
идеи и Китай

别尔嘉耶夫说,拉吉舍夫是第一个俄罗斯知识分子,是俄罗斯知识分子的始祖,在他身上预示并规定了俄罗斯知识分子的基本特点,从拉吉舍夫在《从彼得堡到莫斯科的旅行》中说"环顾四周——我的心因人类的苦难而忧伤"时,俄罗斯的知识分子便诞生了。别尔嘉耶夫认为,拉吉舍夫是18世纪末俄罗斯最卓越的人物。他的卓越之处不在于新颖的思想,而在于新颖的感受,在于他对现实正义、公正和自由的努力。农奴制政权的不公正深深伤害了他,他是农奴制政权的第一个揭发者。他承认良心的至高无上,他说:"如果法律、或者帝王、或者任何地上的某种政权强迫你屈服于不义,强迫你违背自己的良心,你要成为不屈不挠的。无论凌辱、无论痛苦、无论苦难、甚至死亡本身,都不会令你害怕。"[1]别尔嘉耶夫认为,可以把拉吉舍夫看做俄罗斯知识分子中激进的革命潮流的始祖,他所看重的主要不是国家利益,而是人民的利益。普希金读罢《死魂灵》,哀叹道:"呵,上帝,俄罗斯多么令人忧伤。"这是整个19世纪俄国知识分子的叹息,他们试图走出俄罗斯无法忍受的现实,实现理想的现实。在这里,在拉吉舍夫的创作与思想中,别尔嘉耶夫看到了革命激进思想的最先表达,对于自己的时代来说,他有具有足够勇敢和激进的观点,是革命知识分子和俄罗斯社会主义的先驱者之一。

别尔嘉耶夫认为,19世纪的俄罗斯思想的相当一部分都染上了社会主义色彩。如果不是在学说意义上使用这个词的话,那么可以说,社会主义深深地扎根于俄罗斯民族的天性之中。别尔嘉耶夫注意到,人们常常这样谈论莫斯科时期的俄罗斯,说那时的俄罗斯没有私有制的罪孽,因为沙皇是唯一的所有者,虽然没有自由,但有较大的公平。他认为,这种想法对于解释俄罗斯的共产主义是很有意义的。还有,无论是斯拉夫主义者,还是革命的社会主义者,都一样否定西方资产阶级的私有制观念,几乎所有的人都认为俄罗斯负有实现社会真理与博爱的使命;所有人都期望俄罗斯避免资本主义的不公平、资本主义的恶,越过经济发展过程中的资本主义阶段走向更好的社会制度。甚至所有的人都认为俄罗斯的落后性是俄罗斯的优势。别尔嘉耶夫认为,俄罗斯民族是世界上最具共同性的民族,俄罗斯人的生活方式、俄罗斯人的性情也都是如此。这种天性使他们必然地趋向于社会主义和共产主义,于是,在农奴制与专制制度下的俄罗斯人竟然成为了社会主义者和共产主义者。别尔嘉耶夫

---

[1] Бердяев Н. А. Русская идея. М., 2000. С. 26.

第一章 别尔嘉耶夫的"俄罗斯思想"及其在中国的传播

认为,俄罗斯的社会主义思想已经走过了三个阶段:乌托邦的社会主义——这是受圣西门、傅立叶思想影响的;民粹主义的社会主义——这是最具俄罗斯特色的;科学的或马克思主义的社会主义。别尔嘉耶夫又补充了一个阶段:共产主义的社会主义——这是唯意志论的、因革命意志而狂热的。别尔嘉耶夫认为,所有这些阶段的社会主义都具有一种宗教性质,这与知识分子将每一种学说都作为一种信仰崇拜紧密联系在一起。

俄罗斯思想中的社会主义思想倾向,深刻地反映在俄罗斯文学中。除了在拉吉舍夫那里的俄罗斯社会主义思想的萌芽,后来对社会主义有着最深刻的反思的陀思妥耶夫斯基本人,初期也曾是俄国第一个圣西门傅立叶性质的空想社会主义小组——彼得拉舍夫斯基小组的成员。他后来在自己的小说《群魔》中就深刻地揭示了这一俄罗斯思想,尽管是否定地、深刻批判式地将其揭示出来。该小组的另一成员,富裕的地主、贵族、美男子,最具革命倾向的斯彼斯诺夫,成为了陀思妥耶夫斯基笔下的斯塔夫罗金的原型。别尔嘉耶夫认为,斯彼斯诺夫最接近马克思主义思想,而且是战斗的无神论者,可以把他看做是共产主义的先驱。陀思妥耶夫斯基本人后期则成为了基督教社会主义者,对于这一点别尔嘉耶夫作过深刻详细的论述。而赫尔岑,正如上面所论述的,是民粹主义的、特殊的俄罗斯式的社会主义的先驱。他在生活于农奴制下的、被剥夺了最起码的受教育权的俄罗斯农民身上,看到了比已经变成小市民的欧洲人更多的个性的表现,更多的以个性为目的;看到了在俄罗斯人身上个性原则与社会性原则彼此结合着。赫尔岑成为了在1870年代得到最大限度发展的民粹主义的社会主义的奠基人。他相信,在俄罗斯可以比在西方更容易、更好地实现社会主义,而且不会出现小市民习气。别尔嘉耶夫认为,像许多民粹主义者一样,赫尔岑反对政治革命,认为它会把俄罗斯推向西方的资产阶级的发展道路。资本主义的工业发展是首要的恶,它摧毁了在农民的生活方式中存在的高级社会形态的萌芽。这样的社会主义常常意味着,认同专制,甚至君主制。民粹主义的社会主义者准备拥护俄罗斯的君主制,如果它捍卫人民而反对贵族和新兴的资产阶级。例如,在1860年代中有几年出现了左翼知识分子与政权的或者相当大程度上的和解与相对的妥协,并希望参与实施从上层开始的改革。赫尔岑,甚至还有车尔尼雪夫斯基,在亚历山大二世颁布解放农奴条令后,撰写文章,赞扬农奴制改革。这当然是被其表面的改革所迷惑。赫尔岑曾说:"俄罗斯永远也不会完成以摆脱沙皇并以君主议会制、君主审判制、君主警察制代替沙皇为目的的革命。"①别尔嘉耶夫认为,他这话的意思是,在俄罗斯将不会发生资产阶级的、自由主义的革命,而将发生社会主义的革命。这是卓越的预见。还有托尔斯泰,别尔嘉耶夫认为,他一方面是与共产主义相对立的,否定以技术和理性组织起来的生活,他相信自然和生活的神圣基础。但从另一方面讲,他本身又是共产主义的先驱,他宣扬的是共产主义的道德,否定私有制,否定任何经济上的不平等。而陀思妥耶夫斯基在某种程度上则是宣扬精神上的共产主义、人与人之间的责任感,这就是他对"聚议性"这一俄罗斯思想的理解。托尔斯泰和陀思妥耶夫斯基都宣扬全人类性思想。共产主义的国际主义只是"全人类性思想"、"基督教的普世主义"这些俄罗斯思想的变形。别尔嘉耶夫认为,尽管托尔斯泰、陀思妥耶夫斯基是反唯物论者,他们的创作具有宗教色彩,但在心理上,他们与别林斯基、车尔尼雪夫斯基、皮萨列夫、1870年代的民粹主义者们在许多方面有十分吻合的东西。

然而,对俄罗斯社会主义思想体系最具意义的是别林斯基。别尔嘉耶夫认为,别林斯基是19世纪俄罗斯思想史上最核心的人物之一。区别于1840年代的其他知识分子,他是第一位非贵族出身的、典型的知识分子。他具有极高的才能与天赋。作为典型的知识分子,他靠思想生活并探索真理。别林斯基热爱文学,具有文学批评家的敏锐,是最卓越的俄罗斯批评家,而且是唯一具有艺术感受力和美感的俄罗斯批评家。然而,由于对人类不幸的同情,他放弃了对艺术的思考,对他来说,文学批评只是体现完整世界观的手段,只是为真理而斗争的手段。这对于文学批评本身造成了可悲的后果,使它未能站在俄罗斯文学的高度。别尔嘉耶夫认为,在19世纪后半期,政论性的文学批评具有巨大的意义,原因在于,在书报检查制度下,文学批评家们只能通过对文学作品的批评形式来表达自己的哲学与政治思想。因此,别林斯基的文学批评是他表达思想见解的途径。别尔嘉耶夫认为,别林斯基是挚烈的西方主义者,信仰西方,但同时又是真正的、只有在俄罗斯才可以出现的俄罗斯人。他对西方产生过失望,但这是典型的俄罗斯式的失望。别林斯基起初沉醉于谢林的思想,后来转向黑格尔。他的思想发展经历了三个阶段:(1)道德唯心主义、英雄主义;(2)接受黑格尔关于现实的合理性思想;(3)为了人而激进地改造现实,反对现存的现实。在这一思想道路上他曾经历了两次危机。

---

① Бердяев Н.А. Русская идея. М., 2000. С.91.

第一章 别尔嘉耶夫的"俄罗斯思想"及其在中国的传播

最初,别林斯基对于黑格尔的"现实的合理性"的理解是,必须与周围的现实、与尼古拉一世时代的现实调和,并从中发现其合理性。这当然不会持久,很快别林斯基开始反击黑格尔,对现实的态度不再是和解,而是斗争。他反击黑格尔是为了活生生的人性,而为了活生生的人性的斗争后来又转化成了争取社会主义制度的斗争。可是一旦进入争取社会主义制度的斗争,事情又令人匪夷所思地起了变化:在争取社会主义制度的同时,别林斯基却忘记了这一斗争最初是"为了活生生的人性",而一头扎进社会性和普遍性的公正之中。别林斯基有了新的箴言"社会性、社会性或者死亡!"别林斯基自己说,他充满了马拉式的对人的爱。正是出于对人的同情,别林斯基准备宣扬残暴与冷酷,流血是不可避免的。为了使人类的绝大多数人获得幸福,即使成千上万的人头落地也值得。他说,人们是如此愚蠢,必须用暴力把他们拉向幸福。别林斯基承认,假设他是沙皇,他会成为一个正义名义下的暴君。他倾向于专政,他相信,一个没有富人也没有穷人的时代一定会到来。

因此,别尔嘉耶夫在别林斯基身上看到了两种意识走向。他首先关注人的个性,关注个体的苦难,首先想确立个性的尊严和完整的生活的权利。为了人的个性,他起而反对"普遍",反对世界精神,反对理想主义。但他注意的方向很快就改变了,个性被社会整体、被社会性所吞没。他认为,社会——只有通过革命途径而建立的新的社会,才会避免人的个性遭受不可忍受的苦难和屈辱。社会问题彻底取代了人的问题。革命打倒了压制人的个性的"普遍",但是它用新的"普遍"——社会来压制了个性。这就是革命的社会主义和无神论思想发展中的致命的辩证法。别尔嘉耶夫认为,别林斯基是革命知识分子的代表,他创立了该阶层的世界观原则。在他身上有俄罗斯所特有的对完整性世界观的追求,这是一种完整性真理——包含着真实性真理和正义性真理,把真理和正义结合于一体。在别尔嘉耶夫看来,根据别林斯基可以研究催生了俄国革命知识分子的世界观的内在动机,这一世界观在相当长一个时期一直处于统治地位,最终孕育出另一种历史语境中的俄罗斯共产主义。俄罗斯人由于怜悯、同情,由于不能容忍苦难而成为无神论者,他们成为无神论者,只因为不能接受创造了恶的、不完善的、充满了苦难的世界的造物主。他们自己要创造一个更好的世界,其中没有这些不公正和苦难。因此,别林斯基确信,俄罗斯民族是一个无神论的民族。俄罗斯人认为,上帝根本不存在,假如他存在,他就是一个邪恶的上帝。在俄罗斯无神论的根源中,是拔高了的、到

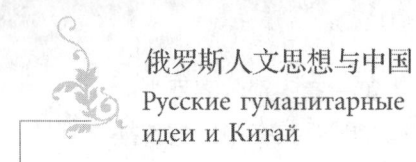

了狂热地步的人性的情感,但在无神论的最后结果中,人性却转变成了新的无人性。这早已被陀思妥耶夫斯基所预见。

别尔嘉耶夫认为,别林斯基后期形成的世界观可以被认为是俄罗斯社会主义的基础,他成为19世纪后半叶社会主义流派的代表。他是车尔尼雪夫斯基的直接先驱,在他身上揭示了俄国社会主义的一般的原初的道德基础。同时,在他身上潜伏着成为马克思主义者的可能性,他是俄国马克思主义的先驱,他已经肯定地说出了布尔什维克的道德理想。他比别人更应该被放入俄罗斯共产主义思想谱系中,作为这一谱系中的前辈之一,尤其应该比赫尔岑和40年代,甚至60年代的其他人,更接近共产主义,不仅是在道德意识上,而且是在社会观点上。共产主义同样有人道主义的起源。

但是,别尔嘉耶夫也强调指出,与社会主义、共产主义联系在一起的无神论是一种宗教现象,其基础是对真理的爱。俄罗斯革命的战斗的无神论,是俄罗斯的宗教性和俄罗斯的启示录主义的另一面。别林斯基为宗教信徒的精神所渗透,尽管他后来确信俄罗斯民族是无神论的民族,但他还是怀有对穷人和不幸者的基督式的爱。这种精神同样是俄罗斯知识分子的典型特征。

车尔尼雪夫斯基则是俄罗斯社会主义的另一代表。别尔嘉耶夫指出,在他的小说里,"薇拉·巴甫洛夫娜的梦"就是一个社会主义乌托邦。虽然他的乌托邦还带有一部分的民粹主义的特点,但这一乌托邦更多是在60年代里出现的共产主义的前身。作为经济学家的车尔尼雪夫斯基,不是工业发展的反对者,但也提出了19世纪俄国的传统问题:俄罗斯能否避开资本主义发展阶段。他的答案是,俄罗斯能够把资本主义阶段缩短至零,直接从低级的经济形式过渡到社会主义的经济。共产主义者试图走的道路也正是如此。在车尔尼雪夫斯基所有公开出版的著作中都最鲜明地表达了他是一位社会主义者,正是这一点确定了他对于俄罗斯知识分子的意义,因为,就道德意识来讲,在19世纪下半期,俄罗斯知识分子几乎全都是社会主义者。

车尔尼雪夫斯基还就美学问题进行写作,是俄罗斯政论批评的典型代表。他坚持这样的论点:现实高于艺术,并希望建立现实主义美学。在他的反美学主义中有强烈的禁欲主义动机。他希望那样一种文化类型在共产主义中占优势:自然科学和经济学占统治地位,否定宗教和形而上学,文学和艺术的社会定货,社会功利主义的道德,个人的内在生活服从于社会的利益和指示。别尔嘉耶夫认为,这完全是一幅漫画图。车尔尼雪夫斯基的禁欲精神和这一"唯物主义"的基督教式的美德是对共产主义者的巨大贡献,尽管他们本人并不具有这样的品德。

三、民粹主义、虚无主义与无政府主义

民粹主义 别尔嘉耶夫在《共产主义的意义与根源》一书中指出,民粹主义是典型的俄罗斯现象。早在俄国第一个知识分子拉吉舍夫那里,别尔嘉耶夫就发现了他对农奴阶层的巨大关注,认为"他是最早的民粹主义者之一"。同样,我们知道,别尔嘉耶夫视赫尔岑为"民粹主义的奠基人之一"。在村社中寻求对社会的拯救,在俄国经济的落后性中看到了解决社会问题的巨大优势,尖锐地批判议会民主制度,这都是赫尔岑的典型的民粹主义特征。而在关于斯拉夫主义的论述中,别尔嘉耶夫指出:"斯拉夫主义者是我们这里第一批民粹主义者,不过,是以宗教为基础的民粹主义者"。因此,可以看出,"俄罗斯民粹主义有各种类型:有左翼和右翼的,有斯拉夫主义的和西方主义的,有宗教式的和无神论式的等各种民粹主义。斯拉夫主义者和赫尔岑、陀思妥耶夫斯基和巴枯宁、托尔斯泰和1870年代的革命家——都是民粹主义者,是不同类型的民粹主义者。"①

在别尔嘉耶夫看来,俄罗斯的"民粹主义首先是对人民的信仰。'人民'一词应该理解为普通劳动人民,首先是农民。各种各样的民粹主义都相信在人民中保存着真正生活的秘密,而这一秘密是为占统治地位的文化阶层所不知的"。宗教民粹主义(如斯拉夫主义者、陀思妥耶夫斯基、托尔斯泰)相信在人民中潜藏着宗教真理。非宗教的、常常是反宗教的民粹主义(如赫尔岑、巴枯宁、1870年代的民粹社会主义者)相信在人民中潜藏着社会真理。民粹主义知识分子与人民相脱离,他们没有在人民生活中起作用。

对于民粹主义有一个核心问题,就是知识分子与人民的关系问题,这是一个很难被西方人理解的纯粹的俄罗斯问题。但这一问题却是一个极悖论的问题。一方面是,民粹主义知识分子们感到自己在人民面前有罪。在人民面前的罪孽感,在民粹主义者的心理中起着重要作用。他们认为,知识分子在人民面前永远负有债务,他们应当偿还自己的债务,因为知识分子获得的全部文化都是人民创造的,都是人民的劳动创造的。这赋予了掌握这一文化的人以沉

---

① Бердяев Н. А. Истоки и смысл русского коммунизма. М., 1990. С.48.

重的责任。所有的民粹主义者都意识到自己生活的不合理。真正没有被罪孽感、没有被剥削自己兄弟的罪孽压抑的真正的人,是劳动人民。在民粹主义看来,文化是用剥削人民的沉重代价换来的,因此,民粹主义常常是敌视文化,总是反对文化崇拜。斯拉夫主义的宗教民粹主义认为,高文化阶层的主要罪孽是脱离人民的宗教信仰、脱离人民的日常生活;社会主义的民粹主义认为文化阶层的罪孽在于,他们的整个生活,整个文化是以剥削人民的劳动为基础的。别尔嘉耶夫认为,这一思想对于俄罗斯思想具有重大意义,可以解释俄罗斯文化中的许多现象。别尔嘉耶夫指出,俄罗斯精神、文化阶层很少意识到自己配享有文化,很少意识到自己的文化使命。俄罗斯的天才在自己创作道路的高峰,尖锐地感觉到自己的孤独、自己与土地相脱离、自己的罪孽,于是,投身下层,想贴近土地,贴近人民。陀思妥耶夫斯基、托尔斯泰都是如此。民粹主义的世界观具有大地特征,它依附于土地。著名的民粹派作家格·乌斯宾斯基说,人民的生活受土地的支配。民粹主义的知识分子由于意识到自己与土地相脱离,因此他们想回归土地。别尔嘉耶夫认为,这种民粹主义思想只能存在于农民的、农业的国家之中。民粹主义的世界观是集体主义的世界观,而非个人主义的世界观。人民是集体,知识分子想投身于他们,走到他们中间去。别尔嘉耶夫发现,没有哪一个西方民族像俄罗斯民族的有特权的圈子这样强烈地体验到了忏悔的主题,在俄罗斯文学中创造了独特的"忏悔的贵族"的典型(他们是俄罗斯文学的人物形象系列之一),这在19世纪下半叶的作家的作品中最为突出,例如,托尔斯泰《复活》中的聂赫留朵夫公爵形象。"忏悔的贵族"意识到自己社会性的而非个人性的罪孽,自己的社会地位的罪孽,并对此忏悔。

知识分子与人民的关系的另一方面是,民粹主义知识分子虽然感到自己不是人民的有机部分,他们在人民之外,他们应当回归人民,但是,对于他们(如拉甫列夫、米哈伊洛夫斯基)来说首要的是人民的利益,而不是人民的意见。他们认为,正确的、启蒙的意见在知识分子那里,而不在人民那里。知识分子应当给予人民知识,启发他们的意识,为人民的利益和人民的解放事业服务,但却保持意见与思想的独立性。米哈伊洛夫斯基曾说:"如果革命的人民闯入我的房间,想要捣毁别林斯基的半身像,破坏我的藏书室,那么,我会与他们斗争到最后一滴血。"别尔嘉耶夫认为,米哈伊洛夫斯基的话恰恰预见了渴望革命的激进知识分子将要陷入的处境:他们并不为人民所理解,反而被人民以其人之道还治其人之身,被人民革了自己的命。70年代的强劲的"到民间去"的民粹主义运动的结局就说明了这一点。民粹主义知识分子信仰人民,却又以导师的面孔出现在人民面前。他们想与人民打成一片,服务于人民的切肤需求和利益,却又想启蒙人民。民粹主义的悲剧首先在于,人民不接受知识分子,人民把那些无私地、渴望自我牺牲为人民服务的知识分子送到了当局手里。人民(主要是指农民)与知识分子的"世界观"是迥然不同的,人民依然保留有宗教的、东正教的世界观,而知识分子的不信教(尽管是一种无神论宗教)是与之相抵触的。人民在民粹派的"到民间去"的运动中发现了老爷派头。因此,整个知识分子在俄罗斯帝国就处于了一种悲剧地位。俄罗斯是一个强大的专制帝国,同时,19世纪的俄罗斯又是一个庄稼汉的王国。知识分子受到了两种力量的挤压:沙皇政权的力量和人民的自发力量。人民的自发力量对知识分子来说是一种潜在的力量,知识分子处于人民的对立面。别尔嘉耶夫指出,在19世纪的后半叶,具有革命情绪的知识分子,领导着一种近乎英雄主义的生活,而这时人民却沉默着,他们等待着能够讲自己的话的时刻。当这个时刻来临的时候,人民实际上在革命中排挤了知识分子,而知识分子为这一革命几乎准备了整整一个世纪!

民粹主义的另一核心问题是俄国道路的选择问题。民粹主义对农民的村社是情有独钟。俄罗斯的民粹主义总是有一种独特的对资产阶级的厌恶和对资本主义在俄罗斯发展的恐惧,这是因为,俄罗斯民族永远与罗马式的对财产的理解不同,在俄罗斯,私有财产的绝对性永远被否定。对于俄罗斯意识来说,重要的不是对待财产原则的态度问题,而是对待活生生的人的问题。别尔嘉耶夫认为,这是更富基督教精神的意识。民粹主义相信俄罗斯的发展有其独特道路,相信俄罗斯可以避开西方的资本主义,相信俄罗斯民族肩负着比西方更快更好地解决社会问题的使命。这一思想主要来自赫尔岑。别尔嘉耶夫指出,所有的民粹主义者都把农民的生活方式理想化,村社在他们看来是俄国历史的独特产物,是一种理想的模式,或按照米哈伊洛夫斯基的说法,是一种低级发展阶段上的高级模式。对此,别尔嘉耶夫的观点是,不应该赋予民粹主义关于村社的学说过大的意义,它只是俄罗斯生活条件的反映。别尔嘉耶夫认为,更有意义的是民粹主义的道德和精神类型,因为,虽然俄罗斯共产主义有着与民粹主义相反的学说,但是,在俄罗斯共产主义中却融入了强烈的俄罗斯宗教民粹主义的成分。

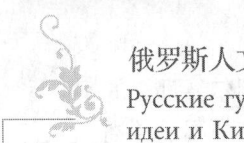

虚无主义 在1860年代的俄罗斯出现了虚无主义,这是比起1840年代更为冷酷和更为禁欲的精神类型,是现实性更强和更激进的典型。"虚无主义是西欧在某种程度上并不十分了解的一种典型的俄罗斯现象。"别尔嘉耶夫指出,从狭义上讲,1860年代争取解放的思想运动可以被称为是虚无主义的。因此,他说:"我所说的60年代的虚无主义,不仅指皮萨列夫,还指车尔尼雪夫斯基和杜勃罗留波夫。"①

1860年代俄国社会思想的中心人物是车尔尼雪夫斯基,他是思想领袖;而且,他不仅是1860年代激进知识分子的思想领袖,还是下几代人的思想领袖。流放、苦役给他的名字罩上了光环(被判流放7年,刑满后又在条件极其恶劣的东西伯利亚度过了12年),在很大程度上提高了他的声誉。别尔嘉耶夫认为,他不仅是一个唯物主义者和功利主义者,还是俄国的"虚无主义"思想家。具有虚无主义精神结构的俄罗斯人会轻松地走向牺牲,走向苦役,走向绞架。他们不理解十字架的秘密,却在更高的层次上有能力走向牺牲和弃绝。"就个人的道德品质而言,……车尔尼雪夫斯基近乎是个圣徒。"②"他有基督徒式的心灵"③,"他英勇地承受苦役生活,甚至可以说像基督徒一样忍受自己的苦难。"④车尔尼雪夫斯基是大祭司的孩子,在教会学校接受的启蒙教育;教会学校使他具有了一种禁欲主义起着巨大作用的精神结构。他在自己的生活中是一位真正的禁欲苦修者,在他身上有着强烈的禁欲主义。别尔嘉耶夫在车尔尼雪夫斯基的小说《怎么办?》中看到了这种禁欲主义气质的反映。别尔嘉耶夫认为,"《怎么办?》是乌托邦式的长篇小说。这部小说没有什么艺术成就,不是什么天才之作;通过薇拉·巴甫洛夫娜的梦所表达的社会乌托邦是极其肤浅的;书中所描写的缝纫合作社工场现在不会使任何人惊奇,也不会引起任何人的热情。但是,车尔尼雪夫斯基的小说自有其独特之处并具有重大意义。这意义主要是道德上的。它宣扬了一种新道德。"⑤这部长篇小说被右派阵营的代表所诋毁,叫嚷它的无道德。别尔嘉耶夫说,他们至少是找错了对象,他认为,"实际上,《怎么办?》所主张的道德是极其高尚的。无论如何,比

---

① Бердяев Н. А. Истоки и смысл русского коммунизма. М., 1990. С.38.
② Бердяев Н. А. Русская идея. М., 2000. С.92.
③ Бердяев Н. А. Истоки и смысл русского коммунизма. М., 1990. С.42.
④ Бердяев Н. А. Русская идея. М., 2000. С.92.
⑤ Бердяев Н. А. Русская идея. М., 2000. С.94.

起令俄罗斯民族蒙羞的《治家格言》的令人憎恶的道德来,是无与伦比的高尚的。"①别尔嘉耶夫指出,"这本书首先是深刻浸染了俄罗斯革命知识分子的那种禁欲主义因素。小说的主人公拉赫梅多夫睡钉子凳,为的是培养自己能经受一切考验,他准备放弃自己的一切。"②其次,别尔嘉耶夫对其中的爱情观给予了高度的肯定,他说,由于小说宣扬自由的爱情,否定以恶劣的私人占有欲为基础的嫉妒,而招致来自保守右派阵营最严厉的攻击,而实际上那些人固守的是享乐主义的道德。《怎么办?》的道德是纯洁的,超凡脱尘的。宣扬爱情自由,就是宣扬感情的真诚和爱情的价值,这是男女关系的唯一的理由。车尔尼雪夫斯基反对任何对人类感情的社会性强制,他借助爱走向了自由,走向了对自由与感情的真诚的尊重。车尔尼雪夫斯基在自己的生活中所经历的对女人的专一的爱,是爱的理想的典范。别尔嘉耶夫认为,车尔尼雪夫斯基的爱情自由的命题,与"为肉体辩护"的命题没有任何共同之处,这一命题不是在虚无主义和革命者那里,而是在20世纪初的雅致的唯美的思潮那里起作用。"肉体"很少引起车尔尼雪夫斯基的关注,关注它的是梅列日科夫斯基;而他关注的是自由与正义。别尔嘉耶夫最后强调说:"我要重申,《怎么办?》的道德是崇高的道德,是俄罗斯意识典型的特征。俄罗斯道德在对待性与爱上与西方的道德迥然不同。我们在这一方面比西方人更自由,我们认为,男女之爱的问题是个人问题,不涉及社会。……俄国知识分子认为,以真正爱情为基础的男女之间认真的和深刻的关系才是婚姻的基础,即使它没有经过教会仪式和国家法律使之神圣化。……爱情自由,就这个词的深刻与纯粹的意义来说,是俄罗斯的信条,就像废除死刑一样,他被纳入俄罗斯思想中。……对我们来说,最重要的是人。"③在别尔嘉耶夫看来,车尔尼雪夫斯基的哲学是肤浅的,但他的道德天性之深刻足以使其对生活作出十分正确与纯洁的评价,他富有人性,为人的解放而斗争,为了人,他反对社会对人类感情的统治,尽管他的人本学中没有人的形而上的深度。《怎么办?》成为俄罗斯虚无主义的基本教义,俄罗斯知识分子的必备书籍。尽管它在艺术上相当薄弱和无趣,然而对于知识分子的历史来说很有意味。车尔尼雪夫斯基从道德至上和对善的爱出发,确立了合理利己主义的功利主义道德;从禁欲主义出发,坚持哲学上幼稚

---

① Бердяев Н. А. Истоки и смысл русского коммунизма. М., 1990. С. 43.
② Бердяев Н. А. Истоки и смысл русского коммунизма. М., 1990. С. 43.
③ Бердяев Н. А. Русская идея. М., 2000. С. 95 – 96.

的和贫乏的极端唯物主义。别尔嘉耶夫指出,他相当贫乏的唯物主义和功利主义哲学与他的苦行生活和高尚的气节之间相当不协调。在社会思想上,他的社会主义接近于赫尔岑的民粹主义社会主义,他同样想依靠农民的村社和工人的合作组,同样想避免俄国资本主义的发展。民族的富强与人民的富足之间的对立是他的主要社会思想。在解决这一矛盾时他赞同发展工业,在这一点上,他不是民粹主义者。按照民粹主义的理解,要求俄罗斯停留在绝对的农业国,而不是走上资本主义的发展道路。但他相信这种工业的发展不以西方资本主义的方式实现。

关于杜勃洛留波夫,别尔嘉耶夫认为,对于理解广义上的俄罗斯虚无主义的起源和1860年代的俄罗斯革命,杜勃洛留波夫的形象值得关注。在他身上可以看出虚无主义思想和革命思想是在何种心理基础上产生的,这是一种产生圣徒的心理结构,这一点既适用于杜勃罗留波夫,也适用于车尔尼雪夫斯基。别尔嘉耶夫发现,杜勃洛留波夫的日记对于理解俄罗斯虚无主义的精神根源很有意义。杜勃罗留波夫与车尔尼雪夫斯基一样是大祭司的孩子,受过纯正的东正教教育。孩提时代的杜勃洛留波夫就具有浓厚的宗教意识和禁欲主义的情绪,并且有很强的罪孽感,倾向于经常性的忏悔。最为轻微的罪孽都会使他非常痛苦,甚至在最微不足道的对自己的愿望的满足中,例如吃了过多的果酱,都会感到罪恶。在他身上有某种严酷的东西,他不能容忍东正教教会人士的生活在精神上的鄙俗性,由此他不能认同对上帝的信仰,对充满了恶与不公正的苦难的上帝之天意的信仰。他被生活中的恶、不公正和苦难震惊;这样一个邪恶的、充满不公正和苦难的世界竟有一个至善和全能的造物主,这是他不能妥协、不能认同的。杜勃罗留波夫感到自己被"黑暗王国"所包围,他给奥斯特洛夫斯基撰写的重要文章,就题名为《黑暗王国的一线光明》:人应当给黑暗王国带来光明,需要照亮、需要革命性地改变整个生活的秩序。

在俄罗斯文学作品中不乏虚无主义者的形象,陀思妥耶夫斯基在其伟大的作品《卡拉马佐夫兄弟》中最深刻有力地揭示了虚无主义的两种现象:伊凡·卡拉马佐夫——虚无主义的高级的哲学上的现象;斯麦尔佳科夫——虚无主义的低级的奴才的现象。而在此前,屠格涅夫则在《父与子》中以巴扎洛夫这一人物塑造了一个虚无主义者的形象。别尔嘉耶夫认为,俄罗斯虚无主义的领袖、虚无主义的主要思想家皮萨列夫,在个性方面有许多就像屠格涅夫笔下的巴扎洛夫。作为这一时期的三大文学批评家之一的皮萨列夫与另外两

第一章 别尔嘉耶夫的"俄罗斯思想"及其在中国的传播

位车尔尼雪夫斯基、杜勃洛留波夫不同,他不是平民知识分子,而是出身于世袭贵族。在他身上有某种温和的东西,没有车尔尼雪夫斯基和杜勃洛留波夫的道德的严酷性。比起车尔尼雪夫斯基和杜勃洛留波夫来,皮萨列夫代表了60年代的另一种倾向。因为,在皮萨列夫那里不仅有社会主题,也有个人主题,皮萨列夫不仅关心社会,而且关心人的质量,他期望出现自由的人。但是,别尔嘉耶夫指出,人的自由的个性对于皮萨列夫来说只具有表面的价值,他天真地把人的自由与唯物主义和功利主义哲学联系在一起。他在《现实主义者》一文中写道:"我们每一个人的所有思维与全部活动的最终目的只有一个:解决永远无法回避的人的吃饭穿衣问题,舍此,没有什么问题是重大的需要解决思考和操劳的了。"[①]而这正是陀思妥耶夫斯基的《宗教大法官的传说》中的大法官的思想可以生根的土壤。别尔嘉耶夫指出,对于俄罗斯虚无主义特别具有意义的是皮萨列夫对待文化与历史问题的态度。他在青少年时期参加过东正教的禁欲主义团体"思想者",在他身上同样具有禁欲主义气质。这种禁欲主义气质强烈地反映在他对待文化与历史的态度上。虚无主义的皮萨列夫,比车尔尼雪夫斯基和杜勃罗留波夫具有更高的作家的天分,具有更高的美的鉴赏力,但是,他却是"美学的摧毁者",是美学的敌人,他否定艺术的独立意义。别尔嘉耶夫指出,皮萨列夫完成了真正的美学洗劫,他激烈地反对普希金,完全否定普希金,反对有特权的一小撮文化人享有的奢华,甚至建议俄罗斯小说家去写通俗的自然科学的专题论文。皮萨列夫式的虚无主义宣称,"靴子高于莎士比亚"。在皮萨列夫主义里,文学和艺术的"社会定货"思想甚至以比在共产主义里更极端的形式被确定下来。如果俄罗斯虚无主义的纲领能够在俄罗斯共产主义里完全实现,那么,文化的品质将会得到比我们在苏联文化中看到的更具毁灭性的后果。俄罗斯的虚无主义者的唯物主义和功利主义以及他们对文化的否定,正是他们的主要的内在矛盾。他们以解放人、以人的温饱生存的名义,推翻了宗教、哲学、艺术,否定精神和精神生活。正是这样,便压抑了个性,剥夺了人的实质内容,抽空了人的内在生活,否定了个性的创造性和精神的丰富性的权利。功利主义原则在最大程度上不利于个性原则,它使个性臣服于利益,利益暴虐地统治个性。虚无主义者对文化持怀疑态度,但却崇拜科学,亦即自然科学;期望自然科学能解决一切问题,他们在人的

---

① Бердяев Н. А. Русская идея. М., 2000. С.97.

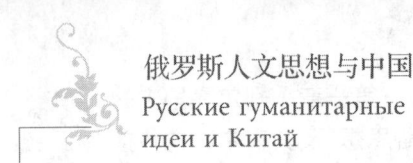

个性中没有看到任何可以从内部与外部环境的作用相抗衡的因素。

别尔嘉耶夫在批评家杜勃罗留波夫那里也发现了同样的对美学的否定,虽然他没有像皮萨列夫那样走极端,但是对于他来说,美学也同样是奢侈。由此我们发现,文化与历史问题对于虚无主义来说是一个尖锐的问题,这样,在俄罗斯极其敏锐地提出了人类的历史创造和文化的正当性的问题,使文化的正当性受到质疑。这种质疑在俄罗斯往往不是发生在那些不拥有文化的人身上,而是发生在处于文化顶峰的人身上。不仅发生在车尔尼雪夫斯基、杜勃洛留波夫、皮萨列夫身上,也发生在伟大的俄罗斯作家果戈理、托尔斯泰身上,这表现在他们痛苦地怀疑自己的文学创造的相对的正当性。这一点,从前面章节别尔嘉耶夫关于果戈理、托尔斯泰对待文化与历史的虚无主义态度的论述中就可以看出。宗教地、道德地和社会地怀疑文化的正当性,这是俄罗斯典型的主题。

别尔嘉耶夫指出,事实上,虚无主义是一个远比皮萨列夫们更为广泛的现象,它是一种独特的宗教现象,它诞生于俄罗斯东正教的精神土壤上,它也只能在具有东正教结构的心灵中产生。一方面,虚无主义是东正教禁欲主义、弃绝一切幸福的禁欲主义的外化。纯粹的最深刻意义上的俄罗斯虚无主义的基础是东正教式的对世界观的否定,是感觉到世界处于恶之中,是认为生活的一切财富和奢华、艺术和思想中的一切创造性成果都是罪孽。另一方面,虚无主义是东正教的俄罗斯民族的终极性、启示录主义的底片、翻版。俄罗斯民族不是处于历史过程中间阶段的民族,俄罗斯人总是渴望终极,而不大理解历史进程的阶段性。陀思妥耶夫斯基说:我们全都是虚无主义者;而别尔嘉耶夫则说:我们,俄罗斯人,是启示录主义者或虚无主义者。俄罗斯的启示录主义使它反对历史的虚伪,反对文明的谎言,要求结束历史,开始一种完全崭新的、外在于历史的或超历史的生活。无论是禁欲主义的虚无主义对现实的否定,还是启示录主义的虚无主义对终极的渴望,都形成对历史与文化的否定。

虚无主义认为,不仅艺术、形而上学、精神价值,甚至宗教都是罪孽的奢侈;所有的力量都应当献给世界上人的解放,献给把劳动人民从无比深重的苦难中解放出来的运动,献给创造幸福的生活条件,"解决永远无法回避的人的吃饭穿衣问题,舍此,没有什么问题是重大的需要解决思考和操劳的了(皮萨列夫语)。"他们以自然科学和政治经济学为给养。自然科学可以打破古老的信仰,政治经济学教导组织更合理的社会制度。虚无主义在唯物主义中找到

第一章 别尔嘉耶夫的"俄罗斯思想"及其在中国的传播

了自己的表达,唯物主义获得了神学色彩,它成为必要的道德教义。为了实现社会正义,粗糙的唯物主义和功利主义的信仰开始确立。别尔嘉耶夫指出,陀思妥耶夫斯基深刻地洞悉俄罗斯虚无主义的本质,他们的问题都是伊凡·卡拉马佐夫的婴孩问题,而这一"问题的基础是某种虚假的俄罗斯式的敏感、多愁善感,虚假的对人的同情——这一同情导致对上帝、对世界生活的上帝意义的恨。他们由于婴孩的眼泪而给上帝制造了一个麻烦,把入场券还给了上帝。俄罗斯虚无主义道德家认为,他们比上帝更热爱人、同情人;他们修正了上帝对人和世界的思考。"

从别尔嘉耶夫在宗教背景下对车尔尼雪夫斯基、杜勃罗留波夫、皮萨列夫的虚无主义、禁欲主义思想倾向的论述,可以重新审视传统文学批评对他们的革命民主主义批评家的实质的认识;通过别尔嘉耶夫对果戈理、托尔斯泰文化虚无主义的论述,可以找到对其悲剧命运的解释,由此得出的将是与传统批评完全不同的解读。

无政府主义 别尔嘉耶夫认为,"无政府主义,像虚无主义、民粹主义一样,同样是俄罗斯精神富有特色的产物。这是俄罗斯民族精神结构之一极。"① 政权问题和为国家辩护的问题同样是纯粹的俄罗斯问题。俄罗斯民族的狄奥尼索斯式的天性,就意味着无政府主义。俄罗斯人的自由热情,与其说与自由主义有关,不如说与根本上的无政府主义有关。俄罗斯人不喜欢国家,也不认为国家是自己的。他们要么造反反对国家,要么顺从地接受它的压迫。俄罗斯人比西方人更强烈地感受到各种强权的罪与恶。俄罗斯的自由民,从肉体上或精神上逃离国家。在俄罗斯始终存在对立的两方:"我们"——知识分子、人民、解放运动;"他们"——国家、帝国、政权。俄罗斯的分裂运动是俄罗斯历史的基本现象。在分裂的土壤上形成了一些无政府主义思潮。别尔嘉耶夫指出,从 18 世纪末起,俄罗斯的知识分子,从拉吉舍夫开始,就被君主专制的国家机器所窒息,因而他们寻找社会生活的自由与真理。整个 19 世纪的知识分子都在同帝国做斗争,他们信奉没有国家、没有政权的理想,在俄罗斯形成了各种无政府主义思想体系,在各种思想倾向中(无论是宗教的还是非宗教的)都混合着无政府主义因素:斯拉夫主义者的君主专制思想就是以强烈的无政府主义为基础的,其代表人物康·阿克萨科夫是真正的无政府主义

---

① Бердяев Н. А. Истоки и смысл русского коммунизма. М., 1990. С. 53.

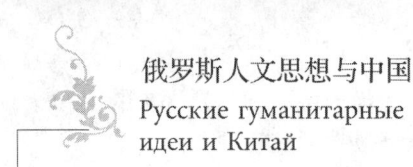

者;陀思妥耶夫斯基也有极强烈的无政府主义因素;而俄罗斯的民粹主义者不理解国家的意义,也从不考虑怎样在国家中掌握权利;19世纪的俄罗斯文学不能忍受帝国,具有极强的揭露成分。俄罗斯文学,正像俄罗斯文化一样,与俄罗斯的广袤相适应,它只能产生于具有辽阔疆域的大国,但它不是与帝国、与国家政权联系在一起。

根据别尔嘉耶夫的论述,典型的俄罗斯无政府主义有两种形式:一种是斯拉夫主义者的无政府主义。斯拉夫主义者不喜欢国家和政权,他们视任何政权都为一种恶;但同时,他们又是君主独裁的拥护者。这怎能一致起来?斯拉夫主义者的君主主义,就其根源、就其内在激情而言,是无政府主义的。他们认为,人民憎恶政权而放弃政权,选举沙皇并责成他承担政权的责任,君主独裁是以人民选举、人民信任为国家的最低限度。政权不是权力,而是义务。斯拉夫主义者就是用自己这样一种空想的君主政体的无政府主义思想来掩盖了自己对自由的热爱和对无政权理想的好感。赫尔岑也具有无政府主义倾向,但他与斯拉夫主义者的无政府主义稍有不同,他不掩饰任何东西,也不打算去调和分歧,不要国家的倾向在他那里是十分清楚而坚定的。另一种无政府主义,是巴枯宁的无政府主义:现实的无政府主义,极端形式的、革命的无政府主义。他有一句名言:"破坏欲就是创造欲。"他认为,应当燃起世界烈火,应当摧毁旧世界。在旧世界的遗址和废墟上,会自然而然地出现新的美好的世界。巴枯宁的无政府主义的矛盾在于,无政府主义的革命是借助流血的暴力来实现的,并不否定使用惯有的对人的暴力与强权。

但是,别尔嘉耶夫认为,最彻底、最激进的无政府主义,并不是巴枯宁的以流血革命摧毁旧世界的无政府主义,而是托尔斯泰的宗教无政府主义。在另一位俄罗斯天才陀思妥耶夫斯基那里,同样具有更深刻的无政府主义。别尔嘉耶夫把陀思妥耶夫斯基的《宗教大法官的传说》看做是人们写的所有东西当中最无政府主义和最革命的,"对国家制度、对帝国主义还从未有过如此严酷、如此毁灭性的审判的声音,对地上王国的反基督本性还从未有过如此有力的揭露。"别尔嘉耶夫认为,通常,表现在陀思妥耶夫斯基的《作家日记》里的表面保守的政治观点,妨碍了认清他的无政府主义本质。其实,他在那里表达的君主主义也属于无政府主义类型,像斯拉夫主义者的君主主义一样;而他在《卡拉马佐夫兄弟》中所表达的神权政治乌托邦也与国家没有任何相干,它是对国家的战胜,是国家最终让位于教会,是在教会中的王国,是上帝的王国,而不是恺撒的王国,这是启示录式的期待。别尔嘉耶夫认为,在《宗教大法官的传说》中奠定了无政府主义真正的宗教和形而上学的基础,它的无政府主义性质因没有被充分地揭示,从而使许多人陷入误解。不过,别尔嘉耶夫指出,陀思妥耶夫斯基的宗教无政府主义具有自己的特殊性,具有与托尔斯泰的宗教无政府主义不同的根基,并且走得更深更远,对于陀思妥耶夫斯基来说,精神自由问题具有一种在托尔斯泰那里所没有的中心意义。陀思妥耶夫斯基的宗教无政府主义的根基是,基督拒绝此世王国的诱惑。对于陀思妥耶夫斯基来说,强制建立地上王国是罗马的思想,是否定精神自由的反基督诱惑,他对此予以坚决的反对。别尔嘉耶夫说,也许陀思妥耶夫斯基并没有充分意识到从他的传说中可以引出无政府主义的结论。

四、神正论与人正论 神人与人神

神正论与人正论 问题同样是俄罗斯思想中尖锐的一极,俄罗斯的有神论与无神论都与这一问题有关。同时,神正论与人正论问题,尖锐地体现在个人与世界和谐、个人与历史进步的问题中。别尔嘉耶夫认为,"也许,再没有谁像陀思妥耶夫斯基那样尖锐地提出神正论这一痛苦的问题了,谁也没有像他那样有力地揭示这一问题的内在的辩证法"。别尔嘉耶夫还说,"只有一个永恒的对上帝的责难,这就是,世界上存在恶,这个主题是陀思妥耶夫斯基的基本主题,他所有的创作都是在回答这一责难"。实质上,别尔嘉耶夫最根本的焦虑也是"神正论"的问题,他说过,"神正论的问题是我的宗教关注的中心,在这一点上,我是陀思妥耶夫斯基之子。"为神辩护,也为人辩护——这既是陀思妥耶夫斯基的焦虑,也是别尔嘉耶夫的焦虑,他们共同关心的问题是恶的存在。但在俄罗斯文学中对这一问题的关注早就开始了,几乎每一个作家都对此思考过,痛苦过。陀思妥耶夫斯基通过其作品在对"非理性的自由"的揭示中寻找这一问题的答案,而别尔嘉耶夫秉承了陀思妥耶夫斯基的思想,从"非被造的自由"出发,从哲学上回答这一问题。

别尔嘉耶夫注意到,神正论的问题始终折磨着陀思妥耶夫斯基:怎么能把上帝与充满恶与苦难的世界的创世者两者调和起来?能不能接受那样一个创世者,如果在这个世界里有无辜的痛苦,哪怕只是一个孩童在痛苦? 面对现实的诘问,信仰上帝的陀思妥耶夫斯基必须面对思辨的陀思妥耶夫斯基。宗教哲学家洛斯基认为,陀思妥耶夫斯基断然否定了那些认为恶是善的必要条件的伪学说,在伊万与阿廖沙那段著名的对话①中表达了陀思妥耶夫斯基的观点——善不能建立在恶之上。但是,怎么解释上帝所创造的世界里的恶呢? 陀思妥耶夫斯基建立了具有自己特色的神正论。在寻找恶的来源时,陀思妥耶夫斯基将关注的目光投向了"自由"。上帝在创世时按照自己的样子创造了人(即人的类上帝性),同时也赋予了人以继续创造的自由,人作为受造物秉有自由,同时成为对自身行为负责的动物。陀思妥耶夫斯基在1873年的《作家日记》中也曾写道:"基督教使人负责,以此承认人的自由。"别尔嘉耶夫指出,自由位于陀思妥耶夫斯基世界观的核心。自由对于他来说,既是人正论,也是神正论,应该在自由中既找到为人的辩护,也要找到为神的辩护。整个世界进程就是完成自由主题之使命,是一场为完成这一主题而产生的悲剧,这是因为,自由——是非理性的,正因为如此,它创造善,同时也创造恶。在《地下室手记》中揭示的就是人天然秉有的非理性自由。别尔嘉耶夫认为,"事实上,只有存在的基础是非理性自由这一秘密,那么上帝才可以被接受,世界才可以被接受。只有这样才可以理解世上恶的源头,才可以在恶的存在上为上帝辩护。"②在陀思妥耶夫斯基看来,世上之所以有如此多的恶与苦难,是因为人的基元中有非理性自由。而别尔嘉耶夫则更进一步,他认为,上帝从自由中创造了世界。创造的基础是无限的自由,这个自由在世界的创造之前就被包含在其中。世上之所以有如此多的恶与苦难,是因为整个世界的基础是自由。他认为,整个世界的价值和整个人的价值就在于自由。如果只能以否定自由为代价来免除恶和苦难,世界就会被善和幸福所奴役,就会失去自己类上帝的东西,因为类上帝性首先是在自由之中。尽管在"自由"是上帝赋予的还是"非被造的"这个问题上,陀氏与别氏有不同的理解,但他们都承认"自由"这一前提。

别尔嘉耶夫指出,在陀思妥耶夫斯基那里,与自由主题相联系的是恶的主题。没有自由,恶就是无法解释的;恶出现在自由的道路上。没有自由,上帝

---

① "请你回答:你自己要建筑一所人类命运的大厦,目的在于最后造福人类,给予他们和平和安谧,但是为了这个目的,必须而且免不了要残害哪怕是一个小小的生物,——比方说就是那个用小拳头捶胸脯的孩子吧,要在他的无法报偿的眼泪上面建造这所大厦,在这种条件下,你答应不答应做这房子的建筑师呢? 请你坦白说,不要说谎!" "不,我不能答应。"阿廖沙轻声说。"同时你能不能那样想,就是你为他们建筑的那些人会同意在一个受残害的小孩的无辜的血上享受自己的幸福么,而且即使同意了,又能感到永远幸福么?" "不,我不能那样想,哥哥。"

② Бердяев Н. А. Миросозерцание Достоевского. М., 2004. С. 433.

第一章　别尔嘉耶夫的"俄罗斯思想"及其在中国的传播

就要对恶负责。所谓陀思妥耶夫斯基的"残酷性"与他对待自由的态度相关。他是"残酷的",因为他不愿意卸下人的自由之重负,不愿意用失去自由的代价来换取人免于痛苦,他把与自由人的尊严相称的重大责任赋予人。自由是责任,是担当恶的责任。在他的残酷中,回荡着捍卫人的尊严的声音。卸去人责任的重负,赋予人外在的条件,让他感觉自己是这些外在条件的玩偶,这有损于人作为自由的、负有责任的存在的尊严。恶是人具有内在深度的标志。别尔嘉耶夫指出,陀思妥耶夫斯基有一个思想,即没有罪和恶的自由,没有自由的体验,就不可能取得世界的和谐。恶的本性——是内在的,是形而上的,而不是外在的、社会的。人,作为自由的存在,对恶负有责任。恶是人的道路,人悲剧的道路,是自由人的命运,是同样可以丰富人、带人走向更高的台阶的体验。但为此需要经历磨难,需要经受死亡的恐惧,需要揭示恶、揭露它的毫无价值,需要让恶经历地狱之火,需要赎自己的罪。恶与痛苦联系在一起,所以必定把人引向赎罪。陀思妥耶夫斯基相信苦难之赎罪与复活的力量。对于他来说,生命首先是通过苦难来赎自己的罪。自由把人带到了恶之路上。恶是自由的体验。恶必定带来赎罪。赎罪恢复人的自由,还人以自由。因此,赎罪者基督就是自由。这是陀思妥耶夫斯基强有力的为人的辩护。

在陀思妥耶夫斯基的作品中,更多地揭示的是非理性的自由带来的恶,以及通过恶与赎罪人获得拯救,并没有正面地为上帝辩护。有人指出,虽然陀思妥耶夫斯基的理想寄托在佐西马长老和阿廖沙这样的人身上,但伊万·卡拉马佐夫对上帝的指责比佐西马和阿廖沙为上帝的辩护更为有力。因此,伊万·卡拉马佐夫在与阿廖沙的谈话里所揭示的关于孩童的眼泪的辩证法,是从反面提出的神正论问题,不是对上帝的辩护,而是由于苦难而对上帝的质问。伊凡·卡拉马佐夫说,他不接受的不是上帝,而是上帝的世界。任何世界和谐、世界秩序都是不能容忍的,只要其中还有不公正的痛苦,哪怕只是一个人的痛苦;只要其中还有痛苦的婴孩的一滴眼泪,世界和谐的入场券就应当被退回去。如果这个世界的基础是不公正,那么就不应该创造这个世界。这一问题其实在《地下室手记》里就已经尖锐地提出来了。在那里,那种不愿意成为世界机器的销钉、整体的部分、实现世界和谐的手段的个性的呐喊已经达到了疯狂的地步;在那里表达了一种天才的思想:人完全不是追求幸福的理智存在,而是有着痛苦需求的非理性存在。地下室人不能认同世界和谐,不能认同水晶宫,不能认同他只是工具。当千万人由于放弃个性与自由而获得幸福时,

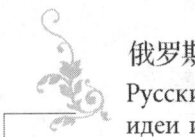

地下室人不能接受强加的世界和谐、幸福的蚂蚁窝这一所谓的进步所带来的结果。这一思想在《宗教大法官的传说》中得到了巨大的发展。别尔嘉耶夫指出,其实,陀思妥耶夫斯基具有两重性,一方面,他不接受以苦难和无辜的苦难为基础的世界;另一方面,他也不接受"欧几里得的智慧"想要创造的世界,也就是,没有痛苦但也没有自由的世界。陀思妥耶夫斯基不要没有自由的世界,也不要没有自由的天堂。他最反对的是强加给人的那种幸福。伊万·卡拉马佐夫关于婴孩眼泪的辩证法体现了陀思妥耶夫斯基自己的思想,但是,同时他又用自己对基督的信仰抑制了这种无神论的、反抗上帝的辩证法。

同样,别尔嘉耶夫发现,别林斯基也提出了神正论问题,但同样是从反面提出了这一问题。

别林斯基在经历了短暂的保守地理解黑格尔的"现实性"之后,转向对现实的抗议,转向对每一个个体、个性的苦难的关注。他说:"即便我到达了发展的最高阶段,我也会要求对由于生活和历史条件所造成的全部牺牲,对由于各种偶然事件、迷信、菲力普二世的宗教裁判等等所造成的全部牺牲作出解释,……人们说,不和谐是和谐的条件,也许这对音乐迷们来说是高兴而惬意的事儿,但显然对那些要以自己的命运来表达不和谐的人来说并非如此。"①别尔嘉耶夫认为,这些话很重要,他提出的是神正论问题,是对恶、苦难的解释问题,也提出了对"历史进步"的评价问题。他以个人的名义,以现实的人的名义反抗历史、反抗世界进程,反对普遍理念与普遍精神。"主体、个体、个人的命运比全世界的命运更重要"。别尔嘉耶夫认为,别林斯基所表述的思想与伊万·卡拉马佐夫的思想,与他关于婴孩的眼泪与世界和谐的辩证法有着惊人的相似。别尔嘉耶夫认为,别林斯基在陀思妥耶夫斯基之前就意识到并体验了伊凡·卡拉马佐夫有关婴孩眼泪的问题,在他的思想中已经孕育了陀思妥耶夫斯基在《宗教大法官的传说》里的辩证法,有时,在伊凡·卡拉马佐夫的思想里,陀思妥耶夫斯基所指的就是别林斯基,他对别林斯基有很好的私人了解,并与他有许多争论。别林斯基在经历了对唯心主义的失望的痛苦之后,他转变为革命者、无神论者、社会主义者。别尔嘉耶夫认为,极为重要的是,在别林斯基那里,革命的社会主义的热情与无神论结合起来。这种无神论的根源是对人的同情,以及由于生活的邪恶和痛苦而与上帝的不可调和性。

---

① Бердяев Н. А. Истоки и смысл русского коммунизма. М., 1990. С. 33.

第一章　别尔嘉耶夫的"俄罗斯思想"及其在中国的传播

由于无神论是因道德动机而产生的,致使它不能解决神正论问题,无法为上帝辩护。在他们看来,创世者不是一个善意者,因为世界充满了苦难、无辜的苦难。别尔嘉耶夫对无神论的道德激情,它对善良和正义的爱这一点给予了肯定,但也指出了它的悖论。为个性而反对普遍性的斗争,在别林斯基那里转变成为新的普遍性,为人类、为它的社会组织而斗争。别林斯基没有注意到,推翻先前压迫人的普遍性之后,他迅速使个性臣服于新的"普遍性"。陀思妥耶夫斯基在《宗教大法官的传说》中极其深刻地揭示了无神论独特的宗教心理和这一思想的辩证法。出于对人的同情,出于反对压迫活生生的人的普遍事物(思想、理性、精神、上帝),别林斯基成为了无神论者,他是俄罗斯社会主义道德—心理根源的杰出的证明。

和神正论与人正论问题联系着的是**神人与人神**的问题。陀思妥耶夫斯基捍卫人的自由,别尔嘉耶夫认为他是人类自由的辩护士。但我们从他的作品中也看到,人在使用其自由时却往往忘记了自己的使命。自由使人带有神性、神人性,但并不是使人成为"超人"或神化人。一旦将人神化,人就成为了人神。人神思想与人道主义思想的演变有着密切的联系。

别尔嘉耶夫指出,19世纪的哲学思想在俄国产生时就呈现出的宗教性、道德性和社会性表明,人的问题,人在社会与历史中的命运问题是核心问题。但是,俄罗斯所体验的不是西欧的文艺复兴意义上的人道主义,而更多的是人道主义的危机。

人性问题是俄罗斯特有的,人性是俄罗斯思想的最高显现。无论是在高文化阶层还是民众中,俄罗斯最优秀的人都不能容忍死刑和残酷的惩罚。对人具有无限怜悯与同情,人高于所有原则,别尔嘉耶夫指出,这在俄罗斯文学中得到了深刻的反映。拉吉舍夫极富同情心;别林斯基不希望自己一个人幸福,如果兄弟们都在受苦;米哈伊洛夫斯基也不希望自己有权利,如果庄稼汉没有权利;全部的民粹主义都起源于怜悯与同情。托尔斯泰具有俄罗斯式的人性,他的人性表现为对历史的反抗,反对一切暴力,表现为对普通劳动人民的爱,他一生被自己的特权所折磨,他要放弃一切,要平民化,成为庄稼汉;陀思妥耶夫斯基专注于苦难与同情,苦难与同情成了他的作品的基本主题;罗赞诺夫在他还属于斯拉夫主义的保守阵营的时候就曾激愤地说,人变成了历史的根据,并发问,什么时候人才能成为目的本身;而俄罗斯的无神论也是从同情中诞生的,是在对世界的恶、历史的恶和文化的恶之不能忍受中诞生的。

但是，在人道主义的演变过程中，在人的自我肯定中，人道主义本身发生了深刻的危机。陀思妥耶夫斯基的创作尖锐地揭示了这一危机，别尔嘉耶夫指出，"陀思妥耶夫斯基揭示了人道主义的形而上的辩证法。他不仅揭示了俄罗斯人道主义的危机，而且也像尼采一样揭示了世界人道主义的危机。陀思妥耶夫斯基拒绝（19世纪）40年代唯心主义的人道主义，……拒绝对人的本质的乐观主义的认识。""对待人道主义，他有两种态度。一方面，他深深地被人性所浸透，他的同情心是无限的，他理解基于不能容忍世界的苦难而对上帝的反抗。就是在最堕落的存在中，他也发现了人的形象，亦即上帝的形象。人身上的上帝形象具有绝对意义。但另一方面，他揭示了人道主义的自我肯定之路，发现了它的极端后果是，人成为崇拜对象。……他发现了人的自我肯定、不信上帝和无目的的自由的致命的后果。在陀思妥耶夫斯基那里，当人走向人的崇拜，走向自我崇拜的时候，同情心和人性就转化为残酷性和非人性。"①尽管俄罗斯的无神论就是从同情中诞生的，但是"这些学说却导致了共产主义革命，而这种革命又以其全部的激情拒绝承认人性"②。人道主义的道德产生了断裂，人道主义变成了反人道主义。在俄罗斯文学中以神人与人神的形象深刻地表述了这一问题。别尔嘉耶夫认为，"人神思想的发现应该归功于陀思妥耶夫斯基，这一思想在基里洛夫的形象中表现得尤其尖锐"③。陀思妥耶夫斯基从宗教深度揭示了基里洛夫这一形象的本质。基里洛夫，一个精神高尚的人，极其纯真但又极端脱离实际的人，揭示的是失去上帝的、自我肯定的人的道路的最终结果。基里洛夫呓语般地说："将有新人出现，幸福的、骄傲的。……谁战胜了痛苦与恐惧，谁自己就是上帝。……上帝是一种恐惧的痛苦和死亡的痛苦。谁战胜了痛苦与恐惧，他自己就成为上帝；那时就有新生活，那时就有新人，一切都是新的。""人将成为上帝，肉体上也将发生变化。世界会改变，行为会改变，还有思想，还有一切情感都会改变。""那个名字叫'人神'的人将结束世界"。"神人？"——斯塔夫罗金追问道。"人神"，——基里洛夫回答，——"这是有区别的。"④别尔嘉耶夫指出，人的自我崇拜之路把人引向的是希加廖夫和宗教大法官的思想体系，也就是导致否定

---

① Бердяев Н. А. Русская идея. М., 2000. С.77.
② Бердяев Н. А. Русская идея. М., 2000. С.77.
③ Бердяев Н. А. Миросозерцание Достоевского. М., 2004. С.511.
④ Бердяев Н. А. Миросозерцание Достоевского. М., 2004. С.511.

第一章 别尔嘉耶夫的"俄罗斯思想"及其在中国的传播

人,否定有上帝形象的人,否定自由。只有神人类和神人才能肯定人、人的个性和自由。这就是陀思妥耶夫斯基的辩证法。人性如果脱离了上帝和神人,则转化为非人性。陀思妥耶夫斯基在无神论的革命者涅恰耶夫身上看到了这种转化,并以其为原型塑造了《群魔》中的彼得·韦尔霍文斯基的形象。别尔嘉耶夫分析说:"涅恰耶夫和涅恰耶夫的事业为陀思妥耶夫斯基写作《魔鬼》提供了素材。被怀疑为奸细、被涅恰耶夫杀害的大学生伊万诺夫的事件,被陀思妥耶夫斯基反映为沙托夫的被害。彼得·韦尔霍文斯基当然很少有与涅恰耶夫相象之处,让人产生的是一种对涅恰耶夫的诋毁的感觉,但在心理上,陀思妥耶夫斯基揭示得非常可信。"①事实上,俄罗斯思想史上的各种无神论倾向,都反映着一种"人神"思想。它们之活跃与强大,一如在陀思妥耶夫斯基的作品中一系列强有力的人物一样活跃与强大:地下人、拉斯柯尔尼科夫、斯塔夫罗金、基里洛夫、彼得·韦尔霍文斯基、希加廖夫、伊凡·卡拉马佐夫、宗教大法官,他们的身上都骚动着"人神"思想。

与此相比,俄罗斯思想史上微弱的、几乎听不到的,处于边缘的、主潮之外的声音——"神人"的声音,一如陀思妥耶夫斯基的作品中的佐西马、阿廖沙、基督——安静、弱小、沉默。

无论是在先前的著作中,还是在《俄罗斯思想》中,别尔嘉耶夫都把陀思妥耶夫斯基借以阐释其正面宗教思想的佐西马和阿廖沙的形象归于次要的和无力的人物一类,尤其在艺术上不能说是成功的,而伊凡·卡拉马佐夫的形象更强、更有说服力。陀思妥耶夫斯基在小说的开始部分就使佐西马隐去不是偶然的,他无法使他出场于整部小说。不过,毕竟陀思妥耶夫斯基在佐西马身上得以表达了自己的新基督教的特征。佐西马不是传统的长老形象,而是"新长老生活方式的预言"。佐西马已经走过了地下人、拉斯柯尔尼科夫、斯塔夫罗金、基里洛夫、彼得·韦尔霍文斯基、希加廖夫、伊凡·卡拉马佐夫等人走过的路。他十分清楚人身上的卡拉马佐夫天性,他已经能够回答人的新的痛苦,这是传统的长老形象所不能回答的。佐西马只是陀思妥耶夫斯基先知般的预感的表达,他还没有在自己的艺术上找到完全相应的表达。

佐西马出现在地下人、拉斯柯尔尼科夫、斯塔夫罗金、基里洛夫、维尔西洛夫之后,出现在卡拉马佐夫王国之后。但是,就在卡拉马佐夫王国的深渊之中

---

① Бердяев Н. А. Истоки и смысл русского коммунизма. М., 1990. С.52.

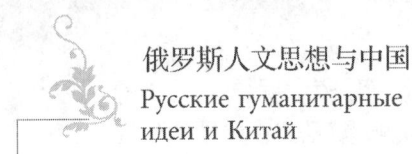

必定出现新人,诞生新的思想。在《卡拉马佐夫兄弟》的《加利利的迦拿》一章中描述了这一新思想的诞生。这一章散发着新的约翰的基督教气息。约翰基督教之光在阿廖沙的心灵被阴郁的黑暗所笼罩之时,重新照亮了他;在他经历了死亡和腐臭的无限痛苦之后,耀眼的复活宗教的真理之光在他的眼前照亮。"阿廖沙站在那里,看着,突然直挺挺地扑倒在地上。……似乎有某种思想主宰了他的头脑,——而且将会终身地、永生永世地主宰。"①在陀思妥耶夫斯基那里人的徘徊之路就这样结束了。人正在回归大地,回归自然生活,重新建立起与整个宇宙的联系。但对于人来说,人走过的自我意志和造反之路,不是向大地的自然回归。回归之可能,只有经由基督,经由加利利的迦拿。经由基督,人才能回到神秘的大地,回到自己的家园,回到上帝的自然的伊甸园。佐西马说:"就是那些割断与基督教的联系,反对基督教的人,实质上,他们自己就是那个基督面容本身的本质。"②这就是为什么拉斯柯尔尼科夫、斯塔夫罗金、基里洛夫、伊凡·卡拉马佐夫身上上帝的形象也不会彻底死亡;他们也可以回到基督那里。经由阿廖沙,他们正回到基督——自己的精神家园那里。阿廖沙不是传统的基督徒形象,而是"新型基督徒的预言"。

如果说在佐西马、阿廖沙身上还是"神人"预感式的表达的话,那么在《宗教大法官的传说》中则更为天才,更为集中地体现出他要表达的"神人"思想,尽管在这里基督形象是隐蔽的。这里,基督始终是沉默的,他留在暗影之中。正面的宗教思想找不到自己的话语表达。自由的真理非语言所能表达,易于表达的只是强权的思想。自由的真理只在与之对立的大法官的思想中得以揭示;它通过大法官的反驳话语而熠熠闪耀。基督和他的真理的隐性表达,使其艺术表现力尤为强烈。大法官的论辩、说服,在他的安排中是强有力的逻辑,强有力的意志,为的是实现构想的蓝图。但基督的不反驳,他短暂的沉默,比大法官所有的论辩更有说服力和感染力。

别尔嘉耶夫指出,"由陀思妥耶夫斯基揭示的人神与神人的对立具有深刻的意义(不过这一对术语可能引起误解,需要批判地重新审视)。人应当成为神并被奉若神明,但这只有通过神人并在神人类中才能实现,神人类以人的创造为前提。不仅存在着从人向神的运动,也存在着从神向人的运动。但人

---

① 《卡拉马佐夫兄弟》,耿济之译,人民文学出版社1994年版,第544页。
② 转引自 Бердяев Н. А. Миросозерцание Достоевского. М., 2004. С.515.

向上帝的运动需要完全不是在选择的意义上来理解,即人通过意志的自由来实施的选择……,这是一个创造性的运动,继续着世界的创造。"①"神人思想意味着克服人在人道主义中的自我满足,同时肯定人的积极性,肯定人崇高的尊严、人身上的神性。把基督教理解为神人的宗教,这与固有的对神与人的关系的理解,与固有的天主教和新教神学中广泛流传的赎罪理论尖锐对立。神人的出现和未来神人类的出现意味着创造世界的继续。"②不过这也意味着走出人的生物界线,走出现有的存在性质。俄罗斯思想意识内部正是朝着这个方向发展的,尽管关于世界和人的最终命运这一问题没有通过神学和哲学从理论上给予解决,也没有通过文学找到比"沉默和暗影"中的基督更好的表达。俄罗斯文学开拓的人类学的人神与神人的空间,是俄罗斯思想的又一极。

五、末日论与弥赛亚说

别尔嘉耶夫指出,"有两种神话可以在民族生活中成为动力:关于起源的神话和关于终结的神话。而在俄罗斯占优势的是第二种神话,即关于世界末日的神话。"③这决定了19世纪俄罗斯的主旋律。梳理俄罗斯思想的脉络,我们发现,在几乎所有浸透着宗教精神的俄罗斯思想家、哲学家、作家、诗人身上,都弥漫着一种启示录情绪和弥赛亚意识,尽管他们携带着不同的思想倾向。在别尔嘉耶夫的著作中散落着这样的评价:恰达耶夫的《为疯人的辩护》表达了体现着俄罗斯思想本质的俄罗斯弥赛亚观念。斯拉夫主义者们那里已经具有了微弱的末日论成分,尽管还不是准确意义上的弥赛亚主义者。赫尔岑第一个尖锐地表达了俄罗斯对西方市侩习气的反抗,但这不仅仅是民粹主义的社会主义思想,在这一思想中有更深刻的深度,这是与俄罗斯的弥赛亚主义相联系的俄罗斯思想。俄罗斯的马克思主义者则是另一种意义上的西方主义,在共产主义者的马克思主义中呈现出的是俄罗斯弥赛亚主义的某些特点。巴枯宁的无政府主义也是俄罗斯的弥赛亚说,陀思妥耶夫斯基是俄罗斯弥赛亚意识最鲜明的表达者,等等。

别尔嘉耶夫说,"俄罗斯人是启示录主义者"。无论是在其平民阶层,还是在其高文化阶层,在俄罗斯作家和思想家那里,《启示录》始终起着很大的

---

① Бердяев Н. А. Русская идея. М., 2000. С. 85.
② Бердяев Н. А. Русская идея. М., 2000. С. 151.
③ Бердяев Н. А. Русская идея. М., 2000. С. 30.

作用。在俄罗斯人的思想中末日论问题占有重要的位置，这是西方思想无法相比的。这一点与俄罗斯意识本身的结构有关，它很少有能力也很少有志趣停留在文化的中间阶段。"无论从形而上的属性还是从自身在世界中的使命来讲"，俄罗斯人民都是如此。在俄罗斯意识中有一种牢固的末日论的渴望。思想、道德和美感，在它们发展的任何一个阶段，在各种社会、文化状况下，都被打上了这一烙印。俄罗斯人被自己的智力和想象驱使着超越世界现存的和可能的界线，像要达到世界之巅一样，俄罗斯人奔向绝对真、绝对善、绝对美，那样地没有理智。在对待自己的使命时，俄罗斯人就是如此。尽管被证实是不能胜任的，不过，趋向绝对和最终，这一点是很重要的。末日论这一渴望不仅弥漫在民间的宗教处世态度之中，也深深浸透到文学之中，它实质上也是作家和创作活动本身所具有的特征。这表现在俄罗斯一种典型的现象——朝圣中。朝圣者在无边的俄罗斯大地上漫游，从不驻足，从不停留。他们寻找真理，寻找天国，向往远方。朝圣者在此世没有驻足的城池，他们寻找未来的城池。民间有朝圣者，而俄罗斯文化最有创造性的代表，就其精神实质讲也是朝圣者，果戈理、陀思妥耶夫斯基、托尔斯泰、索洛维约夫和所有革命知识分子都是朝圣者。不仅有肉体的朝圣，而且有精神的朝圣，朝圣——这是末日论的渴望，是期待一切有限的东西的终结，终极真理的发现。别尔嘉耶夫试着把这称为是对弥赛亚说的敏感，无论是平民还是高文化阶层都具有这种敏感。朝圣——也是一个在俄罗斯文学中早已自觉和广泛探索的主题之一。别尔嘉耶夫在其中首先发现了一种文化类型——发现了普希金开创的"永远的俄罗斯大地的流浪者，反抗的忧郁的人"的文化类型。随后，在陀思妥耶夫斯基那里流浪者不断涌现，在其他作家那里也有许多该类型的文学化身。

  无论是书本里的流浪者，还是现实中的朝圣者——文学家、思想家们（文学和生活在他们身上几乎是不可分的，"形而上的现实主义"者）对历史、进步、文化的价值提出质疑，倾向于禁欲主义地放弃世俗生活。这是渴望走出历史的藩篱，走出已有的文化束缚的末日论倾向。走出历史——这是俄罗斯式的朝圣。精神朝圣、禁欲主义和虚无主义——这是俄罗斯意识相互联系的三个方面。俄罗斯意识不喜欢建立地上的国，而是想通过这样或那样的道路寻找上帝的国，寻找新的耶路撒冷。别尔嘉耶夫指出，杜勃罗留波夫、车尔尼雪夫斯基、皮萨列夫是虚无主义地对待优秀文化，是一种末日论倾向；果戈理、托尔斯泰、陀思妥耶夫斯基发现了完美文化与完美生活之间的冲突，并渴望达到一种完美的生活，同样是末日论倾向。

关于果戈理，别尔嘉耶夫认为他并不是什么现实主义的讽刺作家，而是在以一种反常的方式寻找上帝的国。在果戈理那里，在他的创作那里，别尔嘉耶夫发现了俄罗斯文学的(也是俄罗斯民族)的一个典型的思想——弥赛亚说。他在论述果戈理的《与友人书简选》时指出，"事实上，像许多俄罗斯人一样，他宣扬的是社会基督教。……果戈里以其宗教道德导师的激情提出了自己的神权乌托邦，宗法制的田园生活。……尽管果戈里的书(指《与友人书简选》——引者)有不能容忍的毛病，但他有这样一个思想：俄罗斯是具有博爱的民族，寻求地上的上帝的国本身就是俄罗斯式的寻求。从果戈里开始，俄罗斯文学具有了宗教道德品质和文学的弥赛亚主义；除了作为作家的意义外，在这一点上，他具有重大意义。俄罗斯的作家从此以后渴望从创作艺术作品转向创造完善的生活。"①果戈理的创作属于1840年代的创作，此后，无论是无神论的，还是有神论的，无论是1860年代的车尔尼雪夫斯基的革命民主主义，1870—1880年代的乌斯宾斯基的民粹主义，1890年代以后的俄罗斯共产主义、社会主义，还是与此并列的陀思妥耶夫斯基、索洛维约夫、托尔斯泰、罗赞诺夫、梅列日科夫斯基、别雷等的创作都弥漫着一种特殊的俄罗斯的弥赛亚意识。

别尔嘉耶夫指出，俄罗斯文学和思想在相当大的程度上带有揭露性，他们抨击文明的虚伪，他们揭露高尚的虚伪，"对虚伪的文明生活的憎恨促使他们到平民生活中寻找真理。因此，平民化，脱下自己虚伪的文化外衣，希望弄清真正的、符合事实的生活实质，在'自然'中比在'文化'中有更多的真理，更值得崇拜和赞美。这一点在托尔斯泰那里得到了最充分的体现"②。在《俄罗斯思想》中托尔斯泰的形象是一种独特的解释。别尔嘉耶夫在他身上看到了来自东正教的强烈的道德禁欲主义的元素以及它的产物——在对待文明成果和文明本身的原则上的虚无主义；这种虚无主义原则已经发展成为宗教禁欲主义的反抗：反对历史的不公正，反对文化和创造。托尔斯泰也必然成为精神朝圣者。别尔嘉耶夫把托尔斯泰去世前的离家出走解释为末日论的出走。他是一个精神朝圣者，他渴望走出历史、走出文明，到自然的宗教生活中去，这是对

---

① Бердяев Н. А. Русская идея. М., 2000. С. 71-72.
② Бердяев Н. А. Русская идея. М., 2000. С. 114.

终点的渴望,对千年王国的渴望。

别尔嘉耶夫认为,陀思妥耶夫斯基的创作完全是末日论的,他的创作只面向终极,只关注终极的东西。在陀思妥耶夫斯基身上,先知因素比在任何一位俄罗斯作家身上都更强烈。他的艺术之所以是先知般的,是因为他揭示了精神的火山熔岩般的土壤,呈现了精神的内在革命,展现了内在的灾难,从他开始出现了灵魂的新面孔,在人的身上出现了第四维。别尔嘉耶夫说:"经历了陀思妥耶夫斯基之后的灵魂,开始转向未知的、可怕的未来。这些灵魂渗透着启示录的情绪,完成着从心灵的中间地带向心灵的边际地带、向两极的过渡。这些灵魂经历着(19世纪)40年代的人们所不知道的分裂;40年代的人们,还有60年代的人们,还没有生活在启示录的氛围之中,他们还没有达到最后与极限,也不曾思考所有事物的终结问题,'启示录'一词是在心理学意义上来理解,同时,是被那些排斥它的宗教意义的人所接受的。没有人能够否认,在陀思妥耶夫斯基那里,一切都陷入了启示录的氛围之中,如果愿意实事求是地描述这一氛围的话。就是在这一氛围中,陀思妥耶夫斯基说出了俄罗斯精神某种根本性特征。"①还有,正是在陀思妥耶夫斯基那里有最强烈的弥赛亚意识,这种意识要比在斯拉夫那里强烈得多。是他说出了"俄罗斯民族是神意载体的民族",这句话是通过沙托夫之口说出的。在沙托夫的形象中表现了俄罗斯弥赛亚思想的矛盾、诱惑和罪孽。当然,他不是沙托夫,但他爱沙托夫,并且在他本人身上有某种沙托夫的东西。陀思妥耶夫斯基所有的人物都是他个人灵魂的一部分,是他的道路的片段。沙托夫对斯塔夫罗金讲:"您知道吗,现在整个地球上唯有哪个民族是'神意的载体',它在未来以新上帝的名义更新世界、拯救世界?唯有谁被赐予新生活和新话语的钥匙?""……众多民族中只有一个民族可以拥有上帝的真理,尽管其他民族也拥有自己独特的和伟大的上帝。唯一的'神意的载体'的民族是俄罗斯民族。"陀思妥耶夫斯基在任何情况下都坚信俄罗斯民族伟大的神圣的使命,坚信俄罗斯民族在时间的终点应当说出自己新的话语。《一个荒唐人的梦》和《少年》中维尔西洛夫的梦都是阐述陀思妥耶夫斯基从来也没有摆脱过的这一思想的。在他那里,俄罗斯民族的使命被置于末日论的背景之中。陀思妥耶夫斯基的末日论是在关于人神的出现的预言中、在基里洛夫的形象中表达出来的。战胜了疼

---

① Бердяев Н. А. Миросозерцание Достоевского. М., 2004. С. 518–519.

第一章 别尔嘉耶夫的"俄罗斯思想"及其在中国的传播

痛和恐惧的人将成为神。时间"将在人的头脑中消失",名为"人神"的人"将消灭这个世界"。别尔嘉耶夫认为,基里洛夫与斯塔夫洛金的这场谈话的气氛完全是末日论。他们谈的是时间的终点问题。陀思妥耶夫斯基描写的不在现在,而是未来。俄罗斯的弥赛亚主义者向往未来王国,期望在俄罗斯出现一个新王国,基督的千年王国。《群魔》描写的是未来,《群魔》的所有人物都以某种形式宣扬俄罗斯的革命弥赛亚主义。陀思妥耶夫斯基的先知,使他超出了历史基督教的藩篱。别尔嘉耶夫认同康·列昂季耶夫的说法,陀思妥耶夫斯基的东正教不是传统的东正教,不是拜占庭的僧侣式的东正教,而是新的、融入了人文主义的东正教。陀思妥耶夫斯基认为,人身上对上帝的反抗可能是来源于人身上的神性,来源于正义感、同情心和自尊心。陀思妥耶夫斯基宣扬约翰基督教,这是一种改变尘世、首先是复活的基督教。别尔嘉耶夫认为,在陀思妥耶夫斯基身上有新基督教人类学与基督教宇宙学的萌芽,有一种是对生命世界的新态度,这与圣父东正教是格格不入的。这显示出从历史基督教向末日论基督教的转变。

俄罗斯革命的知识分子大多信仰唯物主义,似乎不可能有末日论。但在意识深层,在虚无主义中,在社会主义中,在共产主义中,都存在着末日论的情绪与紧张,存在对终极的向往。这里所说的始终是某种终极的完善状态,这种状态应该取代恶的、不公正的、奴隶的世界。陀思妥耶夫斯基在《群魔》里关于革命者希加廖夫这样写道:"希加廖夫这样期待着,仿佛等待着世界的毁灭,……就像是在后天早上,十一点二十五分整。"别尔嘉耶夫指出,在这里,陀思妥耶夫斯基辨认出了俄罗斯革命者身上某种本质的东西。俄国革命者、无政府主义者和社会主义者都是"千年王国"说无意识的信徒,他们期待着"千年王国"的到来。革命的神话就是"千年王国"的神话。俄罗斯人的天性是最适宜接受这一神话的。得救不可能是个人得救,得救是共同的得救,所有人对所有人负责——这是俄罗斯的思想。

而俄国诗人们的末日论意识是以他们创作中的预言预感、先知先觉因素表现出来的。别尔嘉耶夫认为,在俄罗斯培育出了一种末日论的精神结构,这种精神结构面向终极,向未来敞开,具有一种神秘的敏感,一种神秘的先知,可以预感到灾难的来临。别尔嘉耶夫认为,19世纪、20世纪的俄罗斯作家们最突出的感受,就是灾难感,对灾难的先知先觉。他们感到自己生活在深渊的上空,而不是生活在坚实的社会里、牢固的文明基础上。对世界的灾难感成为那

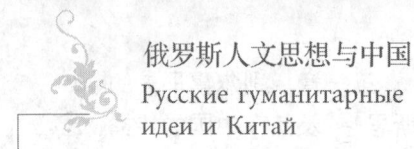

些最出色、最有创造性的人的典型特征。这种末日论意识除了在我们已经论述过的陀思妥耶夫斯基、托尔斯泰身上最尖锐、最深刻地表现出来外,在俄国诗人那里也以他们诗歌创作中浓烈的预感、先知而表现出来。

在别尔嘉耶夫看来,在最和谐、完整的普希金身上也不可能找到完全的和谐,在他的许多革命诗篇中可以感到他对俄罗斯帝国病态、分裂和不公正的愤怒:"我憎恨你和你的皇位,/专制的暴君和魔王,/我带着残忍的喜悦/看着你的灭亡,你的子孙的死亡。"别尔嘉耶夫认为,普希金在俄罗斯民族中感到了造反的天性,并预见了"俄罗斯无意义和无情的暴动"的可能性;普希金被革命的可能性所激动,并预见了革命的特点。别尔嘉耶夫在莱蒙托夫的《预言》一诗中,则读出了对百年以后的革命恐怖的预见。他说:"莱蒙托夫的诗《预言》给人的是最震惊的感觉,这已经完全是先知的声音。"① 莱蒙托夫预感到了俄罗斯要走向灾难的感觉:"将来到的一年,俄罗斯黑暗的一年,/那时将是沙皇的皇冠落地,/百姓将忘记对他往昔的景仰,/死亡与鲜血将成为许多人的食粮。"

别尔嘉耶夫高度评价丘特切夫:"最深刻的俄罗斯诗人之一丘特切夫在自己的诗篇中表达了形而上的宇宙论主题。……在宇宙的外表之下,他看到了骚动着的混乱。他是揭示自然之黑夜的灵魂的诗人"②。丘特切夫尖锐地感觉到了世界具有混乱、非理性、黑暗、夜之本质,被覆盖在世界表面的和谐、有序的面纱,阿波罗式的形式,其实是很脆弱和纤细的。不仅在自然中、宇宙中,而且在历史中也同样存在这种混乱、蛮横的本性。别尔嘉耶夫认为,丘特切夫的世界观是保守的,但是他却是一个不相信保守的本原与根基的牢固性的保守主义者,他总是能感觉到可怕的革命正朝世界扑来。他预见到了世界的革命,预感到了历史的灾难和可以颠覆宇宙的无序力量的胜利。他不喜欢革命,也不希望它到来,但他认为革命已经是不可避免的了。

阿·霍米亚科夫,斯拉夫派的领袖人物,一位有力的思想家,一位诗人。虽然人们并不看好他的诗歌,认为他是一个平平的诗人,但别尔嘉耶夫却在他的一系列揭露性诗歌中看出,尽管他把过去的历史斯拉夫主义式地理想化,但他却为俄罗斯历史的深重罪孽而痛苦。霍米亚科夫相信,俄罗斯负有向世界

---

① Бердяев Н. А. Истоки и смысл русского коммунизма. М., 1990. С. 66.
② Бердяев Н. А. Русская идея. М., 2000. С. 73.

第一章 别尔嘉耶夫的"俄罗斯思想"及其在中国的传播

说出"自由的秘密"、给世界一份"神圣自由之礼物"的使命。虽然俄罗斯"不配被拣选",但她"被拣选了"。

19世纪末期,整个俄罗斯形成了一种浓厚的启示录的情绪。在这种世界末日来临、反基督王国的降临的感觉背后,可以发现一种整整一个历史时期要终结、旧世界要毁灭的感觉。这是一种具有双重性的感觉:既悲伤又亢奋。别尔嘉耶夫在20世纪初的诗歌中也发现了预言的特征。他说,这是日落时分的诗歌,是整整一个世纪的结束的诗歌,带有强烈的没落颓废的因素,不过,它看到了曙光。诗人们感到俄罗斯如临深渊,这让他们又惊悸,又兴奋,因为这意味着新的、更好的生活的可能性。别尔嘉耶夫认为,世纪初最伟大的诗人勃洛克关于俄罗斯的诗是最富有预言性的,他预感到,某种可怕的东西正逼近俄罗斯。象征主义诗人安德烈·别雷在诗中呼号:"消失在旷野中,消失了,/俄罗斯,我的俄罗斯!"

别尔嘉耶夫认为,这些革命前夕的诗人们,都是神秘论者,启示录主义者。他们的心灵无所保留,无所遮掩,但正因为如此,他们才能够感受到未来的征兆,感受到别人没有发现的内在革命。

需要指出的是,对启示录精神的理解有积极的与悲观的两种不同的理解。在俄罗斯人那里,通常的是悲观主义的理解。他们充满末日来临的感觉,预感到反基督统治的不可避免,未来在他们的心里引起的是恐惧,因为,他们相信,《启示录》预言的东西定会应验在人的身上、民族身上,而人本身在预言的应验中并不是一个能动的参与者,《启示录》被理解为神意的命定,人的自由不会起任何作用,如,索洛维约夫的《反基督的故事》。1900年索洛维约夫写下了《三次谈话》,其中暗含着与托尔斯泰的论争,后边附上了《反基督的故事》。这时,晚年的索洛维约夫的情绪发生了很大变化,成了一个忧郁的启示录主义者,他对自己的神权政治乌托邦陷入失望。别尔嘉耶夫指出,在《反基督的故事》中,首先是索洛维约夫对自己的过去、对自己的神权政治和人道主义的幻想的清算。他不再相信基督教国家的可能性。以前,索洛维约夫对恶的感觉很弱,而现在,对恶的感觉显著起来。于是,他给自己提出了一项艰巨的任务,即描写反基督的形象。他不是以神学和哲学形式,而是以故事的形式,即《反基督的故事》来完成这一任务。而这一任务之所以得以实现,恰恰是得益于当谈论最神圣和最隐秘的事物时他非常乐于采用那种轻松的形式。这一做法使许多人感到不快,并认为这一戏谑的形式是可耻的、亵渎的。别尔嘉耶夫并不同意把《反基督的故事》置于索洛维约夫所有作品之上的见解,他认为,这本书具有重要意义,没有它就不能理解索洛维约夫走过的道路,但是,这一故事对《启示录》的诠释是不正确的、陈旧的,其中有太多的暂时的而不是永恒的阐释。这是消极的,而不是积极的,也不是创造性的末日论,其中没有对新的圣灵时代的期待。他所塑造的反基督形象的错误在于,反基督被描写为一个爱人者、人道主义者,他实现了社会的公正。这似乎在为最反革命的和蒙昧主义的启示录理论作辩护。事实上,反基督是完全无人性的,极端反人道主义的。在这一点上,别尔嘉耶夫认为,陀思妥耶夫斯基是正确的,在他那里反基督的本质首先是对自由的敌视和对人的鄙视。《宗教大法官的传说》远远高于《反基督的故事》。在这里要特别指出的是,在传统的文学史(包括我们现有的文学史读本)中,几乎没有《反基督的故事》这类文学作品的位置,然而,它们却是俄罗斯文学中一类具有重要意义的文学作品。别尔嘉耶夫以其宗教哲学家的敏锐,揭示了此类作品所表达的典型的俄罗斯思想。在这篇小说里,作者预言,就要出现反基督,世界上人类的社会组织将不再是基督教的事业,不是基督教的神权政治,而是反基督的事业。不过,索洛维约夫所指的终结的来临,不是世界末日的来临,而是一个历史时代的终结,是对历史的灾难的预感,是历史范畴的对《启示录》的理解。

而在 H. 费多罗夫那里对《启示录》的理解则是另一种,是对《启示录》的启示的积极的回应。启示录所预言的反基督王国、世界的末日和末日审判,在 H. 费多罗夫那里被特定地理解为一种警告。在这里,没有任何宿命的东西。假如人们为了复活这一"共同的事业",为了在生活中真正实现基督的真理而联合起来,假如在这一兄弟般的联盟中共同与自发力量、非理性力量、毁灭性的自然力量做斗争,那么就不会出现反基督王国、世界末日和末日审判;那么,人类就会直接过渡到永恒的生活。一切都取决于人的积极性。另外,H. 费多罗夫相信,科学和技术能够实现奇迹,甚至复活已死的魂灵。别尔嘉耶夫认为,在 H. 费多罗夫那里,信奉基督教与相信科学和技术的强大力量的这种结合完全是独创性的。死者的复活,应当是积极的复活,而不是消极的只是期待复活,这应当不仅是基督教的事业,而且还应当是实证科学和技术的事业。极端的积极性、对技术的信心、对集体的共同的事业的宣扬、要求人们之间建立兄弟般的关系、停止相互的敌视与争斗、重视世界的调节和计划、否定纯理论性的思想、否定脱离实践、承认劳动是生活的基础等等,都使 H. 费多罗夫非常

第一章 别尔嘉耶夫的
"俄罗斯思想"及其在中国的传播

接近共产主义者的弥赛亚意识。但是,他有着不同的精神基础,他是持宗教立场的独特的共产主义者,带有某种斯拉夫主义的因素。他的哲学与科学,首先是作为拯救世界于邪恶与苦难,首先是避免死亡,因为死亡是一切恶的源泉。死亡问题的设立,使他从根本上区别于共产主义的弥赛亚意识。

至于别尔嘉耶夫本人,按照心灵和精神气质,他也属于"终极的而不是历史中间阶段"的人。在《思想自传》中他写道:"永远使我感兴趣的不是研究世界是怎样的,而是世界的命运和我个人的命运,是事物的终结。我的哲学,按其倾向性来说,不是科学,而是内省的和末世论的。"[1]他又说:"人们称我是现代主义者,这在下述意义上是正确的,即我过去和现在都相信,在基督教中会出现一个新时代——圣灵的时代,这将是一个创造的时代。对于我来说,基督教是圣灵的宗教。更正确的是,把我的宗教哲学称为末日论的宗教哲学。长期以来,我一直致力于完善我的末日论,我对基督教的理解是,基督教是末日论的,这种理解与历史基督教是相对立的。在对末日论的理解上也是积极的创造性的,而不是消极的。这个历史的终结、世界的末日取决于人,取决于人的积极性。"[2]别尔嘉耶夫指出,在西欧,已经达到了相当高度的文明愈来愈掩盖了末日论意识。天主教害怕基督教的末日论,因为它可能揭示出危险的新发现。对未来世界的追求,对弥赛亚的期待,都是与天主教的教育性、社会组织性相抵触的,它们引起一种忧虑,即忧虑它们有可能削弱对人的精神的控制。同样,资产阶级社会害怕末日论意识会动摇资产阶级社会的基础。必须说明的是,别尔嘉耶夫所理解的末日论是什么:"我所说的不是神学体系中的末日论部分,即在天主教或新教的任何教程里都可以找到的末日论部分。我所说的是基督教整体上的对末日的理解,即是与历史上的基督教的末日论相对立的末日论。基督教的启示,是关于末日的启示,是关于此世的终结、关于天国的启示。整个元基督教是末日论的,它期待基督的二次降临和天国的到来。"[3]别尔嘉耶夫说,教会不是天国,教会在历史中出现并在历史中起作用,这并不意味着世界的改变,也不意味着出现了新天地,天国是世界的改变,不仅是作为个体的人的改变,也是社会和宇宙的改变。这是这个世界——虚假和丑陋的世界的终结,是新世界——真实而美好的世界的开始。别尔嘉耶夫

---

[1] Бердяев Н. А. Самопознание. М., 2004. С.339.
[2] Бердяев Н. А. Русская идея. М., 2000. С.209 – 210.
[3] Бердяев Н. А. Русская идея. М., 2000. С.169 – 170.

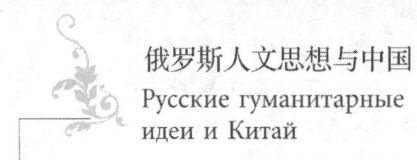

指出,陀思妥耶夫斯基所说的"美将拯救世界",这是末日论的期待,指的就是世界的改变,天国的降临。而奥斯特洛夫斯基所描写的商人的生活方式,正是对这个世界的丑陋的揭露。俄罗斯人总是有对另一种生活,另一个世界的渴望,总是有对现存事物的不满。末日论的渴望是属于俄罗斯灵魂固有的结构。别尔嘉耶夫认为,俄罗斯人在或大或小的程度上,自觉或不自觉地都是"千年王国"说的信徒。

六、新基督教意识

在俄罗斯思想的结构中,宗教思想一直占有重要的位置。这从一直以来不被关注的、与革命民主主义的唯物主义哲学思想相平行的另一条线索中众多宗教思想家的成就中,从我们上述论述到的各种思想所具有的宗教性质中就可以看出。然而,从19世纪末开始,在俄罗斯出现了一批精神人物,他们从新的角度阐发基督教思想,形成了俄罗斯思想中新的一极,即新宗教意识——新基督教意识。而在这一新宗教意识的形成过程中,俄罗斯文学再一次起到了奠基的作用,这也再一次显示了俄罗斯思想与俄罗斯文学的紧密联系。对此,别尔嘉耶夫予以了充分的阐发。别尔嘉耶夫认为,梅列日科夫斯基的一系列创作对重新唤醒文学与文化中的宗教兴趣与宗教焦虑起了主要作用,不仅他的著作《列夫·托尔斯泰与陀思妥耶夫斯基》第一次充分地揭示了两位伟大的俄罗斯天才的宗教思想,使该书成为俄罗斯思想史上具有重要影响的著作;而且,他本人众多的长篇小说,特别是他的《基督与反基督》三部曲,提出了一种"不是传统的、也不是教会的基督教,而是一种新的宗教意识"。而罗赞诺夫则正确地提出了作为信仰的基督教的性的问题,这是他的一大功绩。他使基督教对待性的问题成为了基督教对待整个世界和对待人类的态度问题,他所提出的问题是宗教宇宙学和宗教人类学的问题。别尔嘉耶夫指出,当时几乎所有的人都充满了宗教激情、宗教震荡和宗教追求,但是并没有真正的宗教复兴,因为宗教复兴需要足够强大、坚强的意志和集中、积极的信念,但当时却是比以前被压抑的美学因素更强烈,而这意味着意志的薄弱和消极性,社会中充溢的是悲观失望的情绪。尽管如此,那个在革命知识分子中长期被禁止的宗教问题,由于梅氏与罗氏的活动和创作而被提到了首位,很郑重地谈论宗教问题几乎成为时髦。

20世纪初,俄罗斯最大的一个现代文学流派——象征主义与这一新基督教意识有着密切的联系。它与其他文学流派不同,具有强烈的宗教色彩与神秘主义色彩,梅列日科夫斯基被认为是这一流派的奠基人①。别尔嘉耶夫说,象征主义作家、诗人的创作,"对于俄罗斯意识、俄罗斯思想史都具有重大意义"。20世纪初,"那是一个象征主义的时代"。"最伟大的诗人亚历山大·勃洛克,闪烁着天才智慧的安德列·别雷,学识渊博的最重要的象征主义理论家维·伊万诺夫,还有许多诗人、一部分杂文作家,都是象征主义者。"②别尔嘉耶夫认为,在俄罗斯象征主义诗歌中体现出的是索洛维约夫的宗教哲学思想的影子,是不同于梅列日科夫斯基、罗赞诺夫、别尔嘉耶夫等人对基督的信仰,是对索菲亚的信仰,这是俄罗斯新宗教意识中的另一取向——索菲亚崇拜③。

别尔嘉耶夫指出,索洛维约夫对象征主义作家具有重要影响,他的一首诗表达的就是象征主义的实质:"我们所看到的一切,/只是反光,只是影子,/——来自肉眼看不到的东西。"

别尔嘉耶夫对象征有自己的理解,他说:"象征是两个世界之间的联系,是另一个世界在这个世界上的标志。象征主义者相信有另一个世界。"④象征主义在所看到的现实背后看到了精神的现实。他认为,"不是白天的那个神学和哲学的纯理性主义中的索洛维约夫,而是夜晚的那个诗歌与短文中有着神话色彩的索洛维约夫对象征主义者产生着影响。"⑤对于勃洛克和别雷来说,索洛维约夫像一扇窗户,由此吹进未来的风。面向未来、期待未来的不同寻常的事件,是象征主义诗人典型的特征。不过,别尔嘉耶夫也指出,"对于别雷和勃洛克来说,索洛维约夫只是他们表达自己的索菲亚感受和预感的依托,他们离真正地完全地领会索洛维约夫还差得很远,索洛维约夫也许根本就

---

① 关于俄国象征主义文学流派所具有的宗教哲学思想参看耿海英的硕士学位论文《象征主义叙事精神——梅列日科夫斯基初探》,见国家教育部 CNKI 系列数据库:中国优秀博硕士学位论文全文数据库。

② Бердяев Н. А. Русская идея. М., 2000. С.198.

③ 别尔嘉耶夫在勃洛克、勃洛克的妻子和别雷三人间的实际关系中,看到了这种"索菲亚"——"美妇人"崇拜。别氏认为,勃洛克的美丽的妻子扮演了索菲亚的角色,别雷与勃洛克之间的纠葛似乎具有一种特殊的宇宙意义。但在他们现实生活的纠葛中有某种虚假的令人不快的东西,是拿这个时代所特有的生活当游戏。勃洛克是由于索洛维约夫的思想产生了"索菲亚"——"美妇人"崇拜,他的整整一大厚本诗都是献给她的。

④ Бердяев Н. А. Русская идея. М., 2000. С.198.

⑤ Бердяев Н. А. Русская идея. М., 2000. С.199.

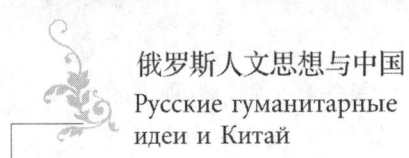

不会承认他们。"①勃洛克与作为哲学家、神学家或政论家的索洛维约夫,与作为渴望教会联合的天主教徒或东正教徒的索洛维约夫之间毫无共同之处。索洛维约夫首先信仰基督,然后才是索菲亚,而勃洛克首先信仰或者想信仰索菲亚,对基督他从来也没有信仰过。对未来充满乐观主义的别雷和勃洛克与索洛维约夫的具有先知精神的杰出作品《反基督的故事》也毫无共同之处。作为悲观的启示录主义者的索洛维约夫在《反基督的故事》中预言的是未来,灾难性的未来,他揭示的是反基督的精神,而勃洛克和别雷却恰恰是被反基督精神的俘虏。他们两个人在革命的岁月里都处于具有诱惑力的谎言的控制之下,是具有欺骗性的面孔的俘虏,他们未能区别出不同的精神来。他们两个都被革命的自发力量所控制,在自身都没有找到力量而从精神上高于这种力量并控制这种力量。别尔嘉耶夫认为,只是索洛维约夫的一些关于索菲亚的诗歌把他与勃洛克联系了起来。索洛维约夫的许多诗歌主题是很有趣的,但是说白了他也只是个二流诗人,在诗歌艺术上还远比不上勃洛克。勃洛克和别雷在索洛维约夫那里只听到了一个声音:"现在,永恒的女性/其不朽的身躯在大地上行走。/在新上帝永不熄灭的光辉中/苍穹与大海融为一体。"

别尔嘉耶夫认为,这里提出的是俄罗斯神秘主义中、俄罗斯宗教哲学思想中、俄罗斯诗歌中的索菲亚情结的内涵与意义的问题,因为,索洛维约夫的索菲亚说不仅影响了勃洛克和别雷,而且影响了弗洛连斯基、布尔加柯夫、埃恩。索菲亚崇拜对于俄罗斯精神潮流来说是很典型的现象,具有重要意义。

另外,别尔嘉耶夫对维·伊万诺夫的关注不无道理。维·伊万诺夫是象征主义文学流派的理论家,曾撰写过《关于象征主义的思考》、《运用象征的美学原则》、《象征主义的遗训》等文章,确立了象征主义作为应运而生的艺术流派应有的地位。他是那个文化复兴时代最有特色、最杰出的中心人物之一。(别尔嘉耶夫在彼得堡与文学界的联系主要是通过维·伊万诺夫,并与维·伊万诺夫有着长期友好的关系,但也发生过不少激烈的冲突。)维·伊万诺夫是个多成分、多层次、综合的、多才多艺的人,他不仅是诗人,还是语文学家、神学家、哲学家、神智学家、文学批评家、政论家,他还是一名无可替代的诗歌导师,关注新崭露头角的诗人。在诗歌界、美学界、哲学界和文学批评界都有着

---

① Бердяев Н. А. Мутные лики//Философия творчества, культуры и искусства. Т. 2. М. 1994. С. 448.

很高的声望。别尔嘉耶夫说,"他是俄罗斯最有文化的人","西方也不曾有这样的人"。重视他的主要是文化精英,对于更大范围的人来说他是很难懂的。他的思想发生过多次变化,曾是保守分子,神秘无政府主义者,爱国主义者、民族主义者和共产主义者,东正教徒和天主教徒,通灵术者和正统宗教的维护者,神秘主义者和实证主义学者。别尔嘉耶夫也因他经常变换自己的观点而感到不快,因此常与他发生冲突,但是,别尔嘉耶夫最终认为,这是救赎式的生活中的变化,"他始终是他自己"。著名的维·伊万诺夫的"星期三塔楼聚会"是世纪初俄罗斯文化复兴的典型现象。每个星期三在他家里都聚集了那个时代最有才华、最出色的人们,诗人、哲学家、学者、画家、演员,有时还有政治家,谈论的是许多敏感的话题,涉及文学、哲学、神秘主义、通灵术、宗教、社会学。(别尔嘉耶夫在彼得堡的三年里,曾是"星期三"聚会的常任主席。)维·伊万诺夫是一个在血缘上完全属于俄罗斯的人,但他又是一个西方文化熏陶出来的人。他长期生活在国外,他从国外带来了狄奥尼索斯宗教。我们在这里想要强调的正是,维·伊万诺夫是狄奥尼索斯宗教的最主要的代言人,他是关于狄奥尼索斯宗教最出色的专家。别尔嘉耶夫指出:"他不仅想调和狄奥尼索斯和基督,而且几乎把二者混为一谈。维·伊万诺夫像梅列日科夫斯基一样,把许多异教成分纳入了自己的基督教,这也是世纪初的复兴所特有的现象。"①这是世纪初新宗教意识中的又一倾向。他的诗歌充满了狄奥尼索斯主题,同时他的诗歌也是狄奥尼索斯式的。他喜欢说,对于尼采而言,狄奥尼索斯是一种审美现象,对他而言,则是一种宗教现象。但是,别尔嘉耶夫认为,维·伊万诺夫本人并不能被认为是狄奥尼索斯的禀性,与其说是"禀性",不如说是"文化",他生活在往昔文化的映像中。在当时有一个典型的现象,即狄奥尼索斯情绪,追求超越日常性的、非同寻常的感觉,使得作家们尝试去创造某种与"狄奥尼索斯神秘剧"类似的东西。维·伊万诺夫、罗赞诺夫、尼·明斯基、费·索洛古勃等等都是这种神秘剧的组织者和参与者。

在 20 世纪初俄罗斯的"新宗教"运动中,有别尔嘉耶夫的以"精神自由"为基础的"自由基督教",有罗赞诺夫的"肉体基督教",有梅列日科夫斯基的"圣灵基督教",还有弗洛连斯基的以自己的方式期待着基督教精神的新时代的"爱欲神学",布尔加柯夫的东正教神学,舍斯托夫的存在主义基督教,以及

---

① Бердяев Н. А. Русская идея. М., 2000. С. 202.

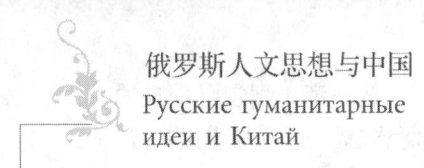

勃洛克等诗人的索菲亚崇拜，维·伊万诺夫的狄奥尼索斯宗教。这些都是以基督教为依托，使用的是基督教的术语，讨论的是基督教的问题，当然混合了强烈的多神教因素，在某些时候还出现了不同精神流派的混合。20世纪初的这股强大的新宗教意识，形成了俄罗斯思想史上不可忽视的一极。尽管在十月革命后他们在俄罗斯国内的力量逐渐式微，但是，在苏联解体后，在当下俄罗斯国内，他们重新成为俄罗斯选择自己的道路、思考自己的未来的重要思想资源。

通过上述论述可以看出，作为一个宗教哲学家、思想家的别尔嘉耶夫有自己对俄罗斯文学的独特定位与认识。整个俄罗斯文学对于俄罗斯来说，就是一种预言。他说："俄罗斯文学是世界上最富预言性的文学，她充满了预言与预感。她固有一种对即将来临的巨大灾难的惊恐不安。19世纪许多俄罗斯作家都感觉到俄罗斯如临深渊并将会坠入深渊。"①同时，俄罗斯文学还是俄罗斯思想的最伟大的记录。正如俄罗斯各种社会思潮一样，俄罗斯文学极其敏锐地提出了俄国社会各种尖锐的文化、历史、宗教、国家、政治等问题，甚至涉及整个人类的问题。事实上，俄罗斯文学与俄罗斯的社会思潮相互呼应、相互融会、相互碰撞，而且，往往是俄罗斯文学激发、引领、反映俄国社会涌动着的各种思潮；同时，俄罗斯作家们本身又是各种社会思潮的弄潮儿，在他们身上折射出了各种俄罗斯的精神属性。揭露社会存在的不公正，寻找真理，文学以此实现了自己的社会使命，按照俄罗斯的精神气质，这一使命在许多人那里是一种宗教性的社会使命。别尔嘉耶夫透过俄罗斯文学发现了俄罗斯思想、俄罗斯哲学、俄罗斯道德风貌和俄罗斯国家命运的整个性质。

同时，我们可以发现别尔嘉耶夫与俄罗斯文学、特别是与陀思妥耶夫斯基的血肉联系。陀思妥耶夫斯基生活的时代，是俄国处在资本主义政体还没有形成，但已经出现了鲜明的资本主义社会关系的时期。陀思妥耶夫斯基是这一关系下的俄国的观察者、揭露者、思考者，正是在这样一种关系下，他洞悉了全部的人性的矛盾，全部人类社会的矛盾——人神和神人、基督与反基督，亦即揭开了现代性的深渊之口。这一虎口吞噬着人类，走向哪里？在俄国，选择是多样的：社会主义革命，道德自我完善，民粹"村社"革命，精神与宗教革命

---

① Бердяев Н. А. Истоки и смысл русского коммунизма. М., 1990. С.63.

等等。19世纪后半期以来,信仰唯物主义的知识分子所倡导的社会民主革命一直是强势。到了20世纪初,一批另一种取向的知识分子——唯心主义知识分子(这里"唯心"与"唯物"的用法只是为叙述方便,并不能涵盖实际思想中复杂的内涵)开始深刻反思俄国革命所走过的道路,他们认为,外在的政治的、经济的社会变革并不能解决俄国、乃至人类的根本问题,应该转向精神的、宗教的内在革命。罗赞诺夫、梅列日科夫斯基、别尔嘉耶夫、布尔加柯夫、舍斯托夫等一批精神人物选择的是精神的、宗教的革命。于是,他们不约而同地转向俄国东正教、斯拉夫主义、霍米亚科夫、索洛维约夫等俄国传统思想资源,特别是陀思妥耶夫斯基的思想遗产。陀思妥耶夫斯基成为了他们从精神深处、从宗教根源上揭示现代人类的全部矛盾、阐明唯有从精神上更新才是人类根本的出路的思想源泉。正是在这里,别尔嘉耶夫与陀思妥耶夫斯基遭遇。

第二节 别尔嘉耶夫研究在中国

一、别氏著述在中国的翻译

由于别尔嘉耶夫的著述在苏联出版和研究中的长期空白,因此,解体前夕的苏联和解体后的俄罗斯学界非常重视对别氏的生平、思想发展以及其他哲学主题的发掘。

几乎与俄罗斯同步,我国学者在1990年代初也异常敏锐地关注到了别尔嘉耶夫,并开始翻译介绍他的著作。① 在俄罗斯哲学家中,他的著作被翻译成汉语的最多。我们现在见到的最早的译本是:1990年在刘小枫主编的《基督教文化评论》第1辑上刊登的董友节译的《论人的奴役与自由》的第四章第一节《人的精神解放:战胜恐惧和死亡》。刘小枫是较早把基督教文化、基督教信仰的精神资源引入大陆学界的人之一。他在这套基督教文化评论丛书的第1辑中就关注到了别尔嘉耶夫(在该辑的"人物志"栏目中,还有一篇《俄罗斯新宗教哲学之父:索洛维约夫》,大陆对俄罗斯宗教哲学的关注由此悄悄铺开)。几乎与此同时,别尔嘉耶夫的《创造的意义》由李昭时节译(第二章《人、微观宇宙和宏观宇宙》),刊登在《哲学译丛》1990年第3期上。1991年《自我

---

① 解放前的零星译介不计,同时这里仅指在中国大陆的出版情况。

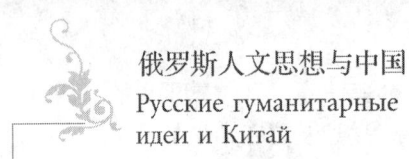

认知》(第十一章《我的末世论哲学》,黄或生译)被翻译刊登在《哲学译丛》第4期上。到了1994年4月,《人的奴役与自由》全译本(徐黎明译)由贵州人民出版社出版。紧接着,1995年8月《俄罗斯思想》全译本(雷永生、邱守娟译)由三联书店出版;1997年1月《自我认知》(雷永生译)全译本由三联书店出版;4月,《俄罗斯思想》的节译又刊登在《基督教文化评论》1997年第5辑上。1998年《俄罗斯思想的宗教阐释》(即《俄国共产主义的起源和意义》)一书由邱运华、吴学金翻译,东方出版社出版;《自我认知》的另一译本(汪剑钊译)由云南人民出版社出版。此外,该年由中国文联出版社出版的"俄罗斯白银时代精品文库"卷四中收录了别氏的两篇文章:《创造与美,艺术与法术》、《生活意志与文化意志》(赵桂莲译)。1999年1月,译林出版社出版的《俄罗斯灵魂》一书中收录了别氏的两部著作《俄罗斯的命运》、《在新世纪的门槛上》(陆肇明、东方珏译),学林出版社出版了别尔嘉耶夫的《自由的哲学》;2月,汪剑钊翻译的《俄罗斯的命运》也由云南人民出版社出版;同时,我们也读到了收有别氏重要文章《哲学的真理和知识阶层的现实》的《路标集》(云南人民出版社出版,1999年2月);这一年汪剑钊还选编了《别尔嘉耶夫集》,由上海远东出版社出版。

　　进入新世纪,对别氏著作的译介势头依然不减。2000年3月,别氏的又一部重要著作《论人的使命》的节译(第二章《堕落、善与恶的产生》,石蘅潭节译)出现在《哲学译丛》上,12月该书全译本(张百春译)就由学林出版社出版;该年8月《精神王国与恺撒王国》由浙江人民出版社出版,这本书中还收录有另一本著作《我与客体世界》。2001年,雷永生译的《自我认识》、董友译的《自由的哲学》分别时隔4年、2年又被广西师范大学出版社再版。2002年1月,《论人的奴役与自由》的另一译本(张百春译)出版,同月,《精神与实在》(张百春译)问世;6月,《历史的意义》由张雅平翻译,上海学林出版社出版;这一年的第6期《世界哲学》(即原来的《哲学译丛》)上还刊登了别尔嘉耶夫的文章《人和机器:技术的社会学和形而上学问题》(张百春译),这一文章选自别氏的文集《创造、文化和艺术的哲学》。2003年2月《末世论形而上学》的全译本(张百春译)由中国城市出版社出版。2004年3月《俄罗斯思想》(雷永生、邱守娟译)的修订译本出版,4月,汪剑钊选编的又一部《别尔嘉耶夫集》出版(其中收录了《俄罗斯的命运》、《自我认知》、《论人的奴役与自由》、《精神王国与恺撒王国》的部分章节,还新出现了《自由精神的哲学》的部分章节和别氏在《路标集》中发表的《哲学的真理与知识分子的真理》一文（即前面提到的《哲学的真理和知识阶层的现实》）。2005年，另一本别尔嘉耶夫选集《美是自由的呼吸》（方珊、何强、王利刚选编）由山东友谊出版社出版。到了2007年，世纪出版集团上海人民出版社出版了别尔嘉耶夫的大型文集（三卷），其中除收录了已出版过的汪剑钊译《自我认知》、《俄罗斯命运》，张百春译《论人的使命》外，又有新书目出现，即《文化的哲学》（于培才译）和《神与人的生存辩证法》（张百春译）。其中，《文化的哲学》收录了别氏的一部重要著作《陀思妥耶夫斯基的世界》和别氏关于文化、艺术的一些重要文章。而2008年6月，别氏的《陀思妥耶夫斯基的世界》一书的另一译本（耿海英译）以单行本由广西师范大学出版社出版（其实这一译本于2006年就译毕交稿，但由于某种原因，一直迟迟未能出版问世。所以，如果不是一些因素的干扰，也许别尔嘉耶夫著作的译介工作会更多更快一些）。另外，《文化的哲学》（即是俄版的《创造、文化和艺术的哲学》）一书，早在2003年其中的一篇文章《当代世界的精神状态》就曾由张百春翻译，刊发于《问题》2003年第2期，并出现在"文化研究网"上，且有相当的点击率；前面提到的《人和机器：技术的社会学和形而上学问题》一文也选自该文集。这样，几年间又有九部别尔嘉耶夫著作的全译本问世。

至此，在十几年间有16部别尔嘉耶夫著作的全译本问世，其中多部著作有不同译本出现；选编三部文集，部分重要文章或章节被译介过来，这样的一种翻译力度和速度，在对国外哲学家的推介中是不多见的。

二、1990年代中国对别氏的介绍

随着别尔嘉耶夫著作的翻译，对他的关注与研究也同步展开。首先一类研究即是刊发其文章的刊物配发的按语、文章或各种译本的序或后记所进行的介绍性研究。

1990年第3期《哲学译丛》上刊登了李昭时节译的 H. A. 别尔嘉耶夫《创造的意义》第二章《人、微观宇宙和宏观宇宙》，同期刊发了李昭时的文章《别尔嘉耶夫的哲学道路》。这是目前见到的第一篇关于别尔嘉耶夫的介绍性文字，是作者根据苏 Л. B. 波利亚科夫为《别尔嘉耶夫选集》1989年版写的前言《尼·别尔嘉耶夫的创造哲学》和苏《文学报》1989年8月2日 P. 加利采娃的《尼·别尔嘉耶夫》两文编译的。文章介绍了别尔嘉耶夫的生平、主要社会活

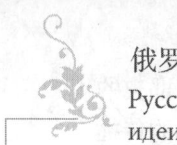

动、创作及思想发展的脉络,提及了他的九部著作,主要是其30年代以前的创作,着重介绍了《自由的哲学》、《创造的意义》、《论人的使命》及后期的《俄罗斯观念》(即《俄罗斯思想》)一书。虽是初步的介绍,但已经透露了许多信息。

其实,该期还同时刊登了 B. C. 索洛维约夫与 A. Ф. 洛谢夫的著作选译,为此,编者为专栏"俄国宗教唯心主义哲学作品选登"配发了按语:"本期发表了一组有关俄国哲学史的译文。19世纪末和本世纪初,俄国涌现出一大批在国内外深有影响的唯心主义哲学家和宗教哲学家。1985年以后,特别是近两年来,苏联哲学界一改以往的回避传统做法,着手出版百卷左右的《祖国哲学思想史丛书》,《哲学问题》等杂志特辟专栏,大量发表介绍这些哲学家生平的文章和他们的著作节选。这些现象不能不引起各国哲学工作者的注意和深思。这里介绍的三位哲学家是三个不同时期最具代表性的人物,但这里选登的三篇文章并不完全是他们的代表作。读者若能从这些文字中粗略地了解到俄国宗教唯心主义哲学之一斑,或进而看到苏联哲学已经并正在发生的变化,就不负编者的初衷了。"可以看出,这仅仅是一种开始,一种"粗略地了解"。国内对别尔嘉耶夫的关注首先是在哲学界。就是对哲学界来说,此前关于别尔嘉耶夫也几乎是一片空白,用他们的话说就是,关于他的些微"知识"是从列宁对他的批判中得知的,只知道他是个"马克思主义的叛徒",大逆不道的"唯心主义者"、"宗教神秘主义者"、"路标派"的代表人物;至于他的具体思想,几乎毫无所知。我们注意到,哲学界对别尔嘉耶夫的关注,是将其作为"俄国宗教唯心主义"中的一员介绍过来的,而且,对他们的敏感点在于:1980年代后期苏联开始对这些"宗教唯心主义"予以关注,这意味着什么?学界对这一现象予以了"注意和深思"。这是耐人寻味的。同时,我们还注意到,该期《哲学译丛》上同时介绍的还有"解释学"、"解构学";海德格尔、德里达、维特根斯坦等这些后来形成了一股强大的旋风、席卷了90年代我国学界的西方哲学思潮与人物。是的,别尔嘉耶夫等俄国哲学家,最初是作为与西方其他哲学家同等重要的现象一起介绍过来的,而且,后来对他的一系列著作的翻译出版,也是纳入了同样的系列之中,他的著作是出现在这样一些丛书之中:"现代社会与人"名著译丛(《人的奴役与自由》),现代西方学术文库(《俄罗斯思想》),基督教学术研究文库、雅典娜思想译丛(《自我认识》),学斋系列(《俄罗斯思想的宗教阐释》),西方思想经典文库(《精神与实在》、《论人的奴役与自由》、《末世论形而上学》),欧洲思想系列(《论人的使命》),20世纪外国文

第一章 别尔嘉耶夫的"俄罗斯思想"及其在中国的传播

化名人书库(《别尔嘉耶夫集》)等。然而,欧美版块的哲学家及其思想,从征候上来讲,如果说形成的是龙卷风,那么俄国哲学家及其思想几乎在我们这里没有形成气候。这又是耐人寻味的。

1991年第4期《哲学译丛》又刊登了别尔嘉耶夫著作的节译《自我认知》第十一章《我的末世论哲学》。虽然这一期没有配发相应的文章,但节选的章节本身就有很强的介绍意味;而且,这一章主要是别尔嘉耶夫自己论述其后期的创作与思想(即流亡到巴黎后),正好与前李昭时的文章形成补充。这一章首先是别尔嘉耶夫对自己的创作给予了回顾,认为,这一时期创作了一系列对他来说最有意义的著作,如:《自由精神的哲学》、《论人的使命》、《我和客体世界》、《精神与实在》、《论人的奴役与自由》、《末日论的形而上学》、《神的和人的存在主义辩证法》、《人在当代世界中的命运》和《俄罗斯思想》,认为这些著作比较好地表述了他的哲学世界观,而且这些著作比过去的著作要好,过去的著作中他予以《创造的意义》和《历史的意义》肯定的评价,而后期的著作中他尤其看中《论人的使命》和《论人的奴役与自由》;《末日论的形而上学》则最能充分反映他的形而上学。随后,他阐述了自己的末日论世界观与历史哲学。这一章节的选译,为我们提供了别尔嘉耶夫较为完整清晰的创作与思想脉络,此后,对他的翻译与介绍基本上就是按照这一线索展开的。

此前稍早一些,1991年第3期《北京社会科学》上刊登了雷永生的一篇文章《精神的苦斗——别尔嘉耶夫哲学思想演变初探》。文章主要根据别尔嘉耶夫的哲学自传《自我认识》(俄文版)梳理了别尔嘉耶夫的出身、生平事迹,重点探讨了别尔嘉耶夫思想发展过程中的一个转变,即从马克思主义向唯心主义的转变。而别尔嘉耶夫的这一转向问题成为我国学者后来不断关注的一个论题。这一文章可视为我国自行研究别尔嘉耶夫的开端,也是作者为《自我认识》一书的翻译出版而写(雷永生翻译的此书随后出版)。

1994年4月,别氏著作的第一个完整译本《人的奴役与自由——人格主义哲学的体认》问世。译者的一篇《别尔嘉耶夫哲学思想概述》,代中译序。这是一篇具有力度与深度的文章,作者不仅阐明了别尔嘉耶夫哲学思想产生的背景,即,在整个现代世界"不仅遗忘了人的存在",也"遗忘了神性的存在"之时,别尔嘉耶夫走向了"面向上帝,寻找人的位置",从而凸显了别尔嘉耶夫哲学思想对当代的价值;而且,文章不是简单罗列其生平事件,而是将其寓于对其思想发展的分析之中;并且,文章集中而深刻地论述了体现在《人的奴役

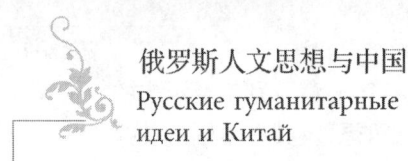

与自由》中的,也是别尔嘉耶夫整个哲学思想的核心思想之一,即,人的解放,是人的内在精神的解放,是摆脱一切客体化的奴役。文章不仅强调了别尔嘉耶夫思想所涉猎的广度与深度,也指出了他的矛盾性。然而正是这种矛盾性,显示着其思想的张力与魅力。该书是别尔嘉耶夫最重要的著作之一,"它将现实的各个领域纳入自己的视域,对存在、上帝、自然、社会、国家、战争、民族主义、资产性、金钱、社会主义、爱欲、美感、艺术等进行了全面剖析,……本书可谓是别尔嘉耶夫的'百科全书',囊括了他所有的基本思想……"因此,该译本的问世以及该文章的发表,为进一步认识别尔嘉耶夫奠定了基础,对于别尔嘉耶夫研究具有填补空白的意义。该译本于2007年8月又发行了第二版。

1994年第2期《中国青年政治学院学报》刊登了雷永生的又一篇关于别氏的文章《俄罗斯民族的良心——别尔嘉耶夫及其思想》,文章除了与其前文类似的对别尔嘉耶夫的介绍外,值得一提的是,该文是他在《俄罗斯思想》一书译就即将面世之时写出的,因此能够将这一重要著作的内容较为详细地介绍给国内,其中突出了别尔嘉耶夫对俄罗斯民族性的论述和对俄国知识分子问题的思考。这两个论题后来也成为我国研究、接受别尔嘉耶夫的重要视角。

1995年8月,雷永生翻译的《俄罗斯思想》面世。译序即是上文的修改,其中增加了80年代后期苏联国内兴起的"别尔嘉耶夫热"的内容,列举了各种刊物和出版机构所刊发的别氏的著作,给我们带来了较大的信息量。客观地说,首先是由于别尔嘉耶夫本人对于俄罗斯精辟、深刻、独到的论述,加之出版社是"三联"这一较有影响的出版社,两次印数达22100册,因此,这一译本对我国接受别尔嘉耶夫起到了巨大作用,我国学者在此后研究俄罗斯问题、研究别尔嘉耶夫时,都大量引用了该译本,可以说,在所有翻译过来的别氏著作中,该书是学界最为熟悉的一本。但由于其中翻译有误,该译本后来遭到了学界的批评,甚至有学者撰写文章"请勿引用三联版《俄罗斯思想》"。应该说,功在它,过也在它。2004年该译本修订版出版,但其中之误,仍不能令人十分满意。

1996年,张雅平为别尔嘉耶夫的《历史的意义》撰写文章《尼古拉·别尔嘉耶夫和他的〈历史的意义〉》,发表在是年的《世界宗教文化》第4期上。历史哲学是别尔嘉耶夫哲学思想的重要组成部分,他认为,"构筑宗教历史哲学乃是俄国哲学的使命"。张雅平的文章为我们揭开了别尔嘉耶夫历史哲学思想的基本面貌,作者就别氏的时间与永恒、文艺复兴与人文主义、进步说、文明

第一章 别尔嘉耶夫的
"俄罗斯思想"及其在中国的传播

与文化等的论述加以分析,指出,"若要对现代社会进行历史的哲学的分析","别尔嘉耶夫的观点仍具有借鉴和启发意义"。这是我国学者对《历史的意义》一书不多的一篇研究文章。从文中可以看出,这是作者为翻译《历史的意义》一书而写的,只是该译本直到2002年方由学林出版社出版。译者在后记中又对该书作了概括性的、积极肯定的评价。这些都为国内进一步的研究打下了基础。

1997年1月,雷永生翻译的《自我认知》由上海三联书店出版,刘小枫为该译本写序。序言虽不长,但非常精准地概述了别尔嘉耶夫的思想特征,突出了其基督教哲学家的身份。序言开头从表面上看是关于剑桥大学拟授予三位基督教思想家荣誉神学博士一事,其实是将别尔嘉耶夫放在20世纪基督教思想界的背景中来突出其地位、贡献与影响。我想,这是刘小枫更着意强调的。不过,正像刘小枫指出的,"在学院哲学界和教会神学界,他不是被忽视,就是受到指责"。我认为,正是这种"尴尬",使别尔嘉耶夫超越了某种所谓的学科界限,在20世纪人类思想史上占有一席之地;给他冠之以"基督教"思想家,只不过是因为他的"自由的哲学"的基础是传承了德国思辨神秘主义和俄国东正教神秘主义的基督教神秘主义,正如刘小枫指出的,"基督教思想一直是一个基本的结构性因素"。我们甚至可以说,他只是借用了基督教的一套话语体系来表达自己关于"自由"的思想。刘小枫对别尔嘉耶夫的《自我认知》一书予以同样的定位,认为它不仅是研究其思想的重要依据,也是研究"俄国基督教思想运动史"的史料。当然,以刘小枫自身对基督教思想的关注,这种定位也是容易理解的。同样,在我国对别尔嘉耶夫的接受中,以刘小枫为代表的从"基督教思想"资源来把握别尔嘉耶夫,也是重要角度之一。

1998年4月,《自我认知》的另一译本《自我认知》(汪剑钊译)由云南人民出版社出版,汪剑钊为该译本写序《人的精神拯救——自由哲学家别尔嘉耶夫简论》。与上文刘小枫的序言不同,该文强调的是别尔嘉耶夫在欧洲思想之路上由近代向现代转型的重要作用,突出的是他"富含宗教意味的思想对二十世纪风靡全球的存在主义"产生的巨大影响。文中除给出了别氏的小传外,还着重论述了别尔嘉耶夫关于俄罗斯民族的思考,关于俄罗斯知识分子的思考,以及其哲学的三个核心概念"个性、自由和创造"和他独特的关于"人与上帝关系"的思考,并概述了《自我认知》的精神内涵。其中,对别尔嘉耶夫的三个核心概念"个性、自由和创造"的突出,我认为特别具有意义。因为,在

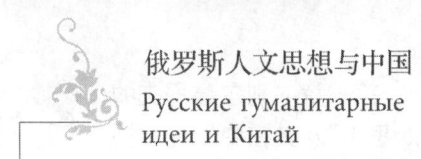

别尔嘉耶夫那里,"自由"是其看似头绪众多的思想内容的核心的核心,而"个性"是自由的显现,"创造"使自由得以完成。在其所有思想观点的背后都可以看到"自由"的影子。有学者不无调侃意味地说他是"自由的俘虏"不是没有道理的。因此,从该文中我们可以看出,我国学者正越来越走进别尔嘉耶夫。

1998年9月,别尔嘉耶夫的《俄罗斯思想的宗教阐释》一书由东方出版社出版,译者之一邱运华的文章《思想之累:体验别尔嘉耶夫》为序。文章除了与其他文章雷同的对别氏生平的介绍外,突出的特点是,将别尔嘉耶夫思想的整个核心是人学这一点强调了出来,并将其多维度、多层次的思想进行了分类介绍,尽管这种分类还显得力不从心。诚然,要对别尔嘉耶夫的思想作出准确的把握,尤其是在接受他的初期,要对其思想作出清晰的分类,并非易事。也许正是这样一种既展示了别氏思想的丰厚、复杂却又显得凌乱的分类,使读者更有一种冲动:要去搞懂别尔嘉耶夫。

1999年1月,别尔嘉耶夫的两部文集《在新世纪的门槛上》和《俄罗斯的命运》(选译)被收录在一起,以《俄罗斯灵魂》为题面世,郑体武为该译本作序。该序言写得颇具个性,在对别尔嘉耶夫的生平进行概括时,作者提出了自己两点独特感受:"别尔嘉耶夫反对革命"、"别尔嘉耶夫是保守主义和贵族主义的拥护者"。当然,这有值得商榷的地方。值得注意的是,作者谈到了别尔嘉耶夫的思想来源,虽然仅有两句话:"成熟期的别尔嘉耶夫深受陀思妥耶夫斯基影响,他自称是'陀思妥耶夫斯基的儿子'。此外,他还有一个思想源,这便是17世纪德国神秘主义哲学家伯麦"。此前,还没有如此具体、清晰地将这两个因素并列视为别氏的思想来源。这一点很重要。因为,我认为别尔嘉耶夫非常具体的两个思想来源正是伯麦和陀思妥耶夫斯基。我甚至认为,伯麦对于别尔嘉耶夫的影响仅在于,他从伯麦的"深渊"学说受到启发,得到触动与灵感,产生了自己"非被造"的"自由"这一重要概念,之后他便走向了另外的方向,即对"自由"的具体内涵的阐释全部来源于陀思妥耶夫斯基的《宗教大法官的传说》中的基督,别尔嘉耶夫所有思想的根正是在陀思妥耶夫斯基那里。《俄罗斯灵魂》的序言还就《在新世纪的门槛上》作了介绍,认为基督教在世界上和历史上的命运是该书的主要论题。作者对《俄罗斯的命运》的内容也作了简介;由于该书是与《俄罗斯思想》类似的书,所以,读者对这类内容已不觉陌生。

第一章 别尔嘉耶夫的"俄罗斯思想"及其在中国的传播

几乎同时,1999年2月,别尔嘉耶夫的《俄罗斯的命运》的全译本(28篇文章)由汪剑钊翻译,云南人民出版社出版;刘文飞为译本作序《读别尔嘉耶夫的〈俄罗斯命运〉》。该文对该书的内容作了较为详细的分析。作者认为,该书虽是一部文集,但几十篇文章却有同一个主旨,即同是论述"俄罗斯民族的心理特征、俄罗斯文化的特殊性以及俄罗斯社会的历史和未来"。作者借别尔嘉耶夫的思考,论述了俄罗斯民族、俄罗斯民族性格中诸多的双重性、矛盾性,同时,作者也给出了自己的观点,认为在地域上,俄罗斯不仅存在东、西的矛盾,也存在南、北的矛盾;但南、北的矛盾却由于多条南北走向的河流带来的文化交流在内部化解了,从而更凸现了无法化解的东、西矛盾。与东、西矛盾并列的另一重大矛盾,是上、下层的矛盾,贵族阶层与下层社会的矛盾,突出表现是知识分子与民众的矛盾。作者认为,地理的、文化意义上的东、西矛盾这一横向矛盾,与历史的、社会意义的上、下层矛盾这一纵向矛盾,构成了一个硕大的十字架,俄罗斯正是背负着这一沉重的十字架,艰难地、却从没有放弃信念地前行着。该书的介绍与翻译,与《俄罗斯思想》一书一起成为我国学者研究俄罗斯的两部重要参考著作。

1999年1月,别尔嘉耶夫的一部具有标志性意义的著作《自由的哲学》被译介过来。别尔嘉耶夫在书的导言部分首先阐明"自由的哲学"的内涵,以避歧义。他说:"自由的哲学在这里不意味着对作为哲学问题之一的自由的研究,自由在这里不意味着客体。"自由的哲学是"从自由出发的哲学。它是与奴役的哲学,从必然性出发的哲学相对立的。"自由意味着"主体的状态"。"这部书的思路是把自由作为最初的出发点,而不是仅仅最后归结到自由。自由一开始就存在于某物之中。""在书中,有意识地使用**出发**的方法,而不是**发生的**方法(黑体为别氏所标)。"自由的哲学是"宗教的哲学",是"神人的哲学"。其实,在此之前,即在其形成自己的哲学观之前,他一直苦苦思索的是,自己的哲学究竟应该是怎样的哲学?现代哲学究竟应该是怎样的哲学?究竟应该解决什么问题?在这里,以前曾模糊的感觉,现在终于有了明确的答案:真正解决现实问题、自由问题、个性问题,这才是对一切哲学的真正考验。无力解决现实、自由、个性问题,或者虚伪地解决这些问题,就是伪哲学。而"**宗教是哲学的生命基础**"(黑体为别氏所标)。该书是别尔嘉耶夫宗教哲学的奠基之作,他的宗教哲学的根基性观点(如自由、创造、个性、教会、末日论等)都在这里确立起来。这一点,在雷永生为该书写的序言中也指了出来。序言还以"人及其命运是别尔嘉耶夫至为关注的问题"、"宗教哲学"、"历史哲学"、"文化哲学"、"社会哲学"为明显的小标题,描述了别氏思想的概貌,当然,作者也指出这种分类决不精确,因为这些部分往往是交织的。可以看出,我们对别尔嘉耶夫的认识越来越趋向于全面和深入。

2000年8月,别尔嘉耶夫的《精神王国与恺撒王国》(其中包含《我与客体世界》)出版,哲学教授安启念为译本写了长篇序言《别尔嘉耶夫哲学简论》。不知是自然而然,还是偶然巧合,这是附有序言的最后一部译著(此后出版的几部译著,都没有再附加研究介绍性的译序),也是所有为别氏著作译本写的序言中最长的一篇(长达31页),因此该序言似乎具有了一种总结性。首先,他有这样几个明确的观点:(1)别尔嘉耶夫在哲学上从来不是唯物主义;(2)别尔嘉耶夫的存在主义与克尔凯郭尔、海德格尔等人的存在主义除了对人的尊重外毫无共同之处;(3)别尔嘉耶夫的思想发展是很难用阶段来准确划分的。在这一点上,笔者甚至认为,自从别尔嘉耶夫的思想基本形成以后,基本没有什么阶段可以划分,他始终有一个不变的精神内核,即"自由";其哲学即是以自由为核心的人学。这一点,序言作者也作了类似的论述,他说:"在他的复杂的思想历程中实际上存在着一条主线、一个中心,以及一个能集中反映其基本思想的重要概念。"[①] 这里说的一条主线,就是对人的关怀,一个中心就是自由,一个重要概念就是创造。"人、自由、创造,构成别尔嘉耶夫哲学的基本内容。这是一个有机整体。人是别尔嘉耶夫哲学研究的基本对象;自由是他关于人的理论的中心问题,是他所揭示的人的本质特征;创造则是人的自由的集中体现,人和历史的意义之所在。"作者认为,尽管别氏用存在主义、自由唯心主义、精神哲学、自由哲学、人格主义、个人哲学、宗教人道主义等等五花八门的说法来概括他的思想,但不论涉及什么问题,不论具体观点有怎样变化,基本出发点始终是人,而且不是作为集体的人,而是个人;而所有与人的问题相关的都与自由问题相关,或者说都集中在自由问题上。因此,可以说,别尔嘉耶夫的一生都围绕着这个核心,从不同角度、不同层次对不同问题展开思考,其思想是一个各部分相联系的有机整体。(4)序言对别尔嘉耶夫与马克思主义的关系也作了论述。对于这一关系,我国学界有一种莫名的关注,大多认为别尔嘉耶夫存在一个从马克思主义转向唯心主义的问题。

[①] 别尔嘉耶夫:《精神王国与恺撒王国》,安启念译,浙江人民出版社2000年版,第3页。

第一章 别尔嘉耶夫的"俄罗斯思想"及其在中国的传播

笔者认为,这纯属一个伪问题,因为,别尔嘉耶夫从本质上讲从来也不是一个马克思主义者,所以也就无从谈起转向。序言作者对此问题也作了详细的分析,认为别尔嘉耶夫对待马克思主义既有认同的一面,又有反对的一面,导致两种态度的根源只有一个,那就是他的自由精神哲学。他之认同,是因为他和马克思主义都反对资本主义对人的奴役。但是,两者反对的出发点有着原则性的不同。马克思主义之批判、否定资本主义,是因为它站在阶级的立场上,认为资本主义是对人的劳动、人的剩余价值的剥削,是因为它认为有一个历史发展的必然规律,即社会主义必然取代资本主义;而别尔嘉耶夫反对的出发点,则是人的自由,认为自由、创造高于一切,而资本主义扼杀了人的自由,形成对人的精神的奴役。至于马克思主义所说的客观规律、历史必然趋势、科学社会主义,对别尔嘉耶夫而言也属于恺撒王国,与资本主义并无根本区别,也是对人的奴役。作者还强调指出,别尔嘉耶夫从来也没有接受普列汉诺夫和列宁的以强调客观性和必然规律为特征的辩证唯物主义和历史唯物主义;就是在别尔嘉耶夫发现了马克思的《1844年经济学哲学手稿》中的对人与人的自由以及创造性活动高度重视时,几乎把马克思视为自己的同道时,他也是这样说的:"整个马克思主义的唯物主义,在其早期是非常唯心主义的。""马克思主义不是唯物主义,把它叫做唯物主义是对哲学术语的明显的粗暴的滥用。"所以,可以看出,别尔嘉耶夫的那点儿认同是多么有限;甚至,认同是把马克思主义通常被定义的性质改变了之后的认同,而且即便是认同,也决不是一种信仰,所以也就无所谓转向。(5)作者认为,别尔嘉耶夫的哲学,实际上是对基督教加以人道主义改造的一次重大尝试,其意义在于,对使人异化的资本主义的批判,对人的终极关怀;更重要的是,他对工业文明乃至全部人类历史,从基本价值目标到物质生产和社会生活各个方面的深刻的历史反思,对于已经出现了各种全球性问题的当今人类来讲,具有巨大意义。因为人类沉湎于对物质的追求和满足已经太久了,而忘记了人还有更高的精神维度,正是这样,人类陷入了空前的危机。(6)作者就《我与客体世界》一书作出评述,论述了他关于"客体化"、关于"个性"的思想。(7)作者就《精神王国与恺撒王国》作出评述,着重论述了他的存在主义与其他存在主义的根本区别。

可以看出,该文既对别尔嘉耶夫的整体思想作出了明晰的把握,又对其主要思想特征作出了分析。这也显示着,我国经过十年左右的对别尔嘉耶夫的翻译与研究(尽管这一研究基本上还局限在有限的范围内),对别尔嘉耶夫已

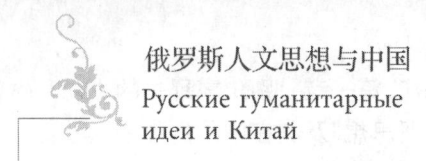

经有了一个基本的了解。从此以后,我国学者开始从不同角度、不同层面对别尔嘉耶夫思想展开了深入研究,对他的接受进入了一个新阶段。

另外需要提及的是,雷永生曾撰写著作《别尔嘉耶夫》,于1998年由台湾东大图书公司印行,该书梳理了别尔嘉耶夫的生平,评价了他的基督教人本学及其对俄罗斯文化的研究。遗憾的是,该书没有在大陆发行,因而这一研究成果的影响有限。

三、新世纪以来中国学界对别氏的研究

正如我们上面指出的,如果我们把1999—2000年视为一个节点的话,那么,前一阶段的研究成果主要是通过译序的形式传播出来,而且除了许为勤的一篇《别尔嘉耶夫人格主义的基本命题和核心范畴》(《现代哲学》1997年04期)外,几乎没有译者之外的研究性文章(刘小枫、刘文飞也都与译本有关)。此后,才开始出现其他学者的研究性成果,至今,发表在各种学术刊物上的文章近60篇;另外,从2000年起,不断有硕、博论文对别尔嘉耶夫作专题研究(约有16篇),也有关于俄国宗教哲学的论著涉及别尔嘉耶夫研究。其中,主要从别尔嘉耶夫的思想中提取出了这些角度加以探讨:别尔嘉耶夫的生平及思想演变,他的人学、神学、伦理学、末世论、技术哲学、客体化批判、论俄罗斯、论俄罗斯文学等。我们现就这些论题加以梳理。

(一)生平及思想演变

在前一时期的研究中,学者们或多或少地都涉及了别尔嘉耶夫的生平及其思想演变。新世纪以来,这一题目依然是学者们的关注点之一。2000年第8期《博览群书》上的《一个俄国哲学家的遭遇》(雷永生),2001年第9期《读书》上的《意义的探索 给出生活的意义》(汪剑钊)以及网络上的书评及各类文章都属此列。重要的是,这一时期,对其思想演变及思想渊源有了更深入的研究。陈红的《论别尔嘉耶夫的马克思主义观》(《学术交流》2004年第1期),从别尔嘉耶夫早年与马克思主义曾有的勾连出发,深入分析了别尔嘉耶夫的马克思主义情结、他的马克思主义观以及他与20世纪新马克思主义的契合与区别。而段慧的《从马克思主义到唯心主义——别尔嘉耶夫信仰转变的原因探析》(《绥化学院学报》2007年第1期)尤其是其同名硕士论文则从"家庭环境及个人经历对别尔嘉耶夫信仰转变的影响"、"德国唯心主义哲学对别尔嘉耶夫的影响""俄国传统文化对别尔嘉耶夫信仰转变的影响"、"别尔嘉耶

夫对马克思主义的误读"四个层面分析了别尔嘉耶夫的"转变"以及他与马克思主义的本质区别。薛蓉的《俄国之根与德国之源——论别尔嘉耶夫的"哲学心史"》(《中山大学学报》2004年第4期)着重探讨了别尔嘉耶夫思想的两个来源:俄国的(陀思妥耶夫斯基、索洛维约夫)与德国的(叔本华与康德)。这些思想发展与演变的探讨,对于理解别尔嘉耶夫思想的基本特征都起到了铺垫的作用,尽管这些探讨中的观点依然有值得商榷之处。

(二)人学

许为勤的《别尔嘉耶夫人格主义的基本命题和核心范畴》(《现代哲学》1997年第4期)首先指出,别尔嘉耶夫批判了西方传统哲学将其内涵为普遍事物的抽象概念的那个存在视为哲学的基础是本末倒置,真正的哲学应当关注的是人的具体生存,生命的真实的、个别的独特的表现。这就是别尔嘉耶夫的人格主义,其首要任务是进行本体论的转换。承认自由高于存在是别尔嘉耶夫的人格主义的理论前提。随后,文章具体分析了别氏人格主义哲学的核心范畴——个体人格的具体内涵和原则,即:个体人格是存在的核心,个体人格是独特的,个体人格是动态的,个体人格与个体人和个人主义是不同的,个体人格高于共相原则,个体人格的神人原则,个体人格的可沟通原则。

另一篇探讨别尔嘉耶夫的人格主义的文章是徐凤林的《生命的精神之维度——别尔嘉耶夫的人格主义》(《博览群书》2002年第4期)。该文的论述颇为独特,因为除了题目上出现了别尔嘉耶夫的"人格主义"这一用语,通篇没有出现"人格主义"一词,而是在通过各个角度论述"精神"一词。作者指出,在别尔嘉耶夫的哲学中,肉体、心灵、精神三个要素是有区别的,肉体、心灵(指人的心理、意识、思维)人人都有,但精神却不是自然而然的,精神是人的超越性,是从上面获得的;精神是真、善、美、意义、自由,精神赋予人的身心以完整性、统一性。但别尔嘉耶夫并不否定肉体,在其精神哲学中,人是完整的存在物,是精神—心—肉体的有机体,肉体也是人的有机部分,精神性不是与肉体或物质相敌对,而是意味着对它的改造,使其达到整个人格的最高品质。作者认为,这就是别尔嘉耶夫的"新精神性",与禁欲主义的"旧精神性"不同,新精神性是创造的积极性,是自由的考验,因此他的哲学是"自由精神"的哲学。对别尔嘉耶夫的"精神"这一术语内涵的分析,看似与人格主义不相干。但实际上,别尔嘉耶夫的人格主义的实质正是对人的精神性的强调,对人的绝对精神性自由的强调。作者从这一角度分析别氏的人格主义,无疑是触及到了其人格主义的核心。

上文讲到,安启念曾指出,别尔嘉耶夫的存在主义与克尔凯郭尔、海德格尔等人的存在主义除了对人的尊重外毫无共同之处。许为勤则在《别尔嘉耶夫的人格主义与存在主义、俄罗斯文化》(《贵州社会科学》2001年第5期)中具体探讨了别尔嘉耶夫的存在主义与海德格尔的存在主义的区别。作者认为,他们的根本不同在于,海德格尔的存在主义是通过逻辑的方法达到对存在的把握,别尔嘉耶夫则是直接通过生命的直觉和体验把握存在。别尔嘉耶夫认为,"哲学认识是生命的功能,是精神体验和精神道路的象征。……如果哲学认识存在于人之中,那就不能把哲学认识和人的精神体验的总和分开,和人的宗教信仰分开,和神秘的直观分开。进行哲学思考和认识是具体的人,而不是认识论上的主体……"作者分析说,虽然海德格尔所开创的存在主义在表面上是对西方纯粹以逻辑而建立体系的方法的一种反叛,虽然他从哲学最终进入到美学,但其骨子里面依旧是逻辑占第一位,他并没有完成逻辑在体验中的真正的消融。这是因为,海德格尔即使是达到了他所说的存在,但是他仍然扔不掉帮助他达到存在的工具,因为他认为逻辑与体验不可能完全统一。但别尔嘉耶夫则认为,在逻辑中就有体验,在体验中就有逻辑,由此才能够达到自由。所以,海德格尔晚年只能走向诗,而别尔嘉耶夫则走向了存在的最高境界——自由或说上帝。同时,作者认为,别尔嘉耶夫的存在主义有着深刻的俄罗斯文化的土壤。俄国宗教哲学的出发点就不是逻辑的推理而是生命的体验,从这一点上来讲,别尔嘉耶夫属于整个俄国哲学,尽管他有着德国哲学的影响。

陈红的一篇《别尔嘉耶夫人学的生存论意蕴》(《理论探讨》2004年第3期),虽然没有直接提别尔嘉耶夫的存在主义,但指出,别尔嘉耶夫的整个人学具有生存论的深刻意蕴,称其为生存哲学。作者认为,无论是别尔嘉耶夫的人学出发点——人与上帝的关系,还是其人学主题——自由、创造、个性,抑或其人学对现实的批判——科学技术批判、文化批判、金钱财产批判,其中都蕴涵着深刻的生存论。"别尔嘉耶夫人学的生存论意蕴表明其人学是一种不同于传统哲学的新的哲学范式,一种理解世界的新的方式。"

事实上,别尔嘉耶夫整个新基督教哲学的关注核心就是人,他的整个哲学就是人学,我国学界准确地把握住了这一点。2000年出现的我国第一篇以别尔嘉耶夫为研究对象的博士论文,主题即是别尔嘉耶夫的人格主义,即石衡潭的《恶与创造:别尔嘉耶夫人格主义哲学研究》。该论文在别尔嘉耶夫人格主义哲学的大背景中,集中探讨了其中的两个重要概念:恶与创造。关于这两个概念的理解,其实就是别尔嘉耶夫的人正论。另一篇关于别尔嘉耶夫人学思想的研究成果是陈红的博士论文《别尔嘉耶夫人学思想研究》。论文首先对别尔嘉耶夫人学运思的基点这一前提性问题进行了论述,阐明人与上帝的双向运动,即面向上帝去寻找人的位置、在人与上帝的关系中去理解人的存在乃是其人学运思的基点。在此基础上,重点分析了别尔嘉耶夫人学的主题——自由、创造与个性及其所内含的生存论意蕴,并以较大篇幅阐述了别尔嘉耶夫的客体化世界批判理论,认为该理论体现出其人学思想的现实关切和实践品格。文章又对别尔嘉耶夫人学的终极追求——精神王国问题展开了论述,并对精神王国与人间天堂的乌托邦进行了比较研究,以明确二者之间的深刻差异。最后,文章还试图从总体上把握其人学思想的意义、影响及局限。在别尔嘉耶夫的人学思想中有三块基石:自由、个性、创造。如果说石衡潭的论文是集中探讨了其中之一创造(及与恶的关系),那么陈红的论文则是对这三个核心概念进行了整体的把握。而刘振丽的《论别尔嘉耶夫的自由哲学》和徐凤林的专著《俄罗斯宗教哲学》(北京大学出版社,2006)中的第11章《别尔嘉耶夫的自由精神哲学》则是集中探讨别尔嘉耶夫人学思想之核心的核心——自由。以上研究尽管各自有所侧重,但由于别尔嘉耶夫对于各个问题的思考都是相互关联的,因此在研究者的论述中也自然地对相互关涉的问题予以探讨,例如,表面上看,似乎没有人将别尔嘉耶夫的核心概念之一"个性"单独凸显出来加以研究,但事实上,他们的论述中,自由与个性的关系、创造与个性的关系等,都无不在他们的视野之中。因此,从整体上来看,学界对别尔嘉耶夫人学思想的研究基本上既把握了其核心概念,又对与之相关的问题有所触及。应该说,别尔嘉耶夫人学思想的基本内涵在我们这里已经初步显现。

(三)神学

对于作为宗教哲学家的别尔嘉耶夫,我们首先遇到的一个问题就是,他是如何理解上帝的。黄裕生的文章《如何理解上帝:从证明到相遇?——从托马斯到别尔嘉耶夫》(《浙江学刊》1999年第6期)就此作出了分析。文章指出,别尔嘉耶夫等俄罗斯宗教哲学家在理解上帝存在的问题上,一开始就走上了回应或接近奥古斯丁的"心学"道路。他们几乎没有例外地对以托马斯为代表的中世纪理智神学持严厉的批判态度。别尔嘉耶夫甚至认为,像托马斯那样以概念思维去理解信仰问题会不可避免地将神学与信仰引上"客观化"道路,而信仰的客观化意味着信仰的堕落:这种客观化信仰不仅无助于人类的拯救,反而导致了对人类的全面奴役。对于别尔嘉耶夫来说,人不可能在概念演绎中见证上帝的存在,作为概念演绎者,作为认识主体,人永远不可能理解上帝。人们只能在精神生存或体验中去理解上帝的存在,亦即只能从人的真实存在中去寻找上帝存在的根据。作者指出,别尔嘉耶夫十分欣赏奥古斯丁的"上帝比我自己更深藏在我心中"。所谓"更深藏在我心中",就是说,上帝是纯粹的精神存在,是更高的个体人格,我只有摆脱客观化世界而尽可能作为精神的存在,才能接近上帝,领会神圣。我的精神之所以为精神,我的心之所以为心,就在于它既是最真实、最本源的内在经验(erfahren)或体验,又是完全敞开的、超验的,也即是自在、自由的,因而具有"让……来相遇"的超验性。因此,深藏在我心中的上帝也才既是超验的,又是存在于内在的精神经验中的。走向内心、走向自由,是理解上帝存在的最可靠、最坚实的道路——作者认为这是别尔嘉耶夫以及弗兰克等俄罗斯人的坚定信念。就上帝只在我们的精神中、只在我们的心里而言,我们与上帝的关系是一种活生生的关系,是一种直接无间的关系;是"相遇"的关系,而不是"证明"的关系。作者最后指出,别尔嘉耶夫等俄国宗教哲学家对世人的重要性,并不在于他们走了一条世人陌生的道路,而在于他们从一开始就走上了与上帝相遇的道路;也就是说,他们表达了俄罗斯人与上帝相遇的"经验",而不是提供了俄罗斯人关于上帝存在的证明或知识。这些"经验"也许并不具有普遍性,但却是真实的、可靠的,因而对于敞开的心灵来说,也许会是有启示意义的。

关于别尔嘉耶夫神学思想的具体内容,我国学者张百春有着更为集中的探讨。他撰写有《别尔嘉耶夫神学思想概述》(《哈尔滨师专学报》2000年第3期)、《别尔嘉耶夫论新基督教意识》(《黑龙江社会科学》2000年第6期)、《别尔嘉耶夫与俄罗斯东正教神学》(《基督宗教研究》第4辑,宗教文化出版社2001年10月版)等。在这些文章中作者指出:"作为一个哲学家,他所探究的却都是神学问题,并专门撰写过神学著作,即使在其哲学著作里,也专门探究神学问题。"[①]他一生都致力于批判历史基督教,并创立和完善自己的新基督教。他超越了传统基督教对自由、上帝、人、创造等观念的理解,形成了自己独

[①]《哈尔滨师专学报》,2000年第3期。

特的新基督教。作者对别尔嘉耶夫的"非被造的自由"、"非客体化的上帝"、"神人与神人类",以及他对"创造与救赎"、"天堂和地狱"的重新理解予以了论述,揭示了别尔嘉耶夫的新基督教的实质内涵。石衡潭的一篇《别尔嘉耶夫的神观念与创造论》(《世界宗教研究》2003 年第 1 期)同样对别尔嘉耶夫的神学思想予以了探讨。他们都强调了别尔嘉耶夫对"全能万能"、"不变性与完满性"的神观念的批判。在别尔嘉耶夫那里,神与人的关系是"作为呼唤者的神和作为回应者的人",人以创造的行为回应上帝的呼唤,上帝的创世不是一个已完成的事件,人的使命是继续"创造的第八天",在创造中完成救赎。石衡潭在文章中还指出,别尔嘉耶夫的这一神学观"对后来过程神学'说服的上帝'和莫尔特曼'受难的上帝'以及麦奎利'使在的上帝'等神观念都不无影响",并汇入了当代神学思想之中。

(四)伦理学

张百春的一篇《悖论伦理学——别尔嘉耶夫的宗教伦理学》(《浙江学刊》2002 年第 4 期)详细论述了别尔嘉耶夫的伦理学思想。作者指出,"伦理学在别尔嘉耶夫哲学体系里占有十分重要的地位,他认为伦理学是哲学的最后一部分,它应该是哲学体系的完成,一个人的哲学探索的主要成果应该包含在其伦理学之中"。作者总结了别尔嘉耶夫伦理学的主要特点:(1)伦理学具有明显的实践特征。(2)伦理学的基础是道德体验。(3)伦理学的对象是"人生,它的意义,它的目的和价值";"伦理学是关于区分、评价和意义的学说";伦理学研究人的道德生活领域,也研究上帝;伦理学也是自由的哲学,伦理学的基本问题是关于上帝的自由与人的自由之间的关系问题;其伦理学还是"人格主义的伦理学"。(4)别尔嘉耶夫把伦理学分为三种类型:法律伦理学,救赎伦理学,创造伦理学;而他自己的伦理学是创造伦理学。作者指出:"把创造与伦理学结合在一起,在别尔嘉耶夫那里是很自然的。他认为只有在创造里,人才能充分认识和实现自己的使命,人生的意义才能被充分揭示,人生的价值才能被彻底实现,人才能最终作为创造者回应上帝,即与'上帝的形象和样式'一致,'只有创造才能见证人在世界中的志向和使命',人的使命就是创造,因此他把自己关于创造伦理学的书取名为'论人的使命'"。作者还指出,"他的伦理学体系是以末世论伦理学结束的。即使是在基督教伦理学各类体系中,这也是绝无仅有的。"最后,作者强调,别尔嘉耶夫的伦理学是"对纯粹良心的批判",良心与自由相关,良心、自由是宗教问题,因此他的伦理学

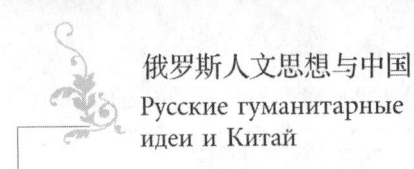

是宗教伦理学,同时又是悖论伦理学。

几乎同时,在台湾,学者刘锦昌的《别尔嘉耶夫的伦理学》(《神学与宗教》第廿七卷第二期,2002年6月)也对别尔嘉耶夫的伦理学进行了研究。比较两文(张百春文、刘锦昌文),我们发现,二者在对别尔嘉耶夫伦理学实质内涵的把握上基本接近,只是后者更加条分缕析,从"别尔嘉耶夫伦理学的基本预设概念"(以"自由的哲学"为前提;从认识论的探讨入门;伦理学认识是一种精神性的认识;基督论、神学人学先于伦理学)和"别尔嘉耶夫的伦理学"(伦理学的任务;不同层次的伦理学;末世论伦理学)两个部分的不同层面出发,详细论述了别尔嘉耶夫伦理学的理念,并把别尔嘉耶夫伦理学放在与一般伦理学的比较中,指出,"从上述分类法(作者指普通伦理学:伦理行为的一般原则、性质;特殊伦理学:个别伦理、社会伦理——家庭伦理、国家伦理、国际伦理。——引者)来看,可以发现别尔嘉耶夫的伦理学的探索主题是别树一格,别氏的伦理学研究是从宗教信仰,特别是基督宗教的教义为其论述的起点,他首先讨论的是伦理认识问题,从中叙述伦理学的任务;且他着重阐释善与恶的产生,又返回思考哲学人学的议题。有了这些基本原则为前提,别尔嘉耶夫再发挥他的伦理学主旨——善恶此岸的伦理学,最后带出善恶彼岸、具末世论意义的伦理学。别尔嘉耶夫的伦理学,和我们经常看到的哲学伦理学探讨路线有异,他的思想中不断流露出身为基督徒知识分子虔诚的一面,可是又带有对世俗或一般伦理学强烈批判的尖锐。别氏的伦理学是属于基督徒的伦理学,又是进入末世论思考高度的伦理学,他的伦理学跨越了哲学、宗教、神学(又兼顾天主教、新教、东正教三大主流)诸领域。""一般伦理学探讨是非、善恶的课题,或是以规范伦理、后设伦理为研究主轴;别尔嘉耶夫则从规范伦理学转化、跳跃,强调伦理学在救赎、创造上的特殊层面,并将伦理学重点摆在末世论、超越一般善恶之彼岸,要世人注目超越善恶彼岸的伦理学。这是一种启示性、充满灵性动力的基督教伦理学,是以基督为终结者的末世论伦理学。"这一比较更突出了别尔嘉耶夫伦理学的独特价值。此两文均属于我们认识别尔嘉耶夫伦理学思想的重要文章。另有郭丽双的文章《别尔嘉耶夫的创造伦理学》(《兰州学刊》2006年第3期),集中探讨了别尔嘉耶夫创造伦理学的内涵;吴春生、王菁野的文章《别尔嘉耶夫性爱学说引论》(《绥化师专学报》2001年第4期)和韩东屏、李海平的《性之悖——别尔嘉耶夫性伦理观浅析》(《苏州科技学院学报·社会科学版》2004年第4期)都集中于别尔嘉耶夫伦理学中的一个层面——性伦理展开探讨，揭示了别尔嘉耶夫在这一具体伦理问题上的思考。此后，出现两篇硕士论文，分别探讨别尔嘉耶夫的"人的使命"的伦理意蕴(姚颖《论别尔嘉耶夫"人的使命"的伦理意蕴》)和别尔嘉耶夫的善恶观(李海平《别尔嘉耶夫善恶观探析》)。由此可以看出，别尔嘉耶夫的伦理学已经成为我国学界自觉探讨的一个论题。

(五) 末世论

别尔嘉耶夫说："称我的宗教哲学为末世论的宗教哲学应该是更准确的。长期以来，我一直致力于完善我的末世论。"①他又说："我想在末世论范畴，在终结范畴来研究所有问题。"②因此，末世论思想在别尔嘉耶夫的思想中具有十分重要的意义。我国学者也将此作为别尔嘉耶夫思想的一个重要论题展开了研究。王文忠的《〈俄罗斯思想〉中的末日论观》(《俄罗斯文艺》2002年第5期)，以《俄罗斯思想》一书为个案分析的文本，指出，"末日论观构成该书的逻辑基础"，并进而分析了"别尔嘉耶夫的末日论思想体系"，认为"别氏的积极末日论观是一个层级系统，其基础是人神观和创造精神说，核心是其历史观，切入点是对传统末日论的修正"。陈红的《别尔嘉耶夫的末世论及其人本主义上帝观》(《俄罗斯研究》2006年第2期)则论述了别尔嘉耶夫对传统的消极末世论的批判和他的积极末世论的具体内涵，即以精神王国的到来终结历史，战胜死亡，摆脱地狱，创造天堂之美。重要的是，文章分析了别尔嘉耶夫对历史终结(或时间)、死亡、地狱这些传统末世论概念内涵的修正和重新理解，即，历史终结不是一个历史事件，而是生存时间里的事件。历史终结意味着生存时间对历史时间的胜利；历史终结不仅实现在彼岸，也实现在此岸，此岸与彼岸不是一种时间上的相续；历史终结意味着在生存时间里以创造性的精神战胜和改造客体化的世界。死亡不仅有自然的死亡，而且有精神的死亡，战胜死亡是战胜精神的死亡。地狱不是客观领域，而是主观领域，它是主观存在的一种状态。死亡的战胜，地狱的摆脱，同样是以创造性的精神王国的到来为标志。周来顺的《传统末世论的批判与超越——论别尔嘉耶夫的末世论思想》(《学术交流》2008年第2期)从表面看是分了这样三部分来论述：(1) 死亡与永生——时间断裂的永恒瞬间；(2) 地狱——主体自身的遗忘；(3) 天

---

① Бердяев Н. А. Русская идея. М., 2000. С.210.
② Бердяев Н. А. Опыт эсхатологической метафизики // Дух и реальность. М., 2003. С.381.

堂——超越善恶的彼岸,但仔细研读其内容,我们发现,该文与上文异曲同工,对别尔嘉耶夫末世论思想的实质内涵的论述没有多大差别。而舒志定的《别尔嘉耶夫论创造与世界的终结》(《哈尔滨学院学报》2002年第11期),虽然没有直接提及别尔嘉耶夫的末世论思想,但实际上也是在探讨这一问题,论述别尔嘉耶夫的以精神的创造性克服各种客体化奴役,实现此岸世界的终结的思想。杨旭的硕士论文《论别尔嘉耶夫的末日论美学思想》从文艺学的角度探讨了别尔嘉耶夫的末日论美学,这倒是学界第一次从文艺学角度来研究别尔嘉耶夫。关于这一论题的研究还有刘立华的硕士论文《别尔嘉耶夫末世论思想探析》。而陈红的《别尔嘉耶夫哲学的终极追求》(《社会科学辑刊》2006年第3期)虽然文中也没有"末世论"字样,但它的关键词是别尔嘉耶夫的"精神王国"。正如上面讲到的,"精神王国"的实现其实正是别尔嘉耶夫的积极末世论的思想核心。

(六)客体化批判

别尔嘉耶夫一生与人的奴役状态做斗争,而人的奴役来源于人类世界的各种客体化,因此,对客体化的批判是其哲学的重要任务之一,我国学者也将此作为一个独立的课题加以探讨。陈红的《别尔嘉耶夫的客体化世界批判》(《浙江学刊》2004年第2期),周来顺的《别尔嘉耶夫论客体化世界观的特征》(《哈尔滨学院学报》2007年第4期),都描述了客体化世界的特征与根源,论述了别尔嘉耶夫对此的批判。不过前者落脚在别尔嘉耶夫主张的精神王国对异化世界的抗拒上,后者则落脚在别尔嘉耶夫的末世论思想上,这一点在该作者的硕士论文《客体化世界观的批判与超越——别尔嘉耶夫的末世论形而上学思想研究》中体现得更为明显。不过,两者实质上是一样的:别尔嘉耶夫的末世论思想就是旨在以精神王国的胜利终结客体化世界的奴役。相对于单篇文章,几篇博、硕论文则更综合、深入地探讨了别尔嘉耶夫的客体化批判理论,它们是郭丽双的博士论文《对客体化世界的反抗:别尔嘉耶夫思想研究》、台明的硕士论文《自由的失落——论别尔嘉耶夫的客体化思想》、滕艳娇的硕士论文《克服物化的别一种途径——别尔嘉耶夫客体化世界批判理论研究》、潘宏纹的硕士论文《奴役与自由——别尔嘉耶夫的"精神客体化"批判》。2007年第1期的《马克思主义与现实》刊登了陈红、张世洲的文章《别尔嘉耶夫的批判理论——兼与新马克思主义批判理论的比较》,该文更是扩大了对别尔嘉耶夫客体化批判理论的探讨,将之与20世纪的新马克思主义的批评理论加以比较,从"基于共同文化背景下的相似的批判主题(技术理性批判、大众文化批判)"和"基于不同哲学出发点的内在差别"两个层面作出分析,甄别出别尔嘉耶夫客体化批判理论的价值维度,揭示了其理论的特色。相对于其他论题,在这个越来越异化的世界,别尔嘉耶夫的客体化批判理论似乎更是学界的研究兴奋点,与我们有更多的亲和力。

(七)技术哲学

与客体化批判理论相关,别尔嘉耶夫对现代社会的技术与机器有自己的思考,并且认为应当将此作为哲学的一个独特领域来加以研究,他说:"令人惊奇的是,至今没有建立技术和机器的哲学,尽管就这个题目已经写出了许多书。人们为建立这样的哲学学科已经准备了许多东西,但最主要的事情还没有做,机器和技术没有被看做精神问题,没有被看做人的命运。人们只是从外部,即只是在社会的投影里研究机器。若从内部看,机器是人的生存哲学(Existenzphilosophie)的问题。"①张百春指出:"在别氏的早期著作《历史的意义》(1923)和晚期著作《末世论形而上学》(1947)、《恺撒的王国和精神的王国》(1949)中,都有专门章节探讨技术问题。1932年,他在自己主编的杂志《路》上发表的文章《当代世界的精神状态》主要讨论技术问题,1933年他发表了长篇论文《人和机器》,这是他对技术进行哲学思考的集中表达,就在他去世那年还写了一篇专文《人和人类文明》(1948)探讨技术与人类文明的关系。"②万长松、陈凡的文章《H. A. 别尔嘉耶夫技术哲学思想初探》(《自然辩证法研究》2004年第4期)、张百春的《别尔嘉耶夫论技术》(《自然辩证法研究》2005年第12期)都将别尔嘉耶夫的有关论述提炼为技术哲学这一主题加以探讨。张百春翻译了《末世论形而上学》和《当代世界的精神状态》、《人和机器》,并就此进行了研究,他指出:"别尔嘉耶夫是最早关注技术问题的哲学家之一。他把技术与人类历史的命运联系在一起,从哲学的高度对技术的本质以及人们对待技术的态度进行追问,指出了技术时代所面临的主要问题,并提供了一个解决问题的独特方案,即把技术问题转化为精神和宗教问题。他的技术论为后来在西方哲学领域里产生的技术哲学奠定了基础,指明了方向。"将别氏的有关思想归纳为"技术哲学",这为后来我国学者将其纳入到西方现

---

① 别尔嘉耶夫:《人和机器:技术的社会学和形而上学问题》,张百春译,《世界哲学》2002年第6期。

② 张百春:《别尔嘉耶夫论技术》,《自然辩证法研究》2005年第12期。

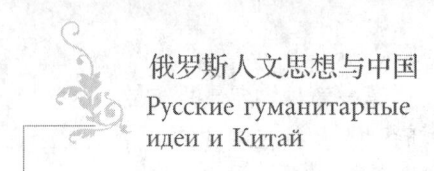

代哲学对技术理性的批判的整体思想中加以审视、比较,奠定了基础。

(八) 论俄罗斯

别尔嘉耶夫关于俄罗斯的思考在其著述中占有相当的比重,《俄罗斯思想》、《陀思妥耶夫斯基的世界观》、《俄国共产主义的根源和涵义》、《俄罗斯的命运》、《俄罗斯人的宗教心理和共产主义无神论》等一批著作都集中体现了他对俄罗斯民族性的分析。在 1990 年代对别尔嘉耶夫的译介中,学者对此曾有介绍,此后学界继续予以关注。雷永生的《剖析俄罗斯之魂——论别尔嘉耶夫的俄罗斯文化研究》(《南京大学学报》1999 年第 1 期) 主要从俄罗斯民族在精神上的特点、俄罗斯人道主义之独特性、俄罗斯知识分子的品格三个方面论述了别尔嘉耶夫关于俄罗斯的思考。丁淑琴、师彦灵的《别尔嘉耶夫思想探析》(《科学·经济·社会》2003 年第 3 期) 主要根据《俄罗斯思想》、《俄罗斯的命运》论述了别尔嘉耶夫对俄罗斯民族身上体现的诸多"可怕的矛盾性",以及造成俄罗斯民族性格分裂的各种因素的分析。而刘国栋的《别尔嘉耶夫对俄罗斯民族的认识》是目前见到的唯一一篇以俄语完成的别尔嘉耶夫研究论文。该文主要从别氏对俄罗斯民族命运的思考,对俄罗斯民族性格特征的剖析,对影响俄罗斯民族命运和性格形成的因素之研究,以及他对俄罗斯道路问题的探索几个方面论述了他对俄罗斯民族的理解与认识。此外,值得一提的是,论文还借助"全俄社会舆论研究中心"、"社会舆论基金会"等俄罗斯权威调查机构调查研究的成果,对别尔嘉耶夫的思想在当代俄罗斯的体现进行了说明。该论文还表明,我国学者对别尔嘉耶夫的研究由最初主要集中在哲学界、宗教学界,继而向文艺学界,并开始向俄罗斯语言文学界扩展,即表明俄罗斯文学界开始关注作为宗教哲学家的别尔嘉耶夫对于俄罗斯文学的意义。这也就是我们下面要讨论的一个论题。

(九) 论俄罗斯文学

在我国,将别尔嘉耶夫纳入文学批评领域来探讨,始于俄罗斯文学教授汪介之的一篇文章《思想家和文学批评家别尔嘉耶夫》(《文教资料》1999 年第 3 期)。他指出:"他的著述,涉及哲学、宗教、文学、史学、政治、人类学和伦理学等各个领域。"在文中,作者分析到:"别尔嘉耶夫的主要成就不仅仅在思想方面,在文学方面他也有许多精辟论述。他认为,俄罗斯文学就其实质而言不是文艺复兴式的文学,在俄国,只有普希金是文艺复兴式的人物,以他的名字为标志曾出现过俄罗斯诗歌的黄金时代,不过这种'复兴'很快就走向衰落,俄

第一章 别尔嘉耶夫的
"俄罗斯思想"及其在中国的传播

罗斯文学走上了另一条道路。"接着,作者又介绍了别尔嘉耶夫关于果戈理和陀思妥耶夫斯基的论述,以及别氏对20世纪初俄国部分象征派诗人的关注。最后,作者指出,"作为文学批评家,别尔嘉耶夫的显著特点是具有开阔的视野和强烈的历史感。他总是紧密联系特定时代的哲学、宗教、文化和社会思潮来考察作家和诗人,力求显示出每一位批评对象在思想史、民族精神演进史上的意义。他的批评文字显示出一种箴言式的风格。"这应该是在我国学界第一次明确地将别尔嘉耶夫作为文学批评家来看待与评价。此后,专事别尔嘉耶夫神学与哲学思想研究的学者张百春教授也阐述了别尔嘉耶夫对于俄罗斯文学的意义,他在《俄罗斯东正教神学思想研究》(2002年,汉语基督教文化研究所网页)一文中指出:"具有独创性的俄罗斯神学思想更多地表现在哲学和文学领域。在信仰实践和宗教体验方面,俄罗斯的哲学家和文学家是个完全独特的团体,在世界哲学和文学史上是绝无仅有的。在俄罗斯思想中,神学与哲学、文学密切地联系在一起。"随后,作者又指出:"从宗教角度讨论俄国文学,与其说是文学研究的一个独特角度,不如说是俄国文学自身特性使然。"接着作者论述了在普希金、果戈理、陀思妥耶夫斯基、托尔斯泰、罗赞诺夫、梅列日科夫斯基和安·别雷等文学家、诗人创作与思想中所携带的宗教意识。虽然在这里作者没有明确写出别尔嘉耶夫与俄罗斯文学的联系,但他已经非常清醒地意识到了俄国神学、哲学与文学的紧密联系,在随后的一篇文章《别尔嘉耶夫与陀思妥耶夫斯基》(《博览群书》2002年第4期)中张百春教授便揭示了别尔嘉耶夫与这位伟大的文学家紧密的精神联系以及对陀氏独到的理解。

尽管上述两篇文章已经开始在文学研究领域里关注别尔嘉耶夫,但此后一段时间该领域的研究依然处于空白状态。直到2006年,耿海英在研究别尔嘉耶夫的过程中发现别尔嘉耶夫与俄罗斯文学有着非同寻常的紧密联系,而且他对俄罗斯文学作出了一系列颠覆性的阐释,于是撰文《别尔嘉耶夫与俄罗斯文学》(《郑州大学学报》2006年第2期),由此我们才真正揭开了别尔嘉耶夫对于俄罗斯文学的意义。紧接着,耿海英又发表文章《"俄罗斯思想"的文学表达——论别尔嘉耶夫的〈俄罗斯思想〉》(《跨文化对话丛刊》,2007年2月),探讨了别尔嘉耶夫在俄罗斯文学中发现的俄罗斯思想的表达。随后,2007年4月她又完成了30万字的博士论文《别尔嘉耶夫与俄罗斯文学》。论文以别尔嘉耶夫众多原著为研究对象,从中梳理出别尔嘉耶夫与俄罗斯文学

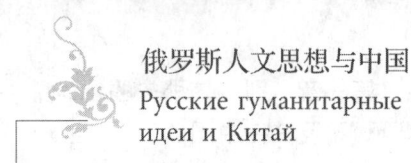

的精神渊源关系,以及他对陀思妥耶夫斯基、果戈理、托尔斯泰、白银时代的文学家诗人直至整个19世纪的俄罗斯文学的具有颠覆性的宗教哲学阐释,深刻揭示了别尔嘉耶夫对俄罗斯文学的宗教哲学批评对于重新认识整个俄罗斯文学所具有的巨大的启示意义。

2007年8月,逢上海世纪出版集团出版别尔嘉耶夫的三卷本文集,学者张冰为第一卷撰写书评《作为文学家的别尔嘉耶夫》。文章指出,"别尔嘉耶夫不仅是个哲学家和思想家,而且还是一位名副其实的文学家。在俄国,文学和哲学似乎有着天然的渊源,它们从来都是你中有我,我中有你。在俄国,文学哲学化,而哲学文学化,人们很难说出哲学家和文学家有何不同,因为他们原本就是同一种人。在俄国,几乎所有作家诗人都是天生的自然哲学家,反之亦然。出身于俄国贵族家庭的别尔嘉耶夫也不会例外。""作为文学家的别尔嘉耶夫,他的建树并非表现在创作上,而是表现在他从特定哲学观念出发而从事的文学理论和批评上。事实上,他的《创造的意义》和《创造、文化和艺术哲学》等著作,都是不可多得的美学论著,其观点可能有些偏激,但对理解俄国现代主义和世界范围内存在主义的精神内涵而言,却是十分宝贵的思想文化资源。其次,他的功绩和其他俄国宗教哲学家(如舍斯托夫)一样,几乎是第一次面对世界思想界,揭示了俄国经典作家作品中的哲理内蕴,探讨了其作品所蕴涵的深刻哲理思想,从而为俄国经典作家走向世界讲坛铺平了道路。在俄国经典作家走向世界思想舞台的过程中,别尔嘉耶夫等人所作的贡献,是不容抹煞的。如今,如陀思妥耶夫斯基的《卡拉玛佐夫兄弟》这样的作品已经走上西欧高校讲堂,而与此同时,别尔嘉耶夫等人的论著,也相应成为文学批评史上的名著,彪炳史册。"作者甚至认为,别尔嘉耶夫对于俄罗斯文学的作用,可以与别林斯基等19世纪一批文学批评家相媲美。2008年第2期《西北师范大学学报》又发表了耿海英关于别尔嘉耶夫的相关文章《多极的俄罗斯精神结构——别尔嘉耶夫论俄罗斯精神》;6月,其翻译的别尔嘉耶夫著作《陀思妥耶夫斯基的世界观》出版。上述一系列文章、论文、译著的问世,标志着我国俄罗斯文学研究界不仅已经开始了对别尔嘉耶夫文学思想全面深入的研究,而且已经有了可观的收获。

除了上述九个方面的论题外,我国学者还涉及了其他一些论题。台明写有《别尔嘉耶夫眼中的犹太教》(《犹太研究》第4辑,2006),陈红写有《论别尔嘉耶夫哲学思想的实践品格及其学理渊源》(《理论探讨》2006年第2期),

王建光的硕士论文探讨了《别尔嘉耶夫与"现代性"问题》。

除了国内学者的研究成果,俄罗斯国内关于别尔嘉耶夫的一些论文、论著也被翻译介绍过来。如 Л. И. 诺维科娃、И. Н. 希泽姆斯基的《个人与社会的二律背反——别尔嘉耶夫的人学体验》(舒白译,《哲学译丛》1997 年第 4 期),扎伊采夫的《尼·别尔嘉耶夫》(汪介之译,《俄罗斯白银时代精品文库》卷三,中国文联出版社,1998),列·波尼亚科夫的《尼古拉·别尔嘉耶夫肖像》(赵桂莲译,《俄罗斯白银时代精品文库》卷四,中国文联出版社,1998),梅列日科夫斯基的《关于新的宗教运动——给别尔嘉耶夫的一封信》(收于《重病的俄罗斯》,李莉、杜文娟译,云南人民出版社,1999),П. 阿列克谢耶夫的《人、精神与现实——论别尔嘉耶夫存在主义式哲学思考》(收于《精神王国与恺撒王国》附录,安启念等译,浙江人民出版社,2000),Н. О. 洛斯基的《俄国哲学史》中有专门论述别尔嘉耶夫的一章,该书也被翻译过来(贾泽林等译,浙江人民出版社,1999)。

另外,在我国关于俄罗斯哲学、宗教、社会、文化等各个领域的研究中,有众多的研究成果都涉及到了对别尔嘉耶夫的论述,如徐凤林的《"俄罗斯思想"及其现代境遇》(《浙江学刊》1997 年第 4 期),张拧的《白银时代的遗产》(《读书》1998 年第 8 期),马寅卯的《白银时代俄罗斯宗教哲学的思想路向和主要贡献》(《浙江学刊》1999 年第 6 期),汪剑钊的《精神探索的"路标"》(《读书》2000 年第 6 期),雷永生的《论俄罗斯哲学发生发展的特点》(《社会科学论坛》2000 年第 8 期),张百春的《东正教神学中的人学研究》(《基督宗教研究》第 5 辑,宗教文化出版社,2002),朱建刚的《俄国知识阶层谈》(《书屋》2003 年第 11 期),张建华的《以〈路标〉为界俄国自由主义知识分子的思想波澜》(《历史研究》2003 年第 5 期),李小桃、李尚德的《俄国宗教哲学的寻神运动》(《现代哲学》2004 年第 3 期),梁昆的《俄罗斯生态末世论思想探析》(《中国人民大学学报》2004 年第 4 期),汪介之的《俄罗斯域外文学追踪》(《文景》2006 年第 1 期)和《白银时代:西方文化与东方文化的融会》(《南京师大学报》2007 年第 2 期),安启念的《现代化视阈中的俄罗斯文化》(《浙江学刊》2007 年第 3 期),车玉玲的《别一种真理观:对客观性的颠覆——20 世纪背景下的俄罗斯宗教哲学中真理的本质》(《世界哲学》2007 年第 5 期),马寅卯的《俄罗斯理念:需要澄清的几个问题》(《浙江学刊》2007 年第 5 期),刘志刚、周来顺的《论现代西方哲学的危机与别尔嘉耶夫的一种可能性破解路

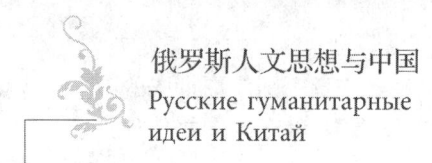

向》(《齐齐哈尔大学学报》2008年第1期)等等。这些研究也呈现了别尔嘉耶夫在多个思想领域的影响。

此外,我国对别尔嘉耶夫的研究还纳入了地方或国家基金项目研究计划,如黑龙江省社会科学基金项目《别尔嘉耶夫与俄罗斯宗教哲学研究》,国家社科基金项目《别尔嘉耶夫文学思想研究》等。

通过上述梳理可以看出,经过近20年的各种方式、各种途径的研究,我国学者从诸多层面与主题发掘了别尔嘉耶夫思想丰富的内涵与价值。尽管这些研究与别尔嘉耶夫庞大的思想遗产相比,还显得单薄与粗浅,甚至有些认识与观点不免偏颇,但从整体上讲,别尔嘉耶夫复杂、深邃、极富个性的思想与形象及其对于当今世界的巨大意义已基本呈现,这些研究对于别尔嘉耶夫思想在我国的传播起了不可忽视的巨大作用。

四、中国的思想探索者对别氏思想的接受

相对于学院派的研究,别尔嘉耶夫对我们还有另一种更为鲜活与深刻的影响。

如果整体考察别尔嘉耶夫在我国的接受,我们发现,自别尔嘉耶夫的名字出现在我国,对他的关注就分流了:一是学术式的,我们称其为学院式接受,即我们上述几部分中所论述的研究接受现象;这是一种直接呈现出来的接受。另一种是非学术式的,我们称其为民间式接受,这是一种潜在的、零散的、受众数量庞大的接受。如果说前者在更大程度上是将别尔嘉耶夫作为研究对象的话,那么后者不事研究,而直接将所认同的某些思想观点内化,体现在对各种问题的判断中。别尔嘉耶夫的思想在潜移默化中浸润着中国的知识人。如果从身份界定上看,这些人中,既有学术界(非专事别氏研究)的学者,也有民间的学者,还有最松散、最普通、身份背景各异的知识民众。如果从精神取向上来看,既有从世俗角度的接受,也有从宗教角度的接受。需要说明的是,"世俗"一词与"宗教"相对应,只是用来界定从怎样一种观点来看待别尔嘉耶夫。之所以出现这种分别,正是因为在别尔嘉耶夫那里,既有纯粹的形而上的神学框架下的思想,也有非常入世的对现实社会精神状况、道德伦理、社会政治的关怀。我国知识人从各自的角度都在别尔嘉耶夫那里找到了可资借用的思想。

我们知道,别尔嘉耶夫的名字1990年代初开始出现在我国。也就是说,

第一章　别尔嘉耶夫的"俄罗斯思想"及其在中国的传播

他是在整个1990年代逐渐进入我们的视野的。他进入之时,有着怎样的社会土壤?

1990年代我国思想界、文化界、文学界的状况,从最初的迷惘、沉闷,到随后的波涛汹涌的全民经商大潮。1993年开始的那场波及甚广的"人文精神"大讨论,可以映照出当时整个社会的精神状态。这场讨论的缘起,按照发起人之一(陈晓明)的说法是,一些知识人看到,在社会巨大的变动中,在商品大潮的冲击下,文学领域以至整个社会人文精神全面失落。他从文学入手,撕开了"人文精神"失落的裂口。中国当时的状况非常需要一种什么东西来打破,商品经济——这一最具活力的因素一下子搅动了整个社会。然而,这个"潘多拉盒子"一旦打开,所释放的种种负面力量,是人们所料未及的,不但大有整个社会精神道德沦丧之危机,连最坚守着精神阵地的知识人也都被诱惑了。一场"政治大潮"之中的全民狂欢沉寂后不久,又开始了另一场"经济大潮"中的全民狂欢,"一个都没有少"地全部被裹挟了进去。不仅仅是文学创作出现了"危机",同时,学术研究领域的浮躁、急功近利也如火如荼。那场本是要进行反思的"人文精神"大讨论,尽管初衷是那样可贵,然而,什么事情一到了"轰轰烈烈大讨论"的地步,或到了"很快就变成为一个'媒体事件'"(王语)的地步,其中的某种因素就诡异地发生了变化。其实,这种讨论的"轰轰烈烈"与当时的商品"大潮涌动"是同构的,讨论者们本身也在被异化,只是自己没有意识到,同样无意识地无力抗拒地被卷了进去。也许这可以解释,为什么大讨论十年之后,发起人要重提这一话题①的原因是"这个讨论所针对的那些问题,在这个十年里,非但没有消失,我甚至觉得它们在我们的现实生活中越来越重要"。

这十年中,西方大量的思想、文艺等著述被译介到我国。我们不能否认这些资源对于我们打破沉闷的社会氛围、冲破思想的僵化、带给我们更多的批判眼光有巨大的启示作用。但是,匪夷所思的是,什么事情一到我们这里都会变成一场热热闹闹的追逐,我们的兴奋点走马灯似的变换,一切追求的是轰动效应。别尔嘉耶夫正是在这种社会氛围中进入我国的。然而,他远没有那么幸运。从热闹的程度上讲,他远不如其他西方学者引人注目,甚至可以说,他是在悄无声息地行走。究其原因,我想是,当时学界的兴奋点都集中在欧美人物

---

① 有演讲《重提人文精神》,文章《为啥"人文精神"大讨论不该忘却》等。

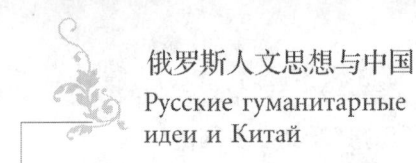

身上,这与现代化就是全面西化的大背景分不开。然而,他的思想立场对当时中国社会近乎疯狂的全民商化的状况恰恰形成强烈的批判,这也就难怪他的清静了。尽管这样,还是有人注意到了他的思想的力量,无论是在实用的学术界,还是在思想探索者那里,都有从他那里汲取营养的。

有1990年代是"思想淡出,学术凸显"的时代的说法,且此说引起过一番争论。姑不论其中的分歧,其实这多少显示着学界的某些特征。这个时期学术的热闹是应该承认的。就人文学科讲,在政治、经济、哲学、历史、文学、文化、法律等各个领域,学术研究异常活跃。而且,还有一个特征就是,在各个领域的研究中都大量借用了涌进我国的西方思想资源,别尔嘉耶夫即属其中之一。

由于当时中国的现实状况,关于知识分子自身的探讨首先成为了知识人的焦点之一。1990年代的"人文精神"大讨论(其实由于2005—2006年的重提,可以说至今仍在继续),实际上就是中国知识分子对自身精神状态的一次深刻的反思。思考当代知识分子的精神缺陷、当代知识分子的定位、知识分子的人格结构、知识分子的宿命与使命、面对黑暗是担当还是放弃、知识分子复兴的可能性等等重大而严峻的问题,成为知识人的主要话题。在这一反思过程中,不少人不约而同地注意到了俄国知识分子精神。此时,不仅别尔嘉耶夫关于俄国知识分子的论述成为我们思考的主要资源;而且,别尔嘉耶夫本人也成为俄国知识分子精神的一种象征。张晓波的文章《知识分子复兴的可能——以俄罗斯知识分子为参照浅析当代中国知识分子重建之可能及其必要资源》,首先分析了当代"知识分子"的困境。在我们的理解中有两种知识分子:一种是专业知识分子,一种是良心知识分子。作者认为,在20世纪能担当起后者的恐怕"只有20—50年代活跃在巴黎的'俄罗斯流亡宗教哲学家'群体和50—70年代围绕在萨特与加缪周围的'存在主义哲学家'群体。进入90年代,随着我国知识体制的日渐完善,市场化的深入,市场机制和国家意识形态对媒体的操纵,知识分子日益被知识体制有机化、学院化、规范化,知识分子担当"立法者"、"社会良心、责任代言人"等独特社会使命的可能被知识体制以及消费市场所取缔并销蚀。更致命的是,来自西方的后学理论的冲击。福科等人提出在后现代社会"宏大叙事"已被彻底抛弃,结果是,知识分子只能担当零碎话语的阐释权,知识分子的"公共性"在后学语境中被彻底剥蚀。(在文学界,80年代以文学性对抗意识形态,使文学卸去了社会责任;而90年代的后学,更是给文学的社会使命感以致命的一击。)因此,如何在知识体制内部重建知识分子的"公共性",是现实语境中的当务之急。因此在我们这里又提出了一种"公共知识分子"——具有专业知识的良心知识分子。但知识分子的尴尬是,在知识机制日益完善的今天,知识分子的话语权必然依赖着这一机制,而这一机制又与国家意识形态合并,因而绝无可能走出这一魔圈,成为独立的知识群体,从而成为社会的良心;同时,对非专业领域的发言也未必能坚持理性判断。作者借用别尔嘉耶夫的论述分析了俄国知识分子之后,认为俄国知识分子的思想路程中至少可以借鉴的是,俄罗斯知识分子作为德行的载体而不仅仅沾沾自喜于德行话语,他们重德行的实践,从十二月党人到民粹运动,知识分子不仅在言说上宣传了民主、自由、理性等话语,而且亲身践行这些话语。如果说道德仅仅停留在言说层面的话,那么这仅仅只是一种话语方式而非道德,而道德的实践才真正决定道德本身的意义。

任不寐的文章《中国知识分子的精神缺陷——"路标转向之后"的一些启示》"参照上世纪初俄国思想界的自我反省来反省中国知识界,并检讨中国知识分子更为独特的精神缺陷"。作者指出,1990年代中国知识分子的反省,使其拥有了难得的"属灵"的精神品质。忏悔理念的提出,超越了1980年代伤痕文学所能达到的精神境界,但是,由于历史文化的某种延续性,中国知识分子的精神结构仍然表现为对100年来自身局限性的忠实的"路径依赖"。但解释这种局限性,必须抛弃来自深刻奴性的思维习性,到自身存在的状态那里去寻找真相。他认为,这种局限性至少表现在:哲学理性的缺乏,宗教意识的无知,法律精神的淡薄。作者在文中大段引用别尔嘉耶夫发表于《路标集》中的文章《哲学的真理和知识阶层的现实》,指出,别尔嘉耶夫对俄国知识分子的分析事实上是"为中国知识分子的精神结构做了极精辟的概括"。作者追问这样一个问题,俄国或中国的知识阶层为什么"对哲学抱有传统的敌意",而对社会公正问题的兴趣永远压倒了对哲学真理的兴趣?他认为,"次灾民社会"的俄国和"灾民社会"的中国,求生和求善的意志压倒了求真和审美的兴趣。中国知识分子的独特问题是,生命被肢解了,求真意志几千年来蛰伏在社会苦难和生存危机之中,于是盛产救世的道德语录,缺少真正的哲学巨著。就是1990年代的自由主义和新左派之争,其分歧也并不是哲学创造和社会公正之分歧,而是谁更公正的分歧。如何在现代灾民社会中恢复对真理的热情,这为中国知识分子的精神生活提出了更高的要求。接着,作者引用《路标集》

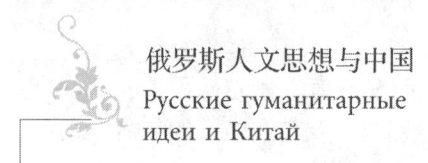

中另外两位哲学家布尔加科夫和弗兰克的文章,分析了比俄国知识分子更甚的中国知识分子对宗教意识的无知和法律知识的淡薄。作者借用这些思想资源对中国知识分子精神状况的分析,显示着别尔嘉耶夫等人的思想在中国知识人中正悄悄地发酵并释放着能量。

以研究"'文革'文学"见长的王尧的博客上有篇小杂谈《纸上的知识分子/内心深处》,有网友回应说这是王教授在从"内心深处"研究知识分子,而这个视角即源于别尔嘉耶夫。他的邻居陆老师向他特别推荐《俄罗斯思想》,并在自己的译稿《在新世纪的门槛上》还未问世之时,就先示于王尧,即别尔嘉耶夫论述"心理暴力"一节。别尔嘉耶夫认为:有明显的暴力,又有不明显的暴力。最能引起义愤的是明显的暴力,有物质的表现形式,即施于肉体的暴力。但起更大作用的是不明显的暴力,即施于心理的暴力,作为专政工具的就有蛊惑宣传、奴役群众心理、社会催眠术、收买、掌握在政权手中的报刊。人不被当做自由的、有精神的生物——需要帮助他走向自治,而被当做必须驯服与加工的生物。具有国家形式的社会必须通过一系列心理暴力去驯服人格,将其定型成适于自己的目的。他说:"正是对心理暴力的认同才把人变成奴才,……现代极权主义的实质就在于此,它要控制人的灵魂,驯服灵魂。"正是从这一点,王教授认为,对正在日益成为"显学"的"20世纪知识分子研究"中的许多具体问题的思考,应该注意到知识分子的生存状态。他认为,事实上许多人都经受了"物质暴力"与"心理暴力"双重控制,而对更多的知识分子来说,始终遭受着"心理暴力"的钳制。这样一种钳制对知识分子的影响是牢固的。经历过众多政治运动的当代知识分子常常会有许多自我约束,历史的教训有时会成为一种心理暗示。在"心理暴力"逐渐消失的时候,还会"心有余悸"。在经历了"文革"之后,潘光旦的"四 S 哲学"(即 Submit, Sustain, Survive, Succumb,意为:顺从、承受、幸存、屈服);张光年的当明知道"四人帮"已被粉碎,还是不敢写到日记里的恐惧心理,他后来说:"十年来长期充当'牛鬼蛇神',把人吓成这样! 这难道不是社会生活的异化、知识分子人格的异化?"这些都深刻地反映着当代知识分子人格的被驯化,被奴化。这正是他们生存的心理结构。

参与到这一思考中的知识人众多,其中有不少人专门研究俄罗斯知识分子问题,俄罗斯知识分子给人类的启示等。另外,从苏联解体至今,对俄罗斯的研究越来越成为一个相对集中的领域,可以将这些总体概括为"俄罗斯学"。在"俄罗斯学"研究的各个层面,别尔嘉耶夫对俄罗斯民族的阐释,成为一个相当重要的思想资源,供我们重新认识俄罗斯民族。

别尔嘉耶夫对我们影响较深的另一个领域就是陀思妥耶夫斯基研究。关于这一点,我们在何怀宏的《道德·上帝与人》(新华出版社,1999)和赵桂莲的《漂泊的灵魂》(北京大学出版社,2002)都可以深刻地感觉到。前者书中有关陀氏的论述以及该书提出问题的方式,后者关于陀氏的研究,无不留着别尔嘉耶夫的气息。甚至可以说,我们对陀思妥耶夫斯基有多大的关注,就对别尔嘉耶夫的思想有多少的涉及。另外,在我们对中国文学的深度研究中,也可以看到别尔嘉耶夫的影子。例如,刘俐俐的一篇《文学身份印痕的复杂与魅力》(《甘肃社会科学》2002 年第 1 期),作者在分析《男人的一半是女人》的主角张永璘对知识分子身份的寻找与确认时发现,这是一个复杂的心理过程。这个心理过程外化为一系列行为,一系列矛盾的行为必然引申出一系列伦理学的悖论。"张永璘脱离黄香久,在道德上得到的必然是否定性的评价,而他对更高人生境界、知识分子的社会性的人类性责任的追求却又是有意义的,在创造伦理学中将得到肯定性评价。"这里,我们感觉到了别尔嘉耶夫,这一点我们很快就在作者接下来的论述中得到证实:"牺牲一种价值,为的是另一种价值,这是两个伦理学体系,互相无法评价,但却由张永璘一个个体来承担,张永璘是悲剧性的,用别尔嘉耶夫的话说,就是'人被迫成为残忍的,如果他为了一种价值而必须牺牲另外一种价值,为了一种善而必须牺牲另一种善……'"作者在其关键性结论中,恰恰是借用了别尔嘉耶夫关于道德生活的悲剧性与悖论性思想,别尔嘉耶夫说:"道德生活的悲剧性完全不在于善和恶、上帝与魔鬼的冲突,这个悲剧首先在于一个善和另一个善的冲突,一种价值与另一种价值的冲突。"作者还分析了张永璘在身份寻找和认同中目的与手段之间的悖反,同样借用了别尔嘉耶夫的论述:"张永璘的悲剧是,他所实践的是非真理和对活生生的人的残酷迫害,'为的竟然是这样的目的,它们被认为是必要的,但在实现目的的道路上,这些手段已经被掩盖了……,伪善出现了,这个伪善已经不被认为是恶,而被认为是义务'(别氏语)"。作者说:"别尔嘉耶夫是从目的与手段的一般伦理学角度而言的,但是作为我们思考张永璘挣脱黄香久及其婚姻,思考他对更高境界的追求中的悲剧是很有启发的。"其实,类似的以别尔嘉耶夫的某个思想作为支点进行中外文学批评、文化批评的思考很多,如,汪树东关于"北村小说的文化心理特征"的分析,刘再复与女儿关于

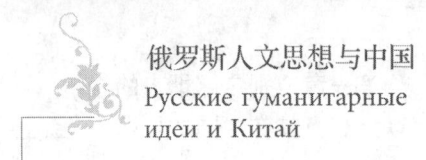

《红楼梦》的探讨,贾振勇关于"中国左翼文学思潮意识形态的内在矛盾"的思考,达三与陈明就"新儒家"与"原道"展开的对话等等,这足见别氏思想在潜散状态中的活跃程度。另外,在对各种概念、观念内涵的重新理解中,我们也感受到来自别尔嘉耶夫的启示。如,人性、自由、善恶、人格、个性、人道、进步、革命、暴力、爱与性、国家观、历史观,(甚至于还有像对"忧郁气质"的美学与哲学的神圣意义的理解)等等,这表现在异常活跃的各种杂谈、随笔之中。

1990年代末,面对转型中的中国,在知识界出现了所谓自由主义与新左派之间激烈的思想论争。这场争论主要涉及自由与平等的优先性问题、社会公正问题、民主的制度形式问题。这是知识界在那场"人文精神"大讨论中意识到应该更关切中国的现实问题继而作出的进一步探讨。

然而,超越自由主义和新左派之外,还有另一思路,就是1980年代出现的学者刘小枫。他在读者中产生更大的影响是在颓废绝望的1990年代,《拯救与逍遥》是1990年代读书界比较流行的书之一。他的主要著述《我们这一代的怕和爱》、《沉重的肉身》、《走向十字架的真》在读者中都有相当的反响。刘小枫的可贵之处在于,当人们都从地上寻找资源来重建中国人的精神世界的时候,唯有他从天上引来一丝光照耀中国。他一直在谈论基督教,谈论上帝和彼岸。他除了自己的写作之外,还用组织翻译出版的方式,用更加广泛的文化活动来输入西方的基督教文化,其中,别尔嘉耶夫及一批俄国宗教哲学家被译介到我国,就缘于刘小枫的首倡与践行。他对我们的精神文化中缺乏超验性的讨论,对我们心中怕与爱的发掘,对祈祷、悲悯、拯救的体验和描述,对于无神论思潮主宰了接近一百年的中国文化界来说,几乎都是全新的话题。他对于别尔嘉耶夫思想的接受与把握也正是基于一种基督教情怀,这一点是不同于我们上述知识人对别尔嘉耶夫思想的借鉴的。

与刘小枫思路相近的,有何光沪、墨哲兰、何怀宏等。他们对上帝问题的关注、研究和言说,正在日渐产生影响。他们为了引进基督教资源,在翻译、编辑、出版上作了大量的工作。他们的精神探索和学术努力已经成为一些学术晚辈的重要资源,邵健、谢有顺、江绪林、余杰、萧瀚、张文举、刘青汉、摩罗、任不寐、于仲达、陈璧生、王怡等人的文字,显示了对于信仰问题的深切关注。关于爱、关于苦难与祷告、关于罪恶与忏悔、关于十字架与拯救,常常闪现在他们的笔端,同时,也正是在这个取向上,别尔嘉耶夫的思想浸润着他们。刘小枫他们对信仰资源的开掘,对爱与拯救的言说,受到越来越多的关注。也许,这样一种方向会为我们的民族文化与民族精神拓展出新的发展空间。

　　无论是学术界对别尔嘉耶夫思想的实用性研究,还是思想探索者对别尔嘉耶夫思想的信仰式接受,他们的努力都在为我们的精神建构吸取着新的精神元素,别尔嘉耶夫的思想资源发酵后所释放出来的能量,正在辐射到我们的精神深处。

第二章　巴赫金与中国当代文艺批评

第一节　巴赫金与中国当代文艺理论研究

一、巴赫金理论对中国当代文论话语的渗入

巴赫金理论在1980年代初进入中国后,不仅掀起阵阵研究热潮,也对中国当代文艺批评产生了深远影响。对话、复调、狂欢等术语已广泛渗入中国当代文艺学的话语建构中,为研究者和批评家们频频使用,显示出在巴赫金理论的影响下中国学者研究方法和思维的转换。

对话与交往是当今国内外学术界共同关注的重要问题。当代许多不同传统的哲学家、美学家都阐发了对话与交往的重要性。1960年代以来,伽达默尔的哲学解释学和哈贝马斯的批判解释学的阐发使对话、交往、沟通的思想广受关注。到七八十年代,随着巴赫金理论思想在西方学界的倍受瞩目,其对话思想和超语言学交往理论的价值也日益凸显,成为对对话和交往问题的最有力阐述。在这种语境下,诸多学科及其领域开始调整自己孤立自为的研究构架,向对话交往、开放交流的状态转变,而巴赫金的阐述往往是他们获取实践途径的资源。

在当代中国文论界,巴赫金的对话思想就被借用为重要的思维策略和话语资源。著名文艺理论家钱中文、童庆炳、王元骧等在自己的文论研究中都积极提倡一种对话的研究观。钱中文作为巴赫金理论引入中国的最主要的译介者和研究者,不仅向国内学界大力介绍推广巴赫金对话理论,而且努力将这一理论应用于中国文论建设的思考,极力倡导"交往对话的文学理论"以此重构

中国当代文论话语。童庆炳将"对话"看作是"重建新文化形态的战略",认为中国在近百年来围绕建立新文化形态的战略问题,提出过许多主张如"中体西用"、"全盘西化"、建立"新儒学"、"新道学"等。目前中国文化随着整个社会生活的转型而开始转型,再次提出重建新文化形态的问题,"对话"才是对此可取的理性态度,即中西文化之间、传统与现代之间的对话,而中西文化间的对话应是互为主体的平等对话,通过对话,两者彼此沟通、互相借鉴。王元骧也指出贯彻对话精神、促进中西文论对话融合是当今时代文艺理论的重要课题。孙绍振将中国文学理论发展的脉络概括为从西方文论独白到中西文论对话。程正民运用巴赫金的对话思想探讨文论现代性问题,提出"通过对话建立开放的文艺学的构想"。可见,巴赫金对话理论的建设性思维方式和开放性特征开启了文艺理论研究的思维空间[1]。

金元浦提出了巴赫金的对话主义在1990年代我国文学理论中的"历史性出场"的论断,他针对1990年代以来我国文学理论与批评日益多样化的局面,认为这种多范式、多话语共生的现实迫切需要相互间的交流和沟通、相互理解和融合,以消解各种理论因概念体系和核心范畴的不同以及批评过程的不同运作方式,而造成相互沟通、理解的障碍和困难。而当代各种理论话语的成熟和发展也为对话主义的历史性出场提供现实可能性,他指出中国文学理论与批评在90年代中期已从多范式、多话语的共生状态进入了复调式多声部全面对话的阶段,对话主义历史性出场已经成为理论界的共识[2]。

不仅仅是巴赫金的诗学思想成为当代批评者的理论资源和武器,他的研究方法也带给中国当代文艺批评诸多启示,研究者纷纷著文探讨了巴赫金的方法论意义。

蒋原伦较早关注了巴赫金的方法论意义。在1992年发表的文章《一种新的批判话语——读巴赫金〈陀思妥耶夫斯基诗学问题〉》(《文艺评论》1992年第5期)中,他指出巴赫金的这部专著创造了一种具有很大包容性的新的批评话语,开辟了一条对话批评的广阔途径,在文艺方法论上使人们突破了独

---

[1] 钱中文:《文学理论:走向交往对话的时代》,北京大学出版社1999年版;钱中文:《对话的文学理论——误差、激活、融化与创新》,《中国社会科学院研究生院学报》1993年第5期;童庆炳:《对话——重建新文化形态的战略》,《北师大学报》1994年第4期;王元骧:《论中西文论的对话与融合》,《浙江学刊》2000年第4期;孙绍振:《从西方文论的独白到中西文论的对话》,《文学评论》2001年第1期。

[2] 金元浦:《对话主义的历史性出场》,《文艺报》1999年2月4日。

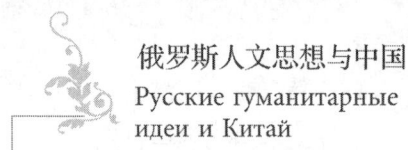

白型意识的束缚,步入更广阔的思维空间。吴晓都明确指出,巴赫金在创立一套新颖的理论体系的同时又同步发展了一整套独特的研究方法,并较为全面地梳理了他的方法论,如话语分析法、在"意识形态环境"中研究文学的主张等。概括巴赫金方法论最显著特色是对话主义,并称之为"对话式的研究方法",肯定巴赫金的多侧面广视角的方法论是文学方法论的显著进步。白春仁也认为,巴赫金提倡的对话思维模式,是提出了整个人文科学研究的方法论的原则问题。①

张杰的研究体现出他对这一问题的持续思考。最初的研究文章里他将巴赫金在《陀思妥耶夫斯基诗学问题》中用以分析陀氏创作的方法论称为"整体批评理论",一种"使实证主义批评与形式主义批评结合起来"的"崭新的批评方法",是从整体角度分析文艺作品的独特的"文艺批评体系",认为这部专著就是巴赫金对整体性批评方法的实践运用。在1999年的研究文章里,他已做了更深广的背景式考察,重新命名为"对话语境批评",指出巴赫金重构了一种新型的批评思维模式——对话语境批评,为我们探索出一条融中西方文学特征为一体的对话式批评途径。②

钱中文在《巴赫金全集》的前言《理论是可以常青的——论巴赫金的意义》中,主要把其理论作为"对话交往的理论",强调其人文科学方法论。另外,蒋述卓、李凤亮、王钦峰从对话理论中获取了对于比较文学、比较诗学的启示。还有的关注了复调理论对小说艺术发展的意义,认为巴赫金的复调理论是对现代小说结构巨大变革现象的及时的理论概括,或者探讨了复调理论对中国当代小说思维的启迪意义,和由此获得的考察中国当代小说的新视角。正如这些研究文章指出的,巴赫金理论自身的丰富深刻性、新鲜性和可操作性,为正处于探索之中的中国当代文学批评提供了一种有益的参照。③

---

① 吴晓都:《巴赫金与文学研究方法论》,《外国文学评论》1995年第1期;白春仁:《巴赫金——求索对话思维》,《文学评论》1998年第5期。
② 张杰:《批判的超越——论巴赫金的整体批评理论》(《文艺研究》1990年第6期),以及专著《复调小说理论研究》中的论述;张杰:《批评思维模式的重构——从巴赫金的对话语境批评谈起》,《解放军外国语学院学报》1999年第1期。
③ 王钦峰:《巴赫金与比较文学的方法》,《中国比较文学》1998年第3期;蒋述卓、李凤亮:《对话:理论精神与操作原则——巴赫金对比较文学研究的启示》,《文学评论》2000年第1期;皇甫修文:《巴赫金复调理论对小说艺术发展的意义》,《延边大学学报》1991年第3期;陈平辉:《以人为根基建构小说的艺术空间——对巴赫金"复调小说"理论和中国当代小说的思考》,《文艺理论研究》1997年第3期。

杨义声称自己的专著《中国叙事学》所用的"返回中国文化原点"的方法论原则,就借鉴了巴赫金等西方文论家的方法:

> 前苏联学者巴赫金的副博士学位论文《弗朗索瓦·拉伯雷在现实主义的历史上》,借拉伯雷笔下的狂欢节为例,揭示小说文本中具有理论价值的狂欢仪式般的众声喧哗的潜响;他的《陀思妥耶夫斯基诗学问题》,剖析了陀思妥耶夫斯基小说的复调性,认为"复调小说"具有与托尔斯泰的"独白小说"不同的"多声部"、"全面对话"等特征。作为一个20世纪的理论家,他取证于16世纪的拉伯雷和19世纪的陀思妥耶夫斯基,从而借助取证对象的经典性,提高了自己理论创造的普遍性和说服力。……我们不仅要借鉴其视角和术语,而且要借鉴其对传统进行深度现代化转化和过程。从西方文论家的取证方式上,我们是不难理解对中国经典进行"还原释读"的必要性的。[①]

据杨义介绍,其"返回中国文化原点"的方法,就是对一批具有世界意义的中国文学经典进行"还原释读",从而建立具有深厚中国特色,又具有充分的现代性的文学学理体系。其目的是"从这些经典著作的文化精髓和运思方式中解读出一整套原创性的学理原则",用"自成一个学理体系"的独特的中国文学经验和原则去弥补、修正西方文论的缺陷,达到中外古今的深层次对话。杨义对巴赫金取证经典建构理论的方式的借鉴,开辟了卓有成效的文学研究新思路。

自1980年代中期开始,当代文学批评兴起一种新的批评模式——对话体批评,由几位批评家或者批评家与作家之间进行座谈式的学术对话,在对话中展开面对面的思想交锋。如陈平原、钱理群和黄子平在《读书》上的《"二十世纪中国文学"三人谈》系列对话,陈思和与王安忆在《上海文学》的《两个69届初中生的即兴对话》等[②]。90年代以来,诸多文学及学术刊物又开辟了对话体批评专栏,如《钟山》、《花城》的"作家访谈",《上海文学》的"评论家俱乐部",《读书》上的"人文精神寻思录",《文艺理论与批评》的"对话与访谈"专栏,

---

① 杨义:《面向新世纪的中国文学学术》,载白烨选编《2000中国年度文论选》,漓江出版社2001年版,第63页。
②《读书》1985—1986年;《上海文学》1988年第3期。

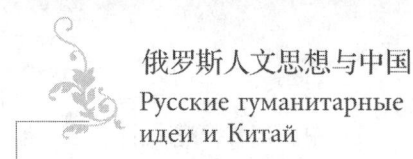

《当代作家评论》的"文学对话录"等都很具有代表性。除此以外,还有王尧、林建法等当代批评家主编的《新人文对话录丛书》,其中有《王蒙郜元宝对话录》、《莫言王尧对话录》、《贾平凹谢有顺对话录》等10种,都是作家与批评家以对话的方式展现两者思想的碰撞、交锋,丛书主编在总序中的一番言语可以明显看出这些正活跃于当代的批评家对"对话"的推崇和主动寻求的态度:"试图推动对话文体的发展,也是我们的企图之一。那种面对面的对话,改变了一种知识生产的方式,创造了一种思想的现场。"对话体因为呈现了思想的原生态,因此而与其他文体相区别,"正是在对话之后,我们发现了对话的不易",在这个"对话的时代",以对话体这一自由文体的形式"来表达我们对这个时代的所思所想,纪念因为思和想而拥有的痛苦和快乐"。在对话中,"一些人发现真理,一些人发表意见"[①]。

对话体批评以直观的形式将对话者思想的交锋、交流过程呈现出来,强调了各批评者的主体参与性,每个主体发出的声音的价值,也使批评成为一种互动开放状态,其内在精神与巴赫金的对话思想是契合的。托多洛夫曾说过巴赫金对话理论启示了一种"对话批评"的新形式:"至于批评方面,巴赫金预示(不是说实践)了一种新形式。这种新形式可以称为对话批评。"[②]即在批评中,不把所研究的作品当做客体而是当做创作主体,一个说话者,作者重新得到发言权,批评是批评家与作者之间亲切的讨论——对话,对话批评中存在真理,但批评家与作者并不占有,批评与文学在对话中共同寻找真理。如果说托多洛夫认为巴赫金预示了一种"对话批评"的新形式,那么出现在中国当代文学批评中的对话体批评大概就是一种实践。

网络作为现今重要的传媒工具,已成为当代文论研究和批评的重要阵地。研究者们发现,网络批评在多方面都呈现出巴赫金所言的狂欢化意义,简直就是一种"前所未有、空前巨大的狂欢现象"。首先,网络的"比特广场"与巴赫金的"狂欢广场"具有异质同构性,二者同样具备万众齐聚的共时性的庞大空间以及不受任何约束的自由平等的氛围,在互联网中人们不需顾忌政治、道德、身份约束畅所欲言;其次,网络批评拥有典型的狂欢表现形式,与广场狂欢一样,"笑谑"成为人们戏弄权威、蔑视正统、接触束缚、释放压力的最好手段,

---

① 见王尧、林建法主编《王蒙郜元宝对话录》总序,苏州大学出版社2003年版。
② 托多洛夫著:《批评的批评》,王东亮、王晨阳译,三联书店1988年版。

而网络批评语言的"下身化"也同样满足了广场狂欢在肉欲的放逐中尽情宣泄欲望、颠覆神圣的目的①。对于网络批评这一新生事物,巴赫金的狂欢理论为我们提供了一种颇有价值的解释,也使我们更清楚地认识了这种批评方式的特性及其别样的意义。

当今的小说理论著作,也无法回避巴赫金的声音。巴赫金小说理论所开辟的审美空间已成为解读小说必不可少的内容及方法,如小说体裁的独特功能、小说与民间文化的密切关系、小说中对话的重要性、小说中的时间空间问题等,这些极具启发价值的观点,不仅创造性地开拓了小说中一些未被重视甚至从未触及的研究领域,生发出新的学术增长点,而且使小说的特性被更充分地开掘展示,丰富了小说理论。因此,才有众多小说理论家对巴赫金小说理论的服膺。

曹文轩的小说理论专著《小说门》(作家出版社,2003)体现出巴赫金小说理论观点的多处渗透。谈及小说中的幽默、嬉笑与游戏精神时,他引用巴赫金文章《史诗与长篇小说》中的相关论述作为依据,对这些问题展开阐述。在分析小说中的空间因素时,巴氏的《时间的形式与长篇小说中的时空关系:结论》一文又成为重要注解——空间因素之于小说的作用、小说中的四大空间意象及其隐喻,他因而得出结论:空间问题是小说基本的永远的问题,是小说家的一大学问。当曹文轩以"摇摆"一词来分析概括小说运动的动力和小说的存在状态时,他即举巴赫金"对话理论"为例,认为产生于陀氏小说的这一理论,实际是对存在与小说之性质的另一种表达,这种多种声音的对话、对话之间的来回移动,构成世界万物的摇摆现象,这样,小说中的对话自然成为他的重点关注对象,这又使他将对话作为小说的重要构成部分加以分析,于是巴赫金对话理论的有关阐述便成为他最得力的论据。"苏格拉底对话"是巴赫金追溯的复调小说来源之一,曹文轩便借此分析"对话"之于小说"摇摆"特性的重要构成效果。在巴赫金对陀氏小说中的对话做了精辟的解读分析后,现代小说家们已无法忽视小说中"对话"的美学修辞技巧,所以曹文轩在他的这部小说理论专著里这样断言:"从某种意义上讲,对小说的阅读,也就是无休止地聆听不同的声音。"

曹文轩的这部专著同样让我们清楚看到了巴赫金理论在中国当代小说研

---

① 谭德晶:《批评的狂欢——网络批评"广场"辨析》,《文艺理论与批评》2003年第3期。

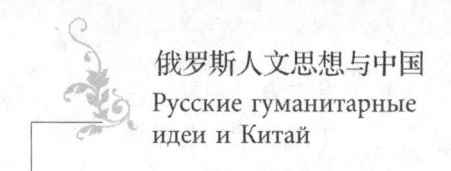

究以及小说理论建构领域的重要影响。

二、走向交往对话的文艺理论——以钱中文为个案[①]

在中国巴赫金研究中,钱中文是个有特殊意义的个案。作为国内资深的巴赫金研究专家,从巴赫金最早登陆中国到研究走向全面深入,钱中文始终是积极的参与者和重要的引导者。中国巴赫金的研究进程,钱中文的地位无可取代。同时作为文艺理论研究者,他又从巴赫金研究中积极吸纳营养成分,用于探索新时期文艺理论研究的思路。在对中国当代文论建设的积极探求和对文艺理论的现代化的具体倡导中,都可以清晰地看到他对巴赫金思想的吸收借鉴。以钱中文为个案,既是展现一个对巴赫金理论由兴趣盎然的研究到深受启发的自觉借鉴的过程,也是展现巴赫金思想怎样进入到中国文艺理论研究中并发挥深远影响的过程。钱中文作为中国巴赫金研究的发起人和代表人物,作为当今文艺理论界无可争议的领军人物,作为在国际上有重要影响的国内不多的文论家之一,以他为个案,无疑具有典范意义。

(一)"开采":钱中文的巴赫金研究

虽然钱中文不是引进、介绍巴赫金到中国的第一人,但国内的巴赫金研究却是自他而始。

1983年,中国社会科学院与美国美中交流学术委员会联合举办了第一届"中美双边比较文学讨论会",钱中文在会上宣读了论文《"复调小说"及其理论问题——巴赫金的叙述理论之一》[②],开始了他的巴赫金研究之旅。他在这篇文章中并不只是简单介绍和全盘接受这一理论,而是加入了具有理论深度的思考评价,在理解巴赫金的思想观点的同时作出自己的价值判断。在肯定这一理论的有效性后,他针对"复调"的界限、作用以及主人公独立性问题等提出了异议。

国内早期的巴赫金研究,钱中文起了重要的引领作用,他的系列研究文章不仅最先开拓了复调小说理论的巴赫金研究局面,而且以深刻独到的见解为这一局面奠定了良好的基础。围绕他的研究文章的有关观点,学界也引发了

---

① 曾军:《巴赫金接受与中国当代文论话语转型——以钱中文为个案》(《河北学刊》2004年第1期)一文,以钱中文为中国巴赫金接受史中的独特个案,剖析了巴赫金接受与中国当代文论话语转型间关系。对本节的写作思路有所启发,特此致谢。
② 发表于《文艺理论研究》,1983年第4期。

一场关于复调小说理论的争鸣。1987年,钱中文发表在《外国文学评论》创刊号的文章《复调小说:主人公与作者——巴赫金的叙述理论》继续对复调小说理论的研究。文章集中探讨了其中的"作者与主人公关系"、"主人公独立性"问题。1989年,《外国文学评论》先后刊登了三篇关于巴赫金复调小说理论的争论文章:黄梅的《也谈巴赫金》(第1期),钱中文的《误解要避免,"误差"却是必要的》和张杰的《复调小说作者意识与对话关系——也谈巴赫金的复调理论》(第4期),争论的焦点就是到底"什么是复调小说"。这场争论也使复调理论研究中出现的一些困惑得以澄清。钱中文在上述文章中将"主人公的自我意识的独立性,主人公与主人公、主人公与作者之间平等的对话关系"作为理解复调小说的关键点,也成为学界共识。经由钱中文的研究介绍,复调小说理论从此深入人心,不仅成为巴赫金学说中最广为人知的理论观念,也最早进入当今学界的批评话语之中,被频频使用。

1990年代,随着对巴赫金理论全面深入的了解,钱中文的巴赫金研究也转向更开阔的视野,以对巴赫金学术体系整体性的综述评论为主。这类文章有《难以定位的巴赫金》(《文艺报》1996年2月2日),《巴赫金——一个命运独特的思想家》(《河北学刊》1998年第3期),《巴赫金:交往、对话的哲学》(《哲学研究》1998年第1期),《交往对话主义的文学理论——论巴赫金的意义》(《文艺研究》1999年第7期)等。这些文章既有巴赫金生平经历的介绍,也有他在俄罗斯和西方"被发现"的经历简介,最重要的是对巴赫金博大精深的学术思想全貌作了相对完整的述评,这些都有力地推动了国内巴赫金研究的进程,使巴赫金研究局面得以顺利拓展。

1998年,《巴赫金全集》六卷本(河北教育出版社,1998)在国内的编辑出版,是钱中文对中国巴赫金研究最卓著的贡献,极大地推动了中国巴赫金研究的发展。巴赫金学术体系的全貌至此才算是比较完整地展现在中国研究者面前。对国内学界而言,就如同展现了一个无限丰富的研究资源,预示了巴赫金研究的广阔前景。《巴赫金全集》的前言,由钱中文撰写的《理论是可以常青的——论巴赫金的意义》一文,精要而清晰地梳理了巴赫金的学术历程和理论体系,其中不乏对巴赫金思想的独到见解和精深分析,成为广大巴赫金研究者很有价值的参考资料。

此文也是钱中文经过多年的巴赫金研究后,对巴赫金理论的全面总结和整体评价。他这样概括巴赫金的意义:

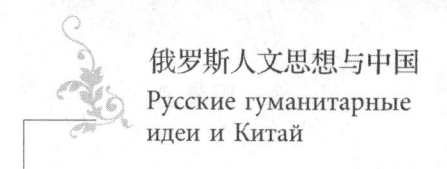

巴赫金的学术思想博大精深，他未立体系，却自成体系。这是关于人的生存、存在、思想、意识的交往、对话、开放的体系，是灌注了平等、平民意识的交往、对话、开放的体系。巴赫金确立了一种对话主义，如今这一思想风靡于各个人文科学领域。巴赫金的交往理论、对话主义，使他发现了自成一说的人和社会自身应有的存在形态。这种思想应用于文学艺术研究，促成他建立了复调小说理论、一种新型的历史文化学思想，为文学、文化研究开辟了新的领域。①

钱中文归结巴赫金的学说思想以"对话"为核心，并将巴赫金的对话思想上升到"主义"的高度，认为对"交往、对话"的倡导正是巴赫金学说思想的本质意义，他就此以"交往对话主义的文学理论"定位巴赫金学说。他90年代后期的研究文章也更多关注了巴赫金的交往美学和对话哲学的意义。

2004年6月，"巴赫金学术思想国际研讨会"在湖南湘潭召开，这也是中国第二次举办巴赫金学术思想国际研讨会。钱中文在会议发言中对中国20年巴赫金研究中业已初步形成的"巴赫金学"作了总结概括，并介绍了《巴赫金全集》第七卷也即将由他主编出版的信息。在会议提交的论文中，钱中文还探讨了巴赫金独创性的诠释学思想，将巴赫金的交流对话思想置于诠释学各个流派思想背景下进行比较研究，指出巴赫金把其交往对话的诠释学思想贯彻到作家研究中，形成一种新型的文学诠释学，这种诠释学思想也把巴赫金各个方面的创新理论沟通融会起来，使我们能够从整体上把握理解巴赫金的复杂思想与艺术观念。

据悉，在钱中文的倡导下，中国"巴赫金学会"正由中国中外文艺理论学会筹备成立，巴赫金理论会继续参与到中国当代文艺理论研究中来，启发文论研究者们探讨文论建设发展之路。

（二）"吸纳与创造"：钱中文借鉴巴赫金理论的文论建设轨迹

钱中文的巴赫金研究历程，也共生相长着他对中国当代文艺理论建设的探索。他的这部大体上记录了他"在新时期20年来对文学理论发展的追踪与探索"的论文集《文学理论：走向交往对话的时代》（北京大学出版社，

---

① 钱中文：《文学理论：走向交往对话的时代》，北京大学出版社1999年版，第174页。

1999），也集中体现了他吸纳巴赫金对话思想并创造性地用之于中国文论建设的过程。他倡导的几个命题："交往对话的文学理论"、文学理论的现代性、现代文论研究中的"新理性精神"——这些"吸纳和创造"成果，被文论界视为"当代中国的重要的理论建树和文学精神"[①]，引起很大反响。作为核心思想的交往对话思想更是得到共识，成为当代文论建设的主旋律。

在剖析钱中文如何移植巴赫金理论思想于中国当代文论建设方案之前，我们有必要先了解一下钱先生的文论建构思路。身为中国文艺理论研究的领军人物，钱中文始终关注中国文论的发展问题，面对新时期重新建构文艺理论体系的迫切需要，他积极不懈地探索着建设方案。钱中文指出当代中国文论建设面临着三个传统：古代文论、现代文论和外国文论，我们要做的就是在现代文论的基础上，融合古代文论，汲取外国文论。融合古代文论方面，他积极倡导古代文论的现代性转换，即从古代文论的阐释体系中清理出一些至今具有生命力的系列概念，使这些具有独创性的范畴与当今文学理论融合起来，整合成一个既具有我国民族特色的传统范畴又具有科学性的当代形态的文艺理论体系；汲取外国文论方面，他提出要积极了解外国的文学理论和方法，吸收其中有用的成分用以丰富自己，充实文学理论观念，更新与丰富文艺研究方法，同时对于不同的文学理论观念和方法论，力避绝对否定的态度和全面肯定的生吞活剥。至于具体的方法论操作，钱中文从他的巴赫金研究中获取了重要的思路和启发。

1. "对话方法"与"对话立场"

在巴赫金研究初期，钱中文主要有介绍复调小说理论的两篇文章《"复调小说"及其理论问题——巴赫金的叙述理论之一》、《复调小说：主人公与作者——巴赫金的叙述理论》。"对话"（对白）作为复调理论的中心词，钱中文在文章中也作了阐释，包括巴赫金提出的复调理论的对话内涵、对话的特性、种种对话关系等。复调理论提出了许多对传统理论具有冲击力的话题概念，令人耳目一新，促发多种思考，如作者与主人公的新型平等关系、主人公的独立性等问题都是受人瞩目的焦点，所以蕴含在复调小说理论中的"对话"思想在这个时期还并未引起钱中文特别关注，虽然他在文章中多次提到了巴氏在

[①] 童庆炳：《精神·胸襟·素养——读〈文学理论：走向交往对话的时代〉》，载金元浦主编《多元对话时代的文艺学建设：新理性精神与钱中文文艺理论研究》，军事谊文出版社2002年版，第317页。

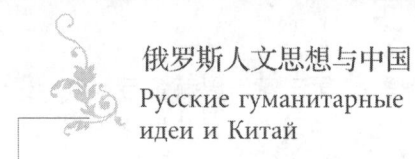

这一理论中的独创性的"对话"思想。

在与黄梅等人的争鸣文章《误解要避免,"误差"却是必要的》中,钱中文针对黄梅"尚无人用复调方法对待巴赫金的理论本身"的提法,将"对话"视为"一种值得探讨"的方法作了初步阐述:

> 在我看来,如果真有复调方法,那就是对话方法,就是认为人与人的本质关系是一种对话关系,平等而相互依存的关系,意识到生活的对话性本质。这种对话关系可以平行,但必定是相互交流的。它是平行的,是指各自有价值的个人思想,是一种独立的存在;它必定是交流的,是指它们相互交往,比较,以至发生冲突,通过这种对话交流,各自显示并确立自己价值的品格,去掉谬误,寻找并融合更为合理、更有价值的成分。

这种对话方法带来的新型关系随即启发钱中文将之用于文学批评方法的思考:"反映到文艺批评中,首先是承认各种意见都是一种独立的存在,在交流、比较、交锋中,或找出对方的合理成分,进行评价;或发现对方的谬误,给以判断。"在钱中文看来,对话的方法十分独特,对话需要说出自己的意见,并准备听取对方的反应,"在赞成的地方和不同意的地方,力图说出一些道理来,一般不作印象主义式的、独白式的评点。努力理解对方,但也不怕说出自己的价值判断,甚至是错误的判断。我想这就是对话立场了"。从"对话方法"到"对话立场",意味着钱中文已经开始了对巴赫金对话思想的有意识的借鉴,同时也意味着巴赫金理论之于中国文论界,已从理论层面的启迪深入到方法论层面的借用。

钱中文在这里还谈及怎样对待外国文学理论的问题,指出除了做到客观准确的翻译介绍、评论外,"在此基础上,还可以设法使外国文学理论中有价值的成分,不仅参与我国文学进程,而且发挥更加积极、直接的作用,对文学理论建设发挥良好的影响"。这一观点既是钱中文引进评介外来理论的指导思路,也贯穿了他的学术探索之路。而启发他在这一思路下做更具体而行之有效的实践方法探索的,即是巴赫金的对话思想。此时对文学批评中"对话立场"的提出,也是他探索"中国文学理论建设"方案的开始。

2."对话的文学理论"

如果说,在前期巴赫金理论化入钱中文的理论体系中的成分还不是很明显,那么到了90年代中期后,钱中文在学术文章中谈论具体理论问题时,已多次引述巴赫金的理论作为主要论据。

在1993年第5期的《中国社会科学院研究生院学报》上,钱中文发表《对话的文学理论——误差、激活、融化与创新》一文,明确提出了"对话的文学理论":

> 如何协调本土文学理论与外来文学理论之间的相互关系?文学理论接受的境界是什么?……东西文化交流的目的在于互通有无,形成文化互补,而其深层意义,在于通过外国文化对本土文化的激活,进入创新。对于文学理论来说也是如此。……我想我们可以根据巴赫金的对话理论,使东西方文学理论的交流,变为东西文学理论的对话,逐渐形成对话的文学理论批评。[①]

钱中文所说的"对话的文学理论",就是用对话的方式、对话的态度来处理本土文学理论与外来文学理论之间的关系。他把中外文论的交流沟通视为发展、更新文学理论,建构当代中国文论的重要内容,"把多种外国文论看成是激活本国文学理论传统的重要手段"。

引进吸收外来文学理论的确是中国当代文论发展中必然面对的重大问题。外国文论本身具有一定的真理与价值,它可以提供有用的理论成分,或者在方法上可供借鉴,给我国文论以启迪。

1980年代中期,中国学界出现翻译介绍外国文论的热潮。短短十年来,20世纪的多种外国文学理论著作和理论流派相继被介绍过来,中国当代文学理论几乎经历了西方近百年的理论历程。众多的理论形态使中国读者大开眼界,形成了更新文学观念热、方法论热。"如何对待这些介绍过来的文学理论形态,深入思考原有的多种文学理论传统,就成了当代中国文学理论发展中的突出问题。"[②]钱中文指出,必须引入外国文论中的有用部分,用以激活本土论传统,从而推动文学理论的创新发展。

在钱中文看来,我们比较中西文论中的同与异,都存在着有价值的成分。

[①] 钱中文:《文学理论:走向交往对话的时代》,北京大学出版社1999年版,第220页。
[②] 钱中文:《文学理论:走向交往对话的时代》,北京大学出版社1999年版,第215页。

"同"是两种文论对某些文学现象相同相似的见解,二者"同"的比较使人们视野豁然,可以总结出某些规律性的理论观点,丰富以致活跃本国文论传统。"异"即异质性部分,其往往含有不同文化背景文化传统的深层内涵,"异"的比较给予我们的启发可能会更多,"这异质性的成分是某一文化所拓展了的学术领域或新理论的建构,它为我国文论所不具或未有完整理论形态的东西,一旦被介绍过来,可以起到振聋发聩的作用;如果进一步被改造吸收,则可以对传统起到激活的作用,使其获得丰富,或者引出新的理论"①,在发现东西文论差异之后,用外国文论中有用的异质性部分激活我国文论传统的某些部分,让其为我所用,能在中国土壤上扎根,然后使之融入自己进入创新。然而"激活如何发生?""激活以何种方式进行?"并不是可以简单回答的问题。钱中文在巴赫金的对话理论中得到了启发:

> 我以为采用对话方式是最适用于文化交流的。……巴赫金提出过对话复调的理论来研究陀思妥耶夫斯基的小说。把这理论应用于文论的研究,那就是接受者站在平等的地位上,充分肯定对方的价值方面,择优而取,在诘难对方中发现不足,予以扬弃;用宏放的目光看待外国文论中的异质性部分,显示其自身价值,尊重其在理论整体中的积累,同时也不忌讳接受一方——对话者的价值判断与观点。②

这就是钱中文提倡的"对话的文学理论"。他还指出,20 世纪中国各种获得成就的文学理论,大体是通过对话方式获得发展的,例如王国维的文艺思想及悲剧观、意境论等。而"五四"时期出现的各种文学主张搬用外来理论缺乏对话性,80 年代的西方文论热没有对话,也只能热闹一时。对话后的外来理论才会适应中国文学的需要。发现本土文论与西方文论的误差,并使它们对话,有所比较,用西方文论中的有用成分激活本国的文论,进而使之融为一体,进行对话探索的文论,显出了理论的生机,而有所更新与前进,则为本国文论的繁荣和文学理论不同学派的出现开辟了良性发展的前景。

对话的文学理论,是钱中文提出的对待外国理论资源的方案,他也以自己

---

① 钱中文:《文学理论:走向交往对话的时代》,北京大学出版社 1999 年版,第 223 页。
② 钱中文:《文学理论:走向交往对话的时代》,北京大学出版社 1999 年版,第 224 页。

的理论研究实践了这一方案,他对巴赫金对话理论的借鉴运用就是"对话的文学理论"的典型范例。"我本人是对话方式的受益者,我既肯定传统文论中的有生命力的因素,也广泛吸取西方文论中的种种长处。我得出的一些文学观念,既有传统因素,但也融进了西方文论。所以它们既不是原来的文论,但也非西方文论的照搬,而是另一种文学理论形态。"①当然,钱中文也并不认为"对话的文学理论"可以一蹴而就,它的建立是一个十分困难的过程,"主要障碍在于本土传统思维方式的定势,不同文化的现实差异以及由此而产生的自我感觉良好的优越感"②。

3. 文艺理论的现代性、新人文精神、新理性精神文学论

90年代中后期,钱中文在他的文艺理论研究中相继提出的新理性精神、文学理论的现代性、新人文精神等命题,无一不灌注着对话思想的精髓。陈晓明在评论文章里就指出:"钱中文在90年代中后期不断走向开放对话的理论姿态,明显与他研究巴赫金理论相关。"③钱中文自己也很明确地表示:"在我自己的著作中,则借鉴巴赫金的对话理论,给以阐发,努力使之成为我的文学观念的组成部分。"④

钱中文积极主张文艺理论的现代性的诉求,"现代性"是一个摩登词,"何为现代性"的问题早已众说纷纭,钱中文对诸说种种并未苟同,而有自己的界定:"当今现代性所要求的,应是一种排斥绝对对立、否定绝对斗争的非此即彼的思维,更应是一种走向宽容、对话、综合、创新,同时包含了必要的非此即彼、具有价值判断的亦此亦彼的思维。"⑤这正是他融会了巴赫金的对话思想后的观点,可以明显看出,钱中文对现代性的认识即是对对话语境的诉求,巴赫金的对话思想已转化成钱中文的"现代性"观点的核心内容。将现代性置于文学理论中去探讨,由此,钱中文提出了文学理论的现代性问题:

> 我以为当今文学理论的现代性的要求,主要表现在文学理论自身的

---

① 钱中文:《文学理论:走向交往对话的时代》,北京大学出版社1999年版,第226页。
② 钱中文:《文学理论:走向交往对话的时代》,北京大学出版社1999年版,第227页。
③ 陈晓明:《怀着知识的记忆创新——钱中文先生学术思想评述》,载金元浦主编《多元对话时代的文艺学建设:新理性精神与钱中文文艺理论研究》,军事谊文出版社2002年版,第387页。
④ 钱中文:《"我们这些人实际上生活在两种现实里面"——忆钟书先生》,《中华读书报》2000年11月1日。
⑤ 钱中文:《文学理论:走向交往对话的时代》,北京大学出版社1999年版,第287页。

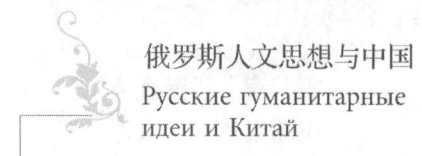

科学化,使文学理论走向自身,走向自律,获得自主性;表现在文学理论走向开放、多元与对话;表现在促进文学人文精神化,使文学理论适度地走向文化理论批评,获得新的改造。①

姚文放认为,钱中文所说的文学理论的现代性,其精神实质就在于开放、多元、交往和对话。这恰与那种以单一的怀疑、批判、否定和反叛为主旨的流行的"现代性"观念相抵牾,显示了更加开阔的视界和更加宏放的气魄,从而在理论上更具有前瞻性和未来性。

由钱中文的论述可以得知,"文学理论的现代性"就是在不同主体意识间展开交往对话,在亦此亦彼中体现一定的价值判断,以对话为实现文学理论科学性真理性的有效途径,这使文学理论既是科学的,又充满人文精神。这里的人文精神是指"排除绝对权威、终极真理,走向交往、对话的思想方法和理论风范"(姚文放语),钱中文称之为"新人文精神"。

进行平等的对话,表现应有的对话风度,就是一种人文精神的表现,钱中文用这种人文精神来改造文学理论的学风。随着对巴赫金研究的全面深入展开,巴赫金晚年关于人文科学方法论问题的思考不仅深化了他对巴赫金对话思想的理解,也更加促进了他对这一理论的运用。在钱中文的论述中,对话的内涵不断充实扩展,包括了人的生存本质、人文精神、主体性等。他强调文学理论是人文科学,人文科学不同于自然科学的特性,倡导文学理论的人文精神,"文学理论的现代性,要求排除对一种思维、观念的终极真理性、绝对权威性。……人的思维、意识是多样的,它们各有价值。……它们的相互关系应是一种相互包容、相辅相成的对话关系,表现为多声合唱,而非同声齐唱"②,认为把一种意识视为永恒的真理并强制他人接受,必然导致漠视他人的独立意识与思想的存在,而把世界变为独白、单语的世界。在这里,巴赫金对话理论中关于"我与他人"关系的表述,多处被直接引用为钱中文论述这种意识关系的重要依据,明白显示出他获之于巴氏对话理论的思想启发。他提倡的文学理论要有人文精神,就表现在能让多种意识"相互交织,各自独立,又具充分权利,自有价值,相互平等,在交往与对话中互为存在"。意识之间存有差异,

---

① 钱中文:《文学理论:走向交往对话的时代》,北京大学出版社1999年版,第288页。
② 钱中文:《文学理论:走向交往对话的时代》,北京大学出版社1999年版,第331页。

"但无法相互取代,而只能在交往、对话的关系中,互相启发,并为补充"①。这就是他所标榜的以对话理论为精神内核的新的人文精神的表现。

面对文学理论界长久以来根深蒂固的非此即彼的独语思维方式,他倡导以"人文思维"来取代,即以人文精神来改造文学理论,人文思维不同于自然科学思维,它"具有'双主体性',它探讨的文本,是主体的一种表述,它进入交流,面向另一个主体,另一个主体也面向作为主体的它,进入对话的语境,它需要的是'理解'"。钱中文直接引用巴赫金的论述来阐释"理解":

> 在解释的时候,只存在一个意识、一个主体;在理解的时候,则有两个意识、两个主体。对客体不可能有对话关系,所以解释不含有对话因素。而理解在某种程度上总是对话性的。②

巴赫金关于"理解"的看法使钱中文深受启发,他对他所倡导的人文精神的对话内涵由此做了更透彻的论述:

> 人文科学重在理解,理解是人与人的对话,主体与主体的交流,意识与意识的交锋,'我'与'你'的相互讨论与了解。在对话与交锋中,两个主体,互揭短长,去芜存精,共同发现,揭示与充实真理因素。在共同的探讨中,可能主体双方的真理因素多寡有别,但都自有价值,即使一方意识全是谬误,亦应在对话、批判中被揭示,而不是在另一方居高临下的肆意贬抑中被否定与消灭。即使是谬误本身,亦有其认识的价值的。……理解也要求一定的价值判断,其中包含了一定的解释。③

"新理性精神"是钱中文在 1995 年提出的关于当代文艺理论和人文科学建设的一个重要命题。按照钱的界定,新理性精神"是一种以现代性为指导,以新人文精神为内涵与核心,以交往对话精神确立人与人的相互关系,建立新的思维方式,包容了感性的理性精神。这是以我为主导的、一种对人类一切有

---

① 钱中文:《文学理论:走向交往对话的时代》,北京大学出版社 1999 年版,第 332 页。
② 巴赫金原话见《巴赫金全集》中译本第 4 卷,第 314 页。
③ 钱中文:《文学理论:走向交往对话的时代》,北京大学出版社 1999 年版,第 333 - 334 页。

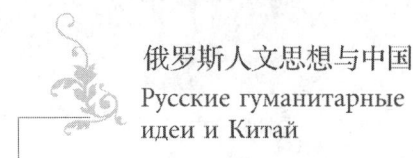

价值的东西实行兼容并包的、开放的实践理性,是一种文化、文学艺术的价值观"①。面对当今文学、文学理论以及人文科学所面临的困境,钱中文极力倡导新理性精神,以此作为人文知识分子"重新理解与阐释人的生存与文学艺术的意义、价值的立足点,新的人文精神的立足点"②,新理性精神饱含钱中文的救世理想和人文关怀。

钱中文提出的新理性精神,实际是对话理论结合本土语境的改造深化。巴赫金侧重对话平等、开放的意义,钱中文立足本土语境的需要,更强调对话的目的,"对话是无尽的,……对话又是有一定目的的,对话的目的在于认识真理,辨别谬误,即使真理是无尽的,每一对话实际是为了增加对无限真理的有限的认识"③。他表明文学理论不因确立交往对话语境、平等、差异和多元化而丧失终极价值和关怀,所以他积极倡导新理性精神,"以作为现代社会人文知识分子的精神凝聚,那就是从大视野的历史唯物主义出发,关注人的生存意义,以新的人文精神充实人的精神,借助和运用多种理论和方法,重新探讨审美的内涵,阐释文学的意义和价值。……(他)着力阐述的'现代性'乃是这种'新理性精神'的核心、魂魄"④。

他从巴氏的对话理论得到启发,思考人的生存和交往的本质问题,无论是文学理论现代性的诉求,还是新人文精神、新理性精神,都深深渗透了巴赫金对话思想的精髓:差异性、平等性、开放性、独立性,但这又是在中国本土问题意识和特定语境下的思考,它深深打上了中国本土的烙印。这不是对巴氏对话理论的简单移植或套用,而是"属于中国的属于我们这个时代的观点和理论,这是我们自己的声音"⑤。

以上几点构成了钱中文90年代中期以来的学术思想的主要概念,都贯注着一个共同的精神内核——巴赫金的对话主义思想,贯注着钱中文和巴赫金同样钟情的平等、差异、多元、开放、独立、参与等精神。

---

① 钱中文:《新理性精神与文学理论研究》,载金元浦主编《多元对话时代的文艺学建设:新理性精神与钱中文文艺理论研究》,军事谊文出版社2002年版,第13页。
② 钱中文:《文学理论:走向交往对话的时代》,北京大学出版社1999年版,第339页。
③ 钱中文:《文学理论:走向交往对话的时代》,北京大学出版社1999年版,第334页。
④ 姚文放:《现代性:文学理论重建的基石》,载金元浦主编《多元对话时代的文艺学建设:新理性精神与钱中文文艺理论研究》,军事谊文出版社2002年版,第332页。
⑤ 童庆炳:《精神·胸襟·素养——读钱中文〈文学理论:走向交往对话的时代〉》,载金元浦主编《多元对话时代的文艺学建设:新理性精神与钱中文文艺理论研究》,军事谊文出版社2002年版,第317页。

我们也看到,钱先生倡导的"现代性"和"新理性精神"的建构,必将是漫长的,它毕竟是一种理想,有现实和时间的距离。但它在当今时代语境中很有意义,为人文知识分子指明了新的目标和有效的方式。

(三)回响:钱中文借鉴巴赫金理论的学术影响

钱中文汲取巴赫金理论用于中国当代文论建设方案的探讨,引起国内文论界的广泛关注,文艺理论研究界的同行不仅对此表示了共鸣,而且给以热烈回应。

2001年秋,"新理性精神与文学研究方法论全国学术研讨会"在厦门召开,会上,钱中文所表述的新理性精神的观念得到不少文艺理论界著名学者的肯定,童庆炳、朱立元、王元骧、许明、徐岱等学者后来纷纷发表专文探讨了新理性精神。虽然新理性精神的原则得到诸多同行的认可,但钱中文不忘强调它的开放性特征,指出在文学观念的具体阐释中,可以有同有异,互为包容,互有特色,互为丰富。

2002年12月,文艺学界汇聚一堂,就钱中文的"新理性精神"和文艺思想共同研讨,并共同研讨多元对话时代我国文艺学的开拓、创新与发展。

陈晓明在指明钱中文90年代中后期的学术道路明显受到巴赫金理论的影响,以及钱"近年来以更具包容性的立场来看待西方现代主义及后现代主义的一些观点和方法"也都是巴赫金的直接影响后,对钱中文与巴赫金的"对话过程"加以剖析:"巴赫金打动他的不只是一种理论,更是一种遭遇,一种对待文学理论的精神。钱中文在强调'多声部',强调'对话'中来完成他与巴赫金的对话。……钱中文从巴赫金的理论体系中提炼出文学理论建构的未来方向——交往对话主义的文学理论。把'交往对话'提升到'主义'的高度,这在钱中文的思想构造中是一个重要的飞跃。……交往对话是陀思妥耶夫斯基的创造,更是巴赫金的理论发现,也是钱中文继往开来的理论支点与动力。"[①]

王宁立足于巴赫金研究领域评价了钱中文的学术成就:在巴赫金研究领域发出了中国学者的独特声音,得到了西方乃至国际巴赫金研究者的认可,"更为重要的是,他创造性地将巴赫金的对话主义与哈贝马斯的交往理论糅合在一起发展出一种具有中国特色的'新理性精神'",新理性精神的"中国特

[①] 陈晓明:《怀着知识的记忆创新——钱中文先生学术思想评述》,载金元浦主编《多元对话时代的文艺学建设:新理性精神与钱中文文艺理论研究》,军事谊文出版社2002年版,第387-388页。

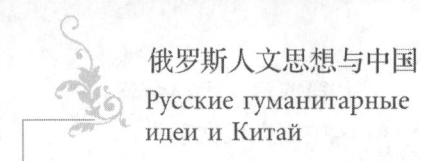

色"在于他依托的是中国的文学理论批评实践,反映了中国文学理论家的自觉建构,"这正是他在超越了现代—后现代和东方—西方的二元对立思维模式之后在国际学术界发出的中国学者的理论建构的独特声音。"他预言,钱中文的理论将是巴赫金研究以及文学阐释理论过程中的中国声音。①

曾繁仁也充分肯定了钱中文"新理性精神文学论"的本土性特色:"新理性精神具有鲜明的立足于中国民族文化土壤的文化身份和独立自主性,反对全盘西化、'向西看齐',又充分吸取了西方文化、特别是西方美学与文艺学的若干精华。"认为它正确处理了本土化与全球化的关系,同时也指出它的开放性特征:"钱先生明确以交往对话作为新理性精神的思维方式,从而使之成为一个开放的体系。这一理论不仅吸收了中国传统文论与现代文艺学成果,同时吸纳了西方的存在论、现象学、生命体验美学与交往对话理论等诸多理论成果。"②

周启超以"开采·吸纳·创造"为关键词,精辟而准确地概括了钱中文从其巴赫金研究中汲取养分的学术探索之路,指出钱中文从美学、哲学乃至人文科学方法论的高度解读巴赫金的文艺学思想,执著地提出"走向交往与对话"的文学理论,充分关注"交往、对话的主体性以及理论批评话语的共同性",强调"在中外文学理论批评的交往探索中,把文学理论批评视为人文科学的思想"的重要性,积极倡导对"不同国家之间的文学批评理论进行交往与对话,以达到双方的各自理解"③。

此外,周宪、许明、张首映、李衍柱等著名学者也表达了以下相同观点:钱中文的学术探索是对多元差异的对话语境的有力吁请,呼吁文学理论间平等、自足、开放的交流和对话,表现了一种对理想学术语境的诉求,他所提出的交往对话的文学理论、新理性精神等观念标志着中国当代文学理论构成国际对话的开始,"它是中国学者发出的、可以与西方对话的自己的声音,是世界文艺理论多元对话时代里特有的中国'一元'。"④由他开始正在实现中国文论家在文论走向世界、平等对话交流方面的追求。

---

① 王宁:《钱中文的巴赫金研究》,载《文学前沿》第7辑,学苑出版社2003年5月版,第18页。
② 曾繁仁:《钱中文先生的学术贡献与学者风范》,载《文学前沿》第7辑,学苑出版社2003年5月版,第14-15页。
③ 周启超:《开采·吸纳·创造》,载金元浦主编《多元对话时代的文艺学建设:新理性精神与钱中文文艺理论研究》,军事谊文出版社2002年版,第397页。
④《文学前沿》第7辑,学苑出版社2003年5月版,第2页。

反观钱中文的学术道路和言行处事,就会发现,他之钟情巴赫金的"对话"思想,与其说是"影响",不如说是英雄所见略同的深深的共鸣,这也是他不遗余力大力推介对话理论,并将之融入中国当代文论建设的解决方案中,倡导对话的文学理论的原因。

钱中文于80年代末期出版的文艺理论专著《文学原理——发展论》(社会科学文献出版社,1989),就曾获得文艺理论名家蒋孔阳先生这样的评价:"一方面它继承了我国民族传统的东西;另一方面,在开放、改革的局面下,它大量吸收了西方的新东西。这是有系统的、有消化的、有自己创造性的,这不是照搬,而是重新组织了的体系。"[①]孟繁华也评论这部著作"不是盲目地追新逐流,不是把'新'作为目的。他的前沿性,是通过个人的学术眼光,经过识别和研究有选择地予以综合和整合,尤其重视中国传统文学的经验和积累,试图在西方文艺学的撞击中,对中国传统文艺学知识进行创造性的转换。因此,他的前沿性并不是亦步亦趋地追随西方文艺学的声音和脚步"[②]。可见,"开采、吸纳、创造"是钱中文学术道路中一贯坚持的学术作风。他也一再声明,文学理论的发展繁荣,一定要加强中外交流,互相学习,取长补短,面对文艺理论出现的新情况,既不能完全照搬西方文论,也不能固守中国传统的文论体系和观念方法,只有中外古今文论结合起来,融会贯通,才是出路所在。他积极推动文艺理论走向交往对话,就是诉求一种理想的学术语境,企盼学术界的平等、自足、开放的交流和对话,推动学术的健康发展。这种诉求既来自于他对历史经验的深刻反思,也来自当前的多元文化语境的需要。

小结

文艺理论界已形成这样的共识:20世纪中国文艺学的一个突出问题,就是与西方文艺学和美学的关系问题。一方面是20世纪西方文艺思潮的汹涌而入,另一方面是中国文艺理论发展的需要,因为"本土文化的生存与发展,总是以与外来文化的交流为其必要条件的"(钱中文语)。

20世纪是中国现代形态的文艺学的建立时期,也是不断接受外来影响的过程:先是世纪初的借用一些西方文艺理论概念深化对中国文学的研究,之后

---

① 《文学原理——创作论、发展论》评议会发言摘要,《文艺争鸣》1992年第1期。
② 孟繁华:《一部创造性的中国文艺学著作》,载金元浦主编《多元对话时代的文艺学建设:新理性精神与钱中文文艺理论研究》,军事谊文出版社2002年版,第360页。

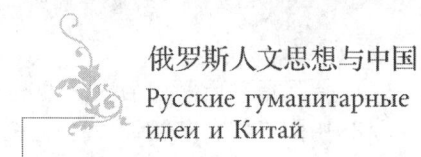

是对西方文艺学体系的整体"拿来"。50年代至70年代末,从苏联来的马列文论体系在中国一统天下,形成"独白"话语,本国的文论传统完全中断。80年代以来,随着文学创作的不断创新,中外文化交流的迅速展开,文论界掀起译介西方文论的热潮。形形色色的西方文论流派相继被介绍到中国来,中国文艺理论界在短短十多年中接受了西方近百年的各种文艺理论思潮。

众多新奇的理论形态的涌入,使中国学界大开眼界,形成了更新文学观念热、方法论热,也对文学理论自身的发展提出了更新的紧迫要求。如何处理外来文学理论与中国当代文论以及中国传统文论的关系,就成为当代中国文学理论发展中的突出问题。外来理论资源的翻译介绍和研究,开阔了我们的理论视野,使我们的文学批评武器也得到了丰富,但也因此而形成了一些误区。

首先,对待外来理论有这样的倾向:否定中国文论传统,认为已经过时,力主全面引入西方文学理论以取而代之。钱中文指出,这是一种双重"误读",一是对传统不甚了了,二是以为文化交流就是一种简单的阅读、认同与移植,外国人的理论拿来就用,就是目的。双重的误读,对西方文学理论的全面认同,往往导致对本土文学理论的全面否定。文论界在90年代引发的文论"失语症"和中国文论话语重建、古代文论的现代转换等话题的热烈讨论,就是针对这种现象的危机思考和寻求解决方案的方法论探讨。

其次,我国的文学理论形态引进较多,体系的建构较少。中国文艺理论界对待外来理论,"理论观点的复述往往代替了自己的创造,肯定性的介绍与阐释往往淹没了理智而审慎的批判与吸纳融合,这必然使得理论的拓进力度显示不足"①。中外文化交流的目的,在于互通有无,形成文化互补,按照钱中文的说法,交流的深层意义在于引入外国文化中的有用部分,用以激活本土文化,从而进行创新,推动整个文化的发展。所以我们接受外来理论的着眼点应是吸取有价值的观念思想创新自外,来更好地建构自己的理论体系。有鉴于此,钱中文对巴赫金理论的"开采、吸纳和创新",汲取其对话思想,用之于中国文论的重新建构和研究的深化的努力,就显得极为可贵。正如巴赫金所说,创造性的源泉在于对话,创新有待于对话。对待外来文化思想的态度,必然会经历从崇拜式的搬用到贴标签式的套用的过程,而与外来文化的对话,才是我们真正可取的成熟的态度。钱中文所做的,就是与巴赫金理论的"对话"。

---

① 张婷婷:《历史的巧合与误读》,《社会科学报》2006年2月9日第5版。

第二章 巴赫金与中国当代文艺批评

1990年代以来,围绕中国文论"失语症"和文论话语重建问题,文论界不约而同达成"对话"的共识,"对话"由此成为当代文艺学发展的基本概念和关键词。但这些触目皆是的对于"对话"的提倡,其含义有不少"是基于对日常生活式的'对话'的理解而进行的理论性的表述而非对巴赫金对话主义的理论自觉"①,所以并不能说都是受到巴赫金对话理论的启发。真正有意识从巴赫金对话思想中获取理论资源并明确用于中国文论建设思路的是钱中文。

钱中文的巴赫金研究由来已久,他对巴氏的对话思想和复调理论情有独钟并非偶然。巴氏的对话理论是借助文学话语表达的一种哲学观,是对苏联的文化独白和专制语境的抗辩,呼唤一种理想的对话语境。这与中国当代文化语境下的知识分子的心态十分吻合。正是两者的相通之处,使钱中文钟情于巴赫金的对话与复调理论,将之融会于对中国文艺理论现代化建设的思考,"文学理论——走向交往对话"既是他坚定的价值立场,也是他对文学理论发展的殷殷期望,因为"单一的、统一的文学理论往往会用自己的一套观念排斥不同见解,以为自己说的都是真理。它不能容忍第二个声音,更不能容许别的声音的分辩。它只能让人听它一个声音,一种往往是嘲弄与压制的声音。它表现的是理论的独白,而不是探讨真理的对话"②。这使我们不由得想起"文艺为政治服务"、"文艺从属于政治"的口号以及马列文论一统天下的文论独白时代,而这也正是文学创作最苍白、文艺理论最凋敝的时期。有对话就有宽容开放的学术氛围,就意味着不同见解的参与和纷争,在钱中文看来,这种学术上的分歧与冲突更有助于学术的发展繁盛,在对话中向真理逐步接近。对话的意义就在于:站在平等的地位上,充分肯定对方的价值方面,择优而取,扬弃不足,同时也保留自己的价值判断和观点。

巴赫金的学说是一种非常有创见的理论体系,尤其是他的对话思想,在世界范围内,在诸多学科领域都产生了有力的影响。巴赫金对话思想给当代中国文艺学研究带来了生机和活力,但它毕竟是外来之物,任何从国外引进的文学理论和思想观点都不可能对中国的文学作出完美的解释,中国文艺学的发展,需要全面系统的文艺理论创见,这种创见不可能依托于从外国移植的理论,而只能立足于本土文学特质以及发展现象。

---

① 曾军:《接受的复调》,广西师范大学出版社2004年版,第186页。
② 钱中文:《文学理论:走向交往对话的时代》,北京大学出版社1999年版,第221页。

就像我们一再指出的,钱中文对巴赫金理论的借鉴运用是开采、吸纳和创新。中国本土问题意识是钱中文在中西文论交流对话中的一贯立场。他讨论文学理论现代性问题时,对"现代性"作出的新解,即是在批判性理解西方现代性理论的基础上,结合中国语境的重新阐释,这种重新阐释又汲取了巴赫金对话理论的养分(汲取外来理论中有价值的部分为我所用是他的方法),我们看到他在娴熟运用"现代性"、"对话"、"多声部"这些舶来词时,无一不是在深刻认识了其理论背景后,又置于中国语境之下的重新思考,所以没有食洋不化的生涩、突兀。除了他深厚的理论底蕴,贯通中外的学术胸怀,还在于他始终关注借鉴外来理论的本土化问题和具体语境。

在巴赫金看来,对话永远是开放的未完成的,钱中文则为对话加了基于本土语境需要的限定。他一再强调,对话并不是丧失终极立场,对话的最终目的是"激活、融化与创新",对话是一种手段,一种理想的学术语境。"交往对话的文学理论"是在对话交往中实现文学理论的真理性和科学性,这就是钱中文孜孜以求的文学理论的现代性以及新理性精神的体现。

第二节 巴赫金与中国当代文学批评实践

一、复调、对话与狂欢:巴赫金理论在文学批评实践中的运用

当巴赫金理论被运用到文学批评领域当中时,批评者们惊喜地发现,对话、狂欢理论带来的全新批评视角和研究方法,大大拓展了批评实践的空间,一些研究成果甚至取得了突破性的进展。巴赫金理论在文学批评实践中的运用,囊括了从中国现当代文学、古代文学到外国文学的所有领域。

在当代文学批评领域,可以说是一幅对话、狂欢术语"狂欢"的场景。巴赫金的复调小说理论在1980年代初期率先引进后,很快有一批冠以"复调"的批评文章出现,如对先锋派小说家马原、刘索拉作品的"复调"解读等。1990年代,巴赫金的对话狂欢理论全面登场,其理论术语被引用的频率之高令人瞠目。无论是新写实小说还是新历史主义文本、身体写作等,都纷纷与巴赫金理论结缘。在批评者笔下,池莉小说创作具有"复调与变奏"特征,王小波的创作是"狂欢化的历史传奇",莫言小说《檀香刑》是"历史与话语的狂欢",余华小说叙事是"梦魇中的狂欢",卫慧小说创作是"狂欢过后的虚无",

金庸小说也成为"复调语言营造的诗学狂欢"。巴赫金理论似乎为剖析小说世界风格各异的审美特质提供了无限丰富的话语资源,并且带来多重启示,使批评者们抑制不住运用激情的"狂欢"。

这些术语不只是在小说文本中"狂欢",运用者的激情还延伸到对诗歌散文体裁,去研究诗歌中的对话现象、复调情感,散文的狂欢特性等[①]。而一些着眼于分析当代文学整体特征的批评文章,也充斥着对话狂欢术语,新时期创作与阅读的关系被借用巴赫金话语描述为"从独白到对话",对 1988—1998 年中国小说的"游戏"修辞也被冠之以"夹缝中的狂欢"[②]。

当今时代又被称为网络信息时代,网络文本对传统写作的冲击、颠覆堪称强大。网络这一独特的交流方式使网络写作具有如下特征:平等参与、民主交流、无限开放、消解权威精英神圣感、颠覆性、宣泄性、无等级性、大众性等。批评者发现狂欢诗学与网络写作有奇妙的契合处,二者具有相似的运行原则,于是狂欢理论理所当然地成为他们的话语工具,网络写作也被描述为"在网络空间狂欢"、"歧路花园中的幽灵狂欢"、"假面舞会的话语狂欢"[③]。

在一些较独特的批评领域里,巴赫金的对话狂欢术语也受到青睐。女性文学批评长期局限于西方女权主义理论话语,为批评话语的单一、匮乏所困扰,当批评者从巴赫金的对话狂欢理论中看到"反权威"、"去中心"、寻求交流、和谐共处等与女性主义思想相沟通的观点时,他们的批评术语欣然向"对话"、"狂欢"转换。在一些批评文章中,女性写作颠覆父权制文学观念及秩序的激情被描述为充满狂欢色彩,文学史上的女性写作被归结为有"对话与潜对话"两种方式,至于 90 年代中国女性文学"私人化"写作现象也被批评者称

[①] 如罗关德:《论舒婷诗的复调情感》,《宁德师专学报》1995 年第 2 期;王明科:《解构的狂欢——略论第三代诗》,《甘肃教育学院学报》2002 年第 3 期;泓峻:《无奈的狂欢:读王蒙的散文》,《东方艺术》1996 年第 1 期;林贤治:《90 年代散文:世纪末的狂欢》,《文艺争鸣》2001 年第 2 期;《从巴赫金对话理论看卞之琳诗歌中声音的对话性》,《甘肃教育学院学报》2004 年第 1 期;《泛对话原则与诗歌中的对话现象》,《外国文学研究》2001 年第 3 期。

[②] 杨品:《从独白到对话:新时期创作与阅读关系描述》,《山西文学》1995 年第 4 期;王素霞:《夹缝中的狂欢——关于 1988—1998 年中国小说的"游戏"修辞》,《文艺评论》2000 年第 4 期。

[③] 陈跃红:《文本:在网络空间狂欢》,《文艺争鸣》2002 年第 1 期;郭炎武、王东:《歧路花园中的幽灵狂欢——论网络对文学创作主体的三种影响》,《社会科学》2001 年第 9 期;吴绍义:《假面舞会的话语狂欢——试论网络文学》,《当代文坛》2003 年第 2 期;王菊花《论网络文学的狂欢色彩》,《黄冈师范学院学报》2004 年第 2 期。

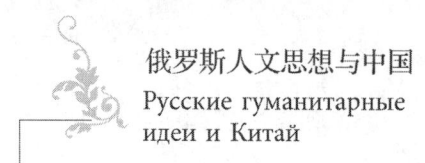

为是"欲望的狂欢"①。

近期的影视戏剧评论也显露出对对话狂欢术语的偏爱。有评论者用复调理论分析电影《英雄》,将影片视为"由多种不同声音进行对话而汇集成的多声部大合唱"②,还有一些电视综艺节目也被评论者贴上"狂欢"的标签,更多的研究文章则是将影视戏剧中的喜剧因素与狂欢化理论相联系进行分析。

当代文学研究者总是以迅即的姿态接受并实践着外来理论武器。批评家陈晓明对巴赫金理论的运用颇具有代表性。在1980年代中后期,巴赫金复调理论进入中国不久,陈晓明就运用复调理论评析了张承志的《金牧场》,指出这部作品具有多声部的复调特征③。1990年代初期,巴赫金的狂欢理论登陆中国,很快又成为他的理论武器。1993年11月,在北京召开的"巴赫金研究:中国与西方"学术研讨会上,陈晓明与张颐武共同运用狂欢化理论分析了"后新时期文学的发展状况",认为这一状况正产生于中国社会进入"多音齐鸣"的狂欢节时代的语境之下;陈晓明还以当时震动文坛的《废都》和《白鹿原》为例,认为这两部作品已是大众文化和后新时期文学进入巴赫金所说的"狂欢节"状态之标志④。之后,他又撰文《废墟上的狂欢节——评〈废都〉及其他》分析了《废都》的狂欢特征,他评论道:

> 这首先是书写的狂欢节,一种狂欢式的写作。……《废都》把这些混乱不堪、奇形怪状的东西强制而巧妙地缝合在一起,制作了我们时代最快乐的文本——后现代式的狂欢节传奇。⑤

巴赫金狂欢化理论对狂欢节、狂欢式世界感受的激情赞美,狂欢式世界感受所具有的"强大的蓬勃的改造力量"、"无法摧毁的生命力"也感染了作为批评者的陈晓明,他对于文本的狂欢因素分析也往往有较积极的定评。在《人

---

① 王建刚:《拒绝匿名的狂欢:关于女性写作》,《浙江学刊》2000年第4期;陈龙:《对话与潜对话:"女性书写"的现实内涵》,《当代外国文学》2002年第1期;孙秀昌:《女性文学:狂欢于"私人化"写作的坚冰上》,《河北学刊》2003年第2期。
② 蒋春林:《谁是英雄——评多义复调电影〈英雄〉》,《电影评介》2003年第2期。
③ 陈晓明:《复调和声里的二维生命进向:评张承志的〈金牧场〉》,《当代作家评论》1987年第5期。
④ 史安斌:《"巴赫金研究:中国与西方"学术研讨会综述》,《国外文学》1994年第1期。
⑤ 陈晓明:《废墟上的狂欢节——评〈废都〉及其他》,《天津社会科学》1994年第2期。

欲的神话:狂欢式叙事与商业主义审美霸权——哲夫小说论略》一文中,陈晓明评论哲夫的小说是"快感化"、"平面化"、"消费式"的"狂欢化书写",认为它代表了当代文学叙事的狂欢化策略,而这"全然由这个时代的商业主义审美霸权所决定。这种审美霸权不再追寻永恒性的和深度性的思想观念,而是……重在提供狂欢节式的感官快乐和满足",这种为商业操纵的狂欢化叙事对纯文学自然有弊,但是陈晓明并没有一言否之,巴赫金论述了狂欢式世界感受对文艺复兴时期文学积极的影响,他也由此得到启发,"虽然当代中国的情形与欧洲文艺复兴时代相去甚远,在某种意义上大相径庭。但就文学叙事的'狂欢化'这一点而言,……不能忽略它在缓解文学长期承载严重性和重大使命感而显出的疲惫方面助下一臂之力",从而解读出这一文学现象在现时期的中国的积极因素:"给人们提供了某种想象空间,提供了审美多元主义的可能性,预示着一种自娱和新的超越的起点。"①

陈晓明等批评家的积极实践对批评界起了引领作用,加快了当代文学批评话语的转换。他们的批评实践表明:巴赫金用于分析陀思妥耶夫斯基和拉伯雷创作的理论术语同样在中国当代文学批评中获得了生命力。

在现代文学研究领域,引人注目的是运用巴赫金理论对现代文学重镇——鲁迅小说的全新视角研究。严家炎在专著《论鲁迅的复调小说》(上海教育出版社,2002)中的研究文章《复调小说:鲁迅的突出贡献》,就参照复调理论解析了鲁迅小说的复调特征。他以鲁迅小说中复杂的主题、深刻的思想,以及创作手法的多样性、叙事角度的灵活多变等为复调的依据,与复调理论中的"多声部"、"思想性"等概念对应,认为鲁迅小说就是以多声部的复调为特点的,这是鲁迅的突出贡献。复调理论之于鲁迅小说无疑是鲁迅研究中极具开拓性的研究思路,虽然鲁迅小说是否就是巴赫金的复调小说还有待商榷,但严家炎由这一新的角度也的确挖掘出了鲁迅小说的一些特性或者说复调性因素,如作品思想及人物情感的多重复杂性、人物话语的多层次复合、叙事角度的灵活多变等,使鲁迅研究呈现出崭新面貌。

汪晖将鲁迅笔下的民间世界比为巴赫金的"狂欢"世界,认为鲁迅创造的

---

① 陈晓明:《人欲的神话:狂欢式叙事与商业主义审美霸权——哲夫小说论略》,《文艺争鸣》1998年第2期。

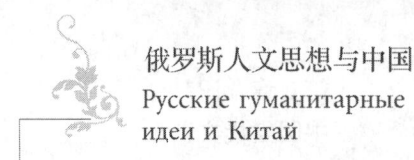

民间世界就是巴赫金在中世纪和文艺复兴时代的狂欢节中发现的"由幽默、讽刺、诙谐、诅咒构成的怪诞的世界",而鲁迅要借此表达的情感也正如同狂欢节民间表演中的情感表现,"包含了再生和更新,包含了通过诅咒置敌于死地而再生的愿望,包含了对世界和自我的共同的否定"①。

郑家建的专著《被照亮的世界——〈故事新编〉诗学研究》(福建教育出版社,2001)深受巴赫金理论和研究方法的影响,并且多方借鉴。如他对《故事新编》创作语言"戏拟"特征的归纳分析,由巴赫金狂欢化诗学对于拉伯雷和民间诙谐文化、笑文化的研究获得启发,重新解读《故事新编》的"油滑"问题。新的理论武器的运用,让鲁迅的这一经典著作成为"被照亮的世界",焕发出新的魅力。

有的研究者采用巴赫金的话语分析法研究鲁迅小说中的社会杂语环境和各种话语力量的斗争,还有的集中分析了鲁迅小说中的对话性,认为鲁迅小说"对主人公内在灵魂复杂性的挖掘,对主人公独立意识的强调以及叙述视角和叙述形式的变化都印证了巴赫金的对话理论"②。

可以看出,巴赫金理论对这些批评者从研究思路到研究方法和研究视角都有明显的启发和借鉴,巴赫金独创的术语也成为他们的理论工具,为鲁迅研究不仅带来研究方法上的突破和创新,也挖掘出鲁迅小说更深层的审美内涵。

此外,巴赫金理论还启发了批评者去研究中国现代小说从鲁迅到郁达夫、丁玲、巴金小说的对话性特征,发现了现代小说内在的复杂性和新的文学价值。

在中国古代文学批评领域,由于研究对象的特殊性,它与西方理论和方法的结合显得困难一些,巴赫金理论话语的运用相对较少,但仍显示出其特色。在具体运用中,研究者或者借用巴赫金的概念术语和观念,研究从小说到诗歌

---

① 汪晖:《死火重温》,载王晓明主编《二十世纪中国文学史论》(上册),东方出版中心2003年版,第247页。

② 张德明:《鲁迅小说的社会杂语分析》,《浙大学报》2000年第1期;李慧敏:《〈呐喊〉〈彷徨〉的对话性》,《龙岩师专学报》2002年第4期。

戏曲、从叙事到抒情方式的种种特征,以此深化对中国文学诗学特质的研究[1],或者用巴赫金的理论来阐释文学作品,赋予中国古典小说以新的解释和理解。

巴赫金理论在"红学"研究中的运用较有特色。夏忠宪不仅是巴赫金狂欢理论进入中国的主要译介者,而且也自觉地在批评实践中借鉴运用这一理论方法。她把《红楼梦》置于民间诙谐文化传统中探讨小说的狂欢化特征,正如批评家自己所指明的:"试图借助巴赫金的狂欢化诗学理论,对《红楼梦》从世界文学的民间节庆的、狂欢的基本原因角度重新思考,力求为红学研究提供一种新视角、新方法。"[2]鲍越等研究者借鉴巴赫金对话理论分析《红楼梦》中的对话性形式,发现了文本中由"各类社会性话语和个人话语以平等对话方式联结在一起"产生的众声喧哗的世界,并与文本外的现实世界又构成内在的对话关系,由此解读出小说的复调思维特征[3]。狂欢理论也启发批评者对小说中的非等级意识给予新的解释[4]。

"红学"研究蔚为壮观,不同时代的学人都有不同的评说。20世纪初王国维率先引用叔本华的悲剧理论研究古典名著《红楼梦》,引起学术界极大反响,也成为中西诗学对话的先例[5]。当代批评界借用巴赫金理论重新解读《红楼梦》,既为"红学"研究增添了新的评说,开辟了新的视野,也体现出新的时代特色。

还有对其他古典名著的巴赫金理论解读,如用复调小说理论剖析《三国演义》中的人物形象内在的各异的价值谱系,在对话关系中呈现出的多声部交织的丰富性;在狂欢化视角下审视《水浒传》反理性的精神、人物张扬的生命力、结构上融严肃诙谐和悲喜剧为一体的诸种狂欢化因素,为多方位理解作

---

[1] 如梅琼林:《悲剧与对话:楚辞诗学审美形态描述》,《江汉论坛》1995年第11期;梅琼林:《屈赋的对话性功能及其潜在文化背景》,《湖北大学报》1998年第4期;陈瑜:《对话与独白:〈离骚〉抒情方式的重新解读》,《荆州师院学报》2000年第4期;郭英德:《独白与对话——论明清传奇戏曲的抒情方式》,《北京师范大学学报》2000年第5期;冯文楼:《对话与整合——〈长生殿〉多声话语的辨析》,《陕西师大学报》2001年第2期;张兰阁:《过士行的狂欢体戏剧与巴赫金的诗学》,《北京大学学报》2001年S1期。
[2] 夏忠宪:《〈红楼梦〉与狂欢化、民间诙谐文化》,《红楼梦学刊》1999年第3期。
[3] 鲍越:《众声喧哗的世界——〈红楼梦〉小说对话性初探》,《浙江学刊》1999年第5期;梅娟:《论〈红楼梦〉的对话性》,《广东工商管理干部学院学报》2000年第2期。
[4] 张毅蓉:《"狂欢化"与〈红楼梦〉的非等级意识》,《龙岩师专学报》1999年第1期。
[5] 见王国维:《王国维文学论著三种》,商务印书馆2001年版。

品提供一种新的参照①。有些批评者还关注了巴赫金理论与古代小说家冯梦龙的小说观和"笑话"理论的相近之处,在二者间进行中西文论的平行比较研究②。

对中国古代文学的巴赫金术语解读,二者语境虽然存在差异,但也不啻是一种新的尝试、新的途径,为传统文本的解读提供了一些前所未有的独特阐释方式。研究者借用外来理论武器,力图突破既定研究模式,挖掘出被旧思路遮蔽的文本世界和深层美学意蕴。

在外国文学研究领域,巴赫金理论的运用频率也较高,包括了从古典作品到现代派作品乃至后现代的一些经典之作。

由于巴赫金的复调理论和狂欢诗学是在对陀氏小说及拉伯雷作品的研究中提出的,所以国内的陀氏研究和拉伯雷研究也仍旧沿着巴赫金的理论轨迹进行,离不开"对话"、"复调"、"狂欢"等中心话语。

巴赫金理论带来的新视角,使批评者阐发出对作品的新的认识。如莫泊桑《项链》的女主人公玛蒂尔德,这个一贯被视为因虚荣而付出容貌代价的女子形象,当批评者带着"复调"眼光重新审视后得出新的结论,玛蒂尔德是一个毫无怨言承受自己过失的、富于韧性的美丽女子形象,这一人物形象从而具有了不同以往的积极意义③。《浮士德》、《十日谈》、《坎特伯雷故事集》等西方经典著作也都有了巴赫金术语的解读,甚至莎士比亚戏剧,批评者也从中找到了复调因素特征和狂欢化色彩,令人耳目一新④。批评者还借助巴赫金理论所提供的批评话语去分析西方现代派名作,如对艾略特《荒原》的复调解析,福克纳《喧哗与骚动》的复调特征和对话性,乔伊斯小说的对话性以及与

---

① 毛丹武:《〈三国演义〉的价值谱系和人物形象》,《福建师大学报》1998年第4期;王振星:《〈水浒传〉狂欢化的文学品格》,《济宁师专学报》2001年第1期。
② 秦勇:《狂欢与笑话——巴赫金与冯梦龙的反抗话语比较》,《扬州大学学报》2000年第4期;张开焱:《冯梦龙与巴赫金小说观念之比较》,《巴赫金学术思想国际研讨会论文预印集》,湘潭大学2004年6月,第84页。
③ 刘新萍:《另一种声音——谈莫泊桑〈项链〉的"复调"倾向》,《贵州社会科学》1998年第2期。
④ 张金凤:《狂欢和对话:对〈坎特伯雷故事集〉的重新解读》,《四川外语学院学报》2003年第2期;张稔穰、王燕:《〈十日谈〉狂欢化色彩及其叙事学阐释》,《聊城师院学报》1998年第2期;蒋世杰:《〈浮士德〉:充满生命狂欢的复调史诗》,《外国文学评论》1994年第2期;汪耀进:《复调与莎士比亚》,《外国文学研究》1985年第3期;范一亭:《试论巴赫金复调对话理论在戏剧领域的移植》,《戏剧》1998年第4期;冯伟:《〈安东尼与克里奥佩特拉〉中的狂欢化因素》,《福建外语学院学报》2002年第3期;肖四新:《论莎士比亚早期喜剧的狂欢化色彩与狂欢精神》,《戏剧》2001年第2期。

民间诙谐文化的密切关系。《哈克贝利·芬历险记》的复调性创作思维。

吴晓东的外国文学研究著作《从卡夫卡到昆德拉》(生活·读书·新知三联书店,2003)对卡夫卡的《城堡》作了"对话性和复调特征"的分析:小说后十七章,情节几乎停止,对话占据绝对中心位置,叙事者(作者)隐退,小说中每个人物在自我陈述自白中成为主体,主人公K并没有优先性,大家互为主体,读者也无法判断话语的真实性,"卡夫卡在这里让小说人物自己说话,使小说后半部分由此呈现出巴赫金所说的'众声喧哗'的对话性,而K的声音只是众多人物声音中的一种,在小说后半部分中已经渐渐淹没在其他人物的声音中"。吴晓东指出,巴赫金的复调小说理论就指的是陀氏小说中"众声喧哗"的对话特征,作者回避自己的价值倾向,而在内心深处进行自我辩难,这标志着统一的一元真理观被打破,"我认为卡夫卡的《城堡》也具有这种对话性以及对话中体现的复调特征。《城堡》的多重阐释在一定程度上也与此有关。"吴晓东还推测卡夫卡小说对话性和复调特征可能受到陀氏的影响,认为他小说中从神秘感到对话性到复调结构都"克隆"了陀氏。除此,巴氏这一理论还启发吴晓东从复调角度得出结论:K只是小说中一个人物,并不代表权威立场,也不代表卡夫卡的声音,更不代表某种真理。

20世纪八九十年代,西方一批很有影响的当代小说陆续译介到中国,这些作品深邃丰富的内容、怪异新奇的创作手法,给国内读者带来稀奇的阅读感受的同时,也给批评造成难度,而巴赫金理论尤其是内涵广博的狂欢理论给批评家以多方面的启示,纷纷用为理论工具。如谈论戴维·洛奇的《小世界》的狂欢化精神,卡尔维诺小说的民间渊源谈,《洛丽塔》叙事中的狂欢性,《大师与玛格丽特》与狂欢化,艾丽斯·沃克的《紫色》狂欢、反叛的复调等。这些颇有意义的解读方式使批评界能够适时为读者"指点迷津",加深了这些作品在中国的接受和影响力。

二、方式各异的运用——以严家炎、郑家建、王德威为个案

(一)严家炎的形式化借用:鲁迅的复调小说

中国文学批评界最早接受的巴赫金学术思想就是复调小说理论,"复调"这一含义丰富的新鲜术语引发文学批评界极大的运用热情,然而在种种运用实践中,对于巴赫金复调理论的误读现象也比较普遍,很多研究者都把文本的多意性、多情调、主题复杂性当做是复调,或把复调理解为多重结构、情节、表

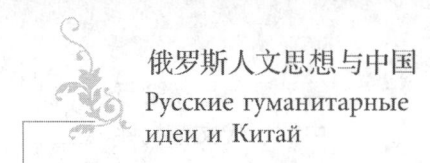

现手法和思维方式,未抓住复调的核心是多元价值观、多重独立思想的平等并存,因而离巴赫金复调的真实内涵相去甚远。由复调的本质是不同的思想的声音这一点,我们也可以澄清一些复调理论在文学批评的具体运用上的偏颇。

严家炎先生认为鲁迅的小说是复调小说,他的单篇研究文章《复调小说:鲁迅的突出贡献》是对这一论题的着力探讨。据他的介绍,"鲁迅的复调小说"是他"最近五六年来一直考虑较多的论题",希望借此打开鲁迅研究的新思路,这一论题也成为他许多鲁迅研究论文关注的中心,"无论是在一些文章中探讨的鲁迅思想的深刻性也好,还是另一些文章中讨论的鲁迅小说创作方法的多样性,以及有些文章所涉及的鲁迅作品叙事角度的灵活多变也好,事实上几乎都与复调小说的问题有直接或间接的关联"。他因此将自己包括这篇研究文章在内的鲁迅研究论文集命名为《论鲁迅的复调小说》①。

严家炎表示,我们阅读鲁迅小说,总感觉有一种"既相约、又相斥的作用力的东西",难以把握,令读者也产生复杂的感情。在他看来,这是因为作品中存在多重声音,是复杂的"多重音响的复合","鲁迅小说里常常回响着两种或两种以上不同的声音。而且这两种不同的声音,并非来自两个不同的对立着的人物……,竟是包含在作品的基调或总体倾向之中的。"②严家炎以为,这些"多声部"现象,正是鲁迅小说成为复调小说的表现。

他以《狂人日记》为例。小说表层内容既是疯子的胡言乱语,又清醒深刻地揭示出某种历史真相;深层内容既有激昂控诉的战斗感,又有深思反省的赎罪感;这样,小说在表层和深层两方面内容都是"多重音响的复合",带来复杂的阅读感受。同样,这种"多声部"特点也体现在小说的复杂主题上。《祝福》里的第一人称叙述者"我"代表的是具有新思想的知识分子,他在面对祥林嫂"有无灵魂"的质询时,表现出的"踌躇"、"吃惊"、"支吾"、"吞吞吐吐",多少加速了祥林嫂在绝望中走向死亡。这也揭示出,具有新思想的知识分子,如果不挺身反抗,就会成为旧秩序的"共谋"者,这使小说在传统解读的反封建主题之外又具有了"道德反省"的副主题。

"诸如此类的多声部现象,确实构成鲁迅小说的基调",严家炎将之视为"鲁迅式感受世界、体验世界的独特方式",他由此得出结论:"鲁迅小说还是

---

① 严家炎:《论鲁迅的复调小说》自序,上海教育出版社2002年版,第1页。
② 严家炎:《论鲁迅的复调小说》,上海教育出版社2002年版,第131页。以下引文同出自此书,不再注出。

以多声部的复调为特点的。这是鲁迅的很大贡献。"因为在他看来,陀氏以中长篇贡献出复调小说,而鲁迅以短篇达此境界,成就实在非凡。

再看严家炎先生所归结的"决定鲁迅小说成为复调小说的几个因素"。

首先,"由鲁迅个人的经历和体验所决定的思想的复杂性",混杂在鲁迅思想中的个人主义、集体主义,失望与绝望等渗透到作品中,造成极大的丰富性和复杂性效果。其次,鲁迅为表现一些复杂的思想体验而运用的"多种不同的创作方法"也成为复调因素之一。如《药》写实主义中兼糅象征主义成分,使这个悲剧既是两个家庭的悲剧,也可看成是整个"华夏"民族的悲剧;"至于用表现主义方法写成的《故事新编》,更突出地显示了'复调小说'的多义性,寄托着作者不同境遇中的不同心态和不同意趣"。此外,"叙事角度自由变化"是严家炎归结的又一个复调因素,如《孔乙己》里叙事者悄悄移位——从不谙世情的酒店伙计到感慨人事的成年人,造成小说的叙事效果谐趣中夹杂悲悯同情;《伤逝》中涓生的独白叙述回响着多重声音,有真诚的悔恨,有闪烁其辞的开脱辩解,还有隐身叙事者对涓生卑怯灵魂的犀利拷问,严家炎指出,正是鲁迅圆融老到的叙事技巧造成这部小说的多声部特点。

还有一种情况是,鲁迅将自己矛盾的内心体验一分为二转化为两个艺术形象——一个以旁观者"我"的方式呈现,另一个是作品主人公"他",两者构成对话关系,背后隐藏着鲁迅内心互相冲突的两个侧面。严家炎认为,这种情况与陀思妥耶夫斯基的创作很相似。也许我们可以这样说,正是由鲁迅作品和陀氏小说风格的某些类似处得到启发,严家炎断定鲁迅小说深受陀氏作品影响,从而也具有了"复调小说"风格:

> 按照苏联文学研究家米哈伊尔·巴赫金的说法,陀氏笔下的主人公都是一些有独立意识、爱思考的人,作者对他们必须采取全新的立场,很难按自己意志强制他们,这就有助于复调小说的形成。在这一点上,鲁迅小说与陀氏很有些相似之处,《狂人日记》中象征意义上的狂人,《药》中的夏瑜,《孤独者》中的魏连殳,《在酒楼上》的吕纬甫,《铸剑》中的宴之敖者,乃至像《一件小事》、《故乡》中的"我",都是些思考者,鲁迅只能顺着他们的思路逻辑写他们,而不能随意左右他们或取代他们。如果比较一下陀思妥耶夫斯基《罪与罚》中的拉斯柯尔尼科夫和鲁迅《孤独者》中的魏连殳,就会发现,不但这两位主人公都较多地带有作家自身思想性格

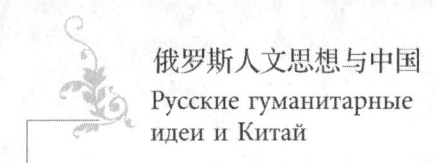

的烙印,而且他们的内在灵魂都极其复杂,都经历着内心的剧烈搏斗,都对黑暗进行着令人震撼的猛烈反抗而灵魂又经受着拷问。

严家炎对这种相似关系的解释就是,鲁迅从阅读陀氏作品中感受到一些同自身体验相仿佛、相呼应的成分或气息,因而受到影响。他总结鲁迅从三个方面接受了陀氏影响,以证明这种复调渊源:"一是写灵魂的深,二是注重挖掘出灵魂内在的复杂性,三是在作品中较多用全面对话的方式而不是用单纯的独白体的方式加以呈现。这三个方面互相紧密联系,构成了复调小说的基础。"

《论鲁迅的复调小说》表现出严家炎尝试以复调来解读鲁迅复杂的小说世界的创新努力,他的"复调"研究也的确揭示出一些鲁迅独特的艺术风格和创作特色。那么,严先生在这里所说的复调是不是巴赫金所说的复调呢?巴赫金在分析陀思妥耶夫斯基小说创作特点时提出了著名的复调小说理论。巴赫金指出陀氏小说与传统"独白体"小说不同,是由"众多的各自独立而不相融合的声音和意识,由具有充分价值的不同声音组成的真正的复调"[①];复调小说中的人物和作者平起平坐,有着自己的主体独立性;作者与主人公之间是平等对话关系。中国巴赫金研究专家、国内最早的复调小说理论研究者钱中文,也将"主人公的自我意识的独立性,主人公与主人公、主人公与作者之间平等的对话关系"作为理解复调小说的关键点。所以,我们应把握住复调的本质是不同的思想的声音、各个独立存在主体的价值观的交锋。

鲁迅的小说如《药》、《祝福》、《在酒楼上》、《孤独者》、《孔乙己》、《伤逝》等,都充满了悲悯愤激的情感,呈现出复杂、激烈的情态,但毕竟还是鲁迅自己心境的写照,严先生也认识到这一点,他说鲁迅作品中的"这两种不同的声音,并非来自两个不同的对立着的人物",周作人就说《在酒楼上》是最富"鲁迅气氛"的小说,这就说明鲁迅的小说虽然情绪复杂,但还是有统一的作者意识,而这正是独白小说的特征。巴赫金所认为的复调小说则是处在平等地位上的不同思想形象分庭抗礼,谁都不能说服谁,小说文本呈现一种分离倾向,具有了激烈追问的风格。陀氏的复调小说没有鲁迅小说中的笼罩作品的深广忧愤,这正表明作者对人物思想较少干预,给他们的发展留下了广阔的空间。

---

① 钱中文主编:《巴赫金全集》第五卷,河北教育出版社1998年版,第4页。

而鲁迅先生则是要努力表达自己,他往往是在解剖自我、解剖国民性、怀疑一切、讽刺一切中显示自己的立场,其作品中不同的调子实际是鲁迅思想情感不同侧面的表现,还是完整的作者意识的反映。严家炎先生在分析中也这样表述:

> 《在酒楼上》、《孤独者》的叙事特点是将自己的内心体验一分为二,化成两个人物——两个孪生兄弟似的人物,一部分以单纯独白的主观的方式呈现,另一部分则以客观的、非"我"的形式呈现。这种独特的方式,恰到好处地表现了作者自身经验过的许多内心矛盾,是鲁迅富有独创性的艺术尝试。

此语恰好证明鲁迅小说中的复杂情感、多重叙事、多种手法无一不是受作者意识控制,正是作者意识的多侧面表现,而这也正是巴赫金所说的独白体小说的特征。

此外,严家炎对独白和对话的理解也有偏差。他认为,鲁迅"在作品中较多用全面对话的方式而不是用单纯的独白体的方式加以呈现",构成了复调小说的基础。巴赫金所说的独白体小说,是指小说中人物的思想和价值观由作者统一控制,整部作品只是作者一人的"独语",复调小说则是全面对话小说,有大型对话和微型对话两种对话模式,大型对话主要指一种结构上的对话关系,包括小说布局结构上的对话方式,以及作者与主人公等人物关系结构上的对话性,微型对话是人物的表面对话以及内在的由双声语构成的潜对话。所以把复调小说的对话特性仅仅理解为小说中人物的表面对话关系,就使巴赫金的复调和对话的概念都简单化和形式化了。

当然,严家炎先生对于复调小说有他的独特理解,他认为鲁迅作品中显示出不同的作者声音和调子,从而形成复调,这样理解的复调已大大不同于巴赫金所说的多种独立思想的声音,严先生的"复调"虽然与巴赫金有所背离,但也不失为一种创造性的误读,用它来理解鲁迅恰恰能够比较准确地捕捉鲁迅思想情感的丰富内容。

巴氏所说的复调小说,侧重小说中各种思想的独立性,复调就指这些各自言说的思想主体在思想的交锋中互相并存的状态。而严家炎用于指鲁迅小说特征的"复调",把复调理解为多重主题和多种叙事技巧,这实际是对巴赫金

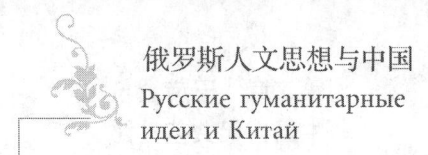

复调理论的一种形式化的理解和对应①。

(二)郑家建的本土化移用:《故事新编》诗学研究

鲁迅研究是个无尽的话题,外来的批评武器也为研究者提供了更多的可拓展空间。巴赫金理论带给研究者们更多的灵感。由于巴赫金的理论观点都贯穿在具体的小说文本分析中,有很强的可操作性,也就比较便于被借用作理论资源。

郑家建的专著《被照亮的世界:〈故事新编〉诗学研究》(福建教育出版社,2001)多方借鉴巴赫金的理论观点和研究思路,重新解读鲁迅的《故事新编》,对以往研究中纠缠不清和被忽略的问题做出新的解答。

1."油滑"新解

巴赫金理论资源对郑家建的研究启发最大的就是《故事新编》的"油滑"研究。"油滑"是《故事新编》建立的独特艺术风格,渗透在作品题材和叙述描写中。鲁迅在《故事新编·序言》中称自己的创作态度"从认真陷入了油滑","油滑"问题也一直是《故事新编》不可回避的话题,历来的研究说法不一。如王瑶先生在1980年代初曾用传统戏曲的丑角艺术来解释,严家炎则认为它是鲁迅采用的表现主义手法的产物。这些见解都为理解"油滑"问题开启了思路。郑家建从巴赫金狂欢化诗学对于拉伯雷和民间诙谐文化、笑文化的研究,获得重要启发,以此为理论资源,结合中国文学传统,对《故事新编》的"油滑"作出了别出心裁的"新解":

> 我以为,要理解、分析"油滑"问题,就必须从本质上重建对作品的世界观深度和艺术意识的把握方式:即必须把"油滑"理解成是一种观察人生世相的特殊眼光,是一种对社会、历史、文化独特的认识方式;必须把"油滑"同作家主体内在心灵的深度、复杂性和无限丰富性联系在一起;必须把"油滑"同艺术想象力的异常自由联系在一起;更重要的是,必须看到"油滑"同中国民间诙谐文化的内在联系。②

巴赫金认为,已有的拉伯雷研究并没有揭示出其创作的秘密,他独辟蹊径

---

① 部分观点见俞超、张素玫:《复调小说主人公独立性问题试析》,《文艺理论研究》2005年第4期。

② 郑家建:《被照亮的世界:〈故事新编〉诗学研究》,福建教育出版社2001年版,第180－181页。

将其置于民间诙谐文化的广阔背景下来研究,他归结拉伯雷的创作特色是一种"怪诞现实主义",怪诞现实主义是民间诙谐文化所特有的一种特殊类型的形象观念,一种关于存在的特殊审美观念,怪诞也是狂欢节精神在文学中的表现。怪诞现实主义的主要特点是降格(贬低化、世俗化、人间化、肉体化)。民间诙谐文化有多种多样的表现形式,包括狂欢节类型的广场节庆和诙谐性语言作品、戏仿体文学等。巴赫金的拉伯雷研究不仅提供了民间文化、民俗学史的文学背景式研究思路,使文学研究拓展到广阔的文化背景,成为历史诗学研究,为文学研究者提供了新的研究思路;此外,还贡献了一些具有丰富美学内涵的术语:民间诙谐文化、怪诞现实主义、戏仿体(戏拟)、贬低化、狂欢式世界感受、狂欢式的笑、双重性(正反同体)、狂欢人物形象、广场言语体裁、筵席形象等。

巴赫金的拉伯雷研究的这些内容,无论从研究思路还是术语的使用,都深深启发了郑家建对《故事新编》"油滑"问题的解读。

巴赫金表示,要了解拉伯雷作品中的形象体系,必须看到拉伯雷创作与民间诙谐文化的深厚渊源关系。郑家建移用这一研究思路到《故事新编》"油滑"问题的解读中,指出"油滑"同中国民间诙谐文化有本质的联系,必须作同样的渊源考察,即"把'油滑'放在中国民间诙谐文化的发展背景中来加以探讨"①。而他界定的"油滑"的内涵,也明显参照了巴赫金赋予"怪诞"(狂欢)这一术语的意义:思维的"逆向"逻辑,对"真理"、"权力"的解构意识,自由性,融肯定于否定中的双重性。当郑家建满怀激情地揭示"油滑"具有的强大而深刻的解构性,对正统性、严肃性、假面具有力的消解和揭露,其中充满的嘲讽、批判力量,充满着消解的深度和热情时,我们分明看到了巴赫金揭示"狂欢"、"怪诞"意义的热情洋溢。

在以往的研究中,"油滑"只被视为《故事新编》中小说的局部性因素来考察,郑家建把它理解为渗透在作品整体中的因素,一种鲁迅对社会历史文化的独特的观察和认识的方式,就像巴赫金的"狂欢化世界感受"的提法,在郑家建这里成了油滑式的世界感受,他认为"油滑"是鲁迅批判、消解当时社会情形的最有力的方式。

---

① 郑家建:《被照亮的世界:〈故事新编〉诗学研究》,福建教育出版社 2001 年版,第 195 页。以下引文均出自同书,不再注出。

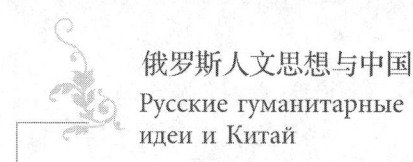

郑家建表明,"油滑"对《故事新编》的表现方法和鲁迅主体的艺术构思的作用和意义十分重要,他分析了"油滑"之于《故事新编》的创作意义:一是在形象表现中所起的特殊功能,二是在作家构思过程中的意义。他指出"油滑"在作品形象表现上第一个突出功能是贬低化,他承认该词是从巴赫金的拉伯雷研究中借用而来①。巴赫金使用该词主要指世俗化、人间化、肉体化(也译为"降格"),郑家建在论述过程中做了自己的阐释,他使用"贬低化"主要指形象表现的"世俗化"、"非英雄化",如《奔月》中的羿,《理水》中的大禹,《采薇》中的伯夷、叔齐,这些形象都被贬低化处理。"油滑"第二个突出功能是形成大量戏拟性语法,这是"油滑"渗透进作品语言表现之中、对语言风格的影响。"戏拟"一词也来自巴赫金,巴赫金曾说过戏拟体文学(戏仿体)是民间诙谐文化的表现形式之一,主要表现在作品的体裁和语言风格。郑家建由巴赫金启示的这一思路继续研究,发现"这种戏拟性语法在《故事新编》的每一篇作品中几乎都存在",有的是戏拟古代典籍,有的是戏拟现代社会的人物。他认为,这些戏拟性语法形式不仅产生了《故事新编》独特的言语现象,还赋予话语一种嘲讽性、指涉性效果。

"由于'油滑'在作品的形象表现和语言形式等方面的深刻渗透,也因此形成了《故事新编》所独具的艺术特色:怪诞性。"这里,郑家建再一次直接借用巴赫金的研究思路和术语,将巴赫金概括拉伯雷创作特色的术语"怪诞"移置为《故事新编》的艺术特色。郑家建没有对他所用的"怪诞性"做出内涵界定,就他的论述来看,主要指的是作品艺术表现上的幻情奇彩、奇异诡谲,这已不同于巴赫金言说的怪诞性。如果说,郑家建在解读"油滑"时移植了巴赫金"怪诞性"的内涵,那么这里所用的"怪诞性"也就纯粹是字面意义的借用。可见,郑家建移用巴赫金术语,并没有做逐一对应、比附,而是有自己的重新组合,这也表现在他对借用的术语往往在本土语境下作出新的界定,我们在以下的分析中可以多次看到这一特点。

2. 研究方法和思路的多重启发

在专著引论部分,郑家建称自己在研究路线的设计过程中,"引进或借用了许多术语",其中最为显著的,就是对巴赫金的概念术语以及研究思路的借用。这种借用不仅随处可见,而且贯穿该专著研究路线的始终。除了以上我

---

① 郑家建:《被照亮的世界:〈故事新编〉诗学研究》,福建教育出版社2001年版,第187页脚注2。

们分析的移用巴赫金理论观点对《故事新编》"油滑"问题的重新阐释,郑家建的借用还主要表现在研究方法和研究思路等多处。

巴赫金的诗学研究开辟了一条从文本细读出发(语言)延伸到文化再回到文本的文化诗学之路,他的拉伯雷研究将拉伯雷的创作风格"怪诞现实主义"置于中世纪民间诙谐文化中去剖析,使民间文化成为解读文本创作的一个不容忽视的重要因素,也突破了只局限于文本的狭窄研究局面,引入文化诗学的批评视野。他的陀氏诗学研究对"复调"溯源追踪,梳理出一个复调小说的体裁演变史,这又是一种历史诗学研究法。这些主要的研究方法以及语言(话语)分析切入视角都深深启发了郑家建的《故事新编》研究思路。巴赫金诗学独创的一些审美研究概念,如边缘性人物、小说时空体、外位性视角等也频频为郑家建所借用,丰富并极大地拓展了他对《故事新编》诗学研究的空间。

巴赫金借拉伯雷研究探讨了中世纪民间诙谐文化的特点及发展史,开创了文学研究和民间文化民俗学相结合的研究道路,也拓展了许多文学研究的生长点。另一方面,巴赫金在民间诙谐文化背景下的拉伯雷研究,也呈现出前所未有、精彩迭出的面貌。郑家建移用这一思路,借《故事新编》来探讨中国民间诙谐文化渊源,不仅达到了同样的研究目的和研究效果,而且他声称由此也提供了"探讨中国现代文学与传统的关系"的新思路:"我们对《故事新编》的'油滑'与民间诙谐文化关系的研究,就是为了重新发现并理解这一条过去一直被湮没的传统之源。"[①]这不啻是他的研究的一个新收获。

不过,郑家建对他所借用的"民间诙谐文化"一词也作了中国语境下的内涵转换,他的民间诙谐文化"主要指的是一些在民间社会广为流传的、具有戏剧性色彩的谣谚、传说、笑话、说书、滑稽故事等",其特征是机智性、喜剧性,寓言形象是民间诙谐文化的一种审美形式。虽然与巴赫金的"民间诙谐文化"的具体所指有所不同,但对这一文化形态所蕴含的鲜活生命力和创造力的热情肯定精神,郑家建无疑秉承了巴赫金。

鲁迅作品中许多独特奇绝的艺术现象长期以来无法找到一种有效的解读方式,郑家建表示,从民间文化中寻找解释是对此"比较合理的把握和阐释"。他认为,存在于《故事新编》中的一些奇异的描写方式和想象方式在很大程度

[①] 郑家建:《被照亮的世界:〈故事新编〉诗学研究》,福建教育出版社2001年版,第199页。

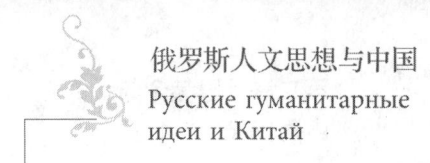

上来自中国民间信仰中的巫文化对文学创造的启发和影响,他用以论证的理论依据就是巴赫金的相关论述话语,即民间文化的想象方式对古典时代文学到现代主义文学都有影响并且几乎遍及一切文学艺术类型。

在著作第五章,郑家建探讨了《故事新编》的现代性的艺术技巧。在将《故事新编》与《卢奇安对话集》比较研究中,他首先表明,对《故事新编》艺术技巧的研究,要建立一种小说史的研究视野,从"小说体裁的发展史角度"才能更有力地揭示"《故事新编》在世界文学史上真正的独创性之处"。这一思路同样是对巴赫金历史诗学研究方法的移用。巴赫金研究陀氏的复调小说艺术,一直追溯到梅尼普讽刺体和苏格拉底对话,在整个复调小说体裁的演变史中揭示这一体裁的特征。遵循这一思路,郑家建对自己的比较研究做了如下说明:《故事新编》属于荒诞体小说,这一体裁的源头是《卢奇安对话集》,在荒诞小说体裁史的基础上建立起两者的比较研究。

郑家建也特意指出,巴赫金关于语言与文学内在关系的思想,对他所展开的这两部著作的语言特征和语言风格的比较研究,"具有深刻的理论意义",而语言杂多现象、讽刺性模拟体等术语,都是借自于巴赫金。从语言(话语)入手分析文本是巴赫金研究文学的独特方法。郑对《故事新编》创作语言"戏拟"特征的归纳分析,就直接借鉴了巴赫金在《陀思妥耶夫斯基诗学问题》中对讽拟体等语言现象的类别分析,他也明确表示自己这一章节的写作"很大程度上得益于巴赫金对陀思妥耶夫斯基小说语言的研究"[①]。

郑家建的这部专著得之于巴赫金的启发随处可见。在他对《故事新编》文体特征的分析中,巴赫金《史诗与小说》中的相关论述成为他阐释《故事新编》小说化叙事特征的理论依据。他声称巴赫金探讨陀思妥耶夫斯基的创作与历史渊源的论述,对探讨《故事新编》的"文体越界"现象的理论与历史意义"富有启发性"[②],在进一步揭示其中的"反文体"写作——这种鲁迅独特的文体创作方式——的深层内涵时,郑家建亦直言"其理论资源主要来自巴赫金关于小说的研究"[③],他所探讨的鲁迅"反文体写作"内涵的四个方面的回应,显然就来自巴赫金概括小说体裁特性的话语。在概括《故事新编》的创作思维中,巴赫金对陀思妥耶夫斯基独特的艺术思维的大段阐述,直接成为郑家建

[①] 郑家建:《被照亮的世界:〈故事新编〉诗学研究》,福建教育出版社2001年版,第29页脚注2。
[②] 郑家建:《被照亮的世界:〈故事新编〉诗学研究》,福建教育出版社2001年版,第130页。
[③] 郑家建:《被照亮的世界:〈故事新编〉诗学研究》,福建教育出版社2001年版,第136页。

解读鲁迅的"多疑思维"特色的有力话语①。

巴赫金的小说时空体研究也启发了郑家建由《故事新编》来探讨鲁迅小说乃至中国现代小说的传统空间知觉方式的变迁。巴赫金的一些创造性的审美概念在研究思路上给予了郑家建重要指引。巴赫金在陀氏诗学研究中提出的"边缘性"(边沿性)概念,是一个具有独特审美价值的创见,他以此概念更好地揭示了陀氏作品人物的复杂内心和行为,他将边缘性思维、边缘性心理、边缘性想象等问题溯源到"苏格拉底对话"中进行了详尽阐释。郑家建表示,巴赫金对"边沿性"问题的重要研究,对他解读鲁迅创作也带来莫大启示。他认为,"边沿"这一空间知觉内含着丰富而深刻的思想、精神、想象的内涵:

> "边沿意识"在纵向上:它向上,与超越性联系在一起。向下,与异化、荒诞等困境联结在一起。在横向上:相对中心而言,边沿又是一种疏离,一种不信任,一种嘲讽和一种解构。从文化空间来看,"边沿意识"体现的是一种独立的、理性的精神和思想的存在方式。从艺术创作心理学来看,"边沿意识"将带给一个作家更自由和更有超越感的想象力。②

郑家建指出,鲁迅的自我形象隐喻就是"靠了栏杆远眺的人",鲁迅一生都处于边沿意识中,它渗透进他的创作,使之具有边沿性的时刻感和边沿性的空间感。"正因为他对边沿性有着如此强烈而深沉的体验,所以,鲁迅对中西方思想文化史上那些边沿性的人物,才会有着深沉的认同感,才会有着如此强大的认识穿透力。他在这些人物身上发现了别人所未能发现的思想内涵。"③鲁迅的边沿意识造成他作品"镜幻化"思维特征、反讽式抒情方式,还有作家的外位性叙事地位。"外位性"是巴赫金又一个独创性概念,郑家建再次借为己用,解析了鲁迅小说的这一叙事特性④。郑家建最后建议为鲁迅创作研究建构起一个空间—时间分析模式,由此可以揭示鲁迅精神的悖论性——既反传统又在传统中,既倡导西方价值,又对西方野心保持警惕,郑家建以为这种悖论性正是一种空间上的"边沿性":

---

① 郑家建:《被照亮的世界:〈故事新编〉诗学研究》,福建教育出版社2001年版,第92页。
② 郑家建:《被照亮的世界:〈故事新编〉诗学研究》,福建教育出版社2001年版,第291页。
③ 郑家建:《被照亮的世界:〈故事新编〉诗学研究》,福建教育出版社2001年版,第297页。
④ 郑家建:《被照亮的世界:〈故事新编〉诗学研究》,福建教育出版社2001年版,第314页。

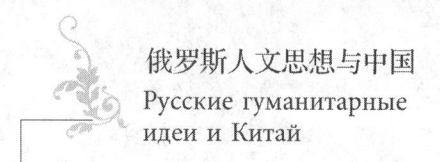

这种空间的边沿性带来的不仅仅是一种把过去的社会——文化——政治秩序视为一个整体并予以否定的"整体观"的思维模式，更主要的是一种把崇高"抹平"化，把神圣俯就化，使中心的界限与距离不再存在的解构性的思维方式。对于立在边沿的主体来说，世界就如一个虚拟的广场，时间在这里加冕、脱冕，神圣性在这里被戴上假面，崇高却由小丑来扮演。而是整个中国现代社会和历史就成了一个交替与变更、死亡与新生的狂欢节。①

郑家建对这种空间的边沿性的内涵概括，明显汲取了巴赫金狂欢化思想的精神内核。可见巴赫金理论的精神本质，也深远影响并启发了郑家建对鲁迅特异复杂的精神世界的理解和把握。

借用西方理论分析中国文本，郑家建一开始就保持了一种谨慎的态度，在专著引论中，他言称自己在借用巴赫金术语时，都努力"对这些术语的特定内涵以及我切入文本分析的角度，作出谨慎的阐释"，以使"对文本的分析、解读，建立在一种清晰、明确的理论框架上"②。借用巴赫金的术语，郑家建往往都作出自己的内涵界定，注意外来术语在中国语境下的修补、转化。他谈到分析《故事新编》在表现手法上与西方现代表现主义之间的相通之处，就强调中西语境的不同，如西方表现主义的表现手法具有的浓厚的抽象性在西方文学的现代性语境中可以理解，但是要把它借鉴和转化为中国文学的表现手法时，"还是需要经过中国文学的想象力传统的再创造过程，才可能与本国文学传统相交融，并进而成为一种创造性的美学资源"③。郑家建对巴赫金理论资源的借鉴，表现出一种更理智的态度，即本土化的移用，表现出在本民族文学传统内的再创造，以更适应中国文学环境，避免水土不服的误用。至于他的本土化移用是否都合适，达到何种程度的价值有效性，还有待我们做进一步考察分析。

《故事新编》出版于1936年1月，全书收故事八则，都是"神话、传说及史实的演义"。鲁迅把现代生活细节引入历史故事，运用戏说等艺术手法重新

---

① 郑家建：《被照亮的世界：〈故事新编〉诗学研究》，福建教育出版社2001年版，第319页。
② 郑家建：《被照亮的世界：〈故事新编〉诗学研究》，福建教育出版社2001年版，第9页。
③ 郑家建：《被照亮的世界：〈故事新编〉诗学研究》，福建教育出版社2001年版，第143页。

"激活"历史,新编"故事",寻找历史与当下之间的某种相似性,突出其针砭流俗的意义,体现出独创性风格。如多数评论者指出的,《故事新编》的出现实际是由于现实生活的刺激,为当前的需要服务。"戏说"历史并没有削弱鲁迅的深刻性和他继续探讨改造国民性、进行社会批判的话题,他只是尝试用一种全新的艺术手法,借古讽今,讽喻现实,这部作品依然是鲁迅式的战士性格的体现。

对于《故事新编》的创作风格,鲁迅自谓"油滑",戏谑历史,嘲弄古人。《理水》中大禹治水时文化山上的学者,《补天》里女娲的两脚间古衣冠的小丈夫,鲁迅对其的嘲讽之意非常明显,后羿、墨子这些神话英雄古代先贤,也被鲁迅抹去英雄主义和浪漫主义的光环而屡遭不幸。郑家建"嫁接"巴赫金的理论资源,称鲁迅这种"油滑"特色来自民间诙谐文化,称这种油滑笔法的突出功能是贬低化,即世俗化、非英雄化,以及戏拟性语言风格。

民间诙谐文化以追逐笑的欢畅为特征,鲁迅的"油滑"固然带来了笑,但更重要的是笑声之后的悲凉和沉重。他对后羿、大禹、墨子等英雄先贤的贬低化,其用意并非为颠覆权威,实际上展开的是"先驱者命运"的思考,五四之后,包括鲁迅自己在内的先驱者都面临类似后羿一样被遗忘的遭遇与命运。鲁迅将这种现实问题和自身体验都注入"非英雄化"的描写中,思考一切为民请命者的命运问题,所以当崇高感、庄严感和价值都被消解殆尽,化成一笑后,留给读者的依然是透骨的悲凉感。这就与巴赫金所分析的、拉伯雷笔下源自民间诙谐文化的恣肆放纵的笑大相径庭,也全然不同于时下的消解意义、戏谑逗笑之作。因为,鲁迅的"油滑"、"戏说"贯注着他以改造国民性为己任的深刻的批判精神。

其次,鲁迅与拉伯雷对待民间文化的态度也并不一样。拉伯雷的创作是自然地沉浸在一种狂欢节的民间文化氛围中,作品本身就强烈地体现出民间诙谐文化的特性。鲁迅的《故事新编》是借用历史题材讽喻当世,"油滑"是他有意施展"幽默才能"以创造新的艺术形式进行社会批判的一种尝试。对于这种"油滑"的喜剧方式,鲁迅并不认可,而认为"油滑是创作的大敌"(《故事新编·序言》),他内心秉承的还是传统的理性创作观,他也并不认同幽默、戏仿、滑稽之类的创作原则。我们知道,巴赫金的理论正是极力抬升了狂欢节文化和民间诙谐文化的价值,是"真正把油滑或说幽默当做一种文化来对待",郑家建深受巴赫金这一精神的感染,也高姿态阐述了鲁迅"油滑"的民间特

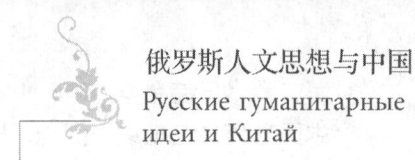

性,不免有违鲁迅本意。

此外,用巴赫金狂欢化精神的内涵来对应解释鲁迅创作中贯注的精神实质也有错位。鲁迅对价值、崇高的颠覆和消解实质来自他怀疑一切的精神,在《故事新编》里,鲁迅注入的是一种彻底的怀疑主义的现代精神,融入他自身丰富的痛苦而悲凉的生命体验。这样一种怀疑精神往往使几种感情两两交织,崇高与嘲讽、悲壮与荒诞、笑与悲凉,表现出艺术上的复杂性。这种两两交织并非郑家建所说的"融肯定于否定的双重性",狂欢节精神中的交替变更、死亡更生的双重性,以及建构性并不见于鲁迅,他贯彻到底的怀疑精神常常在作品结尾时形成一个整体的颠覆和消解。应该说,鲁迅的颠覆消解与狂欢精神的颠覆有根本性的差异。

郑家建借鉴巴赫金理论资源最大的收获,就是更新了传统研究方法和思路,在新异的研究视角下,许多隐而不见的诗学特性得以展现,丰富了《故事新编》的研究空间,使这部作品真正成为一个"被照亮的世界"。然而,外来研究方法与中国研究对象的接榫注定不会一帆风顺。郑家建本土化移用巴赫金理论的实践虽然做不到尽善尽美,但他的尝试依然是中国研究者获取外来理论资源的积极有效的探索。

(三)王德威比较视域下的化用:晚清谴责小说的狂欢性

王德威的现代文学批评及其阐释方式在当今海内外学界颇富盛名。他以专著《想象中国的方法:历史·小说·叙事》(北京三联书店,1998)、《被压抑的现代性:晚清小说新论》(北京大学出版社,2005)、《现代中国小说十讲》(复旦大学出版社,2003)、《众声喧哗以后:点评当代中文小说》(台北,麦田出版社,2001)等享誉学界。身为美国威斯康辛大学比较文学博士,他深谙现代西方各派文学批评理论,行文中各路理论往往信手拈来,福柯、德里达、巴赫金、热奈特、本雅明等人的理论都频频出现在他的批评文字中。他在批评过程中的理论论述读来少有突兀之感,他所用的理论大都以一种熨帖的穿透力、不落窠臼地渗入到批评文本中。

1."中国牌的丑怪现实主义"

王德威专著《被压抑的现代性——晚清小说新论》(宋伟杰译)以诸多惊世骇俗的新论扬名于当今学界。他站在鲜明的比较文学立场,以阔大的学术视界,在中西对比和互释中,尤其以西方理论术语娴熟地对照穿插阐释中国晚清小说,使这一领域研究呈现前所未有的新奇面貌。这部专著在学界不同凡响的学术地位及学术特色,不能不说也很多得益于他的西方学术视野,和他频频出现在著作中的西方理论术语。但这绝不是单纯的标签式套用,而是作者在精通西方理论和中国文学背景下的化用,可以称作是妥帖和典范的比较文学研究案例。王德威这部专著将晚清小说分为狎邪小说、侠义公案小说、丑怪谴责小说、科幻奇谭四类,分别以四部分专章分析。其中第四章,王德威以"荒凉的狂欢"为题,比照巴赫金的狂欢化理论对晚清丑怪谴责小说作了详尽分析。

王德威一开始就声明他的研究是将晚清丑怪谴责小说视为"中国牌的丑怪(grotesque)现(写)实主义"①,并指出晚清丑怪谴责小说"丑怪叙事"的核心,"是一种价值论(axiological)的放纵狂欢(carnival)。它对价值观(value)进行激烈瓦解,并以'闹剧'作为文学表达形式"。王德威承认他所用的"丑怪的写实主义"以及"价值论意义上的放纵狂欢"这两个概念皆受到巴赫金的启发,但又指明自己的运用并不为巴赫金范式所限,而是也"有所发挥"②。

他首先明确了巴赫金对"丑怪的写实主义"的概念运用和核心所在:

> 在使用"丑怪的写实主义"一词来描述晚清时期的中国小说时,我明白巴赫金在不同的批评语境中,已对该词有所发挥。巴赫金"丑怪的写实主义"曾以独特的视角探讨法国16世纪作家拉伯雷的作品。巴赫金认为,"丑怪的写实主义"是文艺复兴时期的一种文学与文化形式,其特征乃是系统性地颠覆社会等级制度,夸张与身体有关的因素,以及借助群体的笑谑宣泄情感的滞塞。对巴氏而言,丑怪的写实主义含有一种"积极的力量",促进社会更新再生的能力。……在巴赫金看来,嘉年华会式的丑化变形与换装狂欢,则保证了社会有机活力的再生。③

巴赫金的狂欢节理论和"丑怪的写实主义"概念对于王德威的晚清小说研究颇有启发,他称自己早在1984年就曾撰文提议,以狂欢节模式来重审晚

---

① 笔者注:"丑怪的写实主义"一词在《巴赫金全集》中通译为"怪诞现实主义"。
② 王德威:《被压抑的现代性——晚清小说新论》,宋伟杰译,北京大学出版社2005年版,第216页。
③ 王德威:《被压抑的现代性——晚清小说新论》,宋伟杰译,北京大学出版社2005年版,第273-274页。

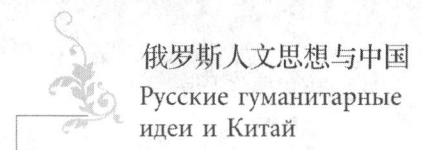

清谴责小说的"闹剧"意义,以对照"五四"以降多数评者使用的"讽刺"模式,他认为晚清谴责小说明显具有狂欢节模式的一些特性:

> 我以为晚清谴责小说经由身体的变形、猥亵的冲撞,以及各色滑稽表演,推翻了权威机构的一本正经,并以真假混淆、群丑跳梁取而代之。我指出晚清谴责小说作家口口声声批判世道的同时,也难免耽溺于一个狂想世界。他们以笑声诱发暧昧的道德结论,并以新的、非线性的秩序,定义种种混沌。传统叙事中形形色色的原型人物形象,从英雄将相到才子佳人,都不能幸免于丑角的摆布——或自身也变成丑角。①

王德威将巴氏"丑怪的写实主义"范式应用到晚清谴责小说研究,"但却不为其所限",他更多关注了两者类似特征之下的"有趣的差别",他的运用不是为巴氏这一理论寻找中国的文本对应,而是要在比较中看出中国文学的特性,所以王德威说他要研究的是"中国牌的丑怪现实主义",这正是一个自觉的比较文学研究者的研究旨归。

王德威认为自己的研究最有意义价值的,就是他所归结的晚清丑怪写实主义的论点与巴赫金模式存在三方面的差异:第一,晚清谴责小说有系统地贬黜社会审美规矩,混淆价值系统,创造出一个丑怪奇异的世界,并以笑声为表述目标。但它"未以巴赫金式的精神,将读者联合成一个新的、生气蓬勃的共同体",晚清谴责小说中传来的笑声,"并不具有巴赫金式的笑声所禀赋的'积极'力量。这笑声迫使我们面对的,其实是人性自欺欺人、自甘堕落的一面。……虽然一如巴赫金笔下的笑声,晚清的笑声同样意在丑化现存政教机构,但晚清笑声所导致的效果,却不能对这些机构有所改良或扬弃"②。第二,晚清谴责小说有很多对身体的生理行为式的闹剧式冲动描写,这些身体动作攻击理智限度、嘲弄精神教诲、坚持肉身凌驾一切。巴赫金对身体的重视,在于狂欢化的身体是力量的源泉,"能借欲望的迸发,汰除旧秩序,创造新的生活",给社会整体带来复苏的希望。而这种力量我们无法从晚清谴责小说的身体上

---

① 王德威:《被压抑的现代性——晚清小说新论》,宋伟杰译,北京大学出版社2005年版,第274页。
② 王德威:《被压抑的现代性——晚清小说新论》,宋伟杰译,北京大学出版社2005年版,第275页。

寻觅,这里的身体和灵魂一样堕落。第三,反叛权威的政治作用是巴赫金狂欢理论及实践必不可少的部分,巴氏丑怪的写实主义对大众的、身体的、狂欢的因素的强调,着眼点在其对既定权威的修正潜能,同时它涵纳着一个衰朽与更生的循环往复的有机时间模式。晚清丑怪写实主义却无法印证如是一种裂解与重生、倾覆与革命的模式。

包括这部专著对西词"现代性"的使用,王德威频频使用"狂欢"、"丑怪现实主义"及其他西方术语于中国文学语境,他解释这样做的目的,并非要回归"中学为体"式的陈腔滥调,而是要在跨国文学的语境中追寻中国文学新与变的证据,证明晚清时代的中国在回应并且对抗西方的影响时,有能力创造出自己的相类似的文学特性,"本书的目的便是演示晚清作家之革新能力(而未必是成果),一如其他国家文化的作者,并不逊色"①。他对晚清丑怪谴责小说的"中国牌的丑怪现实主义"分析,用意便在于此。

2."闹剧式写作"

王德威《"谴责"以外的喧嚣:试探晚清小说的闹剧意义》(《想象中国的方法》,北京三联书店,2003)一文就晚清小说谴责、讽刺之中的"闹剧"特性,对照巴赫金的狂欢理论加以探讨。他认为,晚清"谴责"小说最具突破性之处在于随着强烈讽刺目的而衍生的闹剧模式,这些作品表现出一致的喧嚷讽谑、嬉笑怒骂风格。王德威对其以"谴责"为名所经营的嬉闹乖张格调进行了考察。他指出,面对早已突破传统小说叙事结构和内容的晚清"谴责"小说之"怪现状",中国的文学批评方式似难以应对,"欲欣赏'谴责'小说的笑谑,则有另辟蹊径的必要。准此,一些西方文学批评中的观念或许有值得我们借镜之处"②。用王德威的话说,就是"另立欣赏准绳"。他找到的就是巴赫金的狂欢化理论。巴赫金对狂欢式的"笑"有着独到见解,他认为狂欢式的喧笑是一种浑然忘我的情境,意在颠倒尊卑长幼、贤愚高下的限制,强调人生之内没有不可付诸一笑的事物。他的这一见解和其宽广寓意,被王德威延伸到晚清"谴责"小说的"闹剧"文学模式的内涵中:精神上的反传统、反成规,光怪陆离的丑角人物,暧昧不明的道德立场。

身为比较文学研究者,王德威深明借镜西方理论的尺度,他指明自己的研

---

① 王德威:《被压抑的现代性——晚清小说新论》,宋伟杰译,北京大学出版社2005年版,第26页。
② 王德威:《想象中国的方法》,北京三联书店2003年版,第73页。

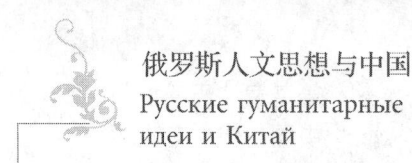

究并不是奉西方理论为圭臬,而是作为讨论闹剧式写作的参考,"试图重估'谴责'小说在'谴责'目的以外,所仍拥有的复杂意义层面"①。王德威的意图非常明显,引入西方理论方法和文学观念,在比较文学视野下,多方探求"谴责"小说的面目,以收到触类旁通之效。若此,我们看到,王德威持"闹剧"(farce)视角重新审视"谴责"小说的嬉闹场面和结构以及种种情节,发现"作者在'谴责'之外,实有刻意夸大其荒谬惹笑处的动机;而这类笑谑不惟充满惊世骇俗的内涵,也一再攻击试探读者的阅读尺度"②。王德威试图以"闹剧"重新定义晚清"谴责"小说的范畴,认为"闹剧"一词比"谴责"能更丰富地涵盖这类小说呈现出的复杂文学现象,"闹剧"精神是以巴赫金所说的"众声喧哗"的杂语来代替独白霸权话语,而"谴责"不过是喧哗众声中之一种,闹剧式写作蓄意打破传统情节布局、人物塑造模式也给予这类小说的形式特点一种新解。如王德威所言,这一借镜自巴赫金狂欢化理论的新的阅读视角,使晚清"谴责"小说已趋僵化的诠释又有了柳暗花明的新义,正如文学作品的意义可以千头万绪,文学批评原就不必定于一尊。

王德威颇得意于他对中国小说"闹剧式写作"的发现,指出这种写作模式隐含于文学传统主流之下,汇聚成一股桀骜不驯的创作力量,自晚清"谴责"小说始,一再为五四后的小说创作所承继,如老舍、张天翼、莫言等。王德威在老舍喜剧小说的"闹剧"特征分析中,又对"闹剧"作了如下定义:

> 作为一种叙述形式而言,"闹剧"指的是一种写作形态,这一形态专门揶揄倾覆各种形式和主题上的成规,攻击预设的价值,也以夸张放肆的喜剧行动来考验观众的感受。它通常强调一连串嘉年华狂欢的事件,其中身体的动作(相撞、滥骂、揶揄、容貌丑化等等)暂时压过了理智和情绪的控制。闹剧行动的"主使者"是小丑。他们或以可笑的被害者姿态出现,或以喜剧的攻击者姿态出现,或者二者兼而有之。经由丑角激越的行为,闹剧也暗示了一种精神状态甚至一种意识形态,如巴赫汀(Bakhtin)所称,是以"堕落"的方式在想像中"瓦解"既存的秩序。③

---

① 王德威:《想象中国的方法》,北京三联书店2003年版,第74页。
② 王德威:《想象中国的方法》,北京三联书店2003年版,第76页。
③ 王德威:《想象中国的方法》,北京三联书店2003年版,第190页。

虽然巴氏狂欢理论有其特定的文学背景,王德威"撷英咀华",将其延伸到"闹剧"定义之中,对其内容(狂欢肉体、丑角人物)及精神(颠覆、戏谑)多重借镜,为解读中国类似作品提供了颇有意义的"欣赏准绳"。

王德威秉此另立的"欣赏准绳"——闹剧式写作,探寻到一条晚清"谴责"小说肇始延伸至30年代老舍等小说、再到80年代大陆莫言、台湾王祯和等文学承袭发展之脉,也由此打造出一条"闹剧式写作"史的线索。这让我们也看到了巴赫金梳理复调小说体裁演变史时所用的历史诗学研究方法的熟悉身影。

不止于晚清小说研究,王德威的系列著述表现出强烈的重构小说在中国文学史中地位的倾向,他称小说叙事为"想象中国的方法",把小说视为史学想象方式,借小说文本分析见出社会演变的现代性、革新性因素,极力提升小说体裁的史学价值和社会意义,一改小说家不入流的史学地位。王德威对小说体裁的重视,一如巴赫金对小说体裁的钟爱和理想的寄托,也就无怪乎巴氏理论之于王德威的小说研究有如此深切的启示和心得。

王德威的"借镜"巴赫金理论研究中国晚清小说,是自觉引入一种比较文学视野,在此视角下重新审视中国文学的特色,并尝试作一些文学史的线索的勾连。王德威的研究方式弥补了已有论式的不足。如果说郑家建借用巴赫金理论还是一种对应式的求同思维,王德威则更多的是在巴赫金理论参照下的求异思维。郑家建试图寻找巴赫金理论启发下的中国文学研究的新天地,虽然他对巴氏术语概念努力作了本土化的技术处理,但运用中仍然存在与实际语境和内涵的错位、偏差;王德威主动寻找运用巴氏概念术语时中国文本语境产生的种种隔膜,挖掘理论不适用之处的深层缘由,专就这些差异之处作中国文学的特性分析,在西方文本和理论观念的参照下,更清晰地见出中国文学的独特呈现方式及其发展规律。

王德威的批评文字,给我们提供了一个较为成熟的运用外来理论的姿态,即借用外来理论为"镜",在比较文学视域中,始终以增进对中国文学现象的理解为旨归。王德威出身于正宗的比较文学专业,虽然对欧美文学各种新理论十分熟悉,但他从不生硬套用某种理论或方法,恰如他所言,"我们对任何方法学不应只是人云亦云的推崇或贬斥;它的合法性(legitimacy)应建立在其

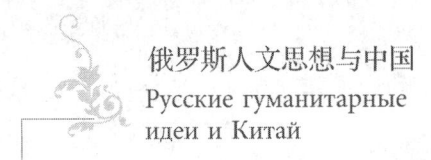

是否能增加我们对某一文学现象的了解之上"①。

小结

巴赫金理论移植到中国,普遍存在着误读误用现象,如对复调的理解和运用。还有的文本批评努力对应巴赫金的术语概念,运用时的生涩牵强感比较明显,结论也很草率,由此招致学界不少非议。

钱中文在介绍苏联文学理论走向的文章中,曾介绍了苏联学界对待正兴盛的巴赫金理论的态度:"不少苏联学者认为,不能把巴赫金的理论绝对化。一是应用他的一些理论观点,必须划定范围,要看到观点与创作实践并不完全相符的情况;二是把它们绝对化,会导致走向反面。例如'狂欢化'的观点,适用于一定范围,如果到处套用,就未免荒谬,企图用它来全面论述文学、小说,就会出现以偏概全的谬误。现在有的人把他的这一理论套用到现代作家的研究中,用来论述肖洛霍夫的《静静的顿河》的艺术形式特征,就未免有些滑稽。"②

钱中文描述的这种状况在中国批评界也广泛存在,滥用巴赫金理论的"泛对话"、"泛狂欢"现象也比较普遍。巴赫金所说的狂欢化文学,是就文体而言,像他分析的古希腊罗马的梅尼普体文学,文艺复兴时期的拉伯雷小说,以及陀思妥耶夫斯基的复调小说等。对于大量的在批评实践中被贴上"狂欢"标签的文学创作,很多都"只能是有狂欢化的因素,或者有狂欢化的描写,不能说是具有文体意义的狂欢体文学"③。多数运用者由于只是从中国巴赫金理论研究者那里获取了只言片语,而形成自己的主观印象,并没有见到巴赫金理论的全貌,也就谈不上对巴赫金理论真实内涵的把握;或者对巴赫金理论生吞活剥,仅仅满足于舞弄这些新鲜术语,让批评文章有所谓的浅薄的新意。

这也给我们一个启示:对于语境迥异的外来理论的借鉴,决不能简单套用,否则就不利于我们对外来理论的接受吸收。

西方理论原有研究对象——西方文学,与西学中用的研究对象——中国文学,两者差别较大,西方理论及批评方法毕竟是根据西方文学创作总结而来,有些研究者原封不动拿来在中国文学中操作一番,不免过于轻率,误读误

---

① 见季进:《文学谱系·意识形态·文本解读》,《当代作家评论》2004 年第 1 期。
② 钱中文:《文学理论:走向交往对话的时代》,北京大学出版社 1999 年版,第 71 - 72 页。
③ 程正民:《巴赫金的文化诗学》,北京师范大学出版社 2001 年版,第 250 页。

用也就不可避免。为了准确移用西论并展开比较研究,批评者辨别一些关键术语的细微差别,区别两种文化语境中的不同内涵,就显得非常重要。这决不是表面的简单比附力所能及,而涉及到复杂的深层次问题。王德威运用巴赫金狂欢理论于中国文学研究,在寻求共同的文学特性之时,又仔细辨别差异,标举中国文学特性,对所借用的术语作透视性批评和分析,寻求同中之异。他的运用显示了一种较为成熟的方式,值得引以为范。

中国学者在使用外来理论过程中为适应中国研究对象的特点,还有必要对所借用的方法加以修正。郑家建的研究较大规模地借鉴了巴赫金理论方法,在借鉴过程中,他往往对所借用的理论方法加以本土语境下的修正,一方面固然是为适应中国文学环境,另一方面也是以外来的新鲜生命力去刺激本国文学的发展,换句话说,修正加工"不仅仅是为了寻找两国文学得以嫁接的基点,更重要的还是为了寻找激发嫁接点萌生新枝芽的活性因素"[①]。郑家建以此种方式收获了丰盛的新见新解,他的运用方式也不乏意义和价值,值得我们继续探讨和完善。

外来理论和研究方法的引入,为中国文学研究带来了新的生机,新观念、新方法的应用,新领域的开辟,新成果的得出,都使中国文学研究面貌一新。他山之石,可以攻玉。引进外来理论的新观点、新视角、新方法,无疑可以开启我们的思路,"成为我们积习已久的思维模式的重要补充"(周发祥语),有利于本国文学研究的进展。虽然借用西方理论的确为我们打开了新的思维空间,然而"全面而恰当地把西方当代理论话语融入当代中国的文学艺术实践,还有相当的难度"[②]。对西方理论这一异质性事物的消化融解和妥帖运用的过程还很漫长,需要我们在批评实践中不断地总结和探索。

巴赫金理论在中国文学批评实践中的运用,为我们了解中国文学研究、运用西方理论的状况提供了具体案例。总结存在于巴赫金理论运用中的问题以及经验,也使我们管窥了西论中用这种当代中国学界普遍使用的批评方法的成就与不足。

---

① 周发祥:《西方文论与中国文学》,江苏教育出版社1997年版,第85页。
② 陈晓明:《方法论的挑战与应战》,载金元浦编:《多元对话时代的文艺学建设:新理性精神与钱中文文艺理论研究》,军事谊文出版社2002年版,第242页。

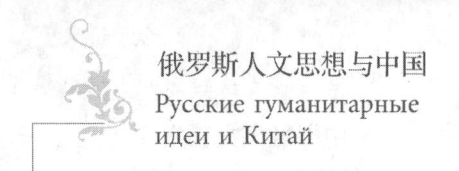

第三节　巴赫金与中国当代文化研究

　　自从哲学、神话学、社会学、历史学、精神分析学等等文化因素被引入文本分析后,文学研究有了广阔的文化语境,20世纪下半叶,文化批评和文化理论日渐成为文艺研究的主潮。在文化批评的大框架下,文学批评的边界不断跨越综合,与历史学、社会学等相勾连,但也由此造成了文学研究(文学批评)和文化研究(文化批评)两个概念的长期混淆。在进行本节探讨之前,首先必须廓清两者的关系。我们认为,文化研究是文学批评的一种方法,也就是在文学批评中引入文化的视角;同时,文学正是一种典型的文化现象,把文学批评放在文化语境中进行分析,才能得出比较合理的认知,而这种批评方式,也只是文学批评的一种方法而已。正如曹文轩所说:"(文化批评)只能作为文学批评的一支——'文学批评'应是一个大于'文化批评'的概念。"[①]

　　1990年代后期以来,文化研究沛然勃兴,成为我国学术界充满活力的知识探求领域,这既有西方文化研究理论进入的理论启发,也有出于对迅疾变化的中国社会文化的解读需要。大量文化研究著作涌现,不少著名学者纷纷涉足,对各种现象作出思考,如王岳川的《中国镜像:90年代文化研究》(中央编译出版社,2001)、周宪主编的《世纪之交的文化景观》(上海远东出版社,1998)、戴锦华的《隐形书写:90年代中国文化研究》(江苏人民出版社,1999),以及由她主编的《书写文化英雄:世纪之交的文化研究》(江苏人民出版社,2000)、金元浦的《文化研究:理论与实践》(河南大学出版社,2004)、孟繁华的《众神狂欢:当代中国的文化冲突问题》(今日中国出版社,1997)、高小康的《狂欢世纪——娱乐文化与现代生活方式》(河南人民出版社,1998)、谭桂林的《转型期中国审美文化批判》(江苏文艺出版社,2001)、陶东风等主编的《文化研究》丛刊等。

　　即便在这些文化研究著作中,对文化研究的看法也不是统一的,正如金元浦所说:"不管在欧美还是在中国,文化研究是一个最缺少限定性,因而也最为言人人殊的知识探求领域。所以,我们所能够谈论的或许只能是我们理解

[①] 曹文轩:《20世纪末中国文学现象研究》绪论,北京大学出版社2002年版,第12页。

中的文化研究。"陶东风也表示:"我们理解中的文化研究是一种高度实践性、参与性的知识活动,这决定了它必须扎根于自己的社会文化土壤,决定了它的研究对象、研究方法的灵活性。……文化研究在 90 年代中国出现并迅速发展的根本动力还是来自中国现实社会文化的要求,而不是西方文化研究的理论'旅行'。同样,我们创办《文化研究》丛刊的根本动机也是为了回应急剧变化中的中国社会文化现实所提出的种种问题。"国内的文化研究是在后现代、后殖民之后出现的一个潮流。一直从事文化批评的陶东风还认为,文化研究作为当代最富有探索性与前沿性的学术与思想领域之一,"吸纳了当代学术界最富有挑战性的知识与思想成果"[1]。可见,文化研究是一个处于发展过程中的学科,多方取材,多向借用,成为它发展的主要特点。

一、狂欢印象:巴赫金理论在文化研究中的运用

西方学界的文化研究在 1990 年代后发展迅猛,成为显学,也涌现出一批极有影响的文化理论家,巴赫金和他的对话、狂欢理论在其中深受瞩目。美国文化批评家亚瑟·伯尔格在 1995 年出版的《文化批判:关键概念入门》一书中,将对文化批评发生过广阔影响的文化理论家按国别列出一张表格,其中俄国首位列出的就是巴赫金。可见,在西方自 1990 年代以来兴盛的文化研究和文化批评中,巴赫金及其理论已被视为毋庸忽视的重要内容[2]。

中国的文化批评对巴赫金理论的借用也十分广泛,在当今主要的文化研究领域,几乎都可以见到巴赫金术语的身影。随着中国文化研究热潮的兴起,巴赫金理论的文化研究价值也凸现出来,对话理论对意识的主体性、差异性的重视,狂欢理论本身的多重文化内涵,使它们也成为审视当代中国社会文化现象的话语资源。

中国的研究者们对巴赫金文化理论的借鉴和使用丰富多样,也各有偏向,如王宁就关注了巴赫金理论对我国文化研究、文化建设的影响。

王宁首先将巴赫金理论与文化研究作了沟通:文化研究是一种跨学科、跨文化和跨艺术门类的研究领域,涉及的对象主要为当代文化,即通俗文化和一切大众传媒(非精英文化)。文化研究的跨学科综合特征正是一个使各学科、

---

[1] 陶东风、金元浦、萧钰:《悄悄的起步:〈文化研究〉》,《中华读书报》2000 年 10 月 25 日。
[2] 载朱立元主编《当代西方文艺理论》,华东师范大学出版社 2005 年版,第 477 页。

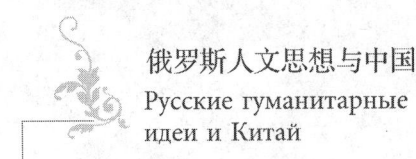

各艺术门类得以对话的基点。文化研究的种种跨学科特征,使它"无疑便毫无保留地接纳了具有同样特征的巴赫金的对话理论、多学科和超学科研究和狂欢化的话语策略"。如此,文化研究诸多理论资源中,"一个重要的理论来源就是巴赫金的对话理论以及他的言谈和话语行为,这正是巴赫金的理论之核心,同时也是西方的后现代主义讨论对巴赫金引证最多的地方。……文化研究的非精英性、跨学科性和理论的可交往性等特征在很大程度上均来源于巴赫金,或者说与巴赫金的学说有着诸多相通之处。这也就是为什么巴赫金的理论在文化研究的语境下仍能继续从边缘向中心运动"[①]。巴赫金理论的可对话性就体现在其多学科和跨学科特征上,将文学研究和文化研究的对立化解使二者呈互动互补关系,巴赫金"狂欢化"概念对文学经典构成的有力冲击,正契合文化研究中热烈讨论的文学经典重构的话题,"狂欢"概念中贯穿的平民意识和非精英意识打破了文学分类中的等级制度,使被压抑的边缘写作得到重视等。总之,王宁认为巴赫金理论对当代文化研究提出了很多精辟见解。

王宁还分析了巴赫金的文化批评实践对西方文化批评的重要启示:西方的文学批评长期是形式主义研究、语言研究等文学内部研究(结构主义新批评),包括巴赫金在内的一些理论家(还有弗莱)从文学的形式分析入手,引入了文学以外的文化分析因素,从而拓展了文学经典的范围和领域,把文学置于一个广阔的文化语境之下来考察,达到了文学的文化批评的高度,为狭窄的文学研究摆脱了危机。同时巴赫金的这种文化批评并没有脱离文学文本,而是始终以文学为研究对象,也为现今西方理论界文化概念的无限蔓延起了一定的回归作用。

正是看到国外巴赫金研究的文化热潮,或者说国外兴盛的文化研究思潮对巴赫金理论所具有的文化研究价值的高度重视,王宁开始致力于巴赫金研究的文化意义探求。他指出,国内对巴赫金主要限于文学理论和语言学思想的研究,还远远不够,也与当今国际巴赫金研究主潮脱节,巴赫金理论的核心使我们完全可以将其置于文化研究的语境下考察。王宁的研究为中国文化研究者运用巴赫金理论作了学理上的铺垫。

---

① 王宁:《文化研究语境中的巴赫金与理论的旅行》,载金元浦主编《多元对话时代的文艺学建设:新理性精神与钱中文文艺理论研究》,军事谊文出版社2002年版,第250-251页。

第二章 巴赫金与中国当代文艺批评

中国当代文化研究运用巴赫金理论的领域主要有：大众文化研究，民间文化研究，社会文化转型期现象分析，还有研究思路和研究方法上的借鉴。巴赫金理论适用的文化研究领域的范围也十分广阔，包括影视、传媒、时尚娱乐、通俗文学、流行音乐等大众文化和日常生活现象以及民俗学等。在这些不同领域的研究中，巴赫金的狂欢理论尤其受到研究者偏爱，狂欢化理论被通过不同方式应用到具体的文化现象的批评中。

在众多的文化研究领域里，大众文化明显是当今的焦点，关于大众文化的研究丛书及批评文章不胜枚举，研究者们依据不同的理论模式，秉持各自的见解，作出各种理论阐释和评价。由于巴赫金狂欢化理论和民间大众的联系，很多论者在论述当今的大众文化时，都借用巴赫金的这一术语，许多文章对大众文化都标以"狂欢"之名，处处涌动着"狂欢"话语。巴赫金意义上的"狂欢"理论是一种普遍的世界现象，它是一种来自民间的具有深刻文化意味的大众活动，狂欢活动象征着大众对现存体制的想象性破坏。无论巴赫金时代的大众和现代社会的大众在特点和内涵上有多么大的不同，自古至今，大众/权威的对立格局并未改变。用巴赫金中世纪以来的大众的狂欢文化来阐释中国当代的大众文化现象，因为大众/权威的这种基本格局而具有理论上的切合性，也因为大众多少对现实都有一种批判的姿态。有些借用者往往偏重于这个意义来使用狂欢化，如陆道夫在《狂欢理论与约翰·菲斯克的大众文化研究》（《外国文学研究》2002年第4期）中介绍了巴赫金狂欢理论在美国大众文化研究中的创造性运用情况，其中提到约翰·菲斯克运用巴赫金狂欢理论分析美式摔跤中身体的狂欢及其隐含的各种权力关系和政治力量。但这又不能说这种运用是完全同一的，由于所处的文化背景和语境不同，当代大众文化的狂欢和巴赫金意义上民间大众的狂欢在精神内涵上又存在巨大的差异，而这主要是由于巴赫金所论的大众文化和现今所论的大众文化在意义上的差别。

巴赫金所说的狂欢文化实际是一种民间文化，是富于活力的下层民众自发生成的一种文化形态，这种文化的主体是具有充分生命力的群众。而当今的大众文化，按着西方马克思主义的理解，则是随着机器大工业生产而产生的，复制和大量的模仿是其基本特征，这些流行文化的消费者也是耽溺于感官享受的主体，他们被剔除了个性和热情，成为异化的人，这时的狂欢文化、大众文化实际是一种感官的狂欢，但在这种感官自暴自弃的狂欢中也蕴含了可能转化为反叛的情绪，这和巴赫金对狂欢节的看重是相似的。这是巴赫金狂欢

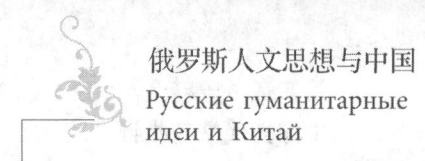

化理论可以借用来分析中国当代的大众文化的重要原因之一。当然，一般的大众文化概念也是指为群众所常见的文学艺术形式，如影视等，大众在这里只是指其受众的广泛性。

作为大众文化最常见的形式之一的影视作品和电视综艺节目，常常被"狂欢式"分析。曾耀农的研究文章《狂欢化理论与喜剧影片的生成发展》就借鉴巴赫金狂欢化理论来具体分析喜剧电影的生成过程和观众的观影心态。周星驰喜剧电影风靡于当世，并影响了当代以大学生为主体的青年群体的审美趣味和审美追求，成为当今一种重要的大众文化现象被热烈讨论研究。唐宏峰《后现代语境下的狂欢——论周星驰喜剧的狂欢化色彩》一文在运用巴赫金的狂欢化理论阐释了周星驰喜剧电影所具有的狂欢化色彩后，又着重对比分析了这两种狂欢化在文化属性和精神内涵上的本质不同：巴赫金是在研究中世纪与文艺复兴时期的民间文化时，全面阐释了狂欢化理论，狂欢化本质在于一种民间性，其精神实质是巴赫金充满理想化色彩的人文主义精神；而周星驰喜剧诞生在20世纪末的香港，是后现代语境下大众文化的典型文本，较充分地体现了后现代主义文化的一些典型特征。作者认为，民间文化和大众文化在许多方面有本质的不同，大众文化不具有民间文化蓬勃的生命力和向上的建构能力，更多体现的是消解价值的解构性，所以，虽然两者在表现形式上有很多切合，如对"笑"的追逐、对现实生活的狂欢式戏仿、小丑类主角人物、言语粗鄙、物质肉体因素的泛滥等，这些都是周星驰喜剧具有的狂欢化色彩，但巴赫金的狂欢化是民间谐谑文化，本质上体现了一种理想化的人文精神，周星驰的狂欢化属于大众通俗文化，本质是后现代主义反文化的颠覆姿态。"不同的精神内涵选择了同一个形式，他们的精神必然也有相通的地方"，而"批判与反抗"就是两种狂欢化内在的共通的核心力量[①]。

这种"同中求异"的对比分析有效廓清了相似面貌下隐藏的深层差异，在比较中，以巴赫金的狂欢为参照，也更清晰地看到了中国社会特定文化现象的本质内涵和本土特性。这些"同中求异"的研究姿态表明，随着巴赫金理论的普及和深入，中国研究者在运用时，已逐步摆脱了最初急于求同的简单套用方式，而是更加自觉地作本质的对比区别，寻找差异性，这是比较文学研究中更

---

① 曾耀农：《狂欢化理论与喜剧影片的生成发展》，《北京工业大学学报》2001年第1期；唐宏峰：《后现代语境下的狂欢——论周星驰喜剧的狂欢化色彩》，《文化研究》第4辑，中央编译出版社2003年8月。

可取的研究态度,也是我们吸收借鉴外来理论做批评武器时走向成熟的表现。

耿文婷的专著《中国的狂欢节:春节联欢晚会审美文化透视》(文化艺术出版社,2003)也运用巴赫金狂欢理论做"同中求异"的分析:中央电视台春节联欢晚会可说是当今"波及面最广、影响力最大的大众艺术形式",是中国当代审美文化的重要组成部分,如作者所言,春晚作为颇具本土文化特色的节庆文化之冠,有着值得深入开掘的审美文化内蕴。巴赫金认为,节庆始终具有本质深刻的思想内涵和世界观内涵,他考察欧洲中世纪民间狂欢文化,揭示狂欢节的本质是"民间文化的第二种生活"。本书作者循着巴赫金的研究思路透视中国的春节晚会,发现这一节庆在与中世纪狂欢节许多相同处后隐藏着很不同的审美文化特征——春晚是"中国化的狂欢节",它在狂欢的基调之中浸润着传统中庸文化氛围的"和合之乐",即始终以"中和"来规矩"乐"的向度,保持有节制的狂欢,同时以"和"为文化追求,体现出"家国同庆、官民同乐"的伦理感受。这都迥异于西方狂欢节的极度非理性状态、官民对立的关系。巴赫金笔下的中世纪狂欢节其本质是在自由狂放状态中消除等级、颠覆中心权威、与官方暂时对抗,以求得减缓现实阶级的精神压迫,得到平等自由。所以春晚只能是"中国的狂欢节",这种节庆盛典完全不具备中世纪狂欢节的深刻世界观,二者只是在审美效果上有着某种一致性。

将电视综艺节目与狂欢节相联系,西方大众文化研究就表述过这样的观点,认为电视(作为大众文化的最典型代表)和欧洲历史上的狂欢节有很多可比性,只是公共生活和公众的共时的集体经验由室外移向室内,它们的本质却是一致的。

王黑特在《诙谐、游戏与狂欢追逐:90年代中国部分电视剧再解读》(《当代电影》2003年第4期)中则对90年代的电视剧的狂欢化因素作了分析。文章认为,90年代中国一些电视剧显现的诙谐、幽默、讽刺的喜剧化色彩和游戏化叙述方式,表现出大众审美的狂欢化追求,在电视剧叙事所生发的欢快和娱乐中,大众暂时摆脱了社会所限定的等级关系和人为隔阂,获得一种脱离体制的自由感和力量感,一种类似节日狂欢的审美体验。陈国钦在《电视喜剧审美的狂欢品格》(《北京电影学院学报》2003年第4期)一文中也认为,电视喜剧在当代观众多样化的审美需求中占据突出地位,它具有一种狂欢品格,将观众从日常生活的压抑中解放出来,进入到一个乌托邦自由王国之中,这种狂欢品格源于与生活紧密相连的民间性,它不但对一切等级秩序具有颠覆、解构作

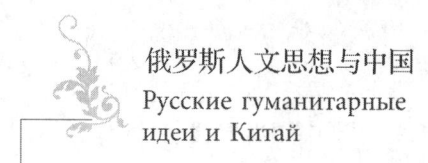

用,而且具有蓬勃的创造力量、无法摧毁的生命力,渗透着交替和变更的精神,体现着人们对自由的追求与向往。有些研究者对电视中的婚介节目也进行了狂欢式的分析,如张潇潇在《狂欢的玫瑰、宣泄的人性——试评"玫瑰之约"等爱情速配节目》(《中国广播电视学刊》2000年第11期)一文中对"玫瑰之约"这一大众文化节目进行了分析,她认为这个节目为百姓提供了一个狂欢节的广场,是爱情与人性的狂欢节,体现了巴赫金狂欢节的两大文化特征:时间观念和暧昧性。以上这些分析并未局限于巴赫金狂欢化理论本义,在巴赫金那里,狂欢的因素渗透在文本中,而像对"玫瑰之约"节目的分析则已经是文本效果上的狂欢性。从以上的应用来看,巴赫金狂欢理论提供了一种从文化转型角度来思考我国大众文化的视角,有助于理解这类节目火爆的深层原因和积极正面意义。

狂欢节是西方历史悠久的民间节庆活动,它与古希腊时代情绪癫狂、行为放纵的酒神祭祀节日有一定类似的本质。尼采曾阐释过颠倒日常生活规范、释放人的自然本能的酒神狂欢精神,巴赫金借拉伯雷小说分析,对欧洲中世纪文艺复兴时期的狂欢节活动充分解读,并把这种狂欢精神上升到理论高度,赋予其更为丰富的内涵,它不仅是审美的,还有深刻的社会、文化和政治寓意。狂欢节研究和巴赫金的狂欢化理论,在民间文化研究领域也格外受到重视。尤其对于中国的民间文化研究,巴氏的狂欢理论不仅启发他们去寻找中国民俗的狂欢精神,也成为他们中西文化比较研究的借镜。

赵世瑜的社会学专著《狂欢与日常——明清以来的庙会与民间社会》(三联书店,2002)将中国民间传统庙会和娱神活动与西方的狂欢节加以联系对比,并借用巴赫金狂欢理论对中国传统庙会中的狂欢精神进行透视。

作者介绍本书的写作目的以及命名意图是"想揭示庙会这一类游神祭祀活动的基本特征",即"它们不仅构成了民众的日常生活的一部分,而且也集中体现了特定时节、特定场合的全民狂欢"[①]。狂欢节是西方延续已久的节庆活动,庙会是中国传统的民俗活动(具有原始宗教祭祀性质),对于两者的相通性,作者在本书的点题篇章《中国传统庙会中的狂欢精神》中作了细致分析。中国传统庙会娱神活动的主体是平民大众,不同阶层等级、职业性别的人都不受限制地参加进来,参加者不分贵贱、男女混杂,体现出全民性特征。巴

[①] 赵世瑜:《狂欢与日常——明清以来的庙会与民间社会》,三联书店2002年版,第47页。

赫金认为,欧洲狂欢节的中心场地是广场,而中国庙会及娱神活动的集聚中心是寺庙及门前空旷的场地并延伸至附近主要街道,更能体现出其全民性和空间开放性。这些做法突破了传统等级限制,表现出某种程度的反规范性。庙会活动的全民性、开放性、反规范性特征都与巴赫金所说的狂欢精神一致,活动中大量现象表现的集体意识中对新旧更替的重视也与"交替与变更的精神、死亡与新生的精神"一致,即巴赫金所说的"狂欢化世界感受"。赵世瑜认为,有着强烈狂欢精神的庙会和娱神活动还具有一种潜在的颠覆性和破坏性,在社会状况稳定时,它们只是宣泄情感的一种方式,反规范被限制在一定范围内;反之,社会关系紧张时就为公开的反叛行为提供了机会。

作者认为,我们能在中国的庙会以及娱神活动中发现中国的狂欢精神,由此看中国的文化精神并非如某些比较文化家所认为的完全是一种理性精神,而是也具有西方的酒神狂欢精神。作者引入巴赫金的狂欢理论,从对庙会的研究出发,质疑和补充一些约定俗成之见。赵世瑜曾概括自己的学术探索之路是谋求西方学术思潮与中国历史研究有效结合,"致力于以新的立场、思路和解释工具面对中国史上的重大问题,并力求给出对流行见解形成挑战的新的解答"[①]。他运用巴赫金狂欢节理论透视中国传统庙会的狂欢精神,以及得出的新结论,可算是一个有效的实证。

我国著名的民俗学家钟敬文,也曾专门谈论过巴赫金的狂欢理论与中国文化、民俗学研究的关系。[②] 他指出巴赫金的狂欢化思想具有比较普遍的学术意义,狂欢化的概念可以被用于解释人类一般精神生活和叙事文学中的某些特殊现象,所以狂欢概念的内涵,应该包括两个层次,即狂欢现象和狂欢化的文学现象;狂欢现象是人类生活中具有一定世界性的特殊的文化现象,从历史上看,不同民族、不同国家都存在着不同形式的狂欢活动,巴赫金就是通过研究文学作品中的狂欢描写,揭示出隐藏在文字背后的巨大的人类狂欢热情,从而得出他的文学狂欢化的结论。钟敬文表示,巴赫金的狂欢化思想对中国的狂欢文化现象的研究工作很有启发,他从历史和现实情况肯定中国文化中存在狂欢现象,而在中国文学作品中也有文化狂欢化现象,如《水浒传》的大

---

① 江湄:《社会史:新的史学范式与新的通史观念——评赵世瑜著〈狂欢与日常——明清以来的庙会与民间社会〉》,《史学月刊》2004年第2期。
② 钟敬文:《略谈巴赫金文学狂欢化思想》,载专著《建立中国民俗学派》,黑龙江教育出版社1999年版,第152—158页。

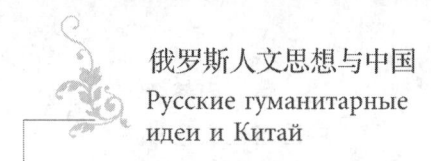

量狂欢场景、《红楼梦》中诸多狂欢情节描写,同时指出考察巴赫金的狂欢理论同中国文学作品和文学理论的关系以及是何种关系,关注中国文学中的狂欢描写是以什么样的中国风格体现出来的,是这一问题的关键所在。

在当今众多的文化研究丛书中,"狂欢"一词为文化研究者所钟情,被频频用以描述当代中国社会文化现象。不过其中为数不少的"狂欢"话语只是一种对表面相似的审美效果的追逐,与巴赫金所言的"狂欢"有本质的差异,也就谈不上是对巴氏狂欢理论的有效运用。

樊星在其专著《别了,20世纪》(武汉大学出版社,2001)中的一章以"危机与狂欢的世纪"为名,对20世纪的社会文化现象加以分析,行文中充满作者满怀激情的"狂欢"之语:20世纪,人类危机空前高涨,生存危机、精神危机、文化危机等纷至沓来,危机感催生了幻灭感,还促成了狂欢心态的流行。现代化为"人性解放"提供了空前丰富的物质条件,也为人们提供了忘却烦恼的世俗享乐,现代化的世俗化进程,也注定将强化人类的狂欢意识。"甚至不妨把那些政治色彩极其浓厚的集会、游行也看做是另一种狂欢:经历过'文革'的人们都不会忘记毛泽东接见百万红卫兵的盛大场面,不会忘记举国欢腾庆祝'九大'召开的狂热场面,不会忘记'四人帮'覆灭时人民尽情欢乐、'千杯万盏也不醉'的喜庆场面……那是特定年代中的全民'狂欢'","俄国思想家巴赫金曾用'狂欢节'来作为反对专制文化、倡导'杂语喧哗'(多元主义的一种生动表述)的一种象征。也许,'狂欢节'不仅仅只是一种象征。人类从古到今,不断创造着各种各样的'节庆',以释放享乐的本能,以化解人生的烦恼,以创造多彩的文化。愈是在危机感空前的20世纪,人类狂欢的渴望似乎也愈是空前的增强了"①。樊星将"危机"与"狂欢"并置,表明他所言的"狂欢"是人们在危机和幻灭感中追逐的精神麻醉,而巴赫金的"狂欢"充满积极新生力量和高扬的生命力,可见两者的内在精神特质迥异,只是在表层的审美效果上有类似特征。

在对当代中国社会文化现象的描述分析中,很多"狂欢"话语是取其表层的审美象征,或另有实指,与巴赫金狂欢理论的内涵并不完全一致,我们在研究中必须有所区分。孟繁华和高小康分别以"狂欢"命名的文化研究著作比较有代表性。

---

① 樊星:《别了,20世纪》,武汉大学出版社2001年版,第49页。

孟繁华的《众神狂欢——世纪之交的中国文化现象》(今日中国出版社,1997)描绘了市场经济兴起后中国文化的冲突场景:整合社会思想的中心价值观念不再有支配性,权威失去威严,偶像被破坏,人文知识分子丧失对自己生存方式和价值的解释能力,人们再没有畏惧感,人们拥有这个时代的时尚,变成了狂欢的众神。作者面对今日中国的文化冲突,发出批判之声。孟繁华的"狂欢"话语明显不同于巴赫金的"狂欢",显示出两者立场的不同,孟繁华是站在知识分子的失势立场,用沉痛的叙述批判这种"众声喧哗"的社会失序场景、知识分子无可挽回的边缘化、价值观的失落、世俗化的蔓延,巴赫金则一派欢悦赞赏地看着"狂欢"中心话语的被颠覆,大众话语的自由渗透和新鲜活力。孟繁华的文化精英意识使他对当代中国文化"众神狂欢"现象显露出强烈的批判意识,这种文化批判精神更接近于法兰克福学派的文化研究,这与巴赫金所极力推崇的狂欢精神大相径庭。作者用深深哀情的话语表达了他对这种知识分子失位带来的文化失位:"它使经典不再具有经典的意义,在世俗化的过程中,所有的权威都将失去光彩,偶像已不止是到了黄昏时分,而是被暗夜全面覆盖。于是,人们变成了狂欢的众神,再也没有畏惧感,市场文化终于造就了另外一个世界和另外一种人格。"[①]在作者看来这种世俗的狂欢是文化的悲哀,随着市场经济兴起的是大众文化与精英文化、主流文化的冲突,就其精英立场来看,作者对这种文化上的大众狂欢是持批判态度的。

1990年代,计划经济体制向市场经济体制转化的新形式下,消费社会来临,大众文化兴起,娱乐作为大众文化的重要特征,成为90年代之后审美文化和日常生活的一种普遍景观。高小康在《狂欢世纪——娱乐文化与现代生活方式》(河南人民出版社,1998)分析了当代大众娱乐活动的"狂欢"特征:当代大众娱乐活动的最主要特点和方式是借助大众传播媒介提供的信息娱乐,这种信息娱乐使参与者产生了狂欢节式的娱乐冲动,虽然信息娱乐不是狂欢节,但沉迷其中的人们"同样体验到了一种个别性消解的狂欢状态",在信息娱乐的狂欢中,个人化为信息、符号的存在,时空关系瓦解,每个参与者多少都有着"狂欢"体验。高小康所说的"狂欢",依托的是尼采阐述的酒神狂欢精神,即一种忘却自我的驱动力。

由此可见,在铺天盖地的"狂欢"话语的文化批评中,"狂欢"一词的借用

[①] 孟繁华:《众神狂欢——世纪之交的中国文化现象》,今日中国出版社1997年版,第26页。

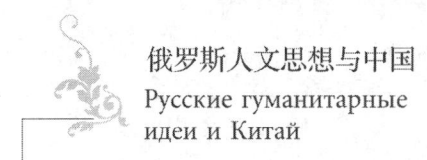

有多种来源,更有些纯粹只是取其表面字义,与巴赫金的狂欢理论没有本质的关联,也就谈不上是对狂欢理论的运用。这是我们在研究中需要区分的。

面对当代中国社会出现的种种新的特质以及不断涌现的各种文化现象,不少研究者得出结论:中国已处于新的文化转型期,关于转型期的文化研究著述也纷纷面世。研究者们表达了如此共识,认为文化转型期往往具有众声喧哗、语言杂多、狂欢化的特点,多元性、对话性、卑贱化向一元化、独白性、精英化发起严重的挑战,用狂欢化理论去审视中国转型期文化现象,会获得许多新的启示[①]。而刘康的专著《对话的喧声——巴赫金的文化转型理论》(中国人民大学出版社,1995)是运用巴赫金理论对中国转型期社会文化诸种特征作出解释的典范。

二、转型期的文化理论——以刘康为个案

(一)对巴赫金理论的定位:文化转型理论

西方 90 年代兴起文化研究热潮,对巴赫金的研究更多走向了文化研究视角的讨论。身居海外、紧邻西风的刘康也受到影响,开始思考巴赫金理论的文化意义。但他也表明,对国内问题的关注是促使他从文化角度研究巴赫金理论的重要原因。90 年代初期中国的社会状况,"商品大潮中涌起大众文化的喧声",带给他复杂的体验和感受,由此刘康表示自己更加倾向认为巴赫金提出的乃是一种文化转型的理论,用巴赫金的理论解释中国当今的文化现象"正当时机"。

"随着当代理论思潮越来越关心更为广阔的文化问题,人们开始从文化理论的角度来理解和把握巴赫金理论。本书的基本立论就是这样把巴赫金的学说当成一种文化理论来看的。"[②]刘康这部国内最早的巴赫金研究专著《对话的喧声——巴赫金的文化转型理论》主要阐述了巴赫金的语言杂多和狂欢节理论,对转型期的中国社会文化现象做出详尽的剖析。

刘康指出将巴赫金理论在文化层面重新定位成一种文化转型期的理论和话语策略,这一观点来自两方面思考:其一,巴赫金对话理论强调理论与批评的开放性、未完成性和对话性,对话要求有自我与他者的声音,他提出文化转

---

① 如宁一中:《论狂欢化》,《理论与创作》1999 年第 2 期。
② 刘康:《对话的喧声——巴赫金的文化转型理论》,中国人民大学出版社 1995 年版,第 149 页。

型的理论问题,正是以此为自己的声音来与巴赫金理论对话;其二,把巴赫金理论中的文化转型问题突出和强调,是出于对中国现代与当代文化(主要是文学创作与批评)的认识,"我觉得巴赫金的复调理论、小说话语理论等等,都是他对于文化断裂、变化和转型时期的语言杂多现象的理论把握。而这种把握用来了解和认识中国近现代以至当代文化的转型也是十分贴切的"①。这两种考虑促使刘康着手于巴赫金的研究思路对中国问题的启发意义的探讨。刘康也清楚认识到这种理论借用可能"会有许多牵强附会之处":"用语言杂多、狂欢节等范畴来解读中国现当代文学作品,也常常失之简单化,流于肤浅表面。"②所以在分析运用中,他都尽可能对所用概念作对比分析和中国语境下的限定解释。

在刘康看来,巴赫金思想的核心是如何透过语言和话语的变迁来审视文化转型的问题。语言、文化、历史三者不可分割,紧密相联。只有把握了这个理论核心,才能从整体上理解巴赫金在不同时期对不同领域里的问题所作的思索。巴赫金将文化转型时期概括为语言杂多、众声喧哗的时代,而这个观点也较全面地概括了他的对话主义理论。对话主义是转型时期文化的特征,文化在定型的时期,基本上由统一的"独白话语"所支配,转型时期的标志,就是"独白话语"的中心地位的解体和语言杂多局面的鼎盛。各类语言与文化在转型时期只有通过互相对话与交流,才能同时共存,对话主义就是指各类语言与文化之间的对话与交流形式,是文化的生存方式。"总之,巴赫金文化理论的核心是文化和审美的对话主义,它基本上是针对着文化转型时期的语言杂多现象提出的。"③巴赫金理论强调差异的同时共存性、亦此亦彼性,反对文化上的一元权威和独白主义,而这些都是转型期文化的特征,刘康认为巴赫金设想的对问题的解决的理论,因其针对的对象也就形成了一种总体性的文化转型理论。

巴赫金对话主义对西方传统文化中的各种"中心论"有深刻批判,对不同意识形态体系的冲突与对立有独到见解,巴赫金以语言为切入点对文化自身进行反思。当代西方的后现代主义文化理论以否定性、批判性为主,在这种理论氛围中,对话主义积极倡导建构,以建设性为特点。而主题的建构、文化的

---

① 刘康:《对话的喧声——巴赫金的文化转型理论》,中国人民大学出版社1995年版,第247页。
② 刘康:《对话的喧声——巴赫金的文化转型理论》,中国人民大学出版社1995年版,第247页。
③ 刘康:《对话的喧声——巴赫金的文化转型理论》,中国人民大学出版社1995年版,第7页。

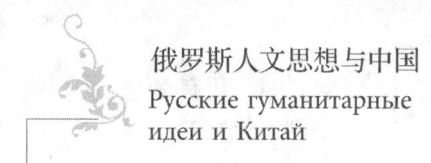

建构总是在文化断裂转型期由自我与他者的积极对话来实现。在刘康之前,"我国学术界尚未全面研究巴赫金复杂、多面的思想,也并未把巴赫金的对话主义置于当代文论、文化转型期和'后现代主义文化辩论'的氛围中,作整体、宏观的把握。……作为一种转型期的文化理论,巴赫金思想对于中国当代文化的研究和思考是很有针对性的",如刘康所说,巴赫金的理论植根于社会主义国家的文化经验,对于我国学术界也有着特殊的意义。因此,应拓宽巴赫金思想研究的思路,对巴赫金作较全面深入的研究。[①]

巴赫金选择小说话语为切入点,较全面阐述了语言杂多的文化理论。语言问题是巴赫金理论的核心,他的"超语言学"突出了语言在社会交往过程中的历史与意识形态性。言谈是人类语言文化行为的基本元素,巴赫金创建的以言谈为核心的语言哲学(超语言学)构成他文化理论的基石。在阐述语言杂多的文化理论时,巴赫金的切入点是小说叙述。他认为小说的语言特征即为语言杂多,小说是对语言杂多的融汇与再现。巴赫金通过小说叙述形式和文体的演变,缜密分析了小说话语的颠覆性、反经典性和戏谑模拟的风格。他以一种微观剖析的文化分析视点,描述了文化转型时期语言与意识形态的向心力与离心力的冲突、撞击,语言霸权的解体,中心论神话的崩溃。他以小说话语的语言杂多性代表的文化多元来对抗文化专制下的语言霸权和语言暴力。

刘康概括巴赫金思想发展的基本脉络是"由哲学、伦理学、美学入手,经过语言、小说叙述的深入理论探索,跨入文化、历史和社会广阔而博大的思想领域"[②]。他指出巴赫金以"语言"为其理论核心,从小说话语入手,借助陀氏小说的话语分析,进入文化理论。

语言杂多是巴赫金从语言角度对文化的概括,语言的多元化现象存在于人类社会交往中,已超出一般传统语言学静态范围,巴赫金由此提出的超语言学理论就是对存在于社会交往中的"语言杂多"的多元语言现象研究,是一种文化研究策略。

刘康强调,在世纪交替的 1990 年代,全世界都在经历新的文化转型,转型期价值体系的变化、分裂、断层,在中国尤为突出,自己的目的就是"着重剖析

[①] 刘康:《对话的喧声——巴赫金的文化转型理论》,中国人民大学出版社 1995 年版,第 21 页。
[②] 刘康:《对话的喧声——巴赫金的文化转型理论》,中国人民大学出版社 1995 年版,第 43 页。

巴赫金关于文化转型的理论命题,并探讨其对于中国问题的启示"①。

巴赫金讲述的虽然是欧洲文化的脉络,但他的理论思路对于中国同样有启发。刘康不无激动地宣称:"巴赫金所论述的开放、多层次、离心、对话式这些语言杂多的特征,在中国文化转型时期均有相应的表现。……上述四大特征在当代中国文化史中十分明显突出。语言杂多理论提供了一个新的视界,有助于我们从历史与整体的宏观角度审视当代中国文化的多元离心状况。"②随着社会的改革开放和全球化时代的到来,中国重新走出一元统一的封闭文化,与世界文化展开规模空前的交流对话,社会文化发生激烈的转变,尤其在1990年代,中国呈现出大众文化、通俗文化、"小说"式多元话语的众声喧哗局面。面对这种文化现象紊乱无序、文化话语急剧转换变形的局面,精英知识分子层困惑不安。刘康认为,用巴赫金文化转型期语言杂多的观点来看,这正是一个各种话语互相融汇、撞击、对话的多层次、多向度的局面。巴氏语言杂多理论的乐观开阔精神为我们把握当代文化走向注入了开拓和建设的姿态,给予我们积极的启迪意义。

在刘康看来,巴赫金的对话主义作为一种文化理论,其核心概念就是"语言杂多"(разноречъ、heteroglossia),巴赫金以这一独创术语来描述文化的基本特征和基本形态,即社会语言的多样化、多元化现象。巴赫金认为语言就是错综复杂的文化现象的基本结构、基本形式,对文化的研究就是对语言的把握。小说理论是巴赫金文化理论的主线,他以小说叙述为起点,从小说话语的形式出发,由小说的历史嬗变来审视、阐发文化史的规律,他概括小说话语具有未完成性、非经典性、兼容并包性等形式特征,小说话语再现的就是一个"语言杂多"的现代社会。巴赫金进一步将语言杂多现象视为文化转型期的根本特征。小说化时代就是语言杂多时代,语言杂多是各种社会利益集团、价值体系的话语形成的离心力,对语言单一的中心话语的向心力提出的强有力挑战。在语言杂多中,各种话语才能深刻意识到其自身价值和他者价值,并且在话语间的对话交流中,使矛盾、冲突得到化解,使文化呈现勃勃生机和创造性。巴赫金的"语言杂多"强调的是积极的建构意义,文化多元和语言杂多是文化转型过渡期的必然的健康现象,而"对话"是巴赫金为文化生长与繁荣选

---

① 刘康:《对话的喧声——巴赫金的文化转型理论》,中国人民大学出版社1995年版,第150页。
② 刘康:《对话的喧声——巴赫金的文化转型理论》,中国人民大学出版社1995年版,第164页。

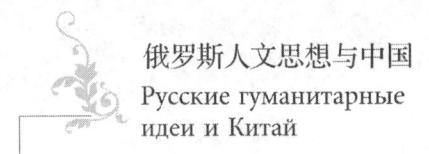

择的最佳方式。

(二)对巴赫金理论的转换:从语言杂多理论到文化转型理论

刘康从巴赫金理论的主要组成部分:复调、语言杂多、狂欢三部分,阐述了巴赫金理论的文化转型的内涵。

1. 复调小说理论

陀思妥耶夫斯基研究及其复调小说理论在巴赫金学术思想体系中占有重要地位,"陀思妥耶夫斯基复调小说研究是巴赫金文化理论中一个承前启后的重要枢纽,是他由小说话语分析进入语言杂多的文化理论的重要步骤之一"[①],刘康指出巴赫金学术思想的许多重要理论观点都包含在陀氏研究之中,如复调、时空型、戏拟、语言杂多等,这些概念都成为理解其文化理论的关键词。

复调小说就是全面对话小说,是充斥在作品中的"独立、清晰而不混杂的声音与意识的多元性,和价值上完整的声音的真正的多声部"(巴赫金语)。理解复调小说理论的核心是作者与主人公平等共存、互相交流对话、互为主体的全新关系。巴赫金透视了这种主体关系的历史条件,即陀氏复调小说产生的原因,是深刻的社会危机、文化断裂和转型,是历史的转折点和命运的门槛。在社会冲突激化、文化发生剧烈变迁的转型期,各种社会力量和文化体系互相冲撞、渗透,在大一统中心神话话语解体后争夺话语权,呈现出文化的众生喧哗局面。在这样的社会历史氛围中,主体强烈意识到他者声音的存在和确立自我主体的必要性。刘康以为复调强调的是让主体的自觉意识通过对话来实现,"从文化角度来理解复调小说理论,就会发现复调小说理论的核心,是自我意识在自我与他者的对话中的形成过程,是文化断裂和转型时期主体性的确立过程"[②],对充斥其中的各种主体话语的分析是对这种历史转型期的最好把握方式。刘康指出巴赫金正是借助陀氏小说话语分析,从对话话语与独白话语的分析为起点,发展了以"语言杂多"为核心的社会历史转型期的文化理论。因为艺术语言必然对应着同样的生活语言和社会语言,具有多元指向和多重声调的多主体间自由对话,阻碍了权威话语的独白倾向,由此,对话与独白的对立就成为巴赫金借陀氏小说话语形式,从语言和形式层面描述历史与

---

① 刘康:《对话的喧声——巴赫金的文化转型理论》,中国人民大学出版社1995年版,第129页。
② 刘康:《对话的喧声——巴赫金的文化转型理论》,中国人民大学出版社1995年版,第2页。

社会转型现象的一种概括。

刘康认为中国与俄罗斯具有相类似的社会历史环境,"我们有充分的理由认为中国由上世纪中开始迄今为止,亦如俄罗斯一样一直处于文化的危机、转型和嬗变的大趋势之中"①。如同认为陀氏笔下的历史与文化转型期也存在于中国,刘康也从中国现当代文学作品中寻找到与陀氏小说相似的复调审美意识作为例证,如鲁迅《狂人日记》、路翎《财主底儿女们》、苏童《米》等作品。

复调小说理论是中国学者所做的最早的巴赫金研究内容,在刘康之前,研究者多从艺术论、叙事技巧、风格论角度看待复调,未从文化的视野和巴赫金文化理论的整体来理解复调问题。刘康以文化转型为关注点,从文化研究视角来看待巴赫金理论,具有开拓意义。

2. 语言杂多

刘康为巴赫金的文化转型理论找到的最有概括性的核心概念是"语言杂多"。

他指出巴赫金的"语言杂多"概念有两个重要方面:首先,小说话语就是社会语言杂多最全面完整的再现,所以巴赫金总是从小说话语入手来分析社会语言杂多现象;其次,语言杂多有历史性,"只有在文化发生剧烈动荡、断层、裂变的危机时刻,只有在不同的价值体系、语言体系发生激烈碰撞、交流的转型时期,语言杂多才全面凸显,成为文化的主导"②。

刘康分别梳理了巴赫金的语言杂多与小说话语以及文化转型的关系。巴赫金认为小说叙述在文化中具有独特地位。他侧重于语言风格和话语形式方面,概括小说体裁的根本特征是语言杂多、语言多元现象的融汇,认为小说通过戏谑模拟等手段,融入各种文学语言和社会语言,构成语言杂多、众声喧哗的小说话语世界。小说作为一种兼容并包、不断发展变形的体裁,具有强有力的语言离心力和颠覆性,打破了语言中心论的传统神话,文化转型期就是传统神话被打破、史诗型单一语言被摧毁、语言杂多的小说兴盛的"小说化"时代,"小说化"成为文化转型时期的语言特征。或者说,文化过渡、转型的重要标志就是语言的多元多样性。巴赫金的"小说化"就是文学语言由独白话语转

---

① 刘康:《对话的喧声——巴赫金的文化转型理论》,中国人民大学出版社 1995 年版,第 143 页。
② 刘康:《对话的喧声——巴赫金的文化转型理论》,中国人民大学出版社 1995 年版,第 149 页。

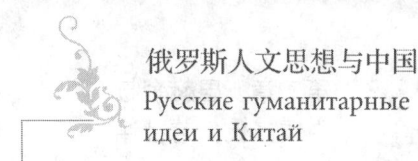

变为对话话语,融入语言杂多。

文化转型期,文化从单一、封闭的民族语言文化走向多语言、多文化的交流与对话,文化与文化之间的对话呈多层次、多向度的局面,语言杂多的离心力量颠覆着向心力的中心话语霸权,中心话语的意识形态与权力中心崩溃解体,不得不接受文化多元的事实,文化话语占主导地位的是各种语言与价值体系同时共存的"对话式"小说话语。"在文化转型时期,传统的话语与现代的话语以及整个不同社会阶层、利益集团、思想流派都在一片众声喧哗中,争夺中心话语霸权瓦解后的语言真空和各自的话语权。这就赋予了语言杂多以极为深刻复杂的历史与社会内涵"[1]。语言杂多的本质是历史生活中真实的意识形态冲突,文化变迁转型也是整个社会变迁转型的一部分,文化与政治的关系是相互关联的,社会变动的时候也是文化充满活力、蓬勃发展的时代。

现代思想家们不约而同意识到,文化断层与转型的时代是"大说"解体,"小说"兴盛的时代。巴赫金所说的"小说化"时代,是"对话式"小说战胜"独白式"小说的时代。只有"对话式"小说才全面体现了巴赫金所谓的"小说性",即充分融汇、糅合了当代现实生活中的语言杂多,体现了时代的"小说化"趋向。"对话式"小说的主要特征是对权威话语的戏拟和融入俚俗民间话语,其本质乃是兼容高雅精英文化与通俗大众文化的开放性文本。"总之,语言杂多理论所概括的,是文化转型时期文学艺术与政治意识形态的相互作用和相互影响。文化的开放与多元不可避免地造成了传统的断裂与权威的削弱,进而导致了统一单一的意识形态中心的解体。"[2]

刘康指出,巴赫金对于转型期文化语言杂多现象的理论概括,最后都落实在对话语(主要是小说话语)具体细致的分析上。他分析小说话语的方法,实际是文化话语分析的方法。例如"戏拟",就是一个贯穿了巴赫金小说与文化理论的重要概念。巴赫金认为小说融汇各种话语文体和类型的主要手段就是戏拟。在巴赫金这里,戏拟不仅是小说的主导话语策略,更是文化转型期语言杂多时代的主要话语,一种狂欢化话语策略,与政治生活与意识形态紧密相联。刘康指出,中国明清以来小说就以戏拟为主导风格,一直延续至现代文学史上鲁迅、老舍、张天翼、钱钟书等的讽刺小说中,到当代的先锋派小说以及王

---

[1] 刘康:《对话的喧声——巴赫金的文化转型理论》,中国人民大学出版社1995年版,第158页。
[2] 刘康:《对话的喧声——巴赫金的文化转型理论》,中国人民大学出版社1995年版,第163页。

朔等人的作品,如果从巴赫金所谓的戏拟是文化转型期主要话语策略这一角度,来审视中国现当代文学所再现的文化多元以及语言杂多现象,"是很有意义的课题"。巴赫金的重要文化话语除此,还有"时空型",一个包含了文化和历史的概念,也成为巴赫金由小说话语透视文化关系的重要视角。

刘康这本专著认为,巴赫金理论的主要脉络是对文化转型时期的语言杂多现象的历史描述和理论概括。巴氏的小说理论,包括复调、戏拟、时空型、语言形象等,均围绕着语言杂多及其艺术再现这个核心问题展开。巴氏把狂欢节、狂欢化看成为语言杂多的一个特例,从民间文化的反叛性、颠覆性出发,思考文化转型期的基本现象。

3. 狂欢理论

在刘康看来,巴赫金所说的狂欢不仅仅是一个破除等级实现平等的契机,它内在地象征了一种文化转型的社会气氛,"在社会危机和文化断裂的转型期,狂欢节作为一种文化现象,以欢乐和创造性的盛大节庆的形式,来实现不同话语在权威话语隐遁时刻的平等对话与交流"[①]。刘康认为,巴赫金为文化转型期语言杂多现象找到的具体实践和例证就是民间文化中的狂欢节,狂欢节是文化转型期语言杂多现象最生动的体现。在《拉伯雷的创作和中世纪与文艺复兴时期的民间文化》一书中,巴赫金对文艺复兴这个文化转型时期重要文化现象——狂欢节作了理论探讨,狂欢理论是他文化转型理论的重要内容,"狂欢节与狂欢化的观念在巴赫金的文化理论中有举足轻重的意义"[②]。

狂欢节对文化的发展影响深远。巴赫金的狂欢化思路为后人理解现代主义文艺思潮的反文化倾向打开了一条途径。狂欢节理论的核心是民间文化、大众文化与精英文化的关系,狂欢节又具有大众文化的鲜明特征。刘康认为,狂欢理论也可以有效解释后现代文化特征,在他看来所谓后现代主义文化,主要特征就是大众文化与精英文化在商品化规律的支配下,距离趋于消解,呈现出"文化拼贴"的状态。后现代文化有鲜明的狂欢节色彩。因此,深入发掘巴赫金狂欢思想所蕴涵的文化理论问题及所开拓的视野,成为当代文化批评者们的一个重要课题。

刘康还引证英国批评家特里·伊格尔顿的话,来说明在巴赫金理论中

[①] 刘康:《对话的喧声——巴赫金的文化转型理论》,中国人民大学出版社1995年版,第7页。
[②] 刘康:《对话的喧声——巴赫金的文化转型理论》,中国人民大学出版社1995年版,第189页。

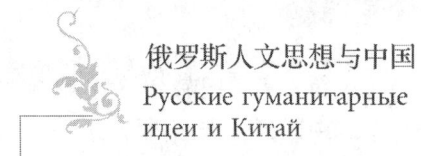

"狂欢"这一术语含义的丰富性:"很少有像巴赫金的狂欢节这样的现代批评概念,具有如此丰富的蕴含和歧义,刺激人们的想象力和创造力"①。刘康又从三个方面重点阐述了狂欢节和狂欢化概念的丰富内涵和外延,这就是:社会政治、文化与审美、语言与形式。

(1) 社会政治

刘康指明,巴赫金使用狂欢概念有强烈的政治倾向性,如同他的任何一个概念,必须从文化转型角度把握狂欢节概念的社会政治意义。狂欢节代表着文化的多元、非中心、语言杂多,与一元中心权威相对抗。这是狂欢节所体现的大众文化的政治和意识形态特征。狂欢节具有的全民大众性、自发性和反叛、颠覆性,包含了较为直接的政治寓意和更广泛的文化转型期意识形态冲突观两重意义。政治寓意是指狂欢节概念批判了文化专制主义也寄托了巴赫金的政治乌托邦理想,这"对于我们思考中国的文化与政治关系都有很大启发",而狂欢节概念包含的文化转型期意识形态冲突观则对我们启迪更多。

在阐述狂欢节的政治寓意对中国问题的启发时,刘康特意比较了巴赫金的狂欢节与中国的"文革"现象。狂欢理论一出,曾吸引了不少评者去欣喜地附庸解释中国"文革"现象。在刘康看来,如果借用巴氏的狂欢节概念来论述中国的这一特殊历史现象,"很可能是一种历史的误读"。表面上看"文革"的确有许多狂欢节成分,如平民大众性和全民参与性,在公众广场上大众对"走资派"们的公开羞辱,也颇类似狂欢节的"脱冕"、"加冕"场景,然而中国的"文革"又绝非巴赫金所构想、描述的拉伯雷的狂欢节,"中国的'文革'是中国政治的最高权威所亲自发动和领导的一场政治运动,与巴赫金所说的平民大众、自发自愿的狂欢节完全是南辕北辙"②。"文革"的错综复杂需要做多层面的反思,刘康的比较,让我们从这一层面反思了"文革"事件的政治革命的性质,以及同巴氏的狂欢在表面类似下本质的不同。刘康也借此告诉我们,对巴赫金狂欢节概念的理解,不应该拘泥于直接的政治社会事件。

刘康指出,巴赫金的文化转型理论,语言杂多是核心,狂欢节是语言杂多的特例。文化转型期的任何一个话语中都包含着语言杂多,即中心与非中心话语的对话、抗衡,从而使二元对立思维方式陷入困境,这是狂欢节可能的政

---

① Terry Eagleton, "Bakhtin, Schopenhauer, Kundera," in K. Hirschkop and D. Shepherd, eds. *Bakhtin and Cultural Theory*, P179,转引自刘康《对话的喧声——巴赫金的文化转型理论》,第 191 页。

② 刘康:《对话的喧声——巴赫金的文化转型理论》,中国人民大学出版社 1995 年版,第 199 页。

治内涵所在,也使狂欢节的两大特征——公众广场和大众文化具有了突出的政治意义。

(2) 文化与审美

狂欢节的核心是民间文化、大众文化对肉体感官欲望的弘扬和对神学、形而上学的颠覆和嘲讽。狂欢节作为文化转型期离心与向心力冲突的宣泄口和语言杂多现象的特殊表征,起了联结、沟通大众文化与精英文化的枢纽作用。狂欢节体现了大众文化的审美趣味,寄托着大众文化的乌托邦理想。刘康反复强调狂欢节概念的核心是"大众文化",而在巴赫金,所用的主要是"民间文化"一词,刘康对两者作了澄清和沟通,他指出虽然现代大众文化主要与工业文明、城市文化和商品化有关,但巴赫金笔下的狂欢节民间文化"已不可避免地染上了现代市民社会的色彩",已具有大众文化特性(如狂欢节的主要场所是城市中的公众广场),巴赫金所做的努力,就是让精英文化与大众文化对话,他笔下的狂欢节,就具有如此功能。

"肉体的低下部位"和"肉体的物质性原则"是巴赫金对拉伯雷创造的狂欢节世界的美学特征的概括。狂欢节的肉体形象富有生机、积极向上,公开性和开放性是其主要标志。巴赫金将社会对话和交流的本质与肉体的开放性和生成性联系起来,他强调的是肉体形象的两个主要方面,即饮食与性爱的文化功能,肉体形象由此而具有与世界沟通交流的重要文化作用。巴赫金认为狂欢节的肉体形象体现了生命强大的创造力和开放性,是大众文化中的精华而不是糟粕,他的狂欢节理论高度肯定大众文化的审美趣味,即对肉体感官欲望的追求。这种追求在巴赫金眼中积极向上、富有生机,表现了文化转型时期的文化离心力的强大而健康的主导力量。拉伯雷作品中的文艺复兴时代的狂欢节为巴赫金提供了一个文化与审美的新角度。

(3) 语言与形式

文化转型需要相应的语言形式来与之配合,巴赫金的狂欢节、狂欢化提出了文化转型期开放性本文的概念,而对开放型本文的论述又来自于狂欢化的语言,他从梅尼普讽刺、戏拟和怪诞现实主义诸方面阐述了他狂欢化的语言的观点。狂欢节语言是欢乐笑谑、充满幽默感的大众语言,是大众文化的化身。巴赫金对狂欢节语言的理论概括,包括拉伯雷的公众广场的大众语言和陀思妥耶夫斯基的梅尼普讽刺两方面。拉伯雷的狂欢节世界由公众广场上的大众语言所创造,大众语言是文艺复兴时代各民族的方言俚语,大众文化和方言对

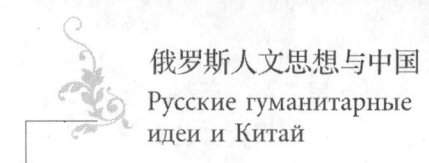

官方语言拉丁语浸入、渗透,冲垮了一元统一的中心权威话语。这是文艺复兴这个文化转型期的突出文化现象,巴赫金把大众文化和方言看成转型期积极革命力量,推动了转型期语言杂多和多元倾向。

刘康指出,拉伯雷的公众广场的大众语言是大众文化"他者"之声向精英文化的公开挑战,陀思妥耶夫斯基的梅尼普讽刺则是精英文化内部的大众文化、反文化的"复调",是精英文化内部出现的"他者"声音,梅尼普讽刺是狂欢化的典型文体,体现了狂欢节精神与文化风格。

刘康最后的结论是,只有在文化转型这个理论框架下,我们才能较全面地把握巴赫金的这些概念,并循着他的文化转型期语言杂多的文化逻辑,作新的开拓与延展。

从刘康的以上阐述我们看到,他论证巴赫金文化转型理论的落足点是狂欢节理论,狂欢节理论是语言杂多的文化转型理论的重要内容,具有"举足轻重的意义"。他也主要从狂欢理论的角度来分析、印证中国转型期的诸种文化特性。

(三)狂欢节与中国现代文化转型

狂欢节的两大主题是文化革命和文化转型,这是巴赫金对不同文化在不同历史转型期所表现出来的普遍性和规律性的理论抽象。依刘康之见,狂欢节理论对于理解中国近现代文化的历史变迁与转型极具启发意义。文化革命是中国近现代历史的主旋律,这些"革命"常常"有着狂欢节的戏剧性效果和场景",文化转型贯穿其中,呈现不断发展变化的开放性、未完成性,体现出语言杂多的狂欢节精神,"从文化革命和文化转型两方面来看,我们都可以认为中国近现代文化史中蕴含着巴赫金所说的狂欢节因素"[①],但如何运用狂欢节概念及其文化逻辑来把握中国现代文化"狂欢节因素"则面临不少困难,"将狂欢节概念引入对中国现代文化的分析中,很可能是一种历史的误读。但这种误读又将是创造性的,启发性的,因此是很值得尝试的"[②]。

刘康就从这两方面入手思考了中国现代文化与狂欢节的关系:一是中国现代文化的"革命性"与狂欢节关系;二是狂欢节与大众文化和公共空间的文学问题。后者是文化转型期的突出问题,中国90年代出现了商品化、市场化

---

① 刘康:《对话的喧声——巴赫金的文化转型理论》,中国人民大学出版社1995年版,第224页。
② 刘康:《对话的喧声——巴赫金的文化转型理论》,中国人民大学出版社1995年版,第225页。

经济大潮引导下的大众文化热,这一现象"为我们提出了很多新课题"。

狂欢节的文化逻辑为我们打开了一条理解文化转型期错综复杂现象的亦此亦彼,你中有我,我中有你的新思路。这个思路,对于分析和重写中国现代文化史以及审视、评价中国当代文化发展,均有启发性。①

刘康顺着巴赫金的思路,对中国现代文化的"革命性"和大众文化崛起这两个方面做了狂欢化解读。

"革命"是中国现代文化的一个主导话语。"五四"新文学传统就是中国现代文化"革命性"的艺术表现。"革命"这一话语内部包含着极其丰富的历史内容,在某一层面,革命是"被压抑的欲望的爆发与陶醉",革命还是对生命的暴力毁灭、对现有世界的颠覆,革命与"肉体的物质性原则"、肉体和感性欲望、"卑贱化"、生命的死亡与生成都息息相关,还有革命的开放性与未完成性,狂欢节的概念也许可以帮助我们理解革命的这些层面。

刘康指出,中国新文学传统充满着对革命和肉体肢解、毁灭、肉体欲望的爆发与迷狂的描写。肉体形象是中国现代文学的一个主要形象,如郁达夫、茅盾、丁玲的作品。这些肉体形象"主要是一种借喻,用于表现现代作家对传统的批判和对社会革命的希冀"②。巴赫金所言的狂欢节的"肉体的物质性原则"并未成为小说的审美原则,因此中国现代文学中的狂欢节风格一般不甚强烈,"肉体欲望的狂欢化语言往往为革命的崇高风格及形式所置换和掩饰"③。只是在抗战年代,"东北作家群"和"七月派作家"分别以萧红和路翎的创作为代表,使肉体感性欲望成为作品的审美原则。

鲁迅作品作为转型期中国现代文学中最丰富复杂的创作,其中蕴含多层次的语言杂多内涵,需要多角度把握,如《阿Q正传》中关于"革命"的话语就具有狂欢化的话语特征,并成为作品的主导话语(而阿Q的革命要求也含有肉体欲望),体现了鲁迅对革命的"狂欢节"特征的认同。革命与肉体欲望的审美主题在抗战的40年代,在萧红和路翎的创作中有新的发展。萧红的《生死场》是"一曲赞美肉体物质性原则和讴歌生和死的狂欢节之歌",作品充满

---

① 刘康:《对话的喧声——巴赫金的文化转型理论》,中国人民大学出版社1995年版,第226页。
② 刘康:《对话的喧声——巴赫金的文化转型理论》,中国人民大学出版社1995年版,第228页。
③ 刘康:《对话的喧声——巴赫金的文化转型理论》,中国人民大学出版社1995年版,第228页。

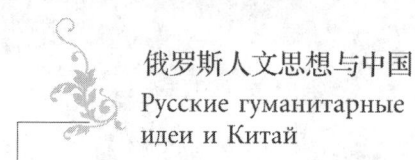

在特定时代氛围下对生的痛苦和欢乐与死亡的恐惧和悲惨,通过女性主体肉体感官的直接体验而构成了生生死死的"广场"。萧红用狂欢化语言构成这个想象的广场,与帝国主义侵略和传统父权文化作抗争。路翎《饥饿的郭素娥》亦以女性的肉体感性欲望为叙述主体,展现了相似的革命与肉体欲望的狂欢化主题。路翎的叙述风格是各种语言立场交错的"复调"或"双声语"风格,在作品中更直接诉诸民间文化的舞龙狂欢场面,来营造肉体感性欲望的激情与宣泄的气氛。

这种狂欢化语言为80年代"寻根小说"中的莫言的作品所承继和嬗变。莫言透过历史的距离,来回溯革命和暴力中的生命力,借助狂欢化的语言重建一个想象的革命与暴力的现实。莫言小说语言的狂欢化特征,是他"对革命与暴力、'肉体的物质性原则'、'卑贱化'主题的联系和把握,突出体现了文化转型期的多面性"①。莫言的语言极端渲染夸张,刻意追求狂欢与怪诞的效果,具有拉伯雷怪诞现实主义的特征。1980年代是文化反思的年代,也是文化转型的新高潮,和这个年代的其他寻根派作家以及先锋派作家一样,莫言"以弘扬被压抑和肢解多年的肉体感性欲望的狂欢节语言,来实现文化的批判和重建"②。可以说,莫言塑造的是"革命狂欢节"的形象,"革命狂欢节"的语言是反叛、颠覆与重建的语言。

1980年代中国文化整体上是启蒙、反思、批判的精英文化特征,到90年代则是大众文化崛起并占据绝对主导地位。面对滔滔而至的大众文化潮流,法兰克福学派的"文化工业"批判理论,以及西方后现代文化理论都曾成为学术界思考大众文化热潮的理论依据,产生众多重要的研究著作。但刘康以为,这些理论不一定能够解释清楚中国当代文化的变迁,他判断中国当代文化正处于一个新的历史转型期,巴赫金的理论尤其是语言杂多和狂欢节理论,所启发的思路为我们思考中国当代文化提供了更为广阔的视野。

> 巴赫金的狂欢节理论,为我们提供了一种从文化转型历史角度来思索大众文化的视界,有助于理解大众文化在中国90年代这个特定历史时期的积极与正面意义。③

---

① 刘康:《对话的喧声——巴赫金的文化转型理论》,中国人民大学出版社1995年版,第233页。
② 刘康:《对话的喧声——巴赫金的文化转型理论》,中国人民大学出版社1995年版,第234页。
③ 刘康:《对话的喧声——巴赫金的文化转型理论》,中国人民大学出版社1995年版,第237页。

他借用巴赫金文化转型理论术语,概括中国当代文化是"小说化"的文化,即各种话语和价值体系冲撞、对话,呈现出语言杂多、众声喧哗的局面。

如果说80年代莫言等的作品"对中国现代的革命传统和革命的文化话语作了深刻而透彻的批判,创造了'革命狂欢节'式的先锋派语言",那么1990年代初风靡的则是王朔的在精英与大众、雅与俗之间游移的调侃式语言,"王朔的创作为中国当代小说的语言杂多增添了新的声音"。透过王朔的痞子式话语,"卑贱化"和"肉体的物质性原则"的狂欢化倾向比"革命狂欢节"语言更为强烈。

刘康又分析了在1993年成为批评界热门话题的两部长篇:《废都》和《白鹿原》。他认为这两部小说"表现了中国当代作家对于文化转型中的大众文化崛起的不同态度",小说本身也为当代文化的"小说化"倾向提供了精彩的文本。《废都》描述的是知识分子在当代中国文化变迁中的经历和心路历程,刘康认为作者贾平凹的立场是"对大众文化的根本追求而非拒绝",很不同于先锋作家精英意识的自觉,小说中不仅充斥着迎合大众趣味的性描写,也充满着传统与现代、精英与大众的话语纠缠,而且叙述语言上刻意戏拟古典白话小说,这些使该小说的"狂欢化"意识很鲜明,也"淋漓尽致地展现了当代文化'狂欢化'与'小说化'的趋向"。《白鹿原》这部史诗般的宏著力图"以肉体感性欲望为基石"重构民族文化的传统神话,除了也有大量的迎合大众趣味的性描写,"肉体的低下部位"也被作者的叙述尽情夸张渲染,透露出与大众文化认同的信息,陈忠实的神话重构,也是有意识将其狂欢节语言与大众文化的主导相互连结。

巴赫金的对话理论是建设性的理论,语言杂多和狂欢节均蕴含着创造的勃勃生机。刘康也照收了巴赫金积极的狂欢节精神,赋予当代中国文化以乐观前景:中国当代文化正处于众声喧哗、语言杂多的转型期,精英文化与大众文化构成"复调"对话的并存状况,狂欢节对肉体感性欲望的肯定和对生命创造力的赞扬成为文化的主旋律,也是大众文化的主要表现,文化转型给中国社会带来巨变,各种话语和价值体系撞击对话的语言杂多,以及狂欢节精神的开放性、未完成性、生命力和创造力,都使当代中国文化在紊乱无序中又充满生机。

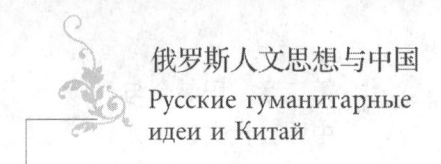

小结

国内对巴赫金理论在文化批评上的运用是广泛的,这其中最为典型的就是刘康。巴赫金理论作为异国语境中产生的外来话语,如何能有效解释中国当代文化现象,刘康找到的连结二者的关节点就是"文化转型"——当代社会的种种迹象都表明中国正处于新的文化转型期,而巴赫金理论正是一种文化转型期理论,巴赫金理论开放多元、允许他者和差异性存在的思维方式呈现出文化转型特有的特点,因此借以为用就"正当时机"。狂欢理论是巴赫金文化转型理论的重要内容,众声喧哗、语言杂多(和狂欢)是刘康所抓住的巴赫金理论的几个要点,这成为他阐释中国文化转型现象的核心和起点。刘康在文本分析中来验证革命性和大众文化这些狂欢节精神的表征,由此验证中国现代文化转型期的狂欢节特征。然而也必须指出,虽然刘康一再强调他是在"文化转型"的理论大框架下重新阐释和借用巴氏理论,但用巴氏狂欢理论来解释中国当代杂多的文化现象,不免遮蔽了一些差异和特性,以及它们之间的本质区别。

巴赫金的狂欢理论来源于欧洲中世纪和文艺复兴时期的狂欢节文化,具有民间文化性质,而中国当代主导文化是大众文化,也就是一种城市大众的消费文化,两种文化特质有众多不同,不能混为一谈。当然刘康也明确意识到这一点,并且努力作了沟通,他认为文艺复兴时期和中国当代都处于文化转型期,出现了一些相似的文化现象,两个时期文化现象背后也有共通的精神内涵,如最具特征的就是边缘话语、多元杂语对中心话语的对抗,推动多元话语的交流发展,只是随着历史语境的转变,这种推动力量也改变。按刘康之意,就是由民间文化变身为大众文化,文艺复兴时期的民间文化已在向城市化和大众文化迈进。现在所用的大众文化概念多是一种以消费为特征以城市化为背景的,但从宽泛意义上说,民间文化就其主体来说也是一种大众文化,从大众文化参与主体来说,狂欢节也具有大众文化的特征。

刘康用狂欢化来描述中国文化的转型,指出民间文化向大众文化变身的必然趋势,但我们看到,在后现代语境下,民间文化并未就变身为大众文化,它依然扎根于民间,在很大程度上保持着独立性,并发出自己独特的声音。而事实上,当今中国文化中,大众文化在与其他文化的对比中已经自发地占据了主导地位,精英文化和民间文化被排挤到边缘,虽然它们共同构成多语,对抗官方文化这个中心权威,但话语之间力量并不均衡平等,大众文化无疑是其中的主导。巴赫金将民间文化中充满反叛精神的狂欢节视为社会生活中语言杂多现象的一个特例,用它寄寓了巴赫金的乌托邦理想主义,刘康对中国当代文化状况的语言杂多和狂欢叙述的美好展望,也多少存在理想化的倾向。

借鉴巴赫金狂欢杂语理论探讨中国当今文化现象,其价值显而易见,但也产生了一些值得注意的问题。从表面看,利用巴赫金理论来剖析中国文化现象,某些问题得到了似乎合理的解答,然而一旦触及问题深层,包括问题的多样性、复杂性、特殊性,就力不能及或似是而非,使巴赫金理论的有效性受到质疑。

总的看来,对于狂欢理论,虽然中国批评界从中发掘出众多内涵,但在运用时多只是表现形式上的类比,比如和中国自1990年代的文化转型表现出的狂欢化特征的类比,它与巴赫金从拉伯雷笔下解读到的狂欢化有相通之处,但二者的精神实质并不一致,所以运用中难免会貌合神离,因为现象的表面相似往往蕴涵着内质的深刻差异。巴赫金的学说思想无论是对话还是狂欢理论都贯穿着一种哲学观和社会政治寓意,其旨归是反对斯大林极权专制,颠覆一元话语霸权,倡导多元思想价值观的平等共存、沟通交流,不乏乌托邦的民主政治理想。弘扬民间鲜活和生命力,与官方对抗。语言杂多、众声喧哗、复调、对话、双声语、加冕脱冕、狂欢化世界感受,诸种巴赫金独创性术语在各自美学的表征下都具有独特的文化精神内涵。

伴随着社会的变革转型,文化领域的解放,中国当代文化呈现出丰富的多样性,传统理论尴尬失语,而西方社会曾经和正在经历的文化景象,与中国文化现状的多种重合,给了国内批评界无穷灵感,西方盛行的文化理论就成为他们基于相似的文化景象之上的一种话语选择,如后现代主义、解构主义以及巴赫金的文化理论。国内研究者在接受这些外来理论成果时,也对其进行了基于本土文化土壤的话语变形和"误读"。国内学界对巴赫金理论的借用主要表现为一种话语策略和阐释方式,例如在大众文化分析上的运用,在"文革"现象描述上的运用,都只是话语策略、现象的比附,与狂欢精神的实质不符。但用它们作为中国当代文论的一股新的带有"异己"意味的力量,也给当代文学批评带来生机和活力,成为中国研究者思考当今文化语境的理论参照。

巴赫金理论在国内文化批评中的运用主要集中于狂欢化理论,当代文学批评中对狂欢化理论的运用主要涉及以下领域:文学创作中的狂欢化因素,大

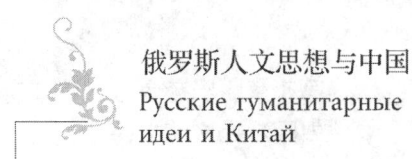

众文化研究、民间文化(民俗学)研究、1990年代文化转型。这几个方面的批评实践使巴赫金狂欢理论更显得面貌繁多,难以把握,不知究竟哪个层面的运用才更贴近巴氏狂欢理论。程正民在其巴赫金研究专著中将狂欢概念分为三个层面:节日狂欢、文学狂欢化、意识形态狂欢化。他的阐释有助于我们理解存在于中国当代文学批评实践中的几个领域都在使用的狂欢理论现象。节日狂欢是就日常生活现象和人类精神现象而言,即狂欢节这"第二种生活",它通过外在形式体现出一种内在精神——民众狂欢式的世界感受。文学狂欢化就是把狂欢节体现的狂欢式的世界感受用文学语言表现出来,所以,狂欢化文学就是狂欢式内容在文学领域里的渗透和文学语言的表达,狂欢化对文学的影响表现在体裁、艺术思维、语言等方面。意识形态狂欢化是文学狂欢化向意识形态领域的合理延伸,在意识形态领域展开思想精神的对话,意识形态的狂欢对话往往出现在社会转型期和文化转型期,原有的主流意识形态失去活力,出现新的意识形态并与旧的意识形态展开对话和交锋,出现众声喧哗的局面以及多语现象和杂语现象,欧洲文艺复兴时期就是这种意识形态狂欢化时期。

当代学界盛行的解读中国文化现状的理论话语策略是各种后现代理论,"后现代批评话语在理论与具体操作中所显露出的一些问题与世纪之交中国文化的转型息息相关"[①],巴赫金狂欢杂语理论的特性被视为后现代理论大潮中的一种,成为当今中国文化研究的理论工具之一。不管怎么说,这种中国文学批评中的新话语方式新思维模式的确令人耳目一新,文化研究者从中也找到了他们需要的相似性。

除此以外,巴赫金的狂欢和对话思想,还深深地影响着中国的文化批评学者的思维方式,并促使他们把平等对话的思想贯彻到实际的学术行为中。周宪在其主编的《世纪之交的文化景观——中国当代审美文化的多元透视》(上海远东出版社,1998)导论"文化与文化批判"中的一段话可以作为受这种影响的典型代表:他认为真正的文化批判精神不但是和文化实践进行对话,也是批判者之间乃至自身的对话。

> 如果我们从巴赫金的对话主义来看,真正的文化批判又是一种思想之间的对话,而思想所以具有生命,乃是由于一个思想和另一个思想之间

---

① 谭桂林:《转型期中国审美文化批判》,江苏文艺出版社2001年版,第282页。

形成了对话。……本书的写作正是贯彻了这样的思路,不同的章节之间,以及撰写者之间,并不强求某种统一的共识和原则,而是充分地保持各自独特的视角和言说方式,因而构成某种内在的对话性。这种对话性不仅体现在坚持批判立场基础上的不同话语,而且还反映在本书坚持一种多学科的综合研究方法论。参与本书写作的学者来自哲学、美学、文学和社会学等不同学科,虽然共同的主题是中国当代审美文化研究,但依据各自学术背景和知识结构的独特性,对同一主题的理解和解释却各有不同。这种多学科的研究是当代学术整合的必然趋势,也是形成学科间对话并萌发新观念的重要途径。借用巴赫金的概念来说,这是一种'复调',各种声音保持着自己的独立性,而且互不混淆。①

周宪的这段话体现出一种和钱中文一致的、在学术界推行民主对话的思想,这和中国的"百花齐放,百家争鸣"一样,都致力于一种新的宽松的学术气氛的营造,只不过由于借鉴了民间狂欢的理论术语,使其不同于官方的文化政策的推广,而带有了更为丰富的生机和活力,仅就这一点来看,巴赫金就带给了中国学界无尽的精神财富。

结语

历时20余年的中国巴赫金研究堪称规模宏大,巴赫金理论思想对中国当代文艺批评影响深广。如潮水般涌入中国的众多西方理论思潮及批评流派,何以对巴赫金理论的研究运用高潮迭起并持续至今,影响波及如此广泛,巴赫金热潮的背后有着怎样的原因,这是我们所关心的。

现代文学研究专家杨义曾说,我们很有必要建立一种文学症候分析学,以探究文学研究和文学批评的"热点问题"背后的真实原因及其优劣长短的倾向②。中国批评界的"巴赫金热"也应该让我们做更多的思考。本节尝试对中国"巴赫金热"进行"症候分析",从文化传统和当前的多重语境中寻找巴赫金理论思想与中国文学现象的适洽性,为当代中国语境接受巴赫金理论的热情

---

① 周宪主编:《世纪之交的文化景观——中国当代审美文化的多元透视》,上海远东出版社1998年版,第7-8页。
② 杨义:《面向新世纪的中国文学学术》,载白烨选编《2000中国年度文论选》,漓江出版社2001年版,第59页。

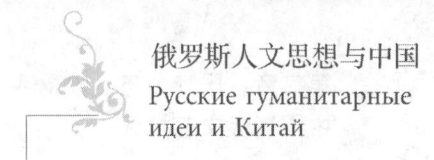

以及接受中的热点问题做出一种解释。

一、"对话"与"和而不同":巴赫金理论与中国文化传统的内在沟通

"对话"思想是巴赫金理论体系的核心,无论复调小说理论、狂欢化理论还是超语言学思想、外位性思想等都无一例外贯穿着"对话"精神,其内涵实质就是强调主体性、差异性、平等共存、相互交流、开放性等思想。中国文化向来以兼容并包和开放性为显著特征,中国的历史文化形态也大多呈现多元共存的状态,而中国传统文化的主导——儒家文化,其反映在儒家经典《论语》中的对自我主体、对他人的尊重,"仁"的包容性和开放性,尤其是以"和而不同"为核心的儒家精神传统,与巴氏对话思想相比照,两者内在精神有着明显的契合。

"和而不同"之语见于《论语·子路第十三》:"子曰:'君子和而不同,小人同而不和。'"这里,孔子将"和而不同"作为做人的根本原则提出。朱熹对此语作注曰:"和者,无乖戾之心。同者,有阿比之意。"[①]李泽厚《论语今读》译为:"君子和谐却不同一,小人同一却不和谐。"[②]李泽厚又为此句中的两个关键术语"和"与"同"作了详细选注。[③]他对此评论道,"君子和而不同,小人同而不和"与"君子群而不党"、"周而不比"等同义,即保持个体的特殊性和独立性才有社会和人际的和谐,(对于政治也是这样)"同"、"比"、"党"就容易失去或要求消灭这种独立性和差异性。李泽厚特意强调这种思想在现今语境具有重要意义,也就是它所包蕴的否定"一致"、"一律"、"一心",而吁求"多

---

① 朱熹:《四书章句集注》,中华书局1983年版,第147页。
② 李泽厚:《论语今读》,安徽文艺出版社1998年版,第318页。
③《集释》[郑语]史伯曰:夫和实生物,同则不继。先王以土与金、木、水、火杂,以成百物。是以和五味以调口,刚四支以卫体,和六律以聪耳……。聘后于异性,求财于有方,择臣取谏工而讲以多物,务和同也。声一无听,物一无文,味一无果,物一不讲。……晏子……对曰:如和羹焉。……先王之济五味和五声也,以平其心,成其政也。声亦如味,一气、二体、三类、四物、五声、六律、七音、八风、九歌,以相成也;清浊、小大、疾徐、哀乐、刚柔、迟速、高下、出入、周疏,以相济也。君子听之,以平其心,心平德和。《杨注》:"和"与"同"是春秋时代的两个常用术语,《左传昭公二十》所载晏子对齐景公批评梁丘据的话,和《国语郑语》所载史伯的话都解说得非常详细。"和"如五味的调和,八音的和谐,一定要有水、火、酱、醋各种不同的材料才能调和滋味;一定要有高下、长短、疾徐各种不同的声调才能使乐曲和谐。晏子说:"君臣亦然。君所谓可,而有否焉,臣献其否以成其可;君所谓否,而有可焉,臣献其可以去其否。"因此史伯也说,"以他平他谓之和。""同"就不如此,用晏子的话说:"君所谓可,据亦曰可;君所谓否,据亦曰否;若以水济水,谁能食之? 若琴瑟之专一,谁能听之? '同'之不可也如是。"见李泽厚:《论语今读》,安徽文艺出版社1998年版,第318—320页。

极"、"多元"、"多样化"发展的思想。他通过对诸家选注的分析,更深层剖析了"和"的内涵,指出"和"之于中国文化的地位:

> "和"的前提是承认、赞成、允许彼此有差异、有区别、有分歧,然后使这些差异、区别、分歧调整、配置、处理到某种适当的地位、情况、结构中,于是各得其所,而后整体便有"和"——和谐或发展。中国哲学一直强调"和",也即是强调"度",强调"过犹不及"和"中庸",其道理是一致的,此即所谓"吾道一以贯之"。这就是中国的辩证法(中庸、和、度、过犹不及)。[①]

从[注]中可以看出,"和"与"同"的概念的区别,在西周末年至东周时期就已出现,《国语·郑语》中明确提出的"和实生物,同则不继"强调的就是各种因素虽各有不同,但决不可能脱离相互的关系而孤立存在。孔子说"君子和而不同,小人同而不和"是做人的根本原则。儒家文化本质就是讲"和",它从自然界的规律变化中体察出宇宙万物的和谐相处,并将之推广到社会人生诸方面,成为至今仍有潜在影响的文化基因。儒家的"和"不是简单的同一,而是"和合",即包含着矛盾对立因素的异中之和,"和"的文化理想中蕴含着不同但和谐的"异",这就是儒家"和而不同"的思想。此后,"和而不同"成为中国传统文化的核心观念之一。

乐黛云也认为在当今多元文化时代,中国传统文化中的"和而不同"思想是一个可以提供重要价值的文化资源,在她的比较文学研究中,对这一思想的内涵意义作了相关阐释。她指出,"和"就是事物之间和谐有益的相互关系,"和而不同"原则认为事物虽各有不同,但决不可能脱离相互的关系而孤立存在,"和"的本义就是要探讨诸多不同因素在不同的关系网络中如何共处。在中国,儒家理论的基础是人和人的关系,道家理论的基础是人和自然的关系,都是在不同领域内探讨如何和谐共处的问题。"和"的主要精神就是要协调"不同",达到新的和谐统一,产生新的事物,这一事物又与其他事物构成新的不同,这使各个不同的事物都能得到新的发展。中国传统文化的最高理想是

[①] 李泽厚:《论语今读》,安徽文艺出版社1998年版,第320页。

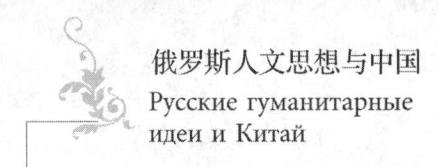

"万物并育而不相害,道并行而不相悖",就是一种"和"的追求①。这种在"适度"基础上,不断开放,不断追求新的和谐发展的精神,为多元文化共处提供了不尽的思想源泉。

寻求"多元共存"早已成为对当今时代的共识,中外学者为此纷纷寻找理论支撑和得以实现的方法途径,在众多荟萃的术语中,"对话"与"和而不同"分别成为出现频率最高的词,而大家对其不约而同的"拥戴"正来自二者所具有的内在精神的同构性,即尊重差别、相互理解、和谐共处、互动认知。

中国传统所强调的"和",就是使各自孤立的、不同的个体通过相互理解和尊重联结起来,成为一个保存着原有个体差异的群体。据乐黛云介绍,在2000年北京大学比较文学与比较文化研究所举办的"多元之美"国际学术研讨会上,法国比较文学大师巴柔特别强调了"和谐"("和实生物,同则不继")概念的重要性,指出"中国的'和而不同'原则定将成为重要的伦理资源,使我们能在第三个千年实现差别共存与相互尊重"②。同样,倡导巴赫金对话原则的论述也随处可见。除了我们所反复强调的平等、差异、开放、交流等思想,巴氏对话理论提出的一个重要认知方式,即从"他者"的视角来重新认识和发现自我的一种"外位性"的认知视点,被作为互动认知(reciprocal cognition)方式盛行于当世。其内在实质依然在"差别共存"上与"和而不同"原则具有一致性。可见,无论是维护一个多元文化的和谐社会还是为了认知方式本身发展的需要,"对话"与"和而不同"的同构特性使二者共同成为当前倍受推崇的理论资源和实现途径。

由以上阐述我们清晰地看到,中国传统文化中的"和而不同"思想的确与巴赫金倡导的对话思想有着异曲同工的精神本质。这使中国学界在接受巴赫金理论时会有种"集体无意识"式的共鸣,这种内在通约性也使得巴赫金理论和中国问题之间具有了一种解释上的适洽性,为巴赫金理论在中国文学批评中的运用提供了可行。

---

① 乐黛云:《比较文学与比较文化十讲》,复旦大学出版社2004年版,第35页。
② 乐黛云:《比较文学与比较文化十讲》,复旦大学出版社2004年版,第65页。

二、多重语境的需求：巴赫金理论对中国问题的特殊意义

1. 反拨一元话语

巴赫金虽然提出了许多富于创见的文论思想，但他一直强调自己是个哲学家，他是借助文论话语表达他的一种哲学观——对话，而这种对话的哲学观正来自他对所身处的现实环境的反抗。巴赫金生活在一个高度极权的专制时代，霸道的一元话语肆虐横行，根本谈不上言论自由，著述文字屡遭查禁、得不到出版，言谈话语稍有不慎即招来灭顶之灾。巴赫金即因言语文字屡屡致祸而一生坎坷。生存的困顿折磨更加激发了巴赫金对人类生存、人与人之间交往等哲学问题的深深思考。他找到了一种理想的方式——对话，在对话中，人与人之间平等交流，每个声音都受到尊重，每个不同的有差异的思想都得以存在，个人性、主体性被充分重视，在对话中，没有被尊奉的统一的权威话语，所有的主体都能够发出声音，语言杂多、众声喧哗，每一个主体都是差异性的个性存在，在对话中呈现的是民主、平等、自由的氛围。这是巴赫金渴求的社会政治文化和生存环境，是他在深深痛恨专制的现实环境下，以理想寄托的方式对政治专制和文化独白的有力反抗。自然他无法直接畅言他的对话的哲学思想，他转而求助于隐蔽的文学话语，将之渗入小说话语分析和狂欢节文化等的阐述中，通过文论思想的表述来"微言大义"，如此，我们就能充分理解巴赫金对杂语汇集的小说体裁的由衷偏爱，以及对狂欢节文化颠覆等级、消除距离的热情颂扬。

历史原因造就中俄两国在意识形态和文化语境上有多种相似，"语录"和"最高指示"的权威专制话语人们至今记忆犹新，还有马列文论长期的独步天下。在中国当代文化语境，经历了从1950年代"文艺为政治服务"的口号到六七十年代"文革"时期万声齐喑的知识分子，其心态又与巴赫金何其相似。禁锢知识分子已久的一元话语和独白思维使他们饱受其害，对宽松自由、畅所欲言的渴求几欲喷薄而出。巴赫金反驳一元话语的对话思想何尝不是他们追求和期待的理想之境。所以，在中国新时期的文艺理论重建的讨论中，面对巴赫金对话理论，钱中文顿生知遇之感，积极汲取巴赫金的对话思想，以对话作为破除积习已久的文化专制、建构多元开放的学术机制的方式，同时作为获取外来有价值的思想观念来激活本国文化传统、在中西交流互动中建设现代化的文艺理论体系的重要途径。这就是他倡导的交往对话的文学理论，而这一

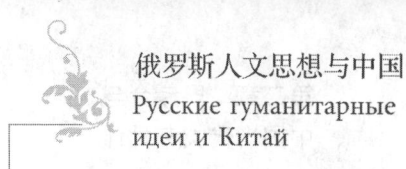

倡导也随即引起了中国当代文艺理论界的强烈共鸣,成为一种很有反响的文论现代化建设方案。

2. 应对文化转型

1990年代以来,随着市场经济在中国的确立,在商品化大潮的推动下,中国社会发生急剧变化,大众文化、通俗文化盛行,精英文化受到冲击,传统价值信仰失落,此外,信息时代的到来,网络化的全面渗入令文化载体和价值传播方式都根本转变,造成整个社会文化的失序与紊乱状况,知识界作为精英文化的主体,感到强烈的失落和迷茫。这种状况不仅是文化现象,对于文学创作也带来不小的冲击。批评界称之为中国社会新的文化转型期。面对这一时期的诸种情形,中国学界迫切需要从理论上进行分析把握,对现象作出有效合理的解释。除了借用西方法兰克福学派的"大众文化"和"文化工业"批判理论以及杰姆逊的后现代文化理论加以解读外,巴赫金理论对解决中国当前问题似乎带来了更多的启示。

刘康的研究旗帜鲜明地论述了巴赫金理论对中国当前问题的重要启示和特殊价值。刘康指明巴赫金提出的就是一种文化转型期的理论,他所阐述的狂欢化理论依据的就是欧洲中世纪至文艺复兴这一文化转型时期的民间狂欢节文化现象,被他称为"复调小说"的陀思妥耶夫斯基小说就诞生在各种价值观念碰撞、社会危机频频的俄罗斯社会文化断裂、转型时期。巴赫金对俄罗斯的文化转型是欢欣期待的,他认为在转型期多元价值观的涌动中,社会专制的铁幕和一元论中心思维被解构,各种价值观争夺话语权,形成众声喧哗、多元共存的局面,而这正是充满生机活力的时期。刘康指出中国与俄罗斯具有相类似的社会历史环境,中国由近代开始迄今为止,亦如俄罗斯一样一直处于文化的危机、转型和嬗变的大趋势之中。1990年代起,中国社会又迎来新的文化转型高潮。巴赫金所论述的开放、多层次、离心、对话式这些语言杂多的特征,在中国文化转型时期均有相应的表现。所以,刘康认为用巴赫金文化转型的理论把握来了解和认识中国近现代以至当代文化的转型都"十分贴切",并且认为作为一种转型期的文化理论,巴赫金思想对于中国当代文化的研究和思考"很有针对性",对解决中国问题的参照价值明显,狂欢节概念包含的文化转型期意识形态冲突观对于我们思考中国的文化与政治关系都有很大启发,刘康更指出,因为"巴赫金的理论植根于社会主义国家的文化经验,与马克思主义的思想体系一脉相承,这些对于我国学术界也有着特殊的意义"①。

此外,巴赫金理论的丰富内涵也与中国社会的当代语境有着多种"貌合",五光十色的当代文本世界,社会生活、都市生活的迷乱,世纪末情绪的宣泄,调侃、反讽、戏拟、嘲弄……诸种复杂感受,从表现形式到内容,对话狂欢理论似乎囊括了批评者面对当代面貌各异的文本世界时的诸种感受,所以倍受批评者的青睐。

借用陈晓明的话:人们用不同的理论话语来描述我们所置身于其中的这个时代。正如一些批评者指出的,一味用后现代颠覆性话语来看待中国当前的社会文化现状,并不符合中国迫切期待现代化转型的实际要求,对于研究者批评者来说,理论话语的选择应该适应社会发展的要求,而巴赫金理论的积极建构性姿态和开拓性精神,"在多元的求索中建构宽容的文化心态"(樊星语)也更适合中国当代语境的解读需求。

3. 解困批评话语

当代文学批评面对的是多样化现代化的文本创作,传统批评话语已必然不适。

> 无论从文化理论上如何阐释向"他者"认同和背弃传统付出了怎样的代价,"别求新声于异邦"毕竟已经成为百年来中国文化和文学发展的一个史实。仅以文学理论上看,中国传统文学理论的诸多概念如气、理、趣、道、风骨、意境、神思等几乎已经绝迹,除了专门性的著作外,在具体的文学评论实践中几乎已完全丧失了生命力。代之而起的则是如写实、表现、再现、形象、现实主义、浪漫主义、现代主义、后现代主义以及各种西方现代批评术语。②

孟繁华的此番描述向我们呈现了一个无可更改的批评现状,就是面对变化中的中国文学,旧有的理论已经无法有效解释这些新的文学景观,寻找新的理论支持在所难免,借鉴引用西方理论为批评武器已是历史的必然。

由于批评界长期陷于批评武器和话语资源匮乏的困境,也一直承受着批

---

① 刘康:《对话的喧声——巴赫金的文化转型理论》,中国人民大学出版社1995年版,第21页。
② 孟繁华:《众神狂欢——世纪之交的中国文化现象》,今日中国出版社1997年版,第258页。

评滞后于文学创作的指责,所以当80年代起国内大规模译介西方理论后,批评界蜂拥而上,对这些新鲜多样的理论武器形成哄抢之势。精神分析法、结构主义叙事分析、神话原型批评、形式主义、女权主义、后殖民主义等等都被拿来在批评实践中操作一番,一时令人眼花缭乱、目不暇接。这些名目繁多的外来理论武器在运用过程中,有些频遭攻击,有些悄然退场,更多的只在局部研究领域发生影响,大概只有巴赫金理论被运用得如此"轰动",似乎还有愈演愈烈之势。当然我们并不是说引进的西方理论武器中唯有巴赫金理论独领风骚,而是说相比较而言,巴赫金理论在中国当代文艺批评中是被最广泛运用的西方理论,从古典文学著作到现当代文学现象,从小说体裁到诗歌、散文、影视、戏剧,从语言学到民俗社会学,从文本批评到文化研究,都可以见到巴赫金理论在一展身手。

对于这一现象的思考,应该看到首先是巴赫金理论自身富于开拓性创见性的观点的确给予中国批评界多重启发,有利于他们做拓展性的研究批评,例如复调小说理论和狂欢化理论,造就了诸多研究中的新见新论,一时带给研究者们多少运用的欢欣。文艺理论界在中国文论的现代转换的讨论中,巴赫金的对话思想就为如何连接传统与现代提供了可行性思路。其次还因为巴赫金文论思想特殊的生成方式,他不是先有哲学观念和理论思想再以文本去验证,像存在主义文论观那样,而是在文本的细读和具体分析中提升出理论,这样,他的理论就具有很强的可操作性,如对小说话语的分析:大型对话、微型对话、潜对话,对狂欢化形式的分析:狂欢广场、肉体形象、丑角人物、戏谑语言等,都有非常细致详尽的分析操作,很容易拿到其他文本中做对应式的比附、生发,使批评者们乐于为用,成为他们得心应手的批评工具。

除了国内批评界自身的特殊需求,中国的"巴赫金热"也是国外研究热潮的波及。中国当代文论思想及批评深受西方影响也紧跟西方潮流,追求一种世界语境的同步。20世纪七八十年代,西方学界由于自身发展和文化实践的需要兴盛而起"巴赫金热",随后蔓延而至全球范围。在这种情形下,中国学界开始了引进介绍巴赫金理论的庞大工程,而国内巴赫金研究出现的一些热点问题,如语言学研究、文化研究,某种程度上也是与西方学界同步的结果。如今,巴赫金理论广泛影响着当代世界的人文思想。

需要指出的是,批评界对某种理论武器的热用并非一定就是好的现象,正如西方理论在中国文学批评实践中出现诸多问题一样,巴赫金理论的热用中也有不少误区,这对巴赫金在中国的理解接受和中国的文学批评都有损害。国内最早的巴赫金译介者夏仲翼先生,就曾表示现在批评界的巴赫金运用是过热,给予巴赫金的头衔太大,把巴赫金神秘化了,批评界更多是在拿热门的话题说事,不一定就是巴赫金的本意。他认为巴赫金最大的贡献还是他的小说理论,是他对陀思妥耶夫斯基小说的独特分析,巴赫金的主要功绩还在陀氏研究的突破,他最本质最合适最朴素平实的定位还是"小说理论家"。总之,面对国内学界的"巴赫金热",我们应该持有理智冷静的态度,对形形色色的研究运用,必须认真鉴别、清理,作出总结评析。

第三章　艾亨鲍姆的"形式论"诗学及其哲学基础

鲍里斯·米哈依洛维奇·艾亨鲍姆（1886—1959）是20世纪著名文学史家、文艺理论家，也是文艺流派"形式论"学派分支"奥波亚兹"[①]的著名代表人物之一，曾与什克洛夫斯基、蒂尼亚诺夫一起被誉为"革命的三套马车"。在一生孜孜不倦的研究中，艾亨鲍姆以西方认识论哲学为指导，借鉴了西方实证主义方法与俄国象征派的语言学方法，创造性地建构了自己的"形式论"诗学。艾亨鲍姆的理论探索从来都是与文学史研究密切相连的，在研究了一大批作家的诗歌、小说之后，艾亨鲍姆认为，文学是独立自足的整体，是有机运动的系统，文学的发展就是新的艺术手法代替失去效用的旧手法的过程。据此，艾亨鲍姆提出了自己的文学系统观和文学演变观，可以说，"系统"和"运动"是艾亨鲍姆的"形式论"诗学的核心内容。1920年代，艾亨鲍姆还尝试将文学理论运用于电影研究，为俄苏"形式论"学派创建电影诗学作出了贡献。

第一节　艾亨鲍姆的"形式论"诗学

一、文学系统观

"文学是一门独立自主的系统科学"这一观念是俄苏"形式论"学派的理论基础，是其一切学说的出发点。在讨论"形式论"学派的文学系统观时，不

[①] "诗歌语言研究会"的俄文缩写名称的音译，即 ОПОЯЗ: Общество по изучению стихотворного языка。

第三章　艾亨鲍姆的"形式论"诗学及其哲学基础

少学者,如汉森·廖韦、彼得·斯坦纳等都认为这个思想是蒂尼亚诺夫首创的,论据是蒂尼亚诺夫在 1924 年发表的专著《诗歌语言问题》中曾详细探讨作品的系统本质。在阅读过艾亨鲍姆的论著之后,我们发现,其实早在 1915 年,艾亨鲍姆在《关于中学文学学习的一些原则》一文中就已提出"文学作为一个系统"这一观念,1918 年在《果戈理的〈外套〉是怎样写成的》这篇论文中艾亨鲍姆则有力地论证了文学系统观。

艾亨鲍姆对文学系统观的阐发以"形式论"学派中早期诗语观为出发点。"形式论"学者们早期对诗语、语音的关注是其文学研究的基本出发点,他们对语言进行了分类,并将语言学与文学结合起来进行探讨研究,这一思想为艾亨鲍姆形成自己的文学系统观提供了理论原则。

俄苏"形式论"学者大多是著名语言学家博杜恩·德·库尔特内的弟子。他们既钟情于语言学,又对文学很感兴趣,自然非常关注文学语言尤其是诗歌语言特质的研究。雅库宾斯基曾对诗歌语音的自主性进行了尝试性探讨,他首先指出,应当依据说话使用语言材料的目的来对语言现象分类。在雅库宾斯基那里,语言现象被分为"实用语"和"诗语"两大类。前者的语音不具备独立的价值,只是交际工具,后者的语音则具有独立的价值;前者的审美色彩是中性的,因此在普通的交际行为中,当听者明白说者所指时,允许出现说话目的和说话本身之间差异的存在,也就是允许存在"随意的"口语,而在后者中却是另一番景象:这里所有的语音都必须经过严格检验方可进入"意识域"。什克洛夫斯基则区分为"散文语"与"诗语"。在他看来,前者是规范的普通语言,后者是对前者进行加工并使之"奇特化"的语言,是一种艺术语言。"建立科学的诗学,必须从根据大量事实实际上承认'诗的'语言和'散文的'语言的区别、它们的规律不同开始,必须从分析这些区别入手。"[①]在《论诗歌和无意义语》中,什克洛夫斯基明确表示,在某些语言形态中,语音的地位是高于意义的。"……人们需要语言不仅仅是为了用它们表达思想,甚至也不是为了用词语来代替词语……人们需要的是超越意义的词语。"[②]而"无意义语"正符合某种深刻的心理需求,因此它的使用成为了一种普遍的语言现象。托马舍

[①] 什克洛夫斯基:《波捷布尼亚》,载《诗语理论集》,彼得格勒 1909 年。转引自艾亨鲍姆:《"形式主义方法"论》,丁由译,载张捷编选:《十月革命前后苏联文学流派》,上海译文出版社 1998 年版,第 221 页。

[②] Шкловский В. Б. Сборник по теории поэтического языка. Пг., 1916. С. 2-35.

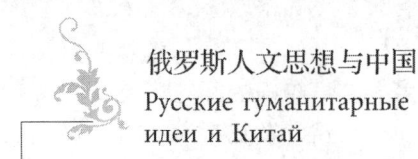

夫斯基指出,实用语广泛存在于人类的日常生活中,具有实用目的,"在日常生活中,词语通常是传递消息的手段,即具有交际功能。说话的目的是向对方表达我们的思想。……所以我们不甚计较句子结构的选择,只要能表达明白,我们乐于采用任何一种表达形式。"①而在文学作品中,诗语注重的是词语的选择和搭配,"比起日常实用语言来,它更加重视表现本身。表达是交流的外壳,同时又是交流不可分割的部分。这种对表达的高度重视被称为表达意向。"②托马舍夫斯基认为,"实用语"与"诗语"的区别就在于是否具有"表达意向",包含"表达意向"的话语是"诗语",不包含"表达意向"的是"实用语"。在日尔蒙斯基那里,语言被分为实用语、科学语、演说语、诗语等。实用语与科学语相接近,都是尽可能准确地表达思想,诗语则与演说语相近,都具有艺术功能。

"形式论"学者对实用语与诗语的划分启发了艾亨鲍姆。这一时期艾亨鲍姆尚未加入"形式论"学派,他正处于学术道路的十字路口,虽然宣称文学研究应当是独立的学科,但在评论文学现象时,仍然考虑作者的世界观和时代背景与作品的联系。"形式论"学者的诗语观正是艾亨鲍姆思考过的,给他留下了深刻的印象。1916年10月在评论"奥波亚兹"的文集时,艾亨鲍姆认为,从目的论来看,把语言现象划分为"实用语"和"诗语"两个系统是非常有说服力的。在其他文章中,艾亨鲍姆也阐述了对诗语的看法:"……诗有别于非诗之处,恰恰在于它的语音系列的特点而非语义系列的……。可以断言,在诗语构成中,发音的(发音动作的)和语音的表现具有首要意义。如果事情果真如此,那么,日常用语对诗人来说就是一种材料,诗人能够在这种材料的本质中揭示出其在自动化运用过程中被遮蔽了的一面。"③

1918年,艾亨鲍姆撰写了《果戈理的〈外套〉是怎样写成的》一文(后被收进1919年出版的第三本"奥波亚兹"文集《诗学》),分析了果戈理的小说《外套》的情节分布技巧和词语语音修辞问题,阐明了自己的文学系统观。可以说,正是在"系统"与"情节"的问题上,"形式论"学者从研究诗歌语言过渡到

---

① 托马舍夫斯基:《艺术语与实用语》,载什克洛夫斯基等著:《俄国形式主义文论选》,方珊等译,三联书店1989年版,第83页。
② 托马舍夫斯基:《艺术语与实用语》,载什克洛夫斯基等著:《俄国形式主义文论选》,方珊等译,三联书店1989年版,第83页。
③ Эйхенбаум Б. М. О литературе: Работы разных лет. М., 1987. С. 335.

第三章 艾亨鲍姆的"形式论"诗学及其哲学基础

了研究作品的诗学结构,诚如巴赫金所言,艾亨鲍姆的《果戈理的〈外套〉是怎样写成的》是"形式主义者研究诗歌作品结构的第一部著作"①。在这篇文章中艾亨鲍姆仍以语言及其成分作为切入点,并在语言的视野中观照作品结构。艾亨鲍姆首先从整体上考察了果戈理的作品,认为它们都普遍缺乏情节,通常从某种滑稽的情景出发进行直接叙述,这种直接叙述构成了作品的基础,它分为"叙事式"的叙述和"表演式"的叙述,前者只限于一些玩笑、同音异义词文字游戏,后者则包括模仿和手势之类的手法、滑稽奇特的发音、字母或音节的次序颠倒、古怪的句法安排等等,这里直接叙述不再是普通的言语表达,而是一种通过模仿和发音再现词句的手法,作家在选择和连接句子时不大考虑话语的逻辑性,而更强调话语的表现力原则,发音、模仿、有声的动作开始具有特别的意义。"在果戈里的语言里,一个词的声音外壳、声学特点都变成有含义的东西,不受具体的逻辑意义的约束。在他的作品中,发音和声学效果变成有表现力的重要手法。"②据此,艾亨鲍姆认为,决定果戈理作品布局的不再是情节,而是各种"怪相和奇怪的发音动作体系"。

接下来,艾亨鲍姆具体研究了《外套》的情节及布局。他认为,《外套》是一部经典的讽刺模拟作品、一部富有表现力的叙事小说,同样体现了上述特征。《外套》本身就是一个独立的声音系统,在这个系统中作家广泛运用了各种同音异义词文字游戏,赋予声音、表情特殊的意义,组织了两条相互矛盾的叙述线索——滑稽的语言模仿和感伤的演说,而这两个并置的叙述层所造成的声音体系就构成了整个故事。

果戈理的同音异义词文字游戏是根据类似的发音、词源、暗示构造出来的。这首先突出表现在主人公的姓氏和名字上:"只须看看这几个字就知道此姓本是从 Башмак(鞋)变来的;但是在什么地方,什么时候,怎么会从鞋子变来的,就不得而知了。父亲、爷爷、甚至妻舅(文字游戏不知不觉地被推到荒诞的地步,这是果戈里作品中常见的手法),以及所有巴什马奇金家的人都穿靴子,每年约摸只换两三回鞋掌"③。艾亨鲍姆认为,这是一种复杂的文字

---

① 巴赫金:《文艺学中的形式主义方法》,载钱中文主编:《周边集》,李辉凡等译,河北教育出版社1998年版,第211页。
② 艾亨鲍姆:《果戈理的〈外套〉是怎样写成的》,载茨·托多罗夫编选:《俄苏形式主义文论选》,蔡鸿滨译,中国社会科学出版社1989年版,第189页。
③ 艾亨鲍姆:《果戈理的〈外套〉是怎样写成的》,载茨·托多罗夫编选:《俄苏形式主义文论选》,蔡鸿滨译,中国社会科学出版社1989年版,第192页。

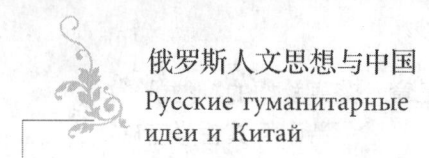

游戏,词的荒诞和不合逻辑的组合被严格的逻辑句法所掩盖,但滑稽力量却增加了。主人公的名字"阿卡基·阿卡基耶维奇"也是作家从声音上进行选择的结果。由于音节的明显一致,这个名字更像具有发音语义学意义的绰号,由此产生了发音的模仿,加强了滑稽的印象。其次,小说中的某些句子也具有鲜明生动的发音表现力。如描写阿卡基·阿卡基耶维奇的外表:"……而灰黄的脸色,叫人怀疑他患有痔疮。"[①]作家在这里出色地使用了"痔疮"一词,它几乎没有逻辑意义,但具有较强的发音表现力,制造出喜剧效果。另外,就连阿卡基和裁缝彼得罗维奇的语言都不是通俗的,而是精心设计的、风格化的,非常适合整个故事的声调体系。这种有声话语以发音和模仿原则为基础,产生了滑稽效果,使作品带上了喜剧性色彩。值得注意的是,在《外套》中,与这种有声话语共存的还有一种夸张长句,它与同音异义文字游戏这种风格杂糅在一起,但具有感伤的色彩。如"'让我安静一下吧!为什么你们要欺侮我呢?'在这句话里和说这句话的声音里,包含着一种异乎寻常的东西。……在这句使人心痛的话语里还听到另一句话,于是,这个可怜的年轻人用两只手掩住自己的脸……"[②]这种感伤长句与有声话语是相互交替的,有时滑稽叙事被带有感伤、夸张的离题话打断,有时在叙述了悲惨场面之后,又会出现一段戏剧式的夸张,这都凸显了小说布局的特色,产生了喜剧性和悲剧性的效果。

如果说,艾亨鲍姆在《果戈理的〈外套〉是怎样写成的》中阐述文学系统观时强调了"声音"在诗语中的首要地位,那么,在后来的文章和著作(如《普希金的诗学问题》、《论悲剧与悲剧性》、《席勒的悲剧性理论中的悲剧》)中则认为,文学作品系统内的主要成分不再是"声音",而是"运动",即作品情节是按照何种方式展开的。为了论证自己的观点,艾亨鲍姆对戏剧、诗歌和小说这三种体裁中的"运动"进行了考察。

运动意味着速度和方向,速度可以是不变的,也可以是可变的,方向可以是直线状的(按正常时间顺序来叙述事件),也可以是曲线状的(倒叙、平行发展等)。艾亨鲍姆指出,在悲剧中,事件往往按时间顺序呈直线状向前运动发展,如果运动方式单一,作品形式就会平淡无奇,难以唤起观众的怜悯感,也就

[①] 艾亨鲍姆:《果戈理的〈外套〉是怎样写成的》,载茨·托多罗夫选编:《俄苏形式主义文论选》,蔡鸿滨译,中国社会科学出版社1989年版,第195页。

[②] 艾亨鲍姆:《果戈理的〈外套〉是怎样写成的》,载茨·托多罗夫选编:《俄苏形式主义文论选》,蔡鸿滨译,中国社会科学出版社1989年版,第197页。

第三章 艾亨鲍姆的"形式论"诗学及其哲学基础

称不上完美。对此,席勒曾经说:"艺术家的真正秘密在于用形式消灭内容。排斥内容和支配内容的艺术愈是成功,内容本身也就愈宏伟、诱人和动人;艺术家及其行为也就愈引人注目,或者说观众就愈为之倾倒。"①艾亨鲍姆对这一见解非常赞同,并做了补充。他认为,为了使悲剧情节充分展开,为了"用形式消灭内容"和使怜悯成为成功地运用悲剧形式的结果,就应该延宕和阻滞悲剧,即席勒所说的"拖延对情感的折磨"。所以在《哈姆雷特》中莎士比亚引入了父亲的幽灵,使哈姆雷特发表了一番具有哲学意味的独白,以此作为运动和拖延的理由;在《华伦斯坦》中席勒使主人公违背自己的意志,使他变得迟钝,以此来拖延悲剧的发展。可以说,这些作家们都无一例外地把事件发展的直线性运动同延宕结合了起来,成功制造了悬念,给观众造成"厄运即将来临"的感觉,从而唤起他们的怜悯情感。

在诗歌中,艾亨鲍姆深入研究了节奏的"运动"。什克洛夫斯基曾说,诗的写作过程是从"声音点"(звуковое пятно)开始的。但艾亨鲍姆否认了声音的这种特权地位,指出,一首诗的出发点是诗人头脑中"运动"的抽象模式,"运动"成为意义的承载者,单词和声音都是挑选出来以配合节奏的"运动"。那么,"运动"是如何充当意义的运输者呢?艾亨鲍姆通过比较普希金和莱蒙托夫的诗来解释这个问题。这两段诗都是用抑扬格的五音步诗行写成,采用交替的 ABAB 韵,因此基本运动是相似的,明显不同的是普希金采用的是阳性韵和阴性韵,而莱蒙托夫只使用了阳性韵。如普希金的诗(选自《1825 年 10 月 19 日》):

> Роняет лес багряный свой убор,
> Сребрит мороз увянувшее поле,
> Проглянет день, как будто поневоле
> И скроется за край окружных гор.②

这里的五音步抑扬格产生了一种持续不变的、规则的节奏。但莱蒙托夫的五音步抑扬格诗行(选自《1831 年 6 月 11 日》)却创造出了完全不同的印

---

① 艾亨鲍姆:《论悲剧和悲剧性》,载什克洛夫斯基等著:《俄国形式主义文论选》,方珊等译,三联书店 1989 年版,第 35 页。

② Эйхенбаум Б. М. О литературе: Работы разных лет. М., 1987. 171.

象：

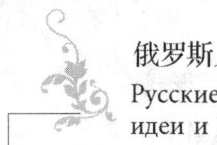

> Моя душа, я помню, с детских лет
> Чудесного искала. Я любил
> Все обольщенья света, но не свет,
> В котором я минутами лишь жил;
> Но те мгновенья были мук полны,
> И населял таинственные сны
> Я этими мгновеньями. Но сон,
> Как мир, не мог быть ими омрачен. ①

莱蒙托夫的阳性韵和跨行连续几乎破坏了诗的感觉，使诗段的节奏富有弹性和自由，这更像是一篇有韵散文。对此，美国学者卡罗尔·安妮曾说："普希金的诗自信、优雅、宁静；莱蒙托夫的诗则从沉思蹒跚到哲学，在古怪的漫步中闪耀着光芒。"②

在研究小说时，艾亨鲍姆对"形式论"学者们关于"本事(фабула)"与"情节(сюжет)"的区分进行了推敲，认为"运动"成分在小说这种体裁中也占据中心地位。在研究小说诗学的过程中，"形式论"学者提出了一对术语："本事"和"情节"。"本事"指按实际时间、因果关系排列而进入小说的原事件，即素材，"情节"则指原事件在作品中的实际展开方式。"形式论"学者十分重视作品的结构和布局，即作家在作品中是如何对故事的素材进行艺术安排的，尤其是作家在时间上对故事事件的重新安排(譬如倒叙、插叙等)，如什克洛夫斯基这样强调"本事"和"情节"的区别：

"情节的概念常常与事件的描写混为一谈，与我建议有条件地叫做故事的东西混为一谈。事实上，故事只是形成情节的素材。因此，《叶甫盖尼·奥涅金》的情节不是主人公和塔吉雅娜的爱情纠葛，而是这一故事在情节上的加工，这种加工是用引进一些打断话头的插叙实现的……"③

---

① Эйхенбаум Б. М. О литературе: Работы разных лет. М., 1987. С. 172.
② Any C. J., *Boris Eikhenbaum: Voices of a Russian Formalist*, Stanford univ. Press. 1994. p. 59.
③ 什克洛夫斯基:《斯特恩的〈项狄传〉和长篇小说理论》，转引自艾亨鲍姆:《"形式主义方法"论》，丁由译，载张捷编选:《十月革命前后苏联文学流派》，上海译文出版社1998年版，第227页。

第三章 艾亨鲍姆的"形式论"诗学及其哲学基础

什克洛夫斯基完全把叙事作品当做一种建筑艺术,认为情节的布局要比材料重要得多,因此他十分注重分析作品的框架、平行或并置结构、阶梯式多层结构、延迟结构、重复或节外生枝等各种建构技巧。在他看来,几乎所有的作品最终都能简化为一些同样的结构——框架式(обрамление)、环形(построение типа кольца или петли)、串连式(нанизывание)等等,而"延宕"则是潜在于所有这些结构之内的一个普遍结构。由此来看,什克洛夫斯基称斯特恩的小说《项狄传》为"世界文库中最典型的小说"是不奇怪的。因为这部作品的结构非常清晰,在什克洛夫斯基看来,斯特恩故意使用了"暴露结构"的叙事手法,使"延宕"等隐含结构也一览无余。对此,彼得·斯坦纳客观地指出:"对于他(指什克洛夫斯基——笔者注)来说,所有的文学作品在本质上都是相同的,只是构成的方式不同。"[①]什克洛夫斯基的这种情节观使我们想起了普洛普的情节研究。严格地说,普洛普并不属于俄苏"形式论"学派,埃里希也在自己的论著中将他划为"形式论"学派的外围学者。但毫无疑问的是,普洛普撰写的《民间故事形态学》却是当时影响巨大的"形式论"著作之一。一般认为,此书开了结构主义叙事学的先河。在这部论著中,普洛普对各种各样的民间故事进行了分析,指出,尽管故事有诸多变体,组成情节的人物行为功能是恒定不变的,由此发现了故事所具有的共同原型模式。诚然,什克洛夫斯基和普洛普都致力于寻找构成作品的根本因素,但前者注重的是形式技巧,后者注重的是故事的原型模式;前者关心的形式手法是可以发生变化的,后者关心的人物功能是永恒不变的。

艾亨鲍姆对什克洛夫斯基关于"本事"和"情节"的看法是认同的:"作为结构的情节概念和作为素材的故事概念之间的区别确定了;情节结构的典型手法弄清了,从而开辟了长篇小说的历史和理论的研究工作的前景……"[②]

1919年在评论普希金的《别尔金小说集》时,艾亨鲍姆曾说,"简洁的本事展开为有趣的情节,并以'自由闲谈'的方式来叙述。但这不是'发展迅速'的小说,相反,普希金借助细腻的文艺手法有意控制小说的发展速度,使人体会

---

① Peter Steiner, *Russian Formalism. A Metapoetics*, Ithaca, NY: Cornell University Press. 1984. p.114.

② 艾亨鲍姆:《"形式主义方法"论》,丁由译,载张捷编选:《十月革命前后苏联文学流派》,上海译文出版社1998年版,第228页。

到它的每一个脚步。这样,简单的本事就成为了复杂的情节结构。"①在他看来,普希金在构建这五个故事时,将重心放在了情节结构上,借助巧妙的艺术手法来拖延故事的发展,因此,"情节"不仅仅指对事件的艺术性安排,还包括各种省略和拉长叙述的手法,这里"叙述运动"起了关键的作用。如小说《射击》的本事很简单,即西尔兀和伯爵的决斗,小说本来也可以按照这条简单的直线性叙述线索向前发展,但普希金巧妙构思,设置了一道道障碍,使原本简单的"本事"成为了复杂的"情节"。首先,普希金在小说中安排了叙述者"我"。"我"在服役时认识西尔兀,退役后结识伯爵,"我"的退役使得"西尔兀和伯爵决斗"这一故事的发展一度中断,但与伯爵的结交又推动故事向前发展,可以说,"我"的存在影响了故事的发展方向。其次,小说中除了叙述者"我"以外,还有两个叙述者——西尔兀和伯爵,这两位叙述者的存在使得停滞的情节继续发展,回归到对故事的描述。由此,艾亨鲍姆强调,"故事发展的步态、步伐、对情节结构的安排"是这部小说的特征之一。小说《暴风雪》中的"本事"游戏也很明显。故事起初沿着两条平行的线索向前发展:军官弗拉基米尔与女友玛利娅·加夫里洛夫娜私订终身,却在奔赴婚礼的路上迷路并错过了婚礼,最终放弃女友,战死沙场;玛利娅·加夫里洛夫娜在教堂稀里糊涂地与不相识的过路军官举行婚礼,受到惊吓,从此心如死灰,直到遇上骠骑兵布尔明。在故事的结局玛利娅得知布尔明就是与她举行过婚礼的那位军官,随着玛利娅的一句"那就是您!您还认不出我吗?"整个故事由支离破碎走向了统一和完整,小说中两条看似不可能相遇的平行线索也得以交汇。艾亨鲍姆指出,在《射击》和《暴风雪》中,看上去仿佛是一个故事打断了另一个故事,其实却是对原有故事的继续,只是在结尾才揭露缺少的那一环,这种手法也是建构情节的一种。在其他几篇小说中,"本事"游戏也都是借助复杂的运动而展开,"情节"结构中都暗含了一种反讽的意味。如在《驿站长》中,驿站长维林是一个传统道德的守望者,驿站墙上挂的"浪子回头金不换"的画作就是一个证明。传统道德的要点就是服从家长,遵守家规。维林将出走的女儿冬尼娅视为"迷途的羔羊",认为女儿必定成为明斯基的"玩弄对象",最终落得流落街头的悲惨下场。但结果呢,在明斯基的精心呵护下,婚后的冬尼娅更加娇艳动人,小说结尾,去给父亲上坟的冬尼娅在人们眼里显得显赫而又幸

---

① Эйхенбаум Б. М. Сквозь литературу: Сборник статей. Л. , 1924. С. 166.

福。可以说，这是对传统道德的一个讽刺。在《村姑小姐》中一对青年男女相爱了，父辈结仇给他们的爱情故事带来了阴影，但后来双方家长意外和好，二人结为秦晋之好也就顺理成章了。艾亨鲍姆认为，这个故事是对"罗密欧与朱丽叶"这一经典的反讽，普希金在小说中让双方家长化仇为友是对读者习以为常的情节进行的一次"变形"。

在阐发情节观的同时，艾亨鲍姆还对"动机(мотивировка)"这一概念表示了一定程度的关注。"动机"是"形式论"学派小说诗学中的一个重要概念，蒂尼亚诺夫是这样定义的："艺术中的动机是指从其他要素的角度出发对任一要素所做的说明，是指这一要素与所有其他要素的一致性(维•什克洛夫斯基，鲍•艾亨鲍姆)；每一个要素都可以依据它自身与其他要素之间的联系来加以说明。"①在俄苏"形式论"学派那里，"动机"常常指能够对情节发展做出解释的各种手法。

从1919—1921年俄苏"形式论"学派发表的著述来看，艾亨鲍姆和什克洛夫斯基都对"动机"进行过研究，甚至运用了许多相同的例子，美国学者卡罗尔•安妮认为，很难判断这些思想是谁先发明的。不过在阅读了二位学者的论著之后，我们有理由认为，他们的见解还是各有特色的。

什克洛夫斯基说："我认为动机就是指对情节结构所做出的日常生活的解释。从广义上来讲，我们的学派(形态学的)所说的'动机'指的是文学结构中的一切意义的确定。"②在什克洛夫斯基的小说诗学那里，作品人物的地位是十分低下的，是情节结构的附属品，是促进情节发展的"动机"，是从属于形式的。《堂吉诃德》的主人公是用来连接各类事件的"线索"和展开情节的理由，其行为也是推动情节展开的手法。如同寻找作品的普遍结构那样，在研究"动机"时，什克洛夫斯基也尝试寻找形成"动机"的典型手法，如在童话中"难题或谜语"常是制造困境的"动机"，在骑士小说中主人公经常单独行动是一种促成历险发生的"动机"，等等。

如果说，什克洛夫斯基倾向于探索"动机"的普遍性，那么，艾亨鲍姆专注的则是"动机"的特殊性，他关心的不是如何证明存在普遍"动机"，而是该"动机"是如何被实现或如何被激发的。这一思想鲜明地体现在他对莱蒙托夫的

---

① Тынянов Ю. Н. Литературная эволюция: Избранные труды. М., 2002. С. 37.
② Шкловский В. Б. За сорок лет. М., 1965. С. 32.

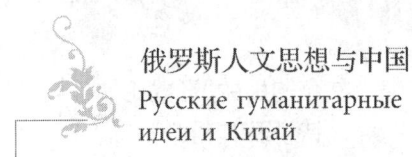

经典作品《当代英雄》的研究中。《当代英雄》是莱蒙托夫的现实主义创作的最高成就,也是俄国文学史上第一部心理分析小说。在探讨这部作品之前,艾亨鲍姆首先指出,1830年代的俄国作家们如普希金、马尔林斯基、奥陀耶夫斯基、达里、维尔特曼等都非常重视如何在创作中组织文学语言和叙述形式,他们有的采取"系列小说"的体裁,有的运用了口语、民间语或创造新的词汇来更新文学语言。莱蒙托夫在写作时模仿普希金的《别尔金小说集》,采用了"系列小说"这一体裁,但他用一个贯穿始终的主人公把这些"系列小说"连接为一个整体并最终形成一部完整的长篇心理小说。艾亨鲍姆认为,这种体裁在当时是比较新颖的,为了方便读者接受,莱蒙托夫在创作中非常注重"动机",总是事先进行铺垫或说明,这样就使新形式不致突兀,还十分巧妙自然,取得了较好的效果。最明显的例子就是作品独具匠心的结构。全文由五个短篇故事组成,但故事排列的次序并不是按照事件发生的先后顺序,而是有插叙,有倒叙。在小说的中部作者放置了"序言",这种"动机"既延宕了情节发展,又为过渡到"毕巧林的日记"做了充分的铺垫。此外,引入"毕巧林的日记"也是莱蒙托夫刻意制造的"动机",也是这部心理分析小说的一个特点。因为借助第三者的介绍来了解一个人很容易流于肤浅,在形式上也毫无新意,而日记能使我们窥见到一个人的真实思想和心理面貌。这样一来,小说中就出现了三个"我":作为旅行家的"作者"、马克西姆·马克西梅奇和毕巧林。艾亨鲍姆认为,这三个'我'的存在都是必要的,"否则,作者就不得不需要亲自见证某些事件,这就大大限制了叙述的可能性。"①凡此种种都使形式问题巧妙隐藏到了"动机"之下,因此,这部作品读起来轻松自然,很能激起读者的兴趣,是一部成功的心理小说。

　　综上所述,艾亨鲍姆从戏剧、诗歌、小说三方面探讨了文学系统中的"运动"成分,认为它是一种主要要素,其他一切要素都从属于它,用一个概念来表示,就是"主导要素"(доминанта)。"主导要素"这个概念是艾亨鲍姆从德国美学家布劳德·克里斯汀森(Broder Christiansen)那里借用的。布劳德·克里斯汀森认为作品是一个由许多和谐要素组成的团体,在这个团体中,由一个占优势地位的要素把其他所有要素统一起来组成为一个美学整体。

　　艾亨鲍姆将"主导要素"这一概念运用到了情节分析中。在分析小说《外

---

① Эйхенбаум Б. М. О литературе:Работы разных лет. М., 1987. С. 272.

套》时,艾亨鲍姆强调作品的各个要素之间存在着一种不和谐的力。这篇小说是一个"声音系统",而这个系统是各种不同的语言要素之间的不和谐的相互作用产生的结果。果戈理对词的选择与句子的句法结构不相协调,而正是这种不协调对词本身产生了一种反作用,"以致这些词变得奇特而不寻常,它们的声音出人意料,触动人们的听觉,仿佛这些字是由果戈里第一次使之变形的,或是首次创造出来的。"① 在探讨特殊的小说体裁——"自叙体"(сказ)的特征时,艾亨鲍姆指出,材料的任何一种因素,都能作为构建形式的甚至情节的或结构成分的"主导要素"而凸显出来,"在'自叙体'中,位于首位的那些语言要素是在故事体裁或描述性体裁中处于次要地位的,如语调、语义('俗语'、双关语)、词汇等。这就是自叙体形式只有在宏大形式的长篇小说失去生命力之时,才会发展起来的原因所在。"

"主导要素"概念是"20年代理论诗学领域最富于成效的范畴之一"②。艾亨鲍姆对这一概念的应用和阐释,意味着对"奥波亚兹"早期诗语观的超越。在早期,"奥波亚兹"认为诗和散文的区别主要在于是否用韵。但我们发现,在散文中也存在着用韵的情况,在诗中也存在着无韵的情况,所以,这不能算是二者的根本区别。而"主导要素"概念的出现则有助于更好地阐释这个问题。蒂尼亚诺夫认为,诗和散文是既有区别又有联系的文学体裁,它们具有某种共同的功能,在某种文学体系内,承担诗的功能的是格律的形式要素。但随着时代的变迁,诗与散文都在发生着演变,诗的功能被转移到了诗的其他特征上(如句法等),散文的功能仍继续存在,可是标志散文的形式要素变化了,有可能会出现有格律的散文。但由于诗的主要功能已不是由格律所承担,所以有格律的散文也仍是散文而不是诗。蒂尼亚诺夫指出:"由于文学系统不是各种要素的平等的相互作用,而是以突出一批要素(主导要素)并使别的要素变形为前提的,作品就是根据这种主导要素而进入文学并取得文学功能。因此,我们不是根据诗歌作品的所有特点,而是根据它的某些特点而把它归于诗的而不是散文的范畴。"③ 由此看来,诗与散文的区别主要在于是什么在起着"主导要素"的作用,在诗中语音成为了"主导要素",而散文中语义则成为

---

① 艾亨鲍姆:《果戈理的〈外套〉是怎样写成的》,载茨·托多罗夫编选:《俄苏形式主义文论选》,蔡鸿滨译,中国社会科学出版社1989年版,第197页。
② 转引自张冰:《陌生化诗学》,北京师范大学出版社2000年版,第136页。
③ Тынянов Ю. Н. Литературная эволюция: Избранные труды. М., 2002. С.199.

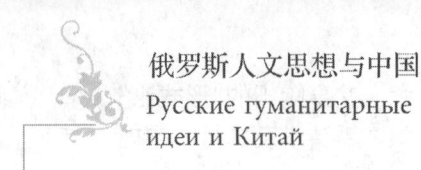

了"主导要素"。蒂尼亚诺夫的这一看法在某种程度上深化了艾亨鲍姆的文学系统观,引导"形式论"学派脱离了早期的诗语观,走上了动态研究之路,从而丰富了"形式论"诗学。

　　从以上分析我们可以看出,艾亨鲍姆的文学系统观是一个从静态走向动态、不断发展逐渐完善的思想体系,它强调关注作品本身而不是简单模仿外部世界,这对以"模仿说"为基础的传统文艺观提出了挑战。"模仿说"在西方源远流长,古希腊的赫拉克利特和苏格拉底都认为"艺术模仿自然",柏拉图视"模仿"为艺术的基本特征,亚里士多德更是以"模仿说"为基础建立了文艺理论体系。在《诗学》开篇就说:"史诗和悲剧、喜剧和酒神颂以及大部分双管箫乐和竖琴乐——这一切实际上是摹仿,只是有三点差别,即摹仿所用的媒介不同,所取的对象不同,所采的方式不同。"①亚里士多德的"模仿说"对西方文论影响深远,在其基础上产生和发展了以后的"再现说"。在俄国,19世纪革命民主主义批评家提出"艺术是现实生活的再现"的观点,19世纪中期兴起的学院派文艺批评则把文艺作品与社会现实、作家的心理及人生经历联系起来,借助社会学、历史学、心理学等方法来研究文艺作品。20世纪初俄苏"形式论"学派认为,学院派的批评方法使文艺学沦为了其他学科的附庸,文艺学自身价值得不到体现,这是极不科学的,应当尽快结束这种"混乱的局面"。"形式论"学者指出,文学的使命不是模仿自然,而是对自然进行"创造性变形"。文艺学应当是独立自主的科学。艾亨鲍姆更是把文学作品视为一个语言体系,把注意力转向作品和作品的组成部分,并强调文学系统中"运动"的意义,认为作品是一个不和谐要素共同作用的结果,赋予形式"动态"意义,这是对传统文艺观的挑战。

　　此外,传统文艺观把作品分为内容和形式,认为内容就是作品"表达了什么",形式就是作品是"怎么表达的"。艾亨鲍姆等学者认为,这种划分是机械的、毫无意义的,很容易导致人们将二者对立起来。"形式论"学者还进一步指出,内容与形式一起进入艺术系统中,相互交融,共同参与了审美创造,因此,作品中的内容也不可避免地表现为形式,形式总是一定内容的表达。"形式论"学者建议以"本事"和"情节"这对范畴来取代"内容"和"形式"。我们认为,艾亨鲍姆等学者所谓的"形式"具有宽泛的意义,它是包含了内容的形

---

① 亚理士多德、贺拉斯:《诗学 诗艺》,罗念生、杨周翰译,人民文学出版社1962年版,第3页。

式。他们的形式观具有一定的辩证性,实际上有助于纠正传统文艺流派"重内容轻形式"的偏颇。但"形式论"学者虽然强调内容与形式都是审美因素,却又将形式置于内容之上,这也容易导致走向"重形式轻内容"的极端,"形式论"学派也因此被贴上了"形式主义"的标签。

二、文学演变观

艾亨鲍姆的文学演变观是俄苏"形式论"学派文学史观的一部分。俄苏"形式论"学派将文学作品看做一个独立自主的整体,致力于考察这一整体中的语言及各种技巧的特征,这是一种静止的共时研究。后来,随着诗学研究的深入,"形式论"学派与传统的文艺观发生了争论,由此引出了对文学演变的看法,文学史问题随之提到日程上来。"形式论"学者开始尝试将文学形式放在历史进程以及文学的和文学之外的系统中动态地加以把握,这是一种历时的研究。其实,俄苏"形式论"学派在文学史研究中从共时转向历时不是偶然的,具有一个发展的历程。

1924年,艾亨鲍姆曾经指出:"当然,维谢洛夫斯基在涉及文学进化的一般问题时,形式主义者是不能同意他的。从与波捷勃尼亚的冲突中弄清了理论诗学的基本原理;从与维谢洛夫斯基及其追随者的一般观点的冲突中,自然应当使形式主义者对文学的进化,从而对文学史的体系的观点明确起来。"[①] 的确,俄苏"形式论"学派在与维谢洛夫斯基及其弟子进行学术争论的过程中逐渐形成自己的文学演变观。维谢洛夫斯基在考察文学发展规律时非常重视文艺及其形式的起源。他认为,在原始社会时期,就已经存在着由表演、歌舞等艺术组合而成的"混合艺术",而诗歌及其形式就是从"混合艺术"中逐步演化而来的。对于这种看法,"形式论"学者明确表示了反对,认为这些只能说明文学作品的来源,并不能解释文学的功能。但对于诗学来说,重要的是要弄清文学的功能。其实,维谢洛夫斯基在研究中也注意到了文学艺术发展规律的特殊性,认为艺术形式的演变是一个对传统的形式加以利用、改造,在继承中有所创新的过程。他说:"无论在文化领域,还是在更特殊一些的艺术领域,我们都被传说所束缚,并在其中得到扩展,我们没有创造新的形式,而是对

---

① 艾亨鲍姆:《"形式主义方法"论》,丁由译,载张捷编选:《十月革命前后苏联文学流派》,上海译文出版社1998年版,第224页。

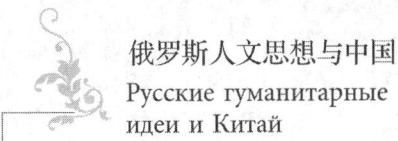

它们采取了新的态度。"①同时又指出,新形式的出现是为了解释新的内容。对于维谢洛夫斯基的观点,"形式论"学者本着求真求实的精神,充分重视其理论的合理内核,汲取其理论的精华,形成了自己的"形式"观,如什克洛夫斯基写道:"……艺术作品是在与其他作品联想的背景上,并通过这种联想而被感受的。艺术作品的形式决定于它与该作品之前已存在过的形式之间的关系。……新形式的出现并非为了表现新的内容,而是为了代替已失去艺术性的旧形式。"②

可见,"形式论"学派在阐述文学演变观时,其出发点仍是对文本形式的关注。他们认为,文学演变是一个自给自足的过程,是文学形式演变的历史,与内容无关。具体地说,当一种文学形式被反复使用而为读者所熟悉时,它在接受上就会趋向"自动化",以致丧失审美"可感性",而逐渐被新的形式所取代,这种替代就推动了文学的演变。其实,在俄苏"形式论"学派阐述这个观点之前,我国著名学者王国维就曾阐述过类似的看法:"盖文体通行既久,染指遂多,自成习套。豪杰之士,亦难于其中自出新意,故遁而作他体,以自解脱,一切文体所以始盛终衰者,皆由于此。"③王国维所谈到的这种文学现象,就是俄苏"形式论"学派所谓的作品形式"自动化—奇特化"。

对于这一观点,艾亨鲍姆曾举例论证,如托尔斯泰初登文坛时,浪漫主义美学和诗学体系在俄国已经丧失"可感性",人们对浪漫主义作品的接受变得"自动化",已感觉不到体裁和形式的特点,文学创作方法出现了危机。托尔斯泰意识到了这个问题,在创作中有意以现实主义手法代替过时的浪漫主义手法。另如俄国象征派衰落之时,阿克梅派和未来派在俄国文坛崛起,这种流派更替的原因决不在于世界观,而在于语言的更新:"应当回到艺术那里去——摆脱这个高高在上的,但处于真空状态的象征主义'象牙塔'。应当改变对诗歌语言的态度,它已经成为一种毫无生气的语言,不能再继续发展继续起作用了。应当创建一种新的、人们还不熟悉的语言,或者把传统的诗歌语言从象征主义的束缚中解放出来并使其达到新的平衡。"④由此可见,文学演变就是"新形式的辩证自生"。

---

① 维谢洛夫斯基:《历史诗学》,刘宁译,百花文艺出版社2003年版,第12页。
② 什克洛夫斯基:《散文理论》,刘宗次译,百花洲文艺出版社1994年版,第31页。
③ 王国维:《人间词话》,上海古籍出版社1998年版,第13页。
④ Эйхенбаум Б. М. О прозе, о поэзии. Л., 1986. С. 379.

第三章 艾亨鲍姆的"形式论"诗学及其哲学基础

在涉及到文学演变的具体发生时,艾亨鲍姆首先认为,文学演变的推动力就是"冲突"和"斗争",这与蒂尼亚诺夫的思想不谋而合:"但一切文学延续都首先是一场斗争,破坏旧的整体并重建这些旧的因素。"①艾亨鲍姆指出,俄国作家涅克拉索夫的创作就是如此。

涅克拉索夫的许多创作主题都是从普希金那里借用来的,但在创作规则上却又明显远离了普希金。如普希金笔下的彼得堡俨然是一个新兴的繁荣大都市:"一座座高楼大厦巍峨的宫殿,/在这里错落有致,鳞次栉比;/各国的客轮和商船船队,/络绎不绝地来自世界各地,/驶向这座新兴起的港湾——/这物资丰富的商埠市集。/涅瓦河披着大理石盛装,/一座座大桥倒映在河里,/在那些大大小小的岛屿上,/一座座花园在浓荫中憩息。/古老的莫斯科黯然失色,/怎么能和这座新的都城匹敌。"②这个"彼得堡"形象在当时已作为一个经典的诗歌题材进入俄国文学生活。

涅克拉索夫在创作中却反其道而行之,描绘了一个肮脏、破烂不堪的"彼得堡":"啊城市,你这不幸的城!/已被那动人心弦的诗篇所征服,/我不同你这美丽的庞然大物、你这古老的墙垣、你的士兵和烈马,/你整个战斗消遣的讴歌者/进行争辩:在那静寂/无声的黑月午夜,在那尘世浮华的/运行中:你显得多么的美丽!/……就算这样吧。但我偶然/向你的领域望去,/彷佛就坠入了深渊,/伤心惨目,感受到古老的风习。/那令人忧郁的思绪/不是萦回在尘世的浮华,/那欢天喜地的舞厅,/而是在悲惨的贫民收容所里。/……/你的白昼令人痛苦,你的黑夜一片迷雾。"③一个是天堂,一个是地狱。借助这种强烈的对比和反讽,涅克拉索夫与传统的浪漫主义文学进行了斗争,建立了自己的文学规则,推动了文学的发展。

艾亨鲍姆认为,托尔斯泰的现实主义手法也是对传统浪漫主义手法实施的解构。在托尔斯泰笔下,人物往往不具有实际意义,与其说他们是心理个体,倒不如说是一种媒介,他们的存在只是为了表达新的形式,这就解构了浪漫主义小说中形象的"典型化";托尔斯泰笔下的战场充斥着流血、痛苦和死亡,这也是对浪漫主义文学中战争神话的解构。据此,艾亨鲍姆得出结论:青

---

① Тынянов Ю. Н. Поэтика. История литературы. Кино. М., 1977. С. 198.
② 普希金:《普希金诗选》,田国彬译,北京燕山出版社2000年版,第341—342页。
③ 涅克拉索夫:《涅克拉索夫文集》(第三卷),魏荒弩译,上海译文出版社1992年版,第49—50页。

年托尔斯泰在写作中采用的新手法——现实主义——不是为了反映现实生活,而是为了克服浪漫主义诗学体系的陈规。

其次,艾亨鲍姆指出,这种取代旧形式的新形式并不是创造出来的,而是被发现的,它们本来就隐藏于先前的旧形式之中。在艾亨鲍姆看来,为了使 20 年代之后的诗歌摆脱创作困境,"莱蒙托夫面临的任务就是去发现一种新的诗歌样式。……而这种样式其实已经以某种潜在的形式存在于普希金时代某些诗人的作品中。"①所以,莱蒙托夫并不是一个有创造性的诗人,而是一个现有材料的使用者,其创作方法就是将俄国的和欧洲的诗歌碎片拼凑在一起,然后将这些未加工过的形式提炼成为自己的诗作。此外,艾亨鲍姆还认为,文学形式的演变归根结底就是支配性规范的转移,当一种次要规范上升为主要的、支配性的规范时,也就相应发生了文学形式的替代过程。而这种支配性规范的转移,即文学史的演变不是简单地、直线式地进行的,而是复杂地、曲折地发生。对此,什克洛夫斯基认为,在演变的过程中,遗产不是从父亲传给儿子,而是从叔叔传给侄子。

> 不,问题在于,在文学流派交替演变的过程中,遗产不是从父亲转给儿子,而是从叔叔转给侄子。在每一个文学时代中,都存在着不是一个、而是好几个文学流派。它们都共时地存在于文学中,其中,只有一个是当时规范化了的主流文学的代表。其他流派虽也存在,但却是典范化地、冷僻地存在着的。例如,在普希金的时代,在丘赫尔别凯和格里鲍耶多夫的诗中就存在杰尔查文的传统,同时还有俄国轻松喜剧诗传统,以及一系列其他传统,如布尔加林的纯冒险小说传统。②

艾亨鲍姆则指出,在与父辈的斗争中,孙子会转向祖父求教。青年托尔斯泰就是一个极好的例子。在为俄国小说寻找摆脱创作危机的过程中,托尔斯泰与传统浪漫主义诗学发生了斗争,而在这场反对前辈的斗争中托尔斯泰回到了"祖父",即 18 世纪作家那里寻找方法支持,因此,托尔斯泰对普希金、莱蒙托夫等作家不感兴趣,却对卡拉姆津情有独钟,在创作中借鉴了卡拉姆津的

---

① Эйхенбаум Б. М. О литературе: Работы разных лет. М., 1987. С. 146.
② Шкловский В. Б. Гамбургский счет: Статьи – воспоминания – эссе(1914 – 1933). М., 1990. С. 121.

第三章 艾亨鲍姆的"形式论"诗学及其哲学基础

自传体小说创作手法。此外,托尔斯泰还从国外作家那里"取经":从卢梭那里,他学会了自我观察和自我分析的技巧;从斯特恩那里,他借鉴了非情节性描写技巧,但比斯特恩走得更远,托尔斯泰的作品中既没有"本事",也缺乏自叙的形式;从狄更斯那里,他模仿了"家庭小说"的创作手法;从司汤达那里,他学会了如何不加粉饰地描写战争,去除了战争的浪漫主义色彩。文学演变就是这样在传统与创新因素之间的相互影响中发生的。过时的手法并未彻底消亡,而是从中心变为边缘,从主流变为支流。因此,新旧两种形式的更替,只是审美功能在两者之间的一种转移。

在阐述文学演变观的同时,艾亨鲍姆与其他"形式论"学者一样也表达了对传统文学史观的不满。"形式论"学者认为,传统的文学史研究往往依赖于社会文化、传记生平、心理学等方法。这种"材料史"的研究方式,只能说明文学的发生起源,却无法触及到文学自身的内在属性的演变。早在1916年,艾亨鲍姆就谈到了这一情况:"直到现在,文学史研究的仍不是它的对象,而宁可研究的是——它的起源、环境、周围状况等等。至今文学史仍然是一门教条的并隐藏这种教条的科学——这种情形对于一切科学都是很危险的。"[①]

罗曼·雅可布森曾毫不客气地指出:"然而,到目前为止,文学史家大多像警察一样,而警察的目的则是抓人,把宅子里的所有人和所有东西,甚至连同街上偶然路过的人都扣起来,以防万一。同样,文学史家把什么都用上了——生活方式、心理学、政治、哲学。建立了一大堆土规则来代替文学科学。好像是忘记了这些条文应当归属于有关的科学——哲学史、文化史、心理学等等似的,自然,这些科学也可以把古代文学作品作为有缺陷的次等的文献来利用。"[②]

可以说,俄苏"形式论"学派是在与传统文学史观的斗争中发展着自己的文学演变观。

需要指出的是,"形式论"学派的某些学者在早期也曾不同程度地肯定过文学演变与社会系统的关系。如日尔蒙斯基认为,文学与人类活动的其他领域是紧密相联的,不能单从文学的立场去考察它的演变,不能够回避关于文艺形式的发展和文化的其他方面之间的联系这一问题。此外,文艺形式逐渐丧

---

① Эйхенбаум Б. М. Сквозь литературу: Сборник статей. Л., 1924. С.5.
② Якобсон Р. Работы по поэтике. М., 1987. С.275.

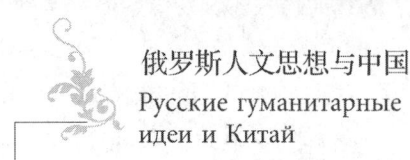

失"可感性"这一理论,只适合说明旧形式的消亡,而不能说明新形式的本质,只能说明变化的必要性,而不能指出变化的方向,演变方向是由演变时期总的文化氛围、在文学和其他艺术中所反映出来的时代特征等所决定的。苏联文艺学家 Б. 恩格尔哈特(Б. М. Энгельгардт)[①]也表达过类似的看法:文学手法的更新过程描述的只是"文学的'运动'事实,文学发展的内在必要性,而决不是这种发展的特征和形式"[②]。托马舍夫斯基则指出,在研究文艺作品时,文学史家应采取历史分析法,确定文学现象之间的联系和它们在文学进化中的意义,"因而,文学史家研究的是文学社团、文学流派和风格,以及它们的演变,文学中的传统意义和个别作家及其作品的独创性程度。文学史家在描述文学发展的普遍进程时,要解释这种差别,揭示该演进的动因,不论它在文学自身之内,还是源于它对人类文化其他现象的文化关系,正是在这样的环境中文学才得以发展,并与之共处于永恒的相互关系中。文学史是文化通史的一个分支。"[③]由此可以看出,托马舍夫斯基肯定了非文学因素对文学演变的影响,只有内外因共同作用,才能促进文学的发展。不过,我们认为,上述观点有些机械化,只看到非文学因素对文学的影响,却未深入探讨这种外在因素是不是也能够影响到文学的内在形式,是不是也是文学发展的推动力之一。

现在重新审视俄苏"形式论"学派的早期文学演变观时,我们认为,这仍然是一种封闭的自律论。艾亨鲍姆等学者将文学作品放到一个与社会生活、意识形态完全隔绝的系统中来考察,认为文学演变是独立自主的,其发展推动力在于内部形式的更替。巴赫金说:"形式主义者在分析文学历史序列即艺术作品及其结构成分的系列时,完全不顾所有其他的意识形态系列和社会经济发展。形式主义企图在纯粹的和封闭的文学系列内部揭示出形式发展的内在规律性。"[④]这种批评还是比较中肯的。"形式论"学者忽略了文学与主观意识及心理的联系,割裂了文学与社会的交际。文学固然具有不同于其他意识形态的特殊性,但这种特殊性依然与社会结构有着千丝万缕的联系。文学是一个包含了作者、读者和作品的完整艺术世界,三者缺一不可。作者将自己的

---

① 雷内·韦勒克在《近代文学批评史》(第七卷)中将 Б. 恩格尔哈特视为"形式论"学派的一员。
② Эрлих В. Русский формализм: История и теория. СПб., 1996. С.256.
③ 托马舍夫斯基:《诗学的定义》,载什克洛夫斯基等著:《俄国形式主义文论选》,方珊等译,三联书店1989年版,第79页。
④ 巴赫金:《文艺学中的形式主义方法》,载钱中文主编:《周边集》,李辉凡等译,河北教育出版社1998年版,第321页。

第三章 艾亨鲍姆的"形式论"
诗学及其哲学基础

主观意识融入到作品之中,读者在阅读中会对自己审美感知到的那部分内容产生强烈共鸣,从而完成双方的交流与碰撞。而"形式论"学者把作品与人们的相互影响割裂开来,只把作品与某个脱离社会的、要求定期自动更新以取代旧东西的人相关联,接受的人在作品中感知到的不是另一个人,而是一种物,一种无法使自己产生情感共鸣的物,这就使作品成为了一种静止不动的、僵死的东西,难以获得美感。

其实,在后期论述文学演变观时,俄苏"形式论"学者有所反思,开始修正早期的"形式主义"文学观,对此巴赫金一语中的:"对'文学事实'的新理解(蒂尼亚诺夫、托马舍夫斯基)和对'文学日常生活'的新理解(艾亨鲍姆),是在文学史问题的基础上产生的。这些新概念是经过深思熟虑的,它们已经不完全为形式主义体系所容纳。"[1] 1924 年在《关于文学事实》中蒂尼亚诺夫反对把文学视为不变的、静止的现象,认为文学虽然从未反映生活,但常与生活相重叠。1927 年在《论文学的演变》中,蒂尼亚诺夫详细分析了文学系统与文学外系统(即社会习俗)的关系,认为这两者在不同时代中是可以转化的,因此必须重新考虑文学演变问题。什克洛夫斯基也承认,在研究文学史时应该考虑"相邻的"社会生活事实,他的作品《托尔斯泰的长篇小说〈战争与和平〉中的材料与风格》(1928)就体现了新的"社会形式学"的研究态度,即把审美标准与阶级意识形态联系起来。而艾亨鲍姆这一时期则提出了一个重要的概念:"文学日常生活"。这一概念主要指称与日常生活相关的问题:作家的社会地位、作家和读者之间的相互关系、工作条件、文学市场发挥职能的程度和原则等。艾亨鲍姆认为,这些问题在与文学相关的程度上都对作家创作起着不可估量的作用,也是文学研究中不容忽视的因素。例如,普希金创作出的四音步抑扬格与当时占主导地位的生产方式没有关系,然而,当他转而创作小说与政论文时,其文学活动就明显受到了当时的日常生活因素的影响,如职业文学家的增多、文学杂志影响力的扩大等等。

艾亨鲍姆提出的"文学日常生活"概念,是对当时苏联文学所处的社会地位做出的反应。在早期研究文学史时,"形式论"学派曾对非文学要素表示出极大的不屑,只关注文学的内在要素,因为那个时期文学争论的焦点是"应该

---

[1] 巴赫金:《文艺学中的形式主义方法》,载钱中文主编:《周边集》,李辉凡等译,河北教育出版社1998 年版,第 211－212 页。

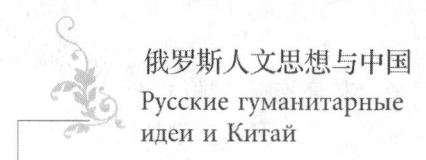

创造何种类型的艺术"和"应该采用何种类型的诗歌语言"。而在发生了急剧变化的当下生活中,文学要获得生命力,作家要有所成就,就必须向生活中的"非文学"汲取创作养分。"文学日常生活"概念受到了什克洛夫斯基等人的赞赏。什克洛夫斯基宣称,从这一概念出发,以社会学的方法对待文学也许是唯一行得通的研究范式,他预言:"兴许,报纸会成为一种新的文学形式,进而成为一个艺术性的整体;兴许,会出现一种纪实性散文。这种征兆从人们对回忆录和旅行笔记的着迷中似乎已经能看出来。旧的、以主人公命运为情节骨干的叙事体形式,已不能再使作者满意了。"①

"形式论"学者不但从理论上对未来的文学潮流进行了描述,还在创作中进行了实验。艾亨鲍姆的《我的期刊》,什克洛夫斯基的《感伤的旅行》和《第三工厂》都属于这种"纪实文学"。事实上,当时在俄国也开始流行这种"杂交的"、半虚构半纪实的"事实文学",如回忆录、书信、新闻报导、短评等等。

艾亨鲍姆等"形式论"学者的文学演变观归根结底是其对文学本质的看法在历史诗学中的体现。艾亨鲍姆等认为文学的本质在于文学性,而文学性的本质又在于形式,这就决定了对形式的过分关注。他们以"形式的辩证自生"来描述文学演变过程,但现在看来,这种以"自动化—奇特化"为基本模式的形式自律论仍然暗含着心理主义的因素。一种形式是新是旧,是"自动化"还是"奇特化"了,终归是要经过作者或读者的判断,作品必须要经过作者写和读者读才能成为作品。艾亨鲍姆等在进行理论阐述时其实已经考虑到了读者接受的差异问题,譬如关于"文学形式的叔侄相传(什克洛夫斯基)"和"祖孙相传(艾亨鲍姆)"的表述,就体现了这种意识。但在具体分析中,为了维护文学研究的"内在性",为了使研究在封闭的文学系统之内进行,艾亨鲍姆们又排除了受社会文化制约的作者、读者等的心理,也就是排除了接受心理,感知似乎变得一致起来。不过,这最终也导致"形式论"学派的文学演变理论出现这样一种情况:即自动化—奇特化—自动化—奇特化……,也就是说新形式会无限地、机械地替换着旧形式。巴赫金曾一针见血地指出,这是一种"永动机的模式":"这个过程可无限地继续进行下去。不需要任何新形式。即使出现了新形式,从文学发展的观点来看,也是由于纯粹偶然的原因。"②

---

① Шкловский В. Б. Ход коня: Сб. статей. М. - Берлин, 1923. С.331.
② 巴赫金:《文艺学中的形式主义方法》,载钱中文主编:《周边集》,李辉凡等译,河北教育出版社1998年版,第326页。

尽管艾亨鲍姆等"形式论"学者的文学演变观遭受了种种批评和非议,但无疑还是具有一定学术价值的。首先,对艾亨鲍姆等学者来说,文学史不再是研究的某个领域,而是看待文学问题的一种视角。从这种观点出发,"形式论"学者感兴趣的首先不是艺术家的创作个性,而是艺术家的历史角色,艺术家在整个历史发展过程中所占的位置,如此,作家的创作道路就成为文学技巧普遍规律的例证,如此,作家在文学进化中的作用就被排除。艾亨鲍姆曾说:"个性的自由不是表现在躲避历史规律,而是要善于实现它们——善于做一个现实的人,倾听历史的声音","创作……就是意识到自己处于历史洪流之中的一次活动。"[1]什克洛夫斯基认为,艺术不是由个人意志或天才创造的,而是集体的结晶。勃里克则断言,如果没有普希金,也照样会有人写出《叶甫盖尼·奥涅金》。这种相信历史必然性的说法显然过分夸张,曾遭到韦勒克的批判。但总体来看,艾亨鲍姆等"形式论"学者这种历史主义的态度还是有可取之处的。这种历史主义使他们进一步认识到,作家在文学传统的范围内进行创作,有时也会由于不可避免的必要性而背叛传统。此外,"形式论"学者还认识到,文学史决不只是杰出作品的历史,那些二三流作家的作品在文学史中也应占有一席之位,一方面,出色的作品只有在平庸作品的陪衬下才会显得出色,另一方面,失败同成功一样,也是文学动态发展的重要因素。

其次,与传统文学史观相比,艾亨鲍姆等"形式论"学者的文学演变观无疑具有创新精神。"形式论"学者把文学史看做文学的历史,看做体裁和风格的演变,这种"文学本位"的思维方式启发了后来的文艺学研究;"形式论"学者把历史的观念引入文学研究中,以史学家的眼光来观察和研究文学现象,这种"史学"思维方式虽存在偏激之处,但还是很有必要的;"形式论"学者在后期把相关的社会文化因素纳入到文学史理论体系中,这种"社会学的"视角也使他们的文学史观逐渐成熟起来。确实,从 20 年代起,苏联批评家们在研究普希金、莱蒙托夫、涅克拉索夫、托尔斯泰、马雅可夫斯基、阿赫玛托娃时没有一个能够绕开"形式论"学者的论著。

三、电影艺术观

十月革命之后的十年间,艾亨鲍姆等"形式论"学者将普通语言学和文艺

---

[1] Эйхенбаум Б. М. Сквозь литературу: Сборник статей. Л., 1924. С.236.

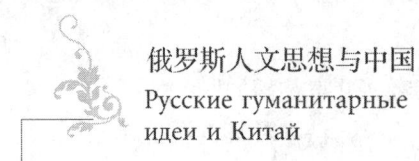

学相联系，以实用语和诗语的差异作为切入点，重点考察了文学作品的内在审美机制，建构了以"形式论"为核心的文学理论。20 年代中期，随着理论诗学的发展，"形式论"学者希望能将文学理论推广到其他的艺术领域中去。为了检验这一想法的可行性，他们尝试将文学理论运用到电影艺术研究中。之所以选择电影，主要是因为电影与文学的关系非常密切。当时苏联电影正处于发展初期，担负着建立新的无产阶级艺术的使命，迫切需要优秀的剧作，而优秀的文学作品无疑是首选，这就出现了大量文学作品被改编为电影的现象，如托尔斯泰的《战争与和平》、《安娜·卡列宁娜》、《复活》，普希金的《杜布罗夫斯基》、《黑桃皇后》、《驿站长》等；果戈理、列斯科夫、契诃夫等的文学作品也都陆续被拍摄为电影。艾亨鲍姆总结说："事实就是这样的：文学正不断地走上银幕。如果有些人认为，这种联系不会长久，电影已经充分发育成熟了，可以抛弃自己令人敬爱的女友了，那么他们显然错了：情形越来越朝向合法的长久的婚姻发展，虽然这种婚姻也带有背叛行为。"①

新的艺术形式很快成为了"形式论"学派的理论研究中心。1926 年，艾亨鲍姆提议出版一部有关电影理论及实践问题的文集，1927 年春该计划得到了实现，出版了《电影诗学》一书。该书由艾亨鲍姆编辑，收录了艾亨鲍姆、蒂尼亚诺夫、什克洛夫斯基、卡赞斯基、А.皮奥特罗夫斯基、电影摄影师米哈伊洛夫和安·莫斯克温②的文章。这是俄苏"形式论"学派从理论角度探索电影本质的著作，表明了他们对于建构系统的电影理论的兴趣。这主要表现为以下几个方面：首先，该文集的题目为"电影诗学"，这与俄苏"形式论"学派先前以"诗学"命名的文学理论文集相呼应；其次，文集作者们所讨论的主题显然是经过仔细考虑的，在风格上具有整体化的特点：艾亨鲍姆——电影文体论，蒂尼亚诺夫——电影的符号本质，卡赞斯基——与其他艺术相比电影所具有的潜力，什克洛夫斯基——电影中的诗和散文，А.皮奥特罗夫斯基——新兴的电影流派，米哈伊洛夫和莫斯克温——电影摄影手法的风格意义。从内容来看，这些学者不仅将文学"形式论"运用于电影诗学的研究，而且还对当时苏联电影艺术大师谢·爱森斯坦、弗·普多夫金、吉加·维尔托夫、亚·杜甫仁科等人所提出的某些电影术语如"蒙太奇"等做出了独到的阐释。这些探索，

---

① Эйхенбаум Б. М. Литература: Теория. Критика. Полемика. Л., 1927. С.296.
② 卡赞斯基、А.皮奥特罗夫斯基、米哈伊洛夫、安·莫斯克温在当时被视为艺术领域中的"形式主义者"。

第三章 艾亨鲍姆的"形式论"诗学及其哲学基础

对后来的布拉格结构主义学派和苏联符号学派的电影理论都产生了影响,对现代电影理论的形成具有不容忽视的启发作用。

艾亨鲍姆的文章题目为《电影修辞问题》。在这篇文章中,他遵循科学实证主义的原则,以"电影具有内在的自主性"这一思想为出发点,分析构成电影的基本要素和手法,探索电影本身的内在规律,认为电影是一种广义上的语言,具有自己的句法和语义。

艾亨鲍姆首先分析了"电影如何成为艺术"这一命题。从俄苏"形式论"学派关于实用语与诗语的区别出发,艾亨鲍姆指出,照片与电影的关系类似于生活语言和艺术语言的关系,因此,电影诗学的任务就是研究电影是如何将照片这种"生活语言"转化为艺术语言的。接下来,艾亨鲍姆假设,艺术成长依靠的是日常生活中得不到充分利用的那部分人类的能量,这些能量以"游戏"的形式存在,给艺术提供了一种必需的、"生物学的"基础。它们体现在那些"不可理喻"的冲动里,这些冲动促成了各种审美表达并成为它们的"有机酵素",同时又通过艺术而转化为"表现能力":"通过利用这种酵素,使之转化为'表现能力',从而便构成了作为一种社会现象和一种特殊'语言'的艺术。……'不可理喻'和'语言'往往彼此不能契合,但这正是艺术内在的二律背反,它制约着艺术的演变。"[①]艾亨鲍姆认为,法国先锋派电影理论家路易·德吕克所谓的"上镜头性"[②]就类似于这种使电影艺术赖以发生的"不可理喻"性,"作为一种'表现能力',上镜头性转换为面部表情、姿态、物象、摄影角度、景别等语言方式,它们构成了电影修辞的基础。"[③]在这里,艾亨鲍姆找到了"上镜头性"与电影艺术之间的内在关系,将其定位为电影艺术存在的基础,"归根结底,电影同一切艺术一样,是一个图像语言的特殊体系。"[④]

艾亨鲍姆的电影艺术观,显然与俄苏"形式论"学派的文学理论有密切关

---

① 艾亨鲍姆:《电影修辞问题》,载李恒基、杨远婴主编:《外国电影理论文选》,远婴译,上海文艺出版社1995年版,第91页。

② "上镜头性"是法国先锋派电影理论家路易·德吕克在1920年提出的电影概念。德吕克反对把照相视为电影中的主要和唯一的手段,认为"上镜头性"才构成电影艺术的基础。"上镜头性"一词将电影与照相结合为一,旨在表达一种独特的、极其富于诗意的人和物的外观,这种外观只有运用电影的新艺术语言才能赋予。所有其他不是由处于运动中的视觉形象提示出来的方面,都不具有"上镜头性",都不能进入电影艺术的行列。参见《电影艺术词典》,中国电影出版社1986年版。

③ 艾亨鲍姆:《电影修辞问题》,载李恒基、杨远婴主编:《外国电影理论文选》,远婴译,上海文艺出版社1995年版,第92页。

④ 李恒基、杨远婴主编:《外国电影理论文选》,上海文艺出版社1995年版,第5页。

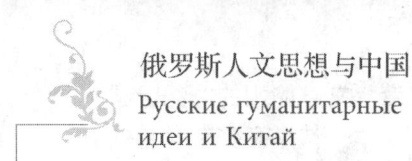

系,尤其是与什克洛夫斯基的"奇特化"概念有内在关联。在1920年代,俄苏"形式论"学者在建构诗学理论时主要依据的就是"奇特化"概念。从这一概念出发,"形式论"学者把艺术形式中的结构视为研究的首要对象,而这些结构往往是由日常生活中被人忽视的材料所创建的。如日常生活中人们在运用单词时并不注意它们在声音方面的相似性,而作家依据声音的相似性创造了诗歌这种独特的结构,消解了我们对词汇本身意义的感受"自动化"。艾亨鲍姆指出:"舞蹈所表现的是平常姿态中没有的姿势。如果艺术搬用生活琐事,那么也只是把它们当做素材,目的在于进行出人意料的阐释,或移花接木,或面目全非(怪诞风格)。由此产生了艺术中永恒的'假定性',即便是最极端、最彻底的'自然主义者',只要他依然是艺术家,就不能超越'假定性'。"①艾亨鲍姆将电影的"上镜头性"也与"奇特化"概念联系了起来。德吕克曾说:"火车头、远洋轮船、飞机、铁路,就其结构特点而言,都具有上镜头性。每当具有'电影真实性'的镜头在银幕上闪动,向我们展示舰队或轮船的运动时,观众们就会欣喜惊叹。"②这是因为它是建立在第一印象的基础上。据此,艾亨鲍姆认为,上镜头性就是电影的"不可理喻"性,具有"奇特化"的功能:"它和情节无关,只是显现在银幕上出现的面容、物象和风景之中。我们重新审视事物,把它们当做陌生的东西来体验。"③正是"上镜头性"的"奇特化"功能使电影脱离机械照相术而成为艺术,可以说,没有"上镜头性"就没有电影艺术。如同"奇特化"在"形式论"学派的文学理论中占据重要地位一样,"上镜头性"在该派电影诗学中也处于核心地位。

艾亨鲍姆认为,艺术研究是科学的、独立自主的,这首先意味着,要研究艺术形式,应当依据其"不直接依靠文化的其他规则"的"内在"特性、特殊体系和结构。如同1921年雅可布森提出要关注"文学性"——使语言文本成为文学作品的东西,1927年艾亨鲍姆也开始尝试分析将"移动的摄影图像"转变为独立的电影艺术的那种结构要素。在论证"电影如何成为一门艺术"这一命题之后,艾亨鲍姆转而研究电影艺术的内在审美机制。他从语言学的思想出

---

① 艾亨鲍姆:《电影修辞问题》,载李恒基、杨远婴主编:《外国电影理论文选》,远婴译,上海文艺出版社1995年版,第91页。

② 艾亨鲍姆:《电影修辞问题》,载李恒基、杨远婴主编:《外国电影理论文选》,远婴译,上海文艺出版社1995年版,第91页。

③ 艾亨鲍姆:《电影修辞问题》,载李恒基、杨远婴主编:《外国电影理论文选》,远婴译,上海文艺出版社1995年版,第91页。

第三章 艾亨鲍姆的"形式论"诗学及其哲学基础

发,考察了电影修辞学问题,认为电影修辞学包括电影句法学和电影语义学。

在分析电影句法时,艾亨鲍姆将它划分为"电影语句"和"电影复合句"。谈论"电影语句"要从蒙太奇①镜头开始。蒙太奇不是个别片断的简单组合,它的工作原则是建构有意义的段落并把它们连接起来,这种连接的基本单位也就是"电影语句":"电影话语的建构及其特有的语义学需要塑造重点成分,并通过对它们的强调编排出电影语句。……近景和特写构成重点成分,它们是电影语句中的主语与谓语。特写是景别②运动(从全景到近景再到特写,或者依照相反的次序)的核心,是修辞的重点——这些就是建构电影语句的基本法则,当然也可以偏离这一法则,就像任何艺术可以偏离任何法则一样。这里还包括摄影角度的变换(作为一种副句),它给电影语句引进了补充重点,譬如,先是全景,然后是近景,接着又从另一个角度(俯角)拍摄同一个场景等等。"③

艾亨鲍姆指出,对单个镜头的分析可以使研究者确定"电影语句"的类型。据此他将"电影语句"分为两种基本类型:"逆向型电影语句"和"正向型电影语句"。前者表示从列举到概括,即从以特写镜头或中景特写镜头描述的细节镜头到展示整体场景的全景镜头,后者则相反,是以特写镜头将全景或中景推向细节。在前者中电影语句、"上镜头性"("不可理喻"性)效果和语义联想得到了详细描述,因为全景镜头会引导我们重新回味先前的细节:"……观众并不清楚整体,只是注视着细节,开始只能感受它们的影像及其直观意义:如高高的围墙、巨大的城堡,被锁链拴住的狗。当全景镜头出现后,观众才知道:这是一个森严的老式商人庭院。在这种类型的语句中,观众只能在全景镜头之后来回味细节。换言之,这是一种逆向电影语句。其特征不仅在于镜头的次序,而且在于细节所应载负的特殊语义的象征意味,只有当结尾的重点出现之后,观众才能推测到它的涵义。这种语句的蒙太奇建立在推理原则的基础之上。"④

这种语句类型近似于散文中的"描述体"(即在镜头顺序中不包含任何时

---

① 也称"剪辑",指对拍摄好的镜头进行剪裁组接。
② 指被摄主体在画面中呈现的范围,一般分为远景、全景、中景、近景和特写。
③ 艾亨鲍姆:《电影修辞问题》,载李恒基、杨远婴主编:《外国电影理论文选》,远婴译,上海文艺出版社1995年版,第106页。
④ 艾亨鲍姆:《电影修辞问题》,载李恒基、杨远婴主编:《外国电影理论文选》,远婴译,上海文艺出版社1995年版,第107页。

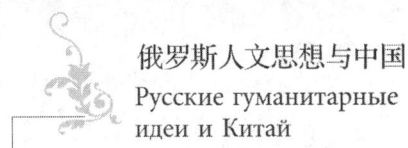

间序列)。在"正向型电影语句"中,观众会随着镜头的推移越来越了解银幕上发生的事,所以尽管镜头之间仍不包含时间序列,这种语句类型却具有叙述特点,近似于散文中的"叙事体"。艾亨鲍姆还指出,语句中镜头持续时间的不同会造成其他的修辞差别,如果一个长中景镜头支配着语句,那么就会给观众带来"缓慢发展"的感觉,如果出现的是一个快速的系列特写镜头,则会给观众留下简洁的印象。

在分析"电影语句"时,艾亨鲍姆还强调了观众的"内心语言"的必要性,这实际上是从观众接受的角度来探讨电影的语言问题。俄苏"形式论"学派认为,作品是否具有艺术性,主要表现在构成作品本身的艺术手法,有时也反映在读者的感受上,因此,读者的感受也是作品是否具有艺术性的一个判断因素。艾亨鲍姆曾说,艺术的生命力在于接受。在研究电影时,艾亨鲍姆发现,观众对电影[①]的解读过程与对戏剧的理解是截然不同的。在观赏戏剧时,观众可以借助演员的话语、表情、姿态等了解剧情,而在观看电影时,观众总是"先从物象和可见运动出发,继而对其进行思索并建构内在语言"[②]。只有通过"内心语言",观众才能将一个个孤立的镜头串连成复杂的句法整体,从而推测出电影情节。如果没有这个过程,观众只会觉得镜头是"不可理喻"的因素,或是难以置信的相似片断。导演的任务就是把每个镜头都"传递给"观众,使他能够推测出每个段落的涵义。换言之,就是让观众把情节运作转换成自己的"内心语言";因此,拍摄电影时需要考虑到这种语言:"电影不能被视为一种完全超乎语言的艺术。那些为电影的非'文学性'辩护的人们往往忘记了电影摒弃的是可听见的语言,而并非拒斥思想,即内心语言。研究这种语言的特征是电影理论最重要的任务之一。"[③]

在分析比"电影语句"更为高级的语段单位——"电影复合句"时,艾亨鲍姆断定,"电影复合句"是以建构空间和时间的连续性为基础的,这种时空连续性可以产生时空连续性的幻觉,因此,电影并不是再现真实经历中的连续时空,而是创建了它自己的电影时间和电影空间:"电影中的时间不是被填充

[①] 艾亨鲍姆研究的主要是无声电影。
[②] 艾亨鲍姆:《电影修辞问题》,载李恒基、杨远婴主编:《外国电影理论文选》,远婴译,上海文艺出版社1995年版,第95页。
[③] 艾亨鲍姆:《电影修辞问题》,载李恒基、杨远婴主编:《外国电影理论文选》,远婴译,上海文艺出版社1995年版,第95页。

的,而是被建构的。通过更替场景、改变景别与视角,导演可以减慢或加快情节节奏与影片本身的节奏(蒙太奇),从而造成独特的时间感。格里菲斯影片的结尾效果声名昭著(《党同伐异》、《两个孤女》)——情节进展的速度慢得近于停滞,而蒙太奇的节奏却快得近于疯狂。由此可见,电影中有两种节奏,即情节节奏和蒙太奇节奏。这两种节奏的交叉构成了独特的电影时间。"①

电影空间的建构也是如此。在电影中空间是超然于角色而独立存在的,电影演员也是置身于无限的空间之中,换言之,电影空间不仅具有情节意义,更具有修辞学意义,正是这些单独的空间片断之间的相互关系形成了对现实中连续空间的一种描写,因此,"电影复合句……之所以被感受为某种封闭的片段,恰恰是因为构成复合句的镜头运动与时空连续性相关。"②所以,当观众观看一组电影语句时,他总是尝试去理解它们在语义上的相互关系,特别是时空的、因果的关系,"接着,就该让观众掌握构成以上蒙太奇元素之间的涵义联系。此刻,蒙太奇镜头在一个固定点上交汇,这种交汇将揭示前面个别片段之间的相互关系,中断它们的发展,以构成一个电影复合句型。"③从"电影复合句"的一般特征可以看出:它的蒙太奇修辞的基本问题在于从一个语句转向另一个语句的契机:"但这里还包含着契机问题,即应该在何处中断旧的线索和以何种方式过渡到新线索的问题。也就是说,为了使必要的过渡转变为合理修辞,应该用什么样的逻辑关系来把电影复合句的平行线索或其他片断联系起来。……将复合句的成分联系起来的手法就是蒙太奇的基本修辞问题。"④由此看来,"电影语句"的形成、"电影复合句"的构成等电影修辞问题,都与蒙太奇相关。

除了电影句法学之外,艾亨鲍姆还阐述了电影语义学的基本特征,也就是关于影片元素如何传达给观众的问题。他把电影语义学分为"镜头语义学"和"蒙太奇语义学"。单个镜头很少显示出自身的语义,而复合结构的镜头

---

① 艾亨鲍姆:《电影修辞问题》,载李恒基、杨远婴主编:《外国电影理论文选》,远婴译,上海文艺出版社1995年版,第108页。
② 艾亨鲍姆:《电影修辞问题》,载李恒基、杨远婴主编:《外国电影理论文选》,远婴译,上海文艺出版社1995年版,第109页。
③ 艾亨鲍姆:《电影修辞问题》,载李恒基、杨远婴主编:《外国电影理论文选》,远婴译,上海文艺出版社1995年版,第109页。
④ 艾亨鲍姆:《电影修辞问题》,载李恒基、杨远婴主编:《外国电影理论文选》,远婴译,上海文艺出版社1995年版,第110页。

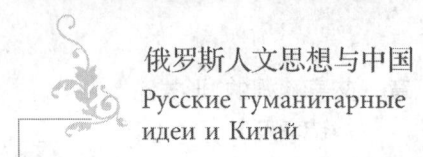

(即"蒙太奇镜头")中某些与"上镜头性"相关的细节可能具有独立的语义,由此看来,蒙太奇仍是语义学的核心。此外,艾亨鲍姆还强调了"隐喻"这一因素对现代电影的意义。我们知道,"隐喻"是比喻的一种,指把某事物比拟成和它有相似关系的另一事物。在20年代,苏联电影主要处于无声电影时期,电影的主题思想不能依靠人物的对话和复杂的情节来体现,主要通过拍摄对象的造型比拟来表现。这就使默片不得不使用"隐喻"作为主要表现手段,来集中展示概括意义。譬如,当银幕上出现"狮子"时,它的概括意义就是"雄伟的起义形象"。当然,要破译这种隐在的意义实非易事,所以,艾亨鲍姆认为,把"隐喻"引入电影是非常有意义的,这样就再次肯定了"内心语言"的现实意义,证明它不是一种偶发的心理因素,而是电影本身的结构元素。

至此,艾亨鲍姆已对电影的句法学和语义学做出了严密的论述,他的某些独到见解影响了其他的"形式论"学者,他的《电影修辞问题》一文更是为蒂尼亚诺夫后来撰写《论电影的原理》做出了成功的铺垫。蒂尼亚诺夫在文章中首先也探讨了电影是如何成为艺术的。与艾亨鲍姆从实用语与诗语出发去分析电影不同的是,蒂尼亚诺夫是从艺术与其表现的对象之间的关系这一角度展开讨论的。在他看来,电影之所以成为独立的艺术,在于它在利用素材时表现出来的独特性,正是这种独特性使得材料因素转变为艺术因素。那么,电影是如何利用素材的呢?蒂尼亚诺夫认为,电影只有使素材发生"变形"和风格化,才能将其转化为艺术内容,这也是电影与照相的区别。照相也能使素材"变形",但这种"变形"只在一种前提下才允许进行,即相似性。照相的基本宗旨是相似性,由此看来,"变形"成为了一个"缺点",但这个"缺点"在电影中却成了优点和审美特性。另外,蒂尼亚诺夫还指出,近景和照明也都是电影的艺术手段,物体本身并不上像,是近景和灯光使它上像的,据此,他提出用"上电影"概念来代替"上像"概念。

在具体分析中蒂尼亚诺夫不再用"语句"来描述电影的基本句法单位——镜头,而是以诗歌的"诗节"来与之类比。在1924年发表的专著《诗歌语言问题》中,蒂尼亚诺夫已经证明,诗节把语言分为许多节奏单位,在每个单位里词语的语义都会"相互感染",并彼此互相"变形"对方以创造出新的含义,这样,一个持续不断的语义过程就被诗节建构起来。在电影中亦如此。蒂尼亚诺夫认为,电影中的重要元素位于一种特殊的、紧凑的相互关系之中,它们的含义互相"感染"。此外,镜头的替换会造成电影中的"限度感":"电影中的镜头不是在循序渐进的结构中和渐进的顺序中'展开'的,它们在替换。蒙太奇的原理就是这样。它们在替换,像一首诗、一个韵的单位一样,在精确的限度内由其他镜头所替换。电影从镜头到镜头之间是跳跃式的,就像诗从一行到一行的跳跃一样。"①

这样,每个"有差别的"镜头都可以根据先前镜头的成分所设置的期望值被感知到。这些期望值的每一个变化、每一个"挫败"都会因为新的客体或情节的存在而提供新的意义。蒂尼亚诺夫还以诗歌为喻,将电影的"节奏"描述为"影片展开过程中修辞因素与韵律因素的相互作用及其运动"。

综上所述,虽然艾亨鲍姆和蒂尼亚诺夫都对电影的句法学和语义学感兴趣,都在基本的句法单位(把镜头构建为电影"语句"的单位)层次上展开分析,最终涉及到较大的结构单位(组成情节的单位),然而,二人的方法还是存在着重大的差异。艾亨鲍姆假设电影语言与散文相似,蒂尼亚诺夫却认为电影语言与诗歌的关系更为密切。如果说,艾亨鲍姆的电影修辞思想基本上依赖的是一种叙述性的行为的话,那么蒂尼亚诺夫在阐述这个思想时,采用的出发点则是什克洛夫斯基对"本事"与"情节"的区分。什克洛夫斯基用"本事"来表示人物之间的关系方式和按照年代顺序展开的行为方式,用"情节"来描述素材与文学作品中展开的故事发生联系的方式。当事件成为"情节"时,它的发生顺序与在"本事"中是不同的,也可以说,同样的事件可以在"情节"中重复数次(如从不同观点出发),"情节"可以包含对"本事"的说明或与"本事"完全无关的题外话。

蒂尼亚诺夫认为,电影体裁是由"本事"与"情节"的关系决定的,并大胆地预言:"未来电影情节分布的研究,将取决于对它的风格和素材特点的研究。"②旧电影呈现的是陈腐僵化的东西,反之,新电影却能激起我们对现实的新鲜感觉。这一观点在后来的超现实主义电影中得到了很好的证明,也在结构主义学派的电影学中得到了延伸。

苏联著名文艺理论家巴赫金曾说:"俄国形式主义方法是一个关于文学的理解及其研究方法的彻底的和始终一贯的体系,这个体系贯穿着统一的精

---

① 蒂尼亚诺夫:《论电影的原理》,载什克洛夫斯基等著:《俄国形式主义文论选》,方珊等译,三联书店1989年版,第72页。

② 蒂尼亚诺夫:《论电影的原理》,载什克洛夫斯基等著:《俄国形式主义文论选》,方珊等译,三联书店1989年版,第75页。

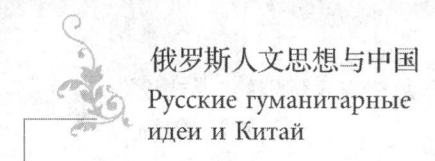

神,并使它的信奉者们养成了固定的和爱坚持己见的思维习惯。"①在电影艺术的研究中,"形式论"学者也始终固守形式至上的理念,按照语言学的规则来思考电影诗学问题,以实证主义态度考察了电影成为艺术的可能性,对电影艺术形式进行了分析,试图建立一种本体论的电影诗学。不过,值得注意的是,在俄苏"形式论"学派活动的鼎盛时期,电影还处于默片时代。因此,他们所概括的电影功能并不完整。在苏联时期,"形式论"学者的电影理论远不如其文学理论那么广为人知,直到80年代才被人注意到,然而这丝毫也无损它的价值。艾亨鲍姆等学者把电影理论与文学理论相结合的研究方式,不仅开拓了"形式论"学派的理论范围,而且为电影美学的诞生奠定了初步的基础。他们的电影理论,为布拉格学派的雅可布森和穆卡洛夫斯基在1930年代创建电影理论提供了基本原则,也为苏联符号学派的洛特曼和 B. 伊万诺夫撰写电影符号学专著提供了基础论点。"形式论"学派的某些学者所表现出来的洞察力和见识,也对欧美电影理论家产生了一定的影响。比如,艾亨鲍姆曾断定"对单个镜头的分析可以使研究者确定电影语句的类型",这一见解,后来就被法国符号学家克里斯丁·麦茨在分析经典叙述电影时所采用。

第二节　艾亨鲍姆"形式论"诗学的哲学基础

一、柏格森与弗兰克的认识论哲学

谈到自己在1916和1917年所写的文章时,艾亨鲍姆称"它们的基本目标都是致力于建构一种以认识论为基础的美学"②,这反映出他对时间与空间的本质等哲学问题的兴趣。在早期批评实践中,艾亨鲍姆认为传统的文化—历史学派③的、心理学派的文学批评方法没有新意,导致文学研究沦为其他学科的附庸,俄国文学研究停滞不前。于是,艾亨鲍姆和彼得堡语文学家 Ю. А. 尼科利斯基一起尝试创建一种以哲学为依据的文学研究与文学批评方法,在这

---

① 巴赫金:《文艺学中的形式主义方法》,载钱中文主编:《周边集》,李辉凡等译,河北教育出版社1998年版,第205页。
② Эйхенбаум Б. М. Сквозь литературу: Сборник статей. Л., 1924. С. 3.
③ 关于俄国学院派的几个分支的称名,目前我国文艺理论界通常译为"神话学派"、"历史文化学派"、"历史比较学派"和"心理学派"。这里笔者根据原文的构词情况将"历史文化学派"改译为"文化 – 历史学派"、"历史比较学派"改译为"历史 – 比较学派"。

第三章 艾亨鲍姆的"形式论"诗学及其哲学基础

一过程中他深刻理解了法国哲学家亨利·柏格森与俄国哲学家谢·弗兰克的学说并将其作为批评实践的指导。可以说,柏格森与弗兰克的认识论思想是理解艾亨鲍姆乃至整个"形式论"学派思想发展的一部词典。

早在1912年,艾亨鲍姆就注意到了法国哲学家亨利·柏格森的思想,并撰文介绍过柏格森1911年5月在牛津大学发表的演讲稿:"第一篇是谈普遍问题的——哲学的本质、基础等等。第二篇则以一种简练通俗的形式确立了柏格森哲学的基本原理:运动,也就是一般所说的任何一种运动的不可分割性。这两篇都非常有意思。"①艾亨鲍姆主要对柏格森的"绵延说"、"纯粹直觉"等概念感兴趣。

亨利·柏格森(1859—1941)的"绵延说"是建立在对当时盛行于自然科学界和哲学界的"一元论"进行批判的基础上的。柏格森认为,牛顿力学原理诞生以来,人们一直笃信"一元论"。"一元论"首先意味着空间和时间的相同与一致。按照这种说法,如果时间是同质的,是由许多离散的因素组成的,那么,就不会存在持续的时间和真实的"我"的感觉。柏格森把时间分为两种:真正的时间和科学的时间。真正的时间就是"绵延",它是质的过程,即质的连续不断的变化,没有明显的界限,没有任何人为的、量的因素,是纯粹异质的。纯粹的绵延就是纯粹的异质,因为它具有不可分割的整体性,整体性就意味着异质和多数,而不是同质和单一。运动就是时间的绵延,与空间无关。

"纯粹直觉"是柏格森的认识论哲学的基础概念。在他看来,直觉并不完全代表主观性,它是对客观物体的一种认识,是建立在物质基础之上的。在日常生活中,普通人观察周围物体时,看到的往往只是它的表面;而艺术家却能通过直觉将意识与物体融合在一起从而揭示出它们的真正本质。因此,艺术家是独立于日常生活(但并不脱离它)的,这意味着他必然会放弃那些影响感觉的日常普通动机,他创造出的成果也就不具备实用价值,而更接近"纯理论认识"。这样,柏格森的形而上学就把作品与经验世界联系了起来。

在早期文学研究活动中,艾亨鲍姆一直都在有选择地吸收柏格森的思想,试图以认识论指导自己的批评实践。1915年在给友人的信中艾亨鲍姆写道:

---

① Эйхенбаум Б. М. Восприятие изменчивости. Запросы жизни. Спб., декабрь 30, 1912. C. 3014. Quoted in James M. Curtis, *Bergson and Russian Formalism*, in *Comparative literature*, Vol. 28, No. 2 (spring), 1976, p. 112.

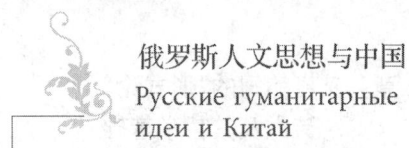

"我们需要建立某种类似'认知理论'的艺术,采用某种认识论方法来工作……",①1916 年又写道:"如果艺术创造的全部力量在于一种特殊的认知,那么这种认知不仅与创造性的工作相关,也与它的材料有关。材料不是被动的——它有属于自己的规律、生命力和真理,而艺术家只有发现这些,才能更好地去支配它。"②

艾亨鲍姆把艺术视为对形而上学的探索和对生活的认识。1916 年艾亨鲍姆发表了《丘特切夫的信》、《杰尔查文》和《卡拉姆辛》,这三篇文章可谓他的艺术认知理论的奠基石。在这些文章中,艾亨鲍姆努力探索艺术家们在特殊的直觉认识中是如何建构诗学基本原则的。他尝试利用个人文献,尤其是信件,证实艺术家们的世界观是源于直觉的。在研究丘特切夫时,艾亨鲍姆认为,对于考察世界本质的艺术家们来说,时空关系的领域是一个障碍。时间和空间常如同自然风暴那样令他们恐慌,丘特切夫在日常生活中敏锐地感觉到了这些并在信中明确表达了出来。1840 年,丘特切夫从莱比锡到德累斯顿去旅行,这对他来说是一次忧郁的享受,因为他觉得旅行中的人仿佛总是处于空间的控制之中,这无疑是一种折磨,但同时他又为空间的广阔而欣喜若狂。1851 年在给妻子的信中丘特切夫说:"为什么分离对于我比对其他任何人更困难,我想,真正的原因就是,即使那个人不存在,分离对于我依然如故"③,"爱情就是梦,而梦——转瞬即逝。"④丘特切夫把现实等同于梦境和虚无之物,这说明他不信任时间和空间,对于那些距离自己遥远的事物以及已成为过去的事物,他只将它们保存在记忆之中,而不相信它们的客观存在。艾亨鲍姆认为,以这种世界观为基础的诗往往能引起人的无助感,但同时诗中的节奏又能消除这种感觉。在考察杰尔查文的诗学时,艾亨鲍姆断言:"如果文学史是属于未来的,那么只有当研究者以哲学态度对待自己的科学时,未来才将是确定的。"⑤在艾亨鲍姆看来,杰尔查文的诗学是非常完整独特的:在它那里,可以找到通向艺术直觉的道路;在它那里,认识建筑在大自然与精神的和谐之上,建筑在火与爱情的交融之上。而在卡拉姆辛的诗学中,闪亮、耀眼的太阳

---

① 1915 年 3 月 25 日给多利宁的信。Цит. по: Кертис Дж. Борис Эйхенбаум: его семья, страна и русская литература. СПб., 2004. С.89.
② Эйхенбаум Б. М. Восприятие изменчивости. Запросы жизни. Спб., 1912. С.9.
③ Эйхенбаум Б. М. Восприятие изменчивости. Запросы жизни. Спб., 1912. С.54.
④ Эйхенбаум Б. М. Восприятие изменчивости. Запросы жизни. Спб., 1912. С.6.
⑤ Эйхенбаум Б. М. Восприятие изменчивости. Запросы жизни. Спб., 1912. С.6.

第三章　艾亨鲍姆的"形式论"诗学及其哲学基础

光芒被黑暗与阴影所代替，观察被内省所代替，一切已逝去的事物成为了卡拉姆辛诗学的来源，这是史学家的诗学。对于史学家来说，在寻找真理的过程中，当理性思维达到极限时，接替它的就是想象，而这些想象和判断都源于直觉意识。所以，卡拉姆辛不仅是艺术家，还是思想家，"也可以说，是我们的第一位哲学家"①。在评论伊凡·冈察洛夫和安东·契诃夫时，艾亨鲍姆认为，厌世的冈察洛夫需要一个安静的"坟墓"来进行创作，但对于契诃夫而言，反映人类痛苦的故事就是麻醉他自己的"酒精"。上述几篇文章都是艾亨鲍姆对一个问题所做的调查研究，即作家的个性或思想是如何反映在艺术之中的。

在早期尝试建构以认识论哲学为基础的文学批评方法的过程中，艾亨鲍姆并不是只吸收了柏格森的哲学思想，还借鉴了另一位在认识论领域成就斐然的俄国哲学家——谢·柳·弗兰克（1877—1950）——的形而上观点。

19世纪末20世纪初，柏格森的哲学随着西方哲学思潮涌入俄国，不仅影响了像艾亨鲍姆这样的文学批评家，也对部分哲学家的思想造成了冲击。柏格森哲学的三个关键概念："绵延"、"异质"和"连续性"确定了俄国哲学界对它的接受和理解。1915年，谢·柳·弗兰克出版的硕士学位论文《知识的对象》（副标题"关于抽象知识的基础和范围"）引起了俄国哲学界的广泛关注，被誉为"俄国认识论思想的一部杰作"。《知识的对象》一书包含"知识与存在"、"普遍性的直觉与抽象的知识"、"具体的普遍性与有生命的知识"等几个部分，弗兰克试图超越当时西方流行的主观主义和心理主义，建立一种本体主义的认识论。他强调，认识不是主体对客体的反映或概念性把握，而是一种生命体验，是存在于自身中的直觉；认识的对象是独立存在的，对象问题就是对象与认识主体之间的关系问题。弗兰克保留了柏格森对时间和直觉主义的理解，但尝试将其与康德的形而上学相调和。在弗兰克看来，柏格森强调时间体验的整体性是正确的，但哲学需要的是对整体性的特点和整体与部分之间的关系的特征做出清晰的说明。

弗兰克发展了柏格森对时间固有的多样性的分析，认为时间的多样性形成了整体："整体就相当于超时间性、完整性或者……永恒性。"②"超时间性"不等同于那种作为抽象化认识之中介的质的"外时间性"，所以，时间不能被

---

① Эйхенбаум Б. М. О прозе, о поэзии. Л., 1986. С. 20.
② 目前在国内未搜集到此书，引文均转引自 Цит. по: Кертис Дж. Борис Эйхенбаум: его семья, страна и русская литература. СПб., 2004. С. 94.

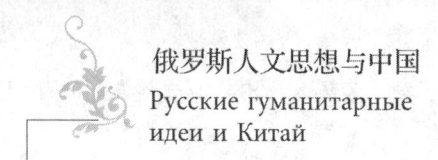

归结为数量,否则,外时间性和超时间性就会融合在一起。在弗兰克看来,整体就是多样性的统一,信仰一元论必然会导致趋向恒等,即 A = A,这一逻辑方案意味着"我们不去解释或提出恒等性的概念而只会无意义地重复它"①。理性的判断是一种统一,它可以用 AB 来表示,即整体的各种形式的多样性。

《知识的对象》一书具有强烈的抽象色彩和严密的逻辑性,这极大地限定了它的读者群,只有对认识论感兴趣的人才会去阅读,这其中就包括艾亨鲍姆。1916 年艾亨鲍姆潜心阅读《知识的对象》,认为它会对自己的研究提供很大的帮助。同年 7 月艾亨鲍姆写信给日尔蒙斯基说:"现在我对美学中一切与认识论相关的知识都很感兴趣……你是知道我的思想基础的——它接近弗兰克所主张的观点。"②在后来的文学批评中艾亨鲍姆曾多次运用弗兰克的思想,这主要表现在以下两个方面。

首先,艾亨鲍姆直接借用了弗兰克的哲学术语。譬如,在评论尤·艾亨瓦尔德关于普希金的论文时,艾亨鲍姆写道:"尤·艾亨瓦尔德是以与文学科学的历史理论作斗争的方式而开始自己的文学事业的,但又半途而废了。他提出了超时间的美学价值的因素,却未以哲学态度对待自己的事业。超时间性并不是外时间性……"③

这里的"超时间性"与"外时间性"两个术语,就来自弗兰克的论著。再如,1916 年艾亨鲍姆所写的《杰尔查文》通篇都充斥着弗兰克的术语:"我们的科学在对待杰尔查文时既不细心又有失公正——不是出于恶意,而是无能为力。它只会费力地去研究杰尔查文作品中那些受时代限制的非诗性的方面,却忽略了超时间性的,即具有现代诗学价值的方面。"④"我根本不认为诗歌是外在于时间的,但它的内在任务本质上却是超时间的……诗歌的形象体系、节奏和语音本身是由作为艺术创作基础的'整体性存在的直觉'所确定的。"⑤艾亨鲍姆在文章注释中指出,"整体性存在的直觉"这一说法来自弗兰克的《知识的对象》。

---

① 转引自 Цит. по: Кертис Дж. Борис Эйхенбаум: его семья, страна и русская литература. СПб., 2004. С. 94.

② 转引自 Цит. по: Кертис Дж. Борис Эйхенбаум: его семья, страна и русская литература. СПб., 2004. С. 89.

③ Эйхенбаум Б. М. О литературе: Работы разных лет. М., 1987. С. 311.

④ Эйхенбаум Б. М. Сквозь литературу: Сборник статей. Л., 1924. С. 6.

⑤ Эйхенбаум Б. М. Сквозь литературу: Сборник статей. Л., 1924. С. 8.

其次,艾亨鲍姆在文学研究和文学批评中所体现的历史感,在某种程度上也受到了弗兰克哲学思想的影响。弗兰克曾说,现实只能被设想为过去和将来之间的界限。在研究文学史时,艾亨鲍姆宣称:创造新的艺术形式并不是发明,而是发现,因为这些新形式一直都潜在地隐藏于旧形式之中。这表明现在和过去是互相交织在一起的,不能将二者分离开来研究。后来,艾亨鲍姆也曾对这一点作出过解释。在 1926 年 6 月给什克洛夫斯基的信中他承认,在分析莱蒙托夫的创作手法时,他经常会联想到当代俄罗斯作家,如尼·吉洪诺夫、鲍·帕斯捷尔纳克等。在评论安娜·阿赫玛托娃的诗歌时,艾亨鲍姆也采取过类似的看待过去和现在的视角,指出阿赫玛托娃的诗歌中隐藏着那些在象征主义时代所不被采用的短篇小说或长篇小说的因素。在《文学日常生活》(1927)一文中,艾亨鲍姆这样阐述自己对历史的看法:"历史实质上是一门复杂的类推法科学、一门双重观照的科学:过去的事实作为有意义的事实被我们识别出来,总是不可避免地被用作现代问题的符号进入体系之中。于是,一些问题被另外一些问题所代替,一些事实被另外一些事实所遮蔽。从这种意义来说,历史就是一种借助过去事实来研究现在的特殊方法。"①

从这段文字可以看出,艾亨鲍姆认为历史需要同时看到过去与现在,因此要求"双重视角",而这种视角的形成正是以柏格森的"绵延论"为前提的。

艾亨鲍姆选择认识论哲学来指导文学批评实践,其初衷是为了使文艺研究走出传统的批评模式,摆脱社会学式或传记式的作品阐释方式。但随着研究的深入,艾亨鲍姆逐渐认识到哲学方法并不能解决作品中的具体问题,在哲学和作品之间还存在着一个诗学的层面,能够解释这个现象的理论就是语言学。这样,艾亨鲍姆逐渐认同了"奥波亚兹"的建构于语言学之上的文学研究方法,并开始向现代语言哲学靠近。

二、象征派语言哲学

俄国象征派的语言哲学也是艾亨鲍姆文学批评的思想基础之一。俄国象征派是在 19 世纪末 20 世纪初作为一个文学流派登上文坛的。该派以法国象征派为师,不仅直接将其名称移植过来,还借鉴了它的文艺理论,创作出大量各具特色的诗歌,建构了以语言形式为重心的文学理论,对传统的社会学文艺

---

① Эйхенбаум Б. М. О литературе: Работы разных лет. М., 1987. С. 428.

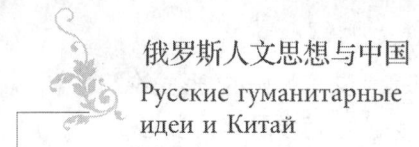

批评造成了冲击,将文艺研究者的注意力引向了文学语言及形式,激起了他们研究文学技巧的兴趣,开创了诗学与语言学相结合的研究方法。俄国象征派的成就,尤其是语言哲学理论对艾亨鲍姆影响极大。艾亨鲍姆认为,俄国象征派的语言哲学观是对语言与形式问题的重新审视,勇敢挑战了传统文艺观念,体现了一种科学精神。而象征派批评家的实践也让他看到了语言学研究方法的可操作性。

俄国象征派之所以在此时高调谈论语言问题,与西欧哲学转向有很大的关系。在17至19世纪,笛卡尔开创的认识论哲学一直在西欧哲学界处于主导地位,19世纪末20世纪初,索绪尔理论与实证主义的影响促使西欧哲学的重心很快从认识论哲学转向了现代语言哲学。1915年罗素曾宣称,以前在哲学中讨论的认识论问题,大多只是语义的问题,可以归结为语言学的问题。[①]受这一哲学转向的影响,俄国象征派开始关注语言,积极探索与作品形式相关的问题。首先,俄国象征派提升了诗歌的地位。19世纪二三十年代俄国诗人普希金、莱蒙托夫等创作了大量优秀诗篇,推动俄国诗歌的发展,创造了一个辉煌的诗歌时代;一度沉寂之后,五六十年代诗歌写作在涅克拉索夫和一批民主主义诗人那里又达到了新的高度;但涅克拉索夫去世后,诗歌地位日渐下跌,小说的地位在逐渐上升,屠格涅夫、托尔斯泰、契诃夫等人的创作也证明了这一点;世纪之交,象征派诗人在诗歌创作中采用多种新颖的修辞手法,如隐喻、象征等,取得了非凡的成就,打破了俄国诗坛的沉寂,把诗歌从小说的阴影之下解脱出来,使其重新回到人们的视野之中。其次,俄国象征派在创作中注重诗歌形式而不是内容。瓦·勃留索夫在创作中力求找到完美的形式,把诗歌艺术提到一种崭新的高度;康·巴尔蒙特把音调、韵律和音响效果带入诗歌;别雷进行过混淆格律的尝试,显示出大胆创新的锐气。可以说,象征派对新奇形式的尝试和在诗歌创作方面取得的成绩,使批评家们的注意力也随之转向诗歌形式和技巧。

文学创作往往需要理论支撑。从18世纪开始,俄国几乎每个文学流派都有自己的理论家为创作实践提供理论支持,但到了象征派这里,创作者与理论家的关系是有机共生的,诗人即理论家,他们在写诗的同时也在进行理论探索,这一点与后来的"形式论"学派是相似的。与追求诗歌创作新颖化相对

---

① 转引自朱立元主编:《当代西方文艺理论》,华东师范大学出版社1997年版,第7页。

第三章 艾亨鲍姆的"形式论"诗学及其哲学基础

应,俄国象征派学者对语言与形式理论极为重视。其实,在象征派之前已经有学者注意到了语言问题,如俄国语言学家亚·波捷布尼亚和文学理论家亚·尼·维谢洛夫斯基。综观当时俄国文学批评界,文艺学家普遍关注的是文学内容,而不是语言,他们把词语仅仅视为一种普通的符号、表达思想的工具,语言结构也是毫不相干的事物,"形式"只是"内容"的外壳或某种修饰。与他们不同的是,亚·波捷布尼亚主张从语言学出发,把结构与功能统一起来研究诗歌语言问题。他认为词语由三个元素构成:词义的外部符号、内部符号和词义本身,其中内部符号,即内部形式最为重要,它形象地表达词义,而这种形象性正是词的诗意所在;艺术作品是符号,"符号—交际性"是艺术的重要特征之一。亚·维谢洛夫斯基也特别重视研究作品形式因素,倡导运用科学的实证方法去研究文本。他与波捷布尼亚的这些文艺思想,显然有别于传统的艺术"模仿说"和"再现说",直接影响了后来的俄国象征派。

在俄国象征派代表人物中,安·别雷的诗学理论给艾亨鲍姆留下了深刻印象。安·别雷不仅对象征派语言理论做出系统的阐述,还将其运用到分析诗歌文本的实践中。从某种意义上来说,别雷的理论和实践充分体现出俄国象征派语言哲学的科学性。别雷强调诗歌的词语是一种可感知的语音,与机械呆板的日常语言相比,诗歌语言是生动形象的,这是因为它和它命名的现象之间存在着一种有机联系,但它的使命不再限于指称某种客体或思想内容,而是能通过独特的音响组合和"词语的魔力"使人引起联想,产生一种难以言说的情感。若想揭开这些隐秘的涵义,就必须深入诗歌的节奏、诗格、隐喻机制等形式中。在看待形式上,别雷超越了传统文艺观念对形式内容的二分法,指出二者是不可分割的统一体:"……形式的各种元素的总和是作为我们的意识的内容出现的。因此内容与形式的形而上的矛盾是一种一时的矛盾。对我们来说,艺术的自身便是内容的结果。内容并非存在于形式之外。"[1]"象征主义的统一便是形式与内容的统一。"[2]

别雷不仅从理论上分析诗歌形式,还从实践上进行尝试性研究,这对传统观念——语言艺术家不需要系统研究诗歌技巧问题——不啻一个极大的挑战。在集大成之作《象征主义》(1910)中别雷梳理了俄国文学史上从罗蒙诺

---

[1] Белый А. Символизм. М., 1910. С.222.
[2] Белый А. Символизм. М., 1910. С.88.

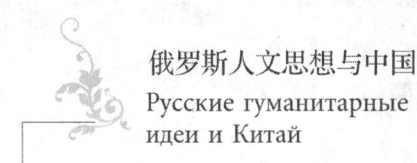

索夫到象征派这一时期四音步抑扬格诗歌的演变过程,细致考察"节奏模式"在俄国诗歌不同发展阶段上的具体运用情况,深入探讨"节奏变体"这一问题。以普希金的作品为例,别雷指出诗人的四音步抑扬格诗歌中经常会出现一种现象,即在需要"完全重音(полноударные)"音节的地方却出现了"半重音(полуударные)"音节。这种现象发生的频率很高,所以不可能是笔误,有充分理由表明,这种"半重音"音节是诗作节奏结构的有机部分,其存在不但不会影响诗歌的表现力量,反而会使节奏更多样化更具美感。其实,这种"节奏变体"现象也存在于俄国象征派诗人的作品中,他们对文学前辈发展到极致的"音节声调并重"(силлабо-тоническая)模式的诗体进行了再创造,使其更为自由化。勃留索夫、勃洛克和吉皮乌斯甚至发展了一种单纯以重音为调的诗体——三音节诗格变体。据此,别雷得出结论:即使一首诗看上去非常合乎作诗规范,也不能完全避免"节奏变体",所以绝对服从重音交替规则是不可能的,也是不必要的。别雷的这种说法有些过于牵强,在我们看来,他是在为象征派的诗学进行辩护,试图证明只有象征派的诗歌创作手法才是唯一可行的,才是科学的。

在分析诗作时别雷采用了"统计学"方法。美国学者维·埃里希认为,实际上,在别雷之前已经有人尝试使用"统计学"方法来分析古希腊罗马诗歌,所以别雷借助图表和数据的方法不算是新现象,但他无疑却是第一个采取这种方法来研究俄国诗歌的。[①]别雷曾以几何图形和图表来表示所分析诗作的节奏体系,描绘重音分配、诗行停顿及"词语间隔(межсловесный промежуток)"等现象。在《试析俄国四音步抑扬格》(后被收入《象征主义》)一文中,别雷通过统计每篇诗作中违背节奏模式的次数,或依据统计出的遗漏重音音节数目来判断节奏的多样化程度。对于别雷的"统计学"方法,有的学者颇不以为然。象征派著名诗人勃留索夫曾指出在文学研究中采取这种数学方法并不十分得体,并对别雷根据任意挑选出的一种成分就来判断节奏结构这种做法表示了反对。在勃留索夫看来,"半重音"的出现频率并不都是诗歌的优点,而遗漏的重音之所以能使节奏产生优美感,那是因为它们是诗人精心设计用来配合诗行停顿及其他因素的;日尔蒙斯基认为,"统计学"方法常使别雷沉浸在复杂的数学计算中,而结果未必能说明问题;托马舍夫斯基则警告

---

① Эрлих В. Русский формализм: история и теория. СПб., 1996. С.293-294.

第三章 艾亨鲍姆的"形式论"诗学及其哲学基础

不要太信任统计数据,"在一切统计之前,都应先进行以实事求是地区分现象为目的的初步研究"①,否则,统计只能是繁复却无意义的计算练习。

尽管别雷的论著存在种种漏洞,却不影响它成为"俄国科学诗学的奠基石"。别雷这种专注于诗歌形式、力图建立"文体分析"的做法,无疑是对陈腐过时的传统文艺观的一种批判;他对诗歌节奏在俄国诗歌近一个世纪的发展史上演变过程的仔细考察,无疑是向具体、历史地研究诗歌迈出的重要一步。这些具有科学精神的探索,恰恰是象征派语言哲学的科学性之所在,也是艾亨鲍姆接受象征派语言哲学的思想基础。

首先,象征派对语言及形式的重视是对传统文艺观的反叛和背离,这与艾亨鲍姆对传统文艺观所持的怀疑批判态度是一致的。在早期文章(加入"奥波亚兹"前,约1907—1916年所写)中艾亨鲍姆曾多次表达与传统文艺观不同的文艺思想。在《诗人普希金和1825年暴乱》一文中,尽管艾亨鲍姆未对"情感与艺术的关系是什么"这一问题做出正面回答,但其论述还是明显区别于传统的将诗歌视为"诗人情感的直接表达"这一看法。在这篇文章中他还对传统批评家们机械的研究方法进行了嘲讽,认为他们总是通过提炼思想或释义的途径来解释诗歌。普希金研究者一看到题目《先知》,首先就会去圣经里搜索"先知"的意义。在《关于中学文学学习的一些原则》(1915)中,艾亨鲍姆谴责了长期统治俄国文学批评界的文化—历史学派和心理学派,他们经常堂而皇之地把文学作品拿来解释说明某些历史或心理现象,或将其视为某个历史时代的反映,或将其视为作者个性的表达,如此一来,文学研究也就成为了历史学和心理学的附属品,成为了其他学科的分支。艾亨鲍姆指出,如今这种"不科学"的研究方法已被写入俄国文学史教程,这必将误导学生,因此,当下迫切需要建立一种独立自主的文学批评。谈到具体研究工作,艾亨鲍姆建议把文学作品视为一个独立的"系统",在这个系统中每个细节都是为整体效果服务的。以果戈理的《外套》为例,批评家们一致认为这篇小说的结局是出人意料的,但其实故事中的某些细节早就暗示了这个结局,这些细节看似不重要,却都是不可或缺的。从这篇文章来看,艾亨鲍姆在许多方面的见解已接近了三年后作为"奥波亚兹"成员时的思想。

艾亨鲍姆与普希金研讨课的组织者谢·文格罗夫教授分道扬镳的事实也

---

① Эрлих В. Русский формализм: история и теория. СПб., 1996. С. 294.

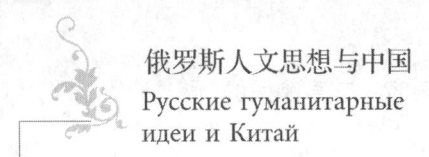

表现了他与传统的决裂。看到越来越多的学生开始对"形式论"诗学感兴趣时,文格罗夫忧心忡忡,担心过分注意形式会导致忽略内容。对此,艾亨鲍姆坦率地说:"文格罗夫自己的美学是建立在内容与形式相分离的基础上。……对于他来说,诗的节奏,它的语音体系,甚至文体都只不过是'诗歌的外在体现'。……我们认为学生中发生的真正'转变'同样不是基于对形式的兴趣,而是依据对一种新美学的预感,这种美学的使命就是消除形式和内容之间的矛盾。"①

艾亨鲍姆渴望冲破传统惯性而建立新的科学批评,而安·别雷的《象征主义》正体现了这一点。在阅读过《象征主义》之后,艾亨鲍姆写下了这样的文字:"事实上,这是俄国第一部关于言语理论的著作,我可以肯定地说,它将具有划时代的意义。以前所有批评的方法——历史的、政论的、印象主义的——必须要么退避,要么放弃它们令人厌恶的浅薄涉猎,成为其他更为普通的学科的一部分。真正的批评一定是审美的,是一种形式的批评,一种研究'事物是如何构成'的批评。总之,这是一本值得注意的书。"②

其次,象征派学者别雷对于文本形式的尝试性研究是较为成功的,这对试图改变研究方法的艾亨鲍姆是一种鼓舞和激励。在早期文章中艾亨鲍姆已经涉及到与形式相关的论题,如对不同于传统小说体裁的"自叙体"的关注,如他对叶·扎米亚京的小说《县城纪事》(《Уездное》)的评论。1913 年,扎米亚京的早期中篇小说《县城纪事》刊登在彼得堡的杂志《约言》(《Заветы》)上,受到文学界的高度评价,给作家带来了广泛的知名度。艾亨鲍姆及时对这篇小说做出了回应。在他看来,这篇小说的成功之处不仅仅在于真实地近乎"自然主义"地描写了俄罗斯外省生活,更重要地在于它的语言和结构特色。艾亨鲍姆指出,扎米亚京在创作中大量运用了取自人民生活的富有表现力的口语和方言,这给作品增添了无穷趣味,为生活在大城市中的读者们带来了新鲜感,艾亨鲍姆的这一思想与后来什克洛夫斯基的"奇特化"理论是类似的。艾亨鲍姆还发现,在《县城纪事》的结构中存在着偏离抒情的线索,这表现为

---

① 见艾亨鲍姆写的一篇评论"普希金主义者"的文章,原文刊于 1916 年 11 月 7 日的《言论报》("Речь")。Quoted in Any C. J., *Boris Eikhenbaum: Voices of a Russian Formalist*, Stanford Univ. Press, 1994, p.27.

② 见艾亨鲍姆在 1910 年 5 月 4 日写给父母的信,Quoted in Any C. J., *Boris Eikhenbaum: Voices of a Russian Formalist*, Stanford Univ. Press, 1994, p.17.

作品中并不出现作者,整个故事都是由讲述人以不含任何感情色彩的语气道出的,而且讲述人的内心世界在这里也是无关紧要的。虽然艾亨鲍姆并未指出这种讲述风格正是"自叙体"小说所独有的,但他对这种讲述风格显然是持赞赏态度的。

可以说,在20世纪初,作为活跃于文学刊物界的评论家,艾亨鲍姆只是客观记录了"自叙体"这种文学现象,而到了20年代,作为一个文学史家,作为一个理论家,艾亨鲍姆才真正开始探寻"自叙体"的发生根源,这才有了以后的文章《自叙体的幻想》、《果戈理的〈外套〉是怎样写成的》等。从另一个方面讲,这时的艾亨鲍姆还没有足够的勇气放弃以认识论哲学为基础的文学批评方法,也没有打算正式采取别雷倡议的系统具体的验证方法,而是在批评中继续强调文学与生活的联系、作家创作与世界观的关系等,甚至还对纯形式研究表示出不满,认为这是对创作行为的一种忽视。直到加入"奥波亚兹"后,艾亨鲍姆才开始自觉地有意识地从事文学形式研究,他仿效别雷,仔细分析诗节中的音节、句法和单词重音并得出结论:正是这些因素的存在才使读者得以体会到诗歌的特点。

再次,与当时其他俄国文学流派相比,象征派的语言哲学也更接近艾亨鲍姆的思想追求。象征派关注语言,将其抬高到至高无上的地位,这种观点难免会成为众矢之的。阿克梅派登上俄国诗坛后,首先就对象征派的语言观发难。与象征派不同的是,阿克梅派尽量缩短诗语与日常语的距离,还原语言之"世俗"的一面。事实上,阿克梅派虽宣告与象征派的美学思想彻底决裂,但根本上仍是象征派的继承者。艾亨鲍姆就指出,"阿克梅主义"是对象征派的一种改革,是"改革"而不是革命[①],原因在于阿克梅派缺乏大胆创新的精神,未能彻底摆脱传统诗歌的束缚。与阿克梅派相比,另一支挑战象征派的文学力量——俄国未来派则在初登文坛时就表现出了非同一般的革命激情。他们主张否定一切,既否定传统,公然声称"要把普希金和托尔斯泰从现代生活的航船上抛下去";又极力排斥同时代其他文学流派。与此同时,未来派宣称要对诗歌语言进行全面革新,断言诗人有权使用"无意义语",在形式上求新求怪,不惊世骇俗誓不罢休。这从他们的诗作题目就可以看出,如《瘦鬼似的月亮》、《穿裤子的云》、《马奶》等。对于未来派这种过分偏激的创作姿态,艾亨

---

① 转引自周启超:《白银时代俄罗斯文学研究》,北京大学出版社2003年版,第48页。

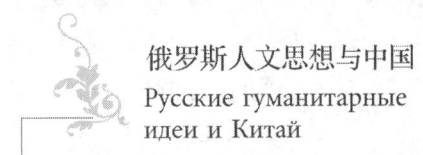

鲍姆明确表示反对:"要将无意义语与诗划等号,只有一个条件:从创作领域中排除与材料斗争和克服材料的成分。""这就是为什么对作者的提问——对此问题作者本人无法给出一个确定的答案——'真正的艺术作品是否将来有一天会用无意义语写作'——我们认为可以明确地回答:不。"①

这一时期,"奥波亚兹"的核心已经形成,什克洛夫斯基与列·雅库宾斯基和叶·波里瓦诺夫已着手建构"形式论"诗学。值得说明的是,在使文学批评成为一门基于科学方法的学科这一观念上,俄苏"形式论"学派与象征派是接近的。托马舍夫斯基和雅可布森曾采用过别雷的"统计学"方法,什克洛夫斯基关于"自动化"的思想回应了别雷对诗歌语言与日常语言的论述,雅库宾斯基对诗语与非诗语的区分也是别雷这一说法的翻版。由此可见,别雷的著作催生了"形式论"学派的部分文艺观。别雷开创了一种"解剖式"的文学研究范式,"形式论"学派第一个接过了这个接力棒并超越了他。从这个意义上可以说,"形式论"学派是象征派思想的继承者。所以,艾亨鲍姆后来认同并加入俄苏"形式论"学派也是不足为奇的。

俄苏"形式论"学派成立之后,其早期活动重在批判旧文艺观。他们反对俄国学院派对文学做出哲学的、心理学的或历史学的阐释,坚持对作品的"文学性"进行客观的、科学的研究。这种对于"客观性、科学性"的执著,使"形式论"学派也将批判的靶子对准俄国象征派。艾亨鲍姆说:"我们同象征主义者展开了斗争,要把诗学从他们手中夺过来,让诗学摆脱他们的那些主观的美学理论和哲学理论,使诗学回到科学地研究事实的道路上。"②这与他们对象征派的继承,看上去是自相矛盾的,其实不然,因为艾亨鲍姆等"形式论"学者肯定的是象征派语言哲学的科学性和理性的精神,否定的是象征派语言哲学的神秘性和非理性的一面。

我们知道,首先,俄国象征派诗人、作家、批评家、学者都不同程度地受到叔本华、尼采等哲学家的影响,艺术观不可避免地打上了主观唯心主义的烙印;其次,他们接受了法国象征派诗歌的熏陶,而法国象征派的部分诗人在创作时强调运用象征、隐喻、联想等手法,通过描写意象来展示隐藏在自然界后面的、超验的理念世界,这使他们的诗歌带上了神秘色彩;最后,俄国象征派的

---

① Эйхенбаум Б. М. О литературе: Работы разных лет. М., 1987. C. 327.
② 艾亨鲍姆:《"形式主义方法"论》,丁由译,载张捷编选:《十月革命前后苏联文学流派》,上海译文出版社1998年版,第213页。

先驱之一,即俄国宗教哲学家兼诗人弗·索洛维约夫,他主张艺术宗教化,认为艺术必须与宗教合二为一,才能拯救世界,他的哲学思想与艺术观都具有浓厚的神秘主义色彩。受这三方面因素的影响,俄国象征派对语言对词语的态度要比其他文学流派更为狂热。他们极度崇拜词语,认为词语拥有非凡的魔力。如安·别雷认为词语具有一种神秘的力量,"诗化语言与神秘的创造直接相关,追求语词的形象性组合是诗的根本特征"[1]。维·伊万诺夫把词语视为音响与意义有机结合的综合体,这与他关于诗歌创造的神秘主义观念相关联。伊万诺夫曾说,诗歌是绝对真理的体现、认知的最高形式,是能够克服经验可认识的现实与"不可知物"之间的差异的"巫术",诗语是充满神秘意义的不可解的逻各斯;隐喻这种基本的艺术创作手法在诗中已不再是普通的修辞格,而是一种"象征",其功能是"表达现象的与本体的平行性"[2],揭示可感知世界与更高的先验实在的隐秘联系。老一代象征主义大师也同样对"具有魔力的词语"心驰神往,如巴尔蒙特在论文《作为神魔童话的诗》中说:"诗句就其本性来讲总是拥有魔力,诗句中的每一个字母即是魔法……"[3]。正是基于对语词"神秘性"的认识,俄国象征派不仅在创作中难以避免主观主义的态度,而且在阐述语言理论时也往往给其笼罩上深不可测的迷雾和玄学色彩,而这正是探索科学诗学的"形式论"学派所要大力批判的。

综上所述,艾亨鲍姆接受了俄国象征派语言哲学,认同了什克洛夫斯基等人的"词语的复活"观念,从此,他抛弃了自上而下的"形而上"的诗学探索,转向自下而上的对语言形式、创作技巧的探寻,尽力在独立的文字系统内探索文学发展的规律。同时,艾亨鲍姆也拒绝了俄国象征派语言哲学中主观神秘的因素,力图以较为科学客观的态度看待文学作品,这与他对科学诗学的追求精神是相契合的。

三、实证主义哲学

1926 年艾亨鲍姆说:"历史要求于我们的是真正的革命热情——坚决的论点,无情的讽刺,果断地拒绝任何妥协。同时,重要的是要宣传对事实的客

---

[1] Белый А. Символизм. М. , 1910. С. 11.
[2] Эрлих В. Русский формализм: История и теория. СПб. , 1996. С. 35.
[3] 转引自周启超:《俄国象征派的文学语言观》,《外国文学研究集刊》(第十六辑),中国社会科学出版社 1994 年版,第 34 页。

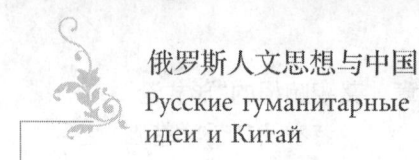

观的科学的态度,以此来反对那些曾鼓舞过象征主义者的理论工作的主观美学原理。由此又产生了形式主义者所特有的科学实证主义新热情:拒绝哲学前提,拒绝心理学的和美学的解释等等。"①俄国"形式论"学者包括艾亨鲍姆的文学批评的实证主义哲学基础,由此可见一斑,他们与象征主义者的根本分歧也在于此。然而,"形式论"学派所标榜的科学实证主义精神显然与俄国学院派的实证主义不同,它是摒弃了哲学的、心理学的研究范式的"新实证主义"。

俄国学院派文艺批评兴盛于19世纪末20世纪初,它包括神话学派、文化—历史学派、历史—比较学派和心理学派,代表们大都是在俄国著名人学讲授语文学、文艺学和文学史等课程的教授,他们知识渊博,既继承了俄国革命民主主义美学传统,又吸收了西欧的实证主义哲学思想。作为一种具有明确规定的哲学思潮,西欧实证主义开始于19世纪法国哲学家奥古斯都·孔德(1798—1857)的"实证哲学"。孔德的"实证哲学"以18世纪英国的对传统形而上学持怀疑精神的休谟经验主义哲学为源头,把经验作为全部哲学的基础,但基本原则在于实证,强调用自然科学的实证方法来获得经验,而这种经验应该能为科学所证实,以此达到改造和超越传统神学和形而上学之目的。19世纪后半期,在接受了孔德的实证论、黑格尔的思辨哲学及达尔文的进化论的基础上,法国文艺理论家泰纳(1828—1893)开创了实证主义美学,并把实证主义美学运用于文艺批评领域。泰纳认为,一切事物的产生和发展都有规律可循,所以无论自然科学还是精神科学,其研究方法是类似的。他主张从具体事实出发来研究艺术,总结文艺的发展规律。但是泰纳没有完全局限于孔德的实证论,认为"对于玄奥的沉思、文学的修养、心理的感觉以及历史的评价,孔德完全是陌生的"②。

在文学研究和文学批评中,俄国学院派遵循实证主义精神,主张革新文学观念和文艺学的方法论,从不同角度探讨了文艺发展和文学创作的规律,提出一系列文学研究和文学批评的新观念和新方法,为俄国文艺学的革新和发展开辟了新天地,提供了新视角,启发了后来众多的文艺批评流派,其中包括"形式论"学派。而在俄国学院派中,对"形式论"学派影响最大的当属历

---

① 艾亨鲍姆:《"形式主义方法"论》,丁由译,载张捷编选:《十月革命前后苏联文学流派》,上海译文出版社1998年版,第213—214页。

② 转引自伍蠡甫、翁义钦著:《欧洲文论简史》,人民文学出版社2002年版,第339页。

第三章　艾亨鲍姆的"形式论"诗学及其哲学基础

史—比较学派代表亚·尼·维谢洛夫斯基(1838—1906)。

亚·尼·维谢洛夫斯基是俄国历史诗学创始人、"俄国比较文学之父"。在19世纪上半期,严格地说,俄国文学史还不是一门系统化的学科,维谢洛夫斯基也认为这门课程存在着许多缺陷。在批判并汲取文化—历史学派、神话学派的合理因素的基础上,维谢洛夫斯基提出历史地、比较地研究各民族文学的异同以建立总体文学史的任务,尝试通过总体文学史的研究来揭示出文学演变的一般规律,从而阐明艺术的本质及各种诗学范畴的内涵,建构出科学的历史诗学体系。同时,维谢洛夫斯基还注意到文学艺术发展规律的特殊性,认为艺术形式的演变不是简单的新旧更替,而是对传统形式加以改造,在继承中推陈出新,这些论断极大地启发了后来的俄苏"形式论"学派。维谢洛夫斯基非常重视叙事文学作品的研究,把文学作品的叙事模式分为"母题(мотив)"和"情节(сюжет)"两个基本要素,认为"母题"是最简单的叙事单位,"它形象地回答了原始思维或日常生活观察所提出的各种不同问题"[1],而"情节"是"把各种不同的情境—母题编织起来的题材",是"……一些复杂的模式,在其形象性中,通过日常生活交替出现的形式,概括了人类生活和心理的某些活动"[2]。"母题"与"情节"之间对立统一、相互渗透的结构功能是构建情节诗学的基础。维谢洛夫斯基对"母题"和"情节"的研究,无疑有助于从情节诗学的角度探讨从民间故事、神话传说到现代小说的演变发展规律。这种情节诗学研究,对后来什克洛夫斯基与艾亨鲍姆的小说诗学、普洛普的民间故事叙事结构分析,以至巴赫金的复调小说理论的研究,都产生过深远影响,可谓开了20世纪小说诗学和叙事学理论的先河。维谢洛夫斯基的历史诗学研究的另一个重要课题是诗歌语言风格。传统诗学理论认为诗歌语言不同于散文语言之处,在于前者更具有形象性和韵律感,而维谢洛夫斯基指出,诗歌语言和散文语言的区分是相对的,其界限不是固定不变,而是随历史时期不同而发生变化。这种关于诗歌语言风格的研究对俄苏"形式论"学派与符号学派的诗学理论、文学风格理论都产生了一定的影响。

其实,维谢洛夫斯基对俄苏"形式论"学派的影响不止这些,最基本的影响当属以实证主义美学为基础的研究方法。维谢洛夫斯基所倡导的总体文学

---

[1] 维谢洛夫斯基:《历史诗学》,刘宁译,百花文艺出版社2003年版,第595页。
[2] 维谢洛夫斯基:《历史诗学》,刘宁译,百花文艺出版社2003年版,第590页。

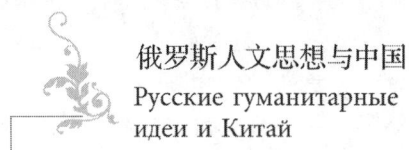

史研究是一个科学的概念,它必然要求与之相适应的科学的研究方法,这就是以实证主义美学为基础的历史—比较方法。维谢洛夫斯基认为,只有现象或事实是"实证的东西","你可以把对象分成各个部分来研究,从某一方面来考察,每次你都能取得某种结论,或获得一系列局部性的结论。……这样,步步深入,你就会达到最终的、最充分的概括,这实际上也就表达了你对所研究的领域的最终的观点。"① 由此看出,这种方法重事实,重实证,重归纳,注重考虑各种事实系列的连续性和重复性,并从大量事实的比较分析中归纳和概括出规律。这种以实证主义美学为前提的批评方法启迪了"形式论"学者。雷内·韦勒克曾将维谢洛夫斯基视为"俄国形式主义的一位首倡者"②,看来还是名副其实的。

在艾亨鲍姆的文学批评活动中,实证主义立场是显而易见的。早在1907年研究普希金时,艾亨鲍姆就采用了实证主义方法。他把普希金的创作同社会环境相联系,着重考察了诗人对当时政治生活中出现的重大事件——十二月党人起义——的反应。普希金与十二月党人交往甚密,了解他们的过去,见证了他们的功绩和死亡,他不会对这一重大事件无动于衷的;但作为一个诗人的普希金如何看待十二月党人运动,如何在创作中反映这一政治事件,这是艾亨鲍姆致力解决的问题。在这里,艾亨鲍姆采用了一种基于经验的推测方法,即根据自己的判断提出一些假设,再以实证主义方法一步步证明自己的推测。实际上,在后来研究莱蒙托夫和托尔斯泰时,他也经常使用这种方法。

艾亨鲍姆以普希金的十一首诗,即从《先知》(1826)到《诗人与人群》(1828)作为研究对象展开论证。在他看来,这些诗歌都是普希金在反思十二月党人运动及其代表(大部分是普希金的朋友)的基础上创作的。依据这些诗歌,艾亨鲍姆首先做出了如下假设:一、普希金认为自己在道德上有义务继续传播十二月党人被捕后的消息;二、普希金的心理处于变化不定的状态,时而为起义失败而痛苦,时而顺从地接受这一切;三、实际上,普希金意志太薄弱而不能履行这项使命。接下来,艾亨鲍姆开始分析诗歌。在他看来,如果说,这些诗歌是一支气势恢宏的交响乐的话,那么《先知》就是这支交响乐的第一乐章,具有寓言意义,普希金用"六翼天使"来比喻十二月党人起义的理想,而

---

① 维谢洛夫斯基:《历史诗学》,刘宁译,百花文艺出版社2003年版,第5页。
② 转引自维谢洛夫斯基:《历史诗学》,刘宁译,百花文艺出版社2003年版,第1页。

第三章 艾亨鲍姆的"形式论"诗学及其哲学基础

这也是诗人继续坚持的。1827年,十二月党人就义一年后,普希金创作了《阿里昂》,描绘了独木舟上航海家和舵手遇难的情景,以此象征十二月党人被处死的悲惨遭遇;诗中的"我"是一个神秘的歌手,却"被风暴和海浪推到了海岸/我仍然唱着昔日的颂歌"①。这首诗的创作源自阿里昂的故事带来的灵感。阿里昂是古希腊诗人和音乐家(公元前7—前6世纪),传说他在海上遇难时得到了被其歌声迷住的海豚的搭救。在诗中,普希金借这一故事来暗喻自己与十二月党人的友谊,他希望能忠于昔日的信念,但有时又有所动摇,如在《斯坦司》一诗中曾把尼古拉一世比作彼得一世,对他歌功颂德,为其镇压起义运动的行为辩护。《回忆》(1828)是这些诗中的最后一首,反映了诗人苦闷的心情:"我颤栗;/我诅咒自己;/我沉痛地怨诉,/我痛哭,/泪如涌泉,/但却洗不掉悲哀的词句。"②可见,诗人在为过去的迷失而痛苦,为思想的软弱而备受良心折磨。通过详细分析文本,艾亨鲍姆论证了自己的假设。

加入"奥波亚兹"之后,艾亨鲍姆与其他"形式论"学者一样,首先在工作态度上体现出了鲜明的科学实证主义精神。艾亨鲍姆反对"形式论"学派的对手或追随者把"形式论"方法看做一个静止不动的"形式主义"体系。他强调,"形式论"学派在工作原则上是相当自由的,是随时根据科学的要求而对理论加以深化和修改的,现成的科学理论其实并不存在,科学是在克服错误的过程中形成的,而不是在建立真理时就已存在的。因此,"形式论"学者在科学研究中把理论仅仅视为一种工作假设,这种假设本身是可以在科学研究过程中不断加以调整的。从这种观念出发,艾亨鲍姆等认为文学研究是一门独立的科学,不是其他学科的附属品,具有自己的研究对象和研究方法;文学也是自主的,它的发展和演变具有自身的规律。文学研究应当像自然科学研究那样是实证的。在研究中,艾亨鲍姆等"之所以从感觉经验出发并固守感觉经验,就是因为只有可感觉的经验事实才是确实可靠的,即实证的。"③

"形式论"学者在早期对诗语的关注很能说明这个问题,"形式主义者们从诗的音这个当时最有战斗性和原则性的问题开始自己的研究"④。在具体

---

① 普希金:《普希金诗选》,乌兰汗等译,浙江文艺出版社2001年版,第192页。
② 普希金:《普希金诗选》,查良铮译,译林出版社2000年版,第234页。
③ 陈本益:《俄国形式主义文学批评论的美学基础》,《东南大学学报》2003年第3期,第119页。
④ 艾亨鲍姆:《"形式主义方法"论》,丁由译,载张捷编选:《十月革命前后苏联文学流派》,上海译文出版社1998年版,第218页。

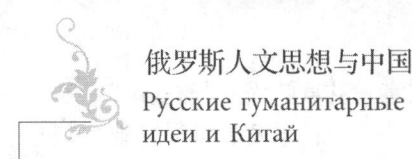

研究中,他们以音位学为基础,对诗歌语言的音响、节奏等容易感知的形式进行了考察。艾亨鲍姆选择果戈理的经典作品《外套》作为研究对象,详细分析了这篇小说中的词语音响问题,指出,果戈理这篇作品的布局结构并不是由情节决定的,而是取决于各种滑稽奇特的发音体系。果戈理进行创作时首先考虑的不是词语的内在逻辑涵义,而是它的声音外壳和声学特点,发音和声学效果成为有表现力的重要手法。同音异义词文字游戏就是果戈理精心设计的一个表现手法。小说主人公的名字阿卡基·阿卡基耶维奇的演变过程,明显说明了它是作家从声音上进行选择的结果。这个名字具有强烈的音响效果,充满了滑稽意味。艾亨鲍姆的这些分析,基本上都是以实证为原则的。"形式论"学者还主张差异对比方法,即"把文学系列与其他的事实系列作对比,从现有的无限多样的系列中挑选出那个与文学系列有接触、同时在功能上又不同的系列"①。在研究诗歌时,"形式论"学者对"诗语"和"实用语"加以对比,发现二者的差异体现为诗的手法、诗的形式;在研究小说时,他们对作品的"情节"和"本事"加以对比,发现差异在于前者是对后者的独特的安排和组织,而这种差异就构成了散文的情节结构,即散文本身。由此可见,差异即文学形式,也就是文学本身。

总的来看,"形式论"学者在文学研究和批评实践中,总是力求遵循实证主义原则,试图通过具体作家具体作品的分析,以科学论证的方式来阐释诗学理论,他们的研究方式确实具有实证主义性质。韦勒克曾称"他们是一些在文学研究领域中抱有科学理想的实证主义者"②。

"形式论"学者这种强调实证的、科学的研究方法的精神,显然与维谢洛夫斯基的文艺思想也是一致的。日尔蒙斯基更是维谢洛夫斯基开创的历史—比较文艺学和历史诗学在苏联时代的主要继承者和开拓者。巴赫金指出:"形式主义者几乎没有与他(指维谢洛夫斯基——笔者注)进行论战。他们更多地是向他学习。",但同时又指出,他们"并没有成为他的事业的继承人"③。这是因为俄苏"形式论"学派的实证批评是独特的,是经历了"形式论"诗学洗

---

① 艾亨鲍姆:《"形式主义方法"论》,丁由译,载张捷编选:《十月革命前后苏联文学流派》,上海译文出版社1998年版,第215页。
② 雷内·韦勒克:《20世纪文学批评的主要趋势》,载《批评的概念》,张今言译,中国美术学院出版社1999年版,第331页。
③ 巴赫金:《文艺学中的形式主义方法》,载钱中文主编:《周边集》,李辉凡等译,河北教育出版社1998年版,第179页。

礼的实证批评,是主张"使诗学回到科学地研究事实的道路上"的"新实证主义"。

泰纳的传统实证批评主张从种族、环境和时代三方面去评论文学,这三要素只能与作品的思想内容、作家的社会背景、创作动机等方面有关系,而不是作品的形式,这无疑是一种重视文学"外在因素"的批评。俄国学院派的实证批评,如维谢洛夫斯基的历史诗学,虽然注意到了艺术形式、诗歌语言、修辞手段的演变和更新等作品的"内部"问题,但从总体上来看,维谢洛夫斯基强调的还是根据不同民族、不同时代人们的生活方式和思维方式来分析文学,揭示起源和演变的社会历史的和文学心理的动因,这仍是对文学的"外在因素"进行的研究。对此,俄苏"形式论"学派明确提出了不同观点。他们认为,文学的不断更新与发展由文学内部规律决定,与时代变迁、社会环境等"外在因素"完全无关。什克洛夫斯基曾说:"在文学理论中我从事的是其内部规律的研究。如以工厂生产来类比的话,则我关心的不是世界棉布市场的形势,不是各托拉斯的政策,而是棉纱的标号及其纺织方法。"[1]在具体批评实践中,"形式论"学者往往把形式构造活动作为文艺创作的本质,完全放弃对作家心理、道德伦理观等"与作品无关的要素"的研究。艾亨鲍姆的文章《果戈理的〈外套〉是怎样写成的》就是一个鲜明的例子。我们记得,小说主人公曾说过:"让我安静一下吧!为什么你们要欺侮我呢?"对于这句可怜的祈求,学院派批评家历来认为这是作家人道主义情怀的表现,但在艾亨鲍姆看来,这句话只是一种艺术手法,并无特别含义,他说:"艺术作品是已经具体化的、艺术家创造出的完美的东西,它不仅是艺术的作品,而且也是最佳意义上的人为的作品;因此,它不是,也不可能是心理实验的投射。"[2]他还指出,不仅这篇小说,而且果戈理的其他作品,如《鼻子》、《婚事》、《钦差大臣》等都缺乏情节,情节是次要的、静态的,叙事结构和风格才是主要的、动态的。由此看来,"形式论"学者在文学研究和批评活动中主要强调了文学的"内在要素",这迥然不同于维谢洛夫斯基的研究。事实上,"形式论"学者一方面因为维谢洛夫斯基认识到了文学的独立自主性而将其视为自己的先驱,另一方面又为维谢洛夫斯基在文学研究中不能彻底摆脱"外在因素"而感到遗憾。

---

[1] 什克洛夫斯基:《散文理论》,刘宗次译,百花洲文艺出版社1994年版,第3页。
[2] 艾亨鲍姆:《果戈理的〈外套〉是怎样写成的》,载茨·托多罗夫编选:《俄苏形式主义文论选》,蔡鸿宾译,中国社会科学出版社1989年版,第202页。

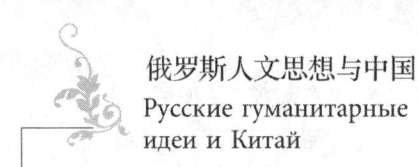

对于俄国学院派文艺学其他分支的学术活动,"形式论"学者也是持批判态度的。在他们看来,神话学派在作品分析中总是力图给故事情节、人物、细节等找到相似的神话内容,找到相应的移植来源;文化—历史学派依据作家遗著、书信、日记、手稿等文献资料来考证作品的起源,以社会现象和时代背景来阐释文学,最终导致文学研究成为历史、地理和文化的大杂烩;心理学派注重考察作家的生平细节,差不多把文学史研究等同于作家传记心理研究,还在一定程度上抛开了文艺现象的社会历史根源。另外,俄国学院派还十分重视文学运动与社会思潮和民族意识的密切联系,他们的研究和评论往往渗透着公民精神和政治理想,具有鲜明的社会学和政论的色彩,这是西方实证主义文艺批评所没有的,也是俄苏"形式论"学派所拒绝的。艾亨鲍姆等学者认为,俄国学院派已经把文学史混同于社会思想史和一般文化史,忽视了文学作为艺术现象的审美特性和文学形式的相对独立性,混淆了文学与其他学科的界线,使文学理论丧失了清晰的轮廓、研究对象的特性和明确的研究范畴,这显然是缺乏科学性的。艾亨鲍姆曾明确表示对俄国学院派的不满:"在形式主义者登台以前,完全忽视理论问题、有气无力地利用过时的美学、心理学和史学的'定理'的'纯理论的'科学对自己的研究对象感觉这样迟钝,以至这个科学自身的存在竟成为一种幻影。对这个科学无须进行斗争:无须闯进门去,因为根本就没有门——我们把穿堂院看成是堡垒了。波捷勃尼亚和维谢洛夫斯基的理论遗产传到学生那里,成为埋在地下的死财宝,对这财宝谁都害怕去动一动,因而让它变成一文不值了。"①

在从事文艺研究时,俄苏"形式论"学派倡导不屈从任何既定的理论建构,拒绝任何心理学的、美学的阐释,"脱离哲学美学,脱离艺术的意识形态理论,是出于形势所迫。应当诉诸事实,放弃一般的体系和问题,从中间开始——从我们碰到的艺术的事实那里开始。艺术要求人们以切切实实的态度对待它,而科学则要求人们把它变成具体的科学"②。俄苏"形式论"学派这种对传统实证主义的"外部批评"取向的责备,这种与之决裂的决心,使韦勒克又毫不犹豫地将这一学派归入20世纪初欧洲反对实证主义文学批评的潮流

---

① 艾亨鲍姆:《"形式主义方法"论》,丁由译,载张捷编选:《十月革命前后苏联文学流派》,上海译文出版社1998年版,第212页。
② 艾亨鲍姆:《"形式主义方法"论》,丁由译,载张捷编选:《十月革命前后苏联文学流派》,上海译文出版社1998年版,第214页。

第三章 艾亨鲍姆的"形式论"诗学及其哲学基础

之中,视其为斯拉夫国家反对实证主义批评的一支主要力量。[①] 这显然与他称俄苏"形式论"学者为"实证主义者"的说法相矛盾。不过,从上面我们谈到的"形式论"学者的实证主义批评特征来看,这种矛盾也是可以理解的:"形式论"学者在文学研究中注重事实和经验,追求科学性,他们的方法是实证主义的,因此可称他们为"实证主义者";"形式论"学者不承认"外部研究"的科学性,主张以文学作品的自身为研究对象,强调"内部研究",从这个意义上来说,他们是反传统实证主义批评的。

艾亨鲍姆等"形式论"学者以实证主义哲学为基础,从形式出发,把文学看成是一个独立自足的结构,坚定不移地把关注重心放在文学作品的内部机制上,把作家生平、心理及社会问题等置于研究边缘,从而把人们的注意力引向了与形式、技巧等相关的因素,使人们走进了作品的内在世界,丰富了人们对作品结构的认识,凡此种种,都是"形式论"学派区别于传统文论之处,也是它对现代文论做出的可贵而持久的贡献。雷内·韦勒克曾说:"他们(指俄苏"形式论"学者——笔者注)的工作的可贵之处不仅在于为先锋艺术所作的辩护或者对俄国文学的进程所作的重新解释,而且是对迥然不同的语境中所产生的各种方法进行的探讨、阐扬和发挥。他们的理论学说可以移植于其他国度和时代而且宜于应用。"[②] 的确,俄苏"形式论"学派的某些重要理论因素后来在结构语言学、结构主义文论、符号学等领域生根开花,在欧美等地延续了生命,对20世纪文论产生了深远的影响。

但从另一方面来看,"形式论"学者在研究中完全放弃考察作品的思想内容、创作背景及作家世界观,这种纯"内部"的研究方法很容易导致片面化、偏激化的结论,而后来"形式论"学派走入研究困境并最终解散也与此不无关系。对此,雷内·韦勒克曾一针见血地指出:"这些形式主义者选择了一条着眼于技巧的、科学性的文学研究途径,它可能吸引当今之世,但是终究会使得艺术脱离人性而且毁坏批评。"[③] 究其原因,在于文学作品不完全等同于自然科学现象。作家在创作文学作品时,总是不可避免地将主观情绪带进作品之

---

① 雷内·韦勒克:《近年来欧洲文学研究中对于实证主义的反抗》,载《批评的概念》,张今言译,中国美术学院出版社1988年版,第263-265页。
② 雷纳·韦勒克:《近代文学批评史》(第七卷),杨自伍译,上海译文出版社2006年版,第541页。
③ 雷纳·韦勒克:《近代文学批评史》(第七卷),杨自伍译,上海译文出版社2006年版,第543页。

中,因此,文学作品除了科学性之外,还具有想象性、虚构性、情感性等与人的意识相关的因素,而这些又是无法完全用语言学来解释的。文学作品是情感的符号,具有一定张力的情感结构是文学作品的必要因素,这远非科学所能检验论证的。因此,在进行文学批评时,既要分析作品中的形式手法,又要阐明作品所体现的思想内容,才会对作品做出较为客观合理的解释。

第四章　洛特曼符号学思想及其在中国的研究

尤里·米哈伊洛维奇·洛特曼（Юрий Михайлович Лотман，1922—1993）是苏联著名的文艺学家、文化学家、国际符号学研究协会副主席。从1960年代初起，他以爱沙尼亚塔尔图大学为中心进行学术研究，形成了"塔尔图学派"的结构主义诗学和文艺符号学。20世纪70—80年代，他开始把结构主义符号学的方法运用于更广泛的符号系统研究，对文化符号进行结构性描写，从而形成了其以文学研究为中心，向电影、绘画等其他艺术门类延伸，渗透到文化学和历史学研究的文化符号，对苏联学术界产生广泛影响。

第一节　洛特曼符号学思想的本国理论资源

俄苏符号学研究不仅具有独创性，而且历史悠久、成果丰富。洛特曼在继承与发展俄国学院派、形式主义、苏联结构类型学研究传统的基础上，大胆吸取西方结构主义与符号学的成果与方法，富于创造性地将其与当代系统科学理论相结合，在符号学领域取得了显著成果。本节仅考察洛特曼符号学思想本国理论资源的早期和当代两个阶段。

一、维谢洛夫斯基与波捷布尼亚为符号学理论奠基

开俄苏符号学理论研究先河的是19世纪下半叶的两位著名俄国学院派学者——维谢洛夫斯基与波捷布尼亚。他们超越了自己的时代，率先转向对基本分析单位的研究，为后来的符号学者奠定了理论基石。

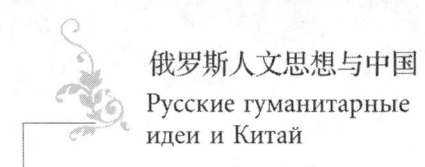

亚·尼·维谢洛夫斯基(1838—1906)是俄国19世纪下半期最为杰出的文艺学家、语言学家和民俗学家之一,是俄国比较文艺学和历史诗学研究的奠基人,被公认为"俄国比较文学之父"。维谢洛夫斯基一生著述颇丰,内容涉及意大利文艺复兴、西欧与俄国的浪漫主义、中世纪文学与民间文学、历史诗学及文学理论等多个领域。①

维谢洛夫斯基自1854年考入莫斯科大学文学系起,即对文化历史问题产生了极大的兴趣,并在著名的但丁研究家古德里亚夫采夫的影响下开始了对意大利文艺复兴时期文化的研究。1863—1867年他在旅居意大利期间,发表了一系列用意大利语写就的有关文艺复兴时期文学的论文,由此一举成名。维谢洛夫斯基认为文艺复兴的主旨在于人性的解放,而在意大利,人性解放是以古希腊、罗马文化的复兴为基础的。在众多的中世纪作家中,维谢洛夫斯基最为偏爱的是但丁、彼特拉克和薄伽丘,他认为这些作家的创作深深植根于民间文学的沃土,体现了古希腊、罗马文化和中世纪基督教文化的交融。

1870年,维谢洛夫斯基结束了在西欧的考察,应聘来到彼得堡大学任教,先后开设了总体文学史、西欧文学史、拉丁—日耳曼语文学、历史诗学等课程。"维谢洛夫斯基的学术思想的形成有赖于他对俄国和西欧以实证主义为基础的神话学派、历史文化学派等在文艺学、文学史等领域的研究成果的深入研究和批判吸收。"他渊博的学识为其"在广泛比较分析和综合研究东西方文学和文化,批判吸收各文艺学派学说的合理因素的基础上,提出建立历史诗学理论体系和总体文学史的任务和方法奠定了坚实的基础"②。

维谢洛夫斯基力求在广泛综合的基础上建立一个涵盖所有诗歌形式与种类,并以严格的历史主义为原则解决各类诗歌起源问题的诗学体系。虽然其构建历史诗学理论体系的宏伟构想最终因研究规模过于庞大而未能实现,但是却在诗歌的诞生、原始混合艺术(первоначальный синкретизм)与诗歌、仪式与歌谣、集体创作向个人创作的转变、对诗歌的修饰语与诗歌语言的分析等问题方面作出了卓有成效的探索。

由维谢洛夫斯基最为重要的几篇论文的名称可以看出他的学术探索脚步:《修饰语史》(1895)、《作为时间因素的叙事重叠》(1897)、《心理对比法及

---

① Жирмунский В. М. Сравнительное литературоведение. Л., 1979. С. 85.
② 维谢洛夫斯基:《历史诗学》,刘宁译,百花文艺出版社2003年版,译者前言,第4-5页。

其在诗歌文体中的反映形式》(1898)、《历史诗学三章》(1899)和生前未来得及发表的《情节诗学》。他在这些文章中提出的对修饰语、诗歌语言、母题、情节等问题的观点为后继者,特别是形式主义者所继承和发展。

维谢洛夫斯基最早认识到修饰语的固定性,他认为:"修饰语(эпитет)是对词的一种片面的鉴定,它或者使词的一般涵义得到更新,或者强调事物的某种富于代表性的突出的特征"①,可分为同义词反复和解释性修饰语两种。修饰语的历史不仅是"一部缩写版的诗歌风格史",还是"诗的意识史,从它的生理学的和人类学的根基及其语言表现直至它们被固定于一系列格式的历史,而这些格式则为各种现行的社会世界观的内容所充实"。修饰语从最初的自由结构单位固定为非自由的词汇单位,其演变背后隐藏着"悠久的历史心理远景",蕴含着"借喻、比喻和抽象观念的积累"②。

而后,维谢洛夫斯基又展开了对诗歌语言(язык поэзии)和散文语言(язык прозы)的比较研究。他认为诗歌语言自如地"运用各种形象和隐喻,而这些形象与隐喻同散文是格格不入的;在它的词汇中有这样一些特色、用语,我们在诗歌范围之外是不习惯看到的,它还赋有语言的合乎节奏的音律"③。维谢洛夫斯基探讨了诗歌语言所固有的主题、象征和形象等因素及其相互之间的结合,指出"它们或者独立自由地形成于某一诗歌领域和种族,或者散布于具有同一起源的艺术诗歌或民间诗歌之中。它们全部在音乐节奏的联想基础上形成或被掌握,并构成了诗歌语汇的特征;它们全都随着时间的推移而经历了概括化,接近于格式的意义"④。他认为诗歌和散文作为文体,可以也应该同时产生,前者是用来唱的,后者是用来说的;散文文体风格不具备由于运用节奏和内容重叠而导致的某些特征、形象、用语、谐音和修饰语,倾向将散文语言视为诗歌语言的对应物分离出来。从这一意义上说,维谢洛夫斯基甚至可以称得上是形式主义的首倡者,他关于诗歌语言的思想为日后的"奥波亚兹"所继承与发展。

维谢洛夫斯基最大的学术贡献就是将"文学作品的叙事模式区分为母题(мотив)与情节(сюжет)两个基本因素,并把两者之间对立统一、相互渗透的

---

① 维谢洛夫斯基:《历史诗学》,刘宁译,百花文艺出版社 2003 年版,第 68 页。
② 维谢洛夫斯基:《历史诗学》,刘宁译,百花文艺出版社 2003 年版,第 67 页。
③ 维谢洛夫斯基:《历史诗学》,刘宁译,百花文艺出版社 2003 年版,第 448 页。
④ 维谢洛夫斯基:《历史诗学》,刘宁译,百花文艺出版社 2003 年版,第 486 - 487 页。

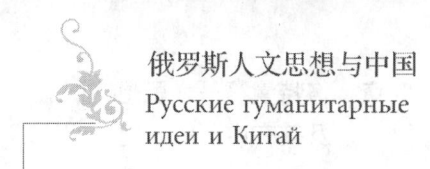

结构功能作为构筑情节诗学的基础"①。在维谢洛夫斯基看来,母题是一种格式,最基本的叙事单位,是第一性的;而情节则是不断变化的复杂模式,是"各种情境—母题编织起来的题材"②。维谢洛夫斯基对母题与情节这两个概念的界定为我们对由各种基本单位的组合构建而成的文本进行标准分析奠定了基础。"此后,情节语法学构成了俄苏各符号学流派的基础。"③什克洛夫斯基、普洛普、洛特曼等人都是从中汲取养料,构筑自己的思想体系。

此外,维谢洛夫斯基还在行为哲学领域展开研究,他认为最初个人并未独立于集体,人的情感具有集体性,他以古希腊抒情诗为材料展现了个性显露的过程,同时指出这种个性化过程亦带有集体色彩。洛特曼对十二月党人的研究就曾受到维谢洛夫斯基行为符号化理论的启发。

维谢洛夫斯基一生致力于比较文艺学的研究,"他所制定的历史比较方法使他在研究神话学和民间创作,拜占庭的、拉丁—日耳曼的、斯拉夫的文学中,特别是俄国文学中,取得了一系列卓越的发现"。"他卓有成就地扩大了用历史原则研究诗歌的范围。因此他能用新的方法去解决诗歌及其种类的起源问题,描绘出诗歌风格和情节性的基本因素的进化,提出同康德学说对立的对个人在文学史发展过程中所起的作用的理解,并相应地按照另一种方式提出传统与革新的问题。"④维谢洛夫斯基富于创造性的理论建树与卓有成就的学术实践成为俄罗斯符号学研究的一个优良传统,并在此后由洛特曼发扬光大。

维谢洛夫斯基创建的历史诗学虽然包含了某种构建理论诗学的基础,却无法对作为艺术的文学的特殊性问题做出令人满意的解释,因此也就无法上升到普通文学理论层面。这些问题则要从阿·阿·波捷布尼亚(1835—1891)创立的"语言的文学理论"即理论诗学中寻找答案。

波捷布尼亚的学术生涯是与他的母校哈尔科夫大学联系在一起的。他于1851年考入该所大学,1861年通过硕士学位论文《斯拉夫民间诗歌中的某些象征》的答辩,1862年出版专著《思维与语言》一书。他曾在柏林大学学习梵语,还对多个斯拉夫国家进行了考察。1874年波捷布尼亚通过博士论文《俄

---

① 维谢洛夫斯基:《历史诗学》,刘宁译,百花文艺出版社2003年版,译者前言,第15页。
② 维谢洛夫斯基:《历史诗学》,刘宁译,百花文艺出版社2003年版,第595页。
③ Почепцов Г. Г. Русская семиотика. М.,Киев. 2001. С. 23.
④ 尼古拉耶夫等著:《俄国文艺学史》,刘保瑞译,三联书店1987年版,第192页。

语语法札记》答辩,并由此蜚声斯拉夫学界。

19世纪下半期的俄国语文学领域,语言学与文艺学正逐步走向融合,这一趋势在波捷布尼亚身上表现得尤为明显。一方面,他与维谢洛夫斯基一样,痴迷于对民俗学材料的分析,另一方面,他对交际过程的研究也甚为关注。《思维与语言》《文学理论札记》《文学理论讲义》和《俄语语法札记》是其最具代表性的学术著作,其研究范围涉及"词的内部形式、人类交际、诗歌思维、神话思维、诗歌文本分析、词语与思想的相互关系"[1]等诸多方面,其中体现的学术思想与索绪尔的《普通语言学教程》有颇多相通之处。

波捷布尼亚学说的基础来源于德国哲学家洪堡有关"语言与思维的关系的思想"。洪堡认为词(слово)"不仅是思想的体现者,而且是思想的发生器",它实质上是"创造思想的工具"[2]。波捷布尼亚接受了洪堡"语言是一种活动,而不是活动的产品,思维活动与语言是密不可分的整体"[3]的观点,将语言视为"创造思想的工具,是任何精神与道德生活现象的基础"[4],于是"思维"(мысль)与"语言"(язык)成为其著述研究阐发的核心问题。他认为"语言从本质上说是某种固定的,但每时每刻都在消失的东西",语言"不是事物,不是死的作品,而是一种活动",是"精神周而复始发出清楚的语音用以表达思想的努力"[5]。波捷布尼亚"从语言是符号、是人对现象的标记、是人认识周围世界的活动这一基点出发,探讨了认识是如何进行的及概念是如何建构的"[6]等问题。

波捷布尼亚首先是一名语言学家,对于他来说:"语言现象、思维现象乃至人类精神的一切现象,都是处于不断运动中的现象,都是一种纯粹的活动。"[7]这些现象虽然通过可见符号固定了下来,但却不是真实的存在,而仅仅用以协助再现这些现象。波捷布尼亚没有将言语与思维现象视为静态的研究客体,而是把词的结构、散文与诗歌的叙事形式、动词范畴的发展等动态因素

---

[1] Почепцов Г. Г. Русская семиотика. М., Киев. 2001. С. 27.
[2] 尼古拉耶夫等著:《俄国文艺学史》,刘保瑞译,三联书店1987年版,第199页。
[3] Потебня А. А. Мысль и язык. Одесса, 1922. Т1. С. 82.
[4] 尼古拉耶夫等著:《俄国文艺学史》,刘保瑞译,三联书店1987年版,第199页。
[5] Потебня А. А. Мысль и язык. Одесса, 1922. Т1. С. 82.
[6] Потебня А. А. Теоретическая поэтика. СПб., М., 2003. С. 9.
[7] Чудаков А. П. А. А. Потебня//Академические школы в русском литературоведении. М., 1975. С. 310.

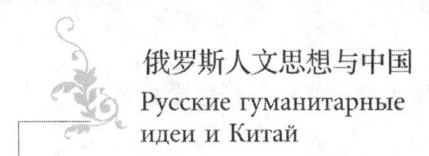

作为自己的研究对象,因为他坚信言语与思维现象的本质与意义永远只存在于人的意识场中永不停息的运动过程间。

波捷布尼亚还从历史角度对词进行了探讨。他认为词是人类从意识深处提取概念的方法,是言语与认识的创造性活动,而不是交际单位;词的历史实际上是混合知觉转向思维独立的过程。词是由意义(значение)、意义的外部形式即语音(звук)与意义的内部形式即概念(представление)这三个因素构成的统一体,其中内部形式即概念是词的结构中最重要的范畴。

波捷布尼亚认为词的内部形式是上述三个因素中最灵活的一个,因此他将词的内部形式及变体(модификация)视为其语言诗学的核心问题。他认为词的"内部形式既是产生新词的工具,又是语言形象性的来源,还是整部文学作品艺术性的基础"①。与词的内部形式范畴相关联的是"诗歌性"(поэтичность)问题。语言是诗歌性的基础,但并不是每个词都具有诗歌性,只有那些保留了自身内部形式的词才具有诗歌性。与诗歌性密切相关的是"形象性"(образность),"形象性"实际上决定了词的"诗歌性"。

将词与艺术作品进行类比也是波捷布尼亚理论诗学的一个重要方面,在类推法基础上他最终从整体上完成了有关诗歌作品与艺术创作的理论。与词的三个因素相对应,诗歌作品也同样具有三个因素:其中与词的外部形式"语音"相对应的是诗歌作品中词的表述(словесная воплощенность),文学通过词汇客观固定下来,并以此与其他艺术形式相区别;与词的内部形式"概念"相对应的是形象(образ),形象在作品中与在作为个体的词中一样,不是内容,而仅仅只是用以指明或展示内容的符号或象征,如小说中的事件、性格及性格特点都属于形象的范畴;与词的意义相对应的是诗歌作品的内容(содержание),或言之主旨(идея),它是由形象引发的,是小说中的形象在读者心中唤起的思想的总和。

此外,波捷布尼亚还指出,诗歌与散文都是语言的现象,同属于语言事实,但是诗歌早于散文,散文的产生与发展经历了从最初的隐喻性走向后来的抽象性的过程。诗歌与散文既相互制约,又相互关联。对诗歌与散文的区分是波捷布尼亚最大的学术贡献,形式主义者继承了这一观点,并从正反两个方面

---

① Чудаков А. П. А. А. Потебня//Академические школы в русском литературоведении. М., 1975. С. 321－327.

对这一理论作出了修正与发展,对诗歌语言的探讨在形式主义者的早期著作中占着最为重要的地位。①

从某种意义上说,波捷布尼亚创立的理论诗学虽然还不是一个完善的思想体系,但是却为后继者制定了一份深思熟虑的学术纲领。例如,波捷布尼亚对艺术形象问题的研究就具有纯理论性质,而没有将形象作为具体的诗歌结构进行描述与实践分析。

虽然什克洛夫斯基在《作为手法的艺术》一文中将波捷布尼亚"没有形象就没有艺术,包括诗歌"这一观点"表述为诗歌=形象性",而"形象性=象征性",并由此断定波捷布尼亚"没有分辨出诗歌语言与散文语言的区别"②;但是,实际上波捷布尼亚的观点与以什克洛夫斯基为代表的"奥波亚兹"并没有本质区别,形式主义者只是在波捷布尼亚的基础上对建构艺术形象的诗歌结构进行了细致的描述。正如蒂尼亚诺夫指出的那样:"诗歌中词的语义问题在诗歌文体研究领域是最具意义的。阿·阿·波捷布尼亚以形象理论长久地确立了这一问题的研究途径。"③在根据诗歌结构分析词的语义变化时,蒂尼亚诺夫实际上继承了波捷布尼亚的思想,他认为词并不具备确定意义,因进入的词汇结构不同及言语习惯的功能各异,而具有各种意义。词实质上是"不同的词汇结构与功能结构的横切面"④。波捷布尼亚开创的诗歌语言研究由俄国形式主义者继承了下去,并最终成为形式主义最大的理论建树。

波捷布尼亚不仅是俄国理论诗学的创始人,还是俄国文艺学领域心理学派的代表。他力图对语言的发展规律及思维过程对语言发展的制约性作出解释,他关心的是人在语言活动中如何对认识与创作进行综合的。此外,波捷布尼亚还在方法论方面对俄国语文学研究作出了巨大贡献,他从语文学角度对文化—历史及比较—历史的原则与方法进行了反思与补充。波捷布尼亚在自己的学术研究中将文化—历史方法与普通语文学方法(包括语言学方法、民俗学方法与文艺学方法)紧密结合起来,因此被此后的俄罗斯语文学者视为

---

① Чудаков А. П. А. А. Потебня//Академические школы в русском литературоведении. М., 1975. С. 321-337.

② 维克托·什克洛夫斯基等著:《俄国形式主义文论选》,方珊等译,三联书店1989年版,第3—4页。

③ Тынянов Ю. Н. Проблемы стихотворного языка. М. 1965. С. 22.

④ Тынянов Ю. Н. Проблемы стихотворного языка. М. 1965. С. 58.

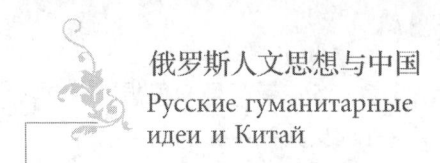

心理学派、神话学派、文化—历史学派与比较历史学派等多个流派的代表人物。①

俄罗斯符号学在其草创阶段,曾在不同层面上从诸多位人文学者博大精深的学术思想中汲取营养。其中,维谢洛夫斯基与波捷布尼亚以其学术理论的高度概括性与前瞻性、学术思想的系统性与结构性对俄苏符号学理论体系的建立与发展产生了尤为深远的影响。

二、当代俄苏符号学的发展与塔尔图符号学派

1950年代中期,苏联的学术环境渐趋宽松,什克洛夫斯基、蒂尼亚诺夫、托马舍夫斯基等人的著作相继解禁,符号学研究也柳暗花明,步入了一个全新的发展时期。

1950年代,控制论与信息论的兴起,特别是机器翻译理论的发展为苏联符号学研究注入了新的活力。50年代中期,语言学家维·弗·伊万诺夫(1895—1963)、伊·伊·列夫津(1924—1974)、鲍·亚·乌斯宾斯基(1937—)等人在莫斯科成立了"机器翻译协会",同时,《语言学问题》杂志、莫斯科大学、苏联科学院语言学研究所等也开展了关于结构主义的讨论,通过对符号、能指、所指等问题的详尽探讨,广泛接受与采用了索绪尔提出的符号学术语。1960年8月,在苏联科学院斯拉夫学与巴尔干学研究所成立了语言结构类型学研究室,该研究室成为苏联符号学研究中心之一。② 1962年,该研究室与控制论委员会联合主持召开了"符号系统的结构研究"研讨会,将符号学确立为"研究人类社会中使用的任何符号系统"的学科,为苏联当代符号学确立了"通过跟控制论和信息论的互相交融","为各门科学服务"③的宗旨。此后,苏联符号学研究的理论领域逐渐扩大,由"把自然语言同神话和艺术的符号系统相类比"扩展至"对人类文化进行类型学分析,探索各种文化的有机联系"④。

如李幼蒸所言,"当代苏联符号学是苏联政治制度、文化政策、俄国思想传统、马克思主义传统、当代科学精神等历史因素的综合结果,其思考方式受

---

① Муратов А. Б. Теоретическая поэтика А. А. Потебни//Потебня А. А. Теоретическая поэтика. СПб., М., 2003. С. 22
② 凌继尧:《苏联当代美学》,黑龙江人民出版社1986年版,第209—210页。
③ [美]佛克马等著:《二十世纪文学理论》,第44页。
④ 凌继尧:《苏联当代美学》,黑龙江人民出版社1986年版,第211页。

到内、外制约因素的较大影响，因此是一特定的政治文化环境下的历史现象。"[1]苏联当代符号学继承了早期的俄国形式主义和捷克结构主义传统，却自觉放弃了纯形式主义立场，力求将文本结构和社会环境结合起来；同时它还十分关注科学思想，这一点也使其有别于形式主义者的纯人文兴趣。因此，苏联当代符号学体现了不同于西方符号学的特质，即对文化的意识形态问题的热衷。在1973年的全苏斯拉夫学大会上，苏联的符号学家们联合提出了"文化符号学"这一范畴。从苏联文化符号学的发展历程来看，体现出偏重于对本国语言文化研究的倾向，这与西方文化符号学的文化人类学倾向有很大的不同。

此外，自俄国形式主义开始，苏联符号学者就一直十分关注文学历时性研究与文学演变问题，"重视符号系统的社会性"特质，"关心符号系统与现实、与社会"、与意识形态的关系，支持"历时演变是社会性动力作用的结果"这一观点，这与西方结构主义者"对共时分析的偏重"正好构成鲜明的对比。

"第二性模拟系统"是苏联符号学的一个核心概念。这一术语来源于控制论。人类、动物与自动机器虽然都使用符号，但是人类在使用符号的同时，还参与符号系统的运作，"发展出超出初始符号系统之上的、能反过来为人的社会行为提供准则的第二性模拟系统"。人类在自然语言这一最主要的初始符号系统基础上"加上补充性结构，使之与社会文化的知识体系、观念与道德等"具有"固定同型性"，由此构成了第二性模拟系统。[2]

在苏联众多的符号学家当中，巴赫金与洛特曼占据着最为重要的地位。巴赫金被公认为20世纪俄罗斯最富创意的符号学思想家。"巴赫金文学符号学的价值在于他对小说形式技巧和哲理寓意之间联系方式的思考"[3]，其学术思想可概括为四个方面，即狂欢化理论、文化的对话性、话语和词语的社会性、意识动态与符号的等同。从符号学角度来看，上述的任意一种理论都可归结为代码的组合，都体现了符号学的跨学科性，因此都具有符号学的基本特点。

洛特曼是苏联符号学的集大成者，正如西方学者指出的那样："如果离开了洛特曼的理论基础，伊万诺夫、托波罗夫、列夫津、皮亚季戈尔斯基、乌斯宾

---

[1] 李幼蒸：《理论符号学导论》，社会科学文献出版社1999年版，第582页。
[2] 赵毅衡：《文学符号学》，中国文联出版公司1990年版，第257—258页。
[3] 李幼蒸：《理论符号学导论》，社会科学文献出版社1999年版，第631—632页。

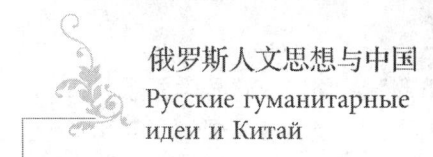

斯基以及他们的许多学生的工作将是肤浅的和表面的。"①以洛特曼为代表的当代苏联符号学不同于苏联时期人文领域其他仅仅局限于社会历史分析的学术流派,无论从内容上,还是从风格上,都给人耳目一新的感觉,其中许多颇有新意的见解也获得了西方学者的承认与赞同。但是,我们也必须看到,兴起于1960年代的苏联当代符号学是在缺乏与西方学术交流的相对封闭的环境中形成的,在社会学和心理学层面上存在着先天不足,而哲学基础的缺失更是其致命弱点,这也是苏联符号学者在实践方面表现出卓越的符号分析才能,但是纯理论的建树方面则相对薄弱的根本原因。

当代俄苏符号学具有深厚的人文传统积淀,但是它形成于有别于西方的特殊政治语境,自始至终表现出对意识形态问题的特殊敏感性。俄苏符号学的兴衰荣辱,构成了世界符号学版图的一个不可分割的、独具文化思想特色的部分。

1960年代崛起于世界符号学版图的塔尔图符号学派以其勃勃生机引起了国际符号学界的广泛关注。1962年12月在莫斯科召开的"符号系统的结构研究"研讨会是塔尔图符号学派发展史上的重要里程碑。会议是由斯拉夫学研究所下设的结构类型学研究室与控制论委员会共同组织的,与会学者在将符号学定义为"研究人类社会中使用的任何符号系统"的学科的基础上,就"语言符号学、逻辑符号学、机器翻译、艺术符号学、逻辑符号学、神话学、非口头交际系统的语言描写"②等问题展开了广泛的讨论。会议论文摘要汇编《结构—类型学研究》(莫斯科,1962)在传播符号学思想方面发挥了重要作用。③

以洛特曼为首的塔尔图符号学派在国内与国际上有多种称谓。"塔尔图符号学派"是以学派的诞生地命名的;"莫斯科—塔尔图符号学派"是根据学派的形成时间与诞生地命名的;"塔尔图—莫斯科—列宁格勒符号学派"、"莫

---

① 凌继尧:《苏联当代美学》,黑龙江人民出版社1986年版,第213页。

② Успенский Б. А. К проблеме генезиса тартуско - московской семиотической школы//Ю. М. Лотман и тартуско - московская семиотическая школа. М., 1994. С. 270.

③ 据乌斯宾斯基回忆,《结构—类型学研究》一书实际上只发行了500册,剩下的500册被斯拉夫研究所留存。这本书在当时可谓难得一见,却引得评论如潮,《文学问题》等苏联核心学术期刊先后刊登了大量文章对《结构—类型学研究》予以批判,这些文章不仅对该书的主要观点进行了详尽的转述,更出于批判的需要引用了大量原文。由于刊登这些批评文章的杂志印量极大,这些连篇累牍的批评文章反而成了《结构—类型学研究》一书与结构符号学的绝佳宣传广告,许多读者在读了这些文章之后对符号学这一新兴学科产生了极大的兴趣,欲寻《结构—类型学研究》一读。

斯科—列宁格勒—塔尔图符号学派"则着重强调了该学派的理论渊源与学术兴趣,即该学派深深植根于彼得堡的"奥波亚兹"等早期形式主义者的理论沃土之中,是在继承与融合了俄罗斯语文学中莫斯科学派的语言学传统与列宁格勒的文艺学传统的基础上发展起来的。① 在实际使用中,莫斯科学者倾向使用"塔尔图—莫斯科符号学派",而塔尔图学者则惯于使用"塔尔图符号学派"。

塔尔图学派的产生并非偶然,这与其所在的爱沙尼亚所处的特殊地理位置、历史人文环境有着密不可分的关系。爱沙尼亚濒临波罗的海、毗邻西欧,民众长期受西欧文化的熏陶而拥有较强的"西化情结";又因其较晚并入苏联版图,所以在政治、文化方面保持着一定程度的独立性与自主性。正是在这种特殊的历史文化氛围下,地处爱沙尼亚的塔尔图大学最终成为俄罗斯与西方两种文化范式的交会点。作为疏离于苏联主流意识形态的"外省"学术范式,塔尔图学派在1960年代迅速成为苏联学者向往的、拥有自由话语权的"非意识形态化空间"②,并在此后30余年的发展历程中表现出自省与革新两种倾向。

从构成上看,塔尔图符号学派的来源有二:一是古兹涅佐夫、伊万诺夫等人在莫斯科大学主持的结构语言学专题讨论,1962年的"符号系统的结构研究"研讨会就是在此基础上召开的;二是叶果罗夫在塔尔图大学创立的、着力于"诗歌文本分析方法与文化意识形态模式研究"③的小组,其主要成员有洛特曼、敏茨、切尔诺夫等人。塔尔图符号学派始于莫斯科语言学家们的结构语言学研究,此后虽然拓展了研究客体,但其符号学研究依然是"结构语言学研究自然而然的、必然的延续"。最初,莫斯科的符号学者们更习惯于"用语言学家的目光看待世界——在一切可能的地方找到语言并对其进行描述",他们甚至对交通信号灯语言和扑克占卜语言都进行了详细的描述。但是,不久之后他们就转向了对艺术语言的研究,因为他们认定不了解文学、绘画、电影、戏剧等艺术形式所具有的独特语言就无法真正理解艺术作品,于是"研究语

---

① Успенский Б. А. К проблеме генезиса тартуско – московской семиотической школы//Ю. М. Лотман и тартуско – московская семиотическая школа. М., 1994. С. 266 – 267.

② Ян Левченко Постижение текста: к эволюции семиотических понятий Ю. М. Лотмана. http://www.ruthenia.ru/document/381754.html, 08.05.2005.

③ Успенский Б. А. К проблеме генезиса тартуско – московской семиотической школы//Ю. М. Лотман и тартуско – московская семиотическая школа. М., 1994. С. 271.

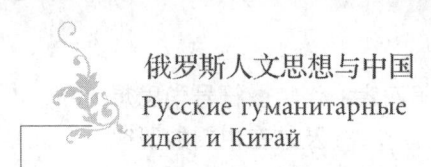

言体系成为理解文本含义的必要条件","艺术作品的结构"研究为他们"开辟了一条通向掌握艺术信息本身的道路",因此,他们将研究重点放在"由艺术语言和作品具体结构决定的语义联系"上。①

由洛特曼主编、塔尔图大学出版的《符号系统丛刊》作为塔尔图—莫斯科符号学派的核心刊物,创刊于 1964 年,1989 年停刊,共出版了 23 辑。《符号系统丛刊》一直是作为《塔尔图大学学报》出版的,印量极少,但在苏联国内与西方却声名卓著。洛特曼的《结构诗学讲义》一文最初就发表于该丛刊的创刊号上。与洛特曼主编的其他刊物、论文集不同的是,《符号系统丛刊》在最初阶段十分注重发表那些曾经在人文科学领域取得重大成就却因政治原因无法发表作品乃至被遗忘的学者的文章,如弗洛连斯基、雅尔霍、艾亨鲍姆、托马舍夫斯基、弗雷登伯格等。更值得关注的是该丛刊还曾特辟专刊,以纪念蒂尼亚诺夫(第 4 辑)、普洛普(第 5 辑)、巴赫金(第 6 辑)、波加蒂廖夫(第 7 辑)、利哈乔夫(第 8 辑)等杰出的俄罗斯学者。"尊重个性、求同存异"一直是该丛刊的发展方针:"在对作为符号模拟系统的神话、民俗、仪式、文学、造型艺术的研究中碰到的问题纷繁复杂,对于许多悬而未决的问题暑期研讨班的学者们未能达成一致意见,编者不认为人为地统一意见是有益之举。"②作为学派的组织者与《丛刊》的主编,洛特曼始终坚持"科学作为文化的一部分必须保持个性"的观点,将充分尊重学者的个人观点与学术风格这一原则贯彻于学派的学术活动及《丛刊》、论文集的编纂工作之中。

塔尔图符号学派方法论的核心是"一切文化显现的二元存在(дуалистическое бытие),索绪尔提出的语言与言语的对立即是以二元存在为基础的"③。从这一立场出发,塔尔图学派认为:"人的一切社会活动形式,包括口头语言交际、创作与理解艺术作品、宗教仪式与巫术祭礼、社会生活形式与日常行为形式、时装、游戏、人际关系符号与社会威望符号,都是第二性现象,即言语或文本。一切文本都是建立在某种抽象的、隐含的、不易被直接观察的规则系统——'语言'或'代码'的——基础之上。已知的文化环境中任

---

① Успенский Б. А. К проблеме генезиса тартуско - московской семиотической школы//Ю. М. Лотман и тартуско - московская семиотическая школа. М., 1994. С. 273 – 275.

② От редакции //Труды по знаковым системам. II. Тарту, 1965. С. 6.

③ Гаспаров Б. М. Тартуская школа 1960 - х годов как семиотический феномен//Ю. М. Лотман и тартуско - московская семиотическая школа. М., 1994. С. 286.

何一种行为活动都是使用某种文化语言表示的话语(высказывание):为了达到在文化集团内部成功进行交际的目的,其成员必须掌握该集团内部采用的'代码'。只有了解相应的代码,集团成员才能发出正确的、可被该文化语言的使用者理解的文化文本,才能理解传达给他的文本,判断其正确与否,是否具有意义……没有一种文化的文本不能通过普通的经验领会与观察的途径被理解。要想理解文化的文本,就必须掌握相应的文化语言,或是在学术描述中将其复原,即建立其'语言体系'。"[1]

1960年代是塔尔图符号学派的最初发展阶段,受苏联特定政治、历史、文化语境的影响与制约,在此阶段,学派在诸多方面表现出有别于西方结构主义的发展特征。

首先,外部的封闭形态与内部的自由机制是塔尔图符号学派在存在形式方面的根本特点。从总体上说,塔尔图符号学派是反"正统"的,他们对现行的学术机制、学术语言、学术交流形式产生了怀疑,渴望在学术上彻底摆脱"斯大林语境"。塔尔图符号学派的成员不仅有洛特曼、敏茨等塔尔图大学的教师,还包括来自莫斯科、列宁格勒、里加、维尔纽斯、叶列万等多座城市的学者。他们中既有语言学家,又有文学史家、文学理论家,更有民间文学家、神话学家,甚至还有历史学家、心理学家、数学家、逻辑学家、艺术学家,共同的精神心理倾向与社会价值取向将他们连接在一起。

塔尔图符号学派的这种外部的封闭性首先表现在学派使用的晦涩难懂的学术语言上。塔尔图符号学派的著作中常常充满深奥的术语,例如"第二性模拟系统"(вторичная моделирующая система)这一概念就是针对当时苏联国内对"符号学"这一术语较为敏感而提出的:语言模拟现实,是"第一性模拟系统"(первичная моделирующая система);而符号系统模拟了现实的一部分,因此是处于语言之上的"第二性模拟系统"[2]。"第二性模拟系统"这一名称实质上反映了所有在社会中发挥功能的局部符号语言的第二性与派生性。

常常有研究者批评塔尔图符号学派"混乱封闭",这一方面是由于该学派不具备"统一的理论体系、统一的方法论与统一的元语言",该派学者在著作

---

[1] Гаспаров Б. М. Тартуская школа 1960 - х годов как семиотический феномен//Ю. М. Лотман и тартуско - московская семиотическая школа. М., 1994. С. 286 - 287.

[2] Успенский Б. А. К проблеме генезиса тартуско - московской семиотической школы//Ю. М. Лотман и тартуско - московская семиотическая школа. М., 1994. С. 275.

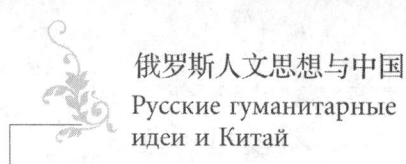

中不仅较少"对元语言的系统阐述"与"明确统一",还大量借用了来源于其他学科、复杂难懂的术语,并且对术语意义的界定也不够明确,这就难免使许多试图"在元语言的驳杂之中"寻找"塔尔图通用语"的研究者失望而归了;另一方面也是由于该学派的学术成果体现出的研究对象与材料的多样性,使人难以领会其"符号思维类型的共性"(общность типа семиотического мышления),实际上,这种思维方式的统一性却在研究对象、研究方法的变换过程中自始至终地被保留了下来。如果一定要归纳塔尔图学派的某种共性的话,那么除了"思维类型的共性"之外,"元语言的互译性"(метаязыковая взаимопереводимость)就是其内部相互认同的一条基本准则。[1]

必须指出的是,正是凭借这种特别的、仅在内部通用的"符号学"语言,塔尔图符号学派完成了"与外部学术传统的隔离",保证了学派内在的独立性与自由性。学派成员使用这种"符号学"语言著书立说,不受限制地进行自由交流,准确无误地理解同仁的观点。这种"符号学"语言最终成为局外人难以逾越的障碍。

塔尔图符号学派不同于自己的前辈——积极参与社会文化生活的形式主义者,他们更加倾向于"封闭与自省",追求得更多的是"释放",而非"解放"。他们为自己建立起来的"乌托邦"而兴奋,却不曾设想对世界进行"理想化的重建与革新"。这种"内部性"、与官方传统语境的"疏离"实质上体现了1960年代苏联社会、政治、文化生活的时代特质。[2]

塔尔图符号学派内部的自由开放性充分表现在"暑期研讨班"(Летняя школа[3])这一特殊的组织形式上。"暑期研讨班"是塔尔图符号学派发展史上堪与莫斯科"符号系统的结构研究"研讨会媲美的另一件大事。自1964年起,"暑期研讨班"先后共举办了五届(1964,1966,1968,1970,1973),参加者齐聚爱沙尼亚南部的塔尔图大学运动基地——基亚艾里古,远离喧嚣的都市,如一个大家庭般"共同生活",享受着其组织者洛特曼为他们创造的和谐自然

---

[1] Тороп П. Тартуская школа как школа // Сборник статей. В честь 70 - летия профессора Ю. М. Лотмана. Тарту, 1992. С. 8.

[2] Гаспаров Б. М. Тартуская школа 1960 - х годов как семиотический феномен//Ю. М. Лотман и тартуско - московская семиотическая школа. М., 1994. С. 293.

[3] "школа"一词在俄语中有"学校"、"训练"、"学派"等多个含义,笔者在此根据其时间持续较短及自由发言、讨论的情况将其译为"研讨班"。在此,洛特曼没有使用常用的"研讨会"一词,他希望通过"школа"一词表达出某种开放性与相互学习的可能性。

的"家庭氛围"。洛特曼希望通过"暑期研讨班"为学派搭建一个自由对话的文化平台,为跨学科交流与合作创造条件。雅科布逊曾高度评价这一富于创造性的学术活动形式,更有亲历者将其比为"柏拉图学园"。在洛特曼的努力下,塔尔图符号学派内部最终打破了传统的学科、专业界限,构筑起了自己的"符号学乌托邦":音乐、绘画、电影等艺术的诗学与理论得益于语言学所取得的巨大成就,语言学向数理逻辑学靠近,数学家受到东方神话与中世纪绘画的启示,语言学与文艺学吸收生物学的新成果,生物学则开始引入"代码"、"对立"、"结构层面"等语言学概念。[①]

塔尔图符号学派对语言学与艺术学、民族学、历史学、神话学等相关学科的交叉研究一直保持着浓厚的兴趣,符号学成为他们连接各个人文学科的纽带。此后,文化符号学逐渐成为联系学派内部各种学术方向的共同研究主题,并最终使其有别于波兰、法国、美国等符号学派。

其次,双极性(биополярность),或称双中心性(двухцентричность)是塔尔图符号学派形成与发展过程中的重要类型学特征。所谓"双极性",是指源于俄罗斯两大文化中心的两种文化传统既相互对立又长期共存的特性。俄罗斯文化的这种"双极性"由来已久,从古罗斯时代的"基辅—诺夫格罗德"到后来的"莫斯科—彼得堡(列宁格勒)",这种文化的对立与共存在俄罗斯文化的演进中起了决定性作用,也鲜明地体现于塔尔图符号学派内部学术视野与研究兴趣的差异上。

20世纪的俄苏语文学领域一直存在着莫斯科学派与彼得堡(列宁格勒)学派这两个重要分支,其差异性主要表现为莫斯科学派的语言学倾向与列宁格勒学派的文艺学倾向。作为塔尔图符号学派源头的"莫斯科语言学小组"与"奥波亚兹"选择自己的研究客体与对象时即体现了这一差异性:"莫斯科语言小组"的成员虽亦涉足文学研究,但所持的却是语言学立场;而"奥波亚兹"的成员们虽然从事语言研究,却从文艺学立场出发选择了诗歌语言作为具体的研究对象。这种差异性直接影响了1960年代的塔尔图符号学派,导致了其内部莫斯科符号学与塔尔图—列宁格勒符号学两大支流的分际。

从整体上说,执教于塔尔图大学的洛特曼在塔尔图符号学派中居于首要

---

① Гаспаров Б. М. Тартуская школа 1960-х годов как семиотический феномен//Ю. М. Лотман и тартуско-московская семиотическая школа. М., 1994. С. 291–292.

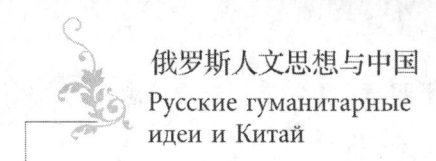

位置,但他同时也是塔尔图—列宁格勒符号学的代表人物,这不仅是因为他的籍贯是列宁格勒、早年曾就读于列宁格勒大学、受教于早期形式主义者,更因为他在符号学研究中继承了列宁格勒学派深厚的文艺学传统。

莫斯科符号学的代表人物乌斯宾斯基曾撰文对塔尔图符号学派内部的两种学术倾向进行了回顾与分析,他认为学派内部研究倾向的差异性首先是建立在不同的文化平台基础之上的。莫斯科的符号学者首先是语言学家,他们多是由语言学研究走向符号学的,他们"通过语言学来看世界",对于他们来说,"语言学平台与语言学兴趣始终居于首位"[1]。

乌斯宾斯基指出,塔尔图符号学派的最大贡献在于联接了莫斯科学派的语言学传统与列宁格勒学派的文艺学传统。洛特曼所在的塔尔图大学成为联系二者的纽带,同时也是二者的折中与缓冲地带。塔尔图符号学派的巨大成就正是源于"这两大传统的共生"与"结合"[2]。"与文艺学的际会"促使"莫斯科的语言学家们对文本、文化语境感兴趣",而该派的文艺学家在语言学家的影响下,也开始对作为文本"发生器"及"文本起源机质"的语言产生兴趣[3]。

1960年代作为塔尔图符号学派发展历程中的探索阶段,语言学成为学派的发展平台。正是在这一阶段,塔尔图符号学派拓展了自己的研究对象,"将语言学方法推广应用至非语言学客体"及"文化符号学"领域,完成了从"如何描述"到"描述什么"、从"描述语言(元语言)"问题到"文化实现"问题的转向。[4]

进入1970年代,塔尔图符号学派的外部生存条件开始发生变化。学派被迫终止了对自身理论根基的历史性回顾与理性反思。政治与文化的大气候使他们的"学术乌托邦"难以为继,《符号系统丛刊》印数锐减,性质由"多学科"转为"专题性"研究,"暑期研讨班"亦被在其他城市轮流举行的学术会议与小范围的专业讨论会所替代。与此相对应,学派的内部机制也发生了较大变化,

---

[1] Успенский Б. А. К проблеме генезиса тартуско-московской семиотической школы//Ю. М. Лотман и тартуско-московская семиотическая школа. М., 1994. С. 266.

[2] Успенский Б. А. К проблеме генезиса тартуско-московской семиотической школы//Ю. М. Лотман и тартуско-московская семиотическая школа. М., 1994. С. 268.

[3] Успенский Б. А. К проблеме генезиса тартуско-московской семиотической школы//Ю. М. Лотман и тартуско-московская семиотическая школа. М., 1994. С. 266.

[4] Успенский Б. А. К проблеме генезиса тартуско-московской семиотической школы//Ю. М. Лотман и тартуско-московская семиотическая школа. М., 1994. С. 274.

最初的语言学范畴内的符号学开发期结束了,跨学科联合走向瓦解。学派整体与学者个体逻辑观的演变,直接导致了对物体存在与研究物体存在传统的"语境"的关注。1980年代初,伴随着世界符号学的发展,塔尔图符号学派最终确立起"元符号学"(метасемиотика)与"文化符号学"(семиотика культуры)这两大学术方向,其中,前者致力于"元语言与模式化精确性研究,而后者则更加偏爱对现实文本的研究"[①]。

令人遗憾的是,苏联符号学者虽然邀请了雅科布逊参加"暑期研讨班",却并没有真正将西方符号学纳入自己的研究视野,更没有将苏联符号学置于波兰符号学、法国符号学、美国符号学的背景下进行重新审视。苏联符号学者虽然阅读过索绪尔、乔姆斯基的语言学著作,熟知布拉格语言学小组的论著及列维—斯特劳斯的结构人类学,却明显缺乏对莫里斯经典符号学的兴趣。

准确地说,塔尔图符号学不能称其为"绝对符号学"或是"演绎符号学",其符号学理论更加倾向于"对具体对象的研究"。在该派学者许多堪称典范的、对诗章作品做具体分析的文章中,我们能够清楚地发现"内在结构主义与结构—符号方法的区别",即前者"不仅拒绝非文本联系(внетекстовая связь),而且不知道这些联系",而后者之中的"内在性几乎都有语境"[②]。

第二节 洛特曼的符号学思想[③]

洛特曼作为塔尔图符号学派的创始人与集大成者,在符号学领域的探索中取得了显著成果。塔尔图学派所表现出的自省与革新这两种发展倾向也充分鲜明地体现在洛特曼自身符号学思想的发展轨迹中。

一、洛特曼符号学的哲学背景

在列宁格勒大学学习期间及来到塔尔图大学工作的最初十年,洛特曼主

---

① Тороп П. Тартуская школа как школа // Сборник статей. В честь 70 – летия профессора Ю. М. Лотмана. Тарту, 1992. С. 9.

② Тороп П. Тартуская школа как школа // Сборник статей. В честь 70 – летия профессора Ю. М. Лотмана. Тарту, 1992. С. 8.

③ 彭克巽:《苏联文艺学学派》,北京大学出版社1999年版,第238页。

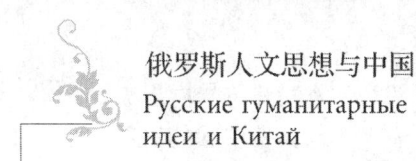

要以黑格尔的哲学思想为指导从事"作为整体系统的思想体系"的研究,后者成为其"对作为思想体系的文学与艺术进行描述的"①核心机制。但是,黑格尔最终却并未成为洛特曼构筑自己符号学思想体系的基石。值得关注的是,洛特曼本人不仅从未流露出任何为自己符号学思想寻求"哲学与方法论的基石"的意图,甚至还有意将其"隐藏"②起来。究其原因,一方面,这在一定程度上是由苏联当时的官方"意识形态的压制"决定的:"塔尔图学派的结构主义"无法融入官方马克思主义体系;另一方面,即最重要的原因在于洛特曼的哲学观,他曾特别指出:"呈献给读者的对某些研究原则的简要论述,不应该被看做是具有哲学意义诉求的原则。作者离这样的诉求相去甚远。"③曾经有人据此断言洛特曼对哲学缺乏研究,其实这完全是种误解。实际上,洛特曼对"哲学特别是17—19世纪的欧洲哲学"极为熟稔,其早期有关俄国文学的著述即是明证,它们不仅具有"纯哲学性",还具有涵盖"文艺学、历史与哲学"的"跨学科性"。造成洛特曼与哲学疏离的原因在于他自60年代着手创建自己的"全新科学方法"起,就开始有意回避哲学,此时的哲学仅仅成为了其研究"客体",而非"研究方法"。

1964年,《结构诗学讲义》及此后由洛特曼主编的《符号系统丛刊》相继问世后,立即引来了官方语文学家们的敌视,甚至像洛谢夫(Алексей Фёдорович Лосев,1893—1988)④、巴赫金等这样的大家亦对其持谨慎态度,究其原因不仅是因为当时的"政治局势",更主要是因为新方法"与俄罗斯人文主义传统不能相容"。俄罗斯民族性格及其文化特别倾向于以"谢林、费希特,尤其是黑格尔"为代表的"德国浪漫主义哲学"。除了德国以外,再没有任何一个国家能像俄罗斯这样偏爱黑格尔,早在十月革命前,许多俄国思想家就已"与黑格尔体系渊源颇深","黑格尔思想构成了斯拉夫派与西欧派、宗教思

---

① Чернов И. А. Опыт введения в систему Ю. М. Лотмана//Лотман, Ю. М. О русской литературе. СПб., 1997. С. 10.

② Лотман М. Ю. За текстом: заметки о философском фоне тартуской семиотики//Лотмановский сборник. 1. М., 1995. С. 214.

③ Лотман Ю. М. Культура как субъект и сама-себе объект // Wiener Slawistischer Almanach. 1989. Bd. 23. S. 187–197.

④ 洛谢夫是俄国哲学家、美学家、古希腊、罗马文化史家,其代表作为7卷本的《古希腊罗马美学史》(1963—1987)、《文艺复兴美学》(1978)等。此外,他还涉足语言学、文学、艺术学领域,著有《符号·象征·神话》(1982)、《语言结构》(1983)、《象征问题与现实主义艺术》(1976)、《古希腊罗马文学》(1986)等。

第四章 洛特曼符号学思想及其在中国的研究

想家与无神论者、革命者与反动派的世界观的有机组成部分"。而在苏联时期,"黑格尔哲学作为马克思主义的来源",则成为"官方意识形态的组成部分"。与对黑格尔的偏爱形成鲜明对比的是康德在俄罗斯却备受冷遇。虽然并非完全无人问津,但是俄罗斯人在"阐释康德的思想"时,却将"认识论问题转移到本体论领域"。

洛特曼却是一名康德主义者。虽然洛特曼较少引用康德的思想与著作(主要是在晚年),但在讲课时却经常提到康德。康德是其"多年以来的固定对话者",康德主义成为了其构建"塔尔图学派的基石"。其重要表现之一即在于脱离了康德的认识论也就无法真正准确地理解塔尔图学派的核心概念——"文本","文本"其实就是康德的"物自体"(вещь в себе)。康德的"物自体"曾对50年代至60年代初的"控制论研究的方法论的形成"起了重要作用,例如"为了对复杂的系统进行研究"而采用了"黑箱"方法,"我们知道进入系统的是什么,从系统中出来的又是什么,但却无法看到'系统的内部'"。"类似的结构在结构符号学的研究中十分普遍",语言学中的"语义↔话语"模式与诗学中的"主题↔文本"模式即是例证。在"语义↔文本"模式中"自然语言"就是"黑箱",进入系统的是"语义",而从系统中得出来的则是"等价于语义的话语"①。

我们应该将"结构语言学与诗学中的"一切结构置于"索绪尔(新)柏拉图范式中的背景下"来进行研究。"语言(lanage, язык)是第一性的,是绝对的(柏拉图的理念);而言语(parole, речь)只是语言的不完善的反映,是语言的影子。文本则是言语的局部变体"。按照控制论的原理,语言与言语的关系就是代码(code, код)与信息(message, сообщение)的关系。结构主义与先前的诸语言学流派的主要区别不仅仅是"新观念和新方法"方面的,更多地在于其对"研究对象的替换":结构主义者对语言的理解完全不同于新语法学派对语言的理解。"结构主义仿佛为自己清扫了研究场地,而摈弃了一切多余的东西。"②

1960年代的塔尔图学派在自己的形成时期是以"康德主义"为基础的,主

---

① Лотман М. Ю. За текстом: заметки о философском фоне тартуской семиотики// Лотмановский сборник. 1. М., 1995. С. 215–216.

② Лотман М. Ю. За текстом: заметки о философском фоне тартуской семиотики// Лотмановский сборник. 1. М., 1995. С. 217.

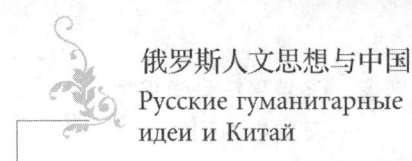

要从事"符号系统的静态"研究。到了70年代,塔尔图学派开始将对符号系统的"动态"研究置于首要位置,同时开始寻求"另外的哲学基础"。洛特曼本人亦开始从席勒、洪堡的语言哲学与文化哲学思想中受到启发。他认为席勒是"从根本上补充与发展了康德体系的伟大思想家",为康德体系贡献了一个"新维度",即"自由以及与自由有关的动态和创造范畴"。在洛特曼看来,"自由"这一"新维度"为"克服主体与客体的自相矛盾(антиномия)"这一"欧洲认识论的难题"创造了条件。"物自体"从此具有了创作自由。在人文领域,洪堡也提出了类似观点。他将语言"划分为作为成品的语言(эргон)和作为创造力的语言(энергия)"。在此基础上,结构主义将洪堡阐释为"成品相当于言语(文本),而创造力相当于语言;语言活动(即索绪尔的 langage)的创造性因素是凝聚在语言之中的"。洪堡的这一思想对乔姆斯基的生成语法理论也曾产生过重要影响,乔姆斯基在很大程度上也是据此对结构主义提出批评的。

洛特曼有关"成品"与"创造力"的观点则颇有独到之处,他认为,"创造力首先是文本的属性,而不是语言的属性"。这一乍看上去有些不可思议的想法与20世纪初的俄罗斯哲学家弗洛连斯基(Павел Александрович Флоренский,1882—1937)①美学思想颇有共鸣。弗洛连斯基认为,"艺术作品(即艺术的文本)既是成品又是创造力"。例如,他认为圣像在博物馆中是成品,是物品,它作为艺术作品是死的;而在教堂里则是创造力。因此他主张必须建立新型博物馆,应当建立"促进艺术作品之创造力自我发展"的博物馆来取代"收藏成品"的博物馆。而按照塔尔图派的观点,博物馆中的圣像与教堂中的圣像的区别在于博物馆的圣像被置于不适当的语境中,这一语境切断了它正常发挥功能所必需的非文本联系(внетекстовые связи);但就此得出"博物馆中的圣像绝对是死的"这一结论则又有失简单:"文本在一定程度上自己创造语境;文本能够还原已丧失的非文本联系,创造新联系以代替丧失的联系。"教堂中的圣像与博物馆中的圣像以不同的方式保持着生命力,其"功

---

① 弗洛连斯基是俄罗斯宗教哲学家、神学家、科学家。生于伊丽莎白波尔省一个铁路工程师家庭。1908年毕业于莫斯科神学院。弗洛连斯基认为文化作为人的活动的产物,是最高的和自足的价值,他从宗教观点看待文化,将文化分为中世纪的文化类型和文艺复兴的文化类型。其代表作有《几何学中的虚构》(1922)、《圣像壁》(1972)、《艺术论稿》(1985)等。弗洛连斯基生前既遭到马克思主义者的批评,又不被东正教神学家们所接受,其原因即在于他接受了康德主义。正是康德主义将他与塔尔图学派联系在了一起,他的一些代表性文章就最先发表在塔尔图的符号学出版物上。

能的差异"必然会"导致结构的变异"。只有当某件艺术品已经在物理上完全毁灭并且从文化记忆中完全消失的时候,才能说这件艺术品死了。

相对于遵循理性主义与笛卡尔原则的莫斯科的符号哲学家们来说,洛特曼最终创建起了自己的"系统论方法"。如果说莫斯科的符号学者们在面对复杂现象时,采用的是"从简单到复杂"的传统欧洲学术"路径",即将其分解为"简单的部分,一点点研究,最后再恢复成整体";洛特曼则将复杂现象视为"一个整体",认为与其将其分解成为一个个部分,"不如作为一个整体来把握",他从"整体研究"入手,再进入局部,有时甚至更加简化,从而走出了一条"从复杂到简单"的学术"路径",并因此得出了"文学文本在某些方面比非文学文本不是更复杂而是更为简单"的结论。通常"人们在分析文学文本"时,一般首先要"研究它的语言","然后再加上文学流派的内容"、"心理的内容"、"修辞的内容",非常复杂;而洛特曼则"把文学文本看成是一个系统","只考察属于这个系统的因素,排除不属于这个系统的因素,专门来研究文本系统的结构",于是"问题就简单明了多了"。"系统论方法"始终贯穿于洛特曼的符号学研究中,成为洛特曼在方法论方面的重大贡献之一。[①]

洛特曼私下曾经不止一次地指出,哲学早已落后于时代,学术研究未必一定要建立在某种哲学基础上,而科学的哲学也仅仅是"对已有成果的总结"[②]而已。洛特曼正是在这种哲学观的基础上构建起了自己的符号学思想体系。

二、洛特曼与马克思主义

苏联文艺学是建立在马克思主义基础之上的,而马克思主义的方法论是辩证唯物主义与历史唯物主义。在"存在决定意识"这一定律下,存在也就决定了"文化的承载者——诗人与读者"。历史主义使文化成为"时代的社会经济的结果",而辩证法又将"文化的发展"视为文化"内部矛盾斗争的结果"。

洛特曼是以一种十分严肃认真的态度来对待马克思主义方法的,但是苏联官方文艺学却一直对其抱着一种"不接受"的态度,当然,这种态度最初并未明显地表露出来。洛特曼早年从事俄国文学史研究时,即选择了拉吉舍夫、

[①] 米·尤·洛特曼:《塔尔图学派的形成与特点》,载王立业:《洛特曼学术思想研究》,黑龙江人民出版社2006年版,第9页。

[②] Лотман М. Ю. За текстом: заметки о философском фоне тартуской семиотики// Лотмановский сборники 1. М., 1995. С. 220.

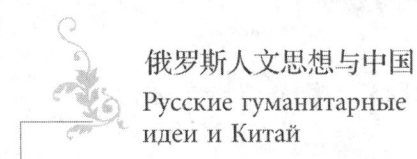

十二月党人、普希金这些被官方认可的作家作为自己的研究对象,也对卡拉姆津这位不被苏联官方文艺学喜爱的作家产生了兴趣。受当时主导意识形态的影响,他得出了"拉吉舍夫是革命家、十二月党人是英雄、普希金是多才多艺的天才,甚至连卡拉姆津都非常同情法国革命"的结论。虽然洛特曼所取得的研究成果并非仅仅停留在上述的这些表面现象上,而是要复杂与深刻得多,但这毕竟还能令那些苏联官方文艺学家们不觉得十分刺目。

随着洛特曼开始了自己的"理论"研究阶段,苏联官方文艺学对其的不满开始变得公开起来。《结构诗学讲义》、《艺术文本的结构》、《诗歌文本分析》这三本著作的相继问世开始引起官方明显的不快甚或不满。洛特曼有关"选择现象、音律的呼应、跨语义场的词语的最微妙的语义色彩"等问题的探讨是官方所不能接受的,而将其应用于"普希金、丘特切夫、涅克拉索夫的经典诗歌"的研究更是触怒了官方,因为此前人们一直研究的是这些作品所表现的"高尚的思想与感情"。

令人遗憾的是,官方文艺学家们实际上并没有看到洛特曼研究的本质:洛特曼在分析诗歌的"词汇、节律、语音"时,恰恰遵照的是"存在决定意识"的唯物主义原则。"最初存在的是作家写在纸上的词句,当它们被知觉时才会形成我们对诗歌的理解"。没有"词语表达"也就不会有什么"普希金自由诗与爱情诗的高度内容"。"诗人的思想必须要重构,而从思想到文本之路则是形式化"。洛特曼曾在《早期帕斯捷尔纳克的诗歌与文本结构研究的某些问题》一文探讨了"诗人从思想到文本之路的形式化"问题。通过分析,他得出这样的结论,即从"主题思想"、"语言与韵律"中挑选出适用于诗歌的或不适用于诗歌的因素时,其原则并"不完全与日常意识、自然语言相吻合";因此"普希金和帕斯捷尔纳克的诗歌系统"固然受到"历史审美变化"的制约,但"同样都是建立在'诗人'的逻辑与'凡人'的逻辑之间的矛盾的基础上的,二者有同等的存在权"。这对于将审美绝对化的官方意识形态来说自然是很难接受的。而对于"读者的从文本到诗人思想之路的形式化"问题洛特曼则在自己几乎"所有有关文本分析"方面的著述中都有所涉及。他认为对诗歌作品的理解不能光凭"语言的感觉(чувство языка)",还要将"诗人的语言"当做"别人的语言(чужой язык)"来研究,"对词语之间的联系"的"风格"研究远远有效于对其的"词义"(словарный смысл)研究。这当然也是宣称"世界文化只有一种语言"的官方意识形态所不能接受的。

官方并不了解洛特曼的研究实际上是严格遵循马克思主义辩证法的。从本质上说,结构主义方法论的基础就是辩证法,结构主义的基本原则之一就是"拒绝按照对特征的机械罗列原则来进行分析"①,"研究者不能罗列'特征',而要构建联系模式"②。文本的结构是辩证的,其中的一切现象都是对立的。诗歌文本的生命力来源于辩证性的对立,而辩证性的对立则在于"文本是标准与打破标准之间的张力场"。

除了唯物主义与辩证法之外,历史主义亦是洛特曼遵循的一个基本原则,但是不幸的是,洛特曼的历史主义却遭遇了苏联官方意识形态用自己的"价值体系"去衡量"一切时代"的"反历史主义(антиисторизм)"。洛特曼遵照历史主义拒绝了这种"静态的自我中心主义(эгоцентризм)",他"重构了每种文化自己的价值体系",从外部看上去不协调甚至是矛盾的,从内部看却是和谐的、不矛盾的。但这种不矛盾只是"暂时性的",随着时代的发展,"未被发现的矛盾开始被感知,而被感知的矛盾开始失去意义,于是系统开始被破坏,例如说贵族文化开始被平民知识分子文化所代替"。"存在于文化系统内部的潜在矛盾是系统发展的动力",这一点完全符合马克思主义辩证法的要求。

作为一名注重实效的学者,洛特曼并不在意自己是一名马克思主义者还是反马克思主义者,他信仰的是"科学方法"③。但是,洛特曼的学术实践活动却充分印证了马克思主义方法可以广泛应用于社会科学的研究,同时,马克思主义方法对结构主义的巨大影响亦是任何人都无法抹杀的。

三、洛特曼符号学思想的演变

洛特曼对结构主义与符号学产生兴趣始于20世纪50—60年代之交,对新方法的追求、学术思想的长期理论积淀、对庸俗社会学方法的厌恶、符号学与结构主义在全世界范围内的强劲发展态势等多方面的原因共同促成了他对符号学的兴趣。在洛特曼自身符号学思想的发展轨迹中,也充分而鲜明地体现出塔尔图学派的两大发展倾向——自省与革新。④

---

① Гаспаров М. Лотман и марксизм//Новое литературное обозрение. 1996. №19. С. 7-11.
② Лотман М. Я. Литературоведение должно быть наукой//Вопросах литературы. 1967. № 9. С. 93.
③ Гаспаров М. Лотман и марксизм//Новое литературное обозрение. 1996. №19. С. 7-11.
④ Егоров Б. Ф. Личность и творчество Ю. М. Лотмана // Лотман Ю. М. Пушкин. СПб., 1995. С. 17.

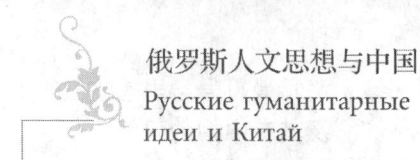

洛特曼符号学思想的发展历程大致可以分为以下四个阶段:

1. 前符号学阶段(1950 年代末至 60 年代前期)

1950 年代末至 60 年代前期是洛特曼符号学思想发展的最初阶段,一些学者称其为洛特曼的"前符号学阶段",其特点可以概括为"从历史走向理论"。

洛特曼 40 年代曾就读于列宁格勒大学,师从古科夫斯基、日尔蒙斯基、艾亨鲍姆、蒂尼亚诺夫、托马舍夫斯基等知名学者,深受俄国形式主义传统与彼得堡-列宁格勒语文学派的影响。1950 年代的洛特曼主要从事意识形态体系的研究,在黑格尔思想的指导下,他在对作为意识形态形式的文学与艺术的研究中,力求揭示文学的社会属性,探索艺术因素与思想因素的统一,这一点鲜明地体现在洛特曼对积极参与时代社会生活的俄国启蒙主义者及十二月党人的创作的研究中。

洛特曼于 1960 年代初完成了题为《十二月党人运动之前的俄国文学发展道路》的博士论文,并同时发表了《俄国现实主义发展的基本阶段》(1960)、《十二月党人运动之前俄国文学的人民性与发展道路问题》(1960)、《19 世纪初的俄国诗歌》(1961)、《1800—1810 年代的俄国散文发展道路》(1961)等数篇被公认为研究 19 世纪初期俄国文学与文学批评的力作。这一时期洛特曼对文本的解读与其说是文艺学的,不如说是历史学的。从思维方式来看,此时的洛特曼更多的是个历史学家,其学术兴趣也主要集中在对俄国与西欧社会思想史的研究上,法国启蒙主义者及其对俄国文化的影响是他最喜爱的课题,正如西方学者舒克曼指出的那样,洛特曼的"前符号学著作研究的是作为社会政治舞台的文学,其主旨在于区分作者的思想与决定时代面貌的社会思潮"[1]。由此,亦可以窥见此时洛特曼探索的主调尚处于文学的思想史研究范畴内。

自 1960 年代初期起,苏联国内开始出现追求知识的热潮,伴随着其他相关学科的迅猛发展,文艺学领域也开始部分地脱离官方学术纲领,从总体上为苏联结构主义的诞生创造了条件。

伴随着对俄国现实主义思索的深入,洛特曼开始了对方法论的思索,他开

---

[1] Shukman A. *Literature and Semiotics. A Study of the writings of Yu. M. Lotman.* Amsterdam – New York – Oxford, 1977. p. 177.

第四章 洛特曼符号学思想及其在中国的研究

始冲破庸俗社会学、教条主义的机械僵化模式,尝试建立起一种既不否定黑格尔、马克思的历史主义原则,又能对文学进行准确分析的方法论体系。此时兴起于西方的控制论、信息论与结构主义思想给了他很大的启发。作为对索绪尔学说的补充,洛特曼从控制论中汲取了"结构"与"系统"这两个最为重要的概念,由此步入结构主义与符号学领域,在此后他一直从事将结构主义方法应用于文艺学领域的工作。

洛特曼于1962年撰写的《结构方法对艺术与生活相似性问题的阐释》一文是洛特曼结构主义研究的开端。这篇文章虽略显生涩、带有某种提纲的性质,却标志着洛特曼已进入了方法论的新天地。在这篇文章中,洛特曼不仅引用了特鲁别茨科伊的《音位学基础》一书中的观点,还从雅科布逊那里引入了诗歌功能性范畴的"隐喻"(相似性比较)与"换喻"(相关性比较)概念,展开了对审美知觉的分析。后来洛特曼对其进行了修改并将其收入了《结构诗学讲义》一书。

次年,洛特曼又在《结构的语言学观与文艺学观的划分》一文中对结构主义语言学与结构主义文艺学进行了区分。他指出,对于研究客体所具有的两个方面——"表现"方面与"内容"方面,语言学者从事的仅仅是表现方面的研究;而文艺学者则不仅要对这两个方面都进行研究,更要注意到二者之间的联系与相关性。沿着这一思路,洛特曼于1964年完成了其结构主义文艺学的处女作——《结构诗学讲义》,这本书标志着文学结构主义的诞生,也意味着洛特曼最终确立起了为其绕过主流意识形态准则提供了可能性的符号学方法体系。《结构诗学讲义》称得上是"结构文艺学的导论",洛特曼在此书中除了大量应用特鲁别茨科伊、雅科布逊等人在语言结构主义与符号学方面取得的成果之外,还借鉴了莫里斯、克劳斯、列维-施特劳斯、莫斯科符号学者列夫津、伊万诺夫、皮亚吉戈尔斯基以及"奥波亚兹"的成果。这本书是对此前发表的《结构方法对艺术与生活相似性问题的阐释》与《结构的语言学观与文艺学观的划分》等两篇论文所述思想的拓宽与深化,是在对旧概念进行新解读的基础上创建方法论的成功范例,是洛特曼在文学结构主义领域的重大贡献。

"前符号学"阶段的洛特曼实际上尚处于符号圈的历史文化层面(此后符号学将文学史涵盖了进来),其研究在很大程度上独立于乌斯宾斯基等莫斯科符号学家。这一时期的洛特曼尚不需要因别人的歪曲而为自己的理论辩护。

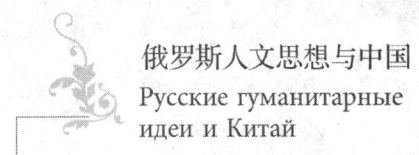

2. 自我确立阶段(1960 年代中期至 1970 年代初)

1960 年代中期至 70 年代初是确立新概念、广泛传播符号学思想与方法的阶段。这一阶段的洛特曼的"符号学研究活动与定义符号学基本概念、在涵盖广泛材料的尝试中推广符号学思想与方法联系在一起"。实际上,精神文化与物质文化的一切成果均可被视为符号结构,"这一阶段的中心思想是论证艺术语言的独立性,即在广阔的符号含义中理解语言,而不是把语言理解为语言学研究的客体"①。

1960 年代是苏联社会思想的起飞时期,此间召开了一系列对人文学科发展产生极为重要影响的大型学术研讨会,在语文学领域内最引人注目的就是围绕语言学中的结构主义展开的持续多年的大讨论。

自 1960 年代中期起,洛特曼开始了自省。其自省在很大程度上与这一时期的社会科学运动热潮相应和。洛特曼在从事符号学研究的最初阶段与后来成为塔尔图学派骨干的学者们并无接触,也不太熟悉西方的学术成果,他所能读到的仅仅是引文而非原著;此时,随着他所能接触到的西方最新学术成果越来越多,势必决定他要对以往的观点作出重新审视与思考。内省与在更广阔的范围内发展学术的要求结合在一起,必然孕育出独特而经得起时间检验的理论,因此,洛特曼自省的最大成果之一即是方法论的重新定向。

在此期间,洛特曼还在塔尔图大学开设了结构诗学与符号学课程,编辑出版了《符号系统丛刊》,开始组织暑期研讨班的活动。塔尔图学派由此诞生,学派的参与者将神话、民间文学、文学、艺术、文化等统统视为符号现象,并对其展开了卓有成效的研究。

"第二性模拟系统"、"意义"、"文本"、"元文本"等概念也是此时产生的。1966 年的第 2 期"暑期研讨班"展开了对"符号学对象"等基本概念的讨论。60 年代下半期文化被确定为"最广泛的模拟系统"是洛特曼符号学思想发展史上非常重要的一页。对于洛特曼来说,文化理论是将历史、文学理论、元语言学等描述性语言连接成为运用"代码—语言—语法—文本—文化—文化模式"这一公式的统一系统的出发点。同时,也正是在这一阶段,洛特曼开始涉足行为、运动、游戏等非文学问题的研究。

---

① Чернов И. А. Опыт введения в систему Ю. М. Лотмана//Лотман Ю. М. О русской литературе. СПб., 2005. С. 7.

总的来说，这一阶段的特点是区分艺术的特性，洛特曼的研究重点放在对艺术语言与文本结构的描述上。既然艺术语言的理论、文本理论都是建立在"第二性模拟系统"这一概念基础之上，这个概念于是也就成为塔尔图学派的战斗口号。这一阶段洛特曼的主要研究客体是艺术的语言，他卓有成效地将语言学方法外延至艺术语言的研究，在第二性模拟系统的研究中取得了累累硕果。

这一阶段的总结性成果为两卷本的《文化类型学论文集》(1970，1973)。书中将文化从概念上分为"趋向表达"与"趋向内容"两种类型。前一种类型通过"正确与错误、文本系统与规则系统、真与伪、象征与仪式"等对立范畴来描述，后一种类型则通过"有序与无序、外现与内敛、文化与自然"等来描述。这种区分方式清楚地表明了洛特曼的方法与其他建立在对文化的二元理解基础上的文化学理论的对应关系。"文化是保存与传递信息，并同时不断扩大信息容量的机制。经常性的自我复杂化是其规则。因此文化必须同时体现静态与动态的特点，充当结构同时又不是结构。"①这本文集预示着洛特曼日后对文化整体与部分所开展的动态研究。

3. 走下神坛的符号学(1970 年代上半期至 1980 年代前期)

洛特曼符号学思想发展的第三阶段是符号表达阶段，这一阶段是其符号学思想发展史上持续时间最长的阶段，其主要特点是"对作为独立学科领域的文本语言学与文化学的区分"②。该阶段伊始于"对话"理论的引入。此时，动态问题作为克服符号学被"神化"的一种重要方式而被提到首要位置。

此时的洛特曼不仅将文化视为"信息的总和"，还将其视为"人类社会活动的派生物"与"现实的独立的代用品"③。洛特曼将符号视为亚结构与超结构，将符号理解为涵盖一切有意义的事物的多层面文化文本，这与对符号功能的功利主义理解是根本对立的。"符号圈"的概念亦产生于此阶段，所谓"符号圈"，即是"某种符号学连续统一体，包含着各种类型、处于各组织层面的符号结构"④。而文化亦不再是自动激活某种文本，而是作为符号圈的片断而存

---

① Лотман Ю. М. Статьи по типологии культуры. Тарту, 1970. Ч. I. С. 104.
② Чернов И. А. Опыт введения в систему Ю. М. Лотмана//Лотман Ю. М. О русской литературе. СПб., 2005. С. 11.
③ Урсул А. Д. Отражение и информация. М., 1973. С. 100–102.
④ Лотман Ю. М. О семиосфере // Труды по знаковым системам. 17. 1984. С. 3.

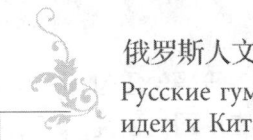

在。对符号圈的研究能够使研究者分析出自己对待客体的立场,这一点对于结构主义是至关重要的,而对客体地位的怀疑势必限制了将文化文本视作修辞学文本的理解。[①] "修辞学是解读符号圈的各种方法的总和。"[②]在将修辞文本译成密码的、互不可译的代码中包含着修辞文本的存在方式:作为文本阅读的非等同方案的存在,符号系统的不均衡现象实际上给符号系统带来了活力。

1970年代文本概念不再仅仅具有语文学研究的客体意义,而且成为符号学的一个关键术语。文本是符号活动的结果与产品,是语言、艺术、文化的作品。它是文化有组织的因素,是文化的模式。正是文本的概念帮助我们确立起了这样一个事实,即文化不是某种静态的、共时存在的整体;它是由对抗的文本构成的,这些文本甚至处于不同的文化层面时也在不断的相互影响与冲突中。为此,需要我们对文本现象进行最细致的研究,需要我们在各种类型的文化文本中区分文本的功能,描述文学历史演变过程中文本功能的交替动态。[③] 在这一观点的指导下,洛特曼着手对文本进行专题性分析,写出了《诗歌文本分析》(1972)一书。这部专著成为这一阶段的洛特曼符号学研究中最具代表性的成果。

值得关注的是,1970年代上半期洛特曼似乎对符号学若即若离,实际情况并非如此,洛特曼作出此种姿态一方面是出于砥砺符号分析方法论的需要,另一方面则是要通过拓宽描写性材料从而揭示具体符号系统中以前未能发现的新特点。文化理论最终成为文化的符号学理论。如果说通向文化理论之路与文化功能机制有关,那么,在此后,通过文化学对文学与艺术、日常生活与行为现象的审视,可以使我们建立统一的文化符号结构观及其抽象模式。洛特曼在此方面确实起到了举足轻重的作用。

与符号学卓有成效的研究同时进行的是历史研究。"符号学中的历史学"是洛特曼学术定位与兴趣的概括。这一阶段洛特曼的文学史著作从符号学思想与成果中汲取营养。他将文化的理论符号观引入到19世纪初的俄国文学史的研究中,取得了丰硕成果。1970年代末,他出版了一系列有关普希

---

① Лотман Ю. М. Риторика // Труды по знаковым системам 12: Структура и семиотика художественного текста. Тарту, 1981. С. 8 - 28.

② Ян Левченко. Постижение текста: к эволюции семиотических понятий Ю. М. Лотмана. http://www.ruthenia.ru/document/381754.html, 08.05.2005.

③ Чернов И. А. Опыт введения в систему Ю. М. Лотмана//Лотман Ю. М. О русской литературе. СПб., 2005. С. 8.

金的专著,其中最引人注目的是对号称"俄国生活百科全书"的《叶甫根尼·奥涅金》所做的注释,这是洛特曼对俄国19世纪初期文化与文学研究所作出的重要贡献。此外,他对普希金生平、创作及19世纪初期的俄国文学的新阐释也在俄国文化研究领域中起到了推陈出新的作用。

此外,这一时期的洛特曼还完成了《电影符号学与电影美学问题》(塔林,1973)这部被翻译次数最多的专著。

4. 再探索阶段(1980年代中期至逝世)

这一阶段的洛特曼转向了"对存在于任意聚合体中符号化的各部分之间的基本非对等性(неэквивалентность)"的研究。"这种非对等性体现于悖论当中,而对此种悖论的理解则是自然形成的"。此时的洛特曼认为研究对象不再需要逻辑学阐释,从而回到了研究对象"与其陌生化模式不可分割的状态"。当结构主义成为唯一的思维方式时,"科学将成为文学",就像"文学现在是也永远是科学"一样。于是洛特曼开始关注过程的动态性及其"元图示"。文化的动态模式借助于"零状态(нулевое состояние)"存在于意识中,而所谓"零状态"并非是"现实赋予我们的"。伴随着旧方法的褪色,洛特曼提出了新的理论——文化爆发理论,此时他已告别了60年代的豪情及"与文本作战的作者的主观性"[①]。他指出爆炸并非混沌的入侵,它是可以被认识的,其不可预知性实际上意味着虽有多种"等概率的可能性"可供选择,却"仅有一种可以实现"[②],而这一被实现的事实即是凭借"可译性的悖论"成为不可能中断的文化演变链条的一环。这一事实"在此后的两种语言的交叉地带构成了交际基础,但是新的信息的出现恰恰与非交叉事物有关"[③]。"我们感兴趣的是交际中使交际发生困难","甚至使交际变得不可能"的情景。"将空间的非交叉部译成另一种语言越困难、越不对等时,这一反常报道的事实在信息方面就会变得越有价值。"[④]

---

① Ян Левченко. Постижение текста: к эволюции семиотических понятий Ю. М. Лотмана. http://www.ruthenia.ru/document/381754.html, 08.05.2005.
② Лотман Ю. М. Культура и взрыв. М., 1992. С. 190.
③ Барт Р. От науки к литературе// Избранные работы. Семиотика. Поэтика. М., 1993. С. 383.
④ Лотман Ю. М. *Культура и взрыв*. С. 15.

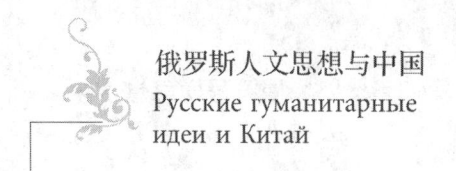

第三节 洛特曼的文本理论

洛特曼常说:"匠人所弃的石头,已成了房角的头块石头"①,这是他最喜欢的圣经格言之一。对于结构主义来说,"文本"就是被别人抛弃的"石头",却成为塔尔图符号学派的"奠基石"②。对于以洛特曼为代表的塔尔图学派来说,其主要特点就是其所"表现出来的文本中心性(текстоцентричность)",即居于其"概念体系的核心"的"不是语言,不是符号,不是结构,不是二元对立,不是语法规则,而是文本"③。

洛特曼将自己的研究目标定位于各种文化语言系统的特征及其彼此之间的相互依赖性。在洛特曼看来,无论是在自然语言、人工语言系统,还是在建立于自然语言基础上的文化交际结构中,都存在着文本,文本是保存和传递文化信息的载体,因此一切文化记号结构都可被视作文本,因此其文化符号学体现出静态结构描述与动态文化演变相结合的倾向,具体说来,也就是将文本结构与文化史研究相结合的倾向。

一、文本的概念

文本是洛特曼符号学的基本概念。文本可以是"任何独立的报道",但同时它又必须带有某种"充分的确定性"以便使人能将其与非文本(не-текст)区分开来。文本具有"开头、结尾与一定的内部机制",任何文本都应具有"内部结构",而不是"符号的无序组合"④。

洛特曼并未尝试给文本下一个定义,他坦承给文本下定义是一件非常困难的事。他指出,要给文本下定义,就必须首先反对将文本与艺术作品等同起来的观点,其原因在于:

---

① 出自《圣经·诗篇》(118:22)。在圣经中,"匠人所弃的石头"是指拿撒勒人耶稣,他被犹太人弃绝,后被钉在十字架上。"成了房角的头块石头"是指神把他从死里复活。

② Лотман М. Ю. За текстом: заметки о философском фоне тартуской семиотики// Лотмановский сборники 1. М., 1995. С. 217.

③ Лотман М. Ю. За текстом: заметки о философском фоне тартуской семиотики// Лотмановский сборники 1. М., 1995. С. 214.

④ Лотман Ю. М. Семиосфера. СПб., 2001. С. 442–443.

第四章　洛特曼符号学思想
及其在中国的研究

艺术作品作为世界的固定模式,某种使用艺术语言的报道,不能存在于艺术语言及其他所有社会交际语言之外。对于试图借助于能产的、主观选定的代码来对作品进行解码的读者来说,意义会被严重曲解,而对于想与脱离了非文本联系总合的文本打交道的人来说,作品完全不可能是某种意义的载体。历史上形成的艺术代码的总合是属于非文本联系领域的,正是它赋予了文本意义……

文本从属于各种体裁、风格、时代、作者等,这一属性改变了文本的独立因素的信息量,这不仅导致非文本联系被视为完全是现实的,也昭示了衡量这种现实性的某些途径。①

关于文本的定义问题,洛特曼曾在《文本与功能》(1968)一文中明确表示他赞同皮亚季戈尔斯基在《关于将文本视为信号变体的某些基本说明》(1962)一文中提出的文本观及其对空间、时间范畴与文本的相互作用问题所作的论述。皮亚季戈尔斯基提出将文本作为一个"最基本的概念"归入信号科学(наука о сигнале),因为"在语言学系统中,文本是作为一个复杂整体出现的",作为"语言学的对象"的文本在一定程度上其信号的多样性是受限的,而文本的某些"表意的、象形的部分"则是与"具体语言"无关的。而从"信号系统(сигнализация)理论的角度"来看,"每一个文本(或者文本的部分)都可以被视为一个信号"。

关于文本一直存在着一些"经验主义的"定义,例如:第一种,文本被认为是仅仅在空间上(视觉上、声学上或以其他方式)固定的报道;第二种,文本被认为是空间固定的报道,但其空间固定并非偶然现象,而是报道的作者或其他人自觉传达该报道的必要手段;第三种,文本被预先设定为可以理解的,即不需要解码,不包含妨碍其理解的语言难点。②

在上述三种定义中,第二种是"纯客观的",第三种是"纯主观的",第一种则似乎是无法归入主观或是客观,因此,这三种定义或多或少都存在某些局限性。在此基础上,皮亚季戈尔斯基指出,每一个文本的建立都是基于某种"联

---

① Лотман Ю. М. *Об искусстве*. С. 60.
② Пятигорский А. М. *Некоторые общие замечания относительно рассмотрения текста как разновидности сигнала* // Избранные труды. М.: Школа "Языки русской культуры", 1996. С. 16.

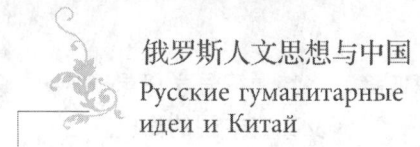

系的可能性"的,"无论是长篇小说还是悼词、口号还是备忘录、物理教科书还是情书",都是"建立在一定的、作者(或作者们)与他人(或自己)联系的交际情景当中的"。由于"人际联系在行为中的变体数量巨大",因此文本也就"具有了某种功能或一系列功能"①。在文本找到自己的读者之前,联系的情况随时可能发生变化,但当文本找到读者之后,这种联系就"从可能变成了现实",于是文本也就有了"自己的生命"。

皮亚季戈尔斯基依据"文本行为(текстовое поведение)"理论将"文本"视为"主体的动作或动作的结果"②,他从文本中抽象出了"客体"(接受文本的人)、"时间"、"空间"的三位一体结构(триада),并将三者的关系概括为客体决定了文本传递(передача текста)的时间与空间。在皮亚季戈尔斯基看来,"文本建立在一定的、唯一的联系情景即主观情景(субъективная ситуация)当中,而对它的理解却要取决于无数的客观情景(объективная ситуация)之中的时间与地点",这种观点也得到了洛特曼的认同。所谓主观情景,不仅可以指"创造文本的鲜活的现实",也可以指"文本作者变化的内在状态及其对现实的内在态度。这种主观情景在文本中可能未被描述,而且也可能未在文本基础上被重构"③。

洛特曼虽然没有详细探讨文本与文学(художественная литература)的关系问题,但是关于这个问题我们也可以从他所认可的《关于将文本视为信号变体的某些基本说明》一文中找到答案——文学作品的文本是最常见的一种文本。

在此基础上,洛特曼总结出了文本的三大基本特征:

1. 外现性(выраженность)

文本固定于一定的符号中并在此意义上与非文本结构相对立。在文学中,这首先是自然语言(естественный язык)的符号对文本的外现性。在与非外现性(невыраженность)的对立中,外现性使人们将文本视为某种系统的现实化及其物化体现。在非索绪尔式的语言与言语的二律背反中,文本永远属

---

① Пятигорский А. М. *Некоторые общие замечания относительно рассмотрения текста как разновидности сигнала* // Избранные труды. М.: Школа "Языки русской культуры", 1996. С. 17.

② Пятигорский А. М. *Некоторые общие замечания относительно рассмотрения текста как разновидности сигнала* // Избранные труды. М.: Школа "Языки русской культуры", 1996. С. 20.

③ Пятигорский А. М. *Некоторые общие замечания относительно рассмотрения текста как разновидности сигнала* // Избранные труды. М.: Школа "Языки русской культуры", 1996. С. 18.

于言语的领域。因此文本永远都将同时具有文本元素与非文本元素。诚然，结构的等级性与多交叉性原则导致了从一个局部潜结构(подструктура)的视角看是非系统的元素，换作另外的视角看就变成了系统元素。而将文本重新编码(перекодировка)为大众的艺术接受语言能够基本上将一切元素转化为系统元素。非系统元素的存在是物化不可避免的结果，同样的一些元素在一个层面上是系统的，而在另一个层面上则是非系统的，这种感觉必定与文本相伴随。①

2. 有限性(отграниченность)

文本具有有限性。因此文本一方面按照纳入与非纳入原则与不参与符号构成的物化体现的符号相对立；另一方面又与带有非区分界限特征的一切结构相对立，例如，与自然语言的结构相对立，与自然语言的言语文本的无限性(开放性)相对立。但是，在自然语言的系统中，包含着带有表现鲜明的有限性范畴的结构——词特别是句子。它们对于艺术文本的建构是特别重要的，这一点并非偶然。文本具有统一的文本意义，因此可以被视作不可分割的信号。"是小说"、"是公文"、"是祈祷文"——这意味着某种文化功能的实现与某种完整意义的表达。上述每一种文本都是由读者按照某一组特征来判定的。因此向其他文本传递特征是构成新意义的一个重要方法。

界限的概念在不同类型的文本中表现各异：它是带有时间上被展开的结构的文本的开始与结束，是绘画的画框，是戏剧的脚灯。与非结构空间不同，结构(艺术)空间的有限性成为了雕塑与建筑语言的基本手段。

文本的等级性及文本系统分裂为多个潜系统(подсистема)的复杂结构，导致了一系列从属于内部结构的元素在不同类型的潜系统中成为分界线(章的分界线、诗节分界线、诗行分界线、半句诗行分界线)。分界线在结构上处于强势，它告诉读者，读者是和文本打交道的，并在唤起读者意识中的整个相应艺术代码系统。既然某些元素是某个分界线的信号，则其他元素就是文本中某些具有共同立场的分界线的信号(一章的结尾即是全书的结尾)；既然等级说明了某些分界线是居于主导地位的(章的分界线在等级上高于节的分界线，小说的分界线高于章的分界线)，则使某些划分符号的作用的结构可公度

---

① Пятигорский А. М. *Некоторые общие замечания относительно рассмотрения текста как разновидности сигнала* // Избранные труды. М.：Школа "Языки русской культуры", 1996. С. 61 – 62.

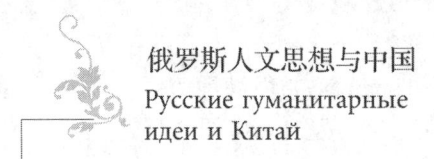

性(неизмеримость)①成为可能。与此相同,文本内部分界线的充实与外部分界线的特性构成了文本建构类型的分类基础。②

3. 结构性(структурноть)

文本并非是处于两个外部分界线之间的间隙的简单符号序列。文本具有在组合体层面上将文本转化为结构整体的内部机制。因此,为了将某种句子的总合认知为艺术文本,就必须坚信它们在艺术机制层面上构成了某种第二性结构。

文本的结构性与有限性是密切相关的。③

二、文本类型学

"文本分界线在各个层面上分布的不均衡性(неравномерность)"必然导致对文本进行类型学研究,从而达到对"内容的等同解码(адекватная дешифровка)"的目的。文本类型学并不是"抽象研究",而是作为"代码的本质因素"存在于"信息传达者与接受者的意识中"。由此可见,文本类型学实际上是与"代码层级(иерархия)"相对应的。

通常,人们都会觉得将文本归入某种类型学范畴是由文本的"内容"或是其"构造(построение)",即某种"特殊的、仅仅是该文本所具有的符号关系(синтактика)"所决定的;但是,实际上,对文本的类型学区分并不是由其"语义与结构方面"决定的,文本的语义与结构仅仅是帮助我们认识文本的功能属性的特征之一。洛特曼以普希金将法院判决书写入自己的小说《杜布罗夫斯基》中为例来阐明自己的观点。当判决书这一法律文件被纳入到小说中时,它也就"丧失了自己的有限性,从文本变成了文本的一部分",同时,它也就不再是法律文书,而是转而具有了"艺术功能",成为"对法律文本的艺术性模仿(художественная имитация)"。与"文本的语义分析或结构分析"相对立的不是语用学分析方式,而是功能分析方式,因此,"文本的属性不是由语义和符号关系决定的,而是由语用决定的"的观点也是错误的,应该说,"文本

---

① 可公度性,也称可通度性或可通约性,如果两个量是可共度的,那么它们可以被用同一个单位来衡量,例如以公里来度量的距离和以公升来度量的水是不可公度的,以分钟来度量的时间和以星期来度量的时间是可公度的,因为分钟和星期之间有固定的比值关系。
② Лотман Ю. М. *Об искусстве.* С. 62.
③ Лотман Ю. М. *Об искусстве.* С. 63.

功能的变化赋予了文本新的语义与新的符号关系"[1]。在上面的例子中，判决书从表面上看是按照法律文书的规则建构的文本，实际上却是"按照艺术结构规则建构"的文本。

洛特曼着重指出："对文本的类型学区分取决于文本的社会功能系统"。同一个文本可以具有多种不同的功能。文本的创造者（传达者）与接受者是在不同的功能类型范畴内来理解文本的。从理论上讲，创造者与接受者对文本做出的评价只能有两种关系类型——"吻合型与不吻合型"[2]。

通过研究，洛特曼还发现文本的"创造者"与"接受者"之间的关系与语言学中"说者"与"听者"的关系颇为近似。通过类比，他归纳出听者对待文本的三种方式（听者与传达者之间的关系存在着三种情况）：第一种方式是"听者与传达者在文本类型学的分类上是一致的（听者通常倾向于认为存在着一种统一的'正确的'类型学）"，此时"听者努力根据一系列外部信号将所接受的文本与自己的类型学当中的某一种类等同起来"；第二种方式是"听者对于文本在传达者系统中的功能属性漠不关心，而将其纳入到自己的系统中"；第三种方式是"听者没有掌握作者的系统而试图在自己的类型学范围内来理解文本"，但是，他最终会确信自己无法读懂而去"掌握作者的系统"[3]。

基于上述三种方式，洛特曼指出：

> 虽然作者自己也是读者并且通过各种渠道与其他读者相接触，但是他不能不考虑与接受者的关系。有鉴于此，他能够提供针对上述三种方式的文本。
>
> 针对第一种方式的是带有固定外部信号系统的文本，外部信号可用来证明文本的类型学特点。这是极其形式化与仪式化的文本。这样的文本具有开场白，是在封闭的情景清单中轻易就可被列举出来的程式化主人公。
>
> 针对第二种方式的是被最小程度仪式化的文本，如冈察洛夫的小说（创造者的立场是："我不是思想家，而是艺术家，我要做的是描绘我所看见的，而评价、判断则是批评家的事"，文本要求有旁观的阐释者）、"自然

---

[1] Лотман Ю. М. *Семиосфера*. С. 443.
[2] Лотман Ю. М. *Семиосфера*. С. 444.
[3] Лотман Ю. М. *Семиосфера*. С. 445.

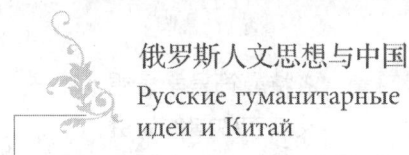

派"的随笔。第二种情况要求必须有第二者——作为作者的补充的批评家存在。伴随着文本的创造者(预言者)与阐释者(祭司)的分化,古代预言的文本的建构亦与此类似。

针对第三种方式的是包含了论战、对第一种方式的结构的戏仿与任何其他相关因素(数字、引言等)的文本。①

作者虽然将文本指向读者,但这并不意味着一定存在这样的读者,洛特曼列举了一些例证用来说明作者、读者与文本之间存在的关系(当然远非全部关系),见下表。

表 4.1　洛特曼例证作者、读者与文本的关系②

		阐释者(读者、听者)		
		第一种方式	第二种方式	第三种方式
文本创造者	针对第一种方式的文本	1. 了解民间文学的人和儿童都能读懂的童话 2. "侦探小说读者"理解中的侦探小说	1. 作为重构某个时代社会现实的文献的故事 2. 十四行诗的散文体译文	1. 对已消失的审美体验的科学重构 2. 20 世纪文化中的"原生派艺术"的审美化
	针对第二种方式的文本	1. 因思想简单而对报纸材料的神话化理解(在童话或神话范畴的思考) 2. 文选的作者"为儿童"转述"伟人"的生平	1. 别林斯基术语中"小说"(作家给出真实的文本,对其进行阐释是批评家的事) 2.1860 年代的"现实批评" 3. 静态材料、参考书 4. 暗示存在"先知"与"阐释者"的文本	专著《冈察洛夫的艺术方法》
	针对第三种方式的文本	1. 巴列赫小盒上的 19 世纪艺术家画作的复制品 2. 普希金文本的民间口头流传	叶尔米洛夫对契诃夫的论述	通过辩论不再被盖上文学图章的文本(《别尔金小说集》)

① Лотман Ю. М. *Семиосфера*. С. 445 – 446.
② Лотман Ю. М. *Семиосфера*. С. 446.

洛特曼指出,"现实的文本"呈现出上述文本类型糅杂的"复杂图景"。他据此将文本划分为"艺术文本"与"非艺术文本",但同时他也强调这种划分方式只是"存在于接受者的意识中",而未必一定存在于"文本创造者的意识中"①。

洛特曼认为"艺术文本是以特殊形式构成的、能够包括大量浓缩信息的复合体"。一定的艺术文本"是为一定的内容而构筑",所以文本是"形式与内容的统一体"。内容与艺术文本的"表现方法构成了特定关系",而这种特定关系不能随意改变,因为改变其外观系统,其内容也就相应地发生改变。②

三、文本与语言

"文本"作为当代人文科学最常用的术语之一,与诸多领域的基础概念发生着这样或那样的关联,其中,"文本"与"语言"的关系问题引起了洛特曼的极大关注。

对于文本与语言之间的关系问题通常有两种看法:第一种是"语言被视为某种第一性本质,这种本质具体化于文本中,具有物质化异在(инобытие)","语言先于文本,文本是由语言诞生的",持此种观点的学者倾向于将语言视为"泛时的与封闭的系统(панхронная и замкнутая система)",将文本视为"沿时间轴不断伸长的系统"③;第二种看法常见于研究"文本的普通类型学"的文艺学或文化学著作中。与语言学家们不同,文艺学家们关注的不是"某个文本(ein Text)",而是"派生文本(der Text)",持此种观点的学者倾向于将文本视为"有限的、封闭的结构",把"特别的、引发高度界限范畴意义的内在结构"视为文本的基本特征之一。上述两种观点相比,前者将"自然时间的延伸性"当作文本的本质特征,而后者或是倾向于"泛时性",或是试图"建立自己的内部时间"。

洛特曼认为,虽然文本是被预先编码的,但这并不能改变"文本是第一性的,语言是第二性的抽象概念"这一事实。④ 特别是当"获得信息的人无法确信自己能否在该文本基础上完全重构语言"时,语言就变得"相对封闭";而文

---

① Лотман Ю. М. *Семиосфера*. С. 447.
② 彭克巽:《苏联文艺学学派》,北京大学出版社 1999 年,第 256 页。
③ Лотман Ю. М. *Об искусстве*. С. 423.
④ Лотман Ю. М. *Об искусстве*. С. 424.

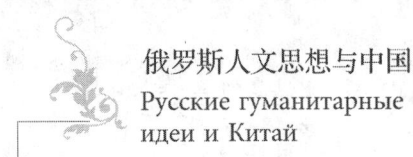

本越是封闭,其"未完成性与开放性"反而表现得越活跃。归根结底,这一切都是由文本具有"完全相符地表达意义与产生新意义"的双重功能所决定的。①

必须强调的是,在大多数文本中,"语言本身并不是信息,而只是信息的载体,以语言表达的情报才是信息"。在艺术文本中,由于艺术文本的"关系系统更为复杂",所以"语言的信息功能需要通过较复杂的途径才能实现"。

第一,艺术文本的作者有可能对建构文本的"语言进行选择,而读者对作家的语言选择却不会立即理解"。这样一来,就引发了艺术活动的两种倾向:"一种倾向于将语言分类(如诗歌语言、散文语言等),另一种则反对将语言分类"。在不同历史时期的不同文本中,通常是某一种倾向占上风,另一种倾向则相对处于下风。但是,随着新的结构因素被引入文本结构,文本相应地发生新的变化,同时也促使着读者去"不断寻求新的解码手段",而这种选择越是复杂,"其本身的信息量就越大"。

第二,"把两种或两种以上的语言同时运用于同一"文本。此时,不仅文本的所有因素都获得了"双重"或更多含义,"而且整个结构也成为具有双重含义的信息载体。这一结构正是实现相应的功能所需要的"。

第三,"突破原有结构",这是"增加结构信息量的重要手段"。艺术文本一方面借助于"突破旧的结构规范",另一方面则依靠"构建新的结构规范"来不断获得新的生命力。"实现规范"与"突破规范"构成了这两种倾向,并构成了艺术文本的双重结构。这两种倾向的相互冲突与竞争赋予了艺术文本以鲜活的生命力,同时也有效地扩大了"艺术语言信息负载量"。

第四,通过"不断更新各种物质文化和思想规范等相应的结构",以"更好地适应"时代,适应文学、美术、音乐等"不同层次的艺术功能系统"。对文学来说,就是要不断丰富文本的结构,"扩大和提高信息量",以便与"功能系统相适应"。

此外,艺术文本同非文本结构功能之间的"矛盾"也使"艺术语言负载的信息量"大为增加。②

---

① Лотман Ю. М. *Об искусстве*. С. 425.
② 彭克巽:《苏联文艺学学派》,北京大学出版社1999年,第258—259页。

四、文本与功能

所谓功能,是指"系统、系统的体现与文本的接受者—发出者之间的相互关系"。洛特曼归纳了文本的三大功能:

第一,交际功能(коммуникативная функция)。索绪尔将文本视为"语言的表现(манифестация языка)",雅科布森、格雷马斯等人对"文本"一词的使用亦大致与此类同。如果将文本作为"语言的表现",则文本与语言的对立实际上是"能够表达的"与"不能表达的"对立,是"具体化"与"理想化"的对立,是"有限空间"与"空间外"的对立。既然语言是"将文本编码的结构",则"文本的一切相关要素都显现在语言中",而"没有出现在该语言当中的就不是区分意义的成分";因此,文本也就"永远"只能是"用某种语言写成的文本"。语言学家们所持的这种文本观实际上是将文本当做"体现语言规律的材料",于是文本在某种程度上成为"语言学家冶炼语言结构的铁矿石"。这种观点可以很好地解释"语言的交际功能"。长期以来,交际功能被一些语言学家奉为语言的基本功能,甚至是唯一功能,但是,随着学界对"从语言到文本"、"从结构到言语"等问题研究的深入,人们开始逐渐认识到作为"符号系统"的文本还具有"其他更复杂的功能"。

第二,意义构成功能(смыслообразующая функция)。通过对文化文本的研究,我们发现语言结构以及文本的另一个功能,即文本作为"意义生成器(генератор смысла)"还具有意义构成功能。按照洛特曼"不是语言先于文本,而是文本先于语言"的观点,对于来自自然语境并且在该语境下由某种失传代码解码的文本来说,其"理解过程"就是"根据文本对代码进行重构(реконструкция),然后借助于这种代码对该文本进行解码"的过程。此时,与其说我们是和"旧的艺术作品打交道",不如说是和"全新的艺术作品打交道",实际上,"作者创造了独一无二的、用未知语言写成的文本",而要理解该文本,就必须掌握这种语言。①

第三,创作功能(творческая функция)。所谓文本的创作功能是指"在文本的文化功能化进程中,文本的最初含义经历了复杂的改造与转换(трансформация)",其结果导致了"意义的增量(приращение)"。该功能与

---

① Лотман Ю. М. *История и типология русской культуры*. С. 188–189.

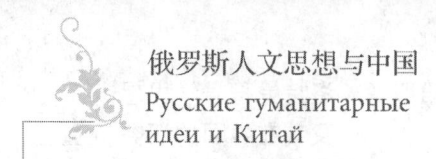

"文化记忆问题"密切相关。某些流传至今的古文化文本能够"重构所有文化层","复原记忆"则将"人类文化的整部历史直观地展现出来"。

对上述功能的区分导致了文本观的变化,文本既可以是"一种语言的表现"也可以同时是"几种语言的表现"。文本的各种潜系统之间的错综复杂的"对话与游戏关系"成为了意义构成的机质。在洛特曼看来,文本已不再是"意义的消极载体",而成为一种"动态的、内部矛盾的现象",成为了"当代符号学的一个基础概念"①。

五、诗歌文本的结构分析

1960 年代末至 70 年代初,文本不再仅仅是语文学研究的客体,而一跃成为符号学的一个关键术语。"文本是符号学活动的结果与产品,是语言作品、艺术作品、文化作品",甚至是"文化的模式"。"正是文本的概念帮助我们确立了这样一个事实,即文化不是某种静态的、共时存在的整体。文化是由一些对抗的文本构成的,这些文本甚至在不同的文化层面也处于不断的相互影响与冲突之中"。这就要求我们"对文本现象进行最细致的研究",要求我们"在各种类型的文学文化的范围内揭示文本的功能,描述文学历史演变进程中文本功能更替的动态"。上述观点的确立带来了丰硕的成果,这一阶段有大量对文本进行专题性分析的专著问世,并且这些成果还被广泛应用于文学教学实践;而在结构符号学领域最引人注目的现象之一就是洛特曼的专著《诗歌文本分析》(1972)。②

《诗歌文本分析》一书作为对《结构诗学讲义》的补充与发展,充分展现了洛特曼对诗歌文本所采用的结构分析法的独特性。洛特曼特别强调结构方法适用于多数学科,但"结构符号方法却更加适用于人文学科"③。

洛特曼指出,历史上有两种艺术作品的研究方式,其中,第一种方式是基于"艺术的本质隐藏于文本中,每部作品都因作品就是作品而被珍视"的理念,此种方式关注的是"艺术作品建构的内在准则";而第二种方式倾向于将作品视为"部分",视为"对某种比文本本身更重要的事物,如诗人的个性、心理因素或社会情境的表达",吸引研究者的不是文本本身,而是"作为上述更

---

① Лотман Ю. М. *История и типология русской культуры.* С. 190 – 191.
② Чернов И. А. *Опыт введения в систему Ю. М. Лотмана.* С. 8.
③ Лотман Ю. М. *О поэтах и поэзии.* СПб., 2001. С. 28.

抽象模式的建构材料"的文本。以往这两种方式一直处于此消彼长的轮回中;但是,到了 20 世纪,这两种倾向的遭际却变得十分富于戏剧性,俄国形式主义异军突起,其理论经由布拉格语言小组与雅科布森著作的传播,从而对世界人文科学的发展产生了重大影响。① 洛特曼认为结构符号文艺学不仅总结了包括形式主义在内的以往文艺学的全部经验,还与"结构语言学、符号学、信息论与控制论的思想与方法"具有密切的联系。②

文学作品的"有机整体"观是洛特曼结构分析的基础。在他看来,文本不是"构成文本的元素的机械总合",这些元素的每一个都在与"其他元素及整个文本的结构整体"的关系中被现实化。"作品中有些非常重要的可分离特征即使发生改变,作品的特点会依然保持并且作品仍然是作品,如果要从这些特征中分离出那些深入作品本质、失去它作品就不再成其为作品的特征,并将其作为自己的任务,就能发现艺术现实的基本特性之一。……文本的现实化是由关系的系统创造的,是由含有意义对立的因素创造的,也就是由进入作品结构的因素创造的。"③

列维-斯特劳斯(现代西方哲学家、社会学家,结构主义哲学的创始人)认为,结构具有系统性,任何一个参与系统构成的元素发生变化,都会引发其他元素的变化。洛特曼接受了他的观点,承认"结构的概念首先意味着系统统一体的存在",并将其所研究的现象划分为结构(系统)元素与非结构元素。他指出:"结构永远是模式。因此结构与文本的区别在于更大的系统性、'正确性'、更大程度的抽象性(准确地说,与文本对立的不是统一的抽象结构-模式,而是按照抽象性增强程度构成的结构的等级)。对于结构来说,文本在某种程度上实现了结构,解释了结构。因此,文本也是分等级的。这种内部机制的等级性也是结构性的本质特征。"④

此外,洛特曼还注意到"文本与系统的对立"不是绝对的,而是相对的。同一种现象既可以作为文本,也可以作为"译解更低级文本的系统"。实际上,"文本与结构是相互制约的,并且只有在此种相互关系中才具有现实

---

① Лотман Ю. М. *О поэтах и поэзии*. СПб., 2001. С. 28－29.
② Лотман Ю. М. *О поэтах и поэзии*. СПб., 2001. С. 30.
③ Лотман Ю. М. *О поэтах и поэзии*. СПб., 2001. С. 25－26.
④ Лотман Ю. М. *О поэтах и поэзии*. С. 26.

性"①。

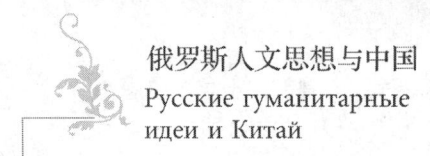

洛特曼将诗歌文本视为特殊的符号系统,针对诗歌是否存在这一长期存在争议的问题,他指出:

任何一种语言都不是构成该语言的元素的不受规则支配的、无序的组合。某些构成该语言的规则限制了这些元素的组合性。没有类似的限制语言不可能为交际目的服务。但是,与此同时,对语言限制的增强也伴随着语言信息性的降低。

诗歌文本服从该语言的一切规则。但是,与语言相比,对诗歌文本还有一些新的、补充要求:遵守一定的音步韵律规范,音位、韵脚、词汇与思想结构层面上的组织性。这些要求使得诗歌文本与日常口语相比,变得很"不自由"。……这似乎极大地降低了诗歌文本的信息性。

如果我们将诗歌仅仅看做是受到补充限制的普通文本,并且自以为是地认为诗人想要表达的思想不过是日常口语加上些"外部装饰",则诗歌确实会变得不需要存在,也不可能存在,相应地,诗歌也就转化为"带有无限增长的多余性与急剧缩减的信息性的文本"②。但是,事实上,诗歌文本的信息性并未因此而降低,在诗歌文本内部,各种元素之间建立新的意义组合的可能性反而大大增强了。至于受到补充限制的诗歌文本是如何做到这一点的,洛特曼认为可以在非诗歌(не - поэзия)与诗歌的对比研究中找到答案。他在非诗歌中区分出:

1. 从属于语言、具有结构意义的元素及其处于言语层面的变体(вариант)。后者不具备自己的意义,仅仅因与语言层面的某些非变体的相关性而获得意义。

2. 在语言层面的范围内可以划分为与某种非语言现实(внеязыковая реальность)相关的、具有语义的元素与仅仅具有语言内部意义(如语法意义)的形式元素。

而在诗歌中,他发现:

---

① Лотман Ю. М. *О поэтах и поэзии*. С. 27.
② Лотман Ю. М. *О поэтах и поэзии*. С. 45 – 46.

1. 言语层面的任何元素都能升格为有意义的元素。

2. 语言中的任何形式元素在诗歌中都能在获得补充意义的同时,获得语义性。

因此,某些加之于文本的补充限制使我们将该文本认知为诗歌。只要我们将该文本归入诗歌文本,文本中的表意元素的数量就会增多。①

在洛特曼看来,"诗是建构复杂的意义"。诗的一切元素从本质上说都是"表示某种内容的意义元素"。"语言的表意元素在参与构成诗歌的统一整体结构时,是由不可能存在于普通语言结构中的复杂的关系、比较与对比系统联系起来的"。

既然艺术结构建构于空间之中,它就需要"经常回归至已经完成了信息作用的文本,并将其与以后文本相比较"。正是在这一比较过程中,"旧文本才显露出从前被隐藏起来的语义内容",全新地展现在我们面前。所以洛特曼将"诗歌作品的万能结构原则"归结为"回归原则(принцип возвращения)"。

洛特曼强调,艺术文本无论是诗歌文本,还是散文文本,都丧失了俄语所特有的在结构层面"重置元素的相对自由"。艺术文本中的重复(повтор)仅仅是对对比结构的一种传统称谓,实际上它包含了对照(антитеза)与等同(отождествление),特别是对照还具有类比(аналогия)这一变体形式。比较、对比与等同作为艺术结构的组织原则,同时也成为了诗歌文本的分析原则。②

从总体上看,洛特曼的诗歌文本分析方法既不同于19世纪的实证主义方法,也在很大程度上有别于其同时代人及"当代所采用的诗歌文本分析方法",总的说来,它具有以下四大突出特征。

第一,结构性(структурность)。20世纪30—60年代的苏联文艺学家们仅仅从事所谓的"技巧学(мастерствоведение)"研究,即"作家是用什么艺术特性把自己的思想内容传达给读者的"。洛特曼则主张"一首诗在狭小的范围内所能表达的思想内容退居到次要地位,而它的表现手法被提到首位","甚至还会形成一定的结构"。在洛特曼看来,"诗的所有要素,从思想内容到音位的区分特征都可以组成一个结构",因此,"结构"的概念成为洛特曼"诗

---

① Лотман Ю. М. *О поэтах и поэзии*. С. 46–47.
② Лотман Ю. М. *О поэтах и поэзии*. С. 48–49.

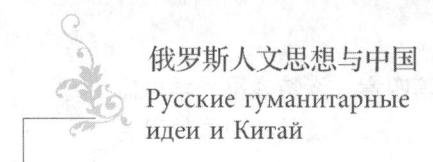

歌文本分析中最基本的概念"。

第二，动态性（динамичность）。1960年代，雅科布森提出了自己的"诗歌语法"分析法，提倡抛开内容，将注意力集中于"诗歌文本的音位的区分特征、格、动词形式等分布特点"的研究。① 他认为正是形成于"这些对称和不对称的分布中"的"手法"才刺激了美感的产生。雅科布森所揭示的结构实际上仅仅是"静态的对称"，而洛特曼的"结构概念"则是"动态的，正是在这一动态中才能产生诗的审美感染力"。而"动态"蕴含于诗歌文本是标准与违背标准之间的张力场这一理念当中。"读者的期待"指向标准，而这种期待能否被诗歌的现实文本所确认，即成为一种审美体验（эстетическое переживание）。

洛特曼的诗学理论在很大程度上来源于当代的诗韵学（стиховедение）研究。在诗韵学中，诗的建构规则被称为音步（метр）：重音可能落在某些音节上，由此让读者形成某种韵律期待。但是，有时重音可能会被越过，因此读者的期待并非总能得到确认。重音有时可能被较多地保留下来，有时则保留得较少；相应地，读者的韵律期待也时强时弱；于是，美感也就随着重音的出现或被越过而时强时弱，并由此形成了一幅"复杂图景"。通过对韵律期待的类比，洛特曼推导出了读者的"韵律期待、形象期待"等，这种期待能被诗歌的文本所确认或不被确认，并由此引发了审美体验。

第三，历史性（историзм）。洛特曼十分重视对诗歌中的每种现象及其"产生的历史背景"的研究。

在洛特曼看来，所谓读者期待的标准，从韵律层面上看，是指作诗（стихосложение）的规则，这些规则通常是清楚明确且能够被认知的；而从风格与形象系统来看，这样的规则是不存在的，在此发挥作用的不是规律，而是习惯。

洛特曼强调"结构分析（структурный анализ）不是对艺术系统中个别的要素孤立的分析，而是对各种要素之间的关系的分析"，要想"正确理解各要素的相互关系"，就必须预先考虑到"这些个别的、孤立的要素"。洛特曼一方面宣称"诗歌文本分析仅限于一首诗的范围内，不涉及作者的传记及历史文献资料"；另一方面却又强调"诗歌语言只有从该时代的语言背景去理解"，这

---

① 加斯帕罗夫：《苏联60至90年代的结构主义诗学研究——关于洛特曼的〈诗歌文本分析〉》一书，载《俄罗斯文艺》，2003年第3期，第45页。

些看似矛盾,实则却是统一的,其原因在于"艺术文本的审美感受(эстетическое ощущение)"取决于读者是处于该诗所体现的"文化背景之内还是其外"。如果读者处于该诗的文化背景之内,则读者会"首先从整体上捕捉到诗歌系统",然后才是在局部;如果处于该诗的文化背景之外,则读者就不得不首先捕捉局部,然后再由此构建一个有关整体的概念。① 例如,对于普希金诗歌的理解,是由"我们"是"什么样的人"所决定的,我们实际上是"在自己所读过的其他书的基础上来理解普希金"的。

如果用"结构诗学的语言"对上述观点进行概括,则可以说艺术手法"通常不是在读者的一种而是几种经验的背景上体现"的,而其中只有"历史的体现"才是唯一科学的观点。以普希金为例,他仅仅是为他所处时代的读者写作,他没有预见到我们,也不可能预见到我们,因此学者们更倾向于赞同普希金时代的读者的观点。当然,也会有读者出于"自我中心主义"心理而以为"普希金正是为我们写作的",他们会通过"普希金所无法想象到的思想和艺术经验去研究普希金的诗歌",这种方法当然也是合乎规律的,但它却"不是研究性的",而是"创造性的",实际上,每位读者都为自己创造了一个"我的普希金",都是基于作家与读者共同创作基础上的读者个人的创作。

第四,科学性(научность)。"科学性"既是洛特曼诗歌文本分析的前提条件,也是其诗歌文本分析方法的重要特征之一。洛特曼认为"理解艺术文本永远是听众与作者之间的斗争",他选择了站在作者的一方,因为"历史的真理对他来说比创作的自我肯定更珍贵"。洛特曼的符号学研究活动伊始于苏联教条主义文艺学当道的时代,而今又面临着后结构主义、解构主义的盛行,在教条主义与反教条主义的历史文化语境变换之间,更彰显出洛特曼所一贯秉持的"科学性"原则的弥足珍贵。②

小结

切尔诺夫曾评价洛特曼是一名"经验主义者,事实与文本的最优秀的专

---

① 加斯帕罗夫:《苏联60至90年代的结构主义诗学研究——关于洛特曼的〈诗歌文本分析〉一书》,载《俄罗斯文艺》,2003年第3期,第46页。
② 加斯帕罗夫:《苏联60至90年代的结构主义诗学研究——关于洛特曼的〈诗歌文本分析〉一书》,载《俄罗斯文艺》,2003年第3期,第47页。

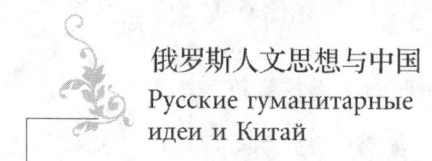

家,掌握了多种研究方法的勇敢的构想家与理论家"①。诚然,作为一名人文学者,洛特曼的基本任务就是"异中求同,同中求异",但这也在一定程度上加大了我们对其符号学思想演变进行梳理的难度。

洛特曼的学术思想总是"处于不断发展之中,他随意抛弃一些设想,并以新的设想来替代"②,洛特曼的学术思想看似难成体系,但实际上却自成体系,其研究材料极为广泛,其思想体系正是建立在对这些材料的研究的基础上的,并且是以解释这些材料为目的的。"在早期阶段,洛特曼的语言对一系列交际系统来说是一个所指与一组能指的经典关系,而在后期的文本中采取的则是一个能指(空间上固定下来的词语)与一组所指(一组由反常并列所引起的解释)的原则"。透过这种学术理念的演变,我们能够发现洛特曼在"对意义已经消失的语言的拒绝"中,不断从官方语言走向反官方语言。③

洛特曼的学术历程以结构主义为发端,此后却远远超出了结构主义的范畴,创建了其独特的符号信息论美学体系,其理论体系的发展脉络与整体面貌主要体现在《结构诗学讲义》、《艺术文本的结构》、《诗歌文本分析:诗歌结构》中,其中尤以《艺术文本的结构》一书代表着其最高学术成就。从总体上说,其符号学研究体现出静态结构描述与动态文化演变相结合,文本结构与文化史研究相结合的倾向。

洛特曼到底是哲学家、历史学家、艺术学家,还是文化学家、符号学家、美学家?这个问题似乎很难找到答案。作为一名知识渊博的学者,洛特曼在上述任何一个领域都是一位无可争议的专家。洛特曼被誉为塔尔图学派的"思想发生器",其学术活动具有重大的文化意义。他一生都在努力以其在广阔的历史哲学与历史生活语境下完成对文学与文化的历史与理论问题的符号学解读与阐释,他"在文化经验中寻觅、认知并揭示建构与保护个性、建立人与周围世界及历史之间的关系所必需的手段"。他喜欢使用一些异源的术语,探究其意义的局限性与多变性。④

从表面上看,洛特曼的学术研究是从文学史、文艺学向艺术符号学与文化

---

① Чернов И. А. *Опыт введения в систему Ю. М. Лотмана.* С. 9.
② Чернов И. А. *Опыт введения в систему Ю. М. Лотмана.* С. 10.
③ Ян Левченко. *Постижение текста: к эволюции семиотических понятий Ю. М. Лотмана.* http://www.ruthenia.ru/document/381754.html, 08.05.2005.
④ Плюханова М. Б. *Исследования Ю. М. Лотмана по древнерусской литературе и XVIII веку.* С. 181.

第四章 洛特曼符号学思想及其在中国的研究

符号学推进的,但从本质上看,每一种具体研究都"伴随着对人文知识范畴整个系统的深入思考","伴随着结构与功能上越来越复杂的对象自身的转换"。"艺术语言"与"艺术文本结构"一直吸引着洛特曼的注意力,是其符号学理论的核心所在。洛特曼遵循"思维的辩证原则",力图克服形式与内容二元论。洛特曼似乎具有一种与生俱来的辩证精神,他在继承前人成果的基础上,常常采用辩证的方法来分析自己研究对象。除了文学之外,洛特曼还研究过绘画、雕塑、戏剧、电影等艺术门类,自60年代起发表了一系列艺术史、艺术理论方面的著述。其中他对造型艺术的研究在水平上甚至超过了许多专业的艺术学家,对其所忽视的"造型文本的本质特征"的研究成为洛特曼符号学研究的一大特色。此外,洛特曼还一直非常关注"艺术作品与受众即诗歌与读者、造型艺术与观众、音乐与听众"这一艺术或者说"泛文化"问题。他通过对"它文化的文本所特有的接受规则"的研究,认识到"这些规则不一定与在研究者所处时代的文化(母文化)中发挥功能的文本阅读规则相吻合",这就是洛特曼独特的"接受的语法(грамматика восприятия)"[①]。

洛特曼及其所开创的塔尔图学派是俄苏文化符号学最为重要的对话者之一,其符号学理论表现出下列三大特点。

第一,形式性与社会文化性。以洛特曼为首的塔尔图学派产生于俄国形式主义之后并以其为基础,产生于西方结构主义之后并以其为背景,具有"术语的形式性、自己特有的、常新的语言与思维形式",事实上它构成了苏联70—80年代语文学的人文内涵。

第二,双极性。其中的一极是"对形式化的结构主义术语的深入探索",对"唯一的、但经常是重建的、原则上独立于艺术材料的形式模型"的揭示;另一极则是"材料不懈的、有针对性的对抗,艺术细节惊人的密集性、不可重复性、吸引力与愉悦性",而这些艺术细节"不仅不属于自己的形式化图示,而且不断努力克服这种图示化"倾向。洛特曼对于"艺术细节的不可重复性"与"符号图示化冷峻的陌生化"的认识的准确性令人叹服。从这个意义上说,洛特曼的符号学是"生活、行为、历史运动的修辞学",是"艺术词语本身(第二性符号系统)的修辞学",二者既互为前提,又相互否定,并由此构成了"言语双

---

① Григорьев Р. Г. и др. *Парадокс Лотмана*//Лотман Ю. М. *Об искусстве*. СПб., 1998. С. 6—9.

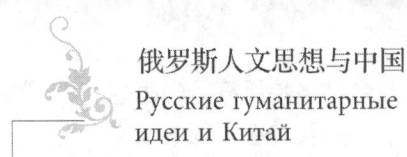

语性的复杂系统"①。

第三,演进性与转换性。这是洛特曼符号学的最大特点。在30余年的学术生涯中,洛特曼的符号理论无论是在外部形态上,还是在内部特点上,都经历了巨大的演变,因此我们对洛特曼符号学思想的研究不能仅仅局限于60年代的认识论。从1964年的《结构诗学讲义》到1990年的《思维世界内部》,再到1992年的《文化与爆发》,我们似乎无法找到共同的"元语言"②。洛特曼一直努力推动符号学跨越其自我实现的界线,其早期与后期所表现出的分歧无疑是非常巨大的,后期思想似乎在一定程度上否定了最初的观点,甚至也否定了符号、意义、代码、所指、能指、信息等一切基本概念,称得上是一种根本的"转换"("爆发")。

洛特曼乃至塔尔图学派的文化符号学体现出一种试图替代"文化哲学"或"文化语文学"的倾向。洛特曼不仅关注"一切文化",也特别关注"20世纪的文化"。当今对任何一种来自不同历史时期的文化的"接受、思考与推断"实际上都被视为"当代文化的现象"。洛特曼的结构主义一直处于符号转型中,甚或具有"游戏单个历史文化的绝对独立性"、"游戏"这些互为前提的历史文化的意味。这种转型特征也表现在洛特曼的"文本符号分析法"上,他在分析作品时,时而是顺向的,从开头分析到结尾;时而又是逆向的,从结尾向开头分析。按照他的观点,"读者的作者角色"与"作者的作者角色"是完全不同的,是处于"完全不同的图示化"之中的。在当代,作品被视为"时空区间",是作者与读者共同创作的,因此任何作品都可以被生成为20世纪的作品,洛特曼虽然没有公开宣扬这一观点,但它却成为洛特曼符号学思想的主调。③

与洛特曼创立自己的符号学理论的同时,西方文艺理论却正经历着由"结构"转向"解构",再由"解构"转向"重构"的方法论转型。这一转型激发了西方文艺理论在思维范式上的革命,即"由打破传统的逻辑学思维范式的束缚出发,进而探索用新的现象学思维范式来观照世界和分析艺术现象,然后再使批评回到新的逻辑学思维范式上来"④。在这场方法论与思维范式的深刻转型过程中,洛特曼及其符号学理论起到了十分重要的作用。洛特曼在俄

---

① Библер В. С. Ю. М. *Лотман и будущее филологии*//*Лотмановский сборник*. I. С. 278 – 280.
② Ким Су Кван, *Основные аспекты творческой эволюции Ю. М. Лотмана*. С. 15.
③ Библер В. С. Ю. М. *Лотман и будущее филологии*. С. 279 – 281.
④ 张杰、康澄:《结构文艺符号学》,外语教学与研究出版社2004年版,第9页。

国文艺学实证主义传统的影响下,在很大程度上摆脱了传统的逻辑学研究思维范式,从而避免了陷入西方语言符号学的"语言表征危机"。洛特曼注重对"各种复杂现象的差异、个性"的区分,关注其"产生的非规律性和偶然性"因素,他力求从整体上把握研究对象,并将其置于"相应的文化和历史体系中去进行动态的考察"①,从而最终确定其相对固定的意义。在这个意义上,洛特曼的符号学研究已经远远超出了一般文艺理论的界限,在诸多领域走在了自己西方同行们的前面。

洛特曼在"认同传统文艺学的唯物主义美学观、文学与生活的密切联系"的同时,能够努力摈弃其"忽视艺术特征"的缺陷;在接受"西方结构主义文艺学、艺术符号学的某些方法论"的同时,又能够"自觉排除其割断能指与所指的有机联系、专注于封闭性研究的形式主义倾向与自主符号论"。更为难能可贵的是,他还特别"注意吸取当代横向交叉学科系统论美学、控制论美学、信息论美学的科学方法论",从而最终构建起了自己独具特色的符号学美学体系。②

第四节　洛特曼符号学研究在中国

1980 年代以来,中国哲学界、文艺理论界和语言学界开始介绍西方符号学理论,并把它们应用到具体的学术研究中。在此过程中,对在世界符号学中占有重要地位的苏联符号学也开始关注,不过研究工作相对薄弱,对洛特曼符号学在我国的整体接受状况更是相对缺乏。在类似《中国符号学研究20年》③这样的接受史研究中,也基本上只关注了如索绪尔、巴特、皮尔斯、莫里斯、埃柯、巴赫金等人。本节的重点在梳理洛特曼符号学在我国的接受与研究现状,以便进一步深入研究这一具有世界性影响的理论。

洛特曼符号学在我国的接受与研究大致分为两个时期:从1980年代中期至1990年代中期为初步译介阶段;1990年代中期至今(材料选取至2004年底),进入较为深入的研究阶段。

---

① 张杰、康澄:《结构文艺符号学》,外语教学与研究出版社2004年版,第10页。
② 彭克巽:《苏联文艺学学派》,北京大学出版社1999年版,第304页。
③ 王铭玉、宋尧:《外国语》,2003年第1期。

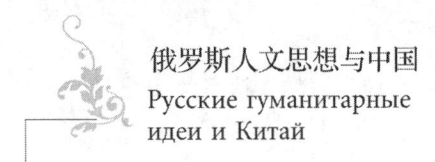

一、初步译介阶段

进入 1980 年代,我国开始大量翻译和介绍国外各种文艺理论。在 1986 年出版的傅修延、夏汉宁编著的《文学批评方法论基础》第七章"国外文学批评方法的演变:西方和苏联的批评方法"中,提到了 1960 年代以来符号学在苏联批评中得到广泛的运用,仅 1964—1968 年间就举行了三次符号学会议。作者认为,这一符号学"表面看是新方法,实际是俄国形式主义的继承者"。作者在分析符号学对于当时苏联的意义时指出,对符号学的重视并不意味着为形式主义翻案。苏联学者仍不认为作品思想内容不重要,他们只是认为"语义学态度及其语言分析的具体方法对于理解作品具有重要意义",但并不夸大这种意义。这是我国较早的对苏联符号学的介绍。

1987 年 3 月,中国人民大学中国语言文学系编撰出版《文艺学方法论讲演集》①,该书收录了吴元迈的文章《苏联文艺学的历史功能研究和结构符号探讨》。文章指出,差不多与当代法国结构主义兴起同时,苏联文艺学界就结构分析、符号分析等问题也作了广泛探讨,而且这种探讨具有他们独特的角度和方法、层面和内容。接着,作者就符号学在苏联于 1960 年代重新兴起的状况及洛特曼的理论思想作了长篇论述,并就符号学在苏联引起的论争作了分析。这是我国接受与研究洛特曼理论过程中的一篇重要文章。

同年,花城出版社出版《外国方法纵览》②一书。该书也是一本较早较全面地评介具有较大影响的外国现代批评模式的著作。书中最后一章"文学密码的破译——符号学",以专节"洛特曼与苏联符号学"介绍了洛特曼的符号学理论。文中写道,30 年代初俄国形式主义突然夭折,其潜流在三十年后涌出地面,这就是苏联符号学。作者认为,俄国形式主义、捷克结构主义、苏联符号学是一脉相承的。作者分析了苏联符号学产生的社会氛围,认为它的出现得益于苏联整个文化领域在 50 年代末期的"解冻"。苏联文艺理论较为开放的局面,使控制论、信息论、系统论等新方法开始引进,庸俗社会学的批评受到抑制。在这种情况下,俄国形式主义的著作重新出版发行,符号学由此开始在苏联现代结构主义中发挥核心的作用。作者介绍了洛特曼符号学成长的学术

---

① 中国人民大学出版社 1987 年版。
② 班澜、王晓秦:《外国方法纵览》,花城出版社 1987 年版。

土壤,并依据洛特曼的两部重要著作《艺术文本的结构》(1970)和《诗歌文本分析》(1972),具体介绍了他的符号学理论。作者认为,洛特曼的符号学方法从文学文本的内在结构出发,运用图像原理说明了表现与意义内在联系的原则,说明了文学与社会—文化之间的外在联系,从而弥补了文艺社会学、接受美学与形式主义批评流派之间的裂隙,与法国结构主义的符号学相比,具有新的开拓意义。作者是将以洛特曼为代表苏联符号学与捷克结构主义批评、法国巴尔特的符号学批评、德国卡西尔和美国苏珊·朗格的符号学放在同等重要的地位加以评介的,并涉及了60年代苏联的一场"结构—符号学文艺学问题的论争"。从文中可以看出,作者对洛特曼的符号学已经有了较为全面的认识。

1988年《外国文学报道》第1期在"当代文论"专栏中刊登了五篇有关洛特曼的文章,这里有我国学者的评述,也有洛特曼的理论文章和具体文本分析。其中一篇是施用勤的论文《文艺结构符号的探索者——尤·米·洛特曼及其文艺学思想》,四篇是洛特曼论文的翻译:《〈模式系统行列中的艺术〉课题提纲》、《文本的类型学课题》、《论艺术文本中"结尾"和"开端"的模式意义》、《〈我们已经分手,但你的小影……〉结构分析》。洛特曼已受我国文论界重视。

1980年代有两部译著值得重视。佛克马、易布思的《二十世纪文学理论》(1986)[①]对洛特曼的理论作了全面的研究,并比较了与俄国形式主义学派的不同。该书对我国接受研究洛特曼起了重要影响。特里·伊格尔顿的《当代西方文学理论》(1988)[②]在"结构主义和符号学"一章中考察了洛特曼的两部重要著作《艺术原文的结构》(即《艺术文本的结构》)和《诗原文之分析》(即《诗歌文本分析》),具体深入地论述了洛特曼的结构诗学理论。

1989年出版的胡经之、张首映主编的《西方二十世纪文论选》[③]收录了洛特曼的重要著作《艺术文本的结构》。不过,编者不是把它放到符号学一编,而是把它放到结构主义一编。由此可以见出我国初期对洛特曼理论属性的定

---

① 佛克马、易布思:《二十世纪文学理论》,林书武等译,三联书店1988年版。
② 有三种译本:《二十世纪西方文学理论》,伍晓明译,陕西师范大学出版社1986年版;《文学原理引论》,刘峰等译,文化艺术出版社1987年版;《当代西方文学理论》,王逢振译,中国社会科学出版社1988年版。
③ 中国社会科学出版社1989年版。

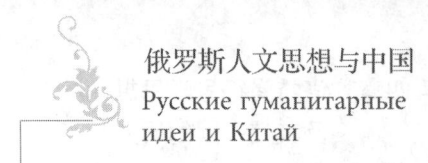

位,关注的是洛特曼的结构诗学理论。

董学文的《走向当代形态的文艺学》(1989)[①]对作为美学、文艺学研究方法论的符号学在苏联的状况给予了介绍。作者虽然没有突出洛特曼的符号学理论,但作者提到了苏联有一批学者从事符号学研究,他们是爱森斯坦、普洛普、博加得列夫、巴赫金、弗列依登贝格、伊凡诺夫、波利亚科夫、赫拉普钦科等。洛特曼的符号学理论在苏联不是孤立的现象,而是有着丰厚的学术土壤。凌继尧先生80年代出版的两部著作《苏联当代美学》(1986)和《美学和文化学——记苏联著名的16位美学家》(1990)都对洛特曼的理论给予了介绍。

1990年第4期《外国文学评论》发表了一组叙述学研究的文章。徽周的文章《叙述学概述》从现代叙述的符号学角度提及洛特曼的符号学研究。张冰在《苏联文学联刊》1991年第2期上发表的《苏联结构诗学》全面介绍了苏联的结构诗学研究,其中对洛特曼的理论给予了较为详细的介绍。

从现有的资料看,这一时期我国学者从结构诗学、符号学、叙事学、美学、文化学等不同角度,关注了洛特曼的理论研究,并给予了基本的介绍,但尚缺乏全面深入的研究,有些介绍甚至是片面的。当然,这与洛特曼的后期理论和思想还没有介绍到国内有关。不过,所有这一切既为以后的研究奠定了基础,又提供了空间。

二、深入研究阶段

1993年10月,尤·洛特曼逝世。俄罗斯国内学术出版界和研究界对其理论遗产高度重视,我国学者及时注意到了这一动态。1994年第1期《外国文学评论》发表了周启超的简述《"塔尔图学派"进入总结时期》。文章概括了以洛特曼的名字为标志的"塔尔图学派"的成就和学术成果。作者敏锐地指出,"塔尔图学派"不仅在文学、文艺学、诗学研究方面有所发展,而且也开始由文学符号学向其他相关学科扩展,涉及语言、神话、文学、电影、绘画诸领域,尤其是这些学科的交叉区域。而且,这一学派的思想已经成为国际学术界研究的课题,其视野早已投射到历史学、民间文学、语言学、文艺学、哲学、人类学、民族学、心理学、文化学等诸多学科。此文标志着我国学者开始注意到洛特曼的"文化符号学"思想,也预示着我国对洛特曼的研究不仅在"文学符号

---

① 高等教育出版社1989年版。

学"上深入,而且将向"文化符号学"扩展。

从总体上看,1990年代中期以后,我国对洛特曼的理论已经有了相当的重视。国家社科规划基金委分别于1997年和2001年两次批准就洛特曼的理论予以立项研究①。我国学界也从各个角度和层面展开了深入的研究与探讨,研究主要从几个方面展开:1.文艺符号学,2.文化符号学,3.与相邻理论的关系,4.在西方文论史上的意义,5.在俄罗斯本土的状况,6.我国学界对洛特曼理论资源的运用等。这些层面的研究并行不悖,成果交叉出现,相得益彰,构成对洛特曼理论的立体研究图景。

1. 文艺符号学

在洛特曼早期学术研究中占重要地位的是结构主义诗学,即对艺术语言和艺术结构的研究。他研究过诗歌、散文、绘画、戏剧、建筑和电影等许多文学艺术范畴。洛特曼在结构主义语言学和符号学的基础上,吸取了莫斯科学派以往对符号学的研究经验以及俄国形式主义诗学理论精髓,在苏联率先创立了结构主义诗学和文艺符号学理论,从符号学角度阐释文学作品(艺术文本)的结构,主张从"功能"和"关系"角度研究艺术文本。他关于结构诗学的研究,他对俄罗斯文学(如对普希金及其他著名作家)的研究等,都是他对苏联及当代俄罗斯乃至世界文艺符号学的重大贡献。这一时期,我国学者在初步译介的基础上,继续就其结构诗学展开深入研究。1994年第1期《外国文学评论》上登载了张冰的文章《尤·米·洛特曼和他的结构诗学》。这是作者在其《苏联结构诗学》研究的基础上对洛特曼所作的专门探讨。文中,作者较为详细地介绍了洛特曼的结构诗学的理论基础和其理论创新,深入分析了洛特曼在诗歌语义学上引入的二分法——词形变化轴和句形变化轴,以及洛特曼运用其理论在诗歌研究方面的成就。

《文艺理论研究》1995年第4期刊登了王坤翻译的洛特曼的《艺术文本的结构》的第二章,并自定题目为"艺术文本的意义及其产生与确定"。这其实反映了译者对该文的理解:洛特曼探讨的是艺术文本的意义何在,怎样产生,怎样确定。确实,作为符号学家的洛特曼并不是不关心意义,洛特曼认为"以研究符号为其动因的方法是不可能忽视意义的","正是符号和符号系统的概

---

① 1997年项目:《洛特曼及其艺术符号学研究》,张杰,南京师范大学;2001年项目:《洛特曼符号学理论的研究》,白春仁,北京外国语大学。

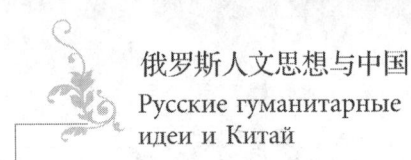

念才和意义问题密切地联结在一起",那种认为"对文学作品的结构研究、符号学研究会忽视其内容、意义、社会学价值、伦理学价值"是以"误解为基础的"。将这样一种符号学引入我国文论界,为我们寻求"意义"打开了又一个视界。该译文的前面还简要介绍了洛特曼的生平,并提及了他的其他著作如《结构主义诗学讲义》(1964)、《文化类型学论文集》(第一册,1970;第二册,1973)、《电影符号学和电影美学问题》(1973)、《诗歌文本分析·诗歌结构》(1972),为我国进一步研究洛特曼提供了线索。

在1999年出版的《苏联文艺学学派》一书中,孙静云撰写了"洛特曼的结构文艺学"专章。在充分利用所掌握的大量材料的基础上,作者对洛特曼的结构文艺学理论、产生的哲学和历史渊源作了严谨而又深入的研究,是我国洛特曼理论研究的重要成果。

洛特曼不仅是结构诗学理论研究者,而且把自己的理论大量运用于文学作品的研究。对他的具体文本研究,我国学者也给予了重视。洛特曼的理论探索与对普希金作品的研究密不可分,他选取《叶甫盖尼·奥涅金》作为重点研究的对象,大胆地对已经固定下来的有关该作品的各种看法进行了重新的考察,提出了一系列独到而有价值的观点。我国研究者就洛特曼对《叶甫盖尼·奥涅金》的文本研究,从不同层面进行了再分析。《试析洛特曼对〈叶甫盖尼·奥涅金〉的研究》一文[①]旨在认识洛特曼的理论对具体文学体裁和作品分析的指导意义,了解洛特曼把形式主义批评与社会历史批评相结合以探索文学研究和批评的新途径。《结构与效果:艺术的复杂性与生活的本然性》[②]一文详细分析了洛特曼对《叶甫盖尼·奥涅金》的本文建构特征。《叙事文本的"间离":陌生化与生活化之间》[③]则从叙事文本的"间离"效果的角度探讨了洛特曼的《叶甫盖尼·奥涅金》研究。

2002年第1期《外语学刊》刊登的《莫斯科—塔尔图符号学派》提供了该学派产生的详细史料,并简述了它的研究方向和宗旨、主要学术思想、对俄语学乃至世界语言学产生的影响。穆馨的《洛特曼的生活和创作》一文[④]对洛特

---

① 康澄:《外国文学研究》,2002年第4期。
② 康澄:《俄罗斯文艺》,2003年第1期。
③ 张杰、康澄:《外国文学研究》,2003年第6期。
④ 《洛特曼的生活和创作》是黑龙江省教育厅资助的"洛特曼结构诗学和文艺符号学研究"项目的研究成果,《齐齐哈尔大学学报》,2003年7月。

曼的生活和创作作了详细考察。这些史料性研究都为国内学界深入了解和把握洛特曼理论提供了条件。2002年4月南京师范大学通过了一篇硕士学位论文《洛特曼的结构文艺符号学研究》。这篇文章将洛特曼的结构文艺符号学置于俄罗斯和西方文艺理论发展的坐标系中,在细读《结构诗学讲义》和《艺术文本的结构》等主要理论论著的基础上,以他对艺术语言这个重要问题的重新认识为切入点,对其理论内核进行了阐释和分析。这表明了我国青年学子对洛特曼理论的关注。

随着对洛特曼文艺符号学研究的深入,研究者还关注到了洛特曼关于文艺符号接受问题的理论思想。《符号学研究中的接受与认知问题》[①]一文就是从洛特曼的艺术符号学研究中的几个常见问题——作者/文本/读者间创作与接受的关系、文本的内在结构与外部联系的依赖关系、文本接受的审美机制——出发,探讨了洛特曼的艺术符号接受美学的理论成果。2004年第2期《当代语言学》发表的《俄罗斯符号学研究的历史流变》则是在考察整个俄罗斯符号学的历史流变当中,探讨了洛特曼的语言符号学及文学文本理论,以及后洛特曼时期俄罗斯学界对其理论的研究。

2. 文化符号学

洛特曼的研究领域并不局限于结构诗学,他的研究视野经历了从结构诗学到更广阔的文化符号学的过渡,涉及到文化、历史、哲学等更广意义上的符号领域。他的每一步研究都伴随着对宏观文化范畴的深刻思考。可以说,洛特曼晚期的广泛的文化符号学研究正是从早期的结构诗学发展起来的。我国学者随着对洛特曼理论思想研究的不断加深,从90年代中期起也开始关注到其文化符号学理论,并展开了梳理与探讨。

《外国文学评论》1996年第3期发表的徐贲《尤里·洛特曼的电影符号学和曼纽埃尔·普伊格的〈蜘蛛女之吻〉》研究了洛特曼的电影符号学。作者认为"由于深受苏联批评家巴赫金的影响,在洛特曼的电影符号学里,我们发现他对结构分析的兴趣其实远不如他对社会和文化的意义的关切来得浓厚,因此他的一些主要见解也就体现为对意义的本质、产生和转换的条件和形式等方面的阐述。洛特曼的符号学把对语言功能的分析和研究扩展到对语言和表述的社会文化意义的分析,加强了功能分析和文化批评这二者间的联系,使得

---

① 赵晓彬:《外语学刊》,2004年第2期。

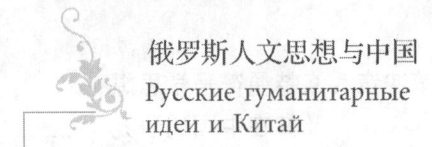

符号学研究从纯技术性的操作分析中解脱出来,并进一步成为对社会观点和行为的批判分析"。文章运用洛特曼电影符号学涉及的个别见解,借以说明社会文化行为符号的几个基本特征;并以此为理论依据,深入分析了电影《蜘蛛女之吻》的社会文化行为符号意义。

1999年,《理论符号学导论》①一书在"苏联文化符号学:文化和思想形式研究"一章对洛特曼的文化符号学给予了评介。2002年,文章《洛特曼文化符号学思想发展概述》②除对洛特曼理论的研究方法、对象、方向、理论依据进行论述之外,对洛特曼的文化符号学思想给予了详细介绍,涉及了许多洛特曼文化符号学理论的著作,如《论俄罗斯中世纪文本中的地理空间》(1965)、《基辅时期世俗文本中"荣誉—光荣"的对立》(1967)、《论文化机制中"羞耻"与"恐惧"的符号意义》(1970)、《普希金的长诗〈安杰罗〉的思想结构》(1973)、《思维世界》(1990年英文版,1999年俄文版)等,拓宽了我国对洛特曼的研究范围。《洛特曼文化符号学理论的演变与发展》③一文简略地论述了洛特曼的早期结构诗学研究之后,重点论述了洛特曼晚期符号学理论的演变与发展。作者指出,洛特曼的后期学术著作涉及文学研究、艺术学研究、历史学研究(从对法国革命到俄国若干世纪的历史问题的关注等),但所有这些研究都提到文化问题和符号学理论,涵盖范围十分广泛,从对18~19世纪的文化的具体研究到具有概括性的宏观文化符号学研究。作者认为,最能反映洛特曼晚期文化符号学理论的代表著作就是《在意义世界里》(1990,1996),《文化与断裂》(1992)以及包含前两部内容的合订本《符号场》(2000)等。文章对前两部著作的主要理论精髓,诸如"二元系统"与"非对称"问题、"符号场"问题、"对话机制"问题、"界限"问题、艺术"情节"问题、"象征"问题、部分与整体问题、文化与断裂问题(关于"断裂"概念、"三元系统"问题、死亡论说)等进行了简明的阐述,以此探讨了洛特曼晚期文化符号学理论的演变和发展。

2004年第3期《中国俄语教学》发表的《文化 文本 认知——洛特曼符号学中的文化与人工智能问题》主要关注洛特曼符号研究中的文化与人工智能问题,具体着眼于他对文化与文本、智能类型和结构、思维结构、意识与智能、人脑结构与语言转换、元语言与文本认知等问题的研究,打开了洛特曼文化符

---

① 李幼蒸:《理论符号学导论》,社会科学文献出版社1999年版。
② 李肃:《解放军外国语学院学报》,2002年第2期。
③ 《外国语》,2003年第1期。

号学的又一领域。

总的来讲,国内对洛特曼的文化符号学的研究还处在起步阶段,即便是在当下文化研究热的背景下,这一理论的价值也还没有得到充分的认识和运用,对我国的文化研究也还没有产生足够的影响,至于借鉴其理论来解决我们文化研究中的问题,还有待继续努力。

3. 洛特曼的符号学与相邻理论的关系

洛特曼的早期理论主要是结构诗学,是在我国结构主义引进的大潮中被认识的,但洛特曼的理论与兴起与法国的结构主义是否相同? 是否是同一思想脉络? 其独特的理论价值何在? 与法国结构主义的关系如何? 洛特曼的理论与本国的形式主义文论、巴赫金的诗学关系如何? 我国研究者对这些问题也进行了思考。

黄玫的文章《洛特曼的结构主义诗学观》[①]将洛特曼定位为"俄国结构主义"的领袖人物,并强调指出,之所以命名为"俄国结构主义","是因为它与60年代法国兴起继而席卷整个欧洲和美国的结构主义思潮不尽相同,是比较具有俄国特色的结构文化研究方法。""欧美的结构主义所强调的是封闭的文本结构,其主要来源是索绪尔的结构主义语言学、俄国形式主义以及布拉格小组和雅各布逊的结构思想。"而"洛特曼反对将形式主义视为其结构主义的重要来源,更反对将形式主义和结构主义混为一谈。他认为,俄国结构主义的思想来源不仅有形式主义,而且也包括与其对立的学派。洛特曼将巴赫金、普洛普、古科夫斯基、利哈乔夫、基皮乌斯、别雷等人的思想和著作也列为结构主义的来源,指出结构主义与形式主义的区别是:形式主义只研究文本的结构,而结构主义研究更广泛的结构,包括文本以外的文化、时代、国家、历史等等"。因此,作者认为,洛特曼自称的"结构符号文艺学"更能概括其诗学特点。"洛特曼的诗学是建构在信息交际理论基础上,对洛特曼而言,文学篇章是符号交际系统中两种交际模式之一的代表。"作者以洛特曼的重要著作《文学篇章的结构》为依据,深入研究了洛特曼建构在信息交际理论基础上的文学篇章的结构理论,认为洛特曼关于诗篇结构原则的思想是对雅各布逊诗功能原理的继承和发展。但洛特曼更为关注的是诗歌的语义问题。他探讨诗歌结构的出发点是:篇幅短小的诗何以会有如此丰富的信息? 所以,在洛特曼的研究中结

---

① 《中国俄语教学》,2000年第1期。

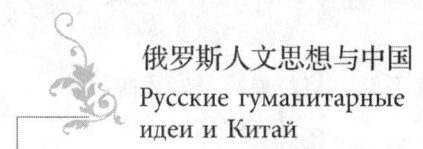

构层次和结构方式语义变化的关系得到更多的关注,篇章外的因素也纳入了研究视野。作者的研究使读者初步明晰了洛特曼的理论思想与法国结构主义、俄国形式主义及其他学派的关系,注意到了洛特曼的信息交际理论的研究视角,正是这一视角使洛特曼的理论有可能成为更具宽容性和兼容性的文化理论。

进入新世纪,"塔尔图学派"理论对于我国学术界来说已不陌生,然而这种研究主要集中在该学派创始人洛特曼的身上,而对该学派的另一位领袖式人物鲍里斯·安德烈耶维奇·乌斯宾斯基则研究较少,更缺乏对他们之间的比较研究,对该学派理论与西方结构主义符号学的关系也涉猎很少。2000年,张杰的《走向体系研究的艺术符号学与文化符号学——塔尔图莫斯科符号学理论探索》[1]一文,主要对以洛特曼为首的塔尔图艺术符号学派与以鲍·安·乌斯宾斯基为代表的莫斯科文化符号学派进行了较为深入的比较,并在此基础上比较了塔尔图—莫斯科符号学理论与西方结构主义符号学理论的区别,进而指出塔尔图—莫斯科符号学派在诗学探索与文化追溯方面所取得的成就,挖掘了该理论学派在研究方法上的创新。该文显示出我国对洛特曼的研究已经涉及其周边的学术语境。

2002年,张杰的文章《符号学王国的构建:语言的超越与超越的语言——巴赫金与洛特曼的符号学理论研究》[2],探讨了构成苏联符号学王国的两根重要理论支柱"巴赫金的社会符号学"和"洛特曼的结构文艺符号学"间的关系。作者认为,我国学界对他们的关注主要是对他们理论的分别研究,尚未比较他们之间的理论特色和方法论特征。因此作者从比较两者的研究方法出发,探索他们如何从语言学和超语言学的不同途径,共同走向社会文化系统研究;揭示他们怎样打破二元对立的思维模式,构建多元共生的批评模式,从而指出他们对符号学乃至整个人文社会科学研究的贡献。需要指出的是,该文对洛特曼及其领导的塔尔图符号学派由结构文艺符号学向社会文化符号学的转向也给予了较为详细的论述。我们注意到洛特曼把艺术符号系统看做是一种与科学模式、道德模式、宗教模式、哲学模式、游戏模式等并存共生的独特模式进行考察,正是这一文化转向使得洛特曼的符号学理论更具理论活力,也使得该学

---

[1]《外国语》,2000年第6期。
[2]《南京师大学报》,2002年第4期。

派产生出丰厚的研究成果。如:乌斯宾斯基选集《历史符号学 文化符号学》(第1卷)、《语言与文化》(第2卷)、乌斯宾斯基的《俄罗斯文学语言史概要(11—19世纪)》、托波罗夫的《俄罗斯宗教文化中的神秘性和圣徒》、雅可夫列娃的《世界的俄罗斯语言图画片断(空间、时间和接受模式)》等。

另外,赵晓彬的文章《洛特曼与巴赫金》[①]也对两位大师的理论进行了对比。不过,作者的比较视角是两者在世界观(主要是宗教和哲学思想)和符号学理论(主要是符号学研究中较为典型的"时空"论和"对话"论两个方面)研究上的差别,探讨洛特曼符号学派对巴赫金理论的继承和发展,以及洛特曼与巴赫金的相通性。文章强调"对话理论"也是洛特曼在研究中常常涉及到的一个问题,在他的《在思维世界里》一书中辟专章讨论"对话的机制"。洛特曼认为巴赫金的"对话"概念是宏观的、不确定的,有时甚至是隐喻性的。洛特曼从符号学角度给"对话"下的定义是:这是一种对新的、在对话关系之前尚未有的信息的加工机制。"对话"意味着对称,对称首先是通过对话参与者之间的(语言)符号构造之别来表示,其次是通过交际的轮流指向来实现。洛特曼强调,"对话理论"是莫斯科—塔尔图学派的基本原则,是一种文化以两种或两种以上的语言相互补充的必然规律,该对话原则是由两种或两种以上的语言和代码所构成的对话交际。这样,洛特曼就从符号学范畴强调了对话的动态过程。他的新的"对话"定义也是根据这个动态公设(即新的信息产生过程)而获得动态性质的。所以,洛特曼符号学的意义并不在于对信息进行准确的、机械的变更,而在于形成不断参与对话的新的信息。他在阐释文化的符号特性时,尤其强调了文化符号系统始终处在运动状态这个特征,认为变化是文化符号存在的规律。洛特曼关于"对话"的阐释,表明了莫斯科—塔尔图学派对巴赫金对话思想的继承和发展。

4. 洛特曼的符号学在西方文论史上的意义

洛特曼的符号学在西方文论史上具有重大意义。1994年第6期《文学评论》上发表王一川的文章《从理性中心到语言中心》,作者注意到20世纪语言成为种种诗学流派共同关注的中心。作者不仅尝试从哲学、语言学、诗学、意识形态冲突和物质生产等方面,综合阐明语言怎样取代理性而成为20世纪诗学中心,而且对20世纪西方语言论诗学的几种主要模式(无意识语言模式、

[①]《外国文学评论》,2003年第1期。

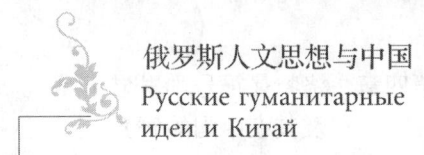

象征模式、阐释模式、符号学模式、文化模式)进行了分析。作者指出,符号学家洛特曼、克里丝蒂娃及其他学者看到了无意识语言模式、象征模式、阐释模式、符号学模式诸种语言论诗学模式各自的局限,转而倾向于把语言问题放到更大的文化视界上作综合研究,建立文学的文化阐释模式。作者认为,文化模式虽然仍以语言问题为中心,但把语言问题视为更大和更为复杂的文化问题。20世纪语言论诗学进展到文化模式,既表明了早期单纯倚重语言学模型的偏颇,又展示了走出语言学而进入更宽阔的文化视界的必要性和实际努力。这是从宏观上对洛特曼等人的符号文化学研究给予了肯定的评价。

洛特曼的符号学在美学及艺术独立论的发展史中也具有重要意义,王坤先后三次撰文从不同的角度论述了这一意义。他在2002年第6期《中山大学学报》(社科版)上发表的《西方现代美学与艺术独立理论》一文,论述了西方现代美学的发展线索:从黑格尔美学体系中的哲学取代艺术,到克罗齐的"度的理论"对艺术的独立地位的确立,最后到洛特曼将生物学理论引入美学研究,把艺术当做独立的生命存在,并提出"美就是信息",艺术独立问题由此得到彻底解决。作者由此高度评价了洛特曼的理论思想在艺术独立论上的重要意义。作者认为洛特曼将艺术独立理论发展到一个全新的高度,从而结束了一个漫长的过程,并为新阶段提供了良好的开端。作者的另一篇文章《西方现代美学的终结——塔尔图学派与洛特曼美学思想的价值与意义》[1]指出,艺术从属论与艺术独立论,是西方古典美学与现代美学各自的主要标记之一,现代美学中的外部研究与内部研究之间的鸿沟即由此而来。洛特曼的"美就是信息"的美学思想,通过"外文本"和"文化链"的形式,将艺术与外部世界紧密地连在一起,从而既真正解决了艺术独立问题,又成功填平了外部研究与内部研究之间的鸿沟。西方美学上自古希腊以来就一直存在的艺术与哲学之间的争论,从此告一段落。这也正是西方后现代美学文化转向的内在原因。2003年作者发表的《现代中西方文艺理论学科基点研究》[2]一文,从西方现代文艺理论学科基点的角度,再次阐述了洛特曼以生物学理论和"外文本"概念为基石的"美就是信息"的理论,形成了成熟的独立型的文艺理论学科的基点。文章高度评价洛特曼,称其为"文艺研究中的哥白尼"。

---

[1] 《北京科技大学学报(社科版)》,2003年第1期。
[2] 《学术研究》,2003年第5期。

5. 洛特曼的符号学在俄罗斯本土状况

2000年,周启超发表于《外国文学评论》第4期的《"塔尔图学派"备受青睐》是作者再一次对"塔尔图学派"在当代俄罗斯及国际学术界的状况给予的关注。作者介绍了俄罗斯学术界对洛特曼的理论遗产加以整理和研究所进行的工作;还介绍了国际学术界对洛特曼的研究状况。文章显示了我国学者关注洛特曼研究的视野进一步扩大。

2002年第4期《新疆大学学报》(社科版)发表的周启超的文章《"解构"与"建构","开放"与"恪守"》探讨的是苏联解体以来俄罗斯文论的建设状况。作者指出,苏联解体以来俄罗斯文论的建设是承继了50—60年代解冻时期始有的开放氛围。洛特曼的《结构诗学讲稿》(1964),以及巴赫金和莉·金兹堡等人的著作的面世,标志着俄罗斯文艺学界开始从社会学反映论单一的框架中走出来,进入多声部自由争鸣、多取向并存共生的新格局。而最近10年里,俄罗斯文论建设正承受结构性调整,首先是"兼容并蓄"本土富于理论原创性但探索取向大相径庭的大学者(其中也包括洛特曼)的理论资源。1993年以后,"塔尔图学派"成为历史。彼得堡、莫斯科有多家出版社竞相推出洛特曼文集。彼得堡的艺术出版社目前已出版七大卷。彼·尼古拉耶夫编写的莫斯科大学语文系1996年度《文艺学引论》课程教学大纲列出的"选读书目"中尤·洛特曼、鲍·乌斯宾斯基、米·加斯帕罗夫的著作已跻身其中。

吴晓都的《新俄国文论的走向概评——兼论文化诗学的基础构建》①是另一篇研究新俄罗斯文论的文章。作者指出,新俄罗斯复兴以来,文论界的文化学研究十分盛行,对传统文艺理论的冲击非常明显。一方面文艺学研究领域大量引进欧美当代新潮文艺理论,深入研究,展开对话;另一方面,继续发掘俄罗斯本民族历史文化的精髓,从俄罗斯民族文化中汲取理论养分,刻意突出俄罗斯文论经典大师的诗学观念及其对世界文艺理论和文化学的影响与贡献,其中就包括洛特曼。作者还特别指出,巴赫金"文化诗学"的诞生使苏联"塔尔图—莫斯科学派"奠基人洛特曼的符号学上升到"文化诗学"的高度,而洛特曼超越结构主义的"结构诗学"对美国的"新历史主义"文论产生了间接的影响。这些都说明洛特曼及"塔尔图学派"的理论在其本土已经成为俄罗斯

---

① 吴晓都:《学习与探索》,2004年第2期。

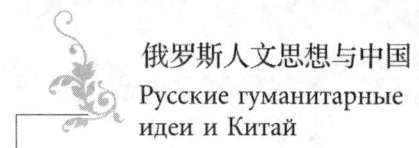

文论建设的重要资源之一。

2003年3期《俄罗斯文艺》发表了王希悦、赵晓彬翻译的 М. Л. 加斯帕罗夫的文章《苏联60至90年代的结构主义诗学研究——关于洛特曼的〈诗歌文本的分析〉一书》。文章指出了洛特曼诗歌文本分析的四个有别于其他结构主义试验的显著特点:结构性、动态性、历史性、科学性。另外,塔尔马钦科与金元浦"关于'俄罗斯当代文艺理论与中国文论研究'的对话"[①]中也涉及了一些洛特曼的理论在俄罗斯本土的状况。

这些研究为中国学界了解洛特曼在俄罗斯国内的影响与贡献提供了十分有用的材料。

6. 我国学界对洛特曼理论资源的运用

孙静云是我国较早研究洛特曼理论的学者,早在1994年就成功地运用洛特曼的诗学分析方法分析了高尔基的小说《忏悔》。[②] 该小说问世近一个世纪以来,无论是在俄罗斯还是在我国,一直褒贬不一,而且认为小说为失败之作者居多。孙静云通过对《忏悔》的艺术本文结构的具体分析,还作品以本来的艺术面目,使小说中"人性复活"的主题得到正确评价,确认了该部小说在高尔基创作中的地位。之所以说作者是运用了洛特曼的诗学理论,是因为在整篇分析文章中处处可见洛特曼的诗学分析框架。作者首先讲"探讨艺术本文各层次的关系有助于把握作品的实质与特色",接着作者又从以下几个方面进行了分析:(1)"小说的头尾形成一种对立关系";(2)"《忏悔》艺术本文的空间模式在小说情节的发展过程中实现了由横向模式向纵向空间模式的转换";(3)小说"空间模式的封闭性和开放性";(4)"单式与复式艺术空间视角"的分析;(5)"小说的情节与艺术空间的关系"——"小说《忏悔》属于那种概率小(含信息量大)、情节性高的艺术本文类型","小说的片段情节对无情节本文的否定的二元反向关系";(6)小说展现的群像"是本文结构功能的横向运动","各层次之间的关系根据基本结构对比的排列而变动","小说的活动主人公同其周围的语义场之间处于一定的关系系统之中";(7)小说的两条线索构成了"小说的两个主要系统的对立、交错与转换,形成了带有不同子系统的统一结构";(8)小说中人物处于不同的空间层次时形成鲜明的对照关

---

① 人大复印资料《文艺理论》,2004年第12期。
② 孙静云:《高尔基的小说〈忏悔〉艺术本文结构分析》,《国外文学》1994年第2期。

系，从而成为其性格构成。透过这些分析可知，作者对于洛特曼的结构诗学分析娴熟于心、运用自如。

另外，谭学纯、唐跃的文章《小说语言体验的五种》①从修辞学、符号学、结构主义、解构主义和精神分析五个角度，描述五种不同类型的语言体验。其中从结构主义角度所作的描述主要是依据洛特曼对"模式系统行列中的艺术"的论述。还有班澜的《诗歌语言的张力建构》②一文运用尤里·洛特曼等人的理论探讨了诗歌之为诗歌的原因。

除此之外，我国学者在对加缪的研究，对布尔加科夫艺术世界的结构探讨，对雅各布逊和他的语言诗学的考察，对普希金的研究，以及在论海德格尔、论勃洛茨基、论巴赫金及翻译学的研究，叙事学"篇章"概念阐释中，都有大量对洛特曼理论的运用，显示了洛特曼理论对我国文学和文论研究的影响，也显示着我国对洛特曼理论的接受与研究已经达到了一定的高度。

不过，纵观洛特曼理论在我国的接受与研究的全貌，其理论著作的翻译显然还远远不足，翻译的质量也有待提高。特别是同一著作的翻译，译名与内容的翻译不同（包括一些细节问题，如某一著作的出版时间等，在国内不同学者那里往往有不同的说法）给接受者造成极大的不便和理解上的偏差。国内对洛特曼的文艺符号学研究较为深入，而对其文化符号学的研究则处于起步阶段。我们期待学界更全面更深入地研究洛特曼的理论，以促进和繁荣我们的文化事业。

---

① 《南方文坛》，1995 年第 2 期。
② 《内蒙古社会科学(汉文版)》，1999 年第 1 期。

下编

Раздел 2

第五章　俄苏文学传播中的中国现代期刊

文学的传播离不开媒介。媒介的性质和特点，也会对文学的跨国传播产生重大的影响。在20世纪大部分时期里，最为重要的媒介是报纸和期刊，尤其是期刊，在俄苏文学向中国的传播中扮演了非常重要的角色。本文将要探讨的，就是中国现代除俄苏文学译介专刊以外的重要期刊在传播俄苏文学中所起的作用，研究这些期刊的政治倾向、编辑方针如何影响到对译介对象的选择，并通过栏目的设置等影响到了俄苏文学在中国的传播。我们可以通过中国现代期刊关注俄苏文学的重点转移和态度变化，观察中国文学成长和发展的历程，从而更充分地理解中国文学所选择的道路。

第一节　《新青年》与俄苏文化译介

胡适曾在其主编的《努力周报》上发表《与高一涵等四位的信》，这样评价《新青年》："二十五年来，只有三个杂志可代表三个时代，可以说是创造了三个新时代：一是《时务报》；一是《新民丛报》；一是《新青年》。而《民报》与《甲寅》还算不上。"[1]如果说《时务报》代表与创造了戊戌变法的时代，《新民丛报》代表与创造了辛亥革命的时代，那么《新青年》就代表与创造了五四时代。《新青年》这种"创造一个时代"的特殊荣耀，是与其卓越的翻译研究工作不可分离的。五四时期，《新青年》作为一份文化期刊，在文化的译介与文学的翻

---

[1] 胡适：《给〈努力周报〉编辑部的信》，1923年10月21日《努力周报》第75期。

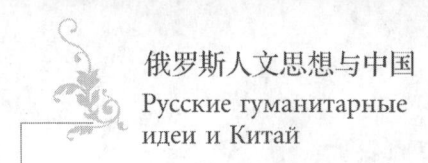

译方面,都处于高屋建瓴的地位,而这种介绍与翻译,事实上又为当时中国的价值重建,包括文学观念的革新与发展,提供了知识背景。可以说,《新青年》是在文化的革新中推动了文学革命的进程。因此,它十分重视对俄苏社会文化的译介,并且随着革命形势的发展,最终走向对纯粹的马克思主义及无产阶级革命文化的介绍。它发表的众多非文学的翻译作品,对于文学革命的探讨、启示之功,甚至超过文学作品本身。从某种意义上说,文学革命首先是文化与思想上的革新,在文化与思想的遮蔽式影响之下,文学实践才逐渐启程。

一、栏目设置与翻译

《新青年》创刊于1915年9月,初名《青年杂志》,出至第1卷6号后休刊半年,同年9月1日复刊,从第2卷1号起更名《新青年》。于1918年1月出4卷1号,开始了编辑集议制时期,1919年1月改行轮流主编制。1919年底陈独秀出狱后,《新青年》政治色彩逐渐浓厚,自7卷6号开始,已经鲜见胡适等人的影子,自8卷1号开始,则成为上海共产主义小组的机关刊物,设立了俄罗斯研究专栏,至1922年7月9卷6号休刊。1923年6月之后改出季刊与不定期刊,成为中国共产党中央委员会主办的理论刊物。作为一份现代期刊,《新青年》在翻译方面贡献很大,在推进中国现代性进程方面也为当时其他期刊所难以企及。俄罗斯的经济、政治、社会、文化,包括文学的种种状况,是当时的中国求之若渴的异域资源,自然也成为《新青年》译介的主要对象。从创刊到9卷6号,《新青年》前后设置了"国内大事记"、"国外大事记"、"通信"、"世界说苑"、"剧"、"诗歌"、"女子问题"、"附记"、"译诗"、"讨论"、"马克思研究"、"俄罗斯研究"、"选录"、"注音字母讨论"、"文学评论"、"读者论坛"、"随感录"、"书报介绍"、"社会调查"、"小说"等二十多个栏目,其中直接涉及俄罗斯文化译介的有"国外大事记"、"国内大事记"、"译诗"、"剧"、"马克思研究"、"俄罗斯研究"、"选录"、"随感录"等栏目,间接关涉俄罗斯文化的栏目则更多。一份栏目的清单,已可以反映《新青年》译介俄罗斯的重点以及译介的方式。

《新青年》栏目中专门翻译俄苏文学作品的并不多,但是译介的成绩不容小觑。"剧"、"译诗"、"小说"等栏目专门翻译外国的文学作品,其中俄苏文学占了很大比重,这为刚刚起步的新文学搭建了接触俄罗斯文学的桥梁。此外,"译者按"与"翻译附识"也是引人注目的亮点。《青年杂志》1915年9月

15 日出版的创刊号上,发表了陈嘏翻译的屠格涅夫的《春潮》,作品后面就写了"译者按",说"屠尔格涅甫氏乃俄国近代杰出之文豪也。其隆名与托尔斯泰相颉颃。……著作亡虑数十百种,咸为欧美人所宝贵。称欧洲近代思想与文学者,无不及屠尔格涅甫之名,其文章乃咀嚼近代矛盾之文明,而扬其反抗之声音也。此篇为其短篇中之佳作,崇尚人格,描写纯爱,意精词赅,两臻其极,各国皆有译本"①。《新青年》第 6 卷第 1 号发表了周作人翻译的梭罗古勃的《铁圈》,并写有"附识",以比较文学的眼光,既介绍了作家作品,也阐述了译者的文学观及美学思想。而他在翻译科罗连珂的《玛加尔的梦》后写道:"这篇里写自然的美与自然的残酷,人性的罪恶与人性的高贵,两面都到,是写实主义后的理想派文学的一篇代表作品,在这里面,悲剧喜剧已经分不清界限,便是诗与小说也几乎合而为一了。"②这可以说是对译作的价值做了画龙点睛式的评价。这类附志、译后,成为译者从事评论活动的重要方式,应当予以重视。以简赅的阐述来帮助读者深化对作品及作家精神本质的理解,这种做法可以说是新文学翻译家们的一个创举。

"俄罗斯研究"是《新青年》成为上海共产主义小组的机关刊物后所设立的专栏,是一个全面研究俄罗斯经济、政治、社会、文化等各方面情况的译介重地。自设立后就长期成为刊物的重头栏目,每一期的内容都纷繁丰富。从 8 卷 1 号到 9 卷 6 号共 12 期刊物中,"俄罗斯研究"出了 7 期,发表文章 35 篇,占该 12 期所译介的文章总数的近 70%。从文章的具体内容来看,这 35 篇文章涉及了俄罗斯政治、经济与社会生活的方方面面,几乎是对俄罗斯的全景式文化研究。无论就《新青年》的办刊宗旨还是栏目的社会效用而言,"俄罗斯研究"都不辱使命,且成为刊物在政治道路上策马狂奔的徵兆。后来的《新青年》季刊与不定期刊,其实就是一种扩大化与全盘化的"俄罗斯研究"——那上面再也没有前期与中期时候俄苏文艺作品的影踪,反倒是一心一意介绍与研究苏联的社会主义运动一类政治问题去了。

无独有偶,在"俄罗斯研究"之外,《新青年》还有"国内大事记"、"国外大事记"、"选录"等栏目担负过类似的译介任务。如果说"俄罗斯研究"还是后期栏目的话,那么"国内大事记"与"国外大事记"则是从创刊以来就开设的重

---

① 屠格涅夫:《春潮·译者按》,陈嘏译,1915 年 9 月 15 日《青年杂志》创刊号。
② 科罗连珂:《玛加尔的梦》,周作人译,1920 年 9 月 1 日《新青年》第 8 卷 2 号。

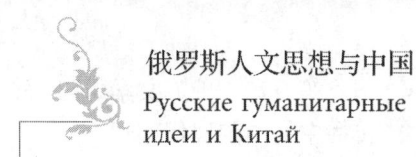

要栏目。如1卷2号的"国内大事记"登载了署名"记者"的《中俄之交涉种种》,2卷1号"国外大事记"登载的《俄议会开会》、2号的《苏教育会提倡少年团》、3卷2号的《俄罗斯新政府之设施》等等,从它们的介绍兴趣来看,后期的"俄罗斯研究"几乎是与之一脉相承的,只不过"俄罗斯研究"专事研究俄国之事罢了。在这些主要栏目以外,还有一些补充性质的栏目,比如"选录"栏目,同样涉及到俄苏文学的译介,比如9卷6号选录于《觉悟》的《俄罗斯革命和唯物史观》一文,但是这毕竟只是前面那些拳头栏目之外的有益补充与点缀,就分量及意义而言,是难以与前者相提并论的。

还有一些栏目,如"随感录"与"通信"等,以一种特殊的文体形式,履行着译介、研究俄罗斯文学的职责。陈平原在《〈读书〉的文体》一文中曾经谈到:"对于报刊来说,'文体'的重要性,一点不亚于'内容'或'立场'。因为找到恰当的对象(故事或论题)不容易,找到恰当的文体更难——对于社会的影响,后者或许更长远。"[1]他在《"妙手"如何"著文章"——为〈新青年〉创刊九十周年而作》一文中,就认为"随感录"是一种"兼及政治与文学、痛快淋漓、寸铁杀人的文体,充分凸显了五四新文化人的一贯追求——政治表述的文学化"[2]。"随感录"栏目本来主要是陈独秀、鲁迅、钱玄同等知识分子关注生活、表达见解的场域,全部"随感录"中有将近百则由他们三人所作,他们对社会生活的关注各有不同,内容上处于多元并存的阶段。但从第7卷开始,"随感录"栏目色彩逐渐明晰,语调逐渐统一,比如《随感录八十五·俄国的精神》、《随感录九十三·劳动者的知识从哪里来?》等,政治意识尤其是马克思主义倾向逐渐明朗起来。这与当时中国知识分子的思想变化息息相关。五四运动的兴起使他们开始认识到,西方列强所谓的普遍人权,不过是一种骗局,这种观念的变化投射到思想文化领域,直接引起"救亡"压倒"启蒙"的思潮勃兴,并促成一部分知识分子开始由自由主义转向,逐渐了解和亲近马克思主义。可以说,"随感录"政治意识的增加,直接宣示了《新青年》某种转变的开始。与此极为类似的是"通信"栏目。在创刊伊始,该栏目主要是"质析疑难发舒意见之用",凡是大众来函,陈独秀是知无不言、言无不尽地予以答复,可惜这种状况并不持久,在《新青年》进入北大同人集议制之后,"通信"栏目就逐渐

---

[1]《南方周末》2006年2月16日,第27版。
[2] 陈平原:《"妙手"如何"著文章"——为〈新青年〉创刊九十周年而作》,《同舟共进》2005年第5期,第41页。

变成编辑同人们登载私函、对谈阔论的私家花园,启蒙者们或者列出阵营,攻防交错,或者激烈论述,混做一团,而外面的来信,则常常随便打发过去。从第7卷开始,这种精英化的栏目开始走向萎缩,先后有8期没有设置"通信",数量大不如前,复信率持续走低,作为一个栏目而存在的"通信"已经注定了飘零之势。与此同时,另一个对读者开放的讨论栏目"读者论坛"也被取消。而对俄苏文化的译介则成为一时风尚,很多栏目变成陈独秀与党内同志探讨马列主义、关注俄苏情况的专栏。胡适在目睹《新青年》的走势与栏目的变迁后,曾写信给李大钊、鲁迅、钱玄同、陶孟和等八人,慨叹《新青年》差不多已成了 Soviet Russia(苏俄)的汉译本了。

二、俄苏问题的译介及意义

《新青年》对俄苏问题的研究,是接受俄苏文化的重要组成部分,成为俄苏文学能够影响中国新文学的一种基础。相对于俄国文学作品的翻译来说,《新青年》的俄苏问题研究占据了相当大的比重,经笔者统计,共有18个大的问题研究涉及俄罗斯,且译介成绩较为显著。其中10大类(除文学作品外)如下表:

表 5.1 《新青年》问题译介情况表

名称	篇目	备注
俄国革命	61 篇	
马列专题	38 篇	含马克思研究 18 篇
共产国际	13 篇	
哲学专题	9 篇	
人物传记	8 篇	
中国革命	7 篇	
世界革命	6 篇	
民族问题	5 篇	
劳工运动	5 篇	
农民运动	5 篇	
文学作品	20 篇	

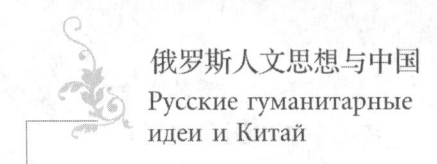

此外，有妇女运动问题3篇，政党问题、中俄外交问题、国际关系问题、经济问题各2篇，社会科学、中国政治、青年运动各1篇（上表所列的文章是指涉及俄苏国情、文化的介绍文章或者为俄苏作家所撰的文章）。表中另列出翻译俄苏文学作品的数量，是为了与俄苏问题的译介情况相比较。可以看出，相对于屈指可数的文学文艺作品译介而言，《新青年》对俄苏问题的研究、译介真有满天飞舞之势。

然而，对这些问题的译介仅仅只是单纯的学理研究，还是在研究的面目之下隐藏着更深的苦衷呢？先来看看《新青年》所涉及的一些其他问题，这些问题有"新银行问题"、"人口专号问题"、"孔教问题"、"文字改革问题"、"文学改良问题"、"女子贞节问题"等等，看上去还算是比较纯粹的问题研究。但是此后发表的"俄罗斯革命与我国国民之觉悟"（3卷2号）、"今日中国之政治问题"（5卷1号）、"劳动节纪念专号"中的"劳工状况问题"（5卷6号）以及譬如"欧美劳动问题"、"工读互助团问题"、"俄国革命问题"、"马列专题"、"共产国际"、"劳工运动"问题等等，则显示出了不同的倾向——在看似有学理可循的问题研究之下，明显地涌动着一种关注劳工阶级与下层民众（无产阶级）的主义潜流。

事实上，从《新青年》创刊以来，"问题"与"主义"就颉颃顿挫，抑扬起伏，一直处于胶着状态。陈独秀在创刊伊始就抱有浓厚的政治情结，这种政治初衷使他在办刊路途上即便遭遇千难万险，也不仅没有丝毫的偃旗息鼓之意，反倒是增长了热战方酣的勇气。胡适则受到欧美学术思想的影响，偏重于对问题作学理的探究。两者比较而言，陈独秀秉承了晚清思想革命的民主意识，有着决绝的革命思想，这为他以后接受马克思主义，成为共产主义在中国的宣传人之一奠定了思想基础；胡适则借助于西方现代人文意识，走的是渐进改良的路子，谋求的是"中国的文艺复兴"。这种一开始就存在的根本分歧为日后的"问题与主义"之争埋下了导火索。可以说，《新青年》中"主义"的宣讲只是囿于时局的束缚而暂时地以"问题"研究的面目出现，其实《新青年》一开始就在做着"谈主义"的铺垫工作。这样，我们就能理解，为什么《新青年》对于研究国内外的社会问题如此感兴趣，也明白了《新青年》偏重于研究俄罗斯问题、介绍俄国社会，并最终变成专门宣扬马克思主义与无产阶级文化思想的理论阵地的原因。

《新青年》第 7 卷后,出狱的陈独秀重整旗鼓,刊物就"色彩逐渐明朗起来",到 7 卷 6 号时,胡适等人在《新青年》已销声匿迹,唯能慨叹:"那个以鼓吹'文艺复兴'和'文学革命'为宗旨的《新青年》杂志,就逐渐变成个中国共产党的机关报;我们在北大之内反而没有个杂志可以发表文章了。"[①](但是,与《新青年》互相配合的另一份杂志《每周评论》,自第 26 期后却为胡适所掌控,成了胡适全面施展自己翻译理想的新阵地)此前的《新青年》,虽也提倡"马克思学说",宣扬"劳工神圣",可终究是将其局限在思想文化的层面,并隐藏于"问题"研究的外表之下。作为整体的杂志,它对各种主义仍是兼容并包的。而如今,潜隐变成公开,众声喧哗转为一枝独秀——对马列主义、无产阶级思想以及俄苏社会问题的介绍与研究,成了《新青年》的主要部分,占据压倒性的优势。返观《新青年》的俄苏问题译介之路,借用陈平原先生的话说,正是"政治表述的文学化"的最好体现。

然而《新青年》对于俄苏文学及社会文化的译介与研究,最终逸出了这种"政治表述的文学化"的框束,径直朝着更为根本、更为终极的目标——政治——绝尘而去,"文学化"的工具最终由于时局的变化和革命形势的高涨而遭到摒弃。《新青年》季刊与不定期刊改为瞿秋白编撰,成为研究与介绍马克思主义与苏联政治、经济政策的重要阵地,列宁与斯大林的讲话及文章频频发表,世界革命运动的浪潮被跟踪报道。《新青年》的这种译介取向,自然不脱其深厚的社会文化原因,同时也在思想文化、历史文化与社会政治等层面上对中国文坛乃至中国社会产生了深远的影响。

三、俄苏作品的译介及倾向

如果要考察《新青年》对俄苏文学作品的翻译成绩与倾向,那么首先就有必要了解,这份刊物对待文学作品是采取何种态度,换言之,就是文学作品在刊物所有作品中究竟占据什么样的比重。鉴于《新青年》季刊与不定期期刊刊登的文学作品少之又少,因此笔者把文学作品的统计范围锁定在 1 至 9 卷上。

---

① 唐德刚注释:《胡适口述自传》,安徽教育出版社 1999 年版,第 215 页。

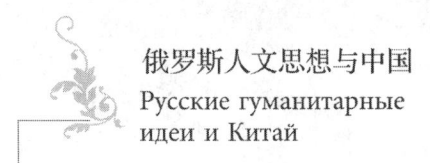

表 5.2 《新青年》文学作品与其他作品比率

卷 类	1卷	2卷	3卷	4卷	5卷	6卷	7卷	8卷	9卷	总计
文学作品	15	18	16	36	45	41	27	39	24	261
其他作品	76	69	69	61	88	110	104	136	99	812
文学所占比率	16%	21%	19%	37%	34%	27%	21%	22%	20%	24%

从表5.2可以看出，《新青年》登载的文学作品在作品总量中所占比率平均下来约为24%，其中前3卷的文学作品比率最低，占作品总数的比率不到20%，4卷到6卷的文学作品比率最高，约占33%，后3卷文学作品的比率又开始下降，平均比率为21%。这种比率的变化状况与4至6卷为北大同人集体编辑有直接的关系，此一时期的《新青年》受胡适等北大同人的影响较为显著，因此更为重视文学作品的翻译与创作。胡适等积极倡导白话文的使用与文学革命，自然需要大量的文学作品作为改革的辅证。而前3卷与后3卷的编辑重心都是落在陈独秀的身上，因此这两段时期的文学作品所占比率也大致持平，都在20%上下浮动。可以看出，陈独秀对待文学作品的态度其实是一以贯之：醉翁之意不在酒，文学并不是陈独秀追求的目标，他真正贯彻始终克力寻求的，乃是在相对于文学的另一面，即对社会政治问题的用力之上。

表 5.3 《新青年》文学作品翻译与创作比较表

卷 类	1卷	2卷	3卷	4卷	5卷	6卷	7卷	8卷	9卷	总计
创作数	3	8	11	28	29	30	16	29	14	168
翻译数	12	10	5	8	16	11	11	32	39	144
翻译比率	80%	56%	31%	22%	36%	27%	41%	52%	74%	46%

表5.3揭示了《新青年》刊登的文学作品中翻译与创作的对比关系。从总体来看，翻译与创作的比率接近持平。前后2卷的翻译比率较高，但是结合表5.2可以知道，该4卷的文学作品总量比率相对偏低；3卷到7卷的翻译比率较低，但是这些卷次的文学作品总量较高。因此就翻译文学作品在各个阶段的绝对数量而言，大体是保持了稳定的比率，没有出现大起大落。由此推测，《新青年》编辑群体对于翻译文学拥有较为稳定的认知。为了促成中国文

学的转型,也为了给文学革命提供优秀的文学范本,他们已经将翻译外国文学作品变成了一种持续的努力。在《新青年》前前后后翻译的近 30 个国家或者民族的文学作品中,昂然前居者是日本、俄国、英国、挪威与法国 5 个国家的文学译作。包括翻译的组诗在内,俄国文学译作共有 16 篇,此外还有文艺译作 3 篇。这些译作具体的卷次分布及译作者情况,统计如下表所示:

表 5.4 俄国文学作品翻译分析表

作者 \ 译者篇数	周作人	陈嘏	胡适	鲁迅	沈泽民	曹靖华
屠格涅夫		2①				
梭罗古勃	2②					
库普林	2③				1(9卷1号《快乐》)	
安德烈耶夫	1(7卷1号《齿痛》)					
托尔斯泰	1(5卷5号《空大鼓》)					
科罗连珂	1(8卷2号《玛加尔的梦——基督降生节的故事》)					
阿尔志跋绥夫				1(8卷4号《幸福》)		
契诃夫	1(6卷2号《可爱的人》)					1(季刊2期《狗熊》)
泰来夏甫			1(2卷1号《决斗》)			
爱罗先珂				1(9卷4号《狭的笼》)		
丹钦柯	1(7卷2号《摩诃末的家属》)					

---

① 指的是 1 卷 1 号至 4 号的《春潮》与 1 卷 5 号至 2 卷 2 号的《初恋》,皆为连载。
② 指的是 4 卷 3 号的《童子 Lin 之奇迹》和 6 卷 1 号的《铁圈》。
③ 指的是 4 卷 4 号的《皇帝的公园》和 7 卷 5 号的《晚间的来客》。

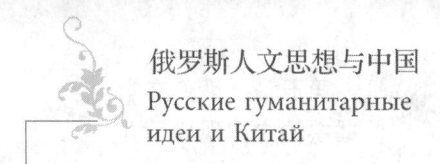

从这些译作的分布情况来看,各卷数量比较均衡。同时,翻译的队伍也比较稳定,除了表5.4所列的周作人、胡适、鲁迅等六人之外,还有刘半农与陈独秀等人。在这些人当中,既有文学革命的旗手干将,也有推进新文学发展的后起之秀。周氏兄弟、胡适、刘半农与陈独秀等人,无疑是文学革命的主要推动者,他们在新文学之始,就以《新青年》为阵地,从众多的外国文学中选中俄罗斯文学予以重点地介绍与引进,实在是经过一番仔细的比较后得出的结果。俄罗斯文学深厚的人道主义与爱国主义积淀、俄国与中国颇为相似的国情,以及"十月革命"对于灾难深重的国人的精神鼓舞,都使得中国新文学的发展,必然地要以俄国文学作为精神上的导师。而沈泽民、茅盾、郑振铎、曹靖华与蒋光慈等人,也开始在《新青年》的翻译文学中崭露头角。此后,茅盾等人组成文学研究会,他们对于俄苏文学的翻译抱负,在《小说月报》与《文学周报》上面等到进一步的实现;蒋光慈从日本留学归来,接受了苏俄"无产阶级文化派"与"拉普"文艺理论的影响,在国内成立太阳社,积极发展革命文学;还有曹靖华等人,有比较深厚的俄苏文学修养,在翻译领域中兢兢业业地从事如鲁迅所说的"移植花卉"的工作,并在俄苏文学翻译史上留下了不可磨灭的功绩。

在众多的俄苏作家中,屠格涅夫、契诃夫、梭罗古勃、库普林、安德烈耶夫以及托尔斯泰的作品得到了译者们的青睐。屠格涅夫是俄罗斯第一位获得欧洲声誉的杰出作家,他的创作具有鲜明的俄罗斯特色,准确而又深入地反映了19世纪俄罗斯的社会生活,同时闪耀着人性的光彩。他的作品在关注社会现实的同时,艺术上的成就也相当突出,这可能正是陈瑕翻译《春潮》与《初恋》的主要原因。《初恋》带有屠格涅夫自身经验的痕迹,描写父与子同时对公爵小姐齐娜依达的恋情。这篇作品中对于青春的叩问、对于人生的思考,深深地引起了读者的共鸣。写于1871年的《春潮》从情节看似乎只是一个感人的爱情故事,但是在艺术上却不失为成功之作,人物形象刻画得相当成功。契诃夫是俄罗斯著名的批判现实的作家,他的短篇小说深刻反映了19世纪20世纪之交俄国社会的现实,表达出对俄国专制体制和国民性的批判,对底层平民生存境遇的关注以及对于未来生活的憧憬和向往。至于托尔斯泰,作品中更是秉持着对人类精神家园孜孜不倦的求索,蕴涵着俄罗斯民族"精神远胜于物质"的特性以及对人生终极目标的渴望和追求……总的看来,这些俄罗斯作家大多具有民主主义和人道主义的倾向,他们对反动的俄国政府有着尖锐的批判和无情的抨击,对于小人物的命运与辛酸有着本能的悲悯与伟大的博爱,他们的作品体现了俄国文学传统中深厚的现实责任感、平民化的理想夙愿以及对存在的深刻怀疑之精神——这也正是"五四"精神的主导方向。

中国新文学受到这股苏俄文学的影响,获得了重大的发展。不少名家横空出世,在他们身上,多少笼罩着俄苏文学的光影。新文学史上诸多作家,比如郁达夫、沈从文、巴金、茅盾等等,无不可以从俄苏文学中找到他们创作中某些艺术因素的滥觞。以《新青年》的编辑之一、新文学的一代巨匠鲁迅先生为例,就深受这些来自北国的异域文学影响。他自言所受安德烈耶夫与阿尔志跋绥夫的影响最为深刻。短篇小说《药》没有正面描写革命者叱咤风云的斗争事迹,而是根据当时流传于民间的所谓人血馒头能治愈痨病的说法,构思了一个小业主买了革命者的鲜血给儿子治痨病的悲剧,深刻地揭示了民众之愚昧、麻木。这显然是受到了安德烈耶夫短篇小说《齿痛》的影响。据孙伏园在《鲁迅先生二三事·药》中回忆说:"鲁迅先生和我说过,在西洋文艺中也有和《药》相类的作品,例如俄国的安德烈耶夫,有一篇《齿痛》,描写耶稣被钉在十字架的那一天,他附近还有一个商人患着齿痛,他也和老栓小栓们一样,觉得自己的疾病,比起一个革命者的冤死来,重要得多。"①——《齿痛》虚写了耶稣的死,实写了般妥别太的愚昧;《药》虚写了夏瑜的死,实写了华老栓的愚昧,这是鲁迅受到《齿痛》影响的证据。此外,鲁迅在《中国新文学大系·小说二集·序言》中谈道:"而且《药》的收束,也分明的留着安特莱夫式的阴冷。"②道出了《药》的结尾受到安德烈耶夫的影响。安德烈耶夫的小说有种寂静阴冷的气质,让人感到窒息,而鲁迅的《药》同样使人感到阴冷。但是鲁迅在《药》的结尾"不恤用了曲笔在《药》的瑜儿的坟上凭空添上一个花环,以删削些黑暗,装点些欢容,使作品比较的显出若干亮色"③,表现出了对于安德烈耶夫的反向接受。花环不仅抒发生者的热望,而且表达对死者的悼念,使作品发出乐观主义的光辉——鲁迅从俄苏文学中积极吸取着养分,而选择性的甄别、接受过程也在同步进行之中。

---

① 孙伏园:《鲁迅先生二三事》,湖南人民出版社 1980 年版,第 13 页。
② 鲁迅:《中国新文学大系·小说二集·序》,《鲁迅全集》第 6 卷,人民文学出版社 2005 年版,第 247 页。
③ 鲁迅:《呐喊〈自序〉》,《鲁迅全集》第 1 卷,人民文学出版社 2005 年版,第 441 页。

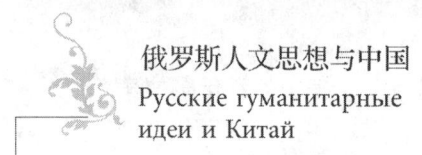

郁达夫则深受屠格涅夫作品的影响,不仅仅他的作品主人公与屠格涅夫笔下的"多余人"形象非常相似,就是弥漫在作品中的那种带有几分颓废似的忧伤,也能直接看出受屠格涅夫的影响。茅盾1920年代早期宣传自然主义,是想借此以提倡写实,但同是写实,左拉与托尔斯泰就相当不同。茅盾声明,他是"更近于托尔斯泰"的。他的注重社会分析的长篇小说《子夜》,与托尔斯泰的风格十分类似。无独有偶,巴金一生都与托尔斯泰维系着精神的交往。早在1921年巴金17岁时,他就在自己的家里与朋友们办了一个周刊,名为《平民之声》,从第4期起便开始连载他写的《托尔斯泰的生平和学说》。1928年巴金在巴黎时,应胡愈之邀请为《东方杂志》纪念托尔斯泰百年诞辰从法文转译了托洛茨基有关托尔斯泰的文章。他研究过托尔斯泰的生平,倾心阅读过他的小说,撰写过他的传记,几十年间多次在文章中回忆他阅读《复活》和《战争与和平》时心灵所经受的震撼和感动。

第二节 《小说月报》与俄苏文学翻译

五四以后,中国掀起了俄苏文学翻译的高潮,晓风在《介绍〈小说月报〉号外〈俄国文学研究〉》中指出:"介绍一国的,却要算俄国是第一个适当的国。因为俄国的近代文学史,几乎全部充塞着人生的喊声,与中国习俗适成反比,最能医中国顽劣的作家的头脑。"[①]在译介俄苏文学的浪潮中,以文学研究会同人为主力的《小说月报》的表现引人注目,1921年改革后径直成为研究与译介俄苏文学、宣扬与发展新文学的重要战场,并取得重大成果。《小说月报》与《新青年》一个最大的不同,在于后者是文学革命时期国内影响最大的文化刊物,而前者则是新文学起步时期国内最大的纯文学期刊。《小说月报》不像《新青年》那样,以文化的革新与思想的启蒙推动中国文学革命的进程,因此对于俄苏的文化思想与社会问题的译介,并不是它的重心。它选择的是以更为直观的方式,从文学翻译入手,通过引进俄苏的文艺思想与先进文学,达到革新国内落后的文艺思想、振兴衰鄙的国内文学之目的。在1920年代的俄苏文学翻译史上,《小说月报》的翻译实绩最为突出,并由此促成了中国文学观

---

① 晓风:《介绍〈小说月报〉号外〈俄国文学研究〉》,1921年10月18日《民国日报·觉悟》。

念的发展以及"为人生"文学的勃兴。

一、栏目设置对翻译俄苏文学的影响

茅盾曾把《小说月报》的栏目列为六类,一评论,二研究,三译丛,四创作,五特载,六杂载,可见对评论、研究与翻译的极端重视。统观《小说月报》的译介情况,在俄苏文学翻译方面,众多栏目中除了"译丛"(包括译诗与译文)等栏目专事翻译俄苏文学作品外,其他则多是用力于俄苏文学的评论与研究。革新后《小说月报》在栏目设置上更精密细致,至终刊一共设立了35种栏目,其中涉及俄苏文学翻译的就有"译丛"、"书报介绍"、"海外文坛消息"、"通讯"、"文学家研究"、"评论"、"选录"、"战后文艺新潮"等15种,将近一半之多。从栏目功能上看,"译丛"、"海外文坛消息"、"插图"等,不仅负责译介俄苏作家的作品,而且包括了这些作家的遗像手迹、出版广告、政治逃亡、时事见解等各种内容。而"文学家研究"、"评论"、"战后文艺新潮"等专门译介文艺思想的专栏,则为中国读者介绍了不少俄苏文艺家的文艺观点。"诗歌及戏剧"与"通信"两个栏目也值得一提,前者突破了小说译介一元化的主宰,为新诗与戏剧吸取异域资源、进行创作实践奠定了基础。"通信"栏则经常对翻译问题、"为人生的艺术"等问题进行讨论,一定程度上促进了俄苏文学在中国的转化与融合进程。在这15种栏目中,"译丛"、"海外文坛消息"、"通讯"(通信)从早期便开始设立并且几乎延续至终刊,由于编辑更换的原因,"海外文坛消息"曾经被"现代文坛杂话"所代替,但是时间不长,而且二者趋向其实相近。"论文"、"评论"(批评)、"文学家研究"、"战后文艺新潮"、"选录"等栏目是半途设立的,而且不定期出现,这样的安排不仅使栏目设置更加灵活,而且也更能够适应俄苏及国内文坛时势的变动发展,有利于随时刊登有较强现实针对性的论文及研究文章。

在这些栏目中,"译丛"、"海外文坛消息"、"文学家研究"、"论文"与"评论"在译介上成绩最为显著。"译丛"主要翻译俄苏文学作品,其成绩将在下文提及。"海外文坛消息"主要介绍世界文坛的各种讯息,其中介绍俄苏文坛的最多,加上与之近似的"现代文坛杂话"在内,总计有60多则。这些消息从介绍俄苏作家的近作或者遗作,到介绍俄国革命小说与剧院的近况,不一而足,琐碎但是全面。它们不属于作品或者文论的译介,但是却在正规的文艺译介之外,起到补充背景的作用。这种对于俄苏文坛全方位的介绍,为国内带来

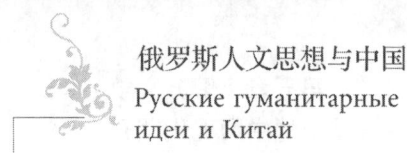

了最接近真实的俄苏文化氛围以及接受语境,对于翻译的辅助之功不言自明。"文学家研究"专栏曾不定期地登载研究俄苏重要作家的文章,13 卷 1 号是研究陀思妥耶夫斯基的思想,3 号是屠格涅夫的生平传略,14 卷 11 号是研究奥斯特洛夫斯基的文章。与此类似的是专门的作家纪念专辑,21 卷的马雅可夫斯基和 22 卷的陀思妥耶夫斯基纪念,都集中刊登多篇研究文章,其实是另一种形态的"文学家研究"。"论文"与"评论"栏目也有多篇关于俄苏文论的文章发表,但是相对于"文学家研究"致力于微观的作家作品研究,这两个栏目主要是探讨比较宏观的文艺问题——可以看出,通过这些栏目的安排,《小说月报》是从理论到作品、从宏观到微观、从文艺接受到背景渲染,多管齐下地展开着译介工作。无论就译介的广度还是力度而言,同时期没有刊物可以与之比肩(《新青年》的栏目设置政治化倾向太浓,创造社刊物则专事翻译文艺评论,而忽略了作品的翻译),何况《小说月报》还有各国文学研究专号以及现代世界文学号(20 卷 7、8 号)等出版,简直就可以说是当时翻译文学的豪门巨户。

此外不能忘记的是"编辑余谈"。茅盾曾充分利用"编辑余谈"、"最后一页"进行文学点评,第 12 卷 1 号在翻译了安德烈耶夫的《邻人之爱》后,茅盾用"雁冰附记"加以点评:"托尔斯泰的目光只在原始的人类,高尔基只在下级社会,契诃夫只在上中级社会,安德列夫却是范围深广,不只限于一个阶段,而且狂的与非狂的人们,都被他包罗进了。他自然只好算是写实主义的作家,然而他的作品中含神秘气味与象征色彩的也很多。如《兰沙勒司》和本篇,都很有象征的色彩了。"[①]——评论虽然很短,但无疑起到了画龙点睛的作用,对于促进国内文坛对俄苏文学的正确理解与接受大有裨益。

二、俄苏作品翻译与"为人生"文学思潮

《小说月报》前后翻译的文学作品,如果不计重译与同一作品的连载在内,总计约有 120 多篇,其中包括散文 5 篇(包括散文诗)、戏剧 2 篇、诗歌 7 篇、童话寓言 8 篇,译介的论文有 39 篇,作家传记与纪念文章 24 篇,传播的海外文坛消息与现代文坛杂话等共有 67 则(如表 5.5 所示)。《小说月报》翻译的俄苏文学作品、文论作品以及介绍的俄苏文坛消息、杂话,数目都不少,其中

[①] 安德列夫:《邻人之爱·雁冰附记》,沈泽民译,1921 年《小说月报》第 12 卷 1 号。

又以文学作品为多。除了众多的小说翻译之外,还译介了7首诗歌:屠格涅夫的诗《麻雀》、梭罗古勃的《骡子与夜莺》、布洛克的《十二个》、烈尔蒙托甫的《岩石》,以及《赤色的诗歌》、《伏尔加与村人的儿子米苦拉》、《孟罗的农民英雄以得亚和英雄斯维亚多哥尔》;5篇散文(散文诗):屠格涅夫的《叫花子》、《工人和白手的人》、《二年以后》、《门槛》,科布林的《怀契诃夫》;2个剧本:普希金的《莫萨特与沙莱里》、安德烈耶夫的《邻人之爱》;8篇寓言童话:梭罗古勃的《锁钥》、《独立之树叶》、《平等》,克鲁洛夫的《天鹅梭鱼与螃蟹》、《箱子》、《雨云》、《杜鹃鸟与鹰》,以及爱罗先诃的《世界的火灾》。文论中则有多篇关于俄苏作家的研究与纪念专辑,它们包括号外《俄罗斯研究》中的《俄国四大文学家合传》、《近代俄国文学家三十人合传》,以及陀思妥耶夫斯基(13卷1号,22卷4号)、屠格涅夫(13卷3号)、奥斯特洛夫斯基(14卷11号)、契诃夫(17卷10号,20卷12号)、托尔斯泰(19卷12号)、玛耶阔夫斯基(21卷12号)等作家的纪念专辑与研究文章。

表5.5 《小说月报》翻译作品一览表

作品类型	文学作品(125篇)					文论作品(63篇)		消息杂话(66则)
	小说	诗歌	散文	戏剧	童话寓言	论文	作家研究	文坛消息杂话与其他附录
数目	103篇	7篇	5篇	2篇	8篇	39篇	24篇	
备注								包括"海外文坛消息"、"现代文坛杂话"等内容

据资料载,"截至一九二九年三月三十一日为止,连五四前一些文言译本在内,我国共译了俄国作家三十八位,连新俄八位,共得四十六位"①。而仅仅一份《俄国文学研究》,就已经刊载了25位俄国作家的28篇文学作品。从《小说月报》译介的作家数目来说,几乎将1930年代前译入中国的俄苏作家罗列致尽,而且译介已经走向系统化。屠格涅夫、契诃夫、安德烈耶夫等最受人青睐,其作品也相对集中地被介绍。"连载"的现象非常突出,屠格涅夫的《猎人笔记》、《罗亭》,阿尔志跋绥夫的《沙宁》、《工人绥惠略夫》、《朝影》,以

---

① 铭:《又一篇账单》,1934年《文学》第2卷3号,第363页。

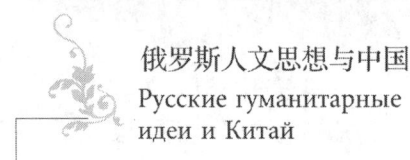

及安德烈耶夫的《海洋》都是连载刊发。另外,路卜洵的《灰色马》与安德烈耶夫的《红笑》出现了重译现象:《灰色马》在1922年和1930年分别由西谛和映波翻译,《红笑》在1924年和1929年分别由郑振铎和梅川翻译。

表5.6所列,是被中国译者翻译得最多的几位俄苏文学家、文论家与日本文论家。在这些作家的篇目中,很多是连载的作品,比如说屠格涅夫与阿尔志跋绥夫,都有两部以上的作品被连载,《猎人笔记》连载了25节,《沙宁》则连载了47节。在文论方面,翻译相对较多的是日本升曙梦与冈泽秀虎,以及俄罗斯的克鲁泡特金的作品。由陈雪帆翻译的冈泽秀虎的《苏俄十年间的文学研究》一文,连载了6期;升曙梦的4篇文章是《俄罗斯文学里托尔斯泰底地位》(号外)、《近代俄罗斯文学底主潮》(号外)、《最近之高尔基》(19卷8号)、《同高尔基谈话》(20卷8号);克鲁泡特金的2篇文章是《阿蒲罗摩夫主义》(号外)、《俄国的批评文学》(号外),此外有陈著翻译的《克鲁泡特金的〈柴霍甫论〉》(17卷10号)、沈泽民著的《克鲁泡特金的俄国文学论》。后来还翻译了无产阶级文化派的领导人波格丹诺夫的论文《诗的唯物解释》、马克思主义文艺批评家普列汉诺夫的《文学及艺术的意义——车尔尼雪夫斯基的文学观》,以及杜勃罗留波夫的论文《什么是亚蒲洛摩夫式的生活》等文章。

表5.6 《小说月报》翻译最多的俄苏作家、文论家及中国译者一览表

	第一位	第二位	第三位	第四位	第五位	第六位	第七位
作家	契诃夫	屠格涅夫	高尔基	安德烈耶夫	梭罗古勃	阿尔志跋绥夫	克鲁洛夫
数量	25篇	9篇	8篇	6篇	6篇	5篇	5篇
文艺家	[日]升曙梦	克鲁泡特金	[日]冈泽秀虎	沙洛维甫	波格丹诺夫	普列汉诺夫	杜勃罗留波夫
数量	4篇	2篇	1篇	1篇	1篇	1篇	1篇
译者	郑振铎	耿济之	赵景深	鲁迅	沈泽民	胡愈之	瞿秋白
数量	16篇	15篇	7篇	7篇	5篇	5篇	3篇

丰硕的译介成绩离不开优秀的翻译队伍,除了一些著名译者比如鲁迅、周作人、茅盾、郑振铎等人仍在利用其他语种转译俄国文学作品之外,另一些精通俄语的译者比如瞿秋白、耿济之、沈颖等加入了《小说月报》的翻译队伍,从

而扭转了早期单纯依靠转译的局面,为更加准确地接受俄苏文学奠定了基础。在《小说月报》的译者当中,郑振铎、耿济之、茅盾、赵景深、鲁迅及瞿秋白等人的翻译成绩相对突出,表5.6所列的是这些译者所翻译的俄苏文学作品的数目,除此之外,他们还翻译了不少俄苏文论作品,一些译者自己还撰写了研究俄苏文学与文艺思想的论文,在研究、翻译等多个领域都做得相当出色。比如郑振铎除翻译了10多篇文学作品外,还撰写了论文《俄国文学的起源时代》(登载于号外《俄罗斯文学研究》)、《文学大纲之十九世纪的俄国文学》(17卷9号)、《俄国文学史略》(连载于14卷5号至9号)、《〈灰色马〉译者引言》(13卷7号)、《阿尔志跋绥夫与〈沙宁〉》(15卷5号)等文章。耿济之在翻译《猎人笔记》等作品之外,还写了《猎人笔记》研究、《俄国四大文学家合传》、《拜伦对于俄国文学的影响》,并翻译了万雷萨夫的《什么是做文学家必须的条件?》(13卷9号)、《奥斯特洛夫斯基评传》(14卷11号)等文章。另外,鲁迅、沈泽民、瞿秋白、张闻天、夏丏尊等人,都发表过自己撰写的或者翻译的论文。茅盾与赵景深二人,还在传播俄苏文坛的新闻消息(即"海外文坛消息"、"现代文坛杂话"等栏目)中出力很多,一半以上的俄苏文坛消息都是他们介绍过来的。

　　从表5.6可以看出,《小说月报》里翻译的俄苏作家,以19世纪末20世纪初这段时间的居多,比如契诃夫、安德烈耶夫、阿尔志跋绥夫、高尔基、梭罗古勃等人。之前的俄罗斯作家也有介绍,比如普希金、屠格涅夫,但是数量明显没有前者众多。究其原因,与世纪之交的俄国复杂特殊的政治社会环境大有关系。当时俄国晚期封建体制的摇摇欲坠使有识之士探索民族发展道路的热情空前高涨,知识界大量引入西方社会思潮,并借以重新审视本民族的历史与文化,俄罗斯民族的现代意识开始觉醒,这一切都在世纪之交的俄罗斯文学中体现出来。毫无疑问,这些与五四时期的中国国情有太多的相似。中国的新文学要想唤醒民族的现代意识、重新审视民族的历史与文化、并建立新的"人的文学",则19世纪20世纪之交的俄罗斯文学,实在是最为恰当的借鉴榜样。

　　从中国文学自身的发展历史来看,五四时期是除旧布新的历史转折点,也是各种复杂的文学力量相互纠缠、角力的时期,旧的文学死而未僵,新的"人的文学"生而未壮。新文学的每一步前行,都必须得奋力撕破沿袭千年的陈旧文学规范的重重束缚,而这仅仅依靠国内的文学力量,是远远不够的。举凡历史的转折时期,支撑人们将革新的大旗打下去的,必定是存在于远方的并不

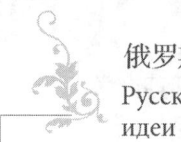

渺茫的希望,而于中国的新文学而言,这种希望,恰恰来自于已经取得辉煌成就的俄罗斯文学。俄罗斯文学中那种关爱与同情的气质、直面生活与战胜困难的勇气、深厚的人道主义关怀、对被欺辱被损害的弱者的同情、对灵魂与存在的终极叩问,都深深地启发了中国新文学,为新文学最终取代旧文学增添了生猛的力量。鲁迅在《〈竖琴〉前记》说"俄国的文学,从尼古拉斯二世时候以来,就是'为人生'的,无论它的主意是在探究,或在解决,或者堕入神秘,沦于颓唐,而其主流还是一个:为人生"①。《小说月报》翻译的俄苏文学,大多暗合这一标准。比如屠格涅夫就十分善于把握时代的脉搏,敏锐地发现新的重大社会现象,其作品闪耀着人性的光泽。其成名作《猎人笔记》关注的就是农奴制下农民同地主的关系。作者以深厚的人道主义关怀,表现了俄国农民的民族特征、他们的精神品质和才华,描写了他们在农奴制下贫困无权、备受压榨的境况,揭露了地主阶级的凶残本性。

此外,阿尔志跋绥夫的作品也受到重视。1924年郑振铎翻译的《沙宁》②连载于《小说月报》。萨宁是一个不仇恨任何人,也不为任何人而痛苦的人,他对一切都抱着无所谓的态度。他光明正大地追求享乐,毫不遮掩地袒露心胸。他高大有力、为所欲为,与此同时,又很孤独无聊、漂泊不定。这一形象因出现在俄国1905年革命之后,曾被解读成俄国文化精英整体"堕落"的象征。但是,萨宁所体现出来的气质和性格,难道不也是知识分子步出思想困境的一种方式?刘文飞在《〈萨宁〉译序》中这样分析:"在二十世纪之初,浓烈的世纪末情绪在俄国知识界弥漫,人们在失望中挣扎,在彷徨中求索,于是,作为一种反拨,尼采和叔本华的'自由意志'理论和'超人哲学'赢得了空前的共鸣,萨宁的形象就是在这样的社会思潮中出现的,因此,这一人物所体现出来的气质和性格,也是知识分子步出思想困境的一种选择,一种方式。另一方面,萨宁身上所体现出的个人主义,也是俄国知识分子个性觉醒的一个新标志,超越党派和集团的利益去合理地追求自己的幸福,在与周围环境的冲突中捍卫自我存在的价值,这本身就是一种成功。""萨宁和十九世纪俄国文学中的'多余人'形象一样,既是一种苦闷、失落,乃至堕落的象征,同时也体现着某种抗议,蕴涵着某种积极意义。"③——这可能也正是萨宁被译入中国的原因。

---

① 鲁迅:《竖琴前记》,《鲁迅全集》第4卷,人民文学出版社2005年版,第443页。
② 又译《萨宁》。
③ 刘文飞:《〈萨宁〉译序》,阿尔志跋绥夫著《萨宁》,刘文飞译,译林出版社2002年版。

阿尔志跋绥夫的另一重要小说《工人绥惠略夫》于1920年被鲁迅从德文转译，连载于《小说月报》1921年7至12期上，后又出了单行本。《工人绥惠略夫》写在《萨宁》发表之后，讲了一位在革命失败后遭到追捕的工人革命者，在逃亡途中四处遭遇冷漠，甚至被他曾立志为之献身的民众所出卖，最后，在剧院中被抓到的他，绝望地举枪向观众胡乱射击。在《译了〈工人绥惠略夫〉之后》一文中，鲁迅对这篇小说做了这样的归纳："人是生物，生命便是第一义，改革者为了许多不幸者们，'将一生最宝贵的去做牺牲'，'为了共同事业跑到死里去'，只剩下一个绥惠略夫了。而绥惠略夫也只是偷活在追蹑里，包围过来的便是灭亡；这苦楚，不但与幸福者不相通，便是与所谓'不幸者们'也全不相通，他们反帮了追蹑者来加迫害，欣幸他的死亡，而'在另一方面，也正如幸福者一般地糟蹋生活'。"①为民众而斗争的人却得不到民众的理解和支持，鲁迅在这里看到了"改造国民性"的必要性和迫切性。他在《两地书·四》中曾说："……要彻底地毁坏这种大势的，就容易变成'个人的无政府主义者'，如《工人绥惠略夫》里所描写的绥惠略夫就是。这一类人物的运命，在现在——也许虽在将来——是要救群众，而反被群众所迫害，终至于成了单身，忿激之余，一转而仇视一切，无论对谁都开枪，自己也归于毁灭。"②鲁迅不赞同这种举动，却很能理解个中缘由，"然而绥惠略夫临末的思想却太可怕。他先是为社会做事，社会倒迫害他，甚至于要杀害他，他于是一变而为向社会复仇了，一切是仇恨，一切都破坏。中国这样破坏一切的人还不见有，大约也不会有的，我也并不希望其有。但中国向来有别一种破坏的人，所以我们不去破坏的，便常常受破坏。"③在绥惠略夫身上，多少寄寓了鲁迅有关现实社会的看法。也许正是这一点，促使鲁迅动手翻译了《工人绥惠略夫》。

与此同步的，是俄苏文学"为人生"的文学观念和写实主义的创作原则传入我国，且径直引发了新文学"为人生"文学思潮的勃兴。《小说月报》曾发表周作人的《文学上的俄国与中国》，对俄国文学的发展历史以及中俄文学的大体特征进行了分析与比较，认为"中国的特别国情与西欧稍异。与俄国却多相同的地方"，所以中国将来的文学，当然也是与俄国相同的"社会的人生的

---

① 鲁迅：《译了〈工人绥惠略夫〉之后》，《鲁迅全集》第10卷，人民文学出版社2005年版，第183页。
② 鲁迅：《两地书·四》，《鲁迅全集》第11卷，人民文学出版社2005年版，第20页。
③ 培良：《记鲁迅先生的谈话》，1926年8月28日《语丝》第94期。

文学"①,从理论上论证了中国文学接受俄国"社会人生的文学"的合理性与必然性。茅盾则从颠覆传统文学"文以载道"的载道论和"文学是消遣"的游戏论的目的出发,宣扬"为人生"文学观念。他认为中国旧文学"思想上一个最大的错误就是游戏的消遣的金钱主义的文学观念",所以新文学家必须要明白"文学是为人生写作的"②。此外,写实主义创作方法作为对中国旧派小说"记账式"的叙述和"向壁虚构"的恶劣习气的有力反拨,在中国也得到适时的传播。西谛认为:"现在我们的文艺界正泛滥了无数的矫揉的非真实的叙写的作品;尖锐的写实作品的介绍实为这个病象最好的药治品。"③只是在《小说月报》的编辑内部,对于写实主义的见解还存在分歧。茅盾所提倡的,是一种纯客观、不掺杂任何主观情愫的自然写实原则;而郑振铎等人,却倾向于在写实中注入作者的主观理想和情绪,认为"文学中最重要的元素是情绪,不是思想。文学之所以能感化人,完全是情绪的感化力"④。耿济之也认为:"屠格涅夫的文学作品最适合吾人说明人生文学之用,因为他的作品并不像托尔斯泰,陀思妥耶夫斯基似的太偏于思想与主义的一面,却是纯粹艺术的描写;又不像极端客观的写实派似的只作赤裸裸的描写,而不顾到作者的思想方面,却在纯艺术中表现时代的潮流和人生的趋向。"从而提出"文学是不应该绝对客观,而应当参以主观的理想。"⑤——这种编辑内部的探讨,有利于澄清《小说月报》在翻译俄苏作品时所依循的理路,也为促进新文学与实主义的健康发展贡献了力量。

在此之外,俄罗斯文学高度的艺术成就,也是中国新文学家进行翻译的一个原因。屠格涅夫作品中优美的抒情、精致细腻的文笔、刻画入微的心理描写,契诃夫辛辣的讽刺,果戈理"含泪的微笑",安德烈耶夫作品的阴冷等等,都深深地吸引了新文学家,他们在翻译中学习与借鉴,反过来又促进了翻译的深入发展。《小说月报》的编辑、译者群体,如表5.6所列的郑振铎、耿济之、赵景深、鲁迅、沈泽民、胡愈之、瞿秋白等人,清一色是新文学运动中活跃的健将,人人都是学识了得,素养极高,在注重借鉴俄苏文学"为人生"的主题之

---

① 周作人:《文学上的俄国与中国》,1921年《小说月报》号外《俄国文学研究》。
② 沈雁冰:《自然主义与中国现代小说》,1922年《小说月报》,13卷7号。
③ 西谛:《阿志巴绥夫与〈沙宁〉》,1924年《小说月报》,15卷5号。
④ 西谛:《文学的使命》,1921年6月20日《时事新报》。
⑤ 耿济之:《〈前夜〉序》,载贾植芳等编:《文学研究会资料》(上册),河南人民出版社1985年版,第74—75页。

外，对于其艺术上的考察，可以说也是一种自觉的追求。他们对于俄苏文学的选择已经很具艺术眼光，翻译了很多俄苏文学的精品，这无疑与他们自身的艺术修养密不可分。

俄苏作品的翻译，很快在国内掀起"为人生"文学思潮。新文学者深受俄国文学的熏陶与影响，创作"人的文学"。他们的作品成为"为人生"文学的中坚，而这些作品，很多是在《小说月报》上首发，比如鲁迅的《在酒楼上》，冰心的《超人》，王统照的《沉船》，叶圣陶的《潘先生在难中》，丁玲的《莎菲女士的日记》，沈从文的《柏子》以及茅盾后来发表的中篇《幻灭》、《动摇》与《追求》，长篇《虹》，老舍的长篇《老张的哲学》、《赵子曰》、《二马》和巴金的中篇《灭亡》等等，均已尽脱旧文学的陈陋习气，折射着平民文学与人道主义的光辉。不少新文学家把俄苏文学的气质融入了自己的创作风格中，郁达夫深受屠格涅夫的影响，在作品中常常出现感伤而细腻的抒情描写，而且他所创造的一系列人物形象，比如《沉沦》中的"我"、《南迁》中的伊人、《茫茫夜》中的于质夫、《过去》中的李白时、《迷羊》中的王介成等等，都能让人看到屠格涅夫笔下的"多余人"罗亭的影子。此外，如鲁迅、沈从文、巴金、叶紫等等，都从俄苏文学中吸取营养化入自己的创作。还有读者以读后感的形式对译介的俄苏文章作出反响，比如14卷6号登出了两篇《爱罗生河君的〈"爱"字的疮〉》的读后感，对14卷3号鲁迅译的《"爱"字的疮》做出评论，从而取得了新文学中读者群与作者群的沟通。

三、俄苏文论的接受与文艺争鸣

《小说月报》对俄苏文论的研究与译介也十分注重，这种研究与译介主要包括以下两种类型：第一种是对俄苏作家或作品的研究，所占比重相当之大。《俄国文学研究》发表了耿济之的《俄国四大文学家合传》，详尽介绍了果戈理、托尔斯泰、屠格涅夫与陀思妥耶夫斯基的生平及创作倾向，随后又发表了沈雁冰的《近代俄国文学家三十人合传》，于是对俄苏作家及作品的研究一时蔚为《小说月报》之大流，至终刊共计发表此类论文20多篇。其中重要的有鲁迅的《阿尔志跋绥夫》、张闻天的《托尔斯泰的艺术观》、沈雁冰的《陀思妥耶夫斯基的思想》、谢天逸的《屠格涅夫传略》、郑振铎的《〈灰色马〉译者引言》、西谛的《阿志巴绥夫与〈沙宁〉》等。此外还有作为专栏推出的"文学家研究"的一系列文章，比如14卷11号关于阿史德洛夫斯基（奥斯特洛夫斯基）的两

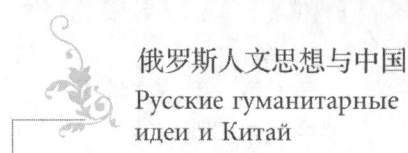

篇研究文章、21卷12号的3篇关于马雅可夫斯基的研究文章等等。第二种类型是译介了一些主要由俄国著者或者他国著者著述的关于俄苏文论问题的理论文章，这类文章的数量虽不比前者多，但是意义也不容低估。其中有沙洛维甫的《十九世纪俄国文学的背景》、克鲁泡特金的《俄国的批评文学》和《阿蒲罗摩夫主义》、万雷萨夫的《什么是文学家必须的条件？》、杜勃罗留波夫的论文《什么是"亚蒲洛席夫"式的生活？》、白克许的《苏俄革命在戏剧上的反映》、凡伊斯白罗特的《苏俄文艺概论》、普列汉诺夫的《文学及艺术的意义——车勒芮绥夫斯基的文学观》、波格丹诺夫的《诗的唯物解释》。日本学者升曙梦的《近代俄罗斯文学的主潮》、《俄罗斯文学里托尔斯泰的地位》、《最近之高尔基》和冈泽秀虎的《苏俄十年间的文学论研究》也在月报上刊载。我国学者的少数研究文章也刊登出来，比如郭绍虞的《俄国美论及其文艺》。郑振铎则从14卷5号开始连载其著作《俄国文学史略》，在17卷9号又发表《文学大纲之十九世纪的俄国文学》，对俄国文学史进行了较为全面的介绍。

仔细考察这两类论文，不难看出，第一类的俄苏作家及作品研究在对象选择上恪守了一条隐性规则，即唯有反映社会革命及具备现实思想倾向的写实主义作家作品才在译介之列，而像俄苏浪漫派、现代派的诸多优秀作品则少人问津。《灰色马》是描写俄国虚无党活动的小说，反映了俄国十月革命前的社会气氛与思想状况，奥斯特洛夫斯基是坚持人民戏剧观的剧作家，马雅可夫斯基则更是苏联无产阶级诗歌的奠基人。同时，随着时代的发展，《小说月报》的译介趋向不断发生变化，除了19世纪俄罗斯文论继续译入中国以外，十月革命后的苏俄文艺思想的译介比重也逐年增加。后期《小说月报》中，苏联作家马雅可夫斯基、高尔基等得到了专门的研究与介绍，苏联文艺家普列汉诺夫、波格丹诺夫的文论作品也被译入中国文坛，如20卷4号就发表了刘穆翻译的波格丹诺夫的《诗的唯物解释》一文。

《小说月报》的这种译介取向，与当时的中国现状密切相关。经历"五四"洗礼，国人"求新声于异邦"以医治国民灵魂、引领民族自强的思潮兴起，对俄苏反映人生的写实作品自然十分渴求。随着十月革命的胜利，苏俄的成功经验正好成为国情与之近同的中国人的学习榜样，译介苏联的文学作品、研究苏联的文艺思想也就成了向苏俄取经的一个组成部分。反过来，《小说月报》的译介成绩又给国内的文艺界输入了新鲜的血液，并且引发了此起彼伏的文艺论争——任何外来思想的植入，都要在接受国寻找同声相应的土壤，并且经历艰难的融合期,俄苏文艺概莫能外,何况1920年代苏联文学界自身也正处在多种文艺思想的混乱交锋之中,无产阶级文化派与拉普等庸俗社会学的极左思潮一度很有市场。中国新文学由于处于对俄苏文学的学步阶段,自然无力甄别真伪,去粗取精,这种混乱状态,直接间接地引发我国文坛混乱的文艺论争。

首先是沈雁冰与鸳鸯蝴蝶派之间狼烟突起。沈雁冰在《小说月报》上宣扬"为人生"的文学观念,他在《自然主义与中国现代小说》(《小说月报》13卷7号)一文中得出结论:鸳鸯蝴蝶派的作品"思想上的一个最大的错误,就是游戏的消遣的金钱主义的文学观念"。叶圣陶与胡愈之也分别在《文学旬刊》上发表文章加以声援(胡愈之在《文学旬刊》第4号发表《文学事业的堕落》、叶圣陶在《文学旬刊》第5号上发表《侮辱人们的人》),他们认为鸳鸯蝴蝶派的文学是无耻的、出卖人格的文学,不仅侮辱了自己、侮辱了别人,还侮辱了文学。由此与胡寄尘、张舍我等展开论争。在这场论战中,沈雁冰们得到了来自新文学阵营的支持,就是创造社的郭沫若、成仿吾等人,也纷纷撰文予以声援。可以说,这场论战,其实质是新旧文学观念的论战,胜败将直接影响到新文学在中国读者中的普及进程。事实上,论战最后也是以新文学阵营的胜利而告终,并且在一定程度上,为中国读者识破鸳蝴派作品的本质,转而拥抱新文学,起到了促进的作用。

此后是文研会与创造社的论争。这场论争很大程度上是文人帮派间的意气之争,但也涉及到一些翻译主张与文学见解的争论。创造社很早对文学研究会"垄断"文坛就心怀不满,郁达夫与郭沫若分别发表《艺文私见》与《海外归鸿》,提倡天才的文艺观,认为当下中国的文坛"幼稚到十二万分","要拿一个主义,整齐天下所有的作家,简直可以说是狂妄了"。批判的矛头,实际上直接对准了文学研究会。稍后,郭沫若发表了《论文学的研究与介绍》,对沈雁冰、郑振铎在《小说月报》中所提及的翻译应分轻重缓急一事表示不满,视其为一种"专擅君主的态度"[①]。郁达夫则写了小说《血与泪》,对郑振铎的"血与泪"的文学观念嗤笑有加,认为文学不应该陷入功利主义的泥沼,否则隔离文学的精神太远。对此,沈雁冰在《文学旬刊》与《小说月报》上撰写了《介绍外国文学作品的目的》与《文学与政治社会》,对于翻译的目的以及文学作品的政治意义与社会色彩作了申述,回应了创造社的批评,显露出比较进步

---

① 刘炎生:《中国现代文学论争史》,广东人民出版社1999年版,第111页。

的文学观念。

此外,茅盾作为《小说月报》译介俄苏文艺的干将之一,对当时苏联兴起的无产阶级文学曾作过认真的研究,因此当创造、太阳二社作家出现"左"的倾向时,他敏锐地指出文学标语口号化的弊端。可惜创造、太阳二社认为这是"含有恶意的攻击",反对的是"整个无产阶级的宣传文学"①,由此掀起与茅盾的论战。与此类似的还有创造、太阳二社攻击鲁迅的论战。当时正是"左"倾思潮泛滥之际,苏联"拉普"派全盘否定过去的文化遗产,排斥"同路人"作家,瞿秋白也主观认定革命形势"不断高涨",否认大革命失败的事实,将小资产阶级看做革命的障碍。这些促成了创造、太阳二社自以为是、唯我独革的思想弱点与小团体主义不良意识的形成,也是造成他们攻击鲁迅的直接原因。鲁迅为了掌握论战武器,从日译本入手转译了《文艺政策》、卢那察尔斯基的《艺术论》和普列汉诺夫的《艺术论》。他的文艺思想较为接近托洛茨基与沃隆斯基,强调尊重文艺自身的规律性,反对标语口号式的革命文学。由此他撰写了《我的态度年纪与气量》、《文学与革命》、《文学的阶级性》等文章,不客气地批评了创造、太阳二社的左倾思想。

四、译介的缺陷及影响

《小说月报》的译介也存在缺陷:一是接受视野的狭窄,片面强调与接受"为人生"的写实文学,而忽略了对俄苏其他文学类型的译介,俄苏浪漫派、现代派的诸多优秀作品少人问津。其二是译介工作容易在理论与创作关系上失衡。茅盾早在《新旧文学评议之评议》中就认为文学应该重思想不重形式,其实潜藏着理论第一的观念。第三是翻译的混乱与失误现象仍然存在。人名术语的翻译并不规范与统一,例如阿尔志跋绥夫与阿巴绥夫,屠格涅夫与杜介涅夫等同名异译的现象依然存在。为此,郑振铎针对翻译时出现的文学家名字、文学史上的地名、文学作品的名称、文学作品的人名地名以及批评文学诸名词五个方面译介混乱的情况,提出了审定文学名词,统一翻译用语的建议。②《小说月报》12卷3号、4号、5号连载郑振铎的《译文学的三个问题》、茅盾的回应文章《译文学书方法的讨论》以及沈泽民的《译文学书之问题的讨论》,对

---

① 刘炎生:《中国现代文学论争史》,广东人民出版社1999年版,第255页。
② 郑振铎:《审定文学上名词的提议》,1921年《小说月报》,12卷6号。

译介问题展开了颇具声势的专题讨论,对文学书译介的可能性、方法与重译问题展开了理论争鸣,为矫正混乱迷茫的译介之弊作出了贡献。

但是译介的缺陷毕竟将一些局限带入了新文学的创作之中,最突出的表现就是创作上的生硬模仿之风盛行。1921年茅盾指出:"自从前年以来,西洋式的短篇小说陆续出来,数目已经不少,但是有价值的实在不多。一般的缺点,依我看来,尚不在表现的不充分,而在缺少活气和个性。此弊在读了翻译的或原文的小说便下笔做小说,纯是摹仿,而不去独立创造……"[①]对中国文学单纯模仿外国作品的创作习气进行批评。在一封汪敬熙致沈雁冰的信中也谈道:"近日吾国所谓人道主义的作者都多少三点令人不满意的地方。一是材料范围太狭。小说的材料不外乎妇女问题、'丘八'问题等等。二是眼光太浅,写妇女的生活,写兵匪的生活,全不是从他们自身的生活上着想,而是拿着一个一定的人生观去批评他们表面上的生活。三是写的不自然。小说中人物的言语行动都是生硬不堪……"[②]茅盾对此大有同感。创作的问题源自接受的问题,片面接受为人生的文学,必然使创作的目光囿于一隅,而译介时对思想观念的重视,又很容易催生出图解观念的失败作品。新文学到了1930年代,仍然出现一些像"华汉三部曲"一样的拿着理念去套文学创作的现象,从此处就可以找到其思想根源了。

随着革命形势的发展,以及苏联文艺论争诸思想陆续进入中国文学,后期《小说月报》逐渐偏重于对无产阶级革命文艺的译介。1932年《小说月报》因战事停刊后,这种译介趋势则在1933年7月创刊的《文学》中得到继承与发展。《文学》译介的俄苏文学中,古典俄罗斯作家作品大量减少,而苏联无产阶级革命作家的作品比重相对增加。这与1930年代苏俄文艺思想的发展,以及国内译介俄苏文学新的形势背景息息相关,同时也标志着在新的历史时期,我国文坛对俄苏文学的译介进入了一个崭新的阶段。

第三节 鲁迅系刊物与俄苏文学的翻译

在1920年代翻译介绍俄苏文学和文论的工作中,鲁迅占据着相当重要的

---

① 郎损:《新文学研究者的责任与努力》,1921年《小说月报》,12卷2号。
② 汪敬熙:《为什么中国今日没有好小说出现》,1922年《小说月报》,13卷7号。

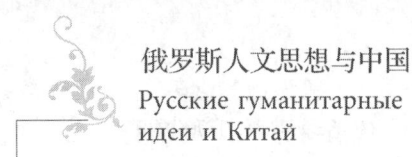

位置,也正是鲁迅第一个为中国窃来了俄罗斯文学的"普罗米修斯之火"。他早期所作的《摩罗诗力说》在分析19世纪几位最伟大的革命浪漫诗人的诗作时,重点介绍了普希金和莱蒙托夫。1909年在鲁迅和周作人合译的《域外小说集》中,又翻译了俄国作家安德烈耶夫和迦尔洵的作品。1921年他翻译了俄国作家阿尔志跋绥夫的中篇小说《工人绥惠略夫》,并且积极支持热心苏俄文学的新秀韦素园、李霁野等出版译作,帮助他们创办未名社。鲁迅后来的小说创作,大多是受了俄国人的影响,他说:"那时就知道了俄国文学是我们的导师和朋友。因为从那里面,看见了被压迫者的善良的灵魂,的心酸,的挣扎。"①——据统计,鲁迅总共翻译过14个国家近百位作家200多种作品,其中苏俄文学是最多的,将近占据了鲁迅全部翻译工作的三分之二。

在刚刚踏上翻译之路的时候,鲁迅便为自己立下了"改良思想,补助文明"的明确目标,意思就是,一方面要通过翻译的途径,将新思想介绍给读者,给他们以思想观念的启蒙;另一方面也以翻译为利器,改造中国的旧文化,满足新文学建设的需要。这样的出发点,决定了鲁迅在翻译对象的选择上,非常重视那些具有革命思想,充盈着人道主义精神的作品,俄罗斯文学所体现的"为人生"的理想,以及坚强不屈的反抗气质,正可以满足鲁迅翻译的需要。台静农曾说道:"周作人先生的《关于鲁迅》文中,说得很详细了,他爱斯拉夫民族的传统,那种坚实的反抗精神,同时他也同情于被压迫民族的沉重的气息。"②在刚刚着手翻译俄苏文学的时候,鲁迅依靠兴趣的引导,偏重翻译一些俄苏文学作品,给国人介绍新的文学观念与表现形式。随着时代的发展,也因着鲁迅自身思想的进步,以及陷于与创造社、太阳社等文学团体的论战的原因,鲁迅的翻译逐渐转向俄苏文艺作品,尤其是向无产阶级文艺思想靠拢,并且从中找到了理论武器,纠正了当时国内对于无产阶级文艺的认识上的偏差。可以说,在新文学从文学革命到革命文学的历史转型中,鲁迅及鲁迅系刊物所从事的翻译活动,发挥了极其重要的作用。

---

① 鲁迅:《南腔北调集〈祝中俄文字之交〉》,《鲁迅全集》第4卷,人民文学出版社2005年版,第473页。
②《鲁迅先生的一生——在重庆鲁迅逝世二周年纪念大会上的一个报告》,载1938年10月29日《抗战文艺》。

一、鲁迅的俄苏文学译介观

五四运动之后,为个性主义思想所吸引的鲁迅,在其创作中逐渐把个性解放问题纳入到了更大的社会问题中,强调不谋求社会的根本改造与解放,就不可能有个人的个性解放,从而显示了自身思想的发展趋向:逐渐脱离英美文化思想的核心,向俄国爱国主义、人道主义传统靠拢。鲁迅的俄苏文学译介观便是建构在这样的思想背景之下。1920年代鲁迅较为著名的关于翻译的文章是:《域外小说集·序》(群益书社重印版,1920年3月20日),《热风·不懂的音译》(1922年11月6日),《二心集·"硬译"与"文学的阶级性"》(1930年1月24日)。《域外小说集·序》就很能反映出当时鲁迅对翻译外国文学的态度和目的:"我们在日本留学的时候,有一种茫漠的希望:以为文艺是可以转移性情,改造社会的。因为这意见,便自然而然的想到介绍外国新文学这一件事。"[1]

《域外小说集》为书,词致朴讷,不足方近世名人译本,特收录至审慎,移译亦期弗失文情。异域文术新宗,由此始入华土。使有士卓特,不为常俗所囿,必将犁然有当于心。按邦国时期,籀读其心声,以相度神思之所在,则此虽大涛之微沤与,而性解思惟,实寓于此。中国译界,亦由是无迟莫之感矣。[2]

鲁迅不是兴之所至地为翻译而翻译,他翻译是要为改造社会而服务。具体而言,就是一方面要为中国人民输送精神食粮,另一方面要为中国文学提供改革的范本。因此从一开始,他就比较注重"反抗和叫喊"的被压迫民族的文学作品,到后来则积极翻译、介绍马克思主义文艺理论和苏联革命文艺。除了自己翻译之外,鲁迅还在自己编辑的刊物上邀请别人翻译介绍马克思主义文艺理论方面的文章,并把这种工作的意义,比作是希腊神话中普罗米修斯盗窃天火施与人间。在摧毁旧文化体系,并使读者适应新文化体系的过程中,俄国文学的广泛流传在某种程度上确实像流向人间的天火,它烧毁了中国旧文学

---

[1] 周作人:《域外小说集序》,《鲁迅全集》第10卷,人民文学出版社2005年版,第176页。
[2] 鲁迅:《〈域外小说集〉序言》,《鲁迅全集》第10卷,人民文学出版社2005年版,第168页。

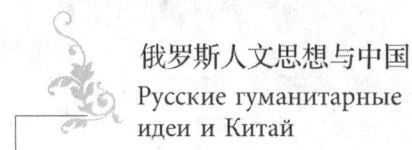

中陈旧鄙陋的思维模式,向中国文坛带来了一种新的文学表现手段与文学观念。

　　由这种为改造社会而服务的现实目的出发,鲁迅的译介态度十分严肃较真,对于翻译工作怀着高度的责任感,为后来的翻译者做出了很好的榜样。他在《且介亭杂文二集》里深有感触地说:"我向来总以为翻译比创作容易,因为至少是无须构想。但到真的一译,就会遇着难关,譬如一个名词或动词,写不出,创作的时候可以回避,翻译上却不成,也还得想,一直弄得头昏眼花,好象在脑子里面摸一个急于要开箱子的钥匙,却没有。严又陵说,'一名之立,旬月踟蹰',是他的经验之谈,的的确确的。"[1]他对于清末民初林纾式译法非常不满,认为其对外国作品"削鼻剜眼",是不严谨的翻译方法,会为国人接受外国文学的精髓带来重重障碍。鲁迅主张直译与硬译,强调尊重原作的真实性,要求"宁信而不顺",反对不顾原文的意思,率尔操觚式地胡译,其实质就是强调要尊重外国文学作品的文本本身,以最终达到借助外国优秀文学来改造中国旧文学的目的。鲁迅主张的直译,也并不是一味地照搬原文,他后来也是逐渐认识到意译的一定合理之处。此外,他还主张重译,对于国内译界"反复斟酌,竞译出精品"充满期待。鲁迅曾将重译比作是赛跑,认为没有重译的翻译,就好像没有对手的赛跑一样,无论跑者是怎样的一个蹩脚的货色,也总是可以拿到第一的。而唯有重译,唯有比较,才能发现彼此的不足,从而促成真正精品的问世。可以说,作为一名翻译巨匠,鲁迅的翻译观念起点甚高而不断演进,为翻译文学的翻译方法作出了很大的贡献。而且,他还积极支持那些有着共同翻译爱好的文学青年,资助与指导他们从事文学翻译,其中最可一提的便是未名社——这是新文学史第一个真正意义上专门以翻译外国文学为己任的文学社团,他们特别注重翻译介绍俄国文学和十月革命之后的苏联文学,为我国介绍俄苏文学作出了巨大的贡献。

　　鲁迅在俄苏文学作品的翻译上,带有很强的选择性。他对于俄国文学的喜爱,更多的是偏爱部分作家,比如阿尔志跋绥夫与安德烈耶夫。在阿尔志跋绥夫的《工人绥惠略夫》之后,鲁迅还翻译了他的另外3篇作品,分别是短篇小说《幸福》和《医生》,以及散文《巴什庚之死》。《幸福》写一个丑陋的妓女为了获得几个卢布,甘愿脱光衣服在雪地中忍受一个变态者的棍击,当她遍体

---

[1] 鲁迅:《"题未定"草》,《鲁迅全集》第6卷,人民文学出版社2005年版,第362页。

鳞伤地走进夜茶馆,想到了"吃,暖,安心和烧酒",内心便"已经充满了幸福的感情"。《医生》写一个犹太医生经过激烈的思想斗争终于违背医生的天职,拒绝抢救那个迫害过犹太人的警察厅长。《巴什庚之死》则是一篇悼念文章,巴什庚的死亡使阿尔志跋绥夫既体验了深切的哀痛,也感觉到了死神的迫近,在那篇散文中,他的这些体验构成了一段感人的倾诉。这种被损害者的心理感情,以及绥惠略夫(《工人绥惠略夫》)们所流露出的令人战栗的悲观绝望,恐怕引起了鲁迅深深的共鸣,那在"无路可走的境遇里,不能不寻出一条可走的路来"的思想,成为了鲁迅作品的一个重要主题。

《壁下译丛》是标志鲁迅思想发生转变的重要译作,这本集子里面的文艺论文,已经逐渐从纵横论道发展到了对无产阶级文艺的关注。此时的鲁迅,逐渐向《艺术论》的无产阶级文艺论说,以及《十月》、《毁灭》这类描写无产阶级的文学作品走去。《壁下译丛》收入文艺译文25篇,后半部分逐渐将兴趣转向俄苏文艺和新兴的无产阶级文艺。这段时期,鲁迅先是翻译了日本评论家片上伸的"无产阶级文艺理论",继而是苏联卢那察尔斯基的《艺术论》,接着是俄国著名早期马克思主义理论家普列汉诺夫的《艺术论》,然后是卢氏《文艺与批评》,最后是苏联关于文艺的会议集和决议的《文艺政策》。这些文艺译作有很多就是发表在鲁迅主编或参编的刊物上,既引导着这些刊物的翻译方向,也标记着鲁迅思想的发展轨迹。

二、鲁迅系刊物的状况与译介成绩

鲁迅在1920年代主编或者参编了多种文学期刊:1924年鲁迅在北京参与创办了由北新书局出版发行的《语丝》周刊,为该刊16位撰稿人之一,1927年12月鲁迅接编《语丝》,从第4卷第1期编至第4卷第51期,后由柔石接编;1925年鲁迅在京创办《莽原》周刊,附《京报》发行,1925年11月27号出至第32期停刊,1926年1月10号《莽原》复刊,改出半月刊,由未名社出版、鲁迅编辑,1926年8月交由韦素园接编;1928年《未名》半月刊创刊于北京,由未名社编辑、未名社出版部印行,1930年4月30号出至第2卷第9~12期合刊号终刊,共出两卷凡24期;1928年6月20日鲁迅在上海与郁达夫合作创办并主编《奔流》月刊,上海北新书局发行,鲁迅设计封面并题写刊名,1929年12月20日出至第2卷第5期终刊;1928年鲁迅与柔石在上海创办《朝花周刊》,后又于1929年6月创办《朝花旬刊》;此外,北新书局的《北新》刊物,

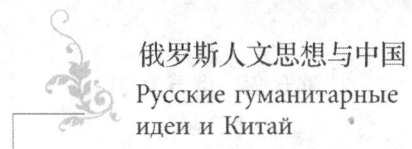

鲁迅也常莅临指导,对其产生了不容忽视的影响。

从某种意义上说,1920年代纷乱的文学局面就是一场大规模的"杂志之战",对于作家来说,杂志和报纸就意味着他们创作的生命本身,成为他们重要的生存空间。鲁迅所编辑或者参加编辑的刊物,都比较重视翻译与倡导翻译。鲁迅写小说,始于1911年的《怀旧》,晚于翻译;终于1935年12月的《采薇》、《出关》、《起死》,又早于翻译。观鲁迅一生,翻译外国文学与文论其实在他的生命中占据着重要地位。他此期参与的文学期刊,大约可以分为两种类型:一是《语丝》、《莽原》等以杂文为主的专业期刊;一是《北新》、《未名》、《奔流》、《朝花》等以翻译为主的专业期刊。比较而言,后者也许更能体现鲁迅的意志与情怀。如果就译介俄苏文学的绝对数量而言,《未名》、《朝花》翻译的较少,《语丝》、《莽原》、《北新》、《奔流》翻译的较多,数据统计:《未名》译介了4篇,《朝花》译介了(关于俄苏文学的文章)12篇,《语丝》译介了33篇,《莽原》(周刊、半月刊)34篇,《北新》54篇,《奔流》30篇。因这六种主要杂志中有三种是由北新书局负责出版,所以本文拟以此为分类标准,对这些刊物分而论之。

(一)鲁迅与北新书局系列刊物

北新书局于1925年3月在鲁迅支持下成立。书局开张后,鲁迅常到书局给予指导,他的著作几乎统交北新书局出版,此外还主持出版郁达夫、谢冰心著作及《奔流》、《青年界》、《活叶文选》等刊物。北新书局经常出现在鲁迅日记和书信中,许广平曾说:"对于某某书店(指北新书局),先生和它的历史关系最为深厚。先生为它尽力,为它打定了良好基础,总不想使它受到损害。"[①]1926年8月《北新》周刊创刊于上海,由孙福熙主编,北新书局出版发行;第2卷起改半月刊,由潘梓年、石民等编辑,1930年12月终刊,共出124期。《北新》是北新书局因出版业务需要所办,刊物内容涉及政治、经济、文化诸方面,而以书刊评介和序跋文为大宗,且以较大篇幅发表外国文学译作和文艺评论。其中翻译的俄苏文学作品有十几篇,占三分之一,主要是契诃夫、屠格涅夫、库普林、马雅河夫斯基的作品。对俄苏作家及作品的研究、对俄苏文艺的探讨,尤其是对苏联社会问题及无产阶级进步作家文艺观的译介,用力比较明显。

---

① 许广平:《十年携手共艰危——许广平忆鲁迅》,河北教育出版社2001年版,第38页。

表 5.7 《北新》翻译情况表

文学作品（注①）	契诃夫	屠格涅夫	库普林	高尔基	阿尔志跋绥夫	马雅可夫斯基
	4 篇	2 篇	2 篇	1 篇	1 篇	1 篇
文论作品（注②）	卢那察尔斯基	托洛茨基	藏原惟人[日]	黑田辰男[日]	茂森唯士[日]	博立策
	2 篇	1 篇	1 篇	1 篇	1 篇	1 篇

其中契诃夫的 4 篇文章是小品《人生真奇妙》、《恐怖——我的朋友的故事》、《夜间的调情》、《〈契诃夫随笔〉抄》，屠格涅夫的两篇作品是《够了》、《屠格涅夫散文诗抄》，此外有库普林的《月桂》、《杀人者》，高尔基的《恶魔》，阿尔志跋绥夫的《结婚论》，马耶可夫斯基的《我们的进行曲》。文论方面主要翻译了卢那察尔斯基的《唯物论者的文化观》、《艺术是怎样产生的》，托洛茨基的《俄国的前途》，藏原惟人的《俄国文学之最顶点的要素》、《关于绥蒙略夫及其代表作〈饥饿〉》，博立策的《评托尔斯泰主义》等。此外，是多篇对苏俄社会问题与文坛讯息的介绍。

1924 年 11 月 17 日，《语丝》周刊在北京创刊，《语丝》周刊可分为前后两个阶段：从创刊到 1927 年被查封，刊物设在北京，是为前期；从 1927 年底到 1930 年停刊，刊物设在上海，是为后期，鲁迅主编《语丝》就始自 1927 年底。以《语丝》周刊为纽带的语丝社，是一个思想倾向和文学态度比较相近的同人团体，除《语丝》外，《莽原》和《京报副刊》也是他们的重要阵地。《语丝》周刊"本无所谓一定的目标，统一的战线"，只是为同人提供一个发表作品的园地，刊物主要以"文明批评"与"社会批评"为宗旨，倡导"文学为主，学术为辅"的思想定位。

---

① 除表中所列，还有苏联莱阿夫伦支的《在沙漠上》，阿开抵艾菲成柯的《厌世的幼童》，希什克夫的《悲剧中的喜剧》，克鲁泡特金的《农奴的故事》，卡斯特夫《我们于钢铁中生长出来》，斐定《冰川》。

② 除表中所列，还有 A. B. Magil 著的《玛耶可夫斯基》等文章。

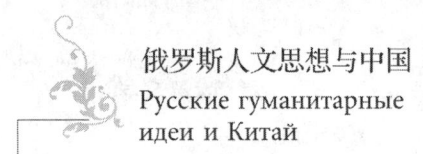

表 5.8　《语丝》翻译俄苏文学作品一览表

作者	契诃夫	屠格涅夫	高尔基	普希金	毕勒涅克	莱蒙托夫
数目	8 篇	4 篇	1 篇	1 篇	1 篇	1 篇
篇目	注①	注②	《人的生命》	《春》	《信州早杂记》	《帆》

　　以杂文创作与社会文明批评为主旨的《语丝》杂志,在俄苏文学的翻译方面,成绩也不容小觑。它一共翻译了 30 多篇俄苏文章,重点在译介俄苏名家如契诃夫、屠格涅夫等人的作品。此外,刊载了 5 篇关于陀思妥耶夫斯基的文章(包括陀思妥耶夫斯基的几封信笺)。在文论方面,比较重要的译作是鲁迅翻译的卢那察尔斯基的《艺术与阶级》、不文翻译的《叶赛宁倾向底清算》以及其撰写的《苏联文坛近事——马克思派与非马克思派的文学论争》,还有日本作者的 3 篇论文:冈泽秀虎的《苏俄普罗文学发达史》、米川正夫的《最近的苏联文学》、黑田辰男的《革命十年间苏俄诗的轮廓》。

　　《语丝》翻译俄苏文学的方向大体确定,既注重介绍俄苏著名作家的文章,又保持了对俄苏文艺的关注。因着自身"社会批评"与"文明批评"的宗旨,以及对杂文创作的提倡,《语丝》的翻译对象,相对重视具有类似精神气质的俄苏作品,这也许是其翻译了大量契诃夫作品的原因之一。随着时势的发展,不光鲁迅在接触与学习卢那察尔斯基、普列汉诺夫等人的马克思主义文艺批评观,就是整个新文学,都在向十月革命后的苏联寻求文艺资源。从鲁迅等人的译作来看,在文艺方面,《语丝》表现出了对马克思主义文艺思想的关注。

　　北新印行的另一大型文艺月刊《奔流》,是鲁迅、郁达夫编辑的文艺月刊,共出 15 期。鲁迅为编辑《奔流》,投入了很大气力。关于这个刊物,许广平曾说:"他(鲁迅)初到上海,以编《奔流》花的力量为最多,每月一期,从编辑、校对,以至自己翻译,写编校后记……都由他一人亲力亲为,目的无非是为了把新鲜的血液灌输到旧中国去,希望从翻译里补充点新鲜力量。"③鲁迅为该刊

---

　　① 指的是《两个朋友》、《浪费的课》、《歌女》、《亚纽塔》、衣萍摘录的三篇《〈契诃夫随笔〉抄》以及契诃夫夫人所作的《关于契诃夫的几句话》。

　　② 指的是散文诗《春天的树林》、《乞丐》(5 卷 17 期)与《呆子》、《你该听傻瓜的审判》(5 卷 30 期)。

　　③ 许广平:《为革命文化事业而奋斗》,许广平著《鲁迅回忆录》,作家出版社 1961 年版,第 152 页。

写编校后记 12 则,自第 2 卷第 2 期起改称《编辑后记》。12 则"后记"是鲁迅在每期编校过程中,对本期所刊文章的说明。有的对本期内容和托尔斯泰作了简要介绍,称托尔斯泰是"十九世纪俄国的巨人",对当时我国文坛某些人指责托尔斯泰的作法,予以批评,涉及了无产阶级应该如何对待和估价文化遗产的问题,显示出鲁迅根据马克思主义的原理做出的可贵思考。有的则感慨当时中外文化交流落后的状况,表现出鲁迅对中外文化交流工作的高度重视。这些"后记"涉及的中外古今作家、艺术家及其作品繁多,所议论的问题大多是重要的文艺理论问题,写来却自由灵活,要言不繁,闪耀着思想锋芒。

鲁迅发表在该刊的稿件,特别地注重介绍苏联的文艺理论,在《奔流》翻译的共计 30 篇俄苏文章中,他一人译了 10 篇。1928 年 5 月他开始翻译《苏俄的文艺政策》,6 月 20 日开始在《奔流》创刊号上发表,从《奔流》1 卷 1 期至 5 期,以及以后的 1 卷 7 期、1 卷 10 期、2 卷 1 期,连载了 6 篇《苏俄的文艺政策》、1 篇《关于文艺政策上党的政策》和 1 篇《文艺政策附录》。另两篇一是讨论高尔基对与苏维埃联邦的启示与意义,一是《青湖记游》。此外,《奔流》研究托尔斯泰的文章有 8 篇,1 卷 7 期设置了托尔斯泰纪念专辑,登载了 7 篇研究介绍托尔斯泰的文章。刊物对高尔基也比较重视,刊载了他的作品《一个秋夜》、《叶曼良·披略延》以及鲁迅翻译的《苏维埃联邦从高尔基期待什么?》、洛扬译的《玛克辛·高尔基论》。由于《奔流》是 1928 年之后创刊,刊物已经更多受到革命文学的影响,对于苏联文艺政策以及苏联的无产阶级作家非常关注,文学作品的翻译则相对减少。

这几份刊物在翻译对象的选择上,大体上比较固定。尤其是对俄苏文艺作品的选择,是围绕着俄苏马克思主义文学批评观进行译介的。卢那察尔斯基、托诺斯基等人的思想,通过这些刊物与中国读者见面,而这与鲁迅的翻译努力密不可分。他把自己对俄苏文艺的思考与选择,通过期刊的方式表达出来,事实证明,鲁迅的选择是正确的,对中国文坛也起到了很重要的建设作用。

(二) 鲁迅与《莽原》、《未名》以及《朝花》

《莽原》是鲁迅编辑的刊物中最早的一种。1925 年 4 月 24 日在北京创刊,开始是周刊,随《京报》发行。鲁迅后来说起创办《莽原》的缘由——"1925 年 10 月间,北京突然有莽原社出现,这其实不过是不满于《京报副刊》编辑者的一群,另设《莽原周刊》,却仍附《京报》发行,聊以快意的团体。奔走最力者为高长虹,中坚的小说作者也还是黄鹏基、尚钺、向培良三个,而鲁迅是被推为

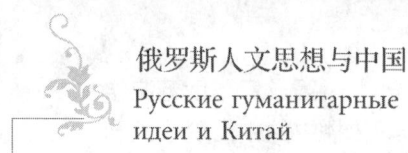

编辑的。但声援的很不少,在小说方面,有文炳、沅君、霁野、静农、小酩、青雨等。"①鲁迅主张创办《莽原》的更深层次的社会背景是:"我早就很希望中国的青年站出来,对于中国的社会,文明,都毫无忌惮地加以批评,因此曾编印《莽原周刊》,作为发言之地,可惜来说话的竟很少。在别的刊物上,倒大抵是对于反抗者的打击,这实在是使我怕敢想下去的。"②在给许广平的信中,鲁迅直截了当地指明《莽原》宗旨——"中国现今文坛的状况,实在不佳,但究竟做诗及小说者尚有人。最缺少的是'文明批评'和'社会批评',我之《莽原》起哄,大半也就为了想由此引些新的这一种批语者来,虽在割去敝舌之后,也还有人说话,继续撕去旧社会的假面。可惜所收的至今为止的稿子,也还是小说多。"③从中可以看出,在鲁迅的预想中,《莽原》杂志的定位是与《语丝》趋同的,提倡的都是"文明批评"和"社会批评"。作为《莽原》的"编辑先生",鲁迅一直大力搜求的,乃是评论性质的杂文文体,"然而咱们的《莽原》也很窘,寄来的多是小说与诗,评论很少,倘不小心,也容易变成文艺杂志的。我虽然被称为'编辑先生',非常骄气,但每星期被逼作文,却很感痛苦,因为这就像先前学校只能赶的星期考试。你如有议论,敢乞源源寄来,不胜荣幸感激涕零之至!"④

《莽原》前后共翻译俄苏文章38篇,其中以翻译俄苏文学作品居多,文艺研究的文章仅有8篇,且从1927年第2卷1期才开始陆续刊登。文学作品翻译得比较多的俄苏作家是安德烈耶夫、梭罗古勃、高尔基、阿尔志跋绥夫。安德烈耶夫的4篇作品是《马赛曲》、《巨人》、《微笑》、《在小火车上》,梭罗古勃的4篇作品是《邂逅》、《小小的白花》、《往绮玛忤去的路上》、《小诗三首》,高尔基的作品是《海鸥歌》、《埃黛钓丝》,此外还有陀思妥耶夫斯基的《阿列伊》,阿尔志跋绥夫的《巴什庚之死》(鲁迅翻译),屠格涅夫的《门槛》,契里珂夫的《椽上的一朵小花》、《献花的女神——回忆契诃夫》,科罗连珂的《小小的火》,赛甫琳娜的《两个朋友》,撒浮诺夫的《这是很久了》,阿洛塞夫的《兵》等。鲁迅对于俄苏文学的喜爱,更多的集中在一些比较特别的作家,比如安德烈耶夫、阿尔志跋绥夫等人身上——《莽原》对俄苏作品的翻译,很大程度上

---

① 《〈中国新文学大系〉小说二集序》,《鲁迅全集》第6卷,人民文学出版社2005年版,第258页。
② 鲁迅:《华盖集·题记》,《鲁迅全集》第3卷,人民文学出版社2005年版,第4页。
③ 《两地书·一九》,《鲁迅全集》第11卷,人民文学出版社2005年版,第64页。
④ 《两地书·一九》,《鲁迅全集》第11卷,人民文学出版社2005年版,第70页。

正是鲁迅翻译兴趣的一种表现。

  文艺论文则几乎全部翻译托洛茨基的文章,包括《无产阶级的文化与无产阶级的艺术》、《未来主义》、《〈文学与革命〉引言》等作品。托洛茨基是苏联时期著名政治家,红军的缔造者之一,他的思想在当时的苏联影响很大。他认为无产阶级在掌握政权后,在文化建设方面,其主要任务是要建设团结一切积极力量的全民的文化,而不是无产阶级专门的阶级文化。因此,他认为在当时的苏联,要团结一切可以团结的力量,不可歧视"同路人作家"。这种思想与卢那察尔斯基、沃隆斯基等人有着共同的地方。鲁迅受到他们的影响,对于文学的看法,不断向马克思主义文艺思想靠近,为以后在革命文学论争中掌握正确的理论武器,纠正国内的左倾革命文艺观,奠定了基础。

  未名社是我国新文学史上一个以翻译介绍外国文学为己任的翻译文学团体,被鲁迅赞扬为"一个实地劳作,不尚叫嚣的小团体"[①]。它的成员虽然不多,主要只有韦素园、曹靖华、李霁野等人,但却都是卓有成效的翻译文学工作者,他们对新文学的主要贡献不在创作,而在翻译。甚至可以说,未名社就是本着要为翻译文学争一席之地、要壮大中国的翻译文学,从而建设中国新文学的目的而成立的。鲁迅正是未名社的组织者与创始人,未名社的翻译文学活动,也是在鲁迅的直接领导下开展起来的。1928 年《未名》半月刊创刊于北京,由未名社编辑、未名社出版部印行,1930 年 4 月 30 号出至第 2 卷第 9~12 期合刊号终刊,共出两卷凡 24 期。虽然《未名》半月刊仅仅翻译了 4 篇俄苏文章,但是这并不能代表未名社对于俄苏文学翻译的功绩。事实上,未名社的成员多对俄苏文学抱有浓厚的兴趣,俄苏文学翻译占据了他们译作的多数。虽然《未名》半月刊上登载的俄苏作品不多,但是在期刊之外,未名社翻译的俄苏文学著作数量却不小,而且其中的一些人,比如曹靖华,在以后的文学生涯中不断地继续与拓展了这种俄苏文学的译介工作,可以说在俄苏文学翻译史上贡献巨大。另外,《未名》半月刊上俄苏译作数量不多的另一原因,大概跟 1928 年特殊的国内政治环境有着关联。我们知道,1928 年不仅仅是革命文学兴起的时候,同时也是蒋介石发动反革命政变,使国内处于白色恐怖笼罩之下的年头。这样的时代背景之下,未名社的进步翻译家所翻译的俄苏作品,尤其是苏联文学与无产阶级文艺思想,必然在发表刊行的过程中遭受种种掣

---

① 《曹靖华译〈苏联作家七人集〉序》,《鲁迅全集》第 6 卷,人民文学出版社 2005 年版,第 553 页。

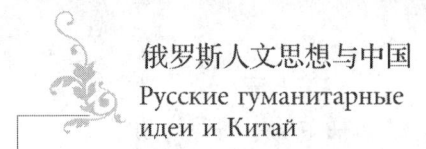

肘与威胁,难能达到顺畅自由的程度。1928年未名社遭到反动派的查封,几个青年丧生,便是血淋淋的证据。因此,对于特定环境之下的文学期刊,考察其翻译文学功绩,不能不注意到它们"工夫在期刊之外"的苦心与成绩。

如果说在未名社,鲁迅影响了韦素园、李霁野、曹靖华等一批有着翻译爱好的文学青年,共同从事文学翻译,那么在《朝花》,鲁迅则是与柔石一道,开展着俄苏文学的翻译工作。《朝花》翻译的俄苏文章一共有12篇。其中有4篇《俄罗斯通信》,2篇普列汉诺夫的《论法兰西底悲剧与演剧》,2篇闵予转译的《托尔斯泰》,以及4篇苏俄文学作品。从中可以看到,鲁迅在翻译文学方面,不仅不遗余力,而且很注意对新的翻译人才的培养。他把自己对待翻译文学的态度,自己的翻译经验与翻译方法,身体力行地传授给新进的翻译力量,从而使一种鲁迅式的译风在新文学的接受史上产生了很深远的影响。这种鲁迅式的译风,强调的正是对于翻译文学认真负责的态度、百折不挠的翻译精神以及为改造当下社会、为现实斗争服务的务实的翻译宗旨。而与青年译者们在文学期刊中的共事与同勉,为这种译风的传承提供了理想的现实载体——到了解放后,那种对于苏联文学的一丝不苟的译介与接受,还能看到这些翻译先驱者们筚路蓝缕的身影。

三、鲁迅的译介动机及影响

鲁迅在《叶紫作〈丰收〉序》中说道:"在我自己,却与其看薄凯契阿(薄伽丘)、雨果的书,宁可看契诃夫、高尔基的书。因为它更新,和我们的世界更接近。"[①]鲁迅将19世纪的俄国文学看做是"为人生"的文学,他说:"无论它的主意是在探究,或在解决,或者堕入神秘,沦于颓唐,其主流还是一个:为人生。"[②]而且许多事情和中国很相像,可以激起中国的知识界更好地认识中国的现实社会。这也正是鲁迅从事俄苏文学翻译的一个出发点,即将这种"为人生"的文学介绍到中国来,以启迪人民陈旧的思想,扭转文坛颓靡的文风,促进革命的前进与发展。

此外,可能还因为俄苏文学的艺术风格打动了鲁迅。为什么鲁迅从未译过俄国大文豪托尔斯泰、屠格涅夫、陀思妥耶夫斯基的一篇作品,却偏爱于翻

---

① 《叶紫作〈丰收〉序》,《鲁迅全集》第6卷,人民文学出版社2005年版,第227-228页。
② 鲁迅:《竖琴前记》,《鲁迅全集》第4卷,人民文学出版社2005年版,第443页。

译在俄国文学史上地位并不高的安德烈耶夫和阿尔志跋绥夫的作品呢？这就是因为这些作家的艺术风格跟鲁迅的内心有着某种暗合之处。安德烈耶夫及阿尔志跋绥夫的创作,介乎现实主义与表现主义、象征主义之间,鲁迅的兴趣恐怕也在于此。他说:"安特来夫的创作里,又都含着严肃的现实性以及深刻和纤细,使象征印象主义与写实主义相调和。俄国作家中,没有一个人能够如他的创作一般,消融了内面世界与外面表现之差,而现出灵肉一致的境地。他的著作是虽然很有象征印象气息,而仍然不失其现实性的。"①这话也完全可以用来评述鲁迅的某些小说。阿尔志跋绥夫所处的时代,是俄国知识分子空前彷徨的时代,国家的专制统治让人窒息,1905年革命的失败、残酷的世界大战及动荡的十月革命,这样的时代背景,直接导致了悲观主义、虚无主义、无政府主义等思潮的产生,它们在文学中的反映,往往就是阿尔志跋绥夫式的挑逗与绝望。这比较符合鲁迅的"口味":写主人公与环境的对立,写主人公近乎绝望的抗争,也正是鲁迅创作的重要主题。

佛克马在《俄国文学对鲁迅的影响》一文中,从另一角度对此做出了分析,他认为鲁迅的很多翻译小说,是由鲁迅自身的某种兴趣或偏好决定的。他说:"首先,鲁迅只懂德语和日语,因而他所接触的只是部分被译为这两种文字的作品。其次,人们一贯认为,鲁迅喜欢翻译批评社会的作品。但是,他对于产生这种文学的国家之复杂的社会条件并不十分了解。其实,社会批评并不一定都是'进步的'。贝尔辛认为,鲁迅翻译的很多小说,与其说具有革命性,不如说更具有感伤情调。另外,鲁迅的选择很可能还出于某种个人的偏好,即他喜欢书里的插图(画册、木版画)。"②佛克马还特别论述了鲁迅对于俄国文学的取舍,并由此展示出鲁迅的文学倾向:"俄国文学不但加速了传统文化体系的崩溃,也介绍了一些新的价值标准。可以大致把它们分为以下三类:浪漫主义、现实主义、象征主义及颓废派。在鲁迅所推崇并翻译的俄国作品中,属于浪漫主义和象征主义流派的居多;对于现实主义流派的作品,鲁迅则翻译和介绍得很少。这一事实可为理解鲁迅的文学创作提供一条线索。"③这

---

① 《〈黯澹的烟霭里〉译者附记》,《鲁迅全集》第10卷,人民文学出版社2005年版,第201页。
② [荷]D.佛克马作,叶坦·谢力红译《俄国文学对鲁迅的影响》,录入乐黛云编《国外鲁迅研究论集》(1960—1981),北京大学出版社1981年版,第285页。
③ [荷]D.佛克马作,叶坦·谢力红译《俄国文学对鲁迅的影响》,录入乐黛云编《国外鲁迅研究论集》(1960—1981),北京大学出版社1981年版,第279—280页。

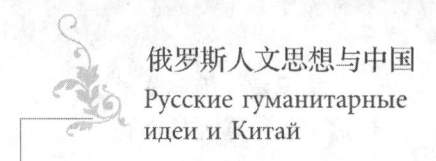

样的见解,在"为人生"、"为社会"的鲁迅研究视阈之外,向我们揭示了鲁迅从事翻译的别种原因,也很有其合理性。

　　至于鲁迅重视翻译苏联文艺理论与介绍马克思主义文艺思想的原因,则是因为感受中国文坛的发展大势,同时也是他自身思想发展进步的结果。在与创造社、太阳社以及新月社的论战中,鲁迅不断学习与翻译了苏俄的无产阶级文艺理论,正如他后来在《三闲集·序言》里面所总结的:"我有一件事要感谢创造社的,是他们'挤'我看了几种科学的文艺论,明白了先前的文学史家们说了一大堆,还是纠缠不清的疑问。并且因此译了一本普列汉诺夫的《艺术论》,以救正我——还因我而及于别人——的只信进化的偏颇。"①

　　鲁迅自己写小说,显然就是从安德烈耶夫、阿尔志跋绥夫、果戈理等人那里得到启发。他在《〈中国新文学大系〉小说二集序》中曾说:"《药》的收束,也分明的留着安特莱夫式的阴冷。"其实不只是《药》,《呐喊》、《彷徨》、《野草》中亦多有此种氛围。此外,鲁迅笔下的多数人物,与果戈理、冈察洛夫、迦尔洵、阿尔志跋绥夫等作家塑造出来的狂人骗子、恐怖分子、零余者一样,都属于广大的被侮辱、被压迫的阶层。这些小人物们揭示了一种很重要的世界观,是中国文学中的一个新因素,并对中国文学产生了深远的影响。

第四节　"创造"、"太阳"与"新月"的三种态度

　　以郭沫若、成仿吾为代表的创造社,以蒋光慈为代表的太阳社,以及以胡适、徐志摩、陈西滢为代表的欧美派自由主义知识分子,是活跃在1920年代中国文坛的三股重要的文学力量,他们各自占据着不少的文学期刊或者报纸副刊,作为宣扬自己文学抱负与政治理想的战场。他们对待俄苏文学文化的态度是不相同的。前期创造社强调文学应该忠实于自己"内心的要求",表现出浪漫主义和唯美主义的倾向,在翻译方面他们注重的是关于翻译方法与翻译批评的论争;后期创造社的成员开始倾向革命,创造社出现了整体的转向,开始与1928年创立的太阳社一道,共肩革命文学的重任,因而对于俄苏的作品、俄苏的文艺、俄苏的社会问题表现出了远超前期的关注。太阳社自蒋光慈创

---

① 鲁迅《三闲集·序言》,《鲁迅全集》第4卷,人民文学出版社2005年版,第19页。

社以来,就径直成为无产阶级文学的宣传者,太阳社的几份刊物,尤其是《海风周报》,在翻译苏联文学作品与苏联的无产阶级文艺思想方面非常用力,而且方向特别集中。而以《努力周报》、《现代评论》、《新月月报》等为阵营的欧美派自由主义知识分子,因为自身留学欧美的文化背景,以及富裕宽松的上层社会的生活环境,因而在革命与改良两者间总是倾向于后者,他们对于俄苏文学(尤其是苏联文学)翻译用力不多,兴趣也并不在此。然而有他们参与的一系列翻译论争,对于澄清一些基本的翻译问题有廓清之功,因而也间接地为翻译俄苏文学贡献了力量。

一、前期创造社的翻译批评与翻译心理嬗变

我们在谈及有关创造社的文学翻译时,最直接的印象是郭沫若在1921年1月上旬给《时事新报·学灯》的编辑李石岑的信中说道:"我觉得国内人士只注重媒婆,而不注重处子;只注重翻译,而不注重产生,……翻译事业于我国青黄不接的现代颇有急切之必要,虽身居海外,亦略能审识,不过只能作为一种附属的事业,总不能使其凌越创造、研究之上,而狂振其暴威。……总之,处女应当尊重,媒婆应当稍加遏抑。"①进而郭沫若把创造比作"处女",把翻译比作"媒婆"。鲁迅在《二心集·上海文艺之一瞥——八月十二日在社会科学研究会讲》一文中也认为创造社"崇创作,恶翻译,尤其憎恶重译"②。就创造社的整体风格与艺术倾向来看,鲁迅所言不虚。尤其是前期创造社,翻译文章的比例不大,且这些译作,还多是一些有关翻译批评或者翻译方法论争的类型——这和创造社异军突起、依靠凌厉的批评在文坛打出血路的思维方式十分合拍。其中一些关于翻译方法的争论,实则是创造社参与论战的一种手段,激越的意气之争往往胜过冷静的真理之辩。不少人常由批评译品进而批评译者、攻击译者人格与翻译动机。郭沫若就曾说过:"指摘一部错译的功劳,比翻译500部错译的功劳更大!"③完全可说是一种"英雄主义"的批评风采。鲁迅批评创造社作家找文学研究会作家的翻译之错,"倘被发现一处误译,有时竟至于特做一篇长长的专论。"④茅盾于创造社的翻译论争看得甚为清楚,评述得也比

---

① 郭沫若:《致李石岑》,载1921年1月15日《时事新报·学灯》,写于1920年12月20日。
② 鲁迅:《上海文艺之一瞥》,《鲁迅全集》第4卷,人民文学出版社2005年版,第302页。
③ 郭沫若:《论翻译的标准》,1923年7月14日《创造周报》,第10期。
④ 鲁迅:《上海文艺之一瞥》,《鲁迅全集》第4卷,人民文学出版社2005年版,第302页。

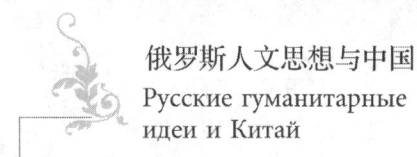

较客观,他认为那其实"是整个论战中最无积极意义的一部分",但是"它在客观上还是起到了一点作用,例如刺激了大家去学好外文,去努力提高译品的质量等"①。

创造社的翻译观一开始便与文学研究会大相迥异。一方面,创造社大谈特谈的"应该多创作,少翻译"的言论,遭到了文学研究会的反驳。郑振铎形象地把翻译比作"奶娘":"翻译者在一国的文学史变化更急骤的时代,常是一个最需要的人,……但是翻译者的工作的重要却更进一步而有类于'奶娘'"②。茅盾作为文学研究会的主角之一,也积极地参与了这场论争,他在《小说月报》上发表评论,谈到:"我觉得翻译文学作品和创造一般地重要,而在尚未有成熟的'人的文学'之邦像现在的我国,翻译尤为重要,否则,将以何者疗救灵魂的贫乏,修补人性的缺陷呢?"他明确指出"当今之时,翻译的重要不亚于创作。西洋人研究文学艺术所得的成绩,我相信,我们很可以或者一定要采用。……翻译就像是手段,由这手段可以达到我们的目的……我们的新文学"③。而在创造社方面,直到1925年,成仿吾还在《今后的觉悟》一文中挖苦文研会等人,说他们"因为自己不能创作,便尽力劝人从事翻译。他们的用心无非是一方面冷却他们对于创作的信仰与努力,他方面想借此,勉强遮饰自己不能创作的隐痛,暗地里也想借此多少扩张他们那不三不四的翻译品的行销"④。另一方面,当沈雁冰们以毋庸置疑的语气强调着"直译"的"无讨论之必要"的时候,郭沫若却把注意力投向了翻译者自身所具有的与原作相同或者相近的生活"情趣",他的《茵梦湖》改译得相当成功,深受当时的文学青年的欢迎,究其原因,就是"要多谢我游西湖的那一段经验,我是靠着自己在西湖所感受的情趣,把那茵梦湖的情趣再现了出来"⑤。从某种意义上说,这就是一种意译的翻译文学观,其与直译的区别,实际上就是对待翻译文学的归化与异化的分歧。另外,在翻译作品的选择上,创造社也别具硕见。首先,他们认为翻译文学应该体现的是"个性解放"式的时代精神,而非仅仅去翻译被侮辱被损害者的文学。翻译者应该选择那些自己的个性能够对译品产生"神

---

① 孙中田等编《茅盾研究资料》(上),中国社会科学出版社1983年版,第271页。
② 西谛:《翻译与创作》,1923年7月2日《文学旬刊》,第78期。
③ 记者:《一年来的感想与明年的计划》,1921年12月10日《小说月报》,第12卷第12期。
④ 成仿吾:《今后的觉悟》,1925年10月16日《洪水》半月刊,第1卷第3期。
⑤ 郭沫若:《郭沫若自传》,安徽文艺出版社1997年版,第263页。

会"的作品,而非拘泥于"为人生"、"救时弊"的现实主义文学;其次,他们认为译品的选择应该求"真",要慎重选择原书,尽量避免重译。正是出于这些原因,我们看到了创造社与胡适、鲁迅、文学研究会之间关于翻译的论争频频爆发,也会发现创造社所移译的作品大多来自那些强国巨邦,那些文学思潮异常先进活跃的文艺强势国家,而非文学研究会所钟情的北欧、俄苏等弱小国家的文学。据统计,前期创造社的重要刊物《创造季刊》和《创造周报》一共翻译外国文章23篇,其中英国最多,达7篇,其次是德国与法国,分别是5篇与4篇,俄罗斯文章译介的数量不多,只有2篇。

创造社的浪漫主义倾向,一是表现在他们的译作方面,更多地翻译介绍西方浪漫主义作家作品与文学思潮,一是表现在他们的翻译作风上,具有一种特别的激情与创造性。在创作上的浪漫主义倾向,无形之中位移到翻译上,使得创造社的翻译文学同样携带着一股浪漫之风。但是,正如胡适1921年初见郭沫若便觉得此人诗才横溢,却"思想不大清楚"一样,[①]以郭沫若等人为核心的创造社的浪漫激情的特点,使得他们与胡适等人相比,多的是随意与不羁,少的却是理性与冷静。天才型的诗人在创作时,其诗情是兴也勃焉,亡也忽焉,他们对于翻译文学的理解,只怕也循蹈了类似的规律。另外,创造社同人不比胡适等留欧学者,能够投身名门,采学正宗(比如胡适之就学于杜威,梁实秋之投师于白璧德,徐志摩之问道于罗素)——创造社同人只能以日本为学习西学的中介,更多依靠自己来对西方文学作出主观想象与理解,因而缺乏学术上的渊源与起承,当然就难能在学理观念上立足坚稳。于是在时代的风潮跌宕起伏之际,创造社思想的转变也非常疾速,翻译观念的转变,只是其中的一宗。郭沫若1924年就开始与泛神论决裂。他翻译了日本著名经济学家河上肇博士的《社会组织和社会革命》,对以后转向马克思主义起了很大的作用。1924年8月,在写给成仿吾的信中,他自信地宣布:"我现在成了个彻底的马克思主义的信徒了!马克思主义在我们所处的这个时代是唯一的宝筏。"[②]——这也标志着创造社翻译观念的转变,开始由翻译西方浪漫主义作品转向侧重十月革命之后的俄苏文学文艺。郭沫若开始对自己的"翻译媒婆论"与"意译"翻译文学观进行反思与改进,在如何做到既忠实于翻译原作,又

[①] 胡适:《胡适日记》,中华书局1985年版,第136页。
[②] 郭沫若:《郭沫若全集》第16卷,人民文学出版社1989年版,第8页。

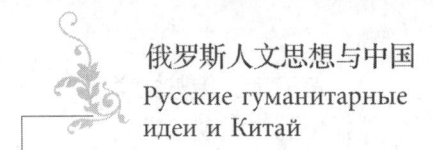

方便中国受众之接受这两方面,他是下了很大的工夫的。

二、转向之后——向俄苏文学的靠拢及其影响

创造社十年活动期间,经营过多份刊物,其中比较有影响的有《创造季刊》、《创造周报》、《创造月刊》、《文化批判》、《洪水》等。《创造周报》停刊后不久,《洪水》周刊遂于1924年8月20日创刊,内容偏重于批评,由上海泰东图书局发行,但只出了1期。1925年夏周全平、洪为法等人酝酿复刊,改为半月刊,第1号于1925年9月出版,1927年12月终刊,共出3卷,计36期。《洪水》半月刊曾开展了对郭沫若《马克思进文庙》(刊于第1卷第7期)的讨论,发表了成仿吾《完成我们的文学革命》、郁达夫《无产阶级专政和无产阶级的文学》(第3卷第26期)以及毛尹若《马克思社会阶级观简说》(第3卷第28期)等文,预示了在第一次国内革命战争时期创造社开始"转换方向"。

在《洪水》半月刊发行期间和停刊后,创造社同人又致力于《创造月刊》和《文化批判》的编纂工作,它们正是创造社后期最具代表性的期刊。《创造月刊》创刊于1926年3月16日,1929年1月10日停刊,共出2卷,第1卷出12期,第2卷出6期。创刊初期内容、性质也大体如同《创造季刊》,但从2卷起经过改革,起了质的变化,即从"纯文艺的杂志"转变为提倡革命文学的"战斗的阵营"。郁达夫在《创造月刊》创刊词中表述了创刊的原因是"消极的就想以我们无力的同情,来安慰安慰那些正直的惨败的人生的战士,积极的就想以我们的微弱的呼声,来促进改革这不合理的目下的社会的组成。"[①]比之于《创造季刊》豪情万丈的发刊词"打破社会因袭,主张艺术独立,愿与天下之无名作家,共兴起而造成中国未来之国民文学"[②],不难看出,前期群英聚首、昂首天外的创造雄风已渐归平实,创造社同人也不再追求所谓纯粹的艺术,而是逐渐萌生出了对于社会的抱负。在第2卷,《创造月刊》发表了《新的开场》,王独清讲道:"我们认清了艺术底职务是要促社会底自觉,艺术决不能为少数者所私有,决不能只作少数特权者底生活和感情的面镜。我们认清了艺术若不去到多数底大队里面,他底根本便不能成立。"[③]由此,创造社旗帜鲜明地确立了艺术的社会功利性,并且把社会批判与文化批判作为了期刊的主要内容。

[①]《〈创造月刊〉卷头语》,1926年3月16日《创造月刊》,第1卷第1期。
[②]《纯文学季刊〈创造〉季刊出版预告》,1921年9月29日《时事新报》。
[③] 王独清:《新的开场》,1928年8月10日《创造月刊》,第2卷第1期。

这期间，其成员以及刊物的论述模式转向了注重群体与社会的革命论述与创作，大量介绍苏联十月革命文学的文字出现在刊物之上。甚至，此时的刊物封面与文章插图也都呈现出普罗工农的艺术色彩：以工人与工厂为主题的苏派版画，强调劳工被剥削的苦痛以及群众力量之强大的图像诉求等等。

在创造社的后期刊物中，以《创造月刊》翻译的俄苏文章最多，虽然翻译的绝对数量相当有限，但是考虑到创造社同人对于翻译与创作关系的偏激认识，再比较其前期《创造季刊》与《创造周报》的译介成绩，可以看出，后期创造社无论是翻译观念还是译介实绩，都已经取得不小发展，且对俄苏的翻译逐渐集中于对苏联文艺及无产阶级作家的理论研究。《创造月刊》翻译的文章中，研究高尔基的论文有 2 篇，分别是倭罗夫斯基的论文《高尔基论》及塞尔菲莫维奇的论文《高尔基是同我们一道的吗？》。还有朱镜我翻译的卢那察尔斯基著的《关于马克思主义文艺批评之大纲》与嘉生译的伊理支著的《托尔斯泰——俄罗斯革命明镜》。此外有一篇段可情写的《旅行列宁格勒》的游记。除此之外，从第 1 卷第 2 期开始，《创造月刊》连载了蒋光慈所写的《十月革命与俄罗斯文学》一文，第 1 卷第 3 期发表了郭沫若的《革命与文学》、第 1 卷第 9 期发表了成仿吾的《从文学革命到革命文学》。在《从文学革命到革命文学》一文中，成仿吾宣称"有闲阶级"发动的"文学革命"已经到了一个"分野"的时期，现在应是革命的阶层负起责任的时候了，从而疾呼"从文学革命到革命文学"。"革命文学"的主张得到创造社全体成员的积极响应，从 2 卷 1 期起，刊登了冯乃超《冷静的头脑——评驳梁实秋的〈文学与革命〉》及杜荃《文艺战线上的封建余孽——批评鲁迅的〈我的态度气量和年纪〉》等，并由此与 1928 年 1 月 15 日创刊的《文化批判》、1928 年 1 月 1 日创刊的《太阳月刊》一起，同鲁迅等展开了关于革命文学的论争。

本来，在 1928 年 1 月间，鲁迅和创造社的郭沫若、郑伯奇等曾决定组成联合阵线，恢复《创造周报》，并在元旦出版的《创造月刊》第 1 卷第 8 期上发表了以鲁迅为首，郭沫若、成仿吾、郑伯奇、蒋光慈都列名的《〈创造周报〉复活宣言》。但从日本弃学回国的创造社新成员们却认为这不足以代表一个"新的阶段"，遂废除前议，另外出版偏重政治理论与文艺批评的《文化批判》，以冯乃超、李初梨、彭康、朱镜我等为主要撰稿人。冯、李等创造社的新成员，在日本留学期间，接受的是经过日本转手翻译的苏联"无产阶级文化派"与"拉普"的文艺理论。"无产阶级文化派"鼓吹历史虚无主义，主张全盘否定文化遗

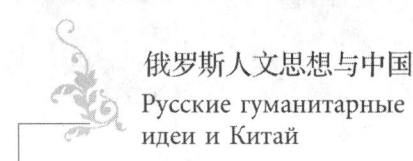

产,企图在"空地上"建立一种纯粹的"无产阶级文化",以庸俗化的观点指导创作,排斥任何个人的心理表现,因而显露出极度虚夸、浮泛与狂妄的特点,并成为20世纪俄罗斯文学极左思潮的滥觞。"拉普"是1925年成立的"俄罗斯无产阶级作家联合会"的简称,是当时苏联最大的文学团体,核心人物是阿维尔巴赫、法捷耶夫、叶尔米洛夫等人。"拉普"推行的是宗派主义路线,唯我独"左",唯我独"革",粗暴地攻击包括高尔基在内的所谓"同路人"作家,认为"同路人"作家只能歪曲地反映革命。他们常常把政治口号直接搬到文学创作上来,过分强调文艺的社会宣传功用,并且以宣传效果的好坏来衡量文艺的高下,把文艺理解成为政治概念的图解,倡导"辩证唯物主义创作方法"。这些文艺思想经过日本"纳普"的左倾阐释,被成仿吾、李初梨等人所接受,因此他们在回国后,踌躇满志,全盘否定中国的文化与历史,要在一个完全崭新的空地上建立他们的革命文学。鲁迅等老一辈的文学家,在他们眼中,都成了"封建余孽",是必须打倒的对象,而决非可以联合的朋友。

冯乃超提倡无产阶级艺术的文章《艺术与社会生活》发表在《文化批判》月刊第1期,该文将"五四"以来的新文学,除他们自己阵营里的郭沫若之外,统统加以否定,并且点名批评了鲁迅、叶圣陶、郁达夫等人,认为鲁迅"常从幽暗的酒家的楼头,醉眼陶然地眺望窗外的人生……"将鲁迅刻画成时代的落伍者加以奚落。与此同时,郭沫若也以杜荃的化名,在1928年8月《创造月刊》第2卷1期上发表《文艺战线上的封建余孽》一文,给鲁迅戴上了"封建余孽"的帽子。创造社的成仿吾、李初梨,乃至太阳社的蒋光慈、钱杏邨等,纷纷撰文[1],在论证革命文学是历史发展的必然、符合新文学发展的规律之同时,亦不忘反手一棒,把鲁迅打成革命文学的障碍、"非革命文学的势力"而非难之。

面对这些突加之罪,鲁迅当然不能平静,他于1928年2月23日撰写了《"醉眼"中的"朦胧"》一文,对创造社的指责进行反驳,不想却引来了更为强烈的批判[2]。为了掌握论战的理论武器,更是为了弄清楚创造社所宣扬的一

---

[1] 成仿吾《从文学革命到革命文学》(《创造月刊》1卷9期)、李初梨《怎样地建设革命文学?》(《文化批判》第2期)、蒋光慈《关于革命文学》(《太阳月刊》1928年2月号)、钱杏邨《死去了的阿Q时代》(《太阳月刊》1928年3月号、5月号)。

[2] 冯乃超《人道主义者怎样地防卫着自己》(《文化批判》月刊第4期)、成仿吾《毕竟是"醉眼陶然"罢了》(《文化批判》月刊第4期)、彭康《"除掉"鲁迅的"除掉"》(《文化批判》月刊第4期)。

系列革命文学的概念，鲁迅对马克思主义理论与无产阶级的文艺思想进行了刻苦的学习。早在 1925 年，鲁迅就翻译了厨川白村的《出了象牙之塔》，开始在思想上对接受无产阶级文艺理论做了准备。稍后的《壁下译丛》，已逐渐将兴趣转向俄苏文艺和新兴的无产阶级文艺。这段时期，从他所翻译的文艺作品也可以看出，卢那察尔斯基的《艺术论》、《艺术与阶级》，普列汉诺夫的《艺术论》，托洛茨基的《无产阶级的文化与无产阶级的艺术》，以及《苏俄的文艺政策》等，纷纷进入了鲁迅翻译或者学习的视野。普列汉诺夫与卢那察尔斯基是俄苏马克思主义文学批评的主要代表，力图用马克思主义观点回答革命文学发展中出现的一系列问题，他们对"无产阶级文化派"否定文化遗产的虚无主义倾向进行了坚决的斗争，对"拉普"把文艺看成政治的附庸的错误思想也做出了批评，显露出对于文艺的真知灼见。鲁迅从他们身上，以及托洛茨基与"山隘派"的沃隆斯基身上，弄清了革命文学的理论，感受到了批评的力量。他强调要尊重文艺自身的规律，反对标语口号式的文学，同时反对无限夸大文学的阶级性。他认为在阶级性之外，还应该看到文学的人性。把阶级性和普遍的人性绝对地对立起来，是拒绝人类的遗产，排斥"同路人"作家乃至抹杀文学的审美特点的理论根源①，而这些，正是鲁迅与创造社们文艺观念的根本分歧所在。为了矫正当时中国文坛对于"革命文学"认识的片面性，鲁迅一面把普列汉诺夫、卢那察尔斯基以及托洛茨基等人的文章或者著作翻译到中国来，一面则以论战的方式，相继写出了《我的态度气量和年纪》、《革命咖啡店》、《文坛的掌故》、《文学阶级性》以及《文学与革命》等文章，在批评创造社、太阳社种种错误的同时，也对革命文艺的一些问题作了中肯的分析。

三、《太阳月刊》、《海风周报》、《新流月报》对于俄苏文学的接受

除后期创造社之外，1928 年创立的太阳社也是翻译俄苏无产阶级文学与苏联文艺的重镇。蒋光慈从莫斯科留学归来后，在上海与阿英、孟超等发起成立太阳社，创刊《太阳月刊》，创立春野书店，提倡无产阶级文学。《太阳月刊》停刊后，又主编《时代文艺》与《海风周报》，同时主编《新流月报》(后改名《拓荒者》)。此外主编《太阳小丛书》4 种，《拓荒丛书》3 种，《中国新兴文学短篇

---

① 《"拉普"和中国左翼文学批评》，陈国恩著《中国现代文学的历史与文化透视》，武汉大学出版社 2005 年版，第 46—47 页。

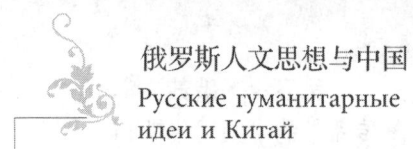

创作选》3 种。后期创造社成员在倡导"革命文学"的口号之外,于革命文学其实并无多大的实绩,倒是蒋光慈笔耕甚勤,在翻译、创作方面都做了不小的努力,无愧是革命文学的先行者。1920 年代初,他就介绍过《十月革命与俄罗斯文学》,虔信"虽然无产阶级革命一时不能创造成全人类的新文化(因为阶级一时不能消灭),然而无产阶级革命却开辟了创造全人类的新文化之一条途径"①。

太阳社以倡导革命文学而闻名,所办的期刊中,对于俄苏文学的翻译也远较创造社为多,而且翻译方向比较明确,那就是集中火力翻译苏联文学作品与无产阶级文艺——但是却忽视了对古典俄罗斯文学的介绍。钱杏邨在《海风周报》第九期《关于文艺批评》一文中说道:"因着全部文坛的发展,使青年的读者对于他们以前所忽视的翻译小说渐渐感到兴味了。但是,我们目前所有的翻译,究竟能代表什么呢?由于历史的必然性,最惹起读者注意的,不外改良主义的代言者高斯华绥,虚无主义的代言者阿志巴绥夫,不彻底的人道主义的卑污说教者托尔斯泰,进步的贵族的代言者屠格涅夫,以及紧密的穿着从来的小资产阶级——民治主义的靴子的易卜生……一类作家的著作。这些著作是在不断的影响着我们的读者。当然,我们应当尊敬这些伟大的作家的著作,我们应当很精细的研究他们留给我们的最丰富的遗产,我们深切的知道这些伟大的作品对于无产阶级文学的建设是有巨大的力量的。然而,我们不能不应用 Marxism 的社会学分析的方法把他们分析一下,为着青年的读者,为着我们对于时代的任务,也是为着无产阶级文艺的前途。"②——托尔斯泰成了人道主义的卑污的说教者,屠格涅夫成了进步的贵族的代言人,以至于这些古典俄罗斯作家悉数需要"重新分析一下",言语之中,厚此薄彼的取向其实十分明显。而在第 5 期林伯修翻译的拍高根所著的《俄罗斯文学——序日译〈无产阶级文学论〉》中,更曾有这样明白的宣告:"属于十月革命以前的这些文学,都是成于知识阶级所创造的。在那里劳动阶级底境遇虽有革命的气分,然在心理的方面却为对于劳动阶级无关心的思想家所描写着。直到十月革命之后,无产阶级始能够亲自用自己的言语表明自己的感情,气分及要求了。指示着俄罗斯的无产阶级文学的本书(《无产阶级文学论》)对于日本底读者最能

---

① 蒋光慈:《无产阶级革命与文化》,《蒋光慈文集》第 4 卷,上海文艺出版社 1988 年版,第 140 页。
② 钱杏邨:《关于文艺批评》,1929 年 3 月 3 日《海风周报》,第 9 期。

够证明：俄罗斯底劳动阶级自身之中怎样地蕴藏着伟大的精神的力哩。"①——可以说，太阳社对于苏俄文艺的关心，从一开始就集中在十月革命之后的苏俄文坛，尤其是苏联时期的文学与文艺作品。

  太阳社刊物的翻译实践也佐证了他们的翻译趋向与政治选择。比较而言，《太阳月刊》翻译的俄苏作品较少，《海风周报》却在俄苏文学翻译中贡献较大，一共翻译了13篇文章，包括林伯修翻译的苏联拍高根所著的《理论与批评》（连载）、《俄罗斯文学（批评）》，苏联卢那察尔斯基的文艺论文《艺术之社会的基础》（连载）、《关于文艺批评的任务之论纲》，陈直夫转译自秋田雨雀的《苏联之艺术概观》，钱杏邨的批评《安得利夫与〈红笑〉》，李铁郎的《读了高尔基的〈我的童年〉以后》，辛克莱著《关于高尔基》。此外，则是4篇文学作品：[苏]里别丁斯基著的《一周间》、[苏]曹斯前珂的《最后的老爷》、[苏]赛甫林娜的《信》、[俄]富曼诺夫的《狱囚》。太阳社对苏联文学，尤其是无产阶级文艺的翻译热情，是与1920年代末特殊的政治社会背景有着联系的，同时也与它自身的观念追求息息相关。太阳社创社以来大力追求和推行的，就是革命文学的观念，他们首先很重视革命文学的理论，因而偏重于翻译苏联的文艺思想，从中吸取资源与营养；其次，他们也在文艺理论的影响下倡导中国革命文学的创作，比如推行"革命加恋爱"的文学模式。

  事实上，太阳社虽对翻译俄苏文论很用力，但是对于俄苏文论的理解却发生了偏颇，这既与1920年代俄苏文艺自身尚处于混乱、矛盾之中有一定关系，同时也与太阳社的激进、急躁的革命情绪不无关联。一方面，太阳社对于俄国文艺的关注，其目的是要向苏联寻求先验性的革命文学观念，但是，他们这种寻求的结果，却是对无产阶级文艺的左倾的，至少是片面的理解。另一方面，在1920年代末国内革命的低潮时期，输入苏联无产阶级的观念思想，无疑能起到振奋人心的作用，但于革命文学初建之期，过于关注观念层面的东西，则又往往会对艺术层面的借鉴流于疏忽。从上文所引的钱杏邨的文章与林伯修的译作中，我们可以看出太阳社在接受俄苏文学资源时对于十月革命以前作家的偏见与漠视，这些作家的创作从根本上说，到底与太阳社所宣扬的革命理念隔了一点距离。——这种片面的接受，无疑为太阳社的文学创作，甚至中

---

① 拍高根著：《俄罗斯文学——序日译无产阶级文学论》，林伯修译，1929年1月27日《海风周报》，第5期。

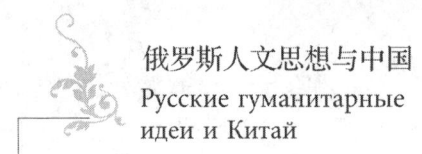

国文学的发展带来了负面的影响。二三十年代中国文坛涌现了许多"革命加恋爱"的普罗文学,图解革命观念,拼贴人物脸谱,思想走向激进,艺术失之粗糙,不能不说与太阳社这种译介风气有着牵扯。

但是,太阳社也从理论的狂飙与创作的贫乏中反思译介的缺陷,并逐渐地向古典俄罗斯的艺术精神回归。比如蒋光慈,在认识到自己创作艺术上的粗糙之后,就开始了对新的美学原则的反思,他连载于《太阳月刊》上的《罪人》,已经可以看出陀思妥耶夫斯基的影子。有论者认为,蒋光慈的创作与翻译体现了一种错位性的特征,"其一,革命文学观念的激进性和艺术层面的贫弱构成一种错位,即创作的主观要求和这种要求实现的可能性之间的错位;其二,这种错位表现在创作者自身观念的矛盾,蒋光慈在认同革命文学时,对于传统表现了一种矛盾心态。"①——可惜的是,蒋光慈的这种对于创作、翻译的反思,及对于古典俄罗斯文学艺术的回眸,却因为生命的早逝而归于终结,也因此未能在太阳社中形成大的影响。相反,时代革命的形势,裹挟着太阳社在既有的翻译道路上狂奔而去,并很快融入了1930年代的左翼文化氛围之中。

四、从《努力周报》到《新月》——欧美派对俄苏文学的接受

所谓"欧美派文人"指的是活跃于当时文坛的一批曾经有过游学欧美经历的自由主义知识分子,他们归国后大多担任大学教师,其政治思想与文艺创作在当时的思想界与文学界产生了重要影响。这一派自由主义知识分子在1920年代是以《努力周报》、《现代评论》、徐志摩主编的《晨报副刊》以及《新月月刊》为集散地的。《努力周报》停刊后,《现代评论》于1924年在北京创刊。《现代评论》的性质与《努力周报》类似,所不同的是,它的作者面更宽,内容更丰富,存在时间更长,影响也更大。所刊载的文章涉及到教育改革、学生运动、经济独立、科学研究、土地人口、种族问题、政治宣传、国际评论等诸多领域,可见作者群的通与博。其实,无论是《努力周报》还是《现代评论》,都是自由主义知识分子宣扬英美政治文化理想的平台。1923年10月31日《努力周报》终刊后,《现代评论》和改由徐志摩主编的《晨报副刊》就成了英美派新的耕作园地。1928年3月10日,《现代评论》即将终刊,《新月月刊》又正式发

---

① 陈春生:《错位性:20、30年代中国革命文学接受俄苏文学的一个突出特点》,2001年1月《齐齐哈尔大学学报(哲学社会科学版)》,第24页。

行,这也标志着 1920 年代自由主义知识分子的最后一块根据地的诞生。《新月月刊》从发刊开始,就几乎将《晨报副刊》倾向文艺和《现代评论》倾向政论的不同特点融于一身。

  《现代评论》是以政论时评为主的综合性同人刊物,从 1924 年 12 月创刊到 1928 年 12 月终刊的 4 年间,共有 40 余篇翻译批评文章,对于 1920 年代的翻译活动作了探讨。在整体上,《现代评论》的翻译批评充分关注的大多是英文、法文作品,而很少注意到当时中国翻译界声势浩大的俄罗斯文学及马克思主义著作翻译热潮,这除了语言力量的不足外,还与"现代评论派"多有游历欧美的背景、抱有自由主义的政治立场及文化心态有关。《现代评论》有两个比较固定的栏目,一个是"时事短评",一个是"通信"。"时事短评"主要是针对当时社会上的一些热点问题发表意见,那些讨论问题的文章占据了大量版面,有的时候为了研究国税问题而甚至专门开设"国税会议特别增刊"。至于文学创作,比重已经很小,遑论对于俄苏文学的翻译与介绍。考察其原因,除了受《现代评论》与《晨报副刊》分工不同的限制(《晨报副刊》注重文艺创作,《现代评论》注重政论时评)外,还与"现代评论"派的文化态度有关。《现代评论》第 2 卷第 44 期顾昂若写的《给我点新鲜空气》一文认为:"新文化运动与欧洲启蒙时期能'同其效用',有着革新的精神,却不能与欧洲文艺复兴时期'同其性质',因而缺乏研究的精神,以致学术界能以摧枯拉朽之势推进思想的启蒙和大解放,以革新精神大胆吸收和引进西学,却又因为在'狂飙突进'的时代风潮之下缺乏理性的研究精神而使其间产生的译品谬误较多。"①所以,"理性的研究精神"就成了"现代评论"派着重追求的东西。他们更侧重以理性和科学的态度,通过学理启蒙这一途径,引进先进科学文化,以改造国民精神结构、重建民族文化和文化理想,而决非只是做简单的文学作品的翻译。据笔者统计,《现代评论》翻译的一共 24 篇俄苏文章中,有 22 篇是关注与研究俄苏社会问题的,这些问题广泛涉及到俄苏社会的外交政策、资本制度、司法制度、婚姻习俗、言论自由、苏联理论等等各个方面,从中很可看出胡适"问题研究"的影子。

  与《努力周报》、《现代评论》对待俄苏文学的翻译态度一样(《努力周报》总共就翻译了俄苏作品 2 篇),新月社的俄苏文学翻译成绩也不显著。新月

---

① 顾昂若:《给我点新鲜空气》,1925 年 10 月 14 日《现代评论》,第 2 卷第 44 期。

社是二三十年代很有影响的一个文学社团，成员有梁启超、胡适、徐志摩、余上沅、丁西林、林徽音等人。1927年春胡适、徐志摩等人在上海筹办《新月月刊》，新月社正式开始活动，并引起海内外文化界广泛关注。1931年11月徐志摩逝世，新月社活动日见衰减，于1933年6月出完第4卷第7期后停刊，新月社宣告解散。《新月月刊》比较重视纯文学作品的翻译，而且翻译的密度也比较大，几乎每一期都有译作发表。但是尽管他们翻译了西方许多诗歌、戏剧、小说、散文及文学评论，从俄苏文学中选择作品的，却少之又少。《新月月刊》总共翻译的涉及俄苏的文章6篇，包括托洛茨基的《俄国之真相》、徐志摩译的《杜威论革命》(游俄印象之一)、Semion Rapoport 的《论译俄国小说》(毕树棠译)、高尔华绥的《完成》(顾仲彝译)及黄肇年译的《苏俄统治下之国民自由》。从某种意义上讲，这些自由主义知识分子的刊物，对于俄苏文学的译介之功，决不是表现在直接的接受、翻译之上，而是存在于构建一个科学、进步的翻译环境上的用力。至少，这些刊物对于翻译方法的论争，就为其他文学杂志更好地翻译俄苏文学、介绍俄苏文化做了一种有益的铺垫。

　　1920年代的俄苏文化译介因着时代的发展及具体刊物文化理念的不同，呈现各有所重的现象。《新青年》从事的文化译介与文学翻译，目的是想为中国的价值重建，包括文学观念的革新与发展，提供知识背景与精神资源，它包含了为新文学发展奠基的意思，但又不局限于此，在文学之外，它有更高的社会政治诉求，不仅开启民智，补助文明，而且推动了马克思主义在中国的发展。革新后的《小说月报》则直接从文学翻译的领域入手，通过研究俄苏文艺思想及文学作品，来达到革新国内落后的文艺思想、振兴衰靡的国内文学的目的，并促成了"为人生"文学思潮的勃兴。鲁迅系刊物具有"启蒙思想，补助文明"的翻译目标、向"被压迫、被侮辱"的弱小民族的文学凝眸的翻译兴趣，并且体现出逐步向苏联文学作品和无产阶级文艺思想靠拢的翻译趋向。创造社对于翻译文学的批评及翻译方法的论争，为翻译走向更准确、更完善的境地作了贡献，后期它转向俄苏无产阶级文艺思想，并想以之来推动国内无产阶级文学的发展，但是他们所接受到的，更多的却是苏联"无产阶级文化派"及"拉普"的文艺思想，用之于指导国内的革命文学，反倒催生了诸多弊端。太阳社的核心人物蒋光慈从苏俄归来，对俄苏文学有着更为直观、相对准确的理解。但是特殊的时代环境，使太阳社从一开始就朝着倡导革命文学的方向而去，它们译介了苏联的文艺思想，翻译了苏联的文学作品，为革命文学注入了力量，同时，也因为对苏联文学的片面注重及片面理解,导致了革命文学在具体的操作层面上陷入了激进的弊端之中。

第五节 "左联"十年论争与俄苏文学文论传播中的期刊

"左联"十年的文艺论争与俄苏文学文论的传播息息相关。对此,学术界已做了相当深入的研究。不过,此类研究往往忽视了传播俄苏文学与文论的重要媒介——期刊在其中所起的重大作用。本节将围绕"左联"十年中几次大的文艺论争,对中国期刊翻译介绍俄苏文学和文论的情况,包括俄苏文艺政策和文坛消息的介绍,做一系统考察,用实证的方法,借助数据的统计,探讨这一时期的期刊如何通过译介俄苏文学和文论有力地影响了这些文艺论争的,试图向人们展示中国现代文学的一个新的维度。

一、"革命文学"的论争

1.1917年初至1928年初的期刊译介俄苏文学与文论的特点

外来文艺思想的传播和产生影响,是一个逐渐积累的过程。探讨"革命文学"论争与俄苏文学文论在中国传播的关系,之所以要划定1917年初到1928年初的时间界限,是因为1917年初,《新青年》、《小说月报》、《文学周报》等开始大量译介俄苏文学及文论,而伴随着创造社的突变和太阳社的成立而发生的"革命文学"论争则在1928年初走向了高潮。1930年春"左联"成立时,关于"革命文学"的论争已基本上烟消云散,1928年至1930年期刊对俄苏文学文论的大量译介主要是为下一阶段的论争做准备,因而此处暂不予讨论。

1917年至1928年,中国期刊开始成规模地译介俄苏文学文论。这一时期刊物译介俄苏文学文论的特点,影响到了"革命文学"论争的发生和发展。由于此阶段持续的时间较长,期刊译介俄苏文艺的数量多、内容复杂,为论述的方便,特对期刊译介的俄苏文学文论进行归类,制作了附表1(见367页)。以下的分析就是以附表1的数据为基础的。

(1) 重视名家名作的翻译，无产阶级作家作品译介不多

"名家名作"是指在文学史上具有重大影响的作家和作品，如托尔斯泰、契诃夫、库普林、安德烈耶夫等作家及其作品。据附表1，此阶段大部分期刊都注重作家作品的介绍，它在所译介的作品类型中远远超过其他三类。这时期"俄苏文学作品(诗歌、小说、散文、戏剧)"的翻译为229篇，文论的译介有98篇，文坛消息38篇，时政要闻175篇。其中作家作品的翻译占这一阶段所翻译作品的一半多。我们还可发现，期刊偏重于译介名家名作，而较少关注名气一般的作家作品，附表1中俄苏文学作品类"其他"一栏就是这类名气较小的作家作品。在所翻译的229篇作品中，名家的作品173篇，而"其他"只有53篇，前者是后者的3倍多。这显然是因为接受外国的文学一般首先是从名家名作的翻译开始的，就像我们要了解唐朝文学必要知道李白杜甫的诗歌，要掌握明清文学必得知道"四大名著"。俄罗斯的一些著名作家如托尔斯泰、屠格涅夫、契诃夫、陀思妥耶夫斯基的作品在这个时期极受期刊编辑的青睐。托尔斯泰的《我们要怎么办呢?》、《复活》等代表作及系列中短篇小说在这时期得到了大量的译介。为了有助于读者对这位大师的了解，在其小说获得大量翻译的同时，期刊还注重对他的思想与生平的介绍，如《小说月报》专门开设了"托尔斯泰百年纪念"专栏。作为俄罗斯的著名作家，契诃夫的小说和戏剧在中国也极受欢迎，他的作品在1949年以前差不多全部译介到中国了，而他大部分作品更是在现代文学史的第一个十年翻译过来的，当时差不多每家期刊都刊载过契诃夫的作品，《小说世界》所译介的俄苏文学中基本上以契诃夫的作品为主。屠格涅夫是俄罗斯自然派的鼻祖，他作品的写实风格最受当时中国人的欢迎，如其他几位俄罗斯文学大家一样，差不多每家期刊都有对他作品的翻译和介绍，如《猎人日记》、《罗亭》等名作都是这个时期传到中国的。陀思妥耶夫斯基的作品也有大量译介，《文学周报》更是大力翻译这位文学大师的作品，在第19、20期为他设了作品专栏。同时，根据附表1，我们发现，期刊对无产阶级文学和左派倾向的作品介绍很少，只有17篇，远远少于名家名作与"其他"类的作家作品。如作为当时译介俄苏文学作品量最大的《小说月报》，共译介"俄苏文学作品"90篇，而具有"左派倾向"的作品却只有7篇，也远远少于"其他"类的24篇；就是那些具有左派倾向的刊物，虽然也较重视俄苏文学的译介，但其所占比率也并不高，如鲁迅所扶持的《莽原》，在其所译介的14篇"俄苏文学作品"中，"名家名作"就有8篇，"其他"类占有5篇，而"左

派倾向"的作品只有 2 篇(注:笔者为了分类的明确,将作为名家的左翼倾向的作家作品既归属于"名家名作"类,也归属于"左派倾向"类。因此,这 2 篇"左派倾向"的作品中也包括 1 篇"名家名作")。另以具体作家,比如高尔基为例,在一些重要的期刊,如《新青年》、《文学周报》、《努力周报》等,不见他的作品翻译。有少数期刊虽也刊发了他的一些作品,但是相对于上述名家,其位置就显得稍逊一筹了,如《改造》译介了契诃夫与托尔斯泰的好些作品,可是高尔基的作品仅有《赞 Lenin》(即《列宁》)一篇。到了第二个十年,各种类型的期刊不但大量译介高尔基的文学作品和文艺论著,同时文坛消息中有关高尔基的新闻也往往处于一个较重要的位置。这说明在第一个十年,期刊编辑还没有意识到作为无产阶级伟大作家高尔基的重要性。

(2)苏联时政要闻的介绍占相当比重

据附表 1,我们发现这一阶段有关苏联的政治要闻及政论文的译介有 175 篇,在所有类型的译介中数量占先,只有"俄苏文学作品"可与之相比。如《每周评论》所涉及介绍的俄苏作品 13 篇,就全为"苏联政论及时政要闻";《国民》所译介的作品 4 篇,苏联政论要闻就占了 3 篇;《解放与改造》所译介的 42 篇文章中,时政要闻就为 30 篇。这些足以说明刊物对苏联时政要闻的重视。而且从前后变化来说,此期的时政要闻介绍也超过中国现代文学史第二个十年。据统计,在 1928 年 1 月—1934 年 7 月期间,刊物所介绍的时政要闻只有 30 篇,仅占所译介的作品总数 666 篇的 4.5%,而 1917 年初—1927 年初的同类比为 32.41%(175 篇与 540 篇之比)。这与"十月革命"成功这一重大事件有关。"十月革命"的成功,震惊了全世界,当时处于水深火热之中的中国民众感受到了这一翻天覆地的变化。在寻求富国强民道路的过程中,他们非常羡慕这世界上第一个无产阶级专政的国家,而期刊为国人及时地了解这一巨大的变动提供了极大的便利。其中尤以《新青年》所译介的时政要闻最多,所占的比重也最大。《新青年》翻译文学作品 16 篇,翻译文论 7 篇,文坛消息 3 篇,而时政要闻竟有 107 篇,其数量不但远远高出其他期刊,而且与它自身刊发的其他类翻译作品相比也占绝对优势。它的译介可以说是全方位的,不但介绍了苏维埃俄罗斯在国际上的地位与处境,也细述了它国内的教育、就业、经济政策、妇女问题,以及一些重要领导人的政治见解等,几乎每一卷都有介绍,并在第 8 卷设有 3 期"俄罗斯研究"专号。此外,因为当时大家非常关注"十月"革命的成功,因而这方面的译介文章占了相当的比重,如《新青年》发

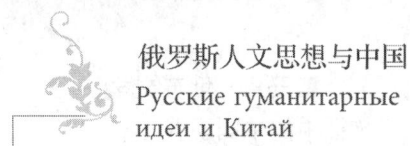

表的《俄罗斯革命之五年》、《俄罗斯革命和唯物史观》、《俄国革命之哲学的基础》等。这些看似与文学论争没有关系的背景知识事实上为提高民众的思想水平、为"革命文学"论争的发生起到了铺垫作用。

(3) 马克思主义文论的译介数量偏少

1917年"十月革命"胜利前后,苏联文学界出现了空前活跃的景象,流派纷争,各种口号和主张层出不穷。同时,马克思列宁主义思想在这场纷争中也得到了大力的传播。但是,根据附表1我们可以发现,在这段时期传入中国的俄苏论文相对同期俄苏文学作品的翻译与国情介绍来说,只占很少的一部分,仅98篇,只高出文坛消息译介的数量。这些论文涉及到作家作品的评介及无产阶级文艺思想等方面,不管是哪一方面,都介绍得不够充分。其中无产阶级文论的译介更是单薄,只有《苏俄革命在戏剧上的反应》、《诗的唯物解释》、《新俄的文学》、《柴霍夫的革命性》等17篇文章,《小说月报》和《莽原》就占了13篇,其他19家期刊总共才译介了4篇,远远低于"其他"类的文论译介。这时期对列宁、普列汉诺夫、托洛茨基等苏联高层领导的文艺观点的介绍,相对于他们在无产阶级文论方面所作的贡献来说,显然偏少。这种忽视文论译介特别是无产阶级文论译介的情况,与"革命文学"论争的参与者不能全面了解、掌握无产阶级文艺观并把它们转化为论争中的有力武器有很大的关系。究其原因,主要是这一时期期刊的编辑指导方针不带明显的阶级倾向性,比较笼统。比如《每周评论》在《发刊词》中明白宣布其宗旨"就是'主张公理,反对强权'八个大字",表现了鲜明的反帝反封建的民主主义倾向;《少年中国》主张"本科学的精神,为社会的活动,以创造'少年中国'"①;《解放与改造》声明:"我们当首先从事于解放:就是使现在的自我完全从以前的自我解放出来;同时使现在的世界也从以前的世界解放出来。"②《小说月报》提倡"为人生的艺术";《一般》的编辑方针为"对于各种主义,都用平行比较研究,给一般人作指导,救济思想界混沌的现状"③。从这些期刊的编辑宗旨中,我们不难得出结论,此时期的期刊注重以文艺来创造新的人生,往往持资产阶级民主主义的立场,较少无产阶级的意识。在这样的思想观念指导下,期刊不注重文论特别是无产阶级文论的译介也就在情理之中。此外,苏联虽然建立了无产阶级

---

① 陈荒煤:《中国现代文学期刊目录汇编》(上),天津人民出版社1988年版,第67页。
② 陈荒煤:《中国现代文学期刊目录汇编》(上),天津人民出版社1988年版,第84页。
③ 陈荒煤:《中国现代文学期刊目录汇编》(上),天津人民出版社1988年版,第810页。

的政权,但是马克思主义的文艺遗产和列宁的文艺思想还来不及系统的整理和深入的发掘,这也影响了无产阶级文论在当时中国的传播。

2. 期刊译介俄苏文学与文论对论争的影响

"革命文学"论争正是在俄苏文学文论传播的这一背景中发生的,中国期刊对俄苏文学文论的译介影响到了这一场论争的发生与发展。

(1) 建构了论争的知识背景

一场参与人数众多的"革命文学"论争,是由多方面因素引发的。《新青年》等诸多期刊对苏俄政治、经济、文化的介绍则为这场论争提供了知识背景,或者说为论争做了意识形态的准备。苏联社会的蓬勃发展使中国民众十分仰慕,在相当大的范围内逐渐形成了一切以苏联为是的价值取向,并由敬仰苏联而热爱俄罗斯文化,尤其是俄罗斯民主主义文学及文艺思想成了中国进步文化人士所崇尚的对象。其影响所及,使"革命文学"论争者竞相引用俄苏评论家的观点,或以俄苏文学的例证来支持自己的观点,诚如鲁迅在《"醉眼"中的朦胧》里所讽刺的:"知道跟着人称托尔斯泰为'最卑污的说教人'"[①]。不仅是托尔斯泰,别的俄罗斯文学名家成了中国文化人士心目中的权威,如侍衍为了让自己的观点更有说服力,便引用了"一位最能表现时代的伟大底作家屠格涅夫的话,来教训教训这群无聊底人们"[②]。冰禅在他的《革命文学问题》中以安德烈耶夫、托尔斯泰等作家及其作品为例,认为"俄罗斯一些伟大的作家,个个是忠实于艺术者,同时也个个是忠实于人生者"[③]。这些人中,有的是因为通晓外语或者在国外留学而掌握了俄苏文学的知识,但并非所有参与论争的人都具有这种条件和经历,而且一般的民众更没有这样的便利。大多数人显然主要是通过期刊的译介才了解俄苏文学和文论的,由此形成了他们关于文学的价值观念。可见期刊在俄苏文学和文论的传播与接受中起到了一种桥梁作用。没有这一座桥梁,"革命文学"的论争可能就不容易发生,至少会是另一种局面。

(2) 促进了对理论问题的重视

"革命文学"论争的积极成果主要不在于澄清了当时论争者所争辩的"革命"与"文学"的关系问题,而是让大家明白了一个重要的事实,即论争者理论

---

① 李何林:《中国文艺论战》,陕西人民出版社1984年版,第22页。
② 李何林:《中国文艺论战》,陕西人民出版社1984年版,第36页。
③ 李何林:《中国文艺论战》,陕西人民出版社1984年版,第55页。

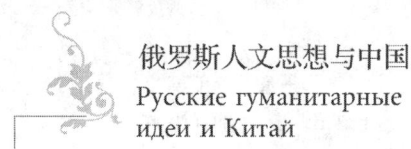

修养的欠缺,从而感悟到了加以弥补的紧迫性,开始着手系统地翻译苏联的文艺论著,以满足自己和他人的需要。比如鲁迅,他在《〈三闲集〉序言》里写道:"我有一件事要感谢创造社的,是他们'挤'我看了几种科学底文艺论,明白了先前的文学史家们说了一大堆,还是纠缠不清的疑问。并且因此译了一本蒲力汉诺夫的《艺术论》,以救正我——还因我而及于别人——的只信进化论的偏颇。"①

加强理论修养的一个目的,是为了加强新文艺的建设。但当主要的问题变为应该建设一种什么样的新文艺时,苏联的"辩证唯物主义创作方法"开始通过期刊的译介传入了中国,为中国的文艺建设提供了一种新的理论资源,从而规约了人们对文艺问题的思考。辩证唯物主义创作方法的提出是与当时期刊对俄苏文论的译介分不开的。这个口号原是"拉普"于1920年代中后期提出来的。作为20年代苏联最大、最有影响力的一个文学团体,"拉普"领导了无产阶级作家国际联络局工作,同世界上许多国家的无产阶级文学运动建立了广泛的联系。正在积极向苏联无产阶级文艺看齐的中国左派文艺人士关注和接受这一创作方法是顺理成章的事,而期刊的翻译和介绍起了极为重要的作用。

早在1924年4月,沈雁冰在《小说月报》上发表了《俄国的新写实主义及其他》一文,已经提到了文学创作方法问题。麦克昂(郭沫若)在《留声机器的回音》中也大力提倡"辩证法的唯物论"。而鲁迅于1928年年中在《奔流》上所发表的《苏俄的文艺政策》对当时苏联文坛上的一些现象做了比较全面的介绍。苏联文论及文艺政策的译介为当时的中国人了解苏联文坛状况及发展趋势提供了重要的帮助。从沈雁冰提出创作方法问题到1920年代末,中国文艺界经历了从"五四"式写实主义到辩证唯物主义创作方法的转变。辩证唯物主义创作方法本身虽带有"左"的特点,在实际创作中容易诱发以世界观代替创作方法、让作家去表现观念形态的所谓生活本质,从而造成概念化的毛病,但在那时的中国它却起了积极的作用,因为事实上是由它克服了当时的所谓革命罗曼蒂克的流行。激情过后现理性,茅盾在《从牯岭到东京》中再次谈到了文艺创作方法问题,回顾了自己通过期刊的译介对"新写实主义"的了解过程,他论述了"新写实主义"出现的缘由及应用于中国社会的可行性。这种

---

① 李何林:《近二十年中国文艺思潮论》,陕西人民出版社1982年版,第174页。

客观理性地分析外来的文学观念,与"革命文学"论争中的无谓争执比较起来不能不说是一种进步,也可以说是"革命文学"论争后进步文艺界人士趋向成熟和理性的一个表现。

(3)助长了论争中的简单盲从倾向

不过,"革命文学"论争中出现过一些严重的问题,这从源头上考察,其实也是与当时的期刊对俄苏文学和文论的译介状况相关的。由于这一时期刊物的编者对俄苏文学文论了解还不深入,译介不够全面,特别是无产阶级文论的译介太少,从而给"革命文学"论争带来了负面的影响。这一问题首先引起了鲁迅的关注,他后来在1930年的《"硬译"与文学的阶级性》一文中写道:"藏原惟人是从俄文直接译过许多文艺理论和小说的,于我个人就极有裨益。我希望中国也有一两个这样的诚实的俄文翻译者,陆续译出好书来,不仅自骂一声'混蛋'就算尽了革命文学家的责任。"[①]由于翻译的缺失导致理论修养的欠缺,像鲁迅所指出的,一些"革命文学家"有时不是以理服人,而是用"王婆骂街"来维护自己的观点。如克兴在《评驳甘人的〈拉杂一篇〉》中的论辩就近乎漫骂:"中国旧文坛底一些健将,趣味文学家,手淫文学家鲁迅先生甘人君一干人物于是起了极大的恐慌,未免惊醒了他的醉眼朦胧,搅乱了他抄《小说旧闻》底清兴。"[②]有的论辩还有人身攻击之嫌,如成仿吾在《毕竟是"醉眼陶然"罢了》一文中讽刺鲁迅为堂·吉诃德:"我们中国的唐吉诃德,不仅害了神经错乱与夸大妄想症,而且同时还在'醉眼陶然'"[③]。这种不以事实为依据,而以强辩甚至攻击的态度来阐发自己观点的例子很多,后期创造社与太阳社的一些成员是突出的代表。有时连鲁迅也会出于激愤而"不以理服人",如他在与新月社的论战中就激愤地说:"倘以表现最普遍的人性的文学为至高,则表现最普遍的动物性——营养,呼吸,运动,生殖——的文学,或者除去'运动',表现生物性的文学,必当更在其上。"[④]理论修养不足的后果,还导致论争者经常以实用主义的态度引经据典以支持自己的观点,像鲁迅在《上海文艺界一瞥》中所说的:"要人帮忙时用克鲁巴金的互助论,要和人争闹的时候就用达

[①] 北京大学、北京师范大学、北京师范学院中文系中国现当代文学教研室主编:《文学运动史料选》(3),上海教育出版社1979年版,第74页。
[②] 李何林:《中国文艺论战》,陕西人民出版社1984年版,第145页。
[③] 李何林:《中国文艺论战》,陕西人民出版社1984年版,第166页。
[④] 北京大学、北京师范大学、北京师范学院中文系中国现当代文学教研室主编:《文学运动史料选》(3),上海教育出版社1979年版,第68页。

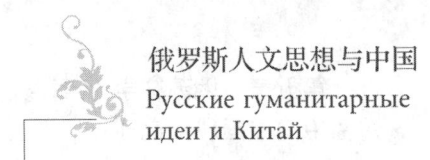

尔文的生存竞争说。"① 如冰禅在《革命文学问题》中，同时引用了马克思、普列汉诺夫、列宁、托洛茨基、布哈林等人的观点，其实他所引的这些人的思想虽有某种联系，但在相当程度上是存在重大差异的，冰禅一股脑儿地引用，反而暴露的是幼稚。幼稚还表现在论争的过程中，双方都无力解决对方所提出的问题，这在李何林的著作《近二十年中国文艺思潮论》中有很精当的论述：

> 创造社在当时所发表的"唯物的文艺论"，不过粗粗的解释了上层文化与下层经济基础的关系，和文艺与经济及社会环境的关系；至于上下层文化的相互关系或影响上层文化各部门见错综复杂的关系，以及文艺的错综复杂的反映客观世界，都没有较详的解释或分析。以至不但鲁迅的阶级性始终不定，即冰禅所提出的十九世纪和二十世纪几位世界著名作家及其作品的社会作用究竟如何，也未能解答……②

值得注意的还有，这一阶段的期刊虽然译介了大量的苏联文学作品，却很少有对苏联文学现象、苏联文艺政策及苏联的作家作品进行评论的文章。通过对资料的整理，我们发现这方面的文章只有寥寥几篇，如《小说月报》14卷第6号的读后感《爱罗生珂君的〈"爱"字的疮〉》及14卷第11号的《〈灰色马〉与俄国社会运动》，还有《文学周报》第52期载有仲特的《谈〈工人绥惠略夫〉》等。这方面的不足对读者及论争参与者也有一种潜在的负面影响，使他们在接受苏联文艺时往往处于较被动的状态，缺乏独立判断的能力。反映到论争中，便是对苏联文艺政策的盲从，即如鲁迅所说的："他们对于中国社会，未曾加以细密的分析，便将在苏维埃政权之下才能运用的方法，来机械的运用了。"③

"十月革命"胜利前后乃至整个1920年代，苏联国内的文艺运动和文艺思想斗争是非常活跃的，其中也存在着不少宗派主义的意气之争。其间虽有列宁对波格丹诺夫为代表的"无产阶级文化派"的批判，苏共中央也就文艺问

---

① 北京大学、北京师范大学、北京师范学院中文系中国现当代文学教研室主编：《文学运动史料选》(2)，上海教育出版社1979年版，第227页。
② 李何林：《近二十年中国文艺思潮论》，陕西人民出版社1982年版，第172页。
③ 北京大学、北京师范大学、北京师范学院中文系中国现当代文学教研室主编：《文学运动史料选》(2)，上海教育出版社1979年版，第227页。

题做出了决议,但实际情况是"左"的文艺思潮从来没有停止过。苏联的这种文艺斗争风气影响了全世界无产阶级文艺运动,中国的"革命文学"论争中的左倾与这种影响也有很大的关系。具体的表现,就是以苏联的主导文艺思潮作为自己的理论依据,一味地盲从。如"创造社"一再提倡艺术"应该为提高无产阶级底生活水准,当作组织的,斗争的工具去使用"[①],是苏联"无产阶级文化派"波格丹诺夫的艺术是"组织社会经验"的观点的翻版。"创造社"提出"无产阶级文学的形式问题",以规定"无产阶级文学的形式",这种机械的形式论观点是"拉普"的前身"岗位派"的主张之一。麦克昂(郭沫若)在他的《英雄树》中提到"阶级文艺是途中文艺",郁达夫在《无产阶级专政和无产阶级文学》一文末尾断定"真正无产阶级的文学,必须由无产阶级者自己来创造,而这创造成功之日,必在无产阶级握有政权的时候"[②]。表达的都是托洛茨基的观点,即托洛茨基所说的"无产阶级文化不仅现在没有,将来也不会有"的意思。此外,他们对鲁迅、矛盾的攻击与苏联"拉普"对待"同路人"的极端排斥的态度也如出一辙。"革命文学"论争过程中的简单盲从现象,当然是被动接受苏联文艺观点的结果,然而与同一时期刊物被动地译介俄苏文学和文论又有很大的关系。由于期刊本身较为普遍地缺乏明确的理论指导,因而未能有意识地引导读者对苏联文艺现象进行深入的批判分析,所造成的影响就是一些论争的参与者对苏联文艺倾向的被动追随,而不是去独立地作出判断。

二、与新月派、自由人、"第三种人"的论争和"文艺大众化"的讨论

1928年初至1934年中,中国文坛先后发生了左翼与新月派、"左联"与自由人、"第三种人"的论争和关于文艺大众化的讨论。这一阶段期刊译介俄苏文学和文论的情况也对这些论争产生了重要影响,而且与上一个十年的情形相比,这种影响甚至更为直接。

1. 1928年初至1934年中期期刊译介俄苏文学与文论的特点

选定这个时间段,是因为这几次论争主要集中在这一时期,此后也就散为余响了。同时也因为1934年8月苏联召开第一次全苏作家代表大会,作家的

[①] 中国社会科学院文学研究所现代文学教研室编:《"革命文学"论争资料选编》(上),人民文学出版社1981年版,第77页。

[②] 李何林:《中国文艺论战》,陕西人民出版社1984年版,第71页。

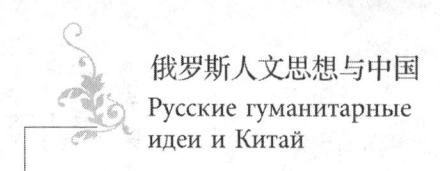

创作统一于"社会主义现实主义",开始了一个新的阶段。这些影响到了中国期刊对俄苏文学与文论的译介,出现了与前一阶段明显不同的新面貌。"革命文学"论争前期,大多数期刊的阶级倾向性并不自觉。但是1928年以后,由于中国社会政治阵营的对立和斗争急剧地加强,许多期刊明显地表现出了不同的阶级倾向(这里把不表明自己阶级立场的期刊也看做是一种倾向)。此外,据资料可以发现,从1932年5月开始,对苏联无产阶级文论的译介相对减少。从附表3可以看到1928年1月至1932年4月,无产阶级文论的译介数为70篇,译介的文章总数为588篇,两者的比数是0.119;据附表4,1932年5月至1934年7月,无产阶级文论23篇,译介的文章总数为232篇,两者的比率降为0.0991(四舍五入,取小数点后4位)。考虑到更细致地分析这一阶段的期刊译介苏联文学与文论的特点,我们以1932年4月为分界点,对1928年—1934年7月的文论进行两段统计,由此探讨译介俄苏文学文论的编辑策略对这一时期文学论争的影响。

为便于说明问题,采用两种方式对这一时期的期刊进行统计分析:一种是按照期刊的倾向分类,另一种是按照期刊存在的时间段分类。按期刊倾向进行统计,制作了附表2;按期刊存在的时间段统计,制作了1928年1月至1932年4月的附表3和1932年5月至1934年7月的附表4。同时,各表仍分"作家作品"、"文论"、"文坛动态"、"时政要闻"等栏,并继续划分出"名家名作"与"左派倾向作家作品",以便与上个阶段期刊译介的特点进行对比。"文论"一项也同样划分出了"无产阶级文论"、"中国读者评论"及俄苏非无产阶级文论的"其他"一类。"无产阶级文论"译介的状况直接影响了这一阶段的文学论争,而"中国读者评论"体现了中国读者逐渐走向成熟,对论争起到了积极推动的作用。要特别说明的是,纳入统计的并非这一阶段的全部期刊,一些译介俄苏文学与文论数量很少的期刊不在统计的范围内。由于它们译介的数量很少,几乎可以忽略不计,所以其缺位不会影响整个的统计分析。

按照期刊倾向分类(参见附表2)

①倾向左翼的刊物　这些期刊存在时间短。《未名》半月刊从1928年1月创刊到1930年4月终刊,为时两年多一点;《奔流》1928年6月创刊,1929年12月终刊,为时一年半;《大众文艺》1928年创刊,1930年6月终刊,为时一年多。另外几种期刊都一年不到,其中《引擎》仅出了一期。期刊存在时间

短,当然与经费不足有关,但主要还是由于国民党政府的封杀。由于这些期刊大都是理论的热切呼唤者,因而存在时间虽短,却积极地译介了无产阶级文论,如《新文艺》翻译了普列汉诺夫的《无产阶级运动与资产阶级艺术》、卢那察尔斯基的《普希金论》、弗里契的《艺术风格之社会学的实际》等苏联无产阶级文论;《海风周报》刊载了卢那察尔斯基的另外几篇著名文论;《奔流》连载了鲁迅翻译的《苏俄的文艺政策》等。这类文章共计26篇,为这一时期这类期刊整个所译介文论总数的34%(26篇与77篇之比),高出同人期刊同类比(20篇与77篇之比)8个百分点(34%与26%之差)。很显然,这为左翼人士的马克思主义理论修养的提高创造了条件,但也预示了他们在后来的论争中追随苏联文艺政策的必然性。与此相对应的是,这类期刊对俄苏作家作品的翻译,包括俄苏名家名作与倾向左翼的作家作品,如高尔基的《普雷曹夫》、《二十六个和一个》,阿·托尔斯泰的散文随笔《十月革命给了我一切》,曹西钦珂的《一个快活的奇遇》等,与文论的译介等量齐观,前者为56篇,后者为59篇。文论译介中不但有苏联无产阶级文论,也有其他国家和中国读者或评论家对苏联作家作品的评论,如《春潮》所刊载的《陀氏〈主妇〉译文正说》、《关于〈新俄大学生日记〉》,《朝花》所连载译介的德国评论文《托尔斯泰》等。重文论而忽视作品翻译,原是激进主义者的特点。倾向左翼的这些刊物能在重视文论译介的同时十分重视作家作品的翻译,说明其在新文艺建设的问题上已经相当理性。

②"左联"刊物 "左联"的期刊存在时间更短,平均一般不到一年。作为具有组织性和战斗力的"左联"期刊,它们在译介俄苏文论的同时,也能注重俄苏文学作品的翻译,与译介的总数相比,其比率为0.3821(47篇与123篇之比),高出倾向左翼期刊3.2个百分点。不过根据附表1,我们可以发现,"左联"期刊译介的基本上都是"十月革命"前后具有左派倾向的作家作品。这一时期其所译介的作品总数为47篇,而其中非左派倾向的作品仅有3篇,即为《春光》所译介的莱奥托夫的小说《在烟火旁》与莱蒙托夫的诗歌《囚徒》、《天使》。同时,"左联"期刊很注重俄苏文学作品的介绍和评论。就拿《文化月报》第1卷第1号来看,其所刊登的文坛消息9篇中有3篇是有关苏联文学的,在"文化情报"专栏里,有《拉著撤销》、《高尔基日》与《日剧团赴俄》三则有关苏联方面的消息;所刊发的作品评论共17篇,其中有关俄苏文学评论的就有9篇,如敢言的《请看王礼锡的〈列宁主义〉》,日本作者上进田的《苏联文

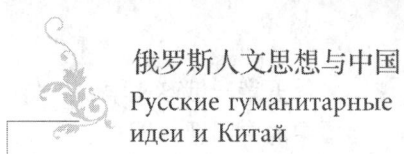

学理论及文学批评的现状》等中外学者的文评。此外,"中国读者评论"相对于第一个十年和其他类型的期刊,也更倾向于对苏联无产阶级作家作品的评论。这表明左翼文艺界已经充分意识到了无产阶级文学的重要性,但另一方面也表现出译介单一化的缺陷。

③同人期刊 一般是由爱国人士创办,往往更关注读者的审美需求,因而能较全面地译介苏联文学作品并能比较及时地介绍苏联文坛的消息。据附表2,我们可以看到,此类期刊关于苏联文坛的消息数量远远高于同期的其他两类期刊,这为中国读者全面及时地了解苏联文坛动态提供了积极的帮助。作为爱国而又能敏锐、理性地把握文坛动态的期刊,它们的译作既有"十月革命"前的一些名家名作,对"十月革命"后的无产阶级作家作品也不排斥,两者的数量大致相等。此外,它们在译介文学作品及文学评论的同时,常常发表中国读者对苏联文论及作家作品的评价,表现出积极主动的编辑态度。如创办于1928年的《春潮》编者在《编辑室的话》中写道:"我们的态度原着重在我们民族的病根的发掘,苦闷的表现,忠实的灵魂的扩张,进步的生活的要求:总之是以发表真挚的思想文艺的著述为主旨"。与《春潮》的编辑方针相类似的还有《文艺新闻》,这个期刊不仅仅刊载文艺新闻,还兼有对文艺、时事、社会思潮的评述。在一般的文化报道与评述之外,此刊还设有一些专栏,其中"代表言论"一栏集中体现了它的爱国民主主义的政治思想倾向,即如它在创刊号上所声明的办刊宗旨一样,是"致力于文化之报告与批判"(袁殊,《文艺新闻》)。可以看出,这种编辑方针对它们"兼容并包"的译介有很大的影响。

按照期刊的时间段分类

①1928年1月—1932年4月 以1932年为界,是因为苏联文坛上发生了一个重大事件,即"拉普"的解散。这一事件影响到中国,"左联"停止对"第三种人"和"自由人"的批判就与此有关,这以后中国期刊对俄苏文学与文论的译介出现了新的特点。

从附表3可以发现,这一时期的刊物对"名家作品"的翻译为100篇,与此时译介的"俄苏文学(包括诗歌、小说、戏剧、散文)"总数221篇之比为0.4525,而上个阶段(即1917年初—1928年1月期间)这两者的比率是0.7555(为173篇与229篇之比)。与此形成对照的是,左派倾向的作品译介数从前一个阶段的寥寥几篇(17篇,占同期所译介的作品总数229篇的

7.42%)一跃为108篇,与此一时期作品总译介数的比率猛升到0.489(是108篇与221篇之比)。这表明这一时期俄苏文学名家名作的译介相对减少,而左派倾向的作家作品的译介迅猛增长。这一时期,不但倾向左翼的期刊和"左联"的期刊译介了大量苏联无产阶级著名作家作品,同人期刊也在翻译名家作品的同时,介绍了一些苏联无产阶级的作家作品。这种情形显然与苏联"十月革命"后无产阶级的国际地位提高有关,也与中国共产党领导的革命斗争影响急剧扩大密切相关。这一阶段译介俄苏文学和文论还有一个显著特点,就是无产阶级文论译介比重的加大。据附表3,这一阶段"无产阶级文论"译介为70篇。一些重要的苏联无产阶级文论开始通过刊物的译介传入到中国,如卢那察尔斯基的《唯物论者的文化观》、《艺术是怎样产生的》、《艺术之社会的基础》、《现代资产阶级的艺术》,列宁的《列宁致高尔基书》,普列汉诺夫的《无产阶级运动与资产阶级艺术》,弗里契的《艺术之社会的意义》,高尔基的《高尔基对布洛克的批评》等等,与这一时期所译介的文论总数(221篇)之比为0.3167,而上一个阶段"无产阶级文论"所占的比率仅为0.1734(17篇与98篇之比)。之所以如此,当与文艺界人士意识到"革命文学"论争中理论修养不足有很大关系。如鲁迅在《对于左翼作家联盟的意见》中说的:"那时候就等待有一个能操马克思主义批评的枪法的人来阻击我的,然而他终于没有出现"①。因而就"自己来补充这个缺陷",使"想操这刀子来阻击我的人,也能阻击在致命的地方"②。此外,这也与刊物编辑者意识到普罗文学已经深入人心有关,比如他们关于期刊的编辑方针就有这样的声明:"在编辑的一方面,同人等不愿自己和读者都萎靡着永远做一个苟安偷乐的读书人,所以对于本刊第二卷起的编辑方针也决定换一精神"。总之,苏联无产阶级文论,如普列汉诺夫、卢那察尔斯基及苏联政坛重要人物的文艺评论、联共文艺政策等,在这个阶段得到了有力的传播。当然,除了文论译介与文学作品的翻译外,大量刊发苏联文坛的消息也是这一阶段期刊编辑的重要特点。这一时期苏联文坛消息115篇,与期刊译介总篇数588篇的比率为0.1956,远远高于前一个阶段的0.0704(38篇与540篇之比,参考附表1)。如《奔流》、《现代文学》、《拓荒者》等不同类型的期刊都辟有专门的栏目发表国内外文坛消息,对在世界

---

① 《文学运动史料选》(2),上海教育出版社1979年版,第191页。
② 转引自李何林:《近二十年中国文艺思潮论》,陕西人民出版社1982年版,第187页。

上处于重要位置的苏联文坛动向的关注当然是题中应有之义。这类文坛消息大量发布,为国人熟悉了解苏联的文艺动向起着积极的作用,也为论争者提供了一种崭新的文学背景。

②1932年5月—1934年7月　1932年4月23日联共中央《关于改组文学艺术团体》的决议发表后,"拉普"解散。从表4可知,这个阶段的俄苏文论译介73篇,有华西里科夫斯基的《社会主义现实主义论》,弗里契的《弗洛伊特主义与艺术》,卢那察尔斯基的《高尔基与托尔斯基》及《社会主义的写实主义的风格问题》等,与同一时期刊物译介俄苏文学与文论总数232篇之比为0.3147。而上个阶段(即1928年1月—1932年4月期间)这个比率是0.3765(221篇与589篇之比)。这说明,相对于上一个阶段来说,由于"拉普"的解散、期刊与读者趋于理性化,译介俄苏文论,无论是绝对数还是比率,都呈下降之势。不过,这一时期的刊物对苏联无产阶级文论的译介只是相对地减少,即由原来相对文论总数的比率0.3167(70篇与221篇之比)减少至0.315(23篇与73篇之比)。一些重要的无产阶级文论家,如卢那察尔斯基等人的作品在这个阶段也在继续译介,特别是苏联文坛上关于"社会主义现实主义创作方法"的讨论,在这个阶段被及时地介绍到中国。这说明文论的译介还是占很大比重,国人对苏联文艺的接受也在进一步加强。由于接受苏联文艺已经历相当长的一段时间,期刊与读者均能较理性地看待苏联文学,因而从上个时间段开始,评论苏联文学的文章逐步增多。据统计,1917年4月至1928年1月左右,中国读者所发表的关于苏联文艺现象的评论文章篇数与所译介的"苏俄文论(理论、批评、史论)"作品总数之比为0.0926(50篇与540篇之比)。而据附表2与附表3,1928年1月—1932年4月左右,这个比率升为0.1003(59篇与588篇之比);1932年5月—1934年7月期间,此比率进一步上升至0.2877(21篇与73篇之比,参考表4)。这表明,相对上个十年来说,读者与期刊更为积极地参与了对俄苏文学的接受过程。此外,这一时期对"俄苏文学(诗歌、小说、戏剧、散文)"作家作品译介的比率(相对同期译介的所有作品的总数)进一步降低。三个时间段(参考附表1—附表4),即1917年初到1928年1月,1928年2月到1932年4月,1934年5月到1934年9月,俄苏文学作品的译介比率呈现直线下滑的趋势,即为0.4241(229篇与540篇之比)→0.3759(221篇与558篇之比)→0.2715(63篇与232篇之比),由此可以看出编者和读者的理性批判能力在逐步提高。虽然作家作品翻译的比率总的说来

下降了,但是左派倾向的作家作品翻译还是呈现较强劲的势头。比较附表3及附表4可以看出,左派倾向作品的翻译与同一时期"俄苏文学(诗歌、小说、戏剧、散文)"作品翻译总数的比率呈现上升趋势,即为0.4887(108篇与221篇之比)→0.6032(38篇与63篇之比),而1917年至1927年这个比率为0.0742(17篇与229篇之比)。这说明具有无产阶级倾向的作家作品得到了更为有力的传播,也反映出读者对无产阶级文学渴求的程度在提高。虽然有些作品是译者为了满足"衣食"问题而翻译的,但正因为有了读者的喜爱,这些译作才会有市场。这个时期苏俄文艺翻译的另一个特点是,苏联时政要闻远远少于第一个十年,这也许是因为读者已不满足于一般地了解苏联的社会现状,期刊的编辑者要通过对作品与文论的译介来提高国民的文学素质与思想觉悟。思想的趋于成熟,是这个阶段的文学论争水准高出前一个阶段的重要原因。

2. 期刊译介俄苏文学与文论对论争的影响

(1)确立了马列主义文艺思想的主导地位

在1928—1934年间发生的左翼与新月派的论争和"左联"对"自由人"胡秋原、"第三种人"苏汶的论争及"左联"内部关于"文艺大众化"的讨论中,期刊译介俄苏文学与文论对在中国文坛上确立马列主义文艺思想的主导地位起了极其重要的作用。

首先,译介苏俄文学与文论,介绍苏联文坛及社会现状,扩大了马列主义文艺思想的影响。很多"左联"成员都是在接受了苏联文学及苏联革命的影响后加入"左联"的,他们投入这些由左翼力量主导的论争时也就自然而然地传达了其所受到的苏联文学的影响。如以《第三种人的出路在哪里》一文参加与"第三种人"论争的金丁就是"受'普罗'文学影响"[①]才到"左联"根据地上海的。我们虽不可说这种影响会以一种直接的、明显的形式反映在论争中,但是肯定会潜在地影响作者的观点及论争的方式,而这种潜在的影响为马列主义文艺思想主导地位的确立提供了重要条件。

其次,这场没有硝烟的战争之所以以马列主义文艺思想取得了主导地位而告终,除了马列主义文艺思想自身的真理性外,也是由于俄苏文学在中国大量传播,民众的思想受到了引导,他们认识到马列主义文艺思想是具有真理性

---

① 中国社会科学院文学研究所主编:《左联回忆录》,中国社会科学出版社1982年版,第182页。

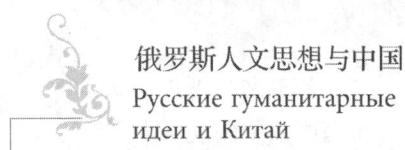

的文艺思想。此时不管是"第三种人"的苏汶还是"自由人"的胡秋原,更不用说那些以马列主义文艺思想正统自居的左派理论家如瞿秋白、周扬等,都是以马列主义文艺观作为自己论争武器的。如从胡秋原的《阿狗文艺论》就可以看出非"左联"成员的他对苏联作家、文论家及其作品十分熟悉了解,而且与胡秋原的论争之所以发生,如苏汶在《关于〈文新〉与胡秋原的文艺论辩》中所说的:"起初当然是导源于俄罗斯。一些名字长得不容易记清楚的人们争论着,在我们还没有梦想到天下有这么一个问题的时候就争论着。"[①]不错,在这场论争中,参与者无不引用苏联无产阶级文论及相关背景,不管是论争的哪一方都视自己为马列主义文艺观的正宗,而这些背景知识的获取与当时期刊大量刊发的苏联文论、文学作品及苏联文坛消息是分不开的。如《文艺新闻》还在国内外一些城市设有通讯员,为人们及时提供了大量文艺新闻,从正面积极报道苏联左翼文艺动态。苏俄文学及文论的大量传入和深入人心,自然为马列主义文艺思想的迅速传播和扩大影响创造了条件。

(2) 提高了论争的理论水平

鲁迅等人从"革命文学"论争中吸取了经验教训,着手翻译苏联的文论。这些努力在这个阶段取得了重大的成效,反映在论争中,就表现出不同于上一阶段的特点,即主要地不是依靠拙劣的攻击维护自己的观点,而是以无产阶级文论作为论争的武器。如这个时期"中国的普列汉诺夫"瞿秋白针对胡秋原的《阿狗文艺论》及苏汶的《关于〈文新〉与胡秋原的论辩》等文,不是以讽刺、漫骂的手法加以回击,而是一方面接受他们一些合理的观点,另一方面,又能以客观的分析指出钱杏邨观点中积极的方面,即"他总还是一个竭力要想替新兴阶级服务的小资产阶级知识分子……"[②]在这篇文章中,瞿秋白已经能够辩证地看待如普列汉诺夫等苏联无产阶级文论家的观点。普列汉诺夫是苏联无产阶级早期著名的文论家,"他不仅用马克思主义观点解释了各种文艺现象的特点,而且阐明了这些现象产生、发展和衰亡的原因。"[③]但是普列汉诺夫的观点中也存在客观主义和机械论的成分。瞿秋白在客观地评价普列汉诺夫

---

① 北京大学、北京师范大学、北京师范学院中文系中国现当代文学教研室主编:《文学运动史料选》(3),上海教育出版社 1979 年版,第 128 页。
② 北京大学、北京师范大学、北京师范学院中文系中国现当代文学教研室主编:《文学运动史料选》(3),上海教育出版社 1979 年版,第 139 页。
③ 李辉凡:《二十世纪初俄苏文学思潮》,社会科学文献出版社 1993 版,第 318 页。

文艺观点的同时,能灵活地将它应用到论争中,并指出胡秋原观点的缺陷所在:"所以胡秋原的理论是一种虚伪的客观主义,他恰好把普列汉诺夫理论中的优点清洗了出去,而把普列汉诺夫的孟塞维克主义发展到最大限度——变成了资产阶级的虚伪的客观主义。"①总之,从这篇文章,我们看到了一个能辩证地分析问题的中国无产阶级文论家的形象。这也是当时中国左翼理论家无产阶级文艺理论修养提高的一个重要标志。

与上一个阶段相比,这个阶段的期刊一般经常发表读者对苏联文坛现象及俄苏作家作品的评论,表明期刊对俄苏文学文论的译介转换到了较主动的位置,对读者的认识能力的增强起到了重要的导向作用。诚如关露所言:"'左联'人除了学习苏联社会主义文艺理论和伟大无产阶级革命导师的著作而外,还阅读俄国革命民主主义思想家别林斯基、车尔尼雪夫斯基和杜勃罗留波夫的著作,接受了他们深刻的先进思想影响,丰富了自己的知识和艺术思想。"②因而,相对于前一个时期来说,此阶段的一些论争虽然还可以看到盲从苏联的现象,但是由于论争者理论修养的普遍提高,论争也就从较被动的局面转向主动的局面。这不仅体现在论争双方较少以此前的那种漫骂或混用不同文论家观点的方法参与论争,而且也体现在论争理论水准的提高,如关于"辩证唯物主义创作方法"讨论的深化。创作方法论问题的探讨,在苏联文坛上曾引起过很大的关注,从"拉普"提出"辩证唯物主义方法"再到"社会主义现实主义创作方法"的提出,其中经历了许多曲折。但是在中国,关于"辩证唯物主义创作方法"的讨论,虽然也存在着左倾和僵化的观点,可是茅盾、钱杏邨等人发起的对华汉《地泉》三部曲的批判,就已经开始克服早期文艺家的幼稚,可以说是作者理论修养提高的表现。到周扬发表《关于"社会主义的现实主义与革命的浪漫主义"——"唯物辩证法的创作方法"之否定》一文,中国左翼文艺家的理论水平提高到了一个新水平,"社会主义现实主义创作方法"已经普遍地被左翼文艺界所接受了。这种转变是建立在当时期刊对这种创作方法的大量介绍基础之上的。从附表4我们可以看到,此阶段对无产阶级文论介绍处于活跃的状态,而且这些文论很大一部分就是关于创作方法的讨论。因而可以说,俄苏文学与文论的译介,是中国文艺界理论水平提高的基础。

---

① 北京大学、北京师范大学、北京师范学院中文系中国现当代文学教研室主编:《文学运动史料选》(3),上海教育出版社1979年版,第140页。

② 中国社会科学院文学研究所主编:《左联回忆录》,中国社会科学出版社1982年版,第243页。

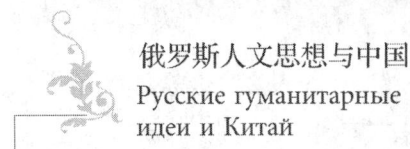

（3）没能完全克服"左倾"盲从现象

从这一时期刊物的文坛消息及文论译介情况可以发现，"拉普"在中国具有广泛的影响力，它的一些文艺方针及文艺观点在"左联"及倾向左翼的期刊上得到传播，连同人期刊也不例外。甚至在苏联已经清算了"拉普"后，中国文坛仍在传播它的文艺观点。所以这一时期的期刊所传播的苏联文论，与苏联文艺界的真实情形并非完全吻合，而是有一个时间差。其实当时苏联文坛很有影响力的并非仅有"拉普"一家，以沃隆斯基为代表的《红色处女地》一派也很有势力。中国的期刊一度只知道"拉普"，这样的编辑方针必然会对这一时期的相关论争产生片面的影响。如在"文艺大众化"问题的讨论中，周扬在他的《关于文学大众化》一文中，提到了文艺大众化问题的提出与国际革命作家第二次国际会议关于殖民地普罗革命文学的决议之间的关系问题。这个会议是由"拉普"主导的，因而也必然反映"拉普"的一些观点。周扬在文章中所强调的"我们要尽量采用国际普罗文学的新的大众形式，如上面所举的报告文学、群众朗读剧等"[①]以及文艺作品的"鼓动性"、"活人论"等观点，这些其实都是"拉普"的核心文艺观点。"活人论"在当时的苏联除了"拉普"对它积极推崇外，其他文学团体和作家几乎对它都持否定的态度。此外，在与"第三种人"、"自由人"的论争中，"左联"也受"拉普"的影响犯了"左倾"的错误。如同"拉普"对"同路人"大肆攻击一样，"左联"对苏汶与胡秋原也展开了猛烈的批判。虽然在某种程度上说，这是为了维护无产阶级立场的坚定性，但另一方面这又缩小了同盟者的战线。可以说，"拉普"所犯的一些错误，常常影响到"左联"。这种"巧合"，不难从期刊片面追随苏联文艺思潮的编辑方针中找到源头。

总而言之，这一阶段期刊的编辑具有更为明显的追随苏联文艺政策的特点，它的负面影响表现为论争过程中的教条主义和机械论。不过，这种追随的姿态也产生了一种较为积极的效果，那就是在苏联清算"拉普"后，"左联"停止了对"第三种人"的批判，从而在以后的论争中能较理性地吸取苏联文艺理论的积极成果。由于苏联解散了"拉普"，"国际革命作家联盟"也停止了活动。张闻天把苏联文坛的这一重大事件与中国的文艺界情况联系起来，发表

[①] 北京大学、北京师范大学、北京师范学院中文系中国现当代文学教研室主编：《文学运动史料选》(3)，上海教育出版社1979年版，第411页。

了《关于文艺上的关门主义》一文,直接导致了对"第三种人"批判的结束。因此,可以说"左联"时期的文艺论争与苏联文坛的形势是息息相关的,而中国的期刊在衔接中苏文艺的关系方面起到了极为重要的作用,具体地说,就是比较长期的潜移默化效果与短期的立竿见影的直接效应。

三、"两个口号"的论争

"两个口号"的论争既与文人相轻的传统有一定的联系,也与左翼文艺运动内部存在的宗派主义和关门主义有重大关系。一提及这两种主义,我们自然会想起苏共主导第三国际对当时中国文坛的影响。这种影响的重要途径之一便是期刊,这可以上溯到1917年的《新青年》,下延至1936年的一些刊物。由于1917年—1934年7月间期刊对俄苏文学与文论的译介特点已在上文做过分析,因而这里仅考察1934年8月—1936年上半年这一时间段期刊的编辑特点,然后结合上文对1934年前的期刊编辑特点的分析来考察在"两个口号"论争中期刊所起的作用。

1. 1934年至1936年的期刊译介俄苏文学与文论的特点

1934年8月,苏联召开了第一次全苏作家代表大会,正式确定了"社会主义现实主义创作方法"的主导地位。苏联文艺政策的这一重大调整,对中国当时的期刊译介俄苏文学与文论产生了直接的影响。下文将分别考察国民党系统的期刊、同人期刊、"左联"及倾向左翼的期刊译介俄苏文学与文论的特点。这种区分与前文考察第二个阶段论争时根据期刊倾向进行区分有相似之处,但有一点显著的不同,那就是把原来没有涉及的"国民党支持的期刊"单独列为一类。之所以如此,是因为相对上一个阶段国民党支持的期刊对俄苏文艺只是零散的介绍来说,这一阶段国民党支持的期刊对俄苏文学作品的译介比较多,因此要做一个分析。不管这些期刊的译介动机如何,从客观方面来说,它们为俄苏文艺译介这项大工程提供了一片瓦。此外,倾向左翼的期刊,由于它们在译介俄苏文学与文论时所起的作用与"左联"期刊大体相同,为了论述的方便,归在同一类。与上两个阶段不同,这个阶段对苏联文学及文论的译介状况分析不是以表格的形式进行的,这是因为这一阶段时间较短,期刊译介数量也有限,可以较容易地把握俄苏文学及文论的译介状况。

①国民党支持的期刊　这类期刊有相当一部分译介了苏联文艺,这一方面是因为苏联文艺深得中国人的喜爱,另一方面也正如茅盾所指出的,"这不

是对民族解放运动表示支持,而是他们把欧、亚一些国家民族特点的文艺,自以'民族主义文艺'的同调或者援手的缘故"①。不过这在客观上有助于民众知识水平和审美能力的提高,为建构这一阶段文学论争所需的俄苏文艺背景知识提供了间接的帮助。这些期刊是《文艺月刊》、《中国文学》、《矛盾》等。它们所译介的俄苏文艺,一般以文学作品为主,如《中国文学》所翻译的就只是4篇俄苏小说。《文艺月刊》在1934年1月至1935年4月所译介的12篇作品中有3篇为小说,其他的几篇主要是一些文坛消息。《矛盾》译介的作品共有8篇,小说3篇,其中《三只丝袜》在共出版的5期中连载了4期,"文坛消息"1篇,作家介绍2篇,文论译介2篇。通过对这些译作的分析,不管是哪种类型的作品都与国民党所提倡的"民族主义文艺运动"的主题相关。它们或者是表达民族主义的主题,如《文艺月刊》中的《国赋的母亲》、《仆人》及《伊万杀子》,或者是俄罗斯文学史上一些著名作家的作品,如契诃夫、托尔斯泰、高尔基等人的小说。这些期刊对苏联社会、文坛状况及其文艺政策介绍得很少,特别是苏联无产阶级文论的译介几乎没有,除非苏联国内一些特别重要的且不带无产阶级意识形态的消息才偶有刊发。显而易见,这正是此类期刊的突出特点,它是由其反对"普罗文学"、赞扬"民族主义文学"的立场所决定的。

②同人期刊 这类期刊译介俄苏文学与文论时继承了上个阶段的一些特点,即是本着"以忠实恳挚的态度为新文学的建设而努力"来进行"世界文学的研究、介绍与批评"②的。它们刊载了一些俄苏文学作品,这些作品并非如国民党支持的期刊那样以服务于"民族主义文艺"为目的因而不可避免地显得单一片面,它们不但译介俄罗斯文学名家的作品,也大量译介"十月革命"前后的无产阶级文学作品。如《现代》于1934年3月至1935年4月所翻译的文学作品共有5篇,都是苏联无产阶级作家的作品或反映无产阶级生活的作品。《文学季刊》除了连载陀思妥耶夫斯基的《白痴》和屠格涅夫的《散文随笔》,也有左琴科的小说《恐怖之夜》及高尔基的《天蓝的生活》。同人期刊译介俄苏文学与文论的另一个显著特点是,文学作品翻译相对来说比较少,而是以文论译介及苏联社会现状及苏联文艺动态的介绍为主。这一方面有益于提

----

① 陈荒煤:《中国现代文学期刊目录汇编》(上),天津人民出版社1988年版,第1319页。
② 《文学季刊发刊词》,《文学季刊》1934年创刊号。

高国人的文艺理论修养,另一方面也为国人全面及时地了解苏联社会及文学状况作出了贡献。以《青年界》这份期刊为例,在 1934 年 5 月到 1936 年 7 月期间,译介有关苏联的 7 篇作品中,除了一篇安德烈耶夫的《诗选》,其他六篇都是对苏联文学名家的介绍及对苏联文艺政策的解释。《现代》于 1934 年 3 月至 1935 年 4 月译介的作品共有 10 篇,其中所翻译的文学作品共有 5 篇,另外几篇为文论及文坛消息。《文学季刊》的文学作品介绍 4 篇,文学论著 4 篇。通过比较,我们可以看出,这些特点与上个阶段的译介基本相同。但此阶段的同人期刊在介绍苏联文艺的同时,对在苏联文艺界引起热烈争论的"社会主义现实主义"创作方法介绍得很少。而这也正是这类期刊不同于"左联"期刊及倾向左翼的期刊的一个显著特点。其中的原因,我们不难明白,作为一种综合性的期刊,对无产阶级文论缺乏相应的热情和敏锐性是由其本身的性质所决定的。

③ "左联"及倾向左翼的期刊 《文学》、《当代文学》、《东流》、《译文》、《太白》、《春光》等期刊与前一阶段的译介特点相近,但是也表现出了此阶段左翼期刊追随苏联文艺政策所体现出来的独特性。在第一次全苏作家代表大会上,"社会主义的现实主义"成了唯一合法的创作方法,因此左翼期刊译介了大量有关创作方法的文章。如《文学》有周扬译介的作家论《高尔基的浪漫主义》,高纷转译日本西三郎的书评《俄国文学的现实主义发达》;《东流》的第 2 卷第 1 期有欧阳凡海译的《现实主义与心理主义的表现》及无名译的《托尔斯泰与现实主义》,第 2 卷第 2 期有以人译的《法捷耶夫论现实主义》;《译文》第 2 卷第 2 期有周扬译的《论自然派》;《夜莺》第 1 卷第 1 期有《屠格涅夫底现实主义》,第 1 卷第 3 期有法捷耶夫的《新现实与新文学》;《东方文艺》的第 1 卷第 2 期有吉尔波的《苏维埃文学的新现实主义》。总之,相对整个苏俄文论的译介来说,"社会主义现实主义创作方法"在中国得到了较集中的介绍。此外,这些期刊在译介上也保持了前一阶段左翼期刊的一贯特点,除了《译文》注重对文学作品的介绍外,其他期刊对文学作品如诗歌小说散文的介绍往往处于较从属的位置,而更注重苏联文艺政策及苏联文论的译介。拿《东流》来说,它创刊于 1934 年 8 月,多达 11 期有对苏联文艺作品的介绍,译介的作品 31 篇,但涉及到作家作品翻译的只有 6 篇,其他的则分别为文学创作方法论、作家介绍、文坛消息等。再如《文学》,1934 年 1 月至 1936 年 6 月有关苏联文艺的译介有 46 篇,作家作品的介绍只有 5 篇,其他的则为"论文"、"补

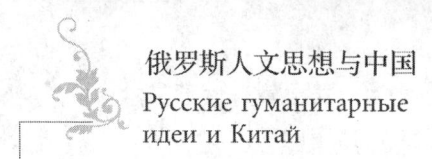

白"、"杂文杂记"或"书评"形式出现的专栏对作家作品的评论及对苏联文艺创作方法的介绍,或者是以"文坛展望"或"补白"的形式出现的对苏联文坛消息的介绍;6篇文论中,有5篇是无产阶级文论。《当代文学》有限的4篇译作中,只有一篇小说。《文学新地》仅有的两篇译作是卢那察尔斯基与列宁的文论。《杂文》的11篇译作中,有关文学创作方法的就有6篇。几乎没有对革命民主主义文论家作品的介绍。紧跟苏联文坛译介大量苏联无产阶级文艺理论,是这些期刊的特点。这反映了左翼理论界在接受苏联文学过程中对理论问题的强烈兴趣,也就理所当然地直接影响了"两个口号"的论争。

2. 期刊译介俄苏文学与文论对论争的影响

(1) 向苏联的文艺观看齐

"两个口号"论争中,不管双方的立场是什么,甚至以徐行为代表的机械论者,都唯苏联的马首是瞻。在这些论争文章中,我们不难发现他们对苏联社会、文学及文艺理论的推崇,苏联文艺思想成了他们据以判断口号优劣的一个重要标准。对苏联文艺现象与苏联国情的把握,当然离不开近20年来期刊对苏联社会及文学乃至时政要闻的介绍。从《新青年》开始大力介绍俄苏文学与文论以来,许多期刊都积极跟进。参考附表1—附表4,我们可以看到,这20年来期刊对苏联的译介是全方位的,不但大力译介作家作品和文艺理论,而且也注重苏联文坛消息的介绍,为国民及时了解苏联文坛提供了极大的便利。尤为重要的是,这些期刊通过刊登有关苏联的政治要闻及政界领导的论著,为读者打开了一扇了解苏联社会的窗口。"两个口号"的论争既是文人相轻习性的传统文化因素使然,也为抗日的现实情况所诱使,而苏联这个社会主义国家政治文化的发展也为论争提供了一种重要的标准和知识谱系。这些因素共同构成了论争的话语背景。翻开一部"两个口号"的论争史,以苏联的政治文化思想为论据的论辩随手拈来。如代表机械论一方的徐行在他的《我们现在需要什么文学》中这样写道:"如伊利契在《社会主义与战争》和其他各种文献中所说一样","在苏联实行新经济政策的时候,曾经在文坛出现了取消主义。他的代表人物瓦朗斯基于一九二四年是这样说过","故当时苏联勃洛作家大会认为'谈到文学领域内似乎可以有各种文学思想派别的和平合作和平竞赛,是一种反动的乌托邦'"、"苏联作家协会的章程上有这样的话……"①,如此等等地引述苏联的文坛动向、文艺观点及政治方针,不难看出苏联的社会文化背景构成了他参与论争的重要依据。而"国防文学"的一方也希图从苏联政治文化观念中找到自己的理论依据以证明自己这个口号的正确和正当性,如周扬的《关于国防文学》,就以"他'刚巧'忘记了这位先哲自己就曾经夸耀过大俄罗斯民族,一点儿也没有轻视过民族的感情"②来批驳徐行的观点。此外,周扬的文章也不断引用俄罗斯"先哲们"的文艺观作为自己的根据。虽然我们不能说这些知识的获取全都是期刊译介的功劳,因为论争者自己也可以通过所掌握的外语来获取这种知识,或者是通过其他的途径获得,但这毕竟只是很少的一部分,作为一个知识群体,他们整个的文化眼界的开阔,还是离不开期刊这一广泛的途径,甚至那些通过自己掌握的外语直接获取这些知识者,其本人就是这些期刊译介苏联文学及文论的骨干力量,因而可以说期刊所起的作用虽然是潜移默化的,但却是至关重要的。

(2) 加强了论争的理性色彩

首先,体现在论争的双方都能就自己所提出的口号做出一番较理性的解释。如"民族革命战争的大众文学"与"国防文学"双方都说明了这两种文学各自的主题和创作方法问题。胡风在《人民大众向文学要求什么》中提到了其所依据的创作方法是"动的现实主义的方法",其主题是"统一了一切社会纠纷的主题"③。周扬在《关于国防文学》中同样说道:"国防的主题应当成为汉奸以外的一切作家作品之最中心的主题……主题的问题和方法的问题不可分离,国防文学的创作必须采取进步的现实主义的方法。"④可见,双方不但提出了自己的主张,并且都加以理性的、缜密的论证,各包含着一些合理的因素,成为当时历史条件下具有某种正确性的主张。"革命文学"论争时期不但未能提出较具体的理论观点,更未能解答对方的质问,就是论争过程中也总是违

---

① 北京大学、北京师范大学、北京师范学院中文系中国现当代文学教研室主编:《文学运动史料选》(3),上海教育出版社1979年版,第277-281页。
② 北京大学、北京师范大学、北京师范学院中文系中国现当代文学教研室主编:《文学运动史料选》(3),上海教育出版社1979年版,第229页。
③ 北京大学、北京师范大学、北京师范学院中文系中国现当代文学教研室主编:《文学运动史料选》(3),上海教育出版社1979年版,第284页。
④ 北京大学、北京师范大学、北京师范学院中文系中国现当代文学教研室主编:《文学运动史料选》(3),上海教育出版社1979年版,第290页。

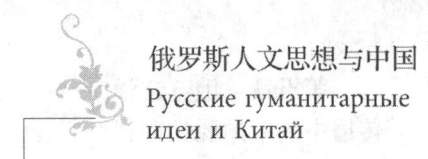

背鲁迅的"恐吓与辱骂绝不是斗争"的原则。由此可以看出相对以前的论争来说,这个阶段的论争更趋于理性化。

其次,理性色彩的强化体现在论争双方对"同路人"都不再采取简单棒杀的态度,而是希望联合文艺界的一切爱国者走向抗日。如"国防文学"的拥护者立波在《关于"国防文学"》中提出:"在国防文学的旗帜下面,一定要除去一切狭窄的宗派思想和意气;凡中国人,只要不是万恶不赦的卖国卖民族的明中暗里的汉奸,只要不是甘心做亡国奴的猪犬,都是国防文学的营盘里面的战友。国防文学营盘里的人和朋友的通行证,上面只有简单的两句话:我是中国人! 我反对汉奸和外敌!"[①]虽然还有像徐行那种反对联合一切可以抗日的同仁的机械论者存在,但是这毕竟是极少数,而在周扬和郭沫若清算机械论的文章发表后,徐行们也就再没有发表什么意见。从这些论争的文章中,我们不难看出,虽然实际的情况有出入,但双方在主观上先后都表示要反对"宗派主义"和"关门主义",这是一个事实。如周扬在《关于国防文学》中批判徐行就是因为"他的意见正代表着一部分'左'的宗派主义",而耳耶在他的《创作活动底路标》中质问周扬的一句话也是:"周扬先生自己底意见究竟超出了'一切宗派主义'的范围没有呢?"[②]

其三,论争的结束虽然是国内抗日大环境使然,另一方面也与苏联在第一次作家代表大会提出的联合统一的文艺政策有间接的关系。因为联合已是大势所趋、深入人心的事了。而这种思想的深入人心与期刊积极主动的译介方针是分不开——那就是紧跟苏联文艺政策,学习先进的文艺理论为己所用。同时,在这一学习过程中又提倡具体情况具体对待,对"国防文学"口号的辩证看待,就是证明。如立波在《关于"国防文学"》中谈道:"国防文学原为苏联所倡导。可是,它移到中国来,并不是毫无考虑的袭取,它有着客观情势的要求,除了少数明暗的汉奸,谁不要防卫我们的可爱的中国? 同时他也有着和苏联的国防文学不同的任务……"[③]

论争中理性色彩的加强是与苏联文论的译介有关的。苏联文坛在1932

[①] 北京大学、北京师范大学、北京师范学院中文系中国现当代文学教研室主编:《文学运动史料选》(3),上海教育出版社1979年版,第266页。

[②] 北京大学、北京师范大学、北京师范学院中文系中国现当代文学教研室主编:《文学运动史料选》(3),上海教育出版社1979年版,第327页。

[③] 北京大学、北京师范大学、北京师范学院中文系中国现当代文学教研室主编:《文学运动史料选》(3),上海教育出版社1979年版,第265页。

年解散了"拉普"等文学派别,提出了"社会主义现实主义的创作方法"。"两个口号"论争中,对立的双方都提倡这一创作方法,主张把它应用到创作中来。通过附表4及1934年中期之后所译介的苏俄文学资料的考察,我们可以看到很多期刊对这一创作方法都有译介,关于创作方法的问题已引起广泛的关注。这就十分清楚:左翼内部两拨人的一场论争,直接受到了期刊所译介的苏联文艺政策及创作口号的影响。即使是上文所提到的双方都提倡团结文艺界一切人走向抗日的观点,也受到了苏联解散各种文学派别、提倡统一的"社会主义现实主义创作方法"及反对"宗派主义"和"关门主义"的影响。如萧三(当时"左联"派往苏联的作家代表,关于苏联文坛政策的一些情况大多是他传到国内,并在期刊上发表的)在《我为"左联"在国外做了些什么?》一文中所说的:"何况我当时也想学苏联的样:解散'拉普',组织更广泛的统一的作家协会,不更好些吗?"① "左联"解散的很大一部分原因就是"学样"的结果,但这同时也是造成论争的直接原因。

这次论争中所提出的两个口号,都是要求文艺界组织广泛的抗日民族统一战线,都要求反映广泛的现实生活,如"民族革命战争的大众文学"的拥护者之一路丁在《现实形势和民族革命战争的大众文学》一文中提到了它的内容范围是:"并不是狭义的把文学的范围缩小,而是动的现实主义的一个发展:一个和目前现实生活的配合,现在生活主流的集中表现。"② "国防文学"的支持者郭沫若在《国防?污池?炼狱》中谈到"国防文学"的内容是这样的:"我觉得国防文艺应该是多样的统一,而不是一色的涂抹。这儿应该包含着各种各样的文艺作品,有纯粹社会主义的一支与狭义爱国主义的,但只要不是卖国的,不是为帝国主义作伥的东西,因而,'国防文学'最好定义为非卖国的文艺,或反帝的文艺。"③ 可见,两者的思想观点和主张本没有很大的差别,但是为何又发生激烈的争论呢?因为他们"不是首先从抗日国防的政治上去广泛联合作家,而是要在文学口号上去联合作家"④。也就是你站在哪一方你就会支持谁的口号,而不是你支持什么口号你就站在谁的一方,口号只是虚设

---

① 中国社会科学院文学研究所主编:《左联回忆录》,中国社会科学出版社1982年版,第181页。
② 北京大学、北京师范大学、北京师范学院中文系中国现当代文学教研室主编:《文学运动史料选》(3),上海教育出版社1979年版,第489页。
③ 李何林:《近二十年中国文艺思潮论》,陕西人民出版社1982年版,第416页。
④ 陈瘦竹:《左联文学论文集》,南京大学学报编辑部1980年版,第11页。

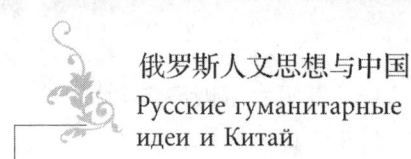

的,这就反映出了这场论争仍然存在"宗派主义"和"关门主义"。出现这种情况,原因复杂,其中重要的一点是与这一阶段左翼期刊对苏联文艺及文论的译介存在某种片面性相关,这种片面性主要表现为对苏联文艺及文艺政策的亦步亦趋的追随。苏联自从"十月"革命胜利以后,文艺界一直存在着"宗派主义"和"关门主义"的现象,众多的派别为了维护自己在文坛上的盟主地位,总是排挤他派,不管对方的观点正确与否一味地排斥,唯我独尊。通过中国期刊的译介,这种二元对立的思维模式影响到了论争的双方,使其中的一些人为了争苏联文艺思想的正统而粗暴地抨击对方,造成同一战线中的盟友一度反目成仇。因而,这也可以说是苏联的"宗派主义"和"关门主义"在中国文坛找到了存活的土壤。

　　中国"左联"十年的文学论争自有其得失,我们不可否认国际大环境与国内时局的影响,同时与文人相轻的传统也有很大的关系。但是,通过对现代文学史前20年期刊在传播俄苏文学与文论的特点进行分析,我们可以发现一个不容置疑的事实,那就是期刊对俄苏文学与文论的传播不但在广度上而且从深度上影响到了这些论争。本文的目,是对此予以清理,并借历史的经验以提醒当下的理论界要通过一斑以观全豹,重视俄苏文学及文论对中国现代乃至当代文学所产生的重要影响,重视期刊的传播对中国现代文学乃至当前文学发展的重大影响。

附表1　1917年初～1928年1月的统计

分类 刊名	俄苏作品（诗歌小说散文戏剧）					俄苏文论（理论、批评、史论）				苏联文坛动态	苏联政及政闻论时要	合计
	名家名作（包括左派名家名作）	左派名家名作	左派倾向作品（包括左派名家名作）	其他	合计	苏无产阶级文论	其他		合计			
							中国读者评论（数据已计入右栏）	各国评论（不含苏联无产阶级文论）				
*《新青年》17.4～24.8	11		1	4	16	1	2	6	7	3	96	122
《每周评论》											13	13
《新潮》	4	2	2	1	5						3	8
《国民》	1				1						3	4
《少年中国》	1			0	1	0		2	2			3
《解放与改造》	1			1	2	0	5	10	10		30	42
《新社会》	3	1	1	1	4						2	6
《曙光》	6	1	1	2	8			1	1		18	27
*《小说月报》21.1～27.12	65	6	7	24	90	8	30	45	53	31	0	174
*《文学周报》21.5～27.12	8	1	1	7	15	1	10	12	13			28
《戏剧》				1	1					4		5
《努力周报》	1				1							1
《小说世界》	39			1	40							40
《文艺周刊》	7			0	7							7
*《语丝》25.2～27.12	5			1	6	1	2	2	2			8
《莽原》（周刊）	8	2	2	4	12	1		1	1			13
《莽原》（半月刊）	8	1	2	5	14	5	1	1	6			20
*《创造月刊》26.4～28.1						1		1				1
《沉钟》	1			1	2							2
《现代评论》	1				1						10	11
*《北新》26.10～27.12	3				3	1		1	2			5
合计	173	14	17	53	229	17	50	81	98	38	175	540

说明:

① 本章后4个表格的统计数据均来自陈荒煤主编的《中国现代文学期刊目录汇编》(上),天津人民出版社1988年版。

② * 表示对该刊只统计了这一阶段译介俄苏文学文论的数据,其他时间段的译介数据没有统计在内,下同。

③ "左派名家名作"指既属于"左派倾向作品"又属于"名家名作",其数据同时计入"名家名作"和"左翼倾向作品",因而俄苏文学作品"合计"一栏的数据是("名家名作"-"左派名家名作") + "左派名家名作" + ("左派倾向作品"-"左派名家名作") + "其他",下同。

④ 作品中的"其他"是指一般作品,即既不属于"左派倾向作家作品",又不属于"名家名作",下同。

⑤ "苏联无产阶级文论"包括苏联无产阶级文论、文艺政策、文学理论及对作家作品的评论,下同。

⑥ "中国读者的评论"不分作者的阶级倾向,其数据已计入"各国评论"栏,单独列出是为了说明中国评论家的思想成熟度。因此,俄苏文论的合计数是"苏联无产阶级文论"与"各国评论"之和,不能计入"中国读者评论"一栏的数据,下同。

⑦ "各国评论",指苏联无产阶级文论以外,包括苏联非无产阶级文论在内的世界各国的有关苏联的文学评论,下同。

⑧ 此表时间段为1917年初~1928年1月的统计,个别期刊稍有出入。

附表2 按期刊倾向分类的1928年1月—1934年7月的统计

分类/刊名	俄苏作品(诗歌小说散文戏剧)					俄苏文论(理论、批评、史论)				苏联文坛动态	苏联政论及时政要闻	合计
	名家名作(包括左派名家名作)	左派名家名作	左派倾向作品(包括左派名家名作)	其他	合计	苏联无产阶级文论	其他 中国读者评论(数据已计入右栏)	各国评论(不含苏联无产阶级文论)	合计			
倾向左翼的期刊												
《未名》			1		1	2		1	3			4
《奔流》	9	4	4	4	13	6		6	12			25
《大众文艺》	6	6	11	2	13		1	1	1	1		15
《朝花》	1	1	3	2	5	1	1	1	2			7
《新流》	1	1	3		3							3
《引擎》	1				1			1	1			2
*《文学》33.7~34.5	4		5	1	6	2		3	5	24		35
《涛声》			1		1			4	4			5
《文艺新闻》						2		6	8	19	1	28
《新文艺》	3	3	6	2	8	8	1	2	10			18
《春潮》	2	1	2		3	1		4	7	8		11
*《创造》28.1~29.10						4			4			4
《太阳》	1	1	2		2		1	1	1			3
小计	28	21	37	12	56	26	10	33	59	44	1	160
左联期刊												
《萌芽》	4	4	9		9	5	1	2	7	5	5	26
《拓荒者》			17		17	11	3	3	14	1		32
《北斗》	1	1	2		2	1			1			3
《文学月报》	1	1	9	0	9	3	3	3	7	6		22
《文化月报》						3	4	6	9	2	2	13
《文学杂志》			2		2	2		2	2			4
《文艺月报》	2	2	2		2			3	3	7		12
《春光》	5	2	1	6	4		1	5				11
小计	13	10	43	1	47	31	11	17	48	21	7	123

续表

分类 / 刊名	俄苏作品（诗歌小说散文戏剧）					俄苏文论（理论、批评、史论）				苏联文坛动态	苏联政论及时政要闻	合计
	名家名作（包括左派名家名作）	左派名家名作	左倾向作品（包括左派名家名作）	其他	合计	苏联无产阶级文论	其他		合计			
							中国读者评论（数据已人右栏）	各国评论（不含苏联无产阶级文论）				
同人期刊												
*《小说月报》28.1~31.12	9	2	10	9	26	7	6	17	24	39	1	90
*《文学周报》28.1~29.12	7	1	8	6	20		12	14	14	5		39
*《语丝》28.2~30.2	6				6	1	1	10	11	1		18
*《北新》28.2~30.11	9	2	4	3	14	2	4	16	18	5	15	52
《幻洲》			1	2	3						2	5
《真善美》	13	2	2		13	1	2	2	3	1	2	19
《新月》	1				1		2	3	3	3		7
《现代小说》	9	3	4	3	13	2		4	6	4		23
《开明》	2				2	1		3	4			6
《乐群》	1	1	1		2	3		2	5			7
《红黑》	2				2							2
《人间》				1	1							1
《华严》	1				1							1
《现代文学》	3	1	4		6	1	3	8	9	14		29
《读书月刊》	2	1	1	3	5		2	4	4	5	1	15
《青年界》	6	1	1	1	7		3	7	7	6	1	21
《新时代》	5	3	3	1	6			3	3	10		19
《现代》	5	2	7		12	2		11	13	4		29
小计	77	21	49	34	149	20	41	109	129	117	22	417
三类期刊总计	113	50	126	44	243	77	62	154	231	162	30	666

说明：此表时间段为1928年1月~1934年7月，个别期刊稍有出入。

附表3　按时间段分类的1928年1月—1932年4月的统计

分类\刊名	俄苏作品(诗歌小说散文戏剧) 名家名作(包括左派名家名作)	左派名家名作	左派倾向作品(包括左派名家名作)	其他	合计	俄苏文论(理论、批评、史论) 苏联无产阶级文论	其他 中国读者评论(数据已计入右栏)	各国评论(不含苏联无产阶级文论)	合计	苏联文坛动态	苏联政论时要及政闻	合计
*《小说月报》28.1~31.12	9	2	10	9	26	7	6	17	24	39	1	90
*《文学周报》28.1~29.12	7	1	8	6	20		12	14	14	5		39
*《语丝》28.2~30.2	6				6	1	1	10	11	1		18
*《创造》28.8~29.10						4			4			4
*《北新》28.2~30.11	9	2	4	3	14	2	4	16	18	5	15	52
《泰东》	1			1	2						2	3
《真善美》	13	2	2		13	1	2	2	3	1	2	19
《太阳》	1	1	1									3
《未名》			1		1	2		1	3			4
《文化批判》						1		1	1			1
《现代小说》	9	3	4	3	13	2	2	4	6	4		23
《新月》	1				1		2	3	3	3		7
《我们》	2	2	2		2							2
《畸形》	1	1	1		1							1
《奔流》	9	4	4	4	13	6		6	12			25
《开明》	2				2	1		3	4			6
《思想》			1		1					4		5
《大众文艺》	6	6	11	2	13	1		1	1			15
《乐群》	1					3		2	5			6
《春潮》	2	1	2		3	1	4	7	8			11
《熔炉》						1			1			1
《朝花》	1	1	3	2	5	1		1	2			7
《海风周报》			3	1	4	2	3	7	9	1		14
《红黑》	2				2							2
《人间》				1	1							1
《华严》	1				1							1

续表

分类\刊名	俄苏作品(诗歌小说散文戏剧)					俄苏文论(理论、批评、史论)				苏联文坛动态	联论时要苏联政及政闻	合计
	名家名作(包括左派名家名作)	左派名家名作	左倾向作品(包括左派名家名作)	其他	合计	苏联无产阶级文论	其他中国读者评论(数据已计入右栏)	其他各国评论(不含苏联无产阶级文论)	合计			
《新流》	1	1		3	3							3
《引擎》	1				1		1		1			2
《戏剧》			1		1	1		3	4			5
《南国月刊》						1	1	6	7			8
《南国周刊》						1	3		4			4
《新文艺》	3	3	6	2	8	8	1	2	10			18
《萌芽》	4	4	9		9	5	1	2	7	5	5	26
《拓荒者》			17		17	11	3	3	14	1		32
《艺术》						2		2	2			2
《文艺讲座》						4	1	5	9			9
《骆驼草》			1		1							1
《沙仑》						1			1			1
《开展》	1				1							1
《现代文学》	3	1	4		6	1	3	8	9	14		29
*《文艺月刊》30.9~32.4	2		1	2	5			2	2			7
《读书月刊》	2	1		3	5	2	4	4	5	1		15
《当代文艺》			5		5			1	1			6
《文艺新闻》						2	6	8	19	1		28
*《青年界》31.3~31.7	4			1	5		2	2	2			9
《现代文学评论》	1				1		1	1	4			6
《前哨》						1	1	1				2
《创作》	1				1							1
*《新时代》31.8~32.6	2			1	3		3	3	4			10
《北斗》	1	1	2		2	1		1				3
合计	100	38	108	41	221	70	59	151	221	115	31	588

说明： 此表时间段为1928年1月~1932年4月，个别期刊考虑到连载译作的完整性稍有出入。

第五章 俄苏文学传播中的中国现代期刊

附表 4　按时间段分类的 1932 年 5 月—1934 年 7 月的统计

分类 刊名	俄苏作品（诗歌小说散文戏剧）					俄苏文论（理论、批评、史论）				苏联文坛动态	苏联政要政闻	合计
	名家名作（包括左派名家名作）	左派名家名作	左倾向作品（包括左派名家名作）	其他	合计	苏联无产阶级文论	其他		合计			
							中国读者评论（数据已计入右栏）	各国评论（不含苏联无产阶级文论）				
*《文艺月刊》33.1~34.6	3	2	2	1	4			3	3	20		27
*《青年界》32.10~34.6	2	1	1		2	3		5	5	4	1	12
*《新时代》32.7~33.8	3	3	3		3					6		9
《涛声》				1	1			4	4			5
《矛盾》	3		2		5	1	2	5	6			13
《现代》	5	2	7	2	12	2	3	11	13	4		29
《文学月报》	1	1	9	0	9	3	3	4	7	6		22
《文艺茶话》	1				1							1
《小说月刊》				1	1		3		3	1		5
《文化月报》						3	4	6	9	2	2	13
《无名文艺》				1	1							1
《艺术新闻》				1	1					4		5
《文学杂志》			2		2			2	2			4
《文艺月报》	2	2	2		2	2		1	3	7		12
《文艺情报》			1		1			1	1	9		11
*《文学》33.7~34.5	4	4	5	1	6	2	2	3	5	24		35
《文艺春秋》								2	2			2
《文艺》	1	1			2	4		1	5			7
《文化列车》										4		4
《中国文学》	2			2	4							4
《春光》	5	2	2	1	6	4		1	5			11
合计	32	18	38	11	63	23	21	50	73	93	3	232

说明： 此表时间段为 1932 年 5 月~1934 年 7 月，个别期刊稍有出入。

第六章　俄苏文学传播中的中国译介专刊

观察一个民族对另一个民族文学的接受可以有多种途径,其中文学译介专刊是一个颇为重要但迄今仍未受到充分重视的研究对象。当我们回顾一个多世纪以来的中俄文学关系时,不妨以文学译介专刊的形态变化来观察这一复杂的文学接受演变过程。

外国文学译介刊物与两国之间文学交流的关系表面上似乎是简单的信息内容与载体的关系,实际上期刊作为媒介具有聚合信息与设置议程等可操作的功能,编者所进行的组稿、编辑和出版等过程构建起了一种新的文学传播语境和话语方式。在这种语境与方式中,刊物作为媒介拓展出文学生产与传播的空间,编者可以通过有意识地安排刊物相关议题、组织专题讨论、制定目标与篇幅、修改文字信息等方式在一定程度上有效地左右人们对不同文学现象的意见及对其关注的主次程度——具有一定影响力的期刊尤其如此。本文将据此考察俄苏文学传播中的中国译介专刊。

第一节　1940年代的俄苏文学译介专刊

1940年代的中国社会正处于急剧变革时期,此时的外国文学译介已由"五四"时期开始的文学启蒙的精神诉求让位于民族救亡的政治需要,在对俄苏文学的译介与研究中也表现出异于1930年代左翼文学时期的新特点。

如果说前一阶段中国社会和中国文坛试图通过引进俄苏文学来提升民族精神和促进新文学发展的话,那么1940年代初苏联人民反抗法西斯入侵的卫国战争则使得中俄文学交流的指向性更加明确——将译介的主要目标锁定在卫国战争文学上。第一份俄苏文学译介专刊《苏联文艺》就是这样应运而生的。

1941年,中共利用日苏表面友好的关系,以"苏商"名义创办了时代出版社。1942年,第一期《苏联文艺》月刊在11月7日"十月革命"25周年纪念日由时代出版社正式出版。刊物是"用苏联的旗帜做掩护,目的是为了做有利于革命,有利于解放事业的宣传教育工作。不能直接宣传我们党的政策和解放区的情况,但是介绍苏联的情况,出版苏联的革命文学艺术作品,也是一种宣传教育的方式。在当时的时代出版社工作,就是执行党的任务,为党做工作"[1]。《苏联文艺》月刊从1942年11月创办到1949年7月终刊(此间1944年初至1945年春曾被日伪查封),共出版了37期。

《苏联文艺》杂志创办后由苏联塔斯社社长罗果夫担任主编,其间第7期至第21期为施维卓夫。实际负责刊物编辑的,前期主要有姜椿芳、陈冰夷、叶水夫、许磊然、草婴、蒋路等;抗战胜利后,戈宝权、包文棣、陈君实、孙绳武、汤拂止等都加入了编辑队伍[2],其中姜椿芳为最重要的负责人。前21期发行者为苏商时代书报出版社,后为匝开莫,最后一期方署名姜椿芳。虽定为月刊,但其间有几期为双月刊,32开的杂志平均每期180页左右,篇幅不小,译介文字每期约十七八万字,有的多达20万余字,总计发表各类作品600余万字。在特殊形势下诞生的《苏联文艺》开辟了俄苏文学译介专刊的历史,在中俄两国文学交流史上具有重要意义。

一、专刊译介的基本内容

1. 译介苏联卫国战争文学

《苏联文艺》主编罗果夫在创刊号"编者的话"中表示:"在俄罗斯人民反对德国法西斯主义的第二次卫国战争时,中国对于苏联文学的兴趣愈加提高了。我的中国朋友们竭力要求把英勇日子的苏联文学介绍给他们。于是我们便出版《苏联文艺》月刊。"[3]在战争年代,俄苏文学译介的政治功用目的被更加凸现出来,但杂志内容却并不因此枯燥,从栏目上看,包括了小说、散文、诗

---

[1] 姜椿芳:《〈苏联文艺〉的始末》,《苏联文学》1980年第2期,第138、140页。
[2] 编辑还有满涛、张孟恢、伍监昌、杨林秀、冯鹤龄、朱烈、顾用中、吴墨兰等。
[3] 罗果夫:《编者的话》,《苏联文艺》,时代书报出版社1942年第1期,第1页。

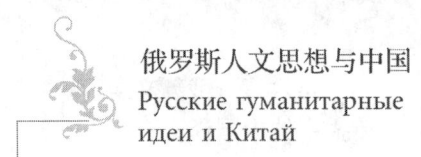

歌、剧本、戏剧、电影、音乐、艺术、俄罗斯人民的英雄事迹、文录(介绍旧俄文学)、理论、评介、国外通讯、儿童文学、作家论坛、战前作品、文艺消息、文献、苏联作家群像、中苏文化交流、作者介绍等,超过了此前中国历史上任何一本介绍俄苏文艺的刊物。①

刊物所有栏目内容均为译介文字,评论也是如此,其中虽有三分之一译介比例为战争文学,包括旧俄文学,但从杂志创办至1945年中国抗战胜利,苏联卫国战争时期的新作成为刊物译介重心。不论是小说、诗歌、散文、戏剧和电影,还是音乐、绘画、理论基本上都与战争有关,涉及了与战争相关的诸多题材,包括红军在正面战场上的抗敌斗争、战时空军和海军的战斗生活、列宁格勒和塞瓦斯托波尔等地的保卫战、游击队袭击敌人的战斗、后方人民的劳动和艰苦斗争,以及妇女在战争中的遭遇等。作品如:《伊凡·苏达廖夫的故事》(阿·托尔斯泰)、《他们为祖国而战》(肖洛霍夫)、《地雷狂想曲》(巴甫连柯)、《不屈的人们》(戈尔巴朵夫)、《女游击队员》(谢芙琳娜)、《海魂》(梭波列夫)、《基洛夫和我们同在》(吉洪诺夫)、《塞瓦斯托波尔的石头》(索罗维约夫)、《斯大林格勒保卫者》(苏尔柯夫)、《日日夜夜》(西蒙诺夫)、《人民不死》(葛洛斯曼)、《妻》(卡达耶夫)、《战线》(柯尔纳楚克)、《侵略》(列昂诺夫)、《俄罗斯人》(西蒙诺夫)、《勇士赞歌》(苏尔柯夫)、《等着我……》(西蒙诺夫)、《宣誓》(普罗科菲耶夫)、《致妇女》(英倍尔)、《给母亲的信》(别尔戈丽茨)等。

中国抗日战争胜利后,《苏联文艺》在译载作品的题材上有了改变,除继续译介与战争题材相关的作品外,还增加了战后重返家园和恢复生产、普通人的日常家庭生活,以及爱情、友谊、生死等方面的内容。作品如:《青年近卫军》(法捷耶夫)、《清算》(特瓦尔朵夫斯基)、《胜利的日子》(苏尔柯夫)、《永远在队伍中》(《永不掉队》,冈察尔)、《十月之夜》(帕斯托夫斯基)、《城与年》(费定)、《主人》(叔申)、《小镜子》(奥廖夏)等。后期刊物登载的文学题材更广,包括巴若夫的苏拉尔传说《杜姆拉亚山上的看更房》、《太阳石》、《宝石花》、《矿山的名匠》,华西连柯的儿童文学作品《绿木箱的故事》,马尔夏克的民间故事《十二个月》等。

---

① 有译介俄苏文化"三驾马车"之说,建国前的另外两个刊物分别是《中苏文化》、《苏联医学》,参见李巧宁:《新中国的中苏友好话语构建(1949—1960)》,中国社会科学出版社2007年版。

《苏联文艺》的战争文学译介成果极大地鼓舞了中国民众反抗外族侵略的勇气,并滋养了中国的抗战文学,对促进中国新文学的发展起到了重要作用。

2. 译介苏联文坛动态

《苏联文艺》除大篇幅地译介苏联内涵丰富的战争文学作品外,还刊载了不少文坛动态的文章,特别是后期的《苏联文艺》传达了1940年代后期苏联文坛激烈的意识形态交锋的信息。

战后,苏联加强了对文艺的控制,文艺界开始了激烈的意识形态批判运动,《苏联文艺》详细地将有关的内容译介到了中国。如:《联共(布)党中央委员会关于〈星〉与〈列宁格勒〉两杂志的法令》、《苏联作家协会理事会主席团的决议》、《关于〈星〉与〈列宁格勒〉两杂志的报告》(日丹诺夫)、《联共(布)党中央委员会关于莫拉台里的歌剧〈伟大的友爱〉的决议》、《现代资产阶级艺术的衰颓》(盖明诺夫)、《在哈哈镜中的俄国文学》(莫蒂列瓦)、《日丹诺夫的报告和我们最近的任务》(法捷耶夫)等。《苏联文艺》最后一期(第37期)还特设"反世界主义特辑",译载了《论苏维埃文学》(法捷耶夫)、《苏联巨作的任务和戏剧批评》(西蒙诺夫)、《建立战斗的造型艺术理论》(盖拉西莫夫)、《论一个反爱国主义的戏剧批评家集团》(《真理报》专论)、《彻底揭破反爱国主义的戏剧批评家团体》(《文学报》社论)、《论世界主义和唯美主义的根源》(罗玛萧夫)、《粉碎电影艺术中的资产阶级世界主义》(波尔沙柯夫)、《保卫苏维埃电影艺术》(贝利叶夫)、《评影片〈真正的人〉》(巴甫连柯)、《反对音乐批评和音乐学中的世界主义和形式主义》(赫连尼科夫)等。《苏联文艺》中译载的这些思想倾向错误的文章对新中国文艺建设曾产生过一定的负面影响。

二、《苏联文艺》的主要特色

《苏联文艺》是1940年代沦陷区译介俄苏文学最重要的阵地,作为中国第一份俄苏文学译介专刊,这本杂志除了内容编排上的诸多特点外[①],还有一些特色值得一提。

1. 追求时效

首先是译载速度快。例如,法捷耶夫的《青年近卫军》刚在苏联发表片段

[①]《苏联文艺》的编排方式颇为新颖,刊物仿照苏联出版物习惯将目录放在全书最后;作品标题、作者和文中人名、地名都附注俄文;刊物还以镰刀、斧头、五角星等图案为篇头、尾花。

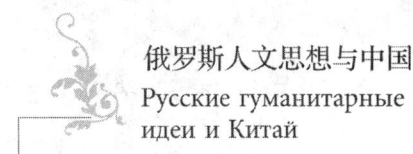

章节,叶水夫就追踪翻译,译文在《苏联文艺》上连载了 11 期,几乎与苏联国内刊物同步;高尔基的遗稿《索莫夫及其他》在苏联被发现并登载后,其中译作品很快在《苏联文艺》上发表。此外,除了作品外,刊物还登载了不少介绍和研究俄苏文艺的重要材料,如苏联斯大林文艺奖金得奖作品、作者名单及相关评论文章,重要作家、艺术家及理论家纪念日的纪念文章等。由于刊物的当代性和对时效的追求,早期刊物中因此而屡屡出现过"天窗"①、编译者大都隐姓埋名②。尽管生存艰难,但它无疑是"日伪统治区内中国报刊界几块幸存的绿洲之一"③。

2. 宁信不雅

忠实直译是《苏联文艺》的特色,"严格按照原文句式、格调,不减不增,忠实翻译,宁信不雅"④。这种翻译方法并非无可挑剔,但它使得我们在考量域外文学如何介入并影响中国本土社会和文学发展时,相比当时掺杂着翻译者过多主观因素的意译文本更具研究价值。主编罗果夫在答读者来信中说"作为编者的我,给本刊所提出的目的是:发表完全从俄文直接译出的新苏和旧俄文学作品的译文,因为苏联作家的旧有的中译大多是从英日或其他文字转译而来,并且大部分不准确。我们需要由俄文翻译文艺作品的译者"⑤。刊物中的作品确实都依据俄文直接翻译,只有极少数的塔斯社电讯从英文译出。

当然,更重要的是忠实原文,这一点在诗歌的翻译中最为明显。《苏联文艺》中的大部分诗篇都是遵从原诗的音节和韵脚进行翻译,"原诗每句有多少音节,中文就译几个字,原诗哪几句押韵,中文的这几句也必须押韵"⑥。要在两种完全不同语系的语言里一一对应,甚至是在俄文译成中文后还在一定程度上保持押韵的效果,非常考验译者的功力。有时为了照顾句子长短保持一

---

① 在抗战胜利前的刊物中,不少涉及敏感字眼的文字在文章里都被审查当局删除,换用"……"和"×××"等符号代替,称之为"天窗"。在《苏联文学与战争》、《战时的苏维埃电影》等文章中颇为明显。

② 迫于当时形势,最初在《苏联文艺》中除了罗果夫与施维卓夫外,其他译者多用笔名。如姜椿芳(狄希、遇通、钮麻、林、令、羚、伶、卓费、林陵)、陈冰夷(萧瑟、管弦、司竹、若虚、梁香、高明、白寒)、叶水夫(叶原、叶落、邹启斋)、许磊然(榆青、葛达、萨皮娜)、戈宝权(葆荃、北泉)、孙绳武(孙玮、朱笄)、包文棣(辛未艾)、陈君实(梦海)、汤拂止(汤莩之)、盛峻峰(草婴)等。

③ 陈建华:《20 世纪中俄文学关系》,学林出版社 1998 年版,第 135 页。

④ 姜椿芳:《〈苏联文艺〉的始末》,《苏联文学》1980 年第 2 期,第 143 页。

⑤ 罗果夫:《信箱》,载《苏联文艺》,时代书报出版社 1943 年版,第 189 页。

⑥ 姜椿芳:《〈苏联文艺〉的始末》,《苏联文学》1980 年第 2 期,第 143 页。

致及抑扬顿挫相同,不得不采用节译人名的方法,到了近乎苛刻的程度。虽然"今天回头看当时《苏联文艺》的译文,有些词句……颇有硬译的味道",但当时却能以此为中介,建立起与俄苏文化交流的目的,更何况其中不少优秀译文已经超过了历史上已有的翻译。① 苏联作家史维特洛夫在介绍《苏联文艺》编者们结集的《卫国战争诗篇》时评论说,"比起以前在中国杂志上的译文,这些译文就显见得优秀了,因为它们极力企图尽可能准确地传达出原诗的内容"②。

在域外文学与本土文学之间,即使通过直译也会纠缠很多的变异性、含混性,从来就不可能是一种简单的对应关系,但在如何尽可能地接近原作的真实面貌时,直译或许算是一种理想的手段。刊物宁可严格直译而缩小篇幅也不愿屈就聘请非"俄文译者"作意译,几近苛刻的翻译方法,体现出其中潜藏着的一种对俄苏文学"顶礼膜拜"的成分(最大程度使俄苏文艺"再现"而不容意译歪曲)。同时,直译也"是为中国新的格律诗作一些初步探索"③。这种"探索"使得俄苏文学作为一种客观参照系,被寄予了以本真面貌融入本土,并成为具有生长性的实践意义的文本。不可否认,《苏联文艺》编者们所进行的尝试和探索"彻底改变了此前俄苏文学译介工作组织性不够、规模不够、目标不甚明确、成效不甚明显的状况,在中苏文化交流史上值得大书一笔"④。

3. 选择经典

《苏联文艺》设"文录"一栏,以三分之一左右的篇幅介绍战前著名作家及其作品。除高尔基、勃洛克、叶赛宁、马雅可夫斯基外,共登载了 12 位 19 世纪经典作家的作品或介绍文章,编者在选载这些经典作家的作品以及评论文章时,受到了当时的政治环境的影响。这里以普希金、托尔斯泰及陀思妥耶夫斯基为例。

普希金更多以一个"革命诗人"形象出现在刊物中。除了介绍其生平及作品发表情况的文章外,刊物登载了《致恰达耶夫》、《先知》、《致西伯利亚囚徒》、《阿里昂》、《纪念碑》、《囚人》等几首反暴政、争自由的"革命诗篇"和剧

---

① 例如戈宝权在翻译列宁论托尔斯泰等论文时参考了多种译文并加上详细的注解,使之更准确且更接近原意。
② 史维特洛夫:《卫国战争诗篇》,《苏联文艺》第 4 期,1943 年 3 月,第 179 页。
③ 姜椿芳:《〈苏联文艺〉的始末》,《苏联文学》1980 年第 2 期,第 143 页。
④ 高文波:《抗战时期俄苏文学译介述略》,《淮阴师范学院学报》(哲学社会科学版),2002 年 6 月第 24 卷,第 768 页。

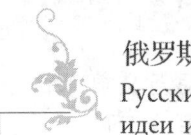

作《波里斯·戈都诺夫》,但诗人的其他优美诗作在刊物上没有得到更多的反映。

对托尔斯泰的介绍集中在战争小说,这是可以理解的。《托尔斯泰创作中的俄罗斯军队》一文从托尔斯泰的第一篇战争小说《袭击》一直到《战争与和平》,都作了详细分析,重点突出其战争描写中超群的写实主义。刊物登载过《战争与和平》中的片段《申格拉平之战》,编者称"托尔斯泰是农民革命情绪的表现者",是"当时最伟大的作家"①。《苏联文艺》第26期中,还刊出了戈宝权翻译的一组列宁论托尔斯泰的文章,包括《莱夫·托尔斯泰是俄国革命的一面镜子》、《L. N. 托尔斯泰》、《莱夫·托尔斯泰与现代工人运动》、《托尔斯泰与无产阶级的斗争》、《L. N. 托尔斯泰及其时代》等,这些译文根据俄文原本再度译出,完整准确。译者认为应该学会像列宁一样"去接受他的思想及他作品中的正确的一面,而去否定反动的一面"②。

在《苏联文艺》第36期中出现了有关陀氏的唯一一篇文章,内容是批判性的——叶尔米洛夫《论陀思妥耶夫斯基创作中的反动思想》,陀氏作品中优秀的思辨色彩、心理分析和伟大的人道主义传统等都在评论家的视野之外。文章认为,"正像他在世时一样,陀思妥耶夫斯基在现代也始终是反动派的先锋。""陀思妥耶夫斯基是浪费了自己的全部才力,以证明人性的怯弱、罪孽和犯罪的倾向。"他的立场是"反资本主义,同时又是反无产阶级、反社会主义、反革命、反民主的"。"整个说来陀思妥耶夫斯基对于世界进步文学发展的影响是有害的。"③此时,陀氏成了经典作家中被严重符号化了的反面象征。

《苏联文艺》编辑部有一支懂俄语并具献身精神的译介队伍,他们对旧俄文学经典的价值及其艺术魅力并不陌生,然而这些在当时有意无意留下的印记却传达了这样的信息——旧俄经典走上了铺设好了的途径:受到苏联特定阶段的评价影响,并经过中国编选者根据需要而作的过滤。

《苏联文艺》留下的历史印痕是当时中国文坛译介俄苏文学的一个缩影。战时的相似性与对应性特征使苏联卫国战争文学成为中国革命文学的理想范

---

① 《〈艺术是什么〉编者按》,载《苏联文艺》,时代书报出版社,1945年11月第16期,第125页。
② 《〈列宁论托尔斯泰〉译者的话》,载《苏联文艺》,时代书报出版社,1947年2月第26期,第102页。
③ 叶尔米洛夫:《论陀思妥耶夫斯基创作中的反动思想》,草婴译,《苏联文艺》1949年4月,第129页。

式,正是通过这样的身份转换,苏联的卫国战争文学在1940年代迅速而广泛地被译介到中国,在艰难局势下创办的《苏联文艺》记录了这个过程的点点滴滴。

第二节 "文革"期间的内部译介专刊

1949年新中国成立后,中苏两国的文学联系更加紧密。虽然从新中国成立初期到"文革"前后中国对俄苏文学的译介经历了差异巨大的冷热交替,但在这一历史嬗变过程中,俄苏文学始终是中国文坛最关注的焦点,甚至在"反修"期间,两国文学还在某种程度上保持了戏剧性的关联——此时中国文坛上出现的俄苏文学译介专刊,可谓最明显的史实表征。

一、特殊政治环境下的译介专刊

"文化大革命"的浩劫给中国文坛带来了巨大灾难,包括对外文学交流和出版在内的社会文化事业都遭到了十分严重的摧残,苏联文学则更是文学革命批判的主要矛头所指。"文革"前6年,俄苏文学的译介在中国呈现一片"万马齐暗"的景象,直至1971年全国出版工作会议召开过后,才出现了些许变化。除公开出版数量有限的几部"红色经典"作品之外[①],内部出版了供批判用的以苏联当代文学为主的书籍。同时,还以内刊形式出版了两种俄苏文学译介专刊:北京师大的《苏联文学资料》和上海师大[②]的《苏修文学资料》。两份专刊依托高校,一南一北前后出现,在时间和地域上都颇具代表性,刊物基调以批判为主,呈现的特点也颇为相似。

1.《苏联文学资料》

《苏联文学资料》由北京师范大学苏联文学研究室创办,1973年开始至1979年终刊,前后共不定期出版16期,每期页数不定,总计约800万字。刊物16大开,其淡黄色封底、红色的刊名及标明的"内部刊物"字样都颇似当时

[①] 这一时期公开出版的俄苏文学作品主要有:高尔基《一月九日》《母亲》《人间》,普列汉诺夫《论艺术》,绥拉菲摩维支《铁流》,法捷耶夫《青年近卫军》《毁灭》,奥斯特洛夫斯基《钢铁是怎样炼成的》等一些"最没有问题的作品"。

[②] "文革"时期的"上海师大"由"文革"前的华东师大、上海师大等五所院校合并组建。

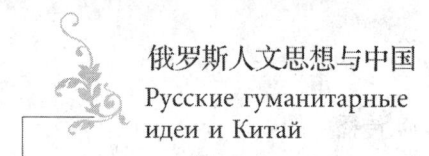

流行的"黄皮书",不同的是刊物内容较为丰富,包括作品译介、文艺理论评析、苏联文学动态等等。

(1)重要作品和资料的译介

《苏联文学资料》具有明确的创办宗旨,即"遵照毛主席'我们现在思想战线上的一个重要任务,就是要开展对于修正主义的批判'的教导,为了揭露苏修叛徒集团的社会帝国主义的阶级本质,在文艺上开展对苏联修正主义的斗争"[1],"努力为有关部门的研究工作和开展革命大批判,提供一些材料"[2]。或许正是因为出于批判"修正主义大毒草"的需要,刊物上译载的大都为苏联当代颇有代表性的作品与重要材料。

译介的小说主要有:《永恒的召唤》(伊凡诺夫)、《库兹涅茨桥》(丹古洛夫)、《妈妈,你放心吧!》(顿巴泽)、《这里的黎明静悄悄》(肖洛霍夫)、《冬去夏来》(楚普罗夫)、《逆风起飞》(谢苗尼欣)、《火箭的轰鸣》(卡姆布洛夫)、《活到黎明》(贝科夫)、《统帅》(波列伏依)、《岸》(邦达列夫)、《滨河街公寓》(特里丰诺夫)、《六根圆柱》(吉洪诺夫)、《不是为了荣誉》(叶麦利扬诺夫)、《伊戈尔·萨沃维奇》(利帕托夫)、《这种奇特的生活》(格朗宁)、《初嫁》(尼林)、柯列斯尼科夫的三部长篇小说(《供阿尔杜宁使用的同位素》、《阿尔杜宁下决心》、《培养部长的学校》)等,中长篇小说多为内容梗概,短篇小说则全文译载。在批判文章中还涉及了《他们为祖国而战》、《士兵不是天生的》、《勃兰登堡门旁》、《热雪》、《驯火记》、《核潜艇闻警而动》等。译介的剧本主要有:《外来的人》(德伏列茨基)、《炼钢工人》(鲍卡辽夫)、《处境》(罗佐夫)、《不受审判的哥尔查科夫》(丹古洛夫)、《四滴水》(罗佐夫)、《警报》(彼得拉什凯维奇)、《一记耳光》(米哈尔科夫)、《安详的老人》(鲍古恰洛夫)、《第三代》(米罗什尼钦科)等,较长的剧本多为内容梗概或节译,对重点批判对象《外来的人》、《不受审判的哥尔查科夫》等则另外用增刊的形式附后。不难看出,这些作品中不乏佳作,它们虽然不足以反映苏联当代文学全貌,但也从侧面向中国读者提供了管窥苏联文坛的一个窗口。

刊物译载的材料也值得关注,除了关于文坛动态简讯外,重点译载了苏联作协会议、全苏文艺刊物主编会议、全苏作家和批评家创作会议等重要会议的

---

[1]《前言》,《苏联文学资料》1973年第1期。
[2]《前言》,《苏联文学资料》1973年第1期。

内容,包括报告和发言。两期特辑(第 7 期、第 9 期)分别译载了"勃列日涅夫集团关于文艺问题的决议和言论选编"和"苏修第六次作家代表大会"的有关内容,包括"勃列日涅夫上台以来苏修中央关于文艺问题的决议、勃列日涅夫关于文艺问题的言论、其他苏修头目关于文艺问题的言论和苏修文艺界头目的言论等部分",加上第 9 期的续编,共登载了 53 篇相关资料。这些资料对了解苏联六七十年代的文艺路线很有帮助。值得一提的还有,刊物在第 1 期登载的"勃列日涅夫叛徒集团统治下的苏修文学现状",系统地追踪了 1966 年至 1972 年间苏联文艺界主要大事,对苏联文学现状和动态进行了梳理。大事记的资料都是有关人员"在'文革'时一片'炮轰'、'火烧'和'打倒'的喧嚣声中"[①],经过特许到新华社内部,通过手抄分门别类、剪报成册而成的。尽管附加了编者批判性的文字,但却弥补了"苏修文艺"在中国近六年的资料空白。

(2)"主题式批判"

《苏联文学资料》在编辑上没有分栏,但仍有特点,每期登载的内容具有相当的针对性,并通过"主题式批判"的方法加以编辑。具体而言,就是每期一个主题,可以是一个或两个话题,也可以是若干位作家或若干作品形成的题材,而后对之加以各方面的解读和批评。16 期中,除了会议和决议、言论特辑外,先后选择了当代英雄(实干家)题材、工人题材、历史题材、军事爱国主义题材、卫国战争题材、社会道德题材、战争题材、国际题材、现代军事题材、"反华反共反人民"主题、社会问题题材、社会道德题材、现代生产题材等,其中有关战争及社会问题的主题批判反复出现。"主题式批判"的编译方法使《苏联文学资料》每期的批判主题一目了然,相对集中。这样的编译方法一定程度上影响了稍后出现的上海师大的《苏修文学资料》,二者在这方面有相似之处。

2.《苏修文学资料》

《苏修文学资料》由上海师大苏修文学评论组创办,由于资料有限,据目前搜集的所有材料显示,刊物自 1975 年 1 月至 1977 年 8 月间出版了 9 期[②],其中 5 和 6、8 和 9 为合刊。《苏修文学资料》的创办明显受到北师大《苏联文学资料》影响,其创办宗旨相同,第 1 期也叫《苏联文学资料》,第 2 期始为《苏

---

① 章廷桦:《〈俄罗斯文艺〉回顾》,《俄罗斯文艺》2006 年第 3 期,第 15、16 页。
② 据笔者搜集国内现有资料,只搜集至 1977 年 8 月第八九合期,现有资料可能不完整。

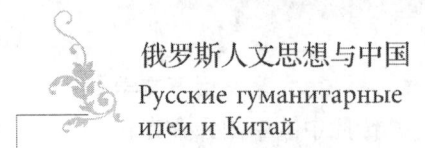

修文学资料》。在编排体例上延续了"主题式批判"的方法。装帧上明显不同的是,《苏修文学资料》封面为蓝灰色,其黑色刊名及所标明的"内部参考"字样透露了特殊时期刊物内容的严肃性和批判性,更似当年的"灰皮书"[①]。虽然《苏修文学资料》在"文革"后期才开始编印,与《苏联文学资料》同时并存,但刊物登载的作品和材料并不重复前者,并在更大的程度上与前者形成互补,具有自己的鲜明特色。

栏目编排,《苏修文学资料》较《苏联文学资料》更丰富。从第3期开始有分栏,包括作品及评论、作家简介及评论、文艺动态、作家评论家言论、材料综合、苏修社会一瞥、小资料、编后、附录等栏目,刊载作品的范围广泛。

作品以全译、节译、提要、梗概等方式出现,小说包括:《你到底要什么?》(柯切托夫)、《毕业典礼之夜》(田德里雅科夫)、《双桅帆船》(冈察尔)、《绝对辨音力》(雷苗·列斯金)、《生死斗争》(维·乌索夫)、《伊凡·耶果雷奇的土地》(马尔科夫)、《两冬三夏》(阿勃拉莫夫)、《同名者》(格拉宁)、《入党介绍》(阿巴扎泽)、舒克申短篇小说、《这就叫工作日》(波波夫)、《工厂区》(卡什坦诺夫)、《岸》(邦达列夫)、《狼群》(贝科夫)、《哈登的故事》(阿达莫维奇)、《蓝色的闪电》(库列绍附)、《一生不能死两次》(科茹霍娃)、《都是关于他的事……》(李巴托夫)、《第五排第三个》(阿列克辛)等。评论中涉及的小说还有《人世间》、《现代人》、《最后的期限》、《被开垦的处女地》、《七重天》等。剧本包括:《适得其所的人》(切尔内赫)、《一记耳光》(米哈尔科夫)、《光荣的海洋》(萨姆格尼亚)、《奖金》(盖尔曼)、《士兵在行进》(西蒙诺夫)、《普洱热瓦尔斯基马》(沙特罗夫)等。评论中还涉及《我们青春的鸟儿》、《外来人》、《奖金》、《炼钢工人》、《一个有才干的女厂长》等。仔细比较不难发现,该刊重点译载的作品仅有少量与《苏联文学资料》重叠,两份刊物有互补作用。

刊物集中批判了教育题材、农村题材、道德题材、工人题材(包括"当代英雄"形象批判)、"军事爱国主义"题材等相关作品,其中教育及农村两个重要题材属该刊独特的关注点。对于教育题材,《苏修文学资料》在创刊号即予以关注,并几乎在每一期都有部分相关内容的评论。编者关注苏联学校的基础教育和军事爱国主义教育,集中批判勃列日涅夫叛徒集团"赤裸裸的法西斯

---

① 参见沈展云:《灰皮书,黄皮书》,花城出版社2007年版。

教育"①，将学校变成了资产阶级统治的工具。《苏修文学资料》在刊载资料的某些方面更为细致：报道苏联文艺动态和简讯，设专栏刊载苏联报刊上披露的社会民生状况，详细介绍当代重要作家的生平和创作②，编辑"苏修文艺界主要头目简历，苏修主要报刊、文艺杂志的主编、副主编，苏联作家协会理事会主席，第一书记及书记处成员名单"等材料。《苏修文学资料》与《苏联文学资料》一样，译介出于批判的目的，但客观上是冰封状态下中苏两国文学的一种潜在的交流，尽管是一种极不正常的交流。

二、专刊批判话语模式的考察

"文革"期间俄苏文学不论以何种方式进入中国，都无法避免政治因素的干扰，两国的文学交流放弃了文艺审美批评话语，文学批评活动的功能与价值也就发生了异变。《苏联文学资料》与《苏修文学资料》在创刊之初即定位在"文艺上开展对苏联修正主义的斗争"，因此其编印过程中有了相似的模式，包括"语录先行"、"抓大批毒"、"正反通批"、"先抑后扬"、与工农兵结合的批评主体等等。

1. 以反修斗争为纲的评判

"文革"期间出版的两份专刊始终以"反修斗争"为纲，并以此来评判作品。如1970年代初期，苏联文坛曾掀起一股描写"科技革命时代的当代英雄"（"实干家"）形象的热潮，这与当时苏联在工业领域开展的科技革命相关。两份译介专刊很快就将靶心对准了"当代英雄"。《苏联文学资料》集中批判了剧本《外来的人》、《炼钢工人》，《苏修文学资料》则对《你到底要什么？》、《这就叫工作日》、《奖金》等一系列作品逐一作了剖析。"当代英雄"其实多为"一些有文化有事业心有实干精神但又有明显缺陷的工人和企业家"③，而两刊却认定这些形象是"社会帝国主义"的代表，称"'当代英雄'们从苏修文艺舞台的两侧粉墨登场：一边是面目狰狞，手持棍棒，凶相毕露的技术官僚，典型的新资产阶级分子。""从另一侧面登台表演的是戴着'工人'的面具，穿着

---

① 《从苏修文学看苏修教育的反动本质》，《苏修文学资料》1975年1月第1期，第4页。
② 具体包括肖洛霍夫、科热夫尼科夫、费德林、奥泽洛夫、格拉宁、潘吉基泽、米哈尔科夫、柯列斯尼可夫、波波夫、卡什坦诺夫、尤·邦达列夫、瓦·贝科夫、维·李巴托夫米、沙特罗夫、伊·沙米亚金、阿·阿列克辛等15位。
③ 陈建华：《二十世纪中俄文学关系》，学林出版社1998年版，第236页。

牧师的外衣,口中念'道德经',手拿软刀子的伪君子。"目的是"为资产阶级分子及工贼奴才树碑立传","是为了适应社会帝国主义经济上和政治上的需要,是为在工业中推行它的反动路线服务的。"①两刊还登载了不少军事题材的作品,对这些作品,不论是苏联表现侵略扩张野心的还是反映当代苏联军人普通生活的作品均不加区别地予以批判。例如,刊物登载的北京卫戌区某部军人的文章《"华斯柯夫精神"是何等货色——评〈这里的黎明静悄悄〉》,认为小说是"对青年进行欺骗宣传的代表作。'华斯柯夫精神'名为'英勇'精神,实为地地道道的法西斯精神。作家极力塑造华斯柯夫这样一个'不折不扣地执行命令'的驯服工具,喋喋不休地鼓吹'华斯柯夫精神'不是为了别的,就是妄图向青年灌输法西斯武士精神,以便把他们拴在勃列日涅夫的战争机器上,使今天苏军的官兵和广大青少年向华斯柯夫看齐,去充当苏修社会帝国主义的炮灰,只要一声令下,就去为他们对外侵略扩张卖命。这就是苏修今天'需要'华斯柯夫'精神'以及瓦西里耶夫因鼓吹这种'精神'而交运的真实原因"②。这些评价完全抛开了作品的艺术价值,根据所谓"反修"需要而任意进行解读,偏颇显而易见。

其次,刊物还以"反修"为纲,对苏联汉学家及其研究成果加以否定,称"苏修叛徒集团指使一小撮'文人'、'学者',打着'汉学研究'、'中国文学研究'的招牌,肆意歪曲我国的文化史、文学史,竭力为地主资产阶级反动腐朽招魂,尊儒反法,恶毒反华"。为了配合当时国内对《水浒》的评论和讨论,《苏联文学资料》赶编了《苏修对〈水浒〉的评论摘录》。编者以"《水浒》这部书,好就好在投降。做反面教材,使人民都知道投降派"③的语录开篇,认为苏联汉学家"大肆吹捧《水浒》,百般美化和歌颂宋江的投降主义路线,宣扬资产阶级人道主义、人性论,用阶级调和论的观点抹杀和混淆农民起义中两条路线斗争的原则界限,污蔑农民革命战争"④。分析两份刊物,不难发现此时的所谓"文学批评"均脱离了正确的轨道,有很深的时代印记。

---

① 《"争论"的实质是什么?——谈谈苏修"工人题材"中的"当代英雄"》,《苏修文学资料》1975年12月第4期。
② 徐宝玉、毕根敬:《"华斯柯夫精神"是何等货色——评〈这里的黎明静悄悄〉》,《苏联文学资料》1975年2月第4期,第13-14页。
③ 《毛主席语录》,《苏联文学资料》1975年9月第6期,第1页。
④ 《苏修对〈水浒〉的评论摘录》,《苏联文学资料》1975年9月第6期,第1页。

2. 被妖魔化了的佳作

两份专刊评介苏联文学的第二个明显特点是抓大,即根据"越大越毒"的道理,揪出"苏修文学"中的"大毒草",洋为帮用。有些在苏联本国已得到重新评价的作家如阿赫玛托娃、帕斯捷尔纳克等人,仍被斥之为"颓废"、"反动"的"叛徒";将肖洛霍夫的《他们为祖国而战》等当代优秀作品统统斥之为"反动作品",而舒克申的《小伙子们生活自如……》等涉及爱情的作品更被称为"黄色阿飞小说"。

在《苏修文学资料》的作家简介中,苏联当代文学作家肖洛霍夫被斥为"修正主义文艺鼻祖"、"资产阶级人性论的吹鼓手",他"要弄两面派手法爬上高位",是"复辟资本主义的急先锋",他"从来不是革命的作家,而是一个反革命的老手","一个老牌的修正主义分子"①。《苏联文学资料》则将苏联文艺界庆祝肖洛霍夫70岁生日的简讯解读为:"陷入严重的政治经济危机的苏修统治集团如此为肖洛霍夫捧场,无非是要给这只苏修文艺界的带头羊涂脂抹粉,抬高其身价,扩大其影响,以便对内在政治思想领域加强法西斯专政,为日趋腐朽没落的苏修文艺界打气,笼络苏修作家、艺术家为其内外政策效劳;对外炫耀苏修文艺的'成就',为其推行文化侵略政策,争当世界文坛霸主大造舆论"②。他的作品《静静的顿河》是"为反革命的富农分子树碑立传的大毒草",《被开垦的处女地》是"宣扬阶级调和,否定无产阶级专政,歪曲和污蔑苏联农业集体化运动的另一部长篇小说",作品"恶毒诽谤党的领导,反对无产阶级专政,为富农的反攻倒算煽风点火,替被清洗的阶级异己分子鸣冤叫屈"。"他的毒草作品被当做优秀作品在当时社会主义的苏联大量发行,毒害人民。这是一个十分深刻的教训。"③

对其他被译介的苏联当代作家作品也做了如此荒诞不经的批判,如《永恒的召唤》"是射向十月革命神圣事业和光荣传统的一支毒箭",是"疯狂反对无产阶级专政和社会主义制度,狂热鼓吹资产阶级人性论、人道主义的作品"④。邦达列夫的《岸》"艺术卑劣低下,内容黄色下流,情节庸俗不堪。读后

---

① 《修正主义文艺鼻祖肖洛霍夫剖析》,《苏修文学资料》1975年9月第3期,第75、77、78页。
② 《简讯:苏修庆祝肖洛霍夫七十岁生日》,《苏联文学资料》1975年9月第6期,第80页。
③ 《修正主义文艺鼻祖肖洛霍夫剖析》,《苏修文学资料》1975年9月第3期,第75、77、78页。
④ 《伊凡诺夫的长篇小说〈永恒的召唤〉》,《苏联文学资料》1973年10月第2期,第8、36页。

深深感到,它确实是一部'深刻'反映社会帝国主义侵略本性的'非现代的作品'"①。主人公尼基金赴德是"打着人道主义的旗号","对西欧进行渗透、颠覆活动"②。"这种'革命良心',只能是'司马昭之心',是地地道道吃人的豺狼之心和凶恶的扩张野心。""为此,我们必须针锋相对予以揭露"③。反映社会道德问题的《滨河街公寓》"回避和掩盖了产生今天苏联社会一切罪恶的真正根源",作者特里丰诺夫"是一个'现存的社会制度以及和这个制度联系在一起的各种偏见的奴隶'"④。拉斯普京、阿勃拉莫夫描写农村现状的作品《最后的期限》、《两冬三夏》"对当前苏联农村的现状有所暴露",但"其正面主张是回到古代封建宗法社会中去。这同样是在开历史的倒车"⑤;"其实质是想通过这部小说来证明斯大林领导进行社会主义革命、反法西斯战争和战后恢复经济时期里,农村生产一直很落后,农民生活困难,这样'历史地'为勃列日涅夫的农业危机开脱罪责。"⑥舒克申短篇小说"语言方面采用民间口语较多",其目的是"用以掩饰其反人民的内容"⑦。

刊物"抓大批毒"的评判,其结论是:越著名的作家越反动,越有影响的作品越毒害人民。许多苏联文学作品在呈现给读者时已被妖魔化,编译者对作品进行了错误的删改与重塑,影响了作品的传播。

3. 批评主体、"偷渡"现象

两份刊物依附于高校,编者当然以师生为主,但在那个年代里,与工农兵结合是高校知识分子的头等大事,于是一些阶级觉悟很高,但基本不懂文学的"工农兵"成了刊物作者队伍中的重要成员。工农兵的文艺评论并非不可取,但在"文革"特殊的时代背景下,评论者往往受制于自身的身份对作品进行了单一的甚至是毫不相关的解读。有时评论者根据自身的需要对文艺作品中的

---

① 《缓和之意在于争霸——评长篇小说〈岸〉》,《苏修文学资料》1976 年 5 月第 5、6 合刊,第 7、10 页。
② 《在"缓和"烟幕下争霸世界的自白——评苏修长篇小说〈岸〉》,《苏联文学资料》1976 年 4 月第 8 期,第 2 页。
③ 《缓和之意在于争霸——评长篇小说〈岸〉》,《苏修文学资料》1976 年 5 月第 5、6 合刊,第 7、10 页。
④ 《格列勃夫是怎样爬上高枝的——评苏修中篇小说〈滨河街公寓〉》,《苏联文学资料》1977 年 5 月第 10 期,第 5 页。
⑤ 《"农村题材"作品介绍》,《苏修文学资料》1975 年 5 月第 2 期,第 25 页。
⑥ 《阿勃拉莫夫著〈两冬三夏〉》,《苏修文学资料》1975 年 5 月第 2 期,第 35 页。
⑦ 《舒克申短篇小说选》,《苏修文学资料》1975 年 9 月第 3 期,第 50 页。

场景、语句作随意的、夸大的提取与删减,[①]有时还找出个别语句大做文章,如称"我们透过这些蔬菜、水果也能看到苏修社会的阶级斗争情况"[②]。

《苏修文学资料》9 期中一共有 22 篇评论稿来源于上钢五厂、上钢三厂、国棉二十一厂、上海第三机床厂、上海隧道公司机修厂、上海自动化仪表一厂、上海红卫漂染厂、彭浦机器厂、上港六区等单位的工人或工人评论组。出现过《谁是工厂的主人——评〈工厂区〉》、《〈使人出丑〉哪能调和阶级矛盾》、《缓和之意在于争霸——评长篇小说〈岸〉》等这样扭曲原作的评论文章。《苏联文学资料》中工农兵色彩的文章少些,有第 3 期的《不受审判的哥尔查科夫》(北京外国语学院俄语系三年级八、九班工农兵学员译),第 4 期的《"华斯柯夫精神"是何等货色——评〈这里的黎明静悄悄〉》(北京卫戍区某部一中队徐宝玉、毕根敬),第 6 期的《宣扬阶级调和的毒剂——评〈四滴水〉》(北京汽车制造厂工人文艺评论组)等。这些文章观点错误,语言粗糙。与工农兵结合的批评主体也许是两刊在当时不得不为的选择。

值得注意的是,两刊的编者中确有人在诸多"不得不为"之外做过一点力所能及的"偷渡"的工作。《苏联文学资料》主编之一、后来曾任北师大苏联文学研究所所长的刘宁教授回忆当时的情况时说,一些研究人员为了追踪调研苏联文学的发展状况,在新华社逐年逐月翻阅苏联有关的报刊杂志和摘录,发现和整理了许多有用的资料,但在出版时"为了避免被扣上'无批判地传播苏修文艺'的罪名,我们不得不在刊登一些文艺作品时加上所谓'大批判'的编者按语或评论"[③]。

虽然在出版物受到严格审查的"文革"时期,很难说编译者自身有多大空间去刊载真实的材料,但在两份专刊中出现的"自相矛盾"的现象,也许可以做出解释。两刊在登载苏联本国文艺界对相关作品的评论的前面,往往有一段批判性的文字,但是苏联文坛的评论文章往往又以较强的说服力否定了前面的批判,如关于"当代英雄"形象的评说就是如此。当然简单地将此称为"偷渡",似乎也缺少根据,但它至少透露出苏联文坛的某些真实信息。这一现象也反映了特殊形势下中国文坛的两难。

[①] 在《苏修文学资料》中,对所译载作品的故事梗概作随意删减是很普遍的情况。
[②] "'农村题材'作品介绍",《苏修文学资料》1975 年 5 月第 2 期,第 6 页。
[③] 刘宁:《俄苏文学、文艺学与美学》自序,北京师范大学出版社 2007 年版,第 14 页。

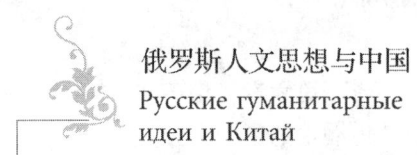

"文革"结束后,《苏联文学资料》与《苏修文学资料》逐步走出怪圈。初期,两刊对苏联文学的评价仍然讳莫如深,《苏修文学资料》1977 年 8 月出的第 8、9 合刊,以及《苏联文学资料》在 1976 年 10 月至 1977 年 12 月前出的第 9、10 两期,其译介内容沿用了"文革"期间的所有评判模式。直到《苏联文学资料》第 11 期(1977 年 12 月)起刊物才走出"文革"阴影,不用语录,也很少提"勃列日涅夫叛徒集团"。第 13 期(1978 年 5 月)开始标出了编译者个人的名字。从第 14 期开始"苏修"逐渐被"苏联"取代,评论开始抛开政治针对作品,如邓蜀平的《〈这种奇特的生活〉评介》和唐其慈《柯列斯尼科夫的新作评介》等,字里行间显示出更加客观的特点。尽管偶尔仍会出现一句"在当今世界上,帝国主义、社会帝国主义的腐朽反动制度已是日薄西山,气息奄奄,无论苏修文人唱赞歌也好,奏挽曲也罢,终究改变不了这一历史发展的必然趋势!"①这样让人赫然想起"文革"时期的话语。《苏联文学资料》终刊号上的《告读者》预告了刊物的延续,即《苏联文学》的即将诞生,在预告中刊物的定位、内容发生了极大的改变②,让人看到了俄苏文学译介专刊的新的前景。刊物积累的某些客观的资料,在"改革开放初恢复苏联文学的教学与研究"③中发挥过一定作用。

"文革"期间的译介专刊,政治意识形态话语显示出了强大的力量,并致使文学审美批评话语缺失,刊物留下的历史车辙值得后人总结和反思。

第三节　热潮期的俄苏文学译介专刊

1970 年代末,中国文坛在思想解放大背景下进入调整和复苏时期,1978 年召开的十一届三中全会和不久后召开的第四次文代会则为新时期文学活动的蓬勃开展奠定了基石,这在外国文学翻译、出版与研究工作领域也得到了反映。1978 年广州召开了全国外国文学研究规划会议,制定了全国外国文学研

---

① 《什么是戈里卓夫性格?》,《苏联文学资料》1978 年 10 月第 14 期,第 4 页。
② 《告读者》预告"《苏联文学》将有选择有重点地介绍当代苏联文学,以及俄罗斯古典文学和现代苏联文学,内容以登载作品为主,兼及理论批评,同时发表介绍和研究苏联文学的评论文章、专题资料和动态。刊物以宣传、文教部门人员,外国文学教学和科研工作者,专业文艺工作者,以及广大外国文学爱好者为对象。"载《苏联文学资料》,1979 年 8 月第 16 期。
③ 章廷桦:《〈俄罗斯文艺〉回顾》,《俄罗斯文艺》2006 年第 3 期,第 16 页。

究工作的八年规划草案,并分别成立了中国外国文学学会和苏联文学研究会。这表明外国文学译介活动到了一个总结过去、开拓未来的新阶段。俄苏文学同样如此,冲破精神桎梏后,或反思、总结,或前进、探索——整个学科布满了新的生长点。

从1979年至今,俄苏文学译介专刊这一媒介形态经历了复杂的态势演变与分化聚合,在我国新时期俄苏文学译介道路上留下了深深的印辙。本章后三节依据改革开放以来的俄苏文学译介专刊的沿革变化,分为热潮期(1979—1989)、转折期(1990—1996)、调整期(1997—2007)三个阶段来加以考察。

一、热潮期俄苏文学译介专刊的基本面貌

与"文革"期间仅有两家单位内部发行俄苏文学译介专刊相比,1979年开始出版的专刊情况似乎可以用"井喷"形容,这里不仅指专刊的数量较多,更重要的是刊物内容的丰富,并且参与办刊的单位涉及了从南到北、从西到东十多家,规模也超过其他语种的外国文学译介刊物。据现有资料分析,自1979年至1981年间全国共有五份俄苏文学译介专刊相继创办(分内部或公开发行两种),分别是《苏联文学》(北京师范大学编)、《当代苏联文学》(曾名《苏联文学》、《苏联文艺》,北京外国语学院[①]编)、《俄苏文学》(武汉大学等高校编)、《俄苏文学》(山东大学编)、《俄苏文艺》(辽宁师范学院[②]编)。几份刊物在创办之初都有清晰的定位,强调"有选择有重点地介绍当代和现代的苏联文学以及俄罗斯古典文学","内容以登载作品为主,兼及理论批评",介绍作品"力求做到题材、体裁、形式、风格的多样化"[③]。这些类似的发刊词在一定程度上说明了新时期俄苏文学译介专刊有着相似的目标与任务。这些专刊依托于高等院校,有人才集中、资料齐全、信息灵通的优势,能够与教学、科研相结合,并有各自的特色。

[①] 后更名为北京外国语大学。
[②] 后更名为辽宁师范大学。
[③]《编者的话》,北京师范大学《苏联文学》1980年第1期,第4页。

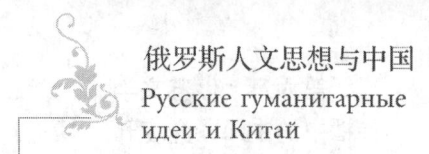

1.《俄苏文学》(山东大学,非正式期刊[①])

1981 年由山东大学外文系李之基担任主编的《俄苏文学》译介专刊创刊,刊物至 1991 年连续出版 21 期(前 4 期为季刊,从第 5 期开始刊物不按年份发行,只累计总数期),其中前 14 期为内部刊物,自 15 期起取得山东省报刊特许证。32 开的刊物每期 300 多页。从第 4 期起,刊物内容有了清晰的分类,分别为评论、小说、青年园地、资料、作家简介、简讯等,主要登载小说、诗歌、剧本、回忆录、书信、评论、文艺理论及文学史资料。

《俄苏文学》每期刊物除了少量文章(少至一两篇多至三五篇)为国内学者的评论,其余包括资料、鉴赏和评论文章多为译介文字,刊物尚未完全摆脱以苏联国内评论为主导的方式。刊物从一开始就明确地向文史资料、文艺理论及评论方面倾斜,重点不在作品译介,所译介的作品则以苏联当代文学为主。刊物总共译介了 50 位作家 129 篇小说作品(101 篇短篇小说,28 篇中长篇小说选段),俄国古典作家中只译介了契诃夫和柯罗连科的短篇 3 篇,当代作品包括了《遭遇战》(瓦西里耶夫)、《日日夜夜》(西蒙诺夫)、《爱情的歌儿》(巴巴耶夫斯基)、《憎恨的科学》(肖洛霍夫)、《斯摩棱斯克来客》(马尔科夫)、《前奏》(柯切托夫)、《墓志铭》(沃罗宁)、《女人的家》(库尔恰特金)、《陌生人》(利帕托夫)、《巴比伦河》(维索茨基)、《野草》(罗曼诺夫)、《阴差阳错》(帕宁)、《偶数和奇数》(叶夫盖尼)、《最幸福的一天》(托卡列娃)、《尘世间的生活》(伊凡诺夫)、《糊涂念头》(尼林)、《鲁道尔费奥》(拉斯普京)、《舍身救友》(阿勃拉莫夫)等;还译介了现代童话、讽刺小品、电影剧本和 13 位诗人的诗歌作品。刊物对西蒙诺夫特别关注,不仅译载了他的一系列作

[①] 据新闻出版署 1988 年 11 月 24 日《关于印发〈期刊管理暂行规定〉的通知》第三条规定"凡经新闻出版行政管理部门审核批准,履行登记注册手续,领取'报刊登记证',编入'国内统一刊号'的期刊,即视为正式期刊。正式期刊的发行分为'公开'和'内部'两种"。第四条:"凡持有'内部报刊准印证',用于本系统、本单位指导工作、交流经验、交换信息,并在行业内部进行交换的资料性、非商品性内部期刊,称为'非正式期刊'。非正式期刊不编入'国内统一刊号',不得公开发行、陈列,不准销售,不得进行任何经营活动。"

品①,也以相当的篇幅介绍了作家的创作理论、日记、书信选、回忆录②,以及相关的评论文章,这些资料对了解作家生平与创作有较大的参考价值。

《俄苏文学》一共登载了 52 篇评论、89 篇文学理论和文学史资料,占了刊物的大部分篇幅。《俄苏文学》创刊后除关注苏联文坛讨论的热点问题,还对"文革"造成的缺失现象进行了补遗的工作。刊物创刊前两期即登载了《苏联文学的"正面人物"问题》、《人物的"普通人"化——评五十年代后期至六十年代前期苏联文学"正面人物"问题》、《再谈苏联文学中的"正面人物"问题》等文章,对自 1953 年至 1973 年近 20 年间苏联当代文学中"正面人物"理论的复杂变化过程进行了梳理,探讨了这一变化过程所反映出的苏联社会政治变化和人们思想、心理的变化。《俄苏文学》第 2 期发表了胡德麟《对马尔科夫"开放体系"的一点看法》,文章对马尔科夫在 1970 年代初提出的"开放体系"理论作了分析和解读。刊物也译载了《1962—1963 年"解冻"时期苏联文学大事记》([英]伯顿·鲁宾)、《苏联报刊关于"正面人物"的评论摘译》、《1987年的批评:见解与怀疑》、《斯大林以后十年的苏联文学》(加耶夫)等一些综述性的、从苏联本国或从西方国家译介而来的资料。这些补遗工作有助于刚重新起步的国内俄苏文学研究界对苏联当代文学基本问题的把握。

刊物在评论与资料方面则以俄国经典作家作品研究为主,共涉及十几位经典作家,其中普希金、屠格涅夫、托尔斯泰、陀思妥耶夫斯基受关注最多。例如,《普希金在中国》(张露蓓)、《评屠格涅夫一部有争议的小说——〈处女地〉》(周如心)、《当代苏联陀思妥耶夫斯基研究概述》(关引光)、《〈托尔斯泰的出走与逝世〉一书简介》(谷鹰)、《陀思妥耶夫斯基创作中的哲学和艺术》(基尔波京)、《寄往雅斯纳雅·波良纳的信》(希弗曼)、《双子星座——陀思妥耶夫斯基和托尔斯泰》(周振美)、《涅克拉索夫与陀思妥耶夫斯基》(周振美)、《生活之路——十二月党人、普希金、托尔斯泰》(阿扎罗娃)等。

---

① 刊物登载的西蒙诺夫作品包括:长篇小说《我和你不会再见面》、中篇小说《波雷宁的偶遇》、短篇小说《出击之前》、《日日夜夜》、《蜡烛》、《尼科利斯基和马尔库舍夫》、《小护士》、《萨布罗夫上校》、《贝尔格莱德之夜》、《陌生人》、《六月至十二月》、《第八次负伤》,以及他的卫国战争短诗等一系列描写卫国战争的作品。

② 刊物登载的西蒙诺夫创作理论有《表现出人民的英雄主义》、《短篇小说中的故事》、《西蒙诺夫谈苏联作家》、《写出全部实情》;作家日记和书信选有《……我要写战争——西蒙诺夫书信选》、《康斯坦丁·西蒙诺夫在不同的日子里(日记摘抄)》等;回忆录包括了卡尔波夫等《同时代人回忆西蒙诺夫》;与作家生平、创作相关的评论文章有《平凡的人英雄的业绩——谈 K.西蒙诺夫四十年代的若干短篇小说》、《西蒙诺夫晚期的创作思想》、《西蒙诺夫的童年和少年时代》、《西蒙诺夫的青年时代》等。

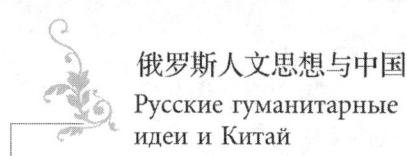

随着苏联国内文学禁区的打破,人们开始重新认识与评价某些文学事件,这在《俄苏文学》上得到了反映。如《拍纸本中留往事》(列沃涅夫斯基)对1940年代后期批判阿赫玛托娃和左琴科,批判《星》和《列宁格勒》杂志等相关情况作了详细介绍;《苏联评论家奥夫恰连科和列兹尼科夫评高尔基〈不合时宜的想法〉》(吕金采)对两位评论家关于高尔基此篇文章的观点和看法进行了仔细的阐述,并将两位学者的某些观点作了横向比较;还有杜金采夫和雷巴科夫在遭禁作品发表后的访谈录,帕斯捷尔纳克和阿赫玛托娃等生平与创作述评[①]等。刊物以一定的篇幅登载了对当代文学现象、作品思想艺术特色赏析、研究资料索引等多方面的评论与译介文章。

刊物中不乏对比较文学学科的回应文章,例如,《中俄文学起源比较》(关引光)从中俄两国的文明起源谈起,以俄罗斯古代咒语与民间口头诗歌创作中的《圣诞祝歌》为例,与中国古代民间口头世纪创作进行了比较;《明月、白桦与思想——谈中国和俄苏怀乡诗》(柱石)从具体作品入手对中苏两国的怀乡诗作了解读和比较;《高尔基论文学的比较研究》(胡德麟)一文从高尔基对"多余人"和民间文学的比较研究中探讨了什么是比较文学。这些文章在中苏比较文学研究方面作出了有益的探索。

2.《俄苏文艺》(非正式期刊)

《俄苏文艺》创刊于1980年10月,由辽宁师范学院外语系《俄苏文艺》编辑部编。这份以"内部交流"形态存在的刊物其发行范围非常有限,据现有资料分析这份刊物由1980年至1982年10月一共出了5期。《俄苏文艺》16开大小,每期110至118页左右,封面登载了"要目",设计简单大方。刊物内容分为小说、诗歌、剧本、文学资料、动态等栏。这份刊物存在时间较短但仍登载了不少优秀作品和参考资料。

首先,刊物在作品上以译介当代小说为主。古典作家只译介了普希金"反映自发的农民反抗的作品"——《基尔贾里》;当代小说中,有老作家巴巴耶夫斯基早期的短篇小说《白色清真寺》、《字母表》,艾特玛托夫中篇小说《第一位老师》,阿列克辛《后方毕竟是后方》、《"疯疯癫癫的叶芙多基娅"》、《心

[①] 包括:第16期《未完待续——A.雷巴科夫采访录》,第18期《永恒的主题——〈文学报〉记者伊琳娜·托苏尼扬采夫访1988年苏联国家奖金获得者、作家杜金采夫谈话纪要》,第17期《苏联文学界初评〈日瓦戈医生〉》(李之基),第15期《再谈阿赫玛托娃》(依里娜)、《阿赫玛托娃心目中的普希金》(鲁克尼茨基)等。

脏的缺陷》等。其次译介了包括帕乌斯托夫斯基(《十月之夜》、《金玫瑰》)、沃罗宁(《传艺带徒人》、《途中寄出的信》、《关于爱情的盘问》)、纳吉宾(《一个外来的女人》)、乌瓦洛娃(《继母》)、邦达列夫(《"请您原谅我们!"》)、叶辛(《出走》)、扎雷金(《她给治好了》)、特里丰诺夫(《医生、大学生和米佳》)等在内24位作家的当代短篇小说作品。此外还登载了莱蒙托夫抒情诗(《秋阳》、《春天》、《雨后黄昏》),雷克林讽刺小品(《哎,这些孩子!》三则、《扯掉的纽扣》、《狄更斯的话》)以及为纪念列宁诞辰110周年而作的两部剧本:苏索科洛娃《难忘的会见》、列夫·西涅里尼科夫《搏斗》。

其次,《俄苏文艺》以译介为主,在评论与文学资料中,仅有冯连驸的《高尔基与人道主义》和《肖洛霍夫的〈一个人的遭遇〉及其影响》两篇自撰的研究文章。该刊所显示的译介特点与《俄苏文学》(山东大学)相似,即评论和研究不多。在文学资料方面,重点翻译了19世纪经典作家的材料,如有关托尔斯泰的(《托尔斯泰的传记材料》托尔斯泰娅、《在托尔斯泰伯爵家作客》乔治·谦楠、《同时代人回忆托尔斯泰》)、有关普希金的(《有关普希金及其家庭的新资料》聂里·库兹涅佐娃)及有关契诃夫的(《关于新发现的契诃夫的一封信》奥普尔斯卡娅)等。这些译自苏联和西方国家的资料与同时期的其他刊物并不重复,编译者对其附加了详细的注释,具有很好的参考价值。

此外,值得一提的是,新中国成立以来第一次专门讨论高尔基的大型学术会议,即纪念马克西姆·高尔基逝世45周年学术讨论会于1981年6月在大连召开。会议由《俄苏文艺》主办单位辽宁师范学院与苏联文学研究会、高尔基著作编辑委员会联合举办,同年7月《俄苏文艺》第3期出版了纪念马克西姆·高尔基逝世45周年纪念专题。其中登载了在高尔基学术讨论会上叶水夫的开幕词、姜椿芳的书面发言、楼适夷的《谈高尔基》,以及戈宝权的《高尔基和中国》等老一辈俄苏文学研究专家的发言稿,发表了相关论文(冯连驸《高尔基与人道主义》和格·谢苗诺娃《普列汉诺夫和高尔基》)。这些文章涉及了高尔基的创作思想、艺术特点,以及高尔基与中国等内容,对新时期我国的高尔基研究有促进作用。

1970年代末开始创办的一批俄苏文学译介专刊中,《俄苏文学》(山东大学)与《俄苏文艺》在各自的园地里译介了不少优秀的俄苏文学作品和重要的文学史料,成为我国俄苏文学译介与研究重新起步过程中的重要一员。然而两份专刊的不足也是明显的:首先,由于刊物非正式发行因而在一定程度上处

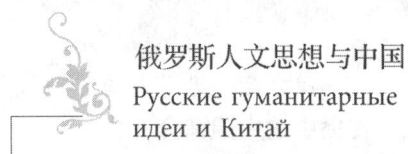

于较为"封闭"的状态,与读者交流不足,其所发生的影响范围也相应较小;其次,刊物依托高校的优势没有完全发挥出来,刊物中国内学人自撰的评论文章所占比例非常有限,评论中还存在旧的评论模式的痕迹。

3.《俄苏文学》(武汉大学等,正式期刊)

与以上两份非正式期刊相比,《苏联文学》、《当代苏联文学》、《俄苏文学》(武汉大学主办,下同)三份正式期刊构成了1980年代俄苏文学译介专刊的主体。在摆脱了以往多种客观因素的限制后,刊物在作品的选材和翻译,在评论文章的刊用,在俄苏文学学科的建设等方面都表现出新的气象。三份刊物各具特色却又交相辉映,在1980年代构成了一幅生机盎然的图景。

《俄苏文学》双月刊创办于1980年,至1990年三刊合并时一共出版61期,每期100页左右,约18万字。刊物装帧简洁、大方,配有俄文题名。与同时期同类译介专刊相比,《俄苏文学》的编辑队伍庞大,从创刊初期的8所院校(武汉大学、南开大学、吉林大学、四川大学、吉林师范大学、内蒙古大学、天津师范学院、武汉教师进修学院)到后来经历一系列变化,先后集中了华中、华北、东北、西南、西北9个省份①一共13所高校参与(参见附表3),力量颇为雄厚。十年间,《俄苏文学》实践了创刊时用鲁迅《拿来主义》作为代发刊词的"'拿来'!"精神,翻译了大量俄苏文学佳作,发表了许多相关的评论。其栏目最初主要分为两大块:作品(小说、电影剧本、散文、诗歌、寓言、幽默小品、纪实文学、童话)及评论(论文、作品赏析、回忆录、传记、札记、资料、动态简讯);译介作品的体裁范围逐步拓展,评论栏在1986年后也有了更加细致的划分和丰富的内容,主要包括作家介绍(作家谈、作家逸事等)、文化生活、知识宫、艺术天地、文学史料、美术与图片、影视之窗、作家专访、书讯、访苏杂记、作家纪念馆巡礼、美术作品介绍、读者来函等,此外还开辟了"作家谈文化与创作"、"俄苏文学在中国"、"苏联文学系列讲座"、"改革之年的苏联文坛"等专题性栏目。在全部61期中,刊物译载的大部分作品选材新颖、体裁风格多样,评论也较讲究思想性与艺术性并重,发挥了其编辑队伍的优势。

4.《当代苏联文学》(正式期刊)

《当代苏联文学》由北京外国语学院俄语系编辑,从1980年4月国内公开发行到1990年三刊合办时一共出版了53期,第一年为季刊,第二年开始为

---

① 即甘肃、湖南、湖北、四川、河南、天津、内蒙古、吉林、黑龙江等9省(市、自治区)。

双月刊,1988年复为季刊。在此之前1979年11月、1980年2月,刊物出了两期内刊,名为《苏联文学》。

《苏联文学》内刊分类清晰,分为中篇小说、短篇小说、剧本、文学史料、作家研究、文艺动态等六栏。其中短篇小说部分译介了作家利金描写爱情、家庭的作品《黑头海鸥》、《虹》,舒克申的农村小说《"我女婿偷了一车柴!"》、《万尼亚》、《悲痛》,沃罗宁写苏联当代妇女的《人生悲欢》、《伤悼》,阿塞拜疆作家拉苏尔·尔扎的《感谢您,教授》,以及柯热夫尼科夫的《伊万·叶菲莫维奇》、《引动零件》和拉特克维奇的《暴风雪》等作品。中篇小说译载了瓦西里耶夫的《遭遇战》、阿列克辛的《分家》、阿达缅的《三口之家》等描写家庭与道德题材的作品。此外还连载了罗佐夫的剧本《"聋人"之家》。"文学史料"栏登载了《萧三同志在苏联作家代表大会上的发言》、法捷耶夫《关于爱伦堡的〈解冻〉》,"作家研究栏"译介了楚柯夫斯基的《谈契诃夫》。从以上内容上不难看出,内刊时期译介作品反映出浓厚的当代特征,这使刊物"介绍当代苏联文学为主"的定位及"了解苏联文学现状和社会现状"的目标显得更加明确。尤其值得一提的是,内刊分别登载了《郭沫若同志关于翻译标准问题的一封信》、《萧三同志在苏联作家代表大会上的发言》等两份俄苏文学研究的重要史料。其中《郭沫若同志关于翻译标准问题的一封信》是1955年3月郭沫若为《俄文教学》杂志写的,信中提到了有关外国文学翻译的原则和方法问题;《萧三同志在苏联作家代表大会上的发言》是1934年萧三代表中国左翼作家联盟在苏联作家第一次代表大会上的发言稿,这是当时尚未在我国发表过的一篇反映中苏革命文学相互联系的珍贵资料。登载反映中苏文学关系的珍贵旧资料在某种程度上表明了编者继承传统的希望和信念,刊物在改名《苏联文艺》并国内公开发行后依旧延续了这一特点。

1980年4月《苏联文学》内刊更名为《苏联文艺》在国内公开发行,成为正式期刊。刊物的前3期沿用32开大小,1981年开始变为16开,封面以苏联油画为主,色彩绚丽活泼。刊物容量增大,内容主要包括小说、剧本、诗歌、作家谈作家、作家作品的评论、国内学术动态、书评等。1983年起又有了更加细致的分栏,主要增加了"七十年代新作家"、特写、短评、专论、歌曲、电影文学剧本、文学小品、幽默讽刺、作家谈创作、作品与动态、寓言、读者与编者、读者论坛、美术等,涉及的文艺范围十分广泛。这一时期刊物以苏联当代文学为主,辅以少量俄国古典文学及苏联现代文学,登载了各种题材的作品,也有对

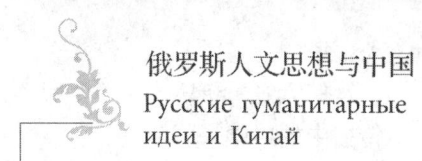

俄苏文学思潮、理论及其论争的阐述和对苏联本国及西方评论界的评论资料译介——总的来说,刊物在占有丰富资料的基础上,既从宏观方面对俄苏文学作了总的观照,也从各个微观的层面作了具体有益的介绍。1984年9月和10月,全国部分高等院校主办的大型外国文学(包括比较文学)期刊进行了相互访问、座谈交流,各刊强调加强协作,取长补短。在此背景下,1985年的《苏联文艺》作了重新定位,正式更名为《当代苏联文学》,刊物宗旨定为"当代的内容,优秀的作品,有益的文学知识"①。更名后的刊物只译载苏联当代文学作品,栏目上增加篇幅、充实内容,增设了"长篇小说赏介"、"八十年代短篇小说"、"当代苏联文学概况"、"当代作家介绍"、电影之窗、文坛信息、新书消息等,此后刊物随着苏联当代文学现状的发展变化,每一年都有新的栏目出现②——其生活和时代的气息更加浓郁。重新定位使刊物开创了译介工作的新局面,从同类刊物中脱颖而出,独具特色。正如作家朱春雨所言,该刊物"把苏联当代文学状况的一个基本轮廓镌刻到我的记忆里,同时也感觉到其俄罗斯文学传统的发展和变化……构成了一个相当完整的苏联当代文学的画廊"③。

5.《苏联文学》(正式期刊)

《苏联文学》的前身是1973年6月开始创办的《苏联文学资料》内刊。1980年在改革开放的新形势下,教育部批准在北京师范大学苏联文学研究室的基础上成立苏联文学研究所,这是当时全国高校系统唯一专门从事俄苏文学研究的单位,具有20多人的专职科研编制。与此同时研究所经教育部批准在原有内刊的基础上创办了全国公开发行的《苏联文学》译介专刊(前两年为季刊,1982年开始为双月刊)。由于《苏联文学》在公开发行时已具备了较为丰富的办刊经验以及一支专职研究的队伍,其在1980年代俄苏文学译介专刊中的影响最大,尤其是1985年经文化部批准取消"国内发行"的限制,通过中国国际图书贸易总公司向世界二十几个国家和地区发行后,它毫无疑义地站在了同类专刊队伍的前列。

---

① 《敬告读者》,北京外国语学院《苏联文艺》,1984年第4期,第112页。
② 1986年新辟专栏"探索与争鸣"、比较文学、南来北往;1987年有"当代苏联文学专题讲座"、重要作品评介、资料等;1989至1990年间又新开辟了开禁小说、最新小说、报告文学、纪实文学、热门话题、人物剪影、社会写实、文摘等多种专栏。
③ 《作家朱春雨的一封信》,北京外国语学院《苏联文艺》,1984年第2期,第108页。

从"文革"内部刊物脱壳而出的《苏联文学》，其创刊号扉页上载有茅盾1979年8月专门为刊物写的一首词《西江月》："形象思维谁好/典型塑造孰优/黄钟瓦釜待搜求/不宜强分先后/泰岱兼容抔土/海洋不择细流/而今借鉴不避修/安得画牢自囿"，词的内容表达出当时中国文坛日益开放的心态。刊物正是在这种心态及"学术需要交流，创作需要借鉴"的精神指导下译载了大量俄苏文学作品及相关评论。创刊之初，刊物内容主要包括小说、诗歌、剧本、文艺理论、"苏联文学在中国"、研究论文、文学动态（包括苏联文学动态及国内俄苏文学研究动态）等；此后栏目逐年细化，主要增加了"阅读与欣赏"、创作漫谈、作家介绍、人物、"苏联文学在国外"、资料、读者谈、访问记、书评、访苏随笔、讨论园地（教学、文学、翻译等多种讨论）、特约稿、作家来信、作家专访、国际交流、新片介绍、座谈会等多种栏目，以及"青年论坛"、"研究生园地"、"译作尝试"等为青年俄苏文学学者、爱好者提供的栏目；此外还有为使刊物更富有知识性和趣味性而增设的短小精悍的故事、寓言、讽刺小品、作家回忆、札记和创作逸事等栏目。总体而言，《苏联文学》的主要篇幅在于译介俄苏文学作品，创刊最初几年苏联当代文学作品在刊物中占了较大比重，译介了不少在苏联本国及我国有强烈反响的深受欢迎的优秀作品，如《后来发生了战争》、《莫斯科不相信眼泪……》、《六十枝蜡烛》、《心灵的故事》、《黑鸟》、《人》、《最严厉的惩罚》、《捕蛇人》等等。此外，刊物大胆地译载了对文学研究有一定参考价值的"反动作家的作品"，如阿威尔岑柯《插在革命背上的十二把刀子》。编者认为，这些作品对于全面认识苏联文学不乏益处，因此受到文学研究工作者及读者的欢迎。由于编者将刊物读者定位为"以宣传、文教部门干部、外国文学教学和科研工作者、文艺工作者，以及广大外国文学爱好者为对象"，"力求兼顾提高和普及两个方面的需要。"①因此刊物既有"一作一评"或作家简介等基本资料，也刊登有反映新观点和新材料的学术论文和专题资料。

《苏联文学》还有两大亮点，一是创刊以来国内不少文学界、翻译界的名家、前辈热情提供译诗、译文和撰写专文，如巴金译《往事与随想》、草婴译戈尔巴托夫《大水》、茅盾《谈文学翻译》、梅益《〈钢铁是怎样炼成的〉再版后记》、姜椿芳《〈苏联文艺〉的始末》、蒋路《为文学交流搭桥的人——加涅特夫

---

① 《致读者》，北京师范大学《苏联文学》，1984年第6期，封二。

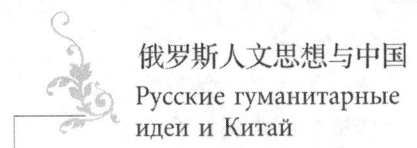

人》,以及戈宝权的《普希金诗抄》、《我是怎样译〈十二个〉的》、《难忘的格鲁吉亚之行》、《访问列宁格勒勃洛克故居博物馆》、《纪念尤·彼·弗列夫斯卡娅》等等,这些老一辈专家的稿子提供了许多很有价值的材料,使《苏联文学》增色不少。二是刊物与苏联文学界、出版界建立了广泛的国际合作。刊物编者经常受邀到苏联访问,也经常邀请苏联学者、专家、作家到中国来交流、作讲座——两国文学界经常以刊物为平台进行交流。例如《苏联文学》在1987年、1988年分别出过乌克兰文学和格鲁吉亚文学两个专号,对此苏联的两个民族文学界反应十分热烈。编辑乌克兰文学专号时,不少作家作品由乌克兰作协直接推荐交至《苏联文学》,乌克兰作协还专门为刊物组织特约稿。格鲁吉亚作协在《苏联文学》出版了格鲁吉亚专号后,决定在它所属的《宝库》杂志上也出一期"中国文学专号",并邀请《苏联文学》编辑等中国的文学工作者访苏共同完成这件有意义的工作——专刊在中苏文学直接交往上发挥了桥梁作用。创刊十年间,刊物一共出版了56期,累计发行150多万份,约计1100万字[①]。读者称赞刊物"以当代、近代文学为主,并且有重点地照顾古典文学和革命文学",是一本"能以学术性为重"、"政治倾向稳定"的"十分有气势"的译介专刊。

二、专刊在译介中的选材和视野

这里仅涉及正式出版的《苏联文学》、《当代苏联文学》、《俄苏文学》三份译介专刊,这些专刊面对纷繁复杂的俄苏文学作品,形成了一些共同的选材特点。

1. 多体裁、多题材

三份刊物刊登的作品体裁多样,如小说(包括长、中、短篇小说、微型小说等)、戏剧(包括影视剧、广播剧等)、诗歌(包括散文诗、寓言诗等)、小品、童话、民间故事、特写、随笔、书信等;风格同样多样,抒情、讽刺、幽默、科幻、推理、传奇、纪实等等,并注意兼顾各种流派。这不仅可满足具有不同的欣赏习惯和美学趣味的读者群,也有益于较全面地反映俄苏文学的丰富多彩。《当

---

① 截至1989年第6期"已经出刊56期,累计发行150多万份,约计1100万字。其中包括着222位俄苏作家的364篇中、长、短篇小说和剧本,75位俄苏诗人的369首诗,还有159篇评论文章"。统计数字来源于《坚持正确的指导思想,努力把刊物办好——本刊编辑部召开创刊十周年座谈会》,《苏联文学》1990年第1期,第59、60页。

代苏联文学》登载了左琴科的不少幽默讽刺作品,如《有教育意义的故事》、《彼得·伊万内奇及其他人》、《大城市之光》等;登载了苏联颇具特色的幻想小说,如科拉别利尼科夫《伦琴桌》、雷特海乌《天外归来》等;登载了一系列受欢迎的诗化小品,如索洛乌欣《掌上珠玑》、邦达列夫《瞬间录》等;还设置了"电影之窗"专栏,包括电影故事梗概、"从小说到电影"、今日苏联影坛新秀等。《苏联文学》登载了不少剧本(包括电影剧本),如切尔内赫的《莫斯科不相信眼泪……》、沙特罗夫的《两行小字》、格列勃涅夫《马克思的青年时代》等。《俄苏文学》也登载了一些电影小说和电影剧本,如《有这么一个小伙子》(舒克申)、《一场空》(勃拉金斯基)、《个人问题访问记》(阿尔谢尼什维利等)等。

三份刊物译出的作品题材也十分广泛,包括战争、军事、政治,社会道德、妇女、家庭、爱情、农村、科技、工业建设等众多题材,内容极为丰富。如战争题材的小说,《俄苏文学》登载了《女谍报员》(西蒙诺夫)、《"和平感叹号"》(瓦西里耶夫)、《我们在天之父》(卡达耶夫)、《四月的雷声》(柯切托夫)、《叶落时节》(巴鲁兹金)、《洞房花烛》(沙米亚金)、《利霍博雷站》(康德拉季耶夫)、《永远十九岁》(巴克拉诺夫)等;《当代苏联文学》登载了《草莓花开》(楚柯夫斯基)、《悲剧演员》(索洛维约夫)、《白昼之光》(卡扎凯维奇)、《小火炉》(米哈尔科夫)、《外省的文艺沙龙》(阿纳尼耶夫)、《士兵和母亲》(阿斯塔菲耶夫)等;《苏联文学》登载了《生与死》(戈尔巴托夫)、《俄罗斯性格》(阿·托尔斯泰)、《老牌奥林匹亚打字机》(瓦西里耶夫)、《战神的面貌不是女性的》(阿列克西叶维奇)、马尔科夫《斯摩棱斯克来客》等。这些作品反映了苏联战争小说广阔的题材、创新的风格和卓越的艺术手法。如农村题材小说,《当代苏联文学》登载了《普罗霍尔第十七,白铁匠大王》(特罗耶波利斯基)、《冤仇》(伊万诺夫)、《禁忌》(阿斯塔菲耶夫)、《冷暖人情——为玛丽娅借钱的故事》(拉斯普京)和《报复》(阿勃拉莫夫)等;《俄苏文学》登载了《故乡情》(谢尔盖耶夫)、《牛尾草沙沙响》(诺索夫)、《家》(阿勃拉莫夫)、《最后的问候》(阿斯塔菲耶夫)、《拉脚》(别洛夫)等;《苏联文学》登载了《泛滥》(法捷耶夫)、《冬不拉》(图尔松)、《马特维出远门赶集》(叶夫谢延科)、《局部地区有雨》(伊利英)、《不知好歹的人》(顿巴泽)、《最后一个炉匠》(霍洛波夫)等。这些作品从各个侧面描写了农村生活,揭示了人民的精神力量和生活本源。其他题材同样精彩,如三份专刊都登载了特里丰诺夫、马卡宁、库尔恰特金、叶辛、拉克

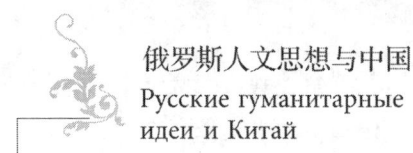

莎、托卡列娃、阿达缅、安德烈耶娃等作家的一批擅长以城市日常生活为题材的作品。借助这三份译介专刊,读者不难窥见苏联当代文学的丰富多彩。

2. 多民族、多专题

苏联是一个拥有100多个民族的国家,三份译介专刊充分兼顾各加盟共和国,并注意到了"多民族"的特征。《苏联文学》在1987年、1988年出版了乌克兰文学专号、格鲁吉亚文学专号;《俄苏文学》1982年出版了"苏联各民族作家作品选辑"。编译者选载了包括不同民族、地区的不同风格的作品。《当代苏联文学》译载的作家有:哈萨克的吐凡·米尼林(《泉水情歌》)、格鲁吉亚的顿巴泽(《追忆》)、乌克兰的冈察尔(《永不掉队》)、吉尔吉斯的艾特玛托夫(《母狼的心愿》)、亚美尼亚的巴拉扬(《红色鹿皮帐篷》)、雅库特的丹尼沃夫(《有难同当》)、塔吉克的穆哈马吉耶夫(《决斗》)、阿布哈兹的阿胡巴(《狼心》)、拉脱维亚的克利亚维斯(《故乡行》)、楚克奇的雷特海乌(《天外归来》)、阿塞拜疆的阿纳尔(《一个慈善的国王的故事》)、立陶宛的皮·斯科德茹斯(《湍流》)等;《俄苏文学》译载的作家有:白俄罗斯的贝科夫(《采石场》)、乌克兰的弗兰科(《走向光明》)、立陶宛的克列梅(《鹰之歌》)、摩尔达维亚的乔巴努(《他还活着》)、格鲁吉亚的顿巴泽(《茨冈人》)、阿塞拜疆的艾芬吉耶夫(《抒情曲》)、爱沙尼亚的库乌斯别尔格(《雨点》)、达格斯坦的加姆扎托夫诗歌、巴什基尔的格纳图林(《一个战士的梦》)、亚美尼亚的约昂尼西安(《阿拉兹》)、哈萨克的谢尔盖·戈拉(《激浪》)、加尔梅克的库古利季诺夫(《忧虑》)等;《苏联文学》译载的作家有:格鲁吉亚的贾瓦希什维里(《浪荡小子》)、亚美尼亚的巴拉扬(《狼的生活》)、吉尔吉斯的艾特玛托夫(《面对面》)、阿塞拜疆的伊勃拉基姆别科夫(《美好的一天》)、乌兹别克斯坦的法侬祖林(《心灵的故事》)、塔吉克的穆罕马吉耶夫(《角斗》)[①]、白俄罗斯的阿列克西叶维奇(《战神的面貌不是女性的》)、拉脱维亚的乌皮特(《不幸之中的幸福》)等。三份专刊所译介的这些作家大都是各民族的骄傲,对这些不同民族和地区文学的介绍,使读者能够领略到苏联各民族的民族风情,也有助于对整个俄苏文学的状况有较为全面的了解。

这种较为全面的了解还和三份专刊的多专题有关。所谓专题、专刊、专

[①]《苏联文学》刊载的这部作品与前文提到的《当代苏联文学》中刊载的《决斗》系同一作家的同一部作品,不同译者用了不同译名。

号、专辑,都是刊物的编排方式,无非是对某种文学现象作集中考察,或为纪念某位重要作家而推出专门的栏目。《俄苏文学》共出现过 22 个专题,主要是纪念果戈理、陀思妥耶夫斯基、契诃夫、勃洛克、高尔基、沃罗宁、普拉东诺夫等作家,还有苏联女作家作品专辑、幽默专辑、苏联各民族作家作品选辑、纪念反法西斯战争胜利 40 周年专辑等。《当代苏联文学》有过 15 个专题,包括纪念屠格涅夫、契诃夫、高尔基、巴别尔、皮利尼亚克等作家的专辑,以及短篇小说专号、抒情诗专号、短篇小说专号、获奖作品专号、电影文学专号、军事文学专号、青年题材小说专号等。《苏联文学》的 25 个专题,纪念了陀思妥耶夫斯基、列夫·托尔斯泰、马雅可夫斯基、高尔基、巴乌斯托夫斯基、阿·托尔斯泰、艾特玛托夫等作家,还安排了一些专号对社会现实主义、民间文学、列宁题材作品、军事题材文学专号、女作家作品、青少年题材作品等分别进行探讨,并特意出了两个民族文学专号;刊物创刊 10 周年时还有《苏联文学》创刊 10 周年专题。

3. 兼顾古典文学

三份刊物均以一定比例介绍了俄国 19 世纪作家作品,这些作品大都是第一次译介,少量是旧作新译。《当代苏联文学》在 1985 年刊物重新定位前少量译介了俄国 19 世纪作家作品,主要有托尔斯泰根据民间俗语、谚语、传说和故事进行创作的《天网恢恢》,涅克拉索夫诗选、巴甫洛夫《命名日》、阿·托尔斯泰的历史传奇小说《谢列勃良内公爵》,契诃夫早期署名为安东沙·契洪特时写的诙谐和幽默小品《在钉子上》等。《俄苏文学》在创刊号上登载俄苏古今作品的比例约为 1:3,第 2 年开始比例上调整为 1:6。除了设置纪念古典作家的专题和专辑外,刊物主要译介了普希金等 14 位诗人的一百多首诗歌、阿·托尔斯泰的历史传奇小说《谢列勃良内公爵》、克雷洛夫寓言、魏列萨耶夫的东方童话《星》、陀思妥耶夫斯基《小英雄》和《鳄鱼》、科秋宾斯基《载入生活这本书中的故事》、弗兰科《哀鸿飘零》、契诃夫早期短篇和《托尔斯泰的出走(日记一则)》等。《苏联文学》创刊号上俄国古典文学作家作品占了较大比例,第 2 期起明显减少,但仍保留了一些篇幅。所登载的古典作品中,有我国读者熟悉的作家的作品:普希金《1829 年远征时的埃尔祖鲁姆之行》、契诃夫《永恒的运动》、库普林《石榴石手镯》、柯罗连科《奇女子》、蒲宁《末日》、托尔斯泰《乡村三日》、陀思妥耶夫斯基《圣诞树和婚礼》、迦尔洵《画家》、屠格涅夫《安德烈·科洛索夫》和《爱情的凯歌》等;也有以往我国读者接触不多的

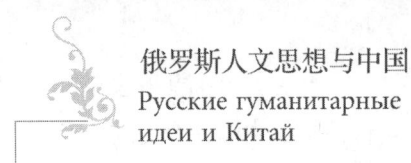

作家作品:捷列绍夫《幸福的影子》、列斯科夫《旧日的天才》、乌斯宾斯基《维纳斯女神使我振奋》、魏萨列科夫斯基《在草原上》、纳尔—多斯《被杀的鸽子》、马明—西比利亚克《祸害》、柯瓦列夫斯卡娅《女虚无主义者》、斯塔纽科维奇《秃尾巴狗》、斯捷普尼亚克—克拉夫钦斯基《河上人家》和19世纪俄国"纯艺术"派著名诗人的抒情诗等。

4. 避免"撞车"的策略

《苏联文学》、《当代苏联文学》、《俄苏文学》三刊以多种方式登载了大量俄苏文学作品,正如杰尼索娃在《中国读者在读些什么作品?》的文章中所说,"今天的中国读者愈来愈多地熟悉苏联文学各种体裁的新作品。在我国引起兴趣和争论的作品很快就被中国读者所熟悉。这是由于那里出版社的高度工作效能,主要是由于专门译介苏联作品的三家文学杂志的积极工作。"①然而,这三份同时出版的俄苏文学译介专刊因拥有专业的编辑队伍、明确的译介目标和较为丰富的专刊经验——在某种程度上三刊齐头并进,登载作品时难免会遇到"撞车"的现象。例如,1980年《俄苏文学》第1期与《苏联文学》第1期为纪念陀思妥耶夫斯基逝世100周年都登载了其作品《小英雄》;同年又都登载了托尔斯泰的《穷人》(《俄苏文学》译《穷苦人》);而《当代苏联文学》与《俄苏文学》也几乎同时登载了阿·托尔斯泰的历史传奇小说《谢列勃良内公爵》。读者来信表示:"文艺创作最忌雷同,翻译和介绍外国文学也最忌吃重样饭。现在介绍俄苏文学的杂志有三个,时常碰到一篇作品几个人翻译。三个杂志应互通情报,不要发表雷同的作品。"②"杂志要有自己的独特风格……如果每本杂志大同小异,别人登的那些你们也登,别人没有把握登的你们也有顾虑,那又何必?"③这些读者意见反映了刊物之间在作品登载计划方面缺乏沟通和交流。

为了避免"炒冷饭"与"撞车",三份刊物努力挖掘新的资料。如发表名家早期作品。④《俄苏文学》译载了肖洛霍夫《考验》和《拖家带口的人》等一系列早期作品、格拉宁的处女作《第二个方案》、普罗库斯林的处女作《一块面包的价值》、高尔基《红毛瓦西卡》和《秋雨绵绵》等早期小说和小品文,通过这些

---

① 杰尼索娃:《中国读者在读些什么作品?》,武汉大学《俄苏文学》,1989年第4期,第84页。
② 白亮:《翻译最忌雷同》,武汉大学《俄苏文学》,1980年第1期,第96页。
③《读者来信》,武汉大学《俄苏文学》,1980年第4期,第96页。
④ 这里和下文提及的作品,如短篇一般全译,中长篇一般摘译或仅提供梗概。

作品，读者可以窥见作家早期创作手法和艺术风格。又如首译一些有影响或有争议的作品。《俄苏文学》首次译介了雷巴科夫《阿尔巴特街的儿女们》、邦达列夫《瞬间》、巴克拉诺夫《永远十九岁》；《苏联文学》首次译介了恰科夫斯基《未完成的肖像》、艾特玛托夫《雪地圣母》、瓦西里耶夫《后来发生了战争》、梁赞诺夫《命运的拨，或"蒸得舒服"》、顿巴泽《永恒的规律》、格林《红帆》、格拉宁《女政委》、田德里亚科夫《六十枝蜡烛》、马卡宁《当"侍从"的人》、格罗斯曼《生活与命运》，以及旧俄作家赫尔岑《往事与随想》、魏萨列科夫斯基《在草原上》、茹可夫斯基的诗歌等。

再如刊登开禁作品。三刊分别译介了不少开禁作家的作品，还分别设立了"改革之年的苏联文坛"、"探索与争鸣"、"反思与开禁作品"、"开禁小说"等专栏。《苏联文学》译载了布尔加科夫《大师与玛格丽塔》和《狗心》、左琴科《猴子奇遇记》、普拉东诺夫《地槽》和《切文古尔》等、杜金采夫《在考验的日子里》(《白衣》片断)、格拉宁《违禁的一章》(《围困纪实》中被删去的一章)和《野牛》、贾瓦希什维里《浪荡小子》、雷巴科夫《阿尔巴特街的孩子们》、沃伊诺维奇《通信姻缘》等；《当代苏联文学》译载了帕斯捷尔纳克《日瓦戈医生》、普拉东诺夫《初生海》、爱伦堡的回忆录《人·岁月·生活》、格罗斯曼《生活与命运》、格列科娃《生活的主人》、伊斯坎德尔《伯沙撒的盛宴》、田德里亚科夫《人，还是非人？》、左琴科《日出之前》、特里丰诺夫《在刑讯室里的短暂停留》、雷巴科夫《1935年及其后岁月》(长篇选段)、扎米亚京《我们》等；《俄苏文学》上登载了陀思妥耶夫斯基《鳄鱼》、安·比托夫《父亲的父亲》(《普希金的房子》中的一章)、列昂诺夫《贼》、叶甫图申科《阿富汗蚂蚁》、扎米亚金《水怒人怒》等；三份专刊都登载了茨维塔耶娃、叶赛宁、帕斯捷尔纳克、阿赫玛托娃、古米廖夫、曼德尔斯塔姆等诸多诗人的开禁诗作。编者同时还组织了观点不一的评论文章，供读者参考。这些作品填补了中国译介的空白，体现出编译者思想的解放，对中国新时期文坛影响极大。

此外，译介一些较为罕见的文史资料。三份专刊中这方面的资料非常多。例如，《俄苏文学》刊登了《马雅可夫斯基之死——一个革命诗人的悲剧》(车成安、李青译自莫斯科版《通向普希金的道路》中的文章《重新评价普希金的妻子》)、《托尔斯泰伯爵夫人索尼娅》(英国安·爱德华)等；《当代苏联文学》译介了《十二月党人普希钦回忆普希金》；《苏联文学》则译介了《托尔斯泰女儿谈〈战争与和平〉》、《马雅可夫斯基——死之谜》(米·普列津特)，以及列

宁评述过的阿威尔岑柯《插到革命背上的十二把刀子》等。文史资料中还包括开禁作家作品的相关评论,如《关于左琴科的〈日出之前〉》(邓蜀平)、《精神支柱的求索——〈大师与玛格丽特〉阅读札记》(吴泽霖)、《改革时期的苏联文学》(张捷)、《苏联文坛动向一瞥》(廷桦、沧德)、《新思维与苏联文学刍议》(周忠和)、《改革和新思维中的苏联文坛》(吴元迈),以及《对〈野牛〉的不同意见》、《为什么长诗〈凭着记忆的权力〉被压了十八年》、《关于诗人古米廖夫历史问题的新材料》、《关于左琴科的新信息》、《英吉利捷尔旅馆的秘密——关于诗人叶赛宁之死的一份调查》、《雷巴科夫答记者问》、《〈日瓦戈医生〉座谈会发言摘要》等。

　　三份刊物登载的作品丰富且各具特色,受到读者的欢迎。三刊还以不同的方式,增加刊物的可读性和互动性。如"知识百题"与译文竞赛。《俄苏文学》从1984年起在刊物上连续以《俄苏文学知识百题》、《当代苏联文学知识题》、《俄苏文学小题库》等方式编载了大量俄苏文学基础知识题,从古典到现当代,跨度很广,问题具体、细致,答案往往在下一期刊出;1985年还特设了"知识宫"一栏刊载相关的资料。刊物在1985年开展了译文竞赛,登载了参赛文的俄文原文和具体办法,"收到了五百多篇应征的译文";1988年第3期又进行了第二次译文竞赛。这样的互动形式确实增加刊物的趣味性,吸引了更广泛的读者群体。又如开辟"专号"。《当代苏联文学》的一个突出特点是专题、专号、专辑多,其中1984年可以称为"专号年",其全年6期每一期都是专号,分别为抒情诗专号、短篇小说专号、获奖作品专号、电影文学专号、青年题材小说专号、军事文学专号等,这样的专号包含着编者的大量心血。以抒情诗专号为例,这一辑专号共登载了第二次世界大战以来30多年间47位诗人的109首诗,由王守仁编选并撰写前记和诗人简介,译者包括戈宝权、乌兰汗、白春仁、岳凤麟、顾蕴璞等优秀译者,所选的诗作内容丰富,涵盖面广。1985年刊物重新定位后又开始将注意力转到介绍最新作品方面来。再有讨论俄苏文学教学。《苏联文学》在1982年第5期上发表了《俄苏文学教学笔谈》,邀请从事俄苏文学教学工作的教师撰写谈教学经验的短文,这组笔谈引起读者疑义,编者决定加大讨论力度,邀请师生和研究专家参与,并在1982年到1984年间专辟"俄苏文学教学讨论"、"讨论园地"等栏目,前后共发表了17

篇相关文章,①就教学内容、教材体系、教学方法、知识更新、经典阐释,包括怎样看待俄苏"红色经典"作家及其作品等一系列问题进行了争鸣和讨论。这反映了要求改革的愿望和心声,对促进俄苏文学教学和研究的革新具有积极的意义和价值,1986年开始出现的一批国人撰写的俄苏文学史与此应有一定关联。

三、关于俄苏文学的研究

1. 作家研究

三份专刊虽然不是专门的研究性刊物,但在登载作品的同时往往会登载相关的评论文章,其中有关作家作品的研究最多。《当代苏联文学》,其作品、评论与资料的配套组织得较为系统,对当代作品的分析与作家的生平、创作道路、总体风格特征同时呈现,使读者有较为全面的了解。《苏联文学》和《俄苏文学》对经典作家的研究也较为深入,注意去粗取精、去伪存真。三刊在对俄苏作家的研究上都取得了一定的成绩。以高尔基研究为例。1981年6月,在纪念马克西姆·高尔基逝世45周年学术讨论会召开之际,三份刊物登载了一批研究成果,如《高尔基的人道主义思想》(李辉凡)、《高尔基学简论》(谭得伶)、《高尔基早期创作中的浪漫主义和现实主义问题》(王景生)、《高尔基"您在杀害现实主义"——谈高尔基论契诃夫札记》(朱逸森)、《高尔基文论在中国》(刘庆福)等,并译介了有关高尔基的书信、日记、回忆录等其他研究资料。此后,高尔基研究始终是三份专刊关注的对象,刊载的文章中提出了一些新的见解,如《关于高尔基研究的片断思考》(汪介之)、《我国高尔基文艺思想研究中的几个问题》(李辉凡)等。《苏联文学》和《俄苏文学》还分别译载了《苏联重新评价高尔基的〈不合时宜的思想〉一书》、《论高尔基的〈不合时宜的思想〉》等文章,为高尔基研究提供了有用的资料。

---

① 这些文章与来信包括:《俄苏文学教学笔谈》(雷成德、陈元恺、易漱泉、傅希春、马家骏)、《李晓明同学给编辑部的信》(李晓明)、《我希望能展开讨论》(易漱泉)、《李晓明的意见值得注意》(吴元迈)、《文学教学的几点意见》(马家骏)、《充实教学内容,改进教学方法》(黎皓智)、《教学要不断改革》(梁工)、《联系实际正确引导》(唐本令)、《既要全面又要有选择》(任伟琳)、《我对无产阶级革命文学的看法》(张羽)、《坚持教学大纲应兼顾学生的欣赏情绪》(李健)、《加紧编写教材,提高教学质量》(李明滨)、《内容要更新方法要改进》(赵德泉)、《高尔基与未知数》(贾放)、《浅谈文学史教学》(翁义钦)、《教学目的及"欣赏情绪"》(傅希春)、《从实际出发改进教学》(张汤)等。

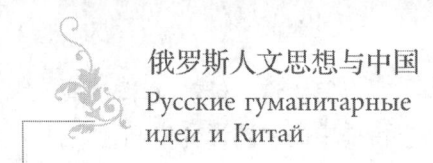

2. 俄苏文学的整体研究

除作家研究外，三份刊物都注意了对俄苏文学的整体研究。《当代苏联文学》在1985、1986两年特辟了"当代苏联文学概况"专栏，以编译的方式对当代苏联文学，主要是小说创作的发展历程作鸟瞰式的介绍，材料均来自苏联当时出版的有关论著，编译者仅作选择取舍和译述。内容包括《五十年代的苏联文学》、《六十年代的苏联小说》、《七十年代的苏联小说》、《戏剧（50—70年代）》、《诗歌（1953—1982）》、《电影》等，从相对完整的角度对苏联当代文学作了全景式的观察。在《苏联文学》和《俄苏文学》中虽没有如此系统的观察，但也从多个角度对苏联当代文学作了宏观的研讨，如张捷的《当代苏联小说叙述方法的变化》、《近年来的苏联长篇小说》、《苏联文学：现状和倾向》、《一九八二年苏联文学创作概观》等一系列对苏联当代文坛作扫描式观察的文章，就颇有参考价值。同时，三份专刊也对理论问题予以关注，如《苏联文学》设置了"苏联当代社会主义现实主义理论问题讨论"专栏，登载了波斯彼洛夫《关于社会主义现实主义的论争》、薛君智《美国学者谈社会主义现实主义的起源》、赫拉普钦科《文学理论和创作过程》、埃利亚舍维奇《社会主义现实主义风格流派的类型划分》等文章。此外，还刊载了程正民《苏联文艺心理学研究的新成果——梅拉赫专著〈创作过程和艺术感受〉评介》、吴元迈《列宁文艺思想研究在苏联》、杨汉池《略谈列宁的文艺欣赏经验》等文章；《当代苏联文学》登载了顾亚铃《艺术假定性的创造力和魅力》、李辉凡《早期苏联文学界的庸俗社会学倾向》、吴元迈《普列汉诺夫与高尔基》等文章；《俄苏文学》（武汉大学）刊载的白嗣宏《评俄国历史文化学派》一文也颇有价值。

理解、磨合、创新是异国文学理想交流状态所必需的重要因素，过去译介俄苏文学的专刊由于受时代等多种因素影响往往不具备这些要素，缺乏与被译介文学进行"消化"磨合与融合对接的过程，文学交往常呈现出误读现象——这在1980年代三份公开发行的俄苏文学译介专刊中逐渐得到了改善，三刊均与苏联文学界建立了联系，开展了互访交流。同时，三刊加强了与读者的互动，在"原文作品—译者—编者—刊物—读者"这个过程中构成了较为完整的链条。它们各自发表了大量俄苏文学作品与相关的评论和资料，有力地推动了我国俄苏文学译介、研究和教学工作。三刊虽各有不足之处，但所做的工作是卓有成效的，所取得的成绩也是有目共睹的。

第四节　转折期的俄苏文学译介专刊

1990年至1996年，俄苏文学译介专刊遇到了两次较大的转折，一是三份刊物合并为一家，即办刊主体的变化；另一个是苏联解体带来的刊物译介对象的变化。

一、主体的变化——三刊合一

《苏联文学》、《当代苏联文学》、《俄苏文学》(武汉大学主编)三份俄苏文学译介专刊在1980年代末在商业大潮的冲击下，普遍遇到困难，刊物经费窘迫、订数下降，如何面对挑战，成了刊物面临的最大问题。

1989年4月第2期《当代苏联文学》编辑部在《告读者》中说明"近两年来……我们遇到的困难越来越大。特别是去年邮局提高报刊发行费(按刊物定价的40%收费)以来，加上纸张、印刷费用的不断上涨，尽管本刊定价已作了相应调整，但经济亏损仍有增无减，目前每本杂志赔两元以上。为了减少亏损，争取生存，经领导批准，我刊自近年第3期起改变发行方式，即通过书店发行……"①。发行方式的改变带来了最后两期刊物的巨大变化。以第52期为例，首先从刊物的封面上看，一方面，之前以登载油画为主、为人称道的清丽淡雅的封面被一个占大半篇幅、带着魅惑眼神的女性和男女调情、玩纸牌的男人等杂陈而混乱的画面取代，封二插图是"苏联妇女寻求和谐新颖的化妆"；另一方面，在封面登载目录内容提要时，封面右侧以大字号突出"斯大林之死"字样，其余列出的内容分别是《基洛夫死谁手》、《里加的妓女》、《艾滋病威胁苏联》、《对付洋货倒爷新招》、《人，还是非人？》、《萨哈罗夫其人》等，刊名《当代苏联文学》以小字号斜放在不显眼的右下角——市场上格调低下的刊物才有的封面形式使《当代苏联文学》看起来颇为庸俗，与其性质完全不符。其次，翻看刊物的内容，主要包括苏联最近报告文学和纪实作品，开辟了热门话题、人物剪影、社会写实、文摘等专栏，以不小的篇幅登载了《政坛风云人物叶利钦》、《从驸马爷到阶下囚——记勃列日涅夫的女婿丘尔巴诺夫》、《里加的

---

① 《告读者》，北京外国语学院《当代苏联文学》，1989年第2期。

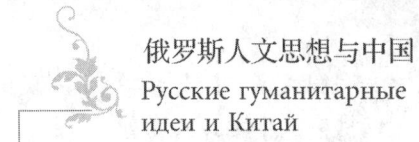

妓女》、《艾滋病威胁苏联》、《1989年苏联民意测验》、《惊人的自杀现象》、《对付洋货倒爷新招》、《发黑财现象》等一系列反映苏联当时社会政治、民生的文章,这类文章多少反映了苏联改革时期复杂的政局、社会和文坛的现状,但也在一定程度上影响了刊物的严肃性与学术性。

在这一背景下,1990年国家新闻出版署决定将《苏联文学》、《当代苏联文学》、《俄苏文学》(武汉大学主编)三份同类性质且同属国家教委的刊物合并为一。1990年初国家教委在徐州召开相关会议,经过反复的评议,最后决定由北京师大主办,北外、武大合办,编辑部设在北京师大苏联文学研究所内,刊名改为《苏联文学(联刊)》。同年4月25—27日三校召开编委会通过了合刊方案、确定了办刊方针,并规定了三方的权利、职责,以及经费等方面的问题。1990年《苏联文学》第4期正式发布三刊合并的消息,此时《苏联文学》已出刊59期,《当代苏联文学》出刊53期,《俄苏文学》出刊61期。至此"这三个刊物已经完成了自己的历史使命,它们不存在了。也许读者会为此感到惋惜。但是,新的《苏联文学(联刊)》是我们这三个刊物的共同延续。从这个意义上讲,我们三刊依然存在。"①

1991年初三家合办的《苏联文学(联刊)》双月刊正式问世②,在《告读者》中编者强调的方针、定位、目标与三刊在1980年代创刊时大致相同:"我们的方针是:以马克思列宁主义、毛泽东思想为指导,遵照'古为今用、洋为中用'、'百花齐放、百家争鸣'的方针,有选择有重点地介绍现当代苏联文学以及俄罗斯文学;内容以登载作品为主,兼及理论批评、专题资料及文坛信息。刊物力求兼顾提高和普及两个方面的需要,既要办成能促进苏联文学的译介、教学与研究的具有较高水平的学术性刊物,又要顾及广大文学爱好者的需求,为他们提供有益的精神食粮。"③合刊后的《苏联文学(联刊)》整合了三刊原有的特色,栏目更加丰富,包括作品(中、短篇小说,纪实文学、诗歌、散文)、评论、苏联文艺理论介绍及研究、新作介绍、研究资料、访问记、回忆录、探索与争鸣、作家谈、作家书信、特讯、文摘、文学札记、文学史讲座、俄苏文学教学、动态等

---

① 《告读者》,《苏联文学(联刊)》,1990年第4期。
② 注,由于国家教委做出三刊合并的决定后,三份刊物已通过邮局按年份发行,年中无法作变更,故《苏联文学》先以联刊的名义在1990年下半年以联刊的名义发行,并发表合刊公告,另两份刊物继续出版。1991年开始三刊合并正式启动。
③ 《告读者》,《苏联文学(联刊)》,1990年第4期。

十几项，登载作品和评论的角度也更加广泛，给人耳目一新的感觉。

以作品、评论、资料的登载为例。首先，合刊后的第一年刊物就出了4个专题，分别为米·布尔加科夫诞辰100周年专辑，"异样文学"介绍专辑，苏联女作家、女诗人作品选，反法西斯文学专题等。围绕专题，刊物在一年内发表了一系列相关的作品，有首次译介的20世纪20—30年代开禁作家的作品，如布尔加科夫《不祥的蛋》、扎米亚京《一条渔船》、尼基金《一幅流失的伦勃朗真迹》、伊万诺夫《吉尔吉斯人杰麦皮》、皮利尼亚克《人生风味》等；有所谓"异样文学"的作品，如叶罗费耶夫中篇小说《莫斯科——别图什基》(《从莫斯科到别图什基的旅行》)、叶·波波夫《摹山来的列车》、托尔斯卡娅《彼得斯》等；有苏联女作家的作品，如乌瓦罗娃、加尔尼洛娃、彼得鲁舍夫斯卡娅、托卡列娃、扎沃罗切娃、阿赫玛托娃、茨维塔耶娃等15位优秀作家的作品；有苏联反法西斯文学的佳作，如阿列克西耶维奇《最后的见证人》、科利佐夫《西班牙日记》、斯塔德纽克《亲自动手》、尼林《伏尔加河畔一人家》等；有苏联多民族文学介绍，如楚科奇族的雷特海乌《一个可怕的德国人》、阿塞拜疆的易卜拉欣莫夫《在接待室里》、格鲁吉亚族潘支吉泽《逝者如斯》、哈萨克族塔拉西《科佩兹拜》、阿布哈兹族伊斯坎德尔《黯淡韶华》等。刊物编译者在当时苏联文学界错综复杂的情况下，显然在把握时代脉搏，冷静观察与细心挑选方面作出了极大的努力。

刊物依然注意在围绕相关专题的前提下发表重要的和新的研究资料。例如，李辉凡《血与火熔铸的丰碑——苏联反法西斯文学50年》、余一中《创新与传统的结合——试论"异样文学"》、章廷桦《谈苏联文学的多民族性》、吕绍棠《丹青千帧尽是情——读苏联20—30年代短篇小说》等文章，以及《左琴科晚年并不颓丧》、《勃洛克关于长诗〈十二个〉的札记》、《"我不曾加入过别的党……"——关于普拉东诺夫的新材料》等资料。此外，刊物还集中登载了关于苏联文艺理论方面的探索文章，包括《巴赫金的"赫罗诺托普"理论》(晓河)、《苏联结构诗学——文学研究的符号学方法》(张冰)、《苏联的历史比较文艺学》(吴泽霖)等，这些文章在当时我国的学术界均受到关注。

总的来说，三刊合并后刊物的内容一如既往地坚持了学术性特征，发挥了三刊原有的优势。刊物准确地把握住了当代苏联文学的脉搏、洞察到其发展的趋势，做了大量有价值的作品介绍和相关研究的工作。正如刊物一位编辑所说"三家合办，加强了力量，丰富了内容，质量有提高，反映不错，证明合刊

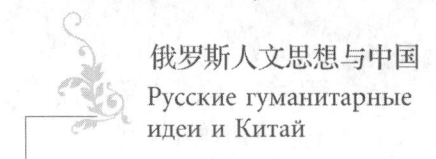

正确、有效"①。

二、译介对象的变化——苏联解体之后

《苏联文学(联刊)》在完成第一个重要转折后的第二年,即1991年底苏联解体,刊物译介的对象发生了变化。苏联文学的历史告一段落,但随之出现了如何评价它的功过是非的问题,以及如何面对如潮水般涌现的"回归文学"和解体后出现的新俄罗斯文学的问题。为此,刊物在1992年至1996年间特辟文学史讲座和多个专栏组织探讨。如编辑部在1992年第1期"本刊编辑部申明"中所说的,即使刊物更名,对象有变,"办刊宗旨及编辑方针不变"。

1. 如何评价苏联文学

1992年3月3日《苏联文学(联刊)》主办纪念《在延安文艺座谈会上的讲话》发表50周年座谈会,邀请北京的科研机构和高等院校的部分专家探讨与苏联文学相关的问题。会后《苏联文学(联刊)》发表了陈惇《不要忘记它的历史功绩》、岳凤麟《实事求是地评价苏联文学的历史》等文章。次年,刊物又陆续发表了一些从新的角度评价苏联文学的文章,如刘文飞《作为历史的苏联文学》、张捷《20世纪俄罗斯文学断想》、黎皓智《熟悉的陌生人——解体后的俄罗斯文学印象》等。文章的作者认为,苏联的解体并不等于苏联文化历史遗产的消亡,作为一个特定地域、特定历史时期中的文学,苏联文学将永远是一个重要的文学阅读和文学研究对象。刘文飞的文章从苏联文学、俄罗斯文学、俄国文学等概念辨析开始,提出了"俄语文学"的概念,其目的是要明确阅读态度和研究战略。张捷和黎皓智的文章从最新资料作出分析,前者认为要把包括侨民文学、回归文学在内的20世纪俄罗斯文学作为一个整体来考察,并揭示苏联国内外文学创作的区别和联系,把握整个文学过程的全貌。后者以亲身经历谈到了他对苏联解体后的俄罗斯文坛的印象,包括传统文学观念的裂变、新老作家的痛苦探索、文学研究视点的转移等话题,有不少新的信息。这些文章都颇有学术含量。

2. 如何重写文学史

苏联解体使苏联文学成为一段独立的研究对象,加上"回归文学"的大量涌现,重写苏联文学史的问题被提上了日程。《俄罗斯文艺》(1992年第5期

---

① 章廷桦:《〈俄罗斯文艺〉回顾》,北京师范大学《俄罗斯文艺》,2006年第3期,第18页。

开始更名为《俄罗斯文艺》)特辟"20世纪俄罗斯文学(俄语文学)笔谈"、"苏联文学70年论坛"、"俄苏文学史教学论坛"等专栏,"意在鼓励学术争鸣,活跃研究气氛,并且通过相互切磋、辩难和商榷,对20世纪俄罗斯文学(或20世纪俄语文学)作宏观的剖析和深入的探讨。"①

1993年《国外文学》第4期上发表了周启超《"20世纪俄语文学":新的课题,新的视角》一文,文章对"20世纪俄语文学"概念作了界定,引起学界的关注,《俄罗斯文艺》上随即对此展开讨论,形成了学界对"20世纪俄罗斯文学(俄语文学)"热烈探讨的活跃气氛。主要包括了陈建华《也谈"20世纪俄语文学"的新架构》、周启超《直面史实,走出误区》、张建华《寻求新的突破》、任光宣《20世纪俄罗斯文学之我见》、汪介之《阶段性:20世纪俄罗斯文学史的一个参照点》、谢天振《从比较文学角度着重写俄苏文学史》、陆肇明《苏联文学的个性》、吴泽霖《苏联文学发展的独特性和我们的研究方法》、余一中《重新审视苏联文学》、刘亚丁《面与线:建构俄罗斯文学史的框架》、何云波《世纪末的回眸》等文章,以及刘鸿武、苏洁《论苏联文学的泛政治化发展倾向》、周忠和《莫斯科大学90年和93年俄罗斯文学史大纲对比》、何茂正《一个与世界文学接轨的大纲》等从文学特征、教学大纲等角度观察的相关评论与材料。

笔谈主要围绕概念提法和内涵问题、文学史的总框架问题、研究方法问题等几个方面进行了探讨。首先,对于概念问题有学者在文章中用"苏联(和苏维埃俄罗斯)文学(简称苏联文学)"(余一中)、有的用"20世纪俄罗斯文学"(张建华),也有学者提倡使用"20世纪俄语文学"(陈建华),讨论没有定论。其次,笔谈的重点是关于文学史的总框架问题。讨论中有学者强调将"显流文学"、"潜流文学"与"侨民文学"作为架构大厦的三块"基石"(周启超、陈建华);有学者对此作了补充,认为"还应当把用俄语创作的非俄罗斯作家(居住在苏联境内的)的文学创作纳入20世纪俄罗斯文学发展的进程中去"(任光宣);也有学者表示反对,认为"白银时代"文学与1991年以来的文学无法以"三分法"区划,即便是1917—1991年间的文学现象也同样存在着难以划分的情况(汪介之),并根据文学发展所显示的阶段性特征提出了白银时代(1890—1917)、变迁时代(1917—1929)、滑坡时代(1930—1953)、"解冻"与"停滞"时代(1955—1985)、改革时代(1985—1991),以及解体以后

---

① 《20世纪俄罗斯文学(俄语文学)笔谈》,《俄罗斯文艺》1994年第4期,第77页。

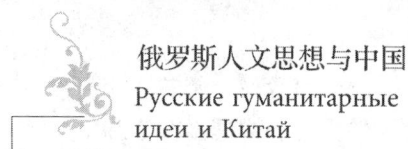

(1992—　）这几个阶段。但随即就有学者对此表示疑问,认为这种范式是无法操作的,"完全没有考虑到对文学史的共时性描述",不能容纳全部史料,其分期法也未始终坚持同一个原则(刘亚丁),并提出争夺文化霸权时期(1932年以前)、中心话语与边缘话语对话时期(1985年以前)、众声喧哗时期(1985年以后)三分法——各位学者看法不尽相同。此外,讨论中涉及了重新审视苏联文学的研究方法问题。学者们都认为应该把文学史放在一个更广阔的格局中加以考察,有学者明确地提倡确立"中国学",认为"不管在新构架的确立,还是在对已经或正在成为历史现象的作家作品的评价上,都应该有自己的历史唯物主义的尺度和科学求实的学术眼光",提出将"20世纪中俄文学关系"看做"20世纪俄语文学"研究的总体架构中的一个有机组成部分(陈建华);有学者从"20世纪俄语文学"的流脉构成问题分析了俄国"后现代文学"的发展,提倡把俄语文学置于世界文学的整体格局中加以考察(周启超);还有学者提倡要站在世界文学史的高度同时关注文学自身发展与内在的规律,提出应该重视19世纪俄罗斯文学的传统社会功能对苏联文学的影响,以及苏联文学的现实主义走向、政治参与等多种角度,并呼吁"要珍惜苏联文学这一宝贵财富,首先需要尊重历史"(吴泽霖);还有学者尤其重视比较文学的方法,认为可以借比较以得到清醒的对比和认识,真正达到为发展我国的文学事业提供借鉴的目的(余一中、谢天振)。也有学者另辟蹊径以俄罗斯本国的教学大纲作对比,探讨相关的文学史问题(周忠和、何茂正)。此外,还有人呼吁国内专家学者们在编写俄苏文学史时不必太过于拘执板滞,完全可以在一定的事实基础之上,大胆地表述自己的看法(谢天振)。虽然各位学者的看法不尽相同,"但它却表明中国文坛传统的俄苏文学史研究正在走向一个新的层次。"[①]刊物在此过程中提供了一个自由讨论与商榷的平台,发挥了应有的作用。

3. 刊物转折时代的印记

1990年代初期的俄罗斯文学呈现五光十色的局面,《俄罗斯文艺》本身也在摸索新的前进道路时经历了一个适应过程,烙上了转折时代的印记。

一方面,刊物继续发表优秀的翻译作品。如在1992年至1996年间的俄

[①] 陈建华:《90年代以来的俄苏文学研究》,载陈建华主编《中国俄苏文学研究史论》(第一卷),重庆出版社2007年版,第150页。

国象征派文学专题、苏联生态文学专题、儿童文学专题、普希金逝世 155 周年专题、康·巴乌斯托夫斯基诞辰 100 周年专题、女性文学专题、莱蒙托夫诞辰 180 周年专题、叶赛宁诞辰 100 周年专题、高尔基逝世 60 周年专题等栏目中,刊物登载了索洛古勃、勃留索夫、吉皮乌斯、古米廖夫、梅列日科夫斯基、安德烈耶夫、纳博科夫、别雷、叶赛宁、苔菲、巴乌斯托夫斯基、拉斯普京、邦达列夫、索洛乌欣、伊萨耶夫、阿斯塔菲耶夫、阿列克辛、沃洛金、叶甫图申科、康德拉季耶夫、贝科夫、舒克申等著名作家的作品,特别是一些作家的有影响的新作,如马卡宁 1993 年获布克奖的《审问桌及其他》、瓦尔拉莫夫 1995 年获反布克奖的《人之初》等等。刊物也发表了一些以纪实的方式反映俄罗斯社会吸毒、卖淫、腐败、道德堕落等社会问题的作品,如克尼贝尔《一个女明星的命运》、涅夫斯基《在一棵白杨树上殉情的少男少女》、爱·拉津斯基《末代沙皇之恋》、列维金《染发剂的风波》、米·丘拉基《我的奇特遭遇——同狮子在一起的日子》、沃罗宁《匿名死者》、别尔岑斯卡娅《集中营里一村姑》、沃兹涅辛斯卡娅《女人十日谈》等。此外,刊物刊载了前述的讨论文章、理论研究(如吴泽霖《托尔斯泰主义和中国古典文化思想》、夏忠宪《俄罗斯的巴赫金研究一瞥》)、动态追踪,以及一些名人逸事。

另一方面,《俄罗斯文艺》在这个转折阶段初期片面强化了"可读性"和"趣味性",从 1993 年开始对刊物进行了较大幅度的改革,先后增加了社会一瞥、文化艺术之窗、热门话题、农村通讯、事件·人物·趣闻、经济生活、社会焦点、社会万花筒、历史疑案、女人天地等众多文学之外的栏目,其内容占了刊物不小的篇幅,"追风从俗的尝试"削减了刊物的学术性,其中以 1993 年表现尤甚。这一年,"社会一瞥"栏目登载了《宗教在前苏联及今日俄罗斯》、《俄罗斯——全国都宗教化了?》、《俄毕业生面临失业》、《前苏联及独联体的吸毒及缉毒》、《第七次移民浪潮冲击俄罗斯》、《陌生的青年团伙》、《俄罗斯自杀现象严重》、《东欧黑手党活动猖獗》、《他们在想什么?——俄罗斯儿童现状堪忧》等反映俄罗斯社会问题的文章;"热门话题"栏目除发表蓝英年《重访海参崴》、张敬铭《俄罗斯纪行》、郑海凌《一个商务翻译的旅俄杂记》等文章外,还有海外文摘《"中俄交易街"——雅宝路》、《俄罗斯倒爷在北京》、《中国人在比什凯克》、《高校出现商业化浪潮,俄罗斯各界对此褒贬不一》等,国内文摘《俄罗斯姑娘在厦门当模特》、《三亚的俄罗斯侍应小姐》等;"见闻录"栏目登载了解体后的俄罗斯社会见闻录;"农村通讯"发表了关于俄罗斯农村生活现

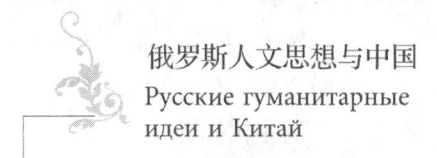

状的文章;"事件·人物·趣闻"栏目登载的是社会逸闻;"经济生活"栏目登载的是经济信息,如《俄企业私有化进程及其现状》、《1993年俄罗斯外贸进出口商品许可证限额的新规定及商品目录》、《中国人在独联体办小企业的回顾和思考》、《中俄贸易新动向》、《中国商人开拓独联体市场》等。除中国人文学者访俄观感外,这些报道、逸闻、文摘都远离了俄罗斯文学译介专刊的办刊方针,有的虽有价值但不适宜在这份刊物上发表,有的则品味不高,纯属经济利益驱动。可以说,这是转折时代在刊物上留下的特殊印记。好在1994年开始刊物有所改变,但直到1997年刊物改为季刊时才真正回归应有的"学究气",成为更加专业的俄苏文学译介专刊。

第五节 调整期的俄苏文学译介专刊

一、调整期《俄罗斯文艺》的基本面貌

1997年至今,《俄罗斯文艺》尽管也经历了一些调整,但已更加成熟,刊物从双月刊改为季刊,其中研究部分的篇幅开始明显超过作品翻译,这说明刊物的办刊方针有了重要的调整,有了新的定位,那就是从译介型向译介与研究并重型转型。

重新定位后的刊物新辟了白银时代文坛、文学流派研究、名著论坛、俄语文学研究在国外、俄罗斯教育·历史·文化艺术·中俄交流、对话与争鸣、历史自鸣钟等栏目。2005年,编者在《敬告读者》中更加明确地将刊物的栏目设置分为五个板块:"俄罗斯作品译介"、"俄罗斯文学研究"、"俄罗斯文化研究"、"文学理论研究"、"世界文学研究"。

1. 作品译介角度的调整

这一时期刊物在译介作品时依然注意与相关的纪念日相联系,如高尔基、法捷耶夫、丘特切夫、契诃夫等作家纪念日,十月革命80周年纪念日,2006中国俄罗斯年和2007俄罗斯中国年等,同时也表现出一些新的特点。

刊物从深度挖掘古代作品,如17世纪的《谢米亚卡法官判案的故事》、《棘鲈的故事》、《酒徒的故事》、《亚历山大·涅夫斯基传》;对12世纪的古书进行了溯源研究,如《从〈古史纪年〉看俄罗斯文化与文学》(谢春艳)、《〈伊戈尔远征记〉中时空图景的文化溯源》(杨蓉)等;19世纪俄国作家作品补遗,如

茹科夫斯基《拉斐尔的〈圣母〉》、冈察洛夫《笠凯群岛》、格里鲍耶多夫《郊游》、涅克拉索夫《彼得堡的角落》、别司土舍夫《七封书信讲述的爱情故事》、柯罗连科《饥饿的年代》、丘特切夫"杰尼西耶娃组诗"等;重译部分经典,如克雷洛夫寓言、普希金的经典作品《驿站长》和《叶甫盖尼·奥涅金》等。

刊物关注侨民文学和白银时代文学。编者从不同角度(按国家、时间、性别等)选编了不少俄罗斯侨民作家的作品。就诗作而言,就涉及了侨居美国、法国、德国、以色列和中国的诗人:纳博科夫、库兹明斯基、科斯塔列夫斯卡娅、戈尔巴涅夫斯卡娅、列维佐尼、霍尔瓦特、弗拉齐斯、涅斯梅洛夫、别列列申、谢果廖夫、普利斯玛诺娃、卢比索娃、萨波罗娃、亚利克谢耶娃、鲍勃罗娃等。刊物继续译介白银时代的小说与诗歌,如索洛古勃《忧伤的魅力》和《白毛狗》、布宁《一夜霞光》、古米廖夫《斯特拉第瓦里的小提琴》、阿尔志跋绥夫《狂笑》、阿威尔岑柯《盲人们》、扎伊采夫《死神》、吉皮乌斯《秋千》、阿姆菲加特罗夫《孩子》、高尔基《刽子手》、库普林《丁香花丛》、扎米亚京《洞穴》等。

刊物对1990年代以来的俄罗斯文学给予了持续关注。刊出的重要作家作品有:索尔仁尼琴《末代沙皇退位前的一天两夜》(长篇历史小说《红轮》选章)、马卡宁《高加索俘虏》、拉斯普京《住院》和《新职业》、库尔恰特金《前事不忘,后事之师》、阿斯塔菲耶夫《在麦田中迷路的两个小姑娘》、安·乌特金《铁路宗教剧》、托卡列娃《幸福的结局》、普罗哈诺夫《黑炸药先生》、佩列文《夏伯阳与虚空》、皮耶楚赫《当代套中人》、纳苏先科《小鱼和法老》、赫雷斯塔洛夫《暗杀斯大林》、尤利亚·布伊达《"探险家辛巴德"》、塔·托尔斯泰娅《夜》等。

2. 理论研究和文化视角的加强

刊物上理论文章的比重逐渐加大,刊物颇为关注的理论家有巴赫金、洛特曼、普洛普等人。关于巴赫金的论文主要有:潘月琴《巴赫金时空体理论初探》、季明举《对话乌托邦——巴赫金"对话"视野中的思维方式革命》、黄玫《巴赫金与俄国形式主义的诗学对话》、王宁《巴赫金之于"文化研究"的意义》、秦勇《巴赫金对"间性"理论的贡献》、祖国颂《透视巴赫金小说理论中"他人话语"的叙述功能》、夏忠宪《对话—整合—文学研究与语言、文化》、卢珊《多元文化社会中身份的重建——从巴赫金的复调理论看〈看不见的人〉中的身份问题》、万海松《巴赫金的时空体理论及其对研究〈上尉的女儿〉的意义》、孔霞蔚《由〈穷人〉和〈外套〉的对比看复调小说与独白小说》、李兆林《巴

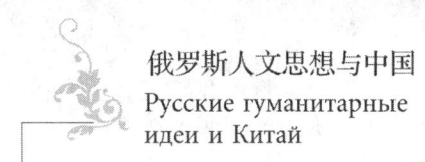

赫金论民间狂欢节笑文化和拉伯雷的创作初探》、《果戈理：东西方笑文化集大成者——巴赫金和洛特曼论果戈理的笑》等；关于洛特曼的论文主要有：赵晓彬《洛特曼文化符号学理论的演变与发展》、萧净宇《洛特曼的符号学—美学阐释中艺术文本的特色》、郑文东《洛特曼学术思想的自然科学渊源》、康澄《结构与效果：艺术的复杂性与生活的本然性——洛特曼论〈叶甫盖尼·奥涅金〉的本文建构特征》、《洛特曼的文化时空观》等；关于普洛普的论文主要有：穆馨等《普洛普民间创作问题研究》、贾放《普罗普：传说与真实》等。

  此外，与译介相应，刊物还刊登了不少研究文章。经典作家评论方面，如王士燮《评塔吉雅娜的形象》、陆人豪《重评柯罗连科在俄罗斯文学史上的地位》、傅星寰《〈卡拉马佐夫兄弟〉奏鸣曲式结构初探》等。侨民文学评论方面，如苗慧《是俄罗斯的，也是中国的——论中国俄罗斯侨民文学也是中国文学》和《中国俄罗斯侨民女诗人巴尔考》、李延龄《论哈尔滨俄罗斯侨民诗歌》和《论哈尔滨俄罗斯侨民文化》等。《论哈尔滨俄罗斯侨民诗歌》一文从中国的俄侨诗歌产生的历史背景、俄侨文化生活、俄侨文学园地，以及俄侨诗歌普遍的主题、作品的意义等多个方面进行探索，是一篇在中国俄罗斯侨民文学研究方面具有开拓性的文章。白银时代文学评论方面，如黎皓智《论俄国文学中的白银世纪》、周忠和《俄罗斯"白银时代"文学回眸》、林精华《苏俄60年代以来对"俄国白银时代小说"研究综述》和《当代西方视野中的"俄国白银时代文学"形象》、郑体武《阿克梅主义诗歌一瞥》、李莉《别具一格的艺术世界——布宁短篇小说视角浅议》、张冰《阿赫玛托娃和她的创作》等；译出的论稿和资料有：曼德尔施塔姆《语言的本源》、茨维塔耶娃《诗人与时代》、梅列日科夫斯基《论当代俄国文学的衰落原因及其新兴流派》、勃留索夫《真情实感——原理与暗示》、别雷《作为对世界的理解的象征主义》、巴尔蒙特《象征主义诗歌简述》等。解体后文学评论方面，如郑永旺《孤独的读者和忙碌的作家——俄罗斯1997文坛印象》、张捷《活跃在俄罗斯文坛上的年轻人》、刘亚丁《"轰动性"：俄罗斯文学的新标准——俄罗斯新潮文学蠡测》、姚霞《2004年俄罗斯文坛概览》、张捷的《2003年俄罗斯老作家追踪》等。理论研究方面，如李建盛《俄国形式主义诗学的理论视野及历史评价》、何一铭《苏联社会主义现实主义——盖棺而论未定》、冯玉芝《别林斯基早期的思想"迷误"》、何明《苏联东方学家康拉德的历史比较文艺学》等。这些评论文章和研究资料均有相当的价值。

值得注意的是,刊物还发表了不少从宗教文化的视角观察文学的论文,如王志耕《走入宗教文化语境:陀思妥耶夫斯基研究模式构想》、梁坤《俄罗斯魔鬼学说的宗教哲学渊源》、萧净宇《霍米亚科夫的教会论——俄罗斯东正教化的理论根基与精神内核》,刘锟《东正教哲学精神与俄罗斯文学审美文化》、王立业《屠格涅夫的宗教解读》、朱涛《"有神"与"无神"之间——从〈决斗〉看契诃夫的宗教哲学思想》、邓军海《能否离开宗教情怀谈托尔斯泰的美学思想》、方珊《新宗教艺术的先驱——索洛维约夫论陀思妥耶夫斯基》、韦建国《复制还是超越?——高尔基的〈忏悔〉与"造神说"关系再解读》等。这些文章有一定的理论深度且不乏新意。

刊物开辟的"俄罗斯教育·历史·文化艺术·中俄交流"栏目涉及了俄罗斯文化生活的方方面面,如哲学、历史、教育、宗教、绘画、雕塑、音乐、舞蹈、戏剧、电影和民间艺术等。"中俄交流"一栏有一些很有价值的回忆文章,如《胡蝶眼中的苏联文艺》、《青松依旧·白桦依旧——记"大连中俄友好之声合唱团"》等。"艺术天地"一栏颇具特色,此栏由高莽主持,每期(2005年第3期起不定)介绍一位俄苏绘画、剪影、雕塑等领域的艺术家,或刊登作品插图、作家画像、访俄速写等,在登载美术作品时都附有一篇生动翔实的介绍文章。十年间,一共介绍了三十几位艺术家,如画家茹科夫、梅利尼科夫、伊格纳季耶夫、涅伊兹韦斯内、盖梅森、夏夏、安德烈耶夫、威列伊斯基、鲁舍娃、弗鲁别利、帕·科林,雕刻和雕塑家沙德尔、戈鲁布金娜、科年科夫、基巴利尼科夫、阿尼库申,艺术家伊琳娜·扎哈罗娃、拉克莎夫妇等。此外,还介绍了普希金、阿赫玛托娃、帕斯捷尔纳克、特瓦尔朵夫斯基等作家的画像、《水浒传》俄译本的插图,以及高莽本人在列宾庄园纪念馆、俄罗斯千年纪念碑和莫斯科等地的速写。刊物邀请张建华开辟"历史自鸣钟"一栏,从历史与文学相结合的角度介绍俄苏历史,评介俄罗斯历史上的重要人物和重大事件。刊物登载的《文学名作与俄罗斯芭蕾》(贝文力)等文章也给人耳目一新的感觉。这一切为读者了解俄苏文化铺设了一条捷径。

二、对话与争鸣

这一时期,《俄罗斯文艺》上加强了一些重要问题的讨论、对话与争鸣,主要涉及的还是如何评价20世纪苏联文学的问题。

1. 如何评价高尔基

苏联解体后大量历史文献资料得以公开,俄罗斯国内对高尔基的评价出

现了重大波动。在这样的背景下，中国俄罗斯文学研究会1996年10月在北京大学召开了"纪念高尔基逝世60周年学术讨论会"，会议围绕重新认识高尔基、高尔基的思想发展和艺术贡献、作品《不合时宜的思想》的内容及价值、高尔基与同时代思想文化潮流的联系等问题展开了讨论和交流。会后，《俄罗斯文艺》登载了有关的一些论文。张羽《重新评价高尔基的思考》认为，对高尔基的重新评价涉及的问题非常复杂，它关系到对高尔基的基本定位问题，关系到从什么样的价值观为出发点来评价高尔基的创作与活动的问题。张建华《高尔基思想探源》认为，应该在社会、历史、文化、审美理想等更为广阔的文化背景下去审视高尔基的思想、生活和艺术，感受俄国知识分子的命运和道路，以此来探索20世纪前半期俄国文化思想发展运演的轨迹。韦建国《高尔基再认识——社会主义现实主义的旗手还是摆设》结合苏联和俄罗斯学术界逐渐披露的史料分析高尔基后期文学活动，得出"高尔基并非社会主义现实主义理论和文学的旗手，而是在一段时间内被人利用的摆设"的结论。汪介之《关于高尔基的几点再认识》对高尔基在俄国两次革命之间的思想、晚期思想方面进行探索，肯定《不合时宜的思想》具有"巨大价值"。陆肇明《关于高尔基的断想》提出，应该用高尔基提出的"人学"思想去认识作家自己。董晓《不合时宜的思想——一个艺术家的精神世界》认为，高尔基的人道思想当时都是"不合时宜"的，但所谓"不合时宜"就是意味着对那个时代的超越。这些论文尽管观点和角度不同，但都显示出我国读者对高尔基认识的深化。刊物还发表了从高尔基档案译出的《高尔基致罗曼·罗兰的五封信》，这些书信是了解1921年10月高尔基离开俄罗斯后一段时间内真实思想的宝贵资料。这些论文与资料在读者中引起了强烈反响。有的学校组织学生讨论高尔基的《不合时宜的思想》，并将讨论发言稿寄到刊物发表（《高尔基与我们当代——〈不合时宜的思想〉五人谈》）；也有的学者就高尔基的思想问题进行了论辩，《俄罗斯文艺》刊出了黎皓智《历史的困扰与心灵的束缚——高尔基"不合时宜的思想"探源》和余一中《俄罗斯文学研究中的怪论》二文。

2. 如何评价《钢铁是怎样炼成的》

20世纪末开始，我国学界曾就如何评价《钢铁是怎样炼成的》，展开了一场规模较大的讨论，论争的主要园地就在《俄罗斯文艺》。自1998年至2005

年的 7 年间,刊物上共发表了 18 篇相关的争鸣文章①,参与者有老教授也有中学生——讨论得到了社会各界的关注。

讨论是从《钢铁是怎样炼成的》要不要收入新编的高校教材开始的。任光宣和余一中两位教授在《俄罗斯文艺》上分别发表了《重读长篇小说〈钢铁是怎样炼成的〉》、《〈钢铁是怎样炼成的〉是一本好书吗?》两篇意见针锋相对的文章。任光宣认为,应当历史地去看待保尔·柯察金生活和成长的环境,即十月革命后苏维埃国家最初年代的那段历史和当时的时代精神;保尔·柯察金的人生道路是革命人生观的最完美的体现,这个形象不但完美高大而且还具有一种榜样的力量和作用,是个真实感人、有艺术魅力的文学形象;他的感情和理想、信仰是统一的,"他身上的优秀品质属于人类永恒的道德范畴,具有一种普遍的意义";"这个形象的艺术魅力不会随着时间的推移而消失,他的精神具有一种永存的价值。"②余一中的文章则从时代与作品的真实性、保尔·柯察金的形象、作者形象、编辑加工,以及《钢铁》广受好评的成因、《钢铁》的中文"全译本"等问题阐述了意见。文章认为,若用真实性的标准衡量,"《钢铁》无论如何也算不得一本好书。"《钢铁》一书对"革命和内战中双方激烈而残酷的较量及其所引起的思想震荡、感情波澜"进行了简单的态势转述,成为了"简单得不能再简单的'无产阶级'(准确地说,是'左派'幼稚病患者和斯大林路线拥护者)高唱凯歌,节节胜利的过程"。文章认为保尔·柯察金只是 30 年代苏联官方文学理论的一种演绎,并没有体现出那个时代生活的各种成分,也没有展示出人物周围的现实。"《钢铁》所表明的就是怎样把一个普通人变成斯大林路线的拥护者和材料的过程……保尔·柯察金不能算一个成功的文学形象。他只是当时苏联主流政治路线的传声筒。"再者,"被大众欢迎的书未必是好书",由于我国在很长一段时间里都把苏联斯大林模式的

---

① 包括任光宣《重读长篇小说〈钢铁是怎样炼成的〉》,余一中《〈钢铁是怎样炼成的〉是一本好书吗?》,杜林《走进去,跳出来:我看〈钢铁是怎样炼成的〉》,吴俊忠《我们是否还需要"保尔精神"》,董健《"保尔热"下冷思考》,杜致万《网上对话录(关于保尔和比尔·盖茨)》,余一中《再谈〈钢铁是怎样炼成的〉是一本好书吗?》,张琦《保尔·柯察金的勇气》,余一中《〈钢铁〉可以讨论 出书应当负责——就〈钢铁〉电视剧文学本一案同友人的谈话》,陆肇明《〈钢铁〉讨论引发的思考》,蒋岱《保尔:多元文化阐释背后的历史动因——兼与余一中先生、黎皓智先生商榷》,胡烨亮《不要用意识形态代替文学讨论——致余一中先生的一封公开信》,黎皓智《寻访保尔的行踪》,何云波、刘亚丁《价值多元与保尔的命运》,张凌云《关于保尔的杂想》,余一中《历史真实是检验现实主义文学作品的重要标准——再谈〈钢铁是怎样炼成的〉》,吴泽霖《保尔的命运与被亵渎的理想》,吕绍宗《"钢铁"是这样"炼成的"》等。

② 任光宣:《重读长篇小说〈钢铁是怎样炼成的〉》,北京师范大学《俄罗斯文艺》,1998 年第 2 期。

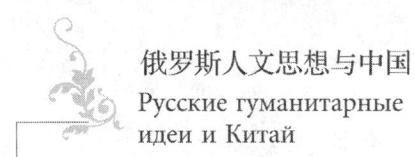

社会主义当做社会主义的范式来学习,"不分良莠地翻译了大量的苏联文学作品。《钢铁》这类书就是在这样一种社会大背景中,这样影响了我国的两三代人。""《钢铁》不是一本好书,应当把它送进历史的博物馆,而不是把它介绍给年青一代。"作者还分析了《钢铁》的书名,认为"'钢铁'一词有两层象征意义:一是供主人使用的无思想、无感情、冷冰冰的材料,二是斯大林和斯大林路线(斯大林这一姓的词根 СТАЛЬ 就是'钢'的意思)"①。

这场论争引起了文学界和全社会的广泛关注,《俄罗斯文艺》上发表的文章也形成了肯定、否定、居中三种意见。讨论的问题主要集中在作品的历史真实性、保尔形象与"保尔精神"等问题上。有人反对余一中的意见,认为余文用意识形态代替文学讨论,并指出小说有85%的篇幅,同样也是小说的主要部分描述的是一战末期直到列宁逝世前乌克兰地区的社会生活,跟斯大林完全沾不上边。而小说剩下的15%篇幅记叙的也是斯大林尚未掌权或尚未完全掌权的时期,那时显然也不会有所谓"斯大林路线"。(胡烨亮《不要用意识形态代替文学讨论——致余一中先生的一封公开信》)余一中在《历史真实是检验现实主义文学作品的重要标准——再谈〈钢铁是怎样炼成的〉》中则再次表示,"文学作品所反映的社会生活的历史真实性历来是文学批评,尤其是现实主义文学批评的重要标准之一";"掩盖一部分历史就意味着对整个历史的歪曲,掩盖一部分真实就是对全面真实的歪曲。"对此,有人提出"真实"本身就是一个相对的概念,判断一个作品真实与否,主要取决于它与"未来的现实——第三种现实"的接近程度。要弄清楚小说在当时引起强烈轰动,获得巨大成功的原因,就必须把这部作品还原到它所处的历史语境中(何云波、刘亚丁《价值多元与保尔的命运》)。杜林在《走进去,跳出来:我看〈钢铁是怎样炼成的〉》中认为,该书显然写得粗疏且欠生动,但它是一个特定的人在特定的历史环境中的生活与奋斗,它仅仅是历史观察的一个侧面,对于一部作品来说应该是足够了。不能从作品是否完全符合历史真实的角度检验作品。大部分人认为保尔的形象是成功的,值得肯定,认为"他身上有一种巨大的震撼人心的精神力量和人格魅力。为我们提供了一个崇高理想和充实人生的范例"(黎皓智《寻访保尔的行踪》);认为"保尔的命运是苏联走向革命的普通工人

---

① 余一中:《〈钢铁是怎样炼成的〉是一本好书吗?》,北京师范大学《俄罗斯文艺》,1998年第2期。

心路历程的真实写照",保尔的形象会成为理解、反思那个时代的珍贵思想资源(吴泽霖《保尔的命运与被亵渎的理想——〈钢铁是怎样炼成的〉问世70年祭》);对于余一中所说关于保尔形象塑造中的"三突出"问题,有人认为这是一个不断反思和校正自己弱点和不足的形象,不是人为拔高的典型(蒋岱《保尔:多元文化阐释背后的历史动因——兼与余一中先生、黎皓智先生商榷》);也有人对"保尔热"不以为然,认为保尔是在特定的政治斗争背景下带着浓厚意识形态性走进我们的视野之中,深入我们心灵之中的,强调这里有一个"当时的保尔、当时的我"与"今天的保尔、今天的我"之间的巨大历史差距与文化心理差距的问题。"保尔热"在改革开放、追求现代化的中国是"热"不到哪里去的。就它的"文化威力"来说,也就不过仅仅是"余光"而已(董健《"保尔热"下冷思考》);也有人认为不能将"保尔精神"的某个层面同整个"保尔精神"等同起来,强调弘扬"保尔精神"要尊重历史、切合实际,既要看到《钢铁》和保尔在一定程度上被"政治化"的历史事实,又不能把《钢铁》和保尔与苏共领导的政治意图和苏联社会主义模式简单等同起来(吴俊忠《我们是否还需要"保尔精神"》)。有些年轻人则认为,"保尔"这个形象是为一代人塑造的,随着时代的发展,有些东西逐渐淡出人们的意识是很正常的,这部作品就像一个历史的窗口,引领我们去观看那个时代人的思维模式和奋斗方法(张凌云《关于保尔的杂想》)。

　　《俄罗斯文艺》上的《钢铁是怎样炼成的》论争众说纷纭,学者之间的争鸣甚至一度到了剑拔弩张的程度①。每个人对"保尔"所作的思考都有不同角度的,存在论争恰恰说明了作为一部文学作品,《钢铁是怎样炼成的》蕴涵着丰厚的思想资源。"它对于反思70年苏联悲壮的历史,认识苏联社会主义现实主义文学,反省我们自己,都有着巨大价值。"②而刊物组织讨论《钢铁》的积极意义恰恰在于,可以通过这个窗口重新审视70年的苏联文学,"这一讨论涉及到如何评价70年的苏联文学史,如何认识苏联几代文学家及其创作,也涉及到如何认识文学和政治的关系,文学的社会功能以及古为今用、洋为中用等

---

　　① 余一中《〈钢铁〉可以讨论 出书应当负责——就〈钢铁〉电视剧文学本一案同友人的谈话》一文叙述了他在""大炼〈钢铁是怎样炼成的〉"炼出的废品——评〈钢铁是怎样炼成的〉电视连续剧文学本》中指出相关电视连续剧文学本是"不合格的出版物"、"那本书总共不到四十八万字出的错却涉及到数千个字",并向法院起诉该书有关出版单位后所遇到的一系列论争。
　　② 吴泽霖:《保尔的命运与被亵渎的理想——〈钢铁是怎样炼成的〉问世70年祭》,北京师范大学《俄罗斯文艺》,2004年第3期,第53页。

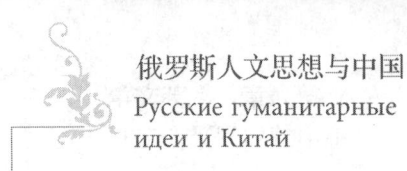

一系列问题。"①这次讨论过程再次体现了刊物编者办刊过程中开放的、允许不同意见共存的态度,这也使得论争本身成为一场较为成功的值得多方面深思的讨论。

苏联文学是20世纪一种独特的文学现象,苏联解体后《俄罗斯文艺》就此组织了一系列讨论与笔谈,包括"重新解读俄苏文学作品"、"重新审视苏联文学"、"重写俄罗斯文学史"等,这些都成了近些年来我国俄罗斯文学研究界认真思考的话题。这一时期,《俄罗斯文艺》继续发挥这一特点,除了上述论争外,2000年刊物开辟了"我心目中的20世纪俄罗斯文学经典"的讨论,2006年与2007年创办了中俄"国家年"专刊,并组织"我的俄罗斯记忆"征文大赛、"俄罗斯年谈俄罗斯文学"、往事与随想、"苏联文学再回首"等追踪与反思的栏目。在"苏联文学再回首"笔谈中,编者提出了11项供探讨的涉及苏联文学重要领域的主题,包括如何界定"苏联文学"、苏联文学遗产中哪些问题需要进一步探讨、苏联文学的承袭关系、清算"苏联文学"对苏联解体有无影响、苏联解体以来的俄罗斯文化特征、体制变化如何影响价值体系的变化等等。"20世纪俄罗斯文学已经结束,然而对它的认识、评价还远远没有结束。"②刊物组织讨论的目的"就是为了让广大的俄罗斯文学爱好者以不拘一格的形式(对话、书评、争鸣、讨论)自由地谈说。我们想,在这探讨中,将形成21世纪中国人对20世纪俄罗斯文学经典乃至20世纪俄罗斯文学史的更深刻的概念"③。鉴于中国文学与苏联文学的关系,刊物中出现的对话与争鸣势必引发国人对自我、对中国当代文学的反思,其意义不言自明。

作为俄国境外唯一一种以译介研究俄罗斯文学、艺术为宗旨的专业学术期刊,《俄罗斯文艺》在这一时期焕发了新的生机。为表彰《俄罗斯文艺》杂志社长期以来从事中俄友好事业并作出突出贡献,1999年俄罗斯文化部为《俄罗斯文艺》杂志颁发了荣誉证书,2000年中国俄罗斯友好协会特授予杂志社中俄友谊纪念奖章和荣誉证书。目前,刊物在前沿性、可读性、互动性等方面继续加大力度。同时,"后苏联文学"、俄罗斯知识分子、俄罗斯生态文学、全球化语境下的俄罗斯形象与他者、果戈理诞辰200周年纪念等专题探讨正在

---

①《编者按》,《关于〈钢铁是怎样炼成的〉的讨论》,北京师范大学《俄罗斯文艺》,2002年第1期,第25页。
②《编者的话》,北京师范大学《俄罗斯文艺》,2000年第2期,第52页。
③《编者的话》,北京师范大学《俄罗斯文艺》,2000年第2期,第52页。

进行中,《俄罗斯文艺》在继续为自己开辟出一片广阔的天地。

文学交流所依傍的媒介形态变化是考察文学接受演变过程的良好窗口,通过以上的探讨不难发现,在近一个世纪的中俄文学交流过程中,俄苏文学译介专刊扮演了重要的角色。它们在编者的组织下以固定而具体的形态聚合了作者、译者、编者、读者这样一个庞大的群体,实实在在地参与了两国文学、文化的交流过程。在两国社会巨变的过程中,它们成为特殊年代里重要的交流桥梁(尽管有时只是潜在的)。在改革开放的年代,优秀的俄苏文学作品在这些刊物集中绽放,学者在这里认真切磋自己的研究成果,读者的俄苏文学情怀也在这里悄然释放——也许,这就是俄苏文学译介专刊真正的价值所在。

附表1 改革开放后俄苏文学译介专刊办刊情况

```
⎧《俄苏文艺》辽师(内刊)                              ⎫
⎨《俄苏文学》山大(内刊 山东省报刊特许证 山东省内部报刊准印证)⎬ 非正式期刊
⎩                                                ⎭

⎧《当代苏联文学》北外⎫
⎪《苏联文学》北师大  ⎪ 正式  1990年   《苏联文学    1992年第5期    《俄罗斯文艺》
⎨                ⎬ 期刊  三刊合并  (联刊)》      更名
⎪《俄苏文学》武大等  ⎪                            (1994年起正式启用)
⎩                ⎭
```

附表2 1979年至今俄苏文学译介专刊办刊情况

刊名	办刊单位	发行方式	主编	存在时间	总期数	前身
《俄苏文艺》	辽宁师院外语系	内刊;不定期	未知	1980~1982	5	无
《俄苏文学》	山东大学外文系	前14期内刊;第15期始获山东省内刊证;前为季刊,第5期始不定期发行	李之基	1981~1991	21	无
《俄苏文学》	武汉大学主办,其他高校合办	国内公开发行;双月刊	娄力	1980~1990	61	无

续表

刊名	办刊单位	发行方式	主编	存在时间	总期数	前身
《苏联文学》	北京师大苏联文学研究所	国内公开发行，1985年起国内外公开发行；1980、1981年为季刊，1982年始为双月刊	刘宁	1980~1990	59	《苏联文学资料》（1973~1979内部刊物）
《当代苏联文学》	北京外国语学院俄语系	1980年4月始国内公开发行；1980为季刊，1981~1987年为双月刊，1988年始为季刊	邓蜀平	1979~1990	53	《苏联文学》（1979.11~1980.2内刊），《苏联文艺》（1980.4~1984公开发行）
《俄罗斯文艺》	北京师范大学主办，其他高校合办	国内外公开发行；1990~1996年双月刊，1997年起为季刊	1994~1999年：刘宁 2000~2006年：吴泽霖 2007年至今：夏忠宪	1990年至今		1990~1993年名《苏联文学（联刊）》（即《苏联文学》、《当代苏联文学》、武大《俄苏文学》三刊合一）

附表3 《俄苏文学》办刊单位沿革情况①

变化年份 单位 刊物/详情	1980年	1982年	1983年	1987年
《俄苏文学》（武大主办）	武汉大学、南开大学、吉林大学、四川大学、吉林师大、内蒙古大学、天津师院、武汉教师进修学院	南开大学、吉林大学、四川大学、内蒙古大学、天津师院、武汉教师进修学院、兰州大学、湘潭大学、东北师大	南开大学、吉林大学、四川大学、内蒙古大学、天津师院、兰州大学、湘潭大学、东北师大、齐齐哈尔师院	南开大学、吉林大学、内蒙古大学、兰州大学、湘潭大学、东北师大、齐齐哈尔师院、十堰大学、河南大学
详情	8家	10家，主办与编委会开始分开	10家	10家

---

① 该刊由武汉大学主办，表中所列为编委会名单，先后有国内13所高校参加。

附表4 《俄罗斯文艺》合办与协办单位沿革情况[①]

变化年份	单位	说明
1991	合办:北京外语学院、武汉大学	三刊合一
1992	合办:北京外语学院、武汉大学 协办:东北师大、南开大学、辽宁师大	
1994	合办:武汉大学、吉林国际语言文化学院 协办:东北师大、南开大学、辽宁师大	北京外语学院第5期退出
1995	合办:武汉大学、吉林国际语言文化学院 协办:东北师大、南开大学、辽宁师大、南京师大	
1996	合办:吉林国际语言文化学院 协办:东北师大、辽宁师大、南开大学、北师大出版社、首都师大	武汉大学第1期退出,首都师大第3期加入
1997	合办:吉林国际语言文化学院 协办:东北师大、辽宁师大、南开大学、北师大出版社、首都师大、上海外国语大学、上海外语教育出版社、苏州大学	上海外国语大学第1期加入协办,第2期退出;北师大出版社第3期起退出
2000	合办:吉林国际语言文化学院、招商局国际旅行出版社 协办:东北师大、辽宁师大、南开大学、上海外语教育出版社、苏州大学、首都师大	首都师大第2期起退出,招商局国旅出版社第4期加入
2001	合办:吉林国际语言文化学院、招商局国际旅行出版社 协办:东北师大、辽宁师大、南开大学、上海外语教育出版社、苏州大学、解放军国际关系学院	解放军国际关系学院第2期加入
2002	合办:吉林国际语言文化学院 协办:东北师大、辽宁师大、南开大学、上海外语教育出版社、苏州大学	
2004	合办:吉林国际语言文化学院 协办:东北师大、辽宁师大、南开大学、上海外语教育出版社、苏州大学文学院、南京师大外文学院	南京师大外文学院参加第2期协办
2007	合办:东北师大人文学院、黑龙江大学俄语学院、南京师大外语学院 协办:东北师大外语学院、四川大学外语学院、上海外国语大学俄语学院、辽宁师大外语学院、南开大学外语学院、苏州大学文学院	

---

① 该刊1990~1993年名为《苏联文学(联刊)》,主办单位始终是北京师范大学,表中不列。

第七章　俄苏"红色经典"在中国的传播与接受

20世纪是俄苏文化日益深刻地影响中国的时期。鲁迅先生在1930年代写下了《祝中俄文字之交》的名篇。新中国成立以后,俄罗斯优秀的音乐、绘画、舞蹈和文学作品曾经风靡整个中国,除了俄罗斯本土以外,中国读者和观众对俄苏文化的熟悉程度举世无双。当然,对于任何一种外来文化倾斜的接纳,都会导致不良的后果。在中俄文学交往的过程中,俄苏"红色经典"是一种特殊的文学现象,它曾经与中国人的精神生活发生过格外密切的关系,其间的利弊得失也是值得今天的人们进行反思的。本文将在中俄文学关系①的大背景中对这一现象进行一次考察。

第一节　俄苏"红色经典"的定位

一、"经典"释义

"经典",按照《辞源》的解释,"旧指作为典范的经书",也指"宗教典籍";按照《辞海》的解释,一般来说是指最重要的、有指导作用的权威著作,古代一般指儒家的经籍,也泛指宗教的经书。"经"是一个民族文化中最重要最核心最有代表性的文献,"典"是有典范性的典籍,从思想到文字都非常完善精美,

---

① 1922~1991年间的两国文学关系应为"中苏文学关系",此前和此后为"中俄文学关系",这里为描述的方便统称为"中俄文学关系",但文中则根据具体时段有所区别。

"经典"是经过时间淘洗并被历史证明,从而确立为不可动摇地代表着一个民族核心理念的文本。"经典"这一概念之后被广泛移用到哲学、政治学、文艺学等领域,不再局限于儒家经籍和宗教典籍的范畴。每个民族,每种文化,每一地区,每一时代,都会产生各自的经典,经典的形成是动态的,然而经过检验并被证明的经典则会取得稳固的地位,所以已形成的经典就是静态的。"动态经典"不断处于正在"经典化"的过程之中,有些暂时被称为"经典"的作品也有可能被证明不是经得起时间检验的"经典",其权威性受到质疑并被否定,最终因其不具备经典性而被淘汰出局。因此,"动态经典"不断地向"静态经典"转化的过程,也就是一个不断接受检验不断被筛选的过程。上述的儒家经典、宗教典籍就已经进入"静态经典"的行列,而且随着岁月的推移,其经典地位越加巩固,从而由"静态经典"达至"永恒经典"。"经典"表面看来是自然选择、文明进化的结果,实质上是主流文化、权力话语操作掌控的结果。正如韦勒克和沃伦所指出的,"时间的评判"也不过是其他批评家和读者的评判而已[1]。

二、"红色经典"

"红色"是一个形象化的说法,它表示的是政治上的革命性,而且它是俄国革命和中国革命特定语境下的产物。"星星之火,可以燎原",火是红色的,革命的火更是红色的,革命者的鲜血也是红色的,革命者的军队是红军,毛泽东用"红色政权"来指代共产党领导下的革命政权[2],在中国革命的特定语境中,"红色"被赋予了革命、牺牲和胜利的寓意,成为中国共产党取得革命胜利的坚强象征,也成为中国人民进行革命和建设的巨大精神动力。1990年代的中国出现过一次"红色"与"经典"结合的热潮。当时,一大批革命歌曲被流行歌坛重新翻唱,如发行量惊人的《红太阳》,一时唱遍大江南北、长城内外,革命经典歌曲的走红带动革命电影的重新播放以及"样板戏"的再次传唱(一度受到否定的"样板戏"甚至唱上春节联欢晚会),于是从歌曲、影视、戏剧波及到革命题材的小说、故事等,作为约定俗成的"红色经典"一词开始流行,"红色经典"在中国热起来。在这一演化中,"红色经典"所指称的对象逐步转移,

---

[1] 韦勒克、沃伦:《文学理论》,刘象愚等译,江苏教育出版社2005年版,第39页。
[2] 毛泽东:《中国的红色政权为什么能够存在?》,《毛泽东选集》第一卷。

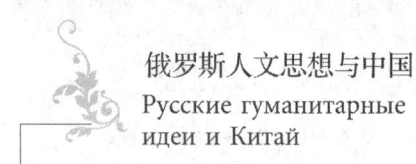

从歌曲到影视到文学,广义地说,"红色经典"所指称的对象包括各类文艺作品,狭义地说,其指称的对象则专指文学作品。"红色经典"的兴起与怀旧情绪的泛滥有内在的联系。一代人的怀旧实际上包含着个体的自恋,是"追忆逝水年华",是对已经逝去的青春无法追回的自慰。这种怀旧和自恋,必须借助某种载体,"红色经典"恰好成为承载这种情感的载体。由于"红色",它受到主流意识形态的认可和支持;由于"经典",它受到年轻时代起就受到此类"经典"熏陶的那一代人的喜爱和追捧。正因如此,"红色经典"热并非它本身之热,而是意识形态借助它强化"红色"教育和一代人借助它表达怀旧与自恋之热。这中间存在着某种偷换、挪移和各取所需。主流意识形态有意识地强化"红色",大众则无意识地淡化其中的"红色",凸显出流行文化的趣味和怀旧心理的需求。

由于"红色经典"这一概念先天的不明确性,甚至内在地消解了它自身,一些学者对此概念表示怀疑。如陈思和就明确表示"不赞成'红色经典'这个提法","因为这个概念不科学"[1];尤其是有人把样板戏也纳入"红色经典"的范畴,这就颠覆了"红色经典"的意义,是对"经典"的嘲讽和解构。但是另一些学者,虽不满意于这一概念的不严密性,但出于既然存在就有其合理性的认识,还是认可这一概念。刘玉凯认为"红色文学确有经典"[2];田建民认为"'红色经典'这种称谓是能够成立而且概括得比较恰当的",但又清醒地认识到"红色经典"毕竟不能与《红楼梦》、《战争与和平》等经典相提并论,不能"强调它的经典示范作用"[3]。刘康明确认可"红色经典"这一概念,认为"红色经典是指革命题材的文艺作品,也是中国近半个世纪的文化生产,是革命文化领导权(或文化霸权)建构的核心部分"[4]。政治加文学的思维模式曾经深深嵌入中国人的思维定式中,正如"红色经典"中的"红色"是政治定性、"经典"是文学定性一样,"革命现实主义和革命浪漫主义相结合"中的"革命"也是一个政治名词,而"现实主义"和"浪漫主义"则是创作方法。由此可见,"红色经典"的命名与"革命现实主义和革命浪漫主义相结合"的提出,在思维方式上如出一辙。

---

[1] 陈思和:《我不赞成"红色经典"这个提法》,《南方周末》2004 年 5 月 6 日。
[2] 刘玉凯:《"红色经典"与时代精神》,《河北大学学报》(哲社版)2005 年第 3 期。
[3] 田建民:《"红色经典"的称谓能否成立》,《河北大学学报》(哲社版)2005 年第 3 期。
[4] 刘康:《在全球化时代"再造红色经典"》,《中国比较文学》2003 年第 1 期。

事实上,由于"红色经典"的不少创作者以理想覆盖现实,以激情代替反思,以"我们"取消"我",在很大程度上是以"红色"稀释了"经典",以政治削弱了审美,思想上的平面单一和艺术上的精益求精在今天看来就具有某种悲剧色彩。然而"红色经典"并不是政治经典,多数作品又算不上文学经典意义上的"经典",所以它更多只能是革命文学意义上的"经典"。

三、俄苏"红色经典"

从"红色经典"派生出的"俄苏'红色经典'",同样继承了"红色经典"的内在模糊性和矛盾性,然而遵循约定俗成的惯例,人们一方面在大量使用它,一方面又对它有所质疑,但它的内涵和外延在逐渐明晰化。"俄苏'红色经典'"是中国化的说法,是中国人的"俄苏'红色经典'"。在中国,长时间以来,一直认定苏联文学就是具有典范意义的革命文学,如1959年底卞之琳等学者在《文学评论》上这样谈到苏联文学:"在国民党反动统治的那些暗无天日的岁月里,苏联文学使我们的广大读者特别感受到它那种强烈的光和热。对新与旧的斗争的描写、对垂死的事物的揭露、对社会生活中新的先进现象的揭示、先进的世界观和革命精神的表达、对共产主义事业必胜的信念和为它献出生命的决心的宣扬,决定了苏联文学的教育力量。第一部社会主义现实主义作品《母亲》使我们从文学作品中初次看到了人民群众的力量,无产阶级的力量。几十年来,在中国社会发生剧烈变化的时候,许多青年知识分子,都从这部作品中得到过启示、鼓舞和力量,因而走上了革命的道路,坚持了革命的工作。《毁灭》、《铁流》等作品激起了我们的革命热情,坚定了我们的革命信心。在抗日战争后期和第三次国内革命战争时期,描写苏联卫国战争的作品成了我国人民的新的精神食粮,成了革命部队的'无形的军事力量'。"[①]在这里,苏联文学和"红色经典"几乎成了同义词,因此在特定的时段,两者往往难以截然分开。

王志耕认为:"所谓红色经典,是指在苏联时期(含20世纪初期)出现的以'社会主义现实主义'为主要创作方法的文学作品。这些作品不同于前一世纪的批判现实主义文学之处,在于它是以歌颂社会主义革命事业和英雄人

[①] 卞之琳、叶水夫、袁可嘉、陈燊:《十年来的外国文学翻译和研究工作》,《文学评论》1959年第5期。

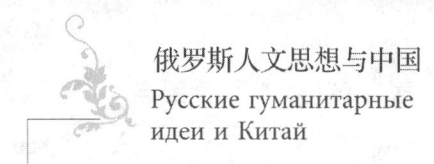

物为主旨,更多地以正面手法展示人类精神境界和美好生活的可能境界。"①笔者基本认同这一观点,并认为中国文化语境中的俄苏"红色经典"大体有以下特征:1. 与社会和时代联系紧密,往往具有较为鲜明的阶级性和党性;2. 表现新时代和新世界,突出新主题,塑造无产阶级新人形象;3. 作者主要是一些曾投身革命运动的作家;4. 作品在中国产生过重大影响。韦勒克、沃伦认为:"在考察想象性的文学(imaginative literature)的发展历史时,如果只限于阅读名著,不仅要失去对社会的、语言的和意识形态的背景以及其他左右文学的环境因素的清晰认识,而且也无法了解文学传统的连续性、文学类型(genres)的演化和文学创作过程的本质。"②这正是研究那些不纯粹是文学意义上的"经典"之作的价值所在。

刘勰《文心雕龙》"时序"篇说"风动于上而波震于下者也",指出文学作品受到政治环境的影响就像水波被风吹得震荡起来一样;"时序"篇又说:"文变染乎世情,兴废系乎时序",则强调文学作品受世情世运的影响,与时代社会紧密相关。政治环境和时代氛围总是或隐或显地支配着文学思潮的发展变化,俄苏"红色经典"在中国的命运也受这一规律的影响。俄苏"红色经典"在中国流播近80年,其命运大体可分为三个阶段:20世纪30—40年代精神上契合的阶段、20世纪50—70年代一元化背景下的接纳或排斥的阶段、1980年代至今的多元化背景下的理性调整阶段。

第二节　精神契合:"新俄文学"进入中国

一、"新俄文学"在1920年代末至40年代的中国

1920年代末至40年代是中国社会革命逐步深入的时期,在这一时期抗日战争和解放战争相继爆发,中华民族经受了血与火的考验。而在这种特殊的氛围中,中国开始了对"新俄文学"的接受。可以说,"新俄文学"是俄苏"红色经典"进入中国的先声。

在第一次大革命失败,中国社会面临新的历史抉择的重要关头,中国左翼

---

① 王志耕:《"红色经典"在俄国的命运》,《读书》2006年第9期。
② 韦勒克、沃伦:《文学理论》,刘象愚等译,江苏教育出版社2005年版,第11页。

第七章 俄苏"红色经典"在中国的传播与接受

作家以极大的热情,开始有系统地把"十月革命"前后在俄国出现的无产阶级文学作品引进中国。如鲁迅所言,在"大夜弥天"的中国,这些作品的出现,其意义是远远超过了文学本身的。1931年12月,瞿秋白在给鲁迅的信中谈道:"翻译世界无产阶级革命文学的名著,并且有系统地介绍给中国读者(尤其是苏联文学的名著,因为它们能把伟大的'十月',国内战争,五年计划的'英雄',经过具体的形象,经过艺术的照耀而贡献给读者)——这是中国普罗文学者的重要任务之一。……《毁灭》、《铁流》等等的出版,应当成为一切革命文学家的责任,每一个革命的文学战线上的战士,每一个革命的读者,应当庆祝这一个胜利,虽然这还只是小小的胜利。"①

如果说在此以前"新俄文学"作品已偶有极少的单篇在中国报刊上出现的话,那么它的译介热潮的形成和真正为中国文坛所关注则始于这一时期。不少出版社在1920年代末相继推出了"新俄文学"作品专集。最早出现的是由曹靖华辑译、北平未名社1927年出版的《白茶》(苏俄独幕剧集)一书。而后陆续问世的比较重要的"新俄文学"作品专集有:《新俄短篇小说集》、《烟袋》(苏联短篇小说集)、《苏俄小说专号》、《冬天的春笑》(新俄短篇小说集)、《蔚蓝的城》(新俄小说集)、《村戏》(新俄小说集)、《流冰》(新俄诗选)、《新俄诗选》、《新俄短篇小说集》、《果树园》、《竖琴》、《一天的工作》、《苏联短篇小说集》、《路》、《道司基卡也夫》、《丹霞》、《苏联作家七人集》、《新俄诗选》、《俄国短篇小说集》、《新俄小说名著》、《苏联小说集》、《死敌》和《空中女英雄》等。这些集子中收入了高尔基、马雅可夫斯基、肖洛霍夫、爱伦堡、阿·托尔斯泰、勃洛克、费定、拉夫列尼约夫、绥拉菲莫维奇等作家的百余种小说和诗歌,编译者有鲁迅、曹靖华、蒋光慈、郭沫若、冯雪峰、周扬和楼适夷等人。

随着左翼文艺运动的发展,中国对"新俄文学"的介绍日见活跃。除了高尔基的作品被不断译介过来外,20世纪30年代还译出了不少活跃于"十月革命"前后苏俄文坛的著名作家的作品,其中不少后来被世人称为"红色经典"。比较重要或影响较大的作品有:拉夫列尼约夫的《第四十一》、革拉特珂夫的《士敏土》、绥拉菲莫维奇的《铁流》、法捷耶夫的《毁灭》、聂维罗夫的《不走正路的安得伦》、雅科夫列夫的《十月》、伊凡诺夫的《铁甲列车》、富尔曼诺夫的《夏伯阳》、肖洛霍夫的《静静的顿河》(前二部)和《被开垦的处女地》、奥斯特

---

① 瞿秋白:《论翻译》,载《瞿秋白文集》第2卷,人民文学出版社1954年版。

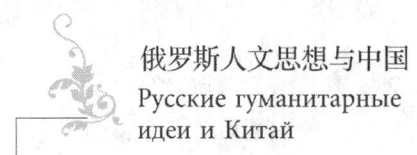

洛夫斯基的《钢铁是怎样炼成的》、诺维科夫—普里波伊的《对马》、马雅可夫斯基的诗集《呐喊》(内收《放开喉咙歌唱》、《给艺术大军的命令》、《向左进行曲》、《苏联护照》和《我们不相信!》等20首诗)、爱伦堡等人的报告文学集《在特鲁厄尔前线》和阿·托尔斯泰的剧本《丹东之死》等。

　　随着苏德战争和太平洋战争的爆发,世界反法西斯统一战线的形成,中国文坛也迅速把自己的目光更多地转向了世界反法西斯文学,特别是正在蓬勃发展的苏联卫国战争文学。1940年代,中共以"苏商"名义在上海创办了时代出版社,并相继出版了《时代日报》和《时代》周刊,1942年11月又推出了中国第一份俄苏文学的译介专刊《苏联文艺》。《苏联文艺》从创刊到1949年7月终刊,发表的各类作品总字数达600多万字,其中大部分是反映苏联卫国战争的文学作品。《苏联文艺》刊载的许多作品在当时产生过极大的影响,如描写战争年代生活的著名作品:吉洪诺夫的诗歌《基洛夫和我们同在》、阿·托尔斯泰的小说《伊凡·苏达廖夫的故事》、西蒙诺夫的剧本《俄罗斯人》和诗歌《等着我吧……》、格罗斯曼的小说《人民不死》、梭波列夫的小说《海魂》、华茜列芙斯卡娅的小说《虹》、肖洛霍夫的《他们为祖国而战》、列昂诺夫的剧本《侵略》、柯涅楚克的剧本《前线》、戈尔巴托夫的小说《不屈的人们》、西蒙诺夫的小说《日日夜夜》、法捷耶夫的《青年近卫军》等。

　　除了卫国战争文学外,苏联其他一些文学作品在1940年代也有所译介。值得一提的有:肖洛霍夫的《静静的顿河》(全译本)、《苏联三大诗人代表作》、阿·托尔斯泰的《苦难的历程》和《彼得大帝》、费定的《城与年》、奥斯特洛夫斯基的《暴风雨所诞生的》、克雷莫夫的《油船德宾特号》、波列伏依的《真正的人》、卡达耶夫的《时间呀前进!》、列昂诺夫的《索溪》、冈察尔的《旗手》(第一部)、包戈廷的剧本《带枪的人》、班台莱耶夫的《表》、盖达尔的《铁木尔及其伙伴》等。可以说,至1940年代末,苏联重要的革命文学作品大都被介绍过来。根据这些作品改编的电影和剧本有些也在中国上演,如影片《夏伯阳》(即《恰巴耶夫》)、《虹》、《我们来自喀琅施塔得》、《钢铁是怎样炼成的》和《普通一兵》等,话剧《母亲》、《小市民》、《铁甲列车》、《俄罗斯人》、《侵略》、《带枪的人》和《前线》等。这些影片和话剧的上演受到观众欢迎,扩大了这些革命文学作品的影响,被认为是中国"文化运动史"上"有意义的事件"[①]。

---

① 见王剑青等编的《晋察冀文艺史》,中国文联出版公司1989年版。

二、高尔基作品在中国的早期译介

在"新俄文学"刚刚来到中国的时候，最先受到关注的、作品被译得最多的苏俄作家是高尔基。① 当时，最早出现的苏俄作家专集是宋桂煌从英文转译的《高尔基小说集》(上海民智书局1928年2月版)。这部小说集中载有《曾经为动物的人》、《二十六个男和一女》、《拆尔卡士》(即《切尔卡什》)等五篇作品。同年出版的还有朱溪译的《草原上》和效洵译的《绿的猫儿》两本高尔基早期作品集，也是由英文转译的。而最早出现的"新俄文学"作品的单行本是沈端先(即夏衍)从日文转译的高尔基的《母亲》。②

仅在1930年代，高尔基的作品就以大大超过其他苏俄作家的规模得到译介。这一时期出版的有关高尔基的文集、选集和各种单行本有57种之多。主要有：鲁迅编的《戈里基文录》、瞿秋白译的《高尔基创作选集》、黄源编译的《高尔基代表作》、周天民等编选的《高尔基选集》、汪仑编选的《高尔基作品选》、惟夫编选的《高尔基短篇小说集》、罗稷南译的《和列宁相处的日子》、廖仲贤编译的《高尔基论文选集》、萧参(即瞿秋白)译的《高尔基论文》、巴金译的短篇集《草原故事》、华蒂(即以群)等译的短篇集《隐秘的爱》、鲁迅等译的短篇集《恶魔》和《俄罗斯的童话》、史铁儿(即瞿秋白)译的《不平常的故事》、丽尼译的《天蓝的生活》、钱谦吾(即阿英)译的《劳动的音乐》、沈端先译的《奸细》、蓬子译的《我的童年》、王季愚译的《在人间》、杜畏之等译的《我的大学》、何素文译的《夏天》、何妨译的《忏悔》、罗稷南译的《四十年间》(即《克里姆·萨姆金的一生》，该译本有四部，1940年代出齐)、赵璜(即柔石)译的《颓废》(即《阿尔达莫诺夫家的事业》)、钟石韦译的《三人》、李谊译的《夜店》(即《底层》)和贺知远译的《太阳的孩子们》等。可以发现，高尔基早期的短篇作品受到中国文坛的青睐，许多作品在各种选本中被一译再译，同时他在中后期创作的一些有代表性的重要作品，特别是几部长篇小说也陆续被译出，这就使高尔基作品的中译具有了一定的系统性。而且好几个出版社推出了多卷本选集，如世界文化研究社1936年出版、周天民等编选的《高尔基选集》就颇具规模。该选集共有六卷，包括小说二卷、戏剧一卷、诗歌散文书简一卷、论文一卷

---

① 中国关于高尔基及其作品的译介开始于辛亥革命前后，但都比较零星。
② 该书1929年由上海大江书铺出版第一部，次年出版第二部。

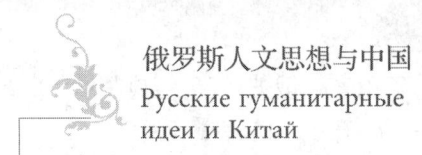

和评传一卷,译者也多为名家。

在这以前,高尔基并没有成为人们关注的中心。鲁迅1933年时曾谈道:"当屠格纳夫、柴霍夫这些作家大为中国读书界所称颂的时候,高尔基是不很有人注意的"。"这原因,现在很明白了:因为他是'底层'的代表者,是无产阶级的作家。对于他的作品,中国的旧的知识阶级不能共鸣,正是当然的事"[①]。

中国出版的他的作品量之多,堪称不同民族文化接受史上的一个奇迹。1932年,鲁迅和茅盾等人就在联名发表的《我们的祝贺》一文中称高尔基是"新时代的文学的导师"。茅盾的《关于高尔基》一文还就左翼剧场公演根据高尔基的小说改编的剧作《母亲》的广告画生发开去:"看了那印刷得极为鲜艳的广告画中间的俄罗斯农妇的铜版画,看了那被画成宛象两颗心又象两粒血泪又象两堆火焰的'母'字的两点,这样的感想又在我意识中浮出来了:这是新的神!这是奔流在又一种的朴素的心里的不可抗的势力呀!""他的出现,实不亚于一个革命。……他在当时的文坛吹进了新鲜的活气。他的同辈所不能理解的那时俄国民众的心,——他们的苦闷,他们的希求,和他们的理想,都在高尔基的作品中活泼泼地跳着。"高尔基在此时的左翼作家心目中的地位已不可动摇,并开始带有某种神圣化的倾向。

三、精神的契合

中国正是在迫切地为自己寻求一条新路的时候发现了苏联革命文学,并且也在一种内在需要的制约下,与它保持了"持续的结合"。这种结合不仅推进了中国文学现代化的进程,同时也影响了那一时期中国作家和群众精神上的成长。

由于"新俄文学"一开始就显示出不同于以往文学的崭新特征,它们从不同的角度反映了俄国无产阶级革命和苏联社会主义建设的历史进程,塑造了一批新的主人公形象。面对着充满新生活气息的"新俄文学",不少中国作家很自然地意识到了旧俄文学思想上的局限。在仍然肯定19世纪俄国批判现实主义文学的思想和艺术价值的同时,一些左翼作家认为,以高尔基为代表的无产阶级作家的作品才是"惊醒我们的书,这样的书要教会我们明天怎样去

[①] 鲁迅:《译本高尔基〈一月九日〉小引》,载《鲁迅全集》第7卷,人民文学出版社1981年版。

生活"①。鲁迅的《祝中俄文字之交》(1932)一文更是高度评价苏联文学:"15年以来,被帝国主义看作恶魔的苏联,那文学,在世界文坛上,是胜利的。这里的所谓'胜利',是说,以它的内容和技术的杰出,而得到广大的读者,并且给予了读者许多有益的东西。它在中国,也没有出于这例子之外。""我们的读者大众,在朦胧中,早知道这伟大肥沃的'黑土'里,要生长出什么东西来,而这'黑土'却也确实生长了东西,给我们亲见了:忍受、呻吟、挣扎、反抗、战斗、变革、战斗、建设、战斗、成功。"

当时的中国左翼作家大多抱着"对于中国,现在也还是战斗的作品更为紧要"②的态度,因而似乎更看重苏联早期革命文学的思想内容,而并不怎么在意艺术水准的高下。如《母亲》被介绍到中国后,鲁迅即在《〈母亲〉木刻十四幅序》一文中表示:"高尔基的小说《母亲》一出版,革命者就说是一部'最合时的书'。而且不但在那时,还在现在。我想,尤其在中国的现在和未来。"马雅可夫斯基的第一本中译本诗集《呐喊》问世后,王任叔就为之叫好说:"中国今日正际遇了一个非常的时期",我们的诗坛"尤需要象玛耶阔夫斯基那样充满生命的呐喊!"(《〈呐喊〉序言》)《铁流》出版后,鲁迅虽然在给胡风的一封《关于翻译的通信》里谈到这部作品"令人觉得有点空",但仍称赞作者写出了"铁的人物和血的战斗"。这种选择态度无疑与当时中国的社会现实、时代氛围和接受者的精神需求有着密切的关系。

苏联卫国战争文学的广泛传播,也极大地鼓舞了解放区和根据地军民抗敌的斗志。阿英回忆道:它们"对我们在敌后的坚持,胜利的信心,都起了很大的作用。这些作品里的英雄人物,每一个都像活生生地站在我们身边,活在我们心里,典范地鼓励着我们每一个人"。"印象最深的,是有的同志牺牲了,书还放在衣袋里,或被弹火烧焦,或血渍斑斑,至死不离。"柯涅楚克的剧本《前线》由肖三译出后,延安《解放日报》连载并发表社论,电台每天向各解放区播发几千字,各地再分别付印。"同志们热爱这个剧本,争取演出以扩大影响,各地区又克服了物质上的种种困难,进行了排演。戈尔诺夫与欧格涅夫的形象,对我们全党、全军都起了巨大的作用。"③

这一时期,丁玲、周立波、艾青、刘白羽、孙犁、马烽、柳青、贺敬之等许多作

---

① 茅盾语,载《文艺报》1985 年第 6 期。
② 鲁迅:《答国际文学社问》,载《鲁迅全集》第 6 卷,人民文学出版社 1981 年版。
③ 阿英:《俄罗斯和苏联文学在中国》,载《阿英文集》,三联书店 1981 年版。

家都从不同的角度受到过苏联革命文学的影响。贺敬之在1940年代谈到马雅可夫斯基时曾这样说过:他的诗"给了我最深刻的影响"①。这种影响主要表现在诗人对生活本质的艺术把握上,表现在诗歌中包含的时代精神、政治激情和鼓动力量上,而马雅可夫斯基创作的"阶梯式"的诗歌形式也被贺敬之根据中国民歌和古诗的特点加以改造后吸取(当然,这种"阶梯式"的诗歌形式不仅仅为贺敬之所注意,而且它在解放前和新中国成立后,甚至在新时期某些中国诗人的政治抒情诗中被广泛采用)。丁玲在创作《太阳照在桑干河上》时曾认真地研读过肖洛霍夫的《被开垦的处女地》,而周立波本身就是《被开垦的处女地》最早的中译者,并且还"在延安印刷和纸张困难的条件之下",翻印了这部小说。②

对中国作家影响最大的苏联作家当推高尔基。高尔基早期的那些倾注了作者炽热的情感,并从新的角度塑造小人物形象的流浪汉小说,对中国作家刻画同类人物形象有过明显的启迪。这一点最明显地表现在艾芜身上,艾芜本人也称自己是"高尔基热烈的爱好者和追随者"。有人曾将高尔基的小说《草原上》与艾芜《南行记》中的《海岛上》一篇进行比较:"那篇小说不也在一种荒凉的背景下展开了一场怜悯心和贪婪心的冲突吗?只不过在《海岛上》里,这场冲突发生在小伙子的心灵内部,而在高尔基笔下,它却发生在豪爽的士兵和那个薄嘴唇的'大学生'之间。两篇作品的描写特点更为相似,艾芜也像高尔基那样极力将读者拖进小说的感情漩涡,不是把明确的评语写给他们,而是让小说中的'我'拉着他们一步步曲折地接近人物的内心世界,让他们从很可能前后矛盾的印象中自己去作出结论"。这种影响是显而易见的。当然,评论者也正确地指出,艾芜在走过了对高尔基的具体作品借鉴的阶段以后,其影响主要表现在"唤醒了他内心潜伏的冲动",使他那富有个性的创作走向一个新的高度。③高尔基的著名剧作《底层》(包括改编后在中国上演的《夜店》),其内在的艺术魅力也令当时的中国读者和观众倾倒。作家唐弢当年在观剧后曾经这样写道:"高尔基——这个不朽的作家,曾以他的丰富多彩的生活,震惊过和他同时代的人们,而给后一辈留下了无比滋益的养料。《夜店》便是其中一个。尽管画面并不富丽堂皇,幽美清雅,出现在故事里的只是一些'历

---

① 切尔卡斯基:《马雅可夫斯基在中国》,苏联科学出版社1976年版。
② 参见周立波《我们珍爱的苏联文学》和《译后附记》等文章。
③ 参见王晓明《艾芜:潜力的解放》,载《走向世界文学》,湖南人民出版社1985年版。

史'以外的人物,一些被时代巨轮碾碎了的渣滓,一些可怜的流浪者",然而作者"从低污卑贱里拼命的发掘人性,揭示了高贵的感情;让我们浸淫于喜怒爱憎,温习着悲欢离合,化腐朽为神奇,使秽水垢流发着闪闪的光",并"冷不防的从我们吝啬的心里掏去了同情"①。中国作家夏衍、老舍等都从这部剧作中汲取过有益的养料。至于像《伊则吉尔老婆子》、《鹰之歌》、《海燕之歌》、《母亲》及自传三部曲《童年》、《在人间》、《我的大学》等作品,则更为中国作家和读者所熟悉,它们的艺术影响是长久存在的。如路翎曾谈道:高尔基的这些作品"是使我感动的文学读物,影响了我的世界观","帮助我形成了美学的观点和感情的样式","变成了我的日常观察事物的依据之一","我后来的作品里,……其中的美学观点和感情、要求,多少受着高尔基的影响"②。因此,正像郭沫若在《中苏文化之交流》一文中所认为的那样,作为无产阶级革命的"海燕",高尔基"被中国的作家尊敬、爱慕、追随,他的生活被赋予了神性,他的作品被视为'圣经',尤其是他的'文学论',对于中国的影响,绝不亚于苏联本国"。某种程度上被神圣化了的高尔基及其作品,深深地影响了中国几代作家和民众精神上的成长。可以这样说,以俄苏"红色经典"为主体的俄苏革命文学在20世纪30~40年代与中国受众的关系主要是一种精神上的契合。

第三节 俄苏"红色经典"在1950—1970年代的中国

这一阶段俄苏"红色经典"在中国的接受与政治关系密切,就总体特征而言,前期以接纳为主,后期则以排斥为主。

一、1950年代:巨大的热情与倾斜的接纳

向苏联学习,向苏联看齐,这是中华人民共和国成立后的一项共识③。新中国成立后的头十年,俄苏文学的翻译不仅不再受到阻难,而且得到各方面的

---

① 唐弢:《关于〈夜店〉》,《文联》1946年创刊号。
② 路翎:《我与外国文学》,载《外国文学研究》1985年第2期。
③ 参见孙其明:《评50年代全面学习苏联的运动》,载《同济大学学报》(社会科学版)第10卷第1期(1999年3月号)。

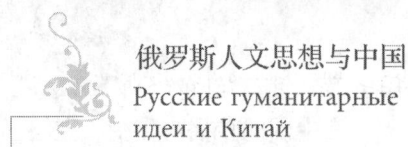

支持和鼓励。同时,出于对新生活的向往,文学界以极大的热情全面介绍俄苏文学。1950年代被译介到中国的俄苏文学作品数量惊人,其总量大大超过前半个世纪译介数的总和。1959年时,有人作过一个统计:人民文学出版社、上海文艺出版社和少儿出版社等当时几家主要的出版机构在近十年的时间里,各出版了三四百种俄苏文学作品,各家印数均在一二千万册;而从1949年10月至1958年12月,中国共译出俄苏文学作品达3526种(不计报刊上所载的作品),印数达8200万册以上,它们分别约占同时期全部外国文学作品译介总数的三分之二和印数的四分之三。[①] 其中主要的是以俄苏"红色经典"为主体的苏联现当代革命文学。

中国文坛和中国读者对苏联文学表现出了巨大的热情。新译出的苏联文学作品似潮水般地涌入中国,苏联文学译作占全部俄苏文学译作的九成以上。这些以新时代为主要描写对象,以爱国主义和革命英雄主义为主旋律的苏联文学作品,在中国读者尤其是在青年中激起强烈反响,广为流传。茅盾曾经称"这十年来我们翻译出版的苏联文学作品"可谓"浩如烟海的书林","不知有多少青年在《钢铁是怎样炼成的》、《卓娅和舒拉的故事》、《青年近卫军》、《海鸥》、《勇敢》等等作品中受到了教育","这些作品中的伟大的共产主义精神力量和光辉的苏维埃人的艺术形象,深深地激动着青年人的心"[②]。周扬也认为,这些作品在中国"找到了愈来愈多的千千万万的忠实的热心的读者;青年们对苏联文学的爱好简直是狂热的"[③]。这种现象的出现显然与特定的社会条件有关,它造成了当时中国的外国文学译介的跛足现象,它也直接影响了新中国成立初期的中国文学的基调和底色。不过,这时期引进的作品中确有相当一部分优秀之作,它们成了刚刚开始新生活的中国人民的宝贵精神食粮。

这一时期,高尔基作品的翻译继续雄踞苏联文学翻译的榜首,各种版本的出版总数达百余种,大体与20世纪上半期高尔基作品的出版总数相当;马雅可夫斯基有了5卷的中译本《马雅可夫斯基选集》;肖洛霍夫的新作《被开垦的处女地》(第二部)和《一个人的遭遇》被迅速译介到中国;阿·托尔斯泰的三部曲《苦难的历程》的全译本出版;法捷耶夫的《青年近卫军》在中国一版再

---

① 参见《苏联文学是中国人民的良师益友》,新华书店北京发行所1960年编印。
② 参见《苏联文学是中国人民的良师益友》书前"推荐的话"(茅盾)。
③ 周扬:《在第二次全苏作家代表大会上的发言》,载《苏联人民的文学》(下册),人民文学出版社1956年版。

第七章 俄苏"红色经典"
在中国的传播与接受

版,并出版了话剧译本;奥斯特洛夫斯基的《钢铁是怎样炼成的》在中国的发行量达几百万册,《暴风雨所诞生的》也有了2种新译本;特瓦尔多夫斯基的长诗《瓦西里·焦尔金》等在中国很有影响;费定有《城与年》等3部长篇小说被译出;巴乌斯托夫斯基有他的两卷选集和《金蔷薇》;波列沃依除《真正的人》有了新译本外,他的《我们是苏维埃人》等作品被大量译出;列昂诺夫的小说《索溪》和剧本《侵略》修订重版,又译出新作《金马车》和《俄罗斯森林》;马卡连柯有了7卷中译本全集;维什涅夫斯基被新译出《难忘的一九一九》等多种剧本;巴甫连柯的中译单行本多达20—30种;尼古拉耶娃的长篇《收获》和中篇《拖拉机站站长和总农艺师的故事》等多部有影响的作品先后被译出。

　　这一时期有较多作品介绍过来的苏联作家不下一百位。当时在中国影响较大的作品(只计解放后首译作品)还有:比留柯夫的《海鸥》、绥拉菲莫维奇的《草原上的城市》、阿扎耶夫的《远离莫斯科的地方》、安东诺夫的小说集《汽车在大路上行进》、巴巴耶夫斯基的《金星英雄》和《光明普照大地》、冈察尔的《蓝色的多瑙河》、格拉宁的《探索者》、柯切托夫的《茹尔宾一家》、潘菲洛夫的《磨刀石农庄》、波波夫的《钢与渣》、肖穆什金的《阿里泰到山里去》、毕尔文采夫的《柯楚别依》、马雷什金的《来自穷乡僻壤的人们》、卡维林的《船长和大尉》、田德里亚科夫的《伊凡·楚普罗夫的堕落》、特里丰诺夫的《大学生》、拉齐斯的《走向新岸》、古利阿的《萨根的春天》、卡达耶夫的《雾海孤帆》、科热夫尼科夫的《迎着朝霞》、戈尔巴托夫的《顿巴斯》、卡扎凯维奇的《奥得河上的春天》、库列绍夫的《琴琵》、施帕乔夫的《爱情诗》、英倍尔的《普尔柯夫子午线》、阿尔布佐夫的《达尼娅》、阿菲诺根诺夫的《玛申卡》、包戈廷的《克里姆林宫的钟声》和《悲壮的颂歌》、罗佐夫的《祝你成功》和《她的朋友们》、苏洛夫的《曙光照耀着莫斯科》、沙特罗夫的《以革命的名义》、特列尼约夫的《柳波芙·雅罗瓦娅》、科斯莫捷米扬斯卡娅的《卓娅和舒拉的故事》、斯米尔诺娃的《乡村女教师》和《盖达尔选集》等。其中多为革命色彩较强的苏联现当代作品。

　　新中国成立后头10年的译介有几个特点:1. 涉及的作家和作品的数量极大,传播范围甚广。在译介过来的作品中虽大多并非一流作品,但因与新中国成立初期的时代氛围相吻合,因此也能获得超过其内在价值的欢迎。如比留柯夫的小说《海鸥》,1954年由中国青年出版社出版后,反响强烈,上海人民出版社还出版了《向〈海鸥〉学习》一书;又如尼古拉耶娃的小说《拖拉机站站

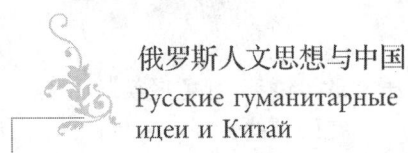

和总农艺师的故事》,1955年译出后团中央即发文推荐,从而在全国掀起了一股热潮,中国作家和读者写了数量众多的《向娜斯佳学习》这类的文章。2. 把苏联的一切都看得十分崇高和神圣,全盘接收、盲目照搬的现象比比皆是。一部分译者缺乏选择的眼光,往往把一些公式化、概念化的作品或粉饰现实的作品当做"红色经典"推荐给读者,如巴巴耶夫斯基的小说《金星英雄》和《光明普照大地》,中国在短时间里分别出了4种和2种译本;苏洛夫的剧本《曙光照耀着莫斯科》两年里出了5种译本。报刊上多是诸如《社会主义现实主义剧作的典范》、《曙光照耀着戏剧艺术》和《向〈金星英雄〉学习表现人民和生活》这样的予以盛赞的文章。3. 译介受当时的政治标准影响很大,译者关注的是获奖作品,因此历年来获斯大林文学奖的苏联作品大部分都被介绍了过来,而又将相当一部分优秀作家及其作品排除在视野之外,叶赛宁、勃洛克、阿赫玛托娃、左琴科、布尔加科夫、普拉东诺夫和扎米亚京等非"红色"主流派作家的作品几乎不为当时的中国读者所知。

值得注意的是,在"一边倒"的声浪中,也有理性的反拨的声音。1957年5月下旬,《文艺报》编辑部邀请部分外国文学专家和教授座谈我国的外国文学教学研究和出版情况,正值大鸣大放期间,专家们畅所欲言。[①] 罗大冈认为,虽然他"并不反对重点介绍苏联文学,但是太偏了会使我们自己吃亏的:使得我们目光狭窄。当前我国文学创作不够繁荣,和太不注意广泛介绍西欧文学很有关系"。专家们对于唯苏联马首是瞻的教条主义做法也深表不满。王佐良认为,"在文学研究工作中,不相信本国专家的能力,宁愿翻译苏联的论文,本国专家的研究著作得不到出版的机会,这是教条主义的表现。"马坚认为,虽然懂阿拉伯语的人才很少,但阿拉伯作品的英、法文译本很多,却不去从中选择介绍,"现在我们只从俄文转译,仿佛凡是苏联译过的,就有翻译的价值","这种教条主义的态度是应该反对的"。这一时期,中国文艺思想界对什么是真正的"红色经典"作品也产生过分歧。有人认为,苏联文学"产生了许许多多伟大的、可以放入世界文学宝库的作品",包括《金星英雄》、《顿巴斯》和《曙光照耀着莫斯科》这样的粉饰现实之作。有人则不以为然,刘绍棠在《现实主义在社会主义时代的发展》中对主人公必须是革命者的戒律也表

[①] 同年6月23日出版的《文艺报》发表了该报记者冯钟璞(即宗璞)撰写的座谈会综述《打开通向世界文学的大门》,见《文艺报》1957年第12期。

示反对:"试问:葛里高利这个人物是正面人物还是反面人物呢?他的具体的教育意义是甚么呢?据说,葛里高利是代表小农私有者的个人主义的悲剧的。但是,为甚么在人物心目中矗立起来的,是一个崇高和勇敢的形象呢?……那个把生命和一切献给葛里高利的阿克西妮亚,将给她安一个甚么称号呢?好,算她是个反革命的追随分子吧,可是这个千秋万代不朽的阿克西妮亚,却影响着人民的品质和美德。……我们更无法从肖洛霍夫的作品中找到理想人物,达维多夫当然不配",因为他对富农反革命分子失去警惕性,还和破鞋乱搞男女关系,"封他一个'正面人物',恐怕还需要打八折呢!"在错误的理论指导下,"伟大作家的经典名著竟无法及格",而那些缺乏"最起码的艺术感染力"的"粉饰生活的公式化概念化的作品,则最合标准"。这些言论原本足以引起进一步的反思,但随之而来的"反右"斗争使这一反思被推迟了整整20年。

二、1960—1970年代:走向危机与公开排斥

1960—1970年代,中苏政治关系全面冷却,两国在一系列原则问题上发生猛烈碰撞。与此相应,中苏文学关系也进入了长达20年的疏远、对立,乃至严重冰封的时期。俄苏"红色经典"的苏联革命文学作品在中国同样难逃灭顶之灾。

1960年代初期至"文革"前夕,中国对俄苏文学的译介呈明显的逐年递减趋势。1962年以后,不再公开出版苏联当代著名作家的作品;1964年以后,所有的俄苏文学作品均从中国的公开出版物中消失。可以先看看1960—1966年有关俄苏文学作品出版和发表的统计数字:公开出版分别为49、22、16、10、3、0、0种,内部出版分别为0、4、4、10、10、9、1种,刊物登载分别为58、32、22、7、0、0、0篇。[①]

刚跨进1960年代时,因中苏两国表面上仍保持友好,所以文坛对苏联文学的态度仍谨慎地接纳。在1960年出版的《苏联文学是中国人民的良师益友》一书中,茅盾还撰文总结新中国译介苏联文学的成就,并对在中国"将出现一个阅读苏联作品和向苏联作品中的英雄人物学习的新的高潮"充满信心。该书中所介绍的"苏联文学"基本上是俄苏"红色经典"的代名词,虽然有些作品如《海鸥》、《勇敢》等在若干年后被筛除出去,但在当时却属纯正的俄

[①] 公开出版数中包括初版本和新译本,不包括旧译重印本。

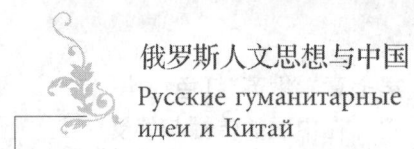

苏"红色经典"之列。作者中有作家、学者、翻译家,也有许多普通读者,他们众口一词赞美苏联文学,大书特书苏联文学对"我"的帮助。该书中收入的文章深深地打上了那个时代的烙印。

随着1961年苏联撤走专家和1962年中苏公开决裂,苏联当代一些主要作家的作品在中国的出版受到了严格的控制,如肖洛霍夫的作品在1960~1970年代未有一部公开出版。"文化大革命"的爆发,致使否定一切文学遗产的历史虚无主义盛行一时,"'文化大革命'使得一场几乎没有经典的生存试验成为一种需要。毛泽东诗词、江青选定的'样板戏'以及极为重要的鲁迅的作品,成为例外"①,俄苏"红色经典"的崇高位置也一落千丈,即使是极为正统的俄苏革命文学作品也被打入冷宫,直到1973至1976年的"文革"中后期,少数几部被视为"最纯正"的无产阶级文学作品,如《毁灭》(1973、1974年版)、《母亲》(1973年版)、《铁流》(1973年版)、《青年近卫军》(1975年版)、《钢铁是怎样炼成的》(1976年版)才得以由人民文学出版社公开出版,出版的目的也是为反对修正主义服务。这种"反修"的接纳,有两个表现形式,一是强化少数"最纯正"的无产阶级文学作品的"红色"性,极力挖掘其中有用的因素,并以此作为批判苏联变修的武器;一是极力突出其他俄苏"红色经典"的非红色性,以强调自己的正统性,这两方面是相辅相成的。

先看利用作为武器的俄苏"红色经典"来批判苏联变修这一方面。"文革"中后期所出版的俄苏"红色经典"都有一个带有指导意义的"前言",从中可以见到当时接纳这些俄苏"红色经典"的目的。四八〇〇部队某部理论小组、北京大学俄语系苏联文学组为1975年出版的《青年近卫军》所写的前言《十月革命的旗帜是不可战胜的》,是"文学为政治服务"的绝妙范本。首先,文章把《青年近卫军》看成是印证伟人论断的典型材料:《青年近卫军》"形象地反映了"毛泽东所说的"十月革命的旗帜是不可战胜的,而一切法西斯势力则必归于消灭"这个客观真理;"希特勒不过是一只纸老虎,他和他的'新秩序'都逃脱不了覆灭的命运",因为毛泽东说过"社会主义制度终究要代替资本主义制度,这是一个不以人们自己的意志为转移的客观规律";《青年近卫军》结尾写到青年就义时城郊响起胜利的炮声,这说明无产阶级革命事业"前

---

① 佛克马、蚁布思:《文学研究与文化参与》,俞国强译,北京大学出版社1996年版,第46页。

途是光明的,道路是曲折的"①。这是典型地用文学来图解政治。其次,该文在肯定"《青年近卫军》是一部有革命思想内容和较高艺术水平"的作品的同时,也批评了小说存在的缺点和不足:有关青年的理想、友谊、爱情、家庭等方面的描写中"有时流露出旧的思想情调"②,书中"有些人物对社会主义历史阶段国内阶级斗争的长期性、复杂性认识不足",有些地方对现实题材的概括还不够高,"革命浪漫主义精神还不够强烈"③。显然,该小说尚未能完全满足1970年代中国现实政治的需要,它的某些描写不符合当时中国的立场,不符合"无产阶级专政下的继续革命"的论断,不符合"三突出"的创作原则。此外,该文利用《青年近卫军》对苏联修正主义进行批判,称它所表现出的"爱国主义"被苏修叛徒集团替换为"资产阶级的爱国主义"和"希特勒的'爱国主义'",诱使人民去热爱"苏联社会帝国主义";它所表现出的"保卫祖国"被苏修叛徒集团替换为保卫苏修帝国,"掩盖他们的社会帝国主义的狰狞面目"。阅读这部作品,可以"鼓舞我们坚持对帝、修、反的斗争,特别是对背叛十月革命的苏修叛徒集团的斗争"④。这种批判如同政治宣言,与文学已毫无关系。

某些俄苏"红色经典"在当时被当做苏联变修的证据而痛加挞伐,如肖洛霍夫的作品。《林彪同志委托江青同志召开的部队文艺工作座谈会纪要》称:"文艺上反对外国修正主义的斗争,不能只捉丘赫拉依之类小人物。要捉大的,捉肖洛霍夫,要敢于碰他。他是修正主义文艺的鼻祖。他的《静静的顿河》、《被开垦的处女地》、《一个人的遭遇》对中国的部分作者和读者影响很大。"⑤由于被江青"钦定"为"苏修文艺鼻祖",肖洛霍夫和他的一直被视为

---

① 法捷耶夫:《青年近卫军》,水夫译,人民文学出版社1975年版,"前言"第7页。
② 1960年代之前,这些"流露出旧的思想情调"的内容颇受好评。巴人赞扬其有"丰富多彩的优美精神品质"(见《谈"青年近卫军"》,上海文艺出版社1959年版,第8页)。1980年代之后,这些"流露出旧的思想情调"的内容再次受到了高度评价。《俄苏文学史》指出:法捷耶夫"通过诸如母子之情,夫妻之情,同志之情来描写社会主义社会里人与人之间的新的关系,从而挖掘英雄人物心灵上的美"(《俄苏文学史》第二卷,河南教育出版社1992年版,第413页)。
③ 法捷耶夫:《青年近卫军》,水夫译,人民文学出版社1975年版,"前言"第7页。
④ 法捷耶夫:《青年近卫军》,水夫译,人民文学出版社1975年版,"前言"第2页。
⑤《人民日报》1967年5月29日。

"经典"的作品一夜之间便由大红变为大黑，遭到猛烈批判。① 这里以《评苏修文艺鼻祖肖洛霍夫》②为例，即可窥斑知豹。文章认为，《静静的顿河》既对沙皇统治下的俄国农村面貌进行恣意美化，又"明目张胆地反对无产阶级革命和无产阶级专政"，鼓吹对反动阶级的仁爱；作品"拼命攻击无产阶级专政的'残忍'和'不人道'，为复辟资产阶级专政大造反革命舆论"。文章还认为，《被开垦的处女地》第一部是肖洛霍夫"追随布哈林之流，大反斯大林，大肆攻击农业集体化的铁证"；肖洛霍夫违背苏联广大贫农、中农群众自愿走上社会主义集体化道路的历史事实，"不仅对广大农民极尽丑化、歪曲之能事，而且把布尔什维克干部（如拉古尔洛夫）也描写成'左'倾冒进主义的代表人物"；"百般美化反动富农洛济支"，并让达维多夫走上一条"排斥贫农、依靠富裕中农、包庇重用富农的右倾机会主义路线"。在谈到《被开垦的处女地》第二部时，文章认为，它"赤裸裸地描绘了一幅资本主义复辟、修正主义上台的情景"，是1950年代末1960年代初"苏修叛徒集团统治下的资本主义复辟的苏联农村的真实写照"，是体现反革命修正主义政治路线的苏共纲领的"一个形象化的艺术图解"；小说中的新任区委书记聂斯吉连科实际上"是一个走资本主义道路的当权派"，小说最后没有安排村苏维埃主席的候选人，表明肖洛霍夫要"取消""无产阶级专政"，"暴露了他与赫鲁晓夫修正主义集团心心相印的反革命嘴脸。"文章认定肖洛霍夫是"修正主义的大吹鼓手"，是苏修叛徒集团在文艺上的"全权代表"，他"在政治上紧紧追随修正主义，在思想上竭力宣扬资产阶级人道主义，在艺术创作上狂热鼓吹所谓'写历史真实'论"，他的作品"成为资产阶级和现代修正主义文艺的标本"。这样的政治批判和浓烈的火药味在今天读来已显出了它的荒诞色彩。可见，不管是极力强化少数所谓最纯正的俄苏"红色经典"的"红色"性，还是极力凸现某些苏联经典作品的"黑色"性，其接受的出发点和归宿点都是一致的。

---

① 批判作品的文章有：《〈一个人的命运〉——现代修正主义文艺黑旗》(《人民日报》1966年5月13日)、《修正主义叛徒集团的吹鼓手——评〈一个人的遭遇〉》(《人民日报》1966年7月9日)、《为帝国主义政策效劳的叛徒嘴脸——评〈一个人的命运〉》(《解放军文艺》1966年第7期)、《在"复杂""迷人"的背后——评〈静静的顿河〉中的葛利高里形象》(《福建师大学报》1975年第2期)、《一株为修正主义政治路线服务的大毒草——剖析〈被开垦的处女地〉的反动实质》(《福建师大学报》1975年第2期)、《新资产阶级分子篡权复辟的自供状——肖洛霍夫〈新垦地〉再批判》(《开封师院学报》1975年第2期)、《攻击无产阶级专政的大毒草——〈静静的顿河〉批判》(《天津师院学报》1975年第4期)等。

② 《黑龙江大学学报》(哲社版)，1975年第2期。

不过,在这20年里,苏联文学在中国并未绝迹。值得一提的是那些内部出版的"黄皮书",其中包括:肖洛霍夫的《被开垦的处女地》(第二部)和《他们为祖国而战》、潘诺娃的小说《感伤的罗曼史》、西蒙诺夫的《生者与死者》和《最后一个夏天》、柯涅楚克的《德聂伯河上》、《解冻》和《人、岁月、生活》(前四卷)、梅热拉伊蒂斯诗集《人》、阿尔布佐夫的《伊尔库茨克故事》、爱伦堡的回忆录《人、岁月、生活》(前4卷)、科热夫尼科夫的《这位是巴鲁耶夫》、卡里宁的小说《战争的回声》、冈察尔的《小铃铛》和《苏联青年作家小说集》、艾特玛托夫的《白轮船》、利帕托夫的《普隆恰托夫经理的故事》、德沃列茨基的《外来人》、沃罗宁的《木戈比》、邦达列夫的《热的雪》、沙米亚金的《多雪的冬天》、切尔内赫的《适得其所的人》、格拉宁的《目标的选择》和格列勃涅夫的《一个能干的女人》等几十种。从上面所列出的部分书名中,可以看到这些内部出版物均系苏联当代文学作品,而且基本上都是苏联国内最有影响的或最有争议的作品,这样的介绍相当及时和准确。这种及时充分说明中国文坛对当代苏联文坛的动向极为关注,而选择的准确性又说明中国的译者对当代苏联文学的熟悉。尽管这些作品中有不少已与"红色经典"没有关系,但作为一种大的背景,它显示中国文学界的目光并没有离开苏联文学。

"文革"结束后的1970年代末,中国文坛对苏联作家及其作品还是相当谨慎。1978年,公开出版的依然是那些被认为是"最纯正"的俄苏"红色经典"作品,如高尔基的《高尔基早期作品选》、《我的大学》、《人间》和《文学写照》,马雅可夫斯基的《列宁》,绥拉菲莫维奇的《铁流》,法捷耶夫的《毁灭》等。当然,这种状况维持时间不长。不久以后,在思想解放运动的春风吹拂下,文坛开始全面解冻。

三、对一元化背景下的接纳与排斥的反思

接受美学的一个重要理论就是强调读者的能动的创造作用,姚斯指出:"在这个作者、作品和大众的三角形之中,大众并不是被动的部分,并不仅仅作为一种反应,相反,它自身就是历史的一个能动的构成。一部文学作品的历史生命如果没有接受者的积极参与是不可思议的。因为只有通过读者的传递过程,作品才进入一种连续性变化的经验视野。在阅读过程中,永远不停地发生着从简单接受到批评性的理解,从被动接收到主动接受,从认识的审美标准

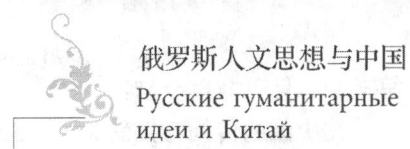

到超越以往的新的生产的转换。"①

从这个角度看,一元化背景下的俄苏"红色经典"的接受者,因受外界的制约,简单接受的情况比较明显。如当年文坛出现的所谓"赶任务"的现象就与此有一定关系。夏衍在《从〈母亲〉谈作品的政治标准和艺术标准》一文中通过《母亲》的创作实践号召"作家向高尔基学习,'赶写出'工人阶级'很需要'而又有'很大好处'的'及时的书'"。"我觉得为了人民群众的'需要'而'赶写''及时的书',是我们进步文学的一个好的传统",而且即使"有时候拿起笔来写的时候就意识到当前这个政治斗争一过去,这部作品就很快地会被人忘记",但"好像谁也没有后悔"②。这一主张显然把"红色经典"简单地视为政治需要而创作的典范。又如《文艺报》自1957年第29号开始,以"感谢苏联文学对我的帮助"为题,每期登载两三篇文章。在这些文章中,我们看到了《苏联英雄的高贵品质鼓舞和教育了我》和《保尔给了我克服困难的勇气》这样相似的标题,以及"保尔·柯察金,无脚飞将军阿历克赛·密烈西叶夫是大家所熟悉的英雄人物,他们那种忠于革命事业的坚强信念,革命乐观主义精神,克服困难的坚强毅力是每个人学习的榜样";"每当我遇到病魔和困难的时候,只要一想起保尔·柯察金、马特洛索夫等苏联文学作品中的英雄人物时,就立刻增强了自己的毅力和战胜疾病、克服困难的勇气,这些英雄们鼓舞我不断前进"等相似的文字。文章的作者来自各行各业,多为普通群众或干部,他们的故事是动人的,他们的态度是真诚的,但他们的思想缺乏个性色彩,这表明他们受制于同一思维模式。这种情况在当时的专业人员那里也同样存在。如有些专家在《十年来的外国文学翻译和研究工作》一文中这样表述苏联文学的价值:苏联文学"已经成为对我国广大人民进行共产主义教育的武器,成为我们保卫和平、建设社会主义的精神力量,成为我们文化生活中的不可或缺的有机部分。周扬在第二次苏联作家代表大会上说过:'苏联的文学艺术作品在中国人民中找到了愈来愈多的千千万万的忠实的热心的读者;青年们对苏联作品的爱好简直是狂热的。他们把奥斯特洛夫斯基的《钢铁是怎样炼成的》,法捷耶夫的《青年近卫军》,波列伏依的《真正的人》中的主人公当做了自己学习的最好榜样。巴甫连柯的《幸福》,尼古拉耶娃的《收获》,阿札

---

① 姚斯:《文学史作为向文学理论的挑战》,姚斯、霍拉勃:《接受美学与接受理论》,周宁、金元浦译,辽宁人民出版社1987年版,第24页。

② 夏衍:《从〈母亲〉谈作品的政治标准和艺术标准》,《文学知识》1958年创刊号。

耶夫的《远离莫斯科的地方》等作品都受到了读者最热烈的欢迎。他们在这些作品中看到了人类历史上前所未有的完全新型的人物,一种具有最高尚的共产主义的精神和道德品质的人物。'这些话最概括、最有力地说明了苏联文学对于新中国人民的巨大教育作用"①。这里可以见到那一时代人们接受俄苏"红色经典"的思想脉络。

将"红色经典"视为因政治需要而创作的典范显然是错误的,而"生活教科书"式的接受也是片面的,这样的接受往往会放大作品中的某些内容而漠视乃至故意摒弃另一些内容。一旦接受过程中的纯政治功利主义倾向占上风时,就会出现严重的误读现象,随着政治风向而指鹿为马。例如,那一时代出现过一篇题为《〈静静的顿河〉的教育意义》的文章,文章将这种意义归纳为社会主义革命是必然要胜利的,社会主义革命是一场激烈的阶级斗争,国际帝国主义企图绞杀社会主义国家的阴谋是注定要失败的,社会主义革命一定要在共产党领导下才能完成,共产党员的英勇斗争是社会主义革命胜利的保证等五个方面。这显然远远偏离了这部经典作品的内涵,可文章竟出自小说译者金人之手,这不能不说是一个可悲的现象。再看看《谈"青年近卫军"》②一文,该文作者高度赞扬《青年近卫军》的新版本,称新版本中"共产党员的形象""十分生动","组织性"和"深刻联系"得到了加强。其实,这两条正是苏联《真理报》曾指出的初版本中的政治问题。文章的作者显然受此影响而误读了作品。李英男后来在《法捷耶夫的悲剧——〈青年近卫军〉两个版本的比较》③一文中认为,法捷耶夫的修改是"时代给他造成的悲剧";旧版本中,"法捷耶夫非常准确地点出三四十年代苏共党内所出现的相互猜疑、不相信群众的不正常的政治气氛",并告诫"要摆脱形式主义、官僚主义的束缚,时时处处想到人,想到手下的老百姓,真正与人民心心相连,才能免遭失败,也才能避免给自己的事业带来损失";"事实证明,法捷耶夫对《青年近卫军》的修改是很不情愿的";《青年近卫军》新版本的"诸多删节、补充和牵强附会的修改在一定程度上冲淡了小说的思想内涵和艺术感染力"。误读作品的根源并不在于文章作者艺术眼光低下,而是在于文学的话语被遮蔽而政治的诉求占据了上

---

① 卞之琳、叶水夫、袁可嘉、陈燊:《十年来的外国文学翻译和研究工作》,《文学评论》1959年第5期。
② 巴人:《谈"青年近卫军"》,上海文艺出版社1959年版,第11页。
③ 《俄罗斯文艺》,2002年第3期。

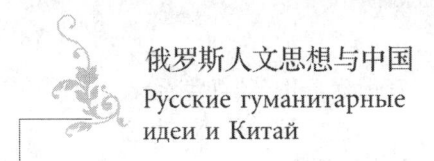

风。由此,"红色经典"作品在中国从倾斜的接纳到极度排斥的快速转换,应该也不难理解。

第四节 俄苏"红色经典"在1980年代以来的中国

一、苏联文学译介总貌

1980年代,中国译介的俄苏文学作品的总量已大大超过20世纪的任何一个时期,种类也高出于此前全部译介种类之和。中国翻译出版了近万种俄苏文学作品[①],涉及的作家有一千多位。而这种译介态势又是在中国前所未有地全方位接纳外来文化的热潮中出现的,它与1950年代中国对苏联文学的倾斜的接纳完全不同,俄苏文学在中国全部的外国文学作品译介中所占比重渐趋正常。1980年代俄苏文学约占外国文学作品译介总量的20%~30%,前期和中期略高,后期有所下降。当然,这个比例还是相当高的,它说明俄苏文学在当时的中外文化交流中仍居举足轻重的位置。

新时期的中国,出版业全面复苏,出版社和期刊如雨后春笋般地出现。这时期出版过俄苏文学作品或理论著作的出版社不下百家。这些出版社10年里出版了数量可观的俄苏文学作品,其中除了作家个人的单部作品和作品集外,还有许多从不同角度组合的多位作家的作品合集。属苏联文学范畴的综合性的集子较多,其中主要有:《苏联六十年短篇佳作选》、《苏联各民族中短篇小说选粹》、《苏联短篇小说选》、《苏联短篇小说选集》、《苏维埃俄罗斯著名小说选》、《苏联现代军事短篇小说选粹》、《来自苏联情报局:战争年代的政论作品报告文学》、《复活的苏联作家群作品选》、《苏联抒情诗选》、《苏联三女诗人诗选》、《苏联女诗人抒情诗选》、《苏联诗萃》、《俄苏先锋派诗选》、《俄苏名家散文选》、《苏联幽默小品选》、《苏联讽刺幽默小说选》、《苏联讽刺幽默小说集》、《苏联民间故事选》等。至于散见于各种报刊的译介作品更是不计其数。苏联现代文学的译介呈总体繁荣的景象。高尔基在1980年代继续受到中国译界关注,他是这一时期第一个出大型文集的俄苏作家。人民文学

---

① 这里包括单行本和散见于各种报刊中的作品。

出版社于1981年至1985年推出了《高尔基文集》20卷,这部大型文集成了中国1980年代大规模译介俄苏文学的奠基石和标志性的出版物。不过,高尔基作品另行汇集出版的集子和单行本已明显少于1950年代。马雅可夫斯基的作品在这时期出了两套重要的选集,飞白译的《马雅可夫斯基诗选》和余振等译的《马雅可夫斯基选集》,都是三卷本。肖洛霍夫的长篇巨著《静静的顿河》有了力冈的新译本。此外,革拉特珂夫的《荒乱年代》、费定的《篝火》、波列沃依的《阿妞塔》、西蒙诺夫的《没有战争的二十天》、奥斯特洛夫斯基的《暴风雨的女儿》等未曾译出过的重要作品有了中译本。

但是,1940—1950年代走红的苏联现代作家(包括高尔基在内)的"红色经典"作品在1980年代的中国普遍有不景气之感。有的著名作家在1980年代的中国甚至遭到了令人尴尬的冷落,如吉洪诺夫、巴甫连柯、克雷莫夫和柯涅楚克等。这种情况的出现与昔日"倾斜的接纳"有关,但更多的是逆反心理所致。当然,真正优秀的作家和他的艺术作品是不可能永远被冷落的,如高尔基。有位大学生写道:"我曾经因为高尔基的'无产阶级文学奠基人'的头衔便武断地认为,他的作品必定是口号式的、图解政治的、充满高大全式的人物的毫无文采的一类。这种偏见差点使我与这位大师擦肩而过……在我欣赏了他的充满音乐感、色彩感、立体感的饱含激情的文字,领略了他的不同凡响的魅力之后,我不禁脱口而出:久违了,现实主义!"有位学者这样谈到他对高尔基认识的转变:"过去一个很长时间里,我对高尔基的认识一直停留在《海燕之歌》和《母亲》的作者、'社会主义现实主义'奠基人的框架内。这种认识和我对文艺领域中极左思潮的深恶痛绝结合在一起,曾使我对高尔基的作品产生了一种隐隐约约的排斥情绪。……在我逐篇研读了高尔基的几乎全部作品之后,我才感到自己对这位'痛苦'的作家的理解是多么肤浅和片面,同时也想到要真正认识他又谈何容易!"①作家张炜在一次与大学生的谈话中说了这么一段话:"高尔基的作品宣传得够多了,前些年别人的作品不让读,但高尔基作为无产阶级革命作家,尚可以找来读。奇怪的是现在人们倒不怎么谈论他。这是一种物极必反的现象。其实我们反而因此误解了文学本身。文学不会进步,文学也没有对错之分,它只有优劣之别。我仍然十分喜欢高尔基的作

---

① 见汪介之的《俄罗斯命运的回声》(后记),漓江出版社1993年版。

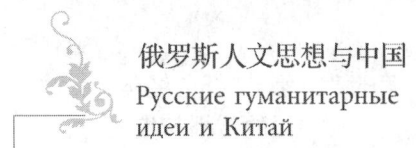

品。作为一位当之无愧的大师,他一生写了一千多万字!"①在另一个场合,他还这样说道:"没有一个苏俄作家象他那样荣耀,在中国落地生根。他一度成为天才和革命的代名词。后来中国作家,特别是当代作家才敢于正面凝视他。他不久以前是不可能被挑剔了,但后来又被急躁的年轻人过分地挑剔了。……我读他那些文论和小说戏剧,常常涌起深深的崇敬之情。他是跨越两个时代的大师——做这样的大师可真难,不仅需要才华,而且更需要人格力量。"②

值得一提的是,过去中国文坛重视不够的,或者根本不为一般的中国读者知晓的一些重要苏联现代作家及其作品,在这一时期得到了充分的重视,并有了与其在文学史上的地位大体相应的译介。如叶赛宁,新中国成立以来他一共只有3首短诗得到译介,可这时期他的诗歌则频频见于中国的各种报刊,并有《叶赛宁抒情诗选》和《叶赛宁诗选》等四种中译诗集问世;勃洛克的作品也被翻译得较多,并有了《献给美人的诗》和《青春·爱情·畅想》二本诗集译出;外国文学出版社和春风文艺出版社同年分别出版了布尔加科夫的《大师和玛格丽特》的两种译本,他的《狗心》译出后还被搬上了中国的舞台;扎米亚京的名作《我们》由花城出版社出版,引起较大反响;普里什文的作品受到欢迎,以单行本形式出版的就有《大自然的日历》、《林中水滴》和《普里什文动物散文选》等;左琴科作品有《左琴科幽默讽刺作品选》、《丁香花开》和《一本浅蓝色的书》三本集子出版;阿赫玛托娃的诗歌不仅在1980年代的中国刊物上频频出现,而且被收入十多种集子,并出版了由戴骢和王守仁等分别译出的两种同名集子《阿赫玛托娃诗选》,她的诗歌在中国赢得了广大的读者。1980年代的中国读者虽然冷落了部分苏联现代作家,但是对苏联现代文学的总体了解应该说是更为全面和深入了。

这一时期中国的俄苏文学译介中最令人瞩目的是当代苏联文学,1980年代前期和中期出现了一个前所未有的译介苏联当代文学的高潮,整个10年里译出的作品多达五六千种。正式出版的专收苏联当代文学作品的集子就有几十种,如《苏联当代文学作品选》、《苏联当代小说选》、《苏联当代中短篇小说选》、《当代苏联中短篇小说集》、《苏联当代短篇小说》、《苏联七十年代中篇

---

① 张炜:《周末问答》,载《时代文学》1989年第5期。
② 张炜:《域外作家小记》,载《生命的呼吸》,珠海出版社1995年版。

小说选》、《苏联八十年代小说选》、《苏联当代青年题材小说选》、《苏联当代妇女生活题材小说选》、《当代苏联中篇小说选辑》、《苏联当代诗选》、《苏联当代著名抒情诗一百五十首》、《当代苏联剧作选》、《苏联当代戏剧选》、《当代苏联电影剧本选》等。长期以来,中国对苏联文坛始终予以密切关注,对其基本面貌和动向可谓了如指掌,而中苏政治关系的改善和文化交流的日趋频繁,又进一步为文学译介渠道的畅通创造了有利条件。一些活跃于苏联当代文坛的著名作家及其有影响的作品,很自然地成了中国译者首先捕捉的目标。艾特玛托夫、邦达列夫、拉斯普金、舒克申、阿斯塔菲耶夫、贝科夫、瓦西里耶夫、叶夫图申科、万比洛夫等作家的重要的作品大都被介绍到了中国,这些作家得以为许多中国作家和读者所熟知,他们的优秀作品在中国拥有了广大的读者群。

1990年代初期开始的中国市场经济大潮和1991年苏联的解体,对历经一个世纪风雨的中俄文学关系产生了巨大影响。20—21世纪之交的中俄文学关系进入了在调整中发展的时期。就译介而言,最表层的现象是苏联当代文学作品和近期的俄罗斯文学作品译介量的锐减,这里除了中国加入世界版权公约而受到制约外,读者兴趣的转移也许是更直接的原因。

1990年代以来,仍然有相当一部分中国当代作家和读者关注着俄苏文学。作家张炜认为,苏联文学的"影响长时间都不能消失,更不会随着这个国家的解体而消失",肖洛霍夫和艾特玛托夫等当代作家"正是继承了俄罗斯文学美好传统的作家,是最有生命力的代表人物。所以中国当代文学应该感谢他们。在不少人的眼睛盯到西方最时新的作家身上时,有人更愿意回头看看他们,以及他们的老师契诃夫、屠格涅夫等。米兰·昆德拉及后来的作家不好吗?没有魅力吗?当然有,当然好;可是他们是不一样的。比较起来,苏联的那些作家显得更'有货'。不是比谁更新,而是比谁更好。……我们往往更容易否认那些'过时'的。其实哪个作家不会'过时'呢?哪个真正的艺术家又会'过时'呢?"[①]

世纪之交,阿赫玛托娃、曼德尔施塔姆、茨维塔耶娃、帕斯捷尔纳克等这些"回归诗人"的诗作被越来越多的中国诗人所熟悉,它们对中国青年诗人的影响明显增强,这种影响主要体现在精神交流上,但也包括对诗歌艺术的接受。

---

① 张炜:《仍然生长的树——与大学师生座谈录(二)》,载《生命的呼吸》,珠海出版社1995年版。

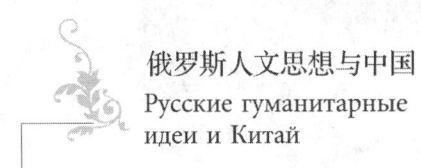

如张枣的诗《与茨维塔耶娃的对话》、王家新的诗《瓦雷金诺叙事曲》和《帕斯捷尔纳克》、西川的诗《远方——给阿赫玛托娃》、黄灿然的诗《献给约瑟夫·布罗茨基的哀歌》、西渡的诗《悼念约瑟夫·布罗茨基》、蒋雪峰的诗《让我燃烧大地上所有的玫瑰——给玛丽娜·茨维塔耶娃》、阎逸的诗《巴黎书信：茨维塔耶娃，1926》等。王家新在《回答四十个问题》时说："帕斯捷尔纳克的诗，茨维塔耶娃的诗……比任何力量都更能惊动我的灵魂。""我不能说帕斯捷尔纳克是否就是我或我们的一个自况，但在某种艰难时刻，我的确从他那里感到了一种共同的命运，更重要的是，一种灵魂上的无言的亲近。"[1]欧阳江河指出，这些俄罗斯诗人与中国的朦胧诗人，以及更年轻的一代中国诗人的精神成长有极为密切的联系，"它们影响了年轻一代中国诗人的良知和品质。"[2]王家新强调，"这些20世纪俄罗斯诗人不仅以其优异的艺术个性吸引着中国的诗人们，也以其特有的诗歌良知和道德精神力量……在20世纪整个现代诗歌的版图上构成了一个'审判席'"。

尽管苏联文学在1980年代以来的中国的译介和接受已发生很大的变化，但是俄苏"红色经典"依然时时受到中国的文坛和读者不同角度的关注。

二、1980年代以来俄苏"红色经典"的接受特征

1980年代以来，中国对俄苏"红色经典"的接受总体呈现多元化，众声喧哗，互为淹没，但趋势走向成熟、走向真实，意识形态接受大幅削弱，审美性接受得到重视。同时，随着政治意识形态和文学观念的转变，俄苏"红色经典"独领风骚的时代也随之风光不再。但是这也恰恰为俄苏"红色经典"在学理层面和大众化层面的多元化接受提供了必要的前提。

1. 学理层面的接受

1980年代以来，学理层面的接受成果显著。这里既有对某些历史公案的澄清，也有对某些作品的重新评价，还有对某些未曾涉及的领域的探索。

对某些俄苏"红色经典"的拨乱反正的再接受，可以肖洛霍夫的《静静的顿河》等作品为例。这方面的学术论文数目众多，肖氏作品既"红色"又"经典"的双重身份开始被张扬，而且"红色"意味趋淡，而"经典"意味加强；肖氏

---

[1] 王家新：《夜莺在它自己的时代》，东方出版中心1997年版，第49页。
[2] 欧阳江河：《站在虚构这边》，三联书店2007年版，第112页。

的作家身份也不再单一,他成了革命作家、人道主义作家和农民情绪的表达者①。

关于某些"红色经典"的"去经典化"的思考主要集中在《钢铁是怎样炼成的》一书上,该书最终落实在"红色"的经典而非红色"经典"这一共识上。而对于《磨刀石农庄》和《勇敢》等一些曾经的"红色经典",则是在悄无声息中"黯然退场"②。

刘亚丁的《全身心倾听革命——苏联文学与革命》认为,保尔·柯察金是奥斯特洛夫斯基以"民间叙述方式"对官方主流"意识形态进行了解码"的结果,柯察金"既不是恰巴耶夫式的传奇英雄,又不是莱奋生式的'领袖'人物",而是"可以学习效法的兄弟";但是柯察金又体现了当时主流意识形态所大力提倡的"牺牲个人以成全集体的价值观",所以,《钢铁是怎样炼成的》受到"上下一致"的欢迎,"保尔·柯察金成了民族英雄,极大地发挥了正面英雄的教育作用。"刘亚丁还指出,苏联文学的悲剧是"乐观的悲剧"模式:"并不渲染死亡带来的悲哀和痛苦,而是着眼于死者对生者的启迪和激励,大抒特抒后来者的壮志豪情。"如《毁灭》的结尾,游击队遭到毁灭性打击,而莱奋生不再为死去的战友哭泣,而是重新抖擞精神,迎接新的战斗。这种"乐观的悲剧"模式"对我国的当代文学前期的作家产生过广泛影响"。苏联作家对革命的反思使他们具有一种不同于革命家、军事家的"作家立场"。《静静的顿河》中肖洛霍夫坚持"作家立场","关注的是战争和革命进程中人们——个体的人和不同阶层所遭遇的动荡、变故,所付出的包括生命在内的沉重代价。"③

王志耕在《宗教精神的艺术体现——苏联文学与宗教》一文中指出:苏联时期,宗教的思维与观念"在文学中以一种'变体与改造'的形式与共产主义革命结合起来,从而创造出崭新的文学形态"。作者据此剖析了《母亲》等俄苏"红色经典"与基督教神话原型的内在联系,意在阐明宗教文化的穿透力。主人公巴威尔是基于基督原型所构成的形象,是一个从普通民众中脱颖而出

---

① 参见何云波、刘亚丁:《〈静静的顿河〉的多重话语》,《外国文学评论》2002年第4期。
② 1960年代以前,《鼓足干劲,改变农村的面貌——读〈磨刀石农庄〉的感想》和《苏联共青团员的勇敢精神——介绍〈勇敢〉》(载《苏联文学是中国人民的良师益友》)等文章,对二书赞赏有加。而如今蓝英年认为,"怎么也不能说"《磨刀石农庄》是"最优秀的作品",《勇敢》表现的是以革命的外衣包裹的"沙皇大国沙文主义"(参见李辉:《蓝英年:镜子中的历史——关于苏俄文学与中国的对话》,《青年文学》1999年第5期)。
③ 刘文飞编:《苏联文学反思》,中国社会科学出版社2005年版,第17页。

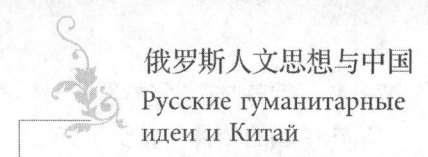

的领袖和受难者的形象,《母亲》所述事件本身乃是一个"秘密传道"的故事。母亲在巴威尔被捕后则成为传播革命真理的坚定使徒,雷宾则扮演了多马这样的疑惑者的角色,而依萨·高尔博夫在情节的整体关系中则起到犹大的作用。《母亲》不仅在故事情节、人物形象的设置上与《新约》如此相似,而且在句法修辞中也能找到《新约》的对应之处。从普洛普的功能理论来看,《铁流》是一个典型的"迁徙故事",这类故事结构中的主要功能要素是"操纵者、引导者、跟从者、异能与奇迹"。在《出埃及记》中,耶和华是操纵者,摩西是引导者,以色列人是跟从者,摩西通过显示异能与奇迹征服跟从者,最终回到家园。在《铁流》中,操纵者是苏维埃工农政权,引导者是郭如鹤,工农民众则是跟从者,郭如鹤虽没有显示异能与奇迹,但他具有非凡的信念与力量,是一种隐喻意义上的"异能",每到关键时刻,他都凭着这种"异能"使队伍转危为安,最终走向胜利。①

何云波的《乡土罗斯的现代转型——苏联文学乡土情结的文化考察》指出:由于俄国革命是一种"城市化"的革命,所以在早期苏联文学中,对待代表革命的城市的态度,就决定了作家的世界观和艺术观的倾向。《母亲》以巴威尔和他母亲的成长,再现了一个群体、一个阶级的成长过程,而这种成长过程就是"与代表革命的城市的接近过程",巴威尔从城市带回新书籍和新字眼,城里来的客人则给工人传播社会主义思想,小说中的城市不再是写实的而是"诗化"和"抒情化"的。《钢铁是怎样炼成的》中保尔的生命历程,则是"一个日益融进城市的钢铁的'链条'的过程",保尔心目中的城市是演奏着"工业文明交响曲"的城市,是排除了"市"的嘈杂污秽的纯粹工业化的文明的"城"。《母亲》和《钢铁是怎样炼成的》作为"成长—启悟"小说,主人公的成长与"时代的革命发展同步",而《静静的顿河》却描写了一个与时代的发展"格格不入"的主人公,他与代表城市、文明、进步的革命相冲突。《静静的顿河》具有多重价值取向,既是革命史诗,歌颂革命,并忠实揭示反叛革命者必然失败的历史命运;又是人的史诗,成为考察关于人、人性的光辉与阴影的深邃篇章;还是自然的史诗,表现出作家对顿河土地和哥萨克民众的"本能的亲切感"②。

这些对于俄苏"红色经典"的文艺美学方面的接受,有不少都是此前未曾

---

① 刘文飞编:《苏联文学反思》,中国社会科学出版社2005年版,第62页。
② 刘文飞编:《苏联文学反思》,中国社会科学出版社2005年版,第198—201、207—208页。

涉及的领域的新探索,新成果。它们的出现,标志着对于俄苏"红色经典"接受的进一步深化,是一种更加理性更加全面的接受。

2. 个性化的接受和大众化的接受

刘小枫《记恋冬妮娅》的问世,是俄苏"红色经典"在当代中国个性化接受的标志。这篇为冬妮娅"正名"的文章着意于为"冬妮娅"翻案,使她从追求个人享乐的资产阶级娇小姐形象转变成勇于追求个体生命价值和正常幸福的平凡人。刘小枫认为,"革命有千万种正当的理由(包括讴歌同志式的革命情侣的理由),但没有理由剥夺私人性质的爱欲的权利及其自体自根的价值目的",正是基于这种对于个体生命价值的肯定,他认为"冬妮娅身上有一种由歌谣、祈祷、诗篇和小说营造的贵族气,她懂得属于自己的权利",而这种"个体权利意识"是革命所不允许的,也是"保尔的政治辅导员兼情人丽达和补偿保尔感情损失的达雅"所不具备的。因此,刘小枫觉得,"保尔的形象已经暗淡了,冬妮娅的形象却变得春雨般芬芳、细润,亮丽而又温柔地驻留心中,像翻耕过的准备受孕结果的泥土"①。刘小枫的个性化解读,具有冲开主流批评框架束缚的意义,为接受美学中"真正意义上的读者"做了注脚;何云波、刘亚丁的《远逝的记忆》②同样是个性化接受的范例。

2000年出版的梁晓声的《重塑保尔·柯察金》一书也是极力复活冬妮娅的标志性文献,而且是大众化接受的范例。梁晓声对保尔、冬妮娅和丽达都进行了"重塑",当然,重塑后二者乃是为了更好地重塑保尔。在书的扉页上,梁晓声写道:"任何事物都必退归于历史;只有一种事物始终盘桓于现实,并引导我们做客观和公正的思考——那就是关于人性内容的诠释……"根据这一思路,梁晓声重塑保尔·柯察金,就是要削弱他的"惟我独革"的意识倾向,增强他的人情人性的成分。于是,书中强化了保尔对推开冬妮娅的爱情的负疚和对避开丽达的爱情的懊悔,也改变了保尔对达雅爱情的拯救性质,还把他变为爱母亲的革命者等。于是,书中才有下列内容的出现:保尔在粮食供应的困难时期,以自己的名义每天要来两瓶牛奶却转送给冬妮娅的孩子,在保尔的帮助下,纠正了冬妮娅一家的政治身份,并让保尔亲口对冬妮娅说:"保尔·柯察金为了纠正自己在你身上犯的错误,已经尽了最大的能力了";丽达的丈夫

---

① 《读书》,1996年第4期。
② 《书屋》,2004年第6期。

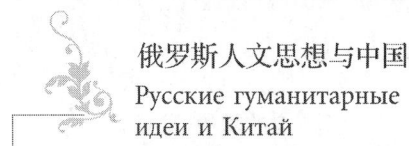

成为反党集团的阴谋分子,她也成为怀疑对象而被监督劳改,然而保尔偏偏去关心她,并且说:"就是革命,也不能阻止我吻你",他们之间竟有一次完美的性爱;保尔和达雅的关系,不再是"政治觉悟启蒙者与被启蒙者之间的肉体关系",而变成保尔"从女性那儿获得的最后一份抚慰";为了使冬妮娅的形象变得更美好,梁晓声还让冬妮娅提前下火车把因为筑路而昏迷不醒的保尔护送到医院及时抢救,才使保尔转危为安;为了减弱保尔的"惟我独革"性,又把保尔和冬妮娅的爱情破裂重新处理为不是因为阶级意识的对立而是因为冬妮娅母亲的坚决反对……①

梁晓声的"重塑",已经基本改变了保尔的"钢铁"的形象,而是成为一个具有20世纪末思想认识的革命者加人道者的形象,是"意志如钢"和"柔情似水"的混合物;书中还增添了丽达对革命和保尔对革命的反思,比如丽达说"革命并不意味着仅仅使人变成阶级的战士",又说"革命本身不可能像你所理想的那么纯洁无瑕。当革命取得胜利以后,曾为革命并肩战斗过的人们,往往也会为了权力和地位而互相倾轧,甚至互相打击",以及保尔曾告诉达雅"革命者一旦犯错误的时候,革命也就不可能一贯正确了"这些看法,更是抽空了保尔"忠诚"的内核,简直是冒天下之大不韪,根本不是丽达和保尔所能达到的思想高度。但是梁晓声的这种"重塑",又代表着一种当今时代的要求,也是对过去的仅仅作为"钢铁"的保尔的摒弃。

《记恋冬妮娅》还仅仅是在原作的范围内进行新的解读,是一种不同于以往一体化接受的个性化接受;而《重塑保尔·柯察金》却对原作进行了改编和重塑,有一种大众文化对经典的戏说②的意味。当然梁晓声并未戏说,也非恶搞,他的改编和重塑的态度是严肃认真的,但这已绝不是在原作框架内的新阐释,其大众化色彩是显而易见的。哈米在他的文章《保尔·柯察金的贬斥和复活》中,把保尔形象所体现的内涵概括为:"为人类自由解放无私奉献的精神,对专制奴役和坎坷命运的不屈抗争,以及炽热而让人扼腕的悲剧性爱情",并认为这些是震撼人心灵的令人无法拒绝的东西。③ 这里有一种奇妙的

---

① 梁晓声:《重塑保尔·柯察金》,同心出版社2000年版,第358页。下文出处同,分别为第310、435、352、256、313、355页。

② 梁晓声安排高尔基和保尔·柯察金会面交谈,连他自己也疑惑"这是否有点儿'戏说'的意味儿了呢?"又说,"我们的改编,意味着是多么严重的,简直大相径庭的'篡改'啊!"见梁晓声:《重塑保尔·柯察金》,同心出版社2000年版,第335、409页。

③《书屋》,2000年第5期。

概念转换:将为无产阶级革命和布尔什维克党的事业而无私奉献的精神转换为"为人类自由解放无私奉献的精神";将对阶级敌人的无比仇恨和英勇斗争转换为"对专制奴役的不屈抗争";最大的价值转换在于,将出于阶级立场而勇敢斩断个人私情的革命意志转换成"炽热而让人扼腕的悲剧性爱情",这也是大众文化接受的一大特色。电视剧《钢铁是怎样炼成的》的拍摄和播出及其引发的讨论,更是大众化接受全面泛滥的明证。多元化接受的时代,即使是充分肯定这部作品的观众,他们可能从中国人拍摄的电视剧《钢铁是怎样炼成的》中接受的也不是同一个东西。有些人欣赏的是保尔的坚定革命理想,有些人赞美的是保尔的爱国主义感情,有些人接受的是曾有意被遮蔽的人性美和人道主义,还有些人钦佩的是保尔的"顽强不屈的人格魅力"。关于这一点,这里不加展开,可参见于洪梅的文章《读解我们时代的精神症候——对电视连续剧〈钢铁是怎样炼成的〉接受反馈的思考》,该文从大众文化的角度对这一现象作了较为全面的梳理和评述。①

三、新时期对俄苏"红色经典"接受的反思

新时期以来,王蒙的《苏联文学的光明梦》是一篇重要的反思苏联文学,尤其是俄苏"红色经典"在当代中国的影响的文章。王蒙指出,他那一代中国作家中的许多人,从不讳言苏联文学的影响,而是承认"整个苏联文学的思路与情调、氛围的强大影响力在我们身上屡屡开花结果",他坦言自己"挖掘新生活带来的新的精神世界之美"就得益于《青年近卫军》的帮助。他既总结了苏联文学的六大优点,又分析了苏联文学一味强调光明性所带来的八个负面作用。他认为,苏联文学"极善于把政治上对于苏维埃政权的忠贞与爱国主义与对白桦树和草原的依恋,与对于人和人性、人生的天真的勃勃有生气的肯定结合起来";然而,一些"社会主义现实主义"作品在继承的同时也背离了现实主义,"粉饰太平的自己安慰自己的幻想的真实正在取代严峻的真实",因此,"时过境迁,现在再回顾《铁流》与《士敏土》,《初欢》与《不平凡的夏天》,《毁灭》与《青年近卫军》,《收获》与《金星英雄》……我们看到的是一个又一个的光明的梦",是自欺欺人的梦。虽然苏联解体,但是"苏联文学的光明梦、

---

① 参见戴锦华主编:《书写文化英雄——世纪之交的文化研究》,江苏人民出版社2000年版,第192—227页。

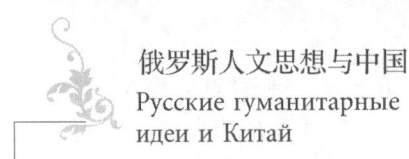

产生这种梦的根据与对这种梦的需求并没有随之简单地消失。"王蒙对苏联文学的反思是深刻的,对其影响好坏的检讨也是客观公正的①。还可以看看董晓的文章《乌托邦与反乌托邦——苏联文学中的两种精神》,他对俄苏"红色经典"所表现的乌托邦精神进行了另一种角度的反思。他认为:乌托邦精神一旦依附官方主流意识,就将发生可怕的蜕变。写作《教育诗》和《钢铁是怎样炼成的》的马卡连柯与奥斯特洛夫斯基的乌托邦精神不可谓不真诚,但是"真诚的革命理想主义并不能使他们真正地把握现实",为了"体现官方意志",充满了真诚的革命理想主义的乌托邦精神反而"伤害了作品的艺术性"。《教育诗》由于"高度的官方意识形态倾向"而把成为一个真正的人的标准设定为"苏维埃化",《钢铁是怎样炼成的》则由于"狭隘的政治观念的统摄"而严重削弱了在逆境中抗争和不断超越自我的主题。至于《卓娅和舒拉的故事》中那种蜕变的乌托邦精神,则只能是"瞒与骗"的把戏,董晓视该书为"精神鸦片",因为"听命于官方的乌托邦精神的宣传,真诚地信仰官方的乌托邦神话"的苏联英雄,"更容易成为专制统治者驯服的工具。"②上述不同见解的文章已显示出多元性的特征。

关于俄苏"红色经典"的反思,在对《钢铁是怎样炼成的》的大讨论中显得更为突出。这场讨论吸引了众多学者参加,由于各自的侧重点不同,所强调的价值观不同,对小说也作出了见仁见智的评说。这是一种正常的探讨,不需要谁出面作出统一的结论,观点在碰撞中受到检验并凸现个性色彩。

任光宣的《重读长篇小说〈钢铁是怎样炼成的〉》认为:"无论在抗日战争和解放战争时期,还是在全国解放后的50年代里,保尔·柯察金的榜样作用和精神激励和鼓舞着中国青年积极地投身于祖国的解放事业和建设事业。""保尔·柯察金形象永放光芒,保尔·柯察金的革命精神永存。"他的论据是:首先,保尔·柯察金的人生道路"是革命人生观的最完美的体现",这个形象"高大完美",具有"榜样的力量";其次保尔·柯察金"是个真实感人、有艺术魅力的文学形象"。说他真实是因为"他来自于生活",既是作家本人生活经历的写照,又是时代青年的革命精神的集中体现,"符合当时苏联人对人生的

---

① 《读书》1993年第7期,收录于王蒙:《苏联祭》,作家出版社2006年版,第178—190页。当然,对此文也有不同意见,如张捷曾不点名地批评王蒙"侈谈什么'苏联文学的光明梦'",闹出一些"小儿科的笑话"(参见张捷:《热点追踪:20世纪俄罗斯文学研究》,人民文学出版社2003年版,第138页)。
② 刘文飞编:《苏联文学反思》,中国社会科学出版社2005年9月第1版,第243—246页。

审美需求";是因为这个形象既是对俄罗斯文学传统中具有"自我牺牲精神"的文学形象的继承,同时又具有"新的时代特征和个性特征",感情、理想和信仰三者在他身上是统一的;说他有魅力,是因为他"有理想、有追求",而这种理想和追求是"崇高的,伟大的",更可贵的是,他对理想的追求始终坚定不移,九死未悔;"他的形象和精神具有一种美感",他身上"永远洋溢着青春的活力",显示出革命和青春的内在联系。总之,保尔·柯察金"身上的优秀品质属于人类永恒的道德范畴",具有普遍意义,"这个形象的艺术魅力不会随着时间的推移而消失,他的精神具有一种永存的价值",在改革开放的今日中国,我们仍然非常需要那种为了理想而勇于奋斗、甘于奉献的保尔精神。[①]

余一中的《〈钢铁是怎样炼成的〉是一本好书吗?》持截然不同的观点,他在作品的真实性和人物形象等方面对《钢铁是怎样炼成的》作了否定性的评价。在他看来:(1)小说没有真实反映当时的社会历史现实,粉饰现实图解政治,如对革命和内战中两种力量的残酷较量及其所引起的思想震荡只作了"简单的态势转述",对白军暴行及小市民心态作了"漫画式描写",对富有活力的新经济政策时期进行了丑化,对充满悲剧性的党内斗争过程作了"无产阶级高唱凯歌"的抽象描述;(2)很少展示保尔·柯察金的精神世界,主人公的性格一经形成就毫无变化,没有体现俄罗斯文学长于思考、长于心理描写的特点,小说表明的是"怎样把一个普通人变成斯大林路线的拥护者和'材料'的过程","保尔·柯察金不能算是一个成功的文学形象",他不过是当时苏联主流政治路线的传声筒;(3)作者不理解什么是真正的社会主义,只知道把文学作为打击敌人和粉饰生活的工具,思想和艺术修养都很低,小说得到了资深文学编辑的加工,留下了编辑的烙印;(4)从接受的角度来看,只有当受众的思想和艺术鉴赏水准较低时,小说才备受好评,反之,则不被接受。1980年代初,有调查显示《钢铁是怎样炼成的》排在大学生最受欢迎的书单前列,到1997年的调查则显示该小说已不在大学生最受欢迎的书单之列。一些出版社出于"很强的商业考虑",才翻印或推出所谓的全译本。因此,余一中建议"把它送进历史的博物馆,而不是把它介绍给年轻一代。"在《历史真实是检验现实主义文学作品的重要标准——再谈〈钢铁是怎样炼成的〉》[②]一文中,余

[①] 《俄罗斯文艺》1998年第2期。
[②] 《俄罗斯文艺》2004年第3期。

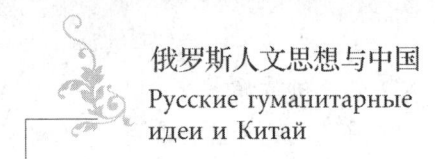

一中仍然认为《钢铁是怎样炼成的》不是一本好书,因为现实主义作品如果不能表现历史真实,"一部作品如果以一个历史的侧面来掩盖整个历史,那么它就绝对不是好作品。"①

既不同于余一中的的全盘否定,也不同于任光宣的的坚定维护,吴泽霖的文章《保尔的命运和被亵渎的理想——〈钢铁是怎样炼成的〉问世 70 年祭》,一方面肯定了保尔所体现的时代精神,另一方面又对他被亵渎的理想进行了深刻的反思。文章论述了保尔的"献身"隐含着的某种可怕的成分,深刻揭示了当献身献错了对象时的悲哀。文章引用资料说明该书的巨大影响:创下用 61 种文字印刷 3000 余万册的世界纪录,也曾是几代苏联青年的《新约》,我国从 1942 年至 1995 年,共计印刷 57 次 250 万册,在 2003 年又被教育部列入部颁"语文新课标必读书目"。文章认为,保尔形象的真实性在于,"他的命运是苏联走向革命的普通工人心路历程的真实写照","在他身上反映着那个'理想燃烧'的时代所赋予、同时也支撑着那一时代的精神品质和特有局限"。类似保尔那样的众多苏联革命者,其心路历程的"真正悲剧性"在于,他们对共产主义社会的美好憧憬和奋斗却被"扭曲为遵从斯大林模式的意识形态狂热"。对保尔而言,他根本不具备"自由地、独立地思考共产主义革命的可能性",却只能无条件地走向消除自我、泯灭个性、回归阶级、回归"我们"的道路,"成为斯大林体制声音的传声筒"。而在当时的时代背景下,斯大林模式就是共产主义信念的同义语,"于是,对共产主义社会的信念就不能不变为斯大林模式的意识形态狂热"。保尔朴素的阶级感情、狂热的献身精神、共产主义的美好憧憬,以及九死未悔的忠诚,正好成为斯大林模式的"样板",这正是他的美好理想被"亵渎"之处。所以,"当年的理想应该反省而不应亵渎,悲剧性的迷误应当记取而不应重演。"②吴泽霖的反思有其深刻的一面。

结语

俄苏"红色经典"在中国的接受及其产生的影响对中国人的精神生活所起的作用是任何一种外来文化所无法望其项背的,这是一种前无古人、后无来

---

① 《俄罗斯文艺》1998 年第 2 期。类似的见解在对中国的长篇小说《创业史》和《山乡巨变》等的分析中也可见到。参见赵学勇、杨小兰:《重读 20 世纪 50 年代小说经典》,《兰州大学学报》(社会科学版)2001 年第 6 期。

② 《俄罗斯文艺》2004 年第 3 期。

者的非常独特的文化现象。1950年代那种完全抛弃作为主体的自我,全身心地拥抱和接纳一种异域文化,并极力把自己归化到这种文化范围内的渴望和冲动本身就体现出一种狂热的非理性倾向。自从中国共产党提出建设有中国特色的社会主义的建国纲领,就从指导思想和大政方针上彻底挖断了"一边倒"的命脉,那种针对某一外来文化所形成的政治权力、知识话语、大众倾向三股力量拧成一股绳的政治、社会、文化的基础已经荡然无存。

  俄苏"红色经典"在中国的接受与引起的反响,表面看来是一种自然现象,"其实非自然也,有使之然者"①,其深层原因表现为它满足了中国的社会时代政治的需求,它的被重视有其历史的必然性②,俄苏"红色经典"的战斗性和革命性在新中国成立后头30年的背景下显得格外有用。政治表述如果能借助于文学作品则更易深入人心。在新中国建构自己的"红色经典"之前,俄苏"红色经典"正好填补了这一空白,通过普通民众能够接受的文艺作品,把社会大众的价值取向和情感结构整合到国家主流意识形态所希望的轨道上来。俄苏"红色经典"所具有的对共产主义信仰的忠诚和对革命必将胜利、建设必将成功的坚定信念③,对革命文化话语体系的确立起到了不可替代的作用,而且强化了革命文化话语体系的合法性和权威性。俄苏"红色经典"在当代中国产生重大影响,它与我国革命文艺运动实际相结合,为中国自身的"红色经典"的创作提供了榜样,直接催生了当代中国自身的"红色经典"。它与随之出现的中国的"红色经典"相得益彰,为进一步巩固革命信仰、激发革命豪情、鼓舞革命斗志充当了重要的话语资源。另外,俄苏"红色经典"所具有的英雄主义和理想主义精神在情感深处契合了中国传统文化中以天下兴亡为己任的观念和舍生取义的情怀,在道德情操方面也征服了中国知识分子。

  加达默尔认为,诠释是伴随着时间距离造成的过滤过程,因此,"对一个文本或艺术作品里的真正意义的汲舀(Ausschäopfung)是永无止境的,它实际

---

① 董仲舒:《春秋繁露》,载北京大学哲学系美学教研室编:《中国美学史资料选编》(上册),中华书局1980年版,第104页。

② 王蒙认为,"苏联文学在中国曾有的巨大影响,这不但是无法否认的,而且是事出有因的。"王蒙:《苏联文学的光明梦》,《读书》1993年第7期。

③ 巴金说,"苏联文学给人们带来了光明一定战胜黑暗的信仰。"(《伟大的文学》,载《苏联文学是中国人民的良师益友》,新华书店北京发行所1960年编印,第2页);卞之琳等指出,"对共产主义事业必胜的信念和为它献出生命的决心的宣扬,决定了苏联文学的教育力量。"(卞之琳等:《十年来的外国文学翻译和研究工作》,《文学评论》1959年第5期)这些话完整表述了俄苏"红色经典"所具有的精神品质。

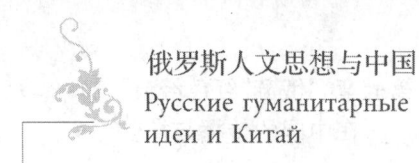

上是一种无限的过程。"①俄苏"红色经典"在当代中国接受的最根本特征就是它随着当代中国形势的不断变化,不断被"汲舀"着不同的话语,不断被赋予变化着的政治使命和文化使命,担负着不同的功用。俄苏"红色经典"在当代中国几乎一直是"在场者",因为它们具有足够的可被汲舀的话语资源,基本契合当代中国不断变化的形势,所以几乎一直"成为一种当代的存在"②。然而一旦它们不能完全契合当代中国的形势,没有可供汲舀的话语资源,它们就会成为"缺席者",这种缺席是因为不被邀请的缺席。

用"红色经典"来配合政治宣传,它们内涵的某一方面会根据形势需要而有意被放大。朝鲜战争爆发,描写国内战争中的保尔形象的苏联影片《钢铁是怎样炼成的》被赶译并放映,因为这时需要的是保尔的爱国精神和勇猛杀敌的英雄气概。同样,"《铁流》、《毁灭》、《青年近卫军》等小说更成了鼓舞中国人民志愿军战士赴朝作战的有力武器"③;抗美援朝战争结束后,面对大量复员伤残军人,舆论着力提倡的是保尔的身残志坚的顽强意志和革命乐观主义精神。新中国成立后的几年里,我国开展了农业社会主义改造的农业合作化运动,这就使全面描写顿河地区一个农村的农业集体化过程的《被开垦的处女地》派上了用场,该小说被誉为"生活与斗争的教科书"。1951年9月的知识分子改造运动,使法捷耶夫表现"人的最巨大的改造"的《毁灭》变得特别有用,"莱奋生从小资产阶级知识分子成长为布尔什维克的艰苦漫长的道路",为中国知识分子脱胎换骨提供了榜样,而"堕落成为革命叛徒的小资产阶级知识分子密契克的形象"④则成为反面典型。在和平时期强调的是保尔"为人民服务"的思想,1957年上映的苏联重拍影片《保尔·柯察金》强调的是建设中的保尔,这符合当时社会主义建设的形势需求。⑤在知识青年上山下乡和组织义务劳动方面,保尔为了革命和建设需要勇做螺丝钉的品质和"筑路"时吃苦耐劳忘我劳动的精神得到了张扬。1980年代以后,俄苏"红色

---

① 加达默尔:《真理与方法》(上卷),洪汉鼎译,上海译文出版社2004年版,第385—386页。
② 姚斯:《文学史作为向文学理论的挑战》,姚斯、霍拉勃:《接受美学与接受理论》,周宁、金元浦译,辽宁人民出版社1987年版,第26页。
③ 李明滨:《中国与俄苏文化交流志》,上海人民出版社1998年版,第297页。
④ 磊然:《译者前记》,载法捷耶夫《毁灭》,磊然译,人民文学出版社1978年版。
⑤ 彩色片《保尔·柯察金》与黑白片《钢铁是怎样炼成的》有不同"效用",作为奋勇杀敌的保尔和为社会主义建设添砖加瓦的保尔在不同时期所担负的重任是有区别的,这两部影片为苏联的不同时代所需要,这一原则在中国得到了同样的运用。

经典"所被赋予的政治使命逐渐减弱,但也不时成为某一思潮或观念的承载者。

从文学批评的角度来看,俄苏"红色经典"在中国的接受从来就主要是政治的、思想的、文化的、大众消费的,最缺少的是文学的。韦勒克、沃伦认为,"把艺术品贬低成一种教条的陈述,或者更进一步,把艺术品分割肢解,断章取义,对理解其内在的统一性是一种灾难:这就分解了艺术品的结构,硬塞给它一些陌生的价值标准。"[1]但是应该看到,有些俄苏"红色经典"本身就不是纯粹的文学作品,它们的价值正在于那些文学意义之外的东西,这说明一部分俄苏"红色经典"本身就先天性地适合于提炼出文学之外的思想和意义;问题也就出在这里,适合于部分的观点和方法,并不一定适合于全部,有些俄苏"红色经典"的价值恰恰只在于文学本身,却被"硬塞给它一些陌生的价值标准",也无中生有地被提炼出文学意义之外的东西,适合于提炼的和不适合于提炼的都放在同一口坩埚内一股脑儿地提炼起来。

文学的功能一旦缩小到为政治思想教育服务,文学所塑造的人物形象的内涵也必然随之变得单薄、空洞和虚假。更重要的是,某些"红色经典"作品所提供的英雄形象,既不符合人的本性,也违背了马克思关于人的发展的论断。马克思说:"共产主义是私有财产即人的自我异化的积极的扬弃,因而是通过人并且为了人而对人的本质的真正占有;因此,它是人向自身、向社会的即合乎人性的人的复归;这种复归是完全的,自觉的和在以往发展的全部财富的范围内生成的。这种共产主义,作为完成了的自然主义＝人道主义,而作为完成了的人道主义＝自然主义,它是人和自然界之间、人和人之间的矛盾的真正解决,是存在和本质、对象化和自我确证、自由和必然、个性和类之间的斗争的真正解决。"[2]人的全面发展是人向自身、向社会的合乎人性的人的复归,而且保存了以往发展的全部财富,并不是对于人的多种需求的弃绝。高尔基曾经谈到文艺要表现城市"无产阶级","有理想的人物",表现农村"追求新生活愿望的火花"[3];要表现"新的俄国人",因为他们是"生活中新事物的真正建设者"[4]。高尔基的本意是要求文学应该描写生活的远景和理想,给人以力量和

---

[1] 韦勒克、沃伦:《文学理论》,刘象愚等译,江苏教育出版社2005年版,第123页。
[2] 马克思:《1844年经济学哲学手稿》,人民出版社2000年版,第81页。
[3] 《高尔基文学书简》(上),人民文学出版社1962年版,第113页。
[4] 《高尔基文学书简》(上),人民文学出版社1962年版,第325—326页。

鼓舞，这在处于沙俄统治的黑暗时代是非常必要的。但是对生活远景和理想的描写必须建立在坚实的现实基础之上，而后来少数俄苏"红色经典"的创作者却一味强调"美化生活"，不惜粉饰现实掩盖矛盾，甚至以理想代替现实，这是完全背离高尔基的初衷的。这种文学创作上的倒退，必然带来文学接受上的倒退，这是毋庸置疑的。

　　是强调俄苏"红色经典"与中国现实的配合，以中国现实政治的立场来"改造"俄苏"红色经典"，以期让它更有针对性地为中国现实政治服务？还是凸显俄苏"红色经典"的本来面目，多方发掘其中可能具有的信息含量、思想资源和审美因素，尽可能在全面深入理解的基础上作出不牵强附会的现实阐释？这是俄苏"红色经典"在中国接受史中一直存在的两个方面，这二者的此消彼长也透露出一个时代的讯息。文学既具有社会功能又不能代替社会学，只有在这个前提下来看待文学，才能摆正文学在整个意识形态体系中的位置，才不会赋予它错位的"效用"。

第八章 中俄文化交流背景下的中国翻译家

俄苏文学在中国的翻译为中国现代文学的发展乃至整个现代文化的演进提供了重要的思想资源。从译介学的角度看,翻译不仅仅是一种文字上的转换,更是一种文化层面的再创造。译者选择哪些文学作品作为翻译源,在何种程度上对这些作品作何种向度的再创造,都是由译者的人文品格决定的。因此,从译者的角度研究俄苏文学翻译,有着尤为重要的意义。人文品格是人的文化修养、文化素质、文化品位、精神人格等因素的综合。人文品格受制于时代的意识形态、文学观念,有一个形成、发展和变形的过程。能否在文学翻译活动中坚持自己的文化理想,这一点最能体现翻译家的人文品格。

在百年中国俄苏文学翻译史上,不仅有如鲁迅、瞿秋白、茅盾、巴金这样的具有作家或革命者身份的翻译家,有如耿济之、汝龙、草婴、满涛这样的将俄苏文学翻译作为自己终生事业的翻译家,更有无数以这样或那样方式参与了俄苏文学翻译的译者。百年来何以有这么多学人献身其中?他们的文化造诣与翻译成就的关系如何?在翻译过程中又是哪些因素发挥过至关重要的作用?译者的人文品格与俄苏文学在中国的历史命运之间的关系如何?在中国当下文化格局中如何体现译者的文化理想?这些追问都能引起人们深刻的思考,具有重要的学术价值和现实意义。

本文不可能一一回答上述重要问题,但希望通过对巴金、曹靖华、戈宝权、查良铮、高莽和草婴等六位翻译家的个案研究,展示中国俄苏文学翻译者所处的文化语境,在中俄文学交流的大背景下各自作出的成就和贡献,他们的文化修养和精神品格对翻译活动的影响,以及他们的翻译理念和翻译思想等。本文所选的翻译家有限,所取的角度也不一,自然无法涵盖百年来中国俄苏文学

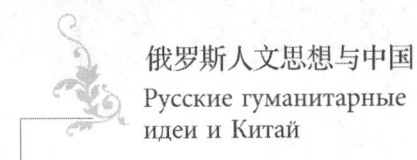

翻译群体的全貌,但因在选择时注意到对象的身份特征(如小说家兼翻译家、社会活动家兼翻译家、学者兼翻译家、艺术家兼翻译家、诗人兼翻译家等),加之译者本身的经历和个性的差异,因此放在一起也就有了相当的普遍性和代表性。希望本文能为全面系统地研究翻译家群体作个铺垫。

第一节　巴金

巴金是我国著名的作家和翻译家,他懂得英文、法文、俄文、日文、德文和世界语等多种语言。从1922年根据英译本翻译俄国作家迦尔洵的小说《信号》开始,翻译一直伴随着巴金的创作。他的译文全集足足有十卷(人民文学出版社),其中尤以俄国文学作品居多。比如赫尔岑的作品、克鲁泡特金的作品、屠格涅夫的6部中长篇小说、高尔基的小说等。本节主要在中俄文学交流的格局中考察作为翻译家的巴金与俄国作家赫尔岑的关系,特别是他对《往事与随想》的翻译和接受。

一、巴金对赫尔岑《往事与随想》的翻译

1. 初识赫尔岑及其作品

巴金对赫尔岑的接受,最早可以追溯到他对克鲁泡特金的接受上。年仅16岁的巴金无意中获得陈独秀译的克鲁泡特金的《告少年》,这本小册子点燃了少年巴金的激情。他翻译克鲁泡特金的书[①],写文章介绍克鲁泡特金的思想[②]。可以说,巴金初识赫尔岑是从译介克鲁泡特金开始的。1929年巴金译完克鲁泡特金《我的自传》,作者在书中写道:"赫尔岑的文体之优美(屠格涅

---

① 巴金译克鲁泡特金的著作有:《面包掠取》(1927,上海自由书店,后改名《面包与自由》,署名芾甘)、《狱中与逃狱》(补译李石曾的译作)(1927,广州革新书局,署名李石曾、李芾甘)、《法国大革命》(1927,上海自由书店,署名芾甘)、《英国之政治制度及社会制度》(1927,上海自由书店,署名芾甘)、《人生哲学:其起源及其发展》(1928—1929,上海自由书店,后改名《伦理学的起源和发展》,署名芾甘)、《蒲鲁东的人生哲学》(1929,上海自由书店,署名芾甘)、《我的自传》(1930,开明书店,署名巴金,曾用名《一个革命者的回忆》)、《告青年》(1937,托名美国三藩市平社,署名巴金)、《一个反抗者的话》(1940,平明书店,署名巴金)。

② 巴金编译和写作关于克鲁泡特金的作品有:参与编译《克鲁泡特金学说的介绍》(1926)、《克鲁泡特金学说概要》(1928)、《俄国革命党人眼中的克鲁泡特金》(1928)、《克氏〈人生哲学〉之解说》(1929)。

夫说他是用血和泪写文章的,在俄国再没有第二个人这样写过),其思想之阔大以及他爱俄国之深切使我无限感动,我再三诵读,不忍释手,用全心灵去领会甚于用我的头脑。"① 巴金在1940年文化生活出版社出版的《一个家庭的戏剧》的序跋中引用了上述语言,并提到克鲁泡特金的另一本书《俄国文学史》② 中关于赫尔岑的评价:"后来克鲁泡特金在《俄国文学之理想与现实》中又论到赫尔岑回忆录,说这是'全世界的诗的文学中最优美的作品之一'。"③

1928年2月5日,巴金在法国的沙多·吉里(现译蒂埃里堡)买到了英国康·加尔纳夫人(Mrs. C. Garnett)翻译的英文本《往事与随想》。④ 这本书让巴金很兴奋:"我心里也有一团火,它也在燃烧。我有感情需要发泄,有爱憎需要倾吐。我也有血有泪,它们要通过纸笔化成一行、一段的文字。我不知不觉间受到了赫尔岑的影响。"⑤

当时,巴金正在创作他的小说《灭亡》。从此,巴金这一生的创作都烙下了《往事与随想》的影子。而对《往事与随想》的钟爱使他几次起意翻译这部巨著。

1928年,巴金写下了研究俄国社会运动及革命人物的一些文章,其中包括《赫尔岑与西欧派》。1935年,巴金整理了这些文章并加入了第九、十章,收入在自己主编的《文化生活丛刊》第五种《俄国社会运动史话》中。这篇介绍赫尔岑的文章谈到了赫尔岑的生平,包括参加革命活动、监禁和流放、流亡国外、创办《北极星》和《警钟》杂志、与巴枯宁等人的交往和他的基本思想等。这篇文章无疑为巴金后来翻译《往事与随想》作了思想上的铺垫。

2. 翻译《往事与随想》

1929年2月25日巴金在《自由月刊》第1卷第2期译了《往事与随想》中的一章,取名为《母亲之死》,署名 P. K.,该文又载在1931年10月1日《新时代月刊》第1卷第3期上。这是他发表的关于《往事与随想》的首次节译。

---

① 克鲁泡特金著:《俄国文学史》,郭安仁译,重庆书店1931年版。
② 巴金将该书书名译为:《俄国文学之理想与现实》。
③ 赫尔岑著:《一个家庭的戏剧》,巴金译,文化生活出版社1940年版。书中有巴金写的《前记》。
④ 一说是英国伦敦《自由》杂志主编 T. H. Keel 寄来的《往事与随想》的英译本(见李存光编的《百年巴金——生平及文学活动事略》)。但巴金本人在文中说是购买的。可能的情况是:巴金在法国时收到由 Keel 代购的《往事与随想》。文中采取巴金的说法。
⑤ 巴金:《〈往事与随想〉译后记(一)》,载《巴金译文全集》第四卷,人民文学出版社1997年版,第480页。

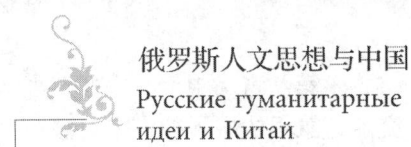

1929年上海自由书店出版的《蒲鲁东的人生哲学》中收录巴金著文《蒲鲁东和赫尔岑》。1931年3月20日巴金在《时代前》杂志第1卷第3号上发表译文《赫尔岑论》，署名一切。

1936年，巴金翻译了赫尔岑《往事与随想》中的两个片段——《海》和《死》，总题为《回忆二则》，发表在《译文》的第1卷第1期上。分别译自第5卷的第6章第2节和该卷的第8章。这两部分当时是赫尔岑生前作为《海洋之夜》的第2和第3节在《北极星》上发表的。

从1939年起，巴金分别在《文学集林》的第一辑《山程》、第二辑《望》、第三辑《译文特辑》和第四辑《殖荒者》中发表了《一个家庭的戏剧》(1948—1952)四个部分。1940年8月以《一个家庭的戏剧》为名，由上海文化生活出版社出版。1943年1月桂林文化生活出版社一版；1947年4月上海文化生活出版社再版。书中还包括巴金写的前记、关于作者和这本小书，正文包括：一八四八年、一八四九年、一八五一年、一八五二年几个部分。1954年6月上海平明出版社以《家庭的戏剧》出版该书，收入《新译文丛刊》，巴金为该版写下了《亚历山大·赫尔岑》、《过去的思想》和《家庭的戏剧》等文，并较前版增加了一八六三年。还附录了赫尔岑的日记三则。此书后又于1955年、1962年和2002年，分别在人民文学出版社、上海文艺出版社和三联书店出版。

1974年，即"文革"后期，巴金再次拿起笔，根据苏联科学院出版的三十卷本《赫尔岑全集》的第8卷(1956)和康·加尔纳夫人英译本的第1册(1924)翻译起《往事与随想》，当然主要是依靠英译本。他一边翻译，一边作注释。1979年10月上海译文出版社初版《往事与随想》；1980年2月15日，《往事与随想》中的第3卷《克利亚兹玛河上的弗拉基米尔》刊登在北京师范大学《苏联文学》第1期上，同期还刊登了《往事与随想》的译后记。1997年，人民文学出版社出版了《巴金译文全集(共10卷)》，《往事与随想》收入在该集第4卷中。

巴金先后在不同的场合表达了自己翻译《往事与随想》的决心：1936年他曾向鲁迅先生表示"要全译赫尔岑的一百几十万字的回忆录"[①]；1973年12月19日给汝龙的信中谈道，"我当然想争取译完全书"，同时也说出了自己的担

---

① 巴金：《一封信》，载《中国当代文学研究资料·巴金专集1》，江苏人民出版社1981年版，第159页。

忧;1973年12月23日在给黄源的信中,写道"争取在五年内译完全书"①,并说"我过去受过赫尔岑文笔的影响,因此译这书比较容易。只是加注多,相当麻烦"②。1977年5月18日应上海《文汇报》副刊主编徐开垒之请,巴金著散文《一封信》,发表于该报5月25日,文中又一次提到"倘使我能够在我生命结束之前实现这个诺言③,这将是我莫大的幸福。"

纵观巴金对《往事与随想》的翻译过程,我们大致可以得出几个结论:1. 巴金从最开始接触到赫尔岑的《往事与随想》起,就对该书怀有很深厚的感情,这种感情至死不渝;2. 巴金并没有一气呵成翻译完《往事与随想》;3. 巴金起初关注《往事与随想》在《家庭的戏剧》这一部分。

3. 把翻译当做"再创作"

在了解巴金对赫尔岑作品的翻译过程时,我们有两个疑惑:(1)既然巴金是如此地喜爱赫尔岑,为什么从接触《往事与随想》到对它的翻译,间隔如此长的时间?(2)巴金在翻译《往事与随想》的时候,为什么首先选择《家庭的戏剧》这一部分?

关于第一个问题,巴金在1940年《一个家庭的戏剧》前记中说:"我早就发愿要把这本小书翻译出来(自然是根据英译本),不过这是一件超过我的力量的工作。我没有作者那样的学力和文笔,我不配介绍他的著作,况且这又是一个 Study of Psychology of Passionate Emotion。(这是我妄加的,不适当的评语,也许可以译作激情之心理的研究。)或者用作者自己的话,这是一个'心理病理学故事'。现在我竟然不力力地勉强完成了这个工作。我希望这个不成功的尝试还能够把原作的精神多少保留一点。"

从这段文字,我们可以看出巴金对《往事与随想》是喜爱到了战战兢兢的地步。喜爱,所以珍藏,所以唯恐自己稍有不慎影响他人对这本书的喜爱。这里的文字所蕴涵的除了译者的自谦外,还有发自译者肺腑的情绪情感。与这段文字相比较的是1978年8月8日他给臧仲伦的信:"有时候我没有接受您的意见,我保留着我原来的译文,可能我还想保留我写文章的'风格'(?)。我常常把翻译当做'再创作',一面学习,一面也把自己的感受和体会放进去。但我现在也只能说是试译而已。"

---

① 巴金:《巴金书信集》,人民文学出版社1991年版,第264页。
② 巴金:《巴金书信集》,人民文学出版社1991年版,第126页。
③ 这里的诺言指的是"巴金对鲁迅表示全译《往事与随想》的诺言"。——作者注

信中提出了译者的翻译准则——在求真的基础上,体现译者的风格。此时的巴金觉得自己已经能够驾驭《往事与随想》的翻译了,所以才会强调"风格"。文字表明巴金此时已经没有了当年的顾虑。喜爱,所以翻译,所以把自己对该书的理解一并呈现给读者。

历经30多年,巴金不断地磨炼自己的"学力和文笔",终于开始着手翻译这部巨著,之前的翻译文字不过是他的"牛刀小试"。

但为什么巴金会选择将《往事与随想》中的《家庭的戏剧》作为自己的尝试?众所周知,《家庭的戏剧》因其中涉及作者不愿提及的隐私,有些章节赫尔岑至死都未发表,它是以手稿的形式保留下来的。我们在阅读巴金1936年《译文》上刊登的《回忆二则》时,发现这二则节选是赫尔岑生前已经发表的,且文字与赫尔岑最初发表的一样,也与后来1905年圣彼得堡版7卷本《赫尔岑著作集》内的《往事与随想》第5部的编排一样:与黑尔维格相关的内容全删去了。

巴金当初阅读的是1924年康·加尔纳夫人的英译本,这个版本是根据1921年柏林版的俄文原本译出,而柏林版的《往事与随想》"出乎意料"地把关于娜塔丽的这一部分收入进来,即与1954年由苏联科学院出版的赫尔岑30卷全集一样。也就是说,巴金阅读的《往事与随想》中《家庭的戏剧》是按照我们现在所看到的样子编排的(在这两段文字中间还有一个章节),[①]巴金对这个地方的翻译处理怎么会和赫尔岑的生前发表文字如此一致?能解释这个问题的一个设想是:巴金当年在翻译这两则回忆的时候是知道赫尔岑生前对《往事与随想》的态度的,他非常地热爱赫尔岑,一方面他很尊重赫尔岑生前的选择,另一方面,关于黑尔维格和赫尔岑妻子娜塔丽的内容可能会影响人们对赫尔岑的接受。所以,巴金也就有了这个选择,参考1905年圣彼得堡版的编排,将其中涉及到这个内容的相关文字都删节了。

《家庭的戏剧》这部分内容属于《往事与随想》,而且在这部传记中占有很重要的分量,但总体来说,还是独立于其他内容的。事实上,《往事与随想》从第5卷开始,其中的增补章节就具有很强的独立性,或叙或议,很多是带有明显政论特色的随想。赫尔岑用舒缓的笔调描写出自己的家庭事情,将它完全

---

① 这一章主要写黑尔维格因为赫尔岑给妻子施压,让她最终明白其实她深爱的依然是自己的丈夫,而不是黑尔维格,遂恼羞成怒,写信给赫尔岑,扬言要决斗。出于对妻子的病情的考虑,赫尔岑没有接受决斗的邀请,但他的朋友们却被黑尔维格无耻的行径激怒,自愿为赫尔岑及全家的声誉奔走。

独立在作家其他关于社会活动和对未来思考的文字之外。饱蘸沉痛的笔端勾勒出一幅又一幅家庭的悲剧,在整部缺失女性的传记《往事与随想》中格外引人注目。前文曾提到过屠格涅夫对赫尔岑的评价,这个评价正是建立在他读完《往事与随想》第5卷中叙述作者家庭悲剧的那一部分手稿后有感而发的。

可能正是这种细腻的情感深深吸引了巴金,这也很符合巴金敏感纤细的文学感觉,所以他选择这部分文字来翻译。在《一点感想》这篇讨论翻译的文章中他说:"我只是选译我喜欢的、笔调跟我的相近的书"①。从客观上来讲,这个部分的内容也是巴金当时比较能够把握的,能够将它完全呈现给读者的。事实上,巴金的确在译文中非常忠实地重现了《家庭的戏剧》的内容和作者风格。

巴金一直都认为,他翻译外国文学,一是为了拣用别人的武器战斗②,二是为了"学习"③,可见他的翻译作品对他的创作影响很大。值得注意的是,在他全部小说创作中,占比重最大、最能体现其创作倾向和艺术成就的,无疑当属以反封建为主旨的家庭小说系列。这不能不让人觉得赫尔岑给他的影响是很深远的。关于这一点的论述将在下一节详细展开。

可以肯定的是,这部分文字的翻译对巴金的创作风格起了很大的作用。在《往事与随想》中,扑面而来的是对妻子的深爱,对家庭的眷爱,对人民的热爱,对事业的挚爱。一颗坦诚的心在文字间呈现。赫尔岑政治活动家的智慧让他的行文流畅、炽热、坦白。《往事与随想》中最优秀的篇章是赫尔岑的"内心思考"。真诚深邃的抒情赋予叙述"快乐的笑"和"幸福的伤悲",体现了作家精神上的思考、探索和悲剧。用作家自己的话来说,它们是"和着血和泪的"。这些可能吸引住了巴金,使他在写作的时候,有意或无意地也这般体现了出来。

二、巴金对《家庭的戏剧》的翻译

巴金对《家庭的戏剧》的翻译持续了11年,后又有所增补,最终才完成对它的译介工作。

---

① 巴金:《一点感想》,载《当代文学翻译百家谈》,北京大学出版社1998年版,第88页。
② 类似表达参见《巴金译文全集·序》,载《巴金译文全集》第一卷,人民文学出版社1997年版。
③ 类似表达参见《巴金译文全集·后记(一)》,载《巴金译文全集》第四卷,人民文学出版社1997年版。

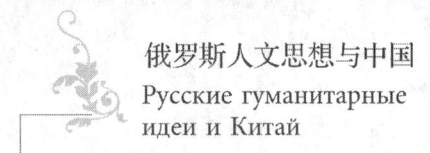

1. 从《家庭的戏剧》的翻译看巴金的翻译艺术

巴金在翻译的时候非常注重"信、达、雅",其中的"信"即为他提出的"忠实"。在《一点感想》中他解释到"忠实",并不是"保存外国文句的构造",而是"保存原作的风格","对原作的每一整句的'忠实'"①。除此之外,还需要有译者的个人"风格",有译者的感受和体会。所以在阅读译本的时候,我们注意到在一些地方,巴金颇费了一番心思来体现作者的真实意图。对字词的斟酌、对句子的调整、对段落篇章的改变都体现出了他的良苦用心。

在这里,我们将选取 2002 版②的译文作为主要的分析对象,一则因为 1936 版是根据英文的译本转译,中间可能出现译文的缺失和译者的本身改写,这些都会影响到巴金对原作的翻译,再者因为 2002 版的重译参考了 56 年苏联科学院版本,笔者手边正好有这个版本,所以对照起来比较准确,不会出现可能的变文。③

巴金说过,"外国文的一个单字往往有几个甚至十几个意义,把一个形容词译成中文,也有好几种译法,每一个单字都是跟上下文有密切联系的"④。

在翻译《往事与随想》的时候,巴金非常细心地揣摩作者想要表达的感情,用作家最形象的语言将它译成中文,有的时候甚至会改变单词的词性,以达到形象、生动地表达作者的感情。

比如,海难发生,赫尔岑在被救的人群中找不到母亲和幼子。他写道:"Все в голове было смутно и дрожало внутри."巴金将这句译成"我的脑子里只有混乱和颤栗"。这里 смутно 在句中是形容词 смутный 的短尾形式,而 дрожал 是动词 дрожать 的过去式。按照语法,我们一般会把这句翻译成"我的脑子一片混乱,内心颤抖不已"。巴金将这两个不同词性的单词全部译成名词"混乱"、"颤栗",用词简洁、形象,很好地反映了作者当时已经不想再说什么了,只有沉默。

---

① 对译文"忠实"的概念来自巴金的《一点感想》。该文原载《翻译通报》1951 年 5 月 15 日第 2 卷第 5 期。见《当代文学翻译百家谈》,北京大学出版社 1998 年版,第 88—89 页。
② 2002 年翻译出版的《家庭的戏剧》(正文简称:2002 版);1936 年的《回忆二则》出自《译文》的第 1 卷第 1 期(正文简称:1936 版);以下所选取的俄文材料皆出自 1954 年起苏联科学院出的 30 卷赫尔岑全集(1956 年出版了《往事与随想》)。
③ 事实上,在不同的版次中,或者是不同的出版地、出版时间出版的《往事与随想》中,会在一些地方出现变文。比如 1905 年圣彼得堡版与 1946 年列宁格勒版在某些地方就有所不同。
④ 巴金:《一点感想》,载《当代文学翻译百家谈》,北京大学出版社 1998 年版,第 89 页。

第八章 中俄文化交流背景下的中国翻译家

当赫尔岑找到法国领事要签一张通行证，好让他能去叶耳找一找母亲和幼子时，熟悉和不熟悉他的人都非常关心这个不幸的家庭，他们热心地陪着他，想帮他做一点事情。当得知领事同意签发通行证时，众人有如下言语："– Поезжайте домой и не хлопочите ни о чем, – говорили мне со всех сторон, – остальное будет сделано – мы возьмем билет, визируем его в интендантстве, закажем почтовых лошадей." 巴金译为："你回家去罢，什么事情都不要你操心，"他们异口同声地说："其余的事我们会办好；我们去领通行证，拿到局里去签字，我们去雇驿马。"这里大量地加入了代词"我们"、"你"等，原文中并没有这些代词，适度地添加使得这段文字非常的口语化，而主语的存在也符合中国读者的阅读习惯。

在翻译的过程中，巴金还有意地将原来的长句变成短句，这样的改变，不光符合当时人物的心情，也对读者的视觉产生了一定的影响。比如赫尔岑没能接到母亲和幼子，心情非常难受，而家中还不知道这个噩耗，庭院里点起了许多欢迎的小灯笼，明亮的光线更让他觉得亲人不在于世的空荡。他描述道"Это были фонарики, зажженные детьми." 巴金将这句译为"这是那些灯笼，它们给孩子们点燃了"。实际上，这是一句话，后半句是形动词＋动词主体，修饰"小灯笼"，如果按照正常的语法来翻译，则译为"这是那些被孩子们点燃的小灯笼"。但长句只是起到描述性的作用，不能表达作者彼时的心情，换成短句后，我们似乎可以听到作者哽咽的声音，泣不成声的情形。那时是无法说出很长的句子的。

有时巴金也会添加一些字词来更好地体现作者的心情。比如，妻子娜塔丽在死亡线上挣扎，赫尔岑一直在她的身边陪着，亲眼看着生命之火在自己最爱的人身上逐渐熄灭，在忽明忽暗的时候，他希望妻子能活着，和他说话，哪怕是一句话。"Еще одно слово – одно слово – или уж конец бы всему." 巴金译为"我等着她再说一句话……一句话……或者结局马上到来！"这里译者增加了"我等着"，突出了作者的主体地位，也体现了他的迫切期待，那种漫长的、无结果的、让人失望的等待通过添加的"等着"得到强调。催人泪下！

巴金在翻译的时候，会根据上下文的意思适当改变对个别单词的解释。比如妻子弥留之际，赫尔岑带着儿子沙夏跪在她的面前，"医生拿起她的手，然后放开了它，它像一件东西似地落了下去。"这个宣布如雷电击中所有的人，孩子受不了了，"Мальчик рыдал – я хорошенько не помню, что было в первые минуты。"巴金译为"孩子低声哭着。我记不大清楚开头做了些什么事情"。"рыдал"是"рыдать"的过去式,原意为"大哭、号啕大哭"。此处巴金将它处理成"低声哭着",非常形象地表现了这个孩子当时的情形,害怕、悲伤,又有身为长子的成熟。"低声"表现出了孩子压抑的痛苦。

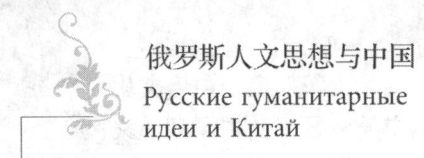

在处理段落的时候,巴金也会根据段落之间的意思、作者所要表达的感情采取将若干段落合在一起或单独成段的方法。

比如,妻子娜塔丽听到海难的消息,有几段这样的描写:

Она покачала головой и прибавила:

— Их нет! Их нет! — потом молча приложила лоб к моему плечу. Мы прошли аллеей, не говоря ни слова; я привел ее, в столовую; проходя, я шепнул Рокке:

— Бога ради, фонари.

Он понял меня и бросился их тушить.

В столовой все было готово: бутылка вина стояла во льду, перед местом моей матери — букет цветов, перед местом Коли — новые игрушки.

巴金将它们合成一段,译为:

她摇着头,一面还说:"他们不在,他们不在!"过后她就默默地把她的前额靠在我的肩上。我们一句话也不说,走过了林荫路,我把她引进饭厅;我们走过那里的时候,我低声向洛加说:"看在上帝的分上,那些灯笼!"……他明白我的意思,马上去把灯笼吹熄了。饭厅里一切都准备好了:有一瓶冰着的葡萄酒,在我母亲的座位前面放着一束花,在柯立亚的座位前面放的是新玩具。

这些段落之间的意思是紧密相连的,所以译文表现成一段,形式上显得紧凑,同时也因为作者此时心情非常难受,无需特别强调为了迎接母亲和幼子而做的准备,只要稍加交代,轻轻带过即可,单独分出段来,只会让人更伤感。巴金在这里的翻译处理既照顾了作者的悲伤,也顾虑到读者的心情。

第八章 中俄文化
交流背景下的中国翻译家

再比如,妻子娜塔丽病故,赫尔岑失去了挚爱的人,感情上简直无法接受这个打击。"Еще одно слово – одно слово – или уж конец бы всему. В этом положении она осталась до следующего утра. С полдня или с часа 1 мая до 7 часов утра 2 мая. Какие нечеловечески страшные 19 часов!"在 2002 版,译为"我等着她再说一句话……一句话……或者结局马上到来!她持续保持着这种状态一直到第二天早晨,就是从五月一日正午或者一点钟光景到五月二日上午七点钟。多么残酷的、可怕的十九个钟头!"原文在此处并没有独立成段,但 2002 版却将"多么残酷的、可怕的十九个钟头!"另作一段,在视觉上给人一种震撼的影响,让读者感受到失去亲人的残酷与痛苦。

向娜塔丽遗体告别的时候,赫尔岑写道:"Она не проснулась. Это не сон – это смерть!"在 2002 版译为"她并没有醒起来;这不是睡,这是——死"。原文并没有将这句话单独分出段来,而译文将它独立出来。这一句话的段落让人产生了长长的叹息,好似默哀。巴金在翻译这些地方的时候非常注意形式上的变换所产生的效果。

文学家的巴金在翻译的时候有着许多职业翻译家无法比及的优势,如上文分析的通过遣词造句、段落安排来表达自己理解中的作者文字。在这一点上,虽然有主观因素(巴金说的"个人风格"),但对读者来说,这种独特的翻译艺术,不仅给我们提供了优秀的文学读物,也给我们提供了一种翻译的办法,值得我们好好学习。

当然,值得我们学习的远不止他的这些技巧,还有他对作品的热情、对翻译质量的精益求精、对读者的负责。

在巴金给高莽的信中,除了对他替自己校对《往事与随想》的序文表示感谢外,还就其中一句①的翻译进行了探讨:"还有一个地方,就是'三十三年'和'三年'的那个问题,我还是搞不清楚,等着您的指教。"(1977 年 11 月 8 日)"说实在话,您的意见对我很有帮助,我会好好体会。我要根据您的意见把序文认真修改一番。'三十三年'那一句该怎样翻译,希望您考虑后告诉我。"(1977 年 11 月 20 日)"赫尔岑的那句话,我想来想去,暂时改为'不是在三十三年前而是至多三年。'您看怎样?"(1978 年 1 月 27 日)这种对译文如琢如磨

---

① 该句原文为:"Когда я думаю о том, как мы двое теперь, под пятьдесят лет, стоим за первым станком русского вольногослова, мне кажется, что наше ребячье Грютли на Воробьевых горах было не *тридцать три года тому назад, а много – три!*"

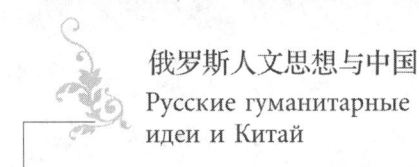

的态度,使得译作非常忠实原文。赫尔岑的《往事与随想》在中国产生了很大的影响,也与这分不开。

巴金对读者非常的"坦诚",他在给朋友的信中不止一次地说道,自己对俄语不精通①,所以会有这样或那样的问题。但他并不畏难,也没有回避这些问题,而是在与友人切磋的同时,将问题一并呈现出来。纵然没有提出的地方,也没有作任何遮掩。

比如,讲到赫尔岑去遇难的船上没有找到自己的母亲和幼子,很痛苦。"Капитан грустно посмотрел на меня, потрес мою руку и сказал:..."巴金译为:"船主悲戚地望着我,和我握手,一面说:……"。动词"смотреть"和"треснуть"前有前缀"по-",这个前缀在这里可以做"一阵、一会儿"解释,所以该句可以译成"船主悲戚地望了望我,握了握我的手,说:……"这样就可以将船主同情的心理、想要安慰却不知所措的神情表现出来。

这只是笔者的一孔之见。总体来说,巴金的译文流畅而忠实,一部优秀的文学作品在他笔下丝毫不输于原著。

别林斯基曾经说过:"让一个普通的翻译者去翻译一个具有文体的外国作家的作品吧,你就会看到,他以他的译文把原文弄得噜苏起来,既没有传达原文的力量,也没有原文那般明确。"②《往事与随想》的译文恰恰说明巴金并不是一个"普通的"翻译者,他将自己对该书独到的认识融入到译文中,将自己对赫尔岑的文体的认识体现在译文中。所以,可能文学家的巴金真的是《往事与随想》最好的译者。

2. 两种译本比较

起先,巴金是根据英译本来翻译《往事与随想》,后来,他又根据苏联科学院的 30 卷本《赫尔岑全集》(1956 年)第 8 卷、康·加尔纳夫人的英译本(1924 年伦敦版)第 2 册、汉弗莱·希金斯修订过的英译本(1968 年伦敦版)第 1 册、达利雅·奥立维叶的法译本(1974 年瑞士洛桑版)第 1 册重新翻译了这部作品。下面笔者想通过对 1936 年、2002 年两个译本的比较来分析巴金

---

① 1977 年 11 月 8 日致高莽的信中说道:"说到俄文,我只是入门,没有英译参考,我碰到困难就毫无办法了。"1978 年致文颖的信中说:"我这次翻译赫尔岑回忆录,也觉得放不开,拘泥得很,第一部稿子交出去了,我才觉得也译得'死',主要原因就是不精通俄文,因此我感到搞翻译也要解放思想,不能句句照原文'死'译。"

② 别林斯基著,别列金娜选辑:《别林斯基论文学》,梁真译,新文艺出版社 1958 年版。

对《家庭的戏剧》的把握。

大体上看,1936年的《回忆二则》译文用词色彩浓厚,体现出译者感情奔放、激昂,而2002年的《家庭的戏剧》译文用词平实且朴素,显得译者感情沉稳。这中间也能看到译者随时间的流逝,对该书的感情渐渐沉淀下来,逐步酝酿出了甘醇的译章。如果我们再结合巴金的创作来看,对该书的几次翻译也与他的创作风格转变同步。巴金自己在《谈我的短篇小说》中说到,后期的短篇跟早期的作品不同,"在后期的作品里我不再让我的感情毫无节制地奔放了。""我写了一点生活,让那种生活来暗示或者说明我的思想感情"①。

关于1936版和2002版的差异,仅举几例便可窥见一斑。

赫尔岑惊闻母亲和儿子出了海难,心情无比糟糕,紧急借马车,取得过境通行证去海难发生地,途经埃斯特勒山,当时夜深风大:"Ночь была ужасная; порывы ветра были иной раз до того сильны."在1936版,译为"这是一个可怕的夜;有时候风吼得非常厉害";而在2002版,则译为"这是一个可怕的夜;有时风吹得非常厉害"。"Порыв"一般解释为"一阵狂风"。"吼"较"吹"多了急切和大的气势。

赫尔岑同一场景中对以前的回忆里有一段描写阳光下的埃斯特勒山雪景的文字,颇为美丽。其中有一句:"Луч солнца орумянил ослепительные снежные вершины."在1936版,译为"阳光投了一股炫目的红光在带雪的山巅上";而在2002版,则译为"阳光染红了白得耀眼的积雪的山顶"。"Румянить"一般作"使变红、照成红色"来解释。"投下一股炫目的红光"与"染红"比起来文字虽然繁琐了许多,但作者的兴奋心情却跃然纸上。

同样的还有,赫尔岑的妻子娜塔丽病重,赫尔岑写道:"Я в первый раз усомнился, спасу ли я ее."在1936版,译为"我第一次疑惑起来,我是否能够把她救住了"。而在2002版,则译为"我第一次疑惑起来,我是不是能够救她"。1936版用了一个"住"字,将作者挽留生命的心彰显出来,这种欲救却无能为力的感觉让人潸然落泪。

妻子的病入膏肓,使赫尔岑手足无措,这样一个处处都能占主动的强者,在病重的妻子面前感到了自己的柔弱,他受到了折磨。"В мучительной неуверенности тянулись дни."在1936版,译为"日子在不确定的苦痛中挨了

---

① 巴金:《谈我的短篇小说》,载《巴金选集》(下卷),人民文学出版社1980年版,第716页。

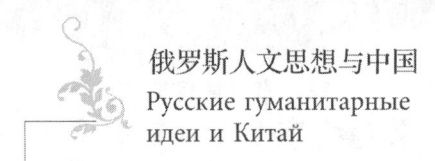

过去"。而在 2002 版,则译为"日子在痛苦难堪的半信半疑中度过去"。"Тянуть"在此处作"勉强应付"解。"挨"比"度过"更能将作者的沮丧心情和无力的失望鲜明地体现出来。

纵观全书,2002 版译本较 1936 版准确、全面,没有出现漏译的情况。这个现象可能是由于当年巴金所依据的英文版本就是这样,2002 年根据俄文版的重译避免了这些问题,对这些地方的修订使译著更贴近原著,也更能全面地表现作者的感情。

比如,在赫尔岑的母亲和儿子遭遇海难的时候,赫尔岑去寻尸,Между спасенными вещами не было ни лоскутка, им принадлежащего. 在 1936 版,译为"打捞起来的物件里面并没有一件他们的东西"。而在 2002 版,译为"打捞起来的东西里面没有一件是他们的,连一块破布也没有"。对"ни лоскутка"的补译"连一块破布也没有",让读者感同身受死者的悲凉,生者的惆怅。

三、翻译对巴金创作和文艺思想的影响

巴金文学生涯的伊始深受俄罗斯无政府主义者、民粹党人等的革命故事影响,他沉醉在这些人的自传中,被他们的革命激情和为社会、为人民的博大胸怀打动。这个时期,巴金喜欢《往事与随想》,一则因赫尔岑是民粹党人公认的发轫者,赫尔岑的传记自然应该是巴金想要阅读的;二则在巴金看来,这"血与泪"写成的,是活生生的,它们非常符合巴金激情的心灵;三则赫尔岑被巴金最欣赏的克鲁泡特金所推崇,这也激起巴金一睹赫尔岑自传的愿望;最后则是赫尔岑自传的本身魅力,《往事与随想》本身也是一部杰出的文学著作,比起一般的传记来讲,多了一分文体上的考究,这让文学家的巴金不自主地靠近它。

1. 题材、体裁上的影响

巴金有很多作品是关于家庭的,因为家庭是社会的缩影。所以,他总是从"家庭"的角度来概括整个社会。这种缩影有的比较典型、比较全面,比如《家》中的高府,也有的往往只反映社会生活的某个方面,比如法国教授明兴礼在《巴金的生活和著作》[①]第三章《家的创作者》中,分别以"被威胁的

---

① 见明兴礼著:《巴金的生活和著作》,王继文译,上海书店 1986 年版。

'家'——《激流》"、"分裂的'家'——《憩园》"、"动摇的'家'——《寒夜》"、"团圆的'家'——《火》"为标题,揭示这个风格的特征。这种概括的偏颇在汪应果的《巴金论》中已经有所阐述①,但从这里至少可以看到,巴金的家庭小说给了他的研究者很深的印象。

仔细考察巴金的家庭题材,可以发现,他笔下的"家"是充满了琐事的,它里面有家庭的日常生活,家庭内部的争吵和关心,这些是我们每一个家庭都可能遇到的,是那样的亲切和贴近我们,没有离奇的人和事,没有惊心动魄的事件。巴金就是在这样的家庭题材里写尽人间冷暖,社会炎凉,揭示了人物丰富的精神世界,表现了人物的命运,以此来打动我们的心。巴金选用这样的"家庭"作为他创作题材的原因:一是可能受了国内整体的创作氛围影响,五四前后对于爱情、婚姻问题的"现代"认识,使这类主题的作品发表很多;二是这个题材与他的生活经历有关,如《家》中的高府俨然是巴金童年生活的再现,《憩园》探讨了五叔的出路,《春》里面蕙的结局就是巴金第三个姐姐的结局;三是与他当时的阅读和翻译有关,通过他的序、跋以及部分文艺杂论大致可以推论出当时他的阅读面很广,而前期的作品又以受俄罗斯作品的影响为甚。其中《往事与随想》的翻译对巴金的影响贯穿了他创作的各个时期。

前期,赫尔岑对巴金的影响可能主要集中在"写家庭"。巴金最初翻译的《往事与随想》中的篇章是与整个回忆录风格迥然不同的《家庭的悲剧》。这部分文字感情真挚,文字质朴,情节虽曲折却无惊险,作者在不露声色的描述中表达了对家庭的依恋,对慈母幼儿的怀念,对爱妻的牵挂。这一点很可能给了巴金一定的启发。纵然是描写近半个世纪的历史、社会、政治、文化生活的编年史,也可以从家庭着手,而且对家庭的描写更使人信服他的文字和字里行间流露出的观点。赫尔岑在前言中说这是"历史在偶然出现在它道路上的一个人身上的反映"。巴金在《后记(一)》中阐释为"作者把他个人的生活事项和具体社会历史意义的一些现象有机地结合起来了"。所以巴金在创作时选取家庭题材,可能也是想将生活与社会历史结合。选取自己熟悉的生活,然后加以提炼,并在描写的时候灌注自己的思想。

在这一点上,巴金晚年的《随想录》更能体现赫尔岑对他的影响。《随想

---

① 汪应果:《巴金论》,上海文艺出版社,1985年版,第397-399页。在第六章《巴金的艺术风格》第五节"作为社会'缩影'的家庭题材"中有所表述。

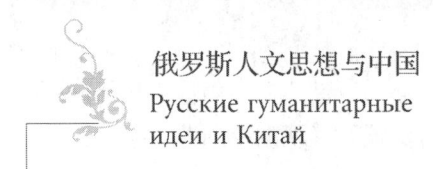

录》可以说是译作《往事与随想》的"副产品"①。

巴金一开始将《Былое и думы》中的 думы 译为"深思"。尽管自己并不是很满意,但在很长一段时间都沿用这个名字,直到臧仲伦建议改为"随想"②,而正是这"随时的感想"让巴金有了创作《随想录》的初衷。他在总序中写道:"我准备写一本小书:《随想录》。我一篇一篇地写,一篇一篇地发表。这只是记录我随时随地的感想,既无系统,又不高明。"

虽然巴金非常谦虚,说5卷集的《随想录》"无系统"、"不高明",但这的确也是他"随时的感想"。此外不排除他想借鉴赫尔岑的这种独特体裁来表达自己对这段历史的反思。在给巫宁坤的信中,巴金说:"赫尔岑是我的老师,我写文章受过他的影响。他的回忆录的前半部揭露尼古拉一世的反动统治,写得很出色,值得我学习。我老了,又受了'四人帮'十年的折磨,放下'作家'这块牌子,也无怨言。现在认真学习,倘是译完赫尔岑的书,能学到一点他的笔法,又能多活几年,有机会再拿起笔给'四人帮'画个像,给四害横行的日子留下一点漫画、速写之类的东西,那就是我的奢望了。"(1977年3月9日)③

巴金在《〈随想录〉后记》中说:"赫尔岑'这些议论就在当时看也不见得都正确'。而我的'随想'呢,我可以说:它们都不高明。不过它们都是我现在的真实思想和真挚感情。"④巴金选择"随想"的形式可能也考虑到这种体裁非常适合写出自己的真实思想和真挚情感。事实上,"《随想录》是中国近几十年来中国知识分子的思想变迁史。"⑤在这一点上,《随想录》取得的成绩又与《往事与随想》达到的成就不相上下。

2. 文艺思想上的影响

巴金自创作伊始,就坚持文艺战斗的功利性。他总说自己不是为了当作家才拿起笔创作的,而是因为"有感情要倾吐,有爱憎要发泄",是因为"找不到别的武器去战斗"。他写作,为了"申诉我的以及与我同为'被压迫者'的人的悲哀"。(《死去的太阳·序》)他毫不讳言地说出了自己对艺术的态度:

---

① "《随想录》是我翻译亚·赫尔岑的《往事与随想》时的副产品。"见《随想录》后记。
② 巴金在信中说:"书名决定改为《往事与随想》。感谢您提醒我。我一直不满意'思考'、'沉思'、'深思'这类译法,而且也不满意赫尔岑在书中的一些议论。却始终没有想到改变书名。用'随想'二字,是当得多。明明是随时的感想。"(1978年9月2日)
③ 《巴金书信集》,人民文学出版社1991年版,第413页。
④ 巴金:《〈随想录〉后记》,载《随想录》,作家出版社2005年版,第124页。
⑤ 柯灵:《〈随想录〉的随想》,载《百年悲欢》,上海远东出版社1996年版,第4页。

"通过实践,我越来越理解高尔基的一句名言:'一般人都承认文学的目的是要使人变得更好'"。

这种想法与赫尔岑的文艺观接近。赫尔岑认为:"公民生活动态就是具体化的文学,反过来,作为人民之声的文学,则是人民生活方式的表现。"(《赫尔岑全集》,第1卷:59)① "凡是失去政治自由的人民,文学是唯一的讲坛,可以从这个讲坛上向公众诉说自己的愤怒的呐喊和良心的呼声。"(第1卷:198)

巴金在接受"五四"精神的时候,非常自觉地接受了俄国文学中的进步因素。无论是在创作的前期,还是后期,他的创作思想中,一直都有一根红线:为人民。要爱人,要反对一切压迫人、剥削人、束缚和阻碍人的正常天性发展的制度、礼教、道德等的东西。

虽然巴金的创作很早,但大家公认的第一部作品却是1929年发表的《灭亡》。小说写作的时候,巴金正在阅读赫尔岑的《往事与随想》。《往事与随想》的澎湃感情深深地吸引住了巴金,巴金也因此产生了"我也有感情需要发泄,有爱憎需要倾吐。我也有血有泪,它们要通过纸笔化成一行、一段的文字"的冲动。在《〈往事与随想〉译后记(一)》中他承认"我不知不觉间受到了赫尔岑的影响"。在以后给黄源的信中,他又说道:"我过去受过赫尔岑的影响"(1973年12月23日)②。种种迹象表明赫尔岑的《往事与随想》在文艺思想上也给了巴金很大的影响。

1859年赫尔岑在给米·彼·鲍特金的信中写道:"一个艺术家越是休戚相关地、越是强烈地体会他当代的悲哀和问题,那么在他的笔下,这些东西就越是能够得到有力的表现。"(第26卷:241)在赫尔岑看来,作家若要写出精品,必须能体味时代的情绪,融入到时代中,认真严肃地对待时代给出的问题,用心去解决这些问题。换句话,作品中一定要有作者,作者的思考,作者的感情。思考得越是深入透彻,感情越是炽热,那作品就越有力度。巴金在《往事与随想》中看到了最贴近自己性情的文字,所以他在创作中也是"缘情而发、顺情而写、以情动人"。《人言可畏——随想录八十七》中,巴金在谈到国内当

---

① Герцен, А. И. Собрание сочинений. М., 1957. 以下选自《赫尔岑全集》(30卷)都在文中直接标注页码,不再另行注明。Герцен, А. И. Собрание сочинений. М., 1957.

② 《巴金书信集》,人民文学出版社1991年版,第126页。类似的话在巴金给巫宁坤的信中也有:"赫尔岑是我的老师,我写文章受过他的影响。"(1977年3月9日)

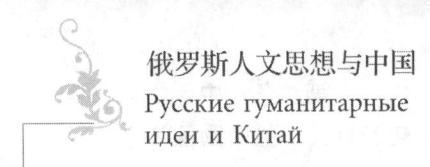

代女中青年作家时,说:"我说一篇作品写得好,因为它真实地反映了我们时代的生活,因为它打动了我的心,使我更深切地感觉到我和同胞们的血肉相连的关系,使我更加热爱我们这个多灾多难的国家和善良、勤劳的人民。"

关于热情的重要性,赫尔岑曾在《终结与开始》(1862)中谈艺术与市侩精神时说道:"市侩精神和它的善恶的全部特性对艺术来说是格格不入的、狭隘的;艺术会在市侩精神中枯萎,好像绿叶在氯气中枯萎一样。只有整个人类固有的热情才能偶然突破市侩生活,或者说得更确切一点,突破市侩精神的昏庸的环境,把这种生活提到具有艺术意义的境界。"(第16卷:136)热情能够挽救艺术,所以艺术的创作者应该具有比一般人更多的热情。巴金则不仅把传达感情作为自己写作的手段,还把打动人心作为审美效果的追求目标。他常说他艺术上的追求是:"打动更多人的心",所以,他"尽全力把故事讲得好一些,感情倾注的多一些,用自己的真实感情去感动别人"①。他的所有创作也确实是这样。

巴金与赫尔岑的文艺思想不谋而合。深入到时代的问题中去,才能动之以情地感受这个时代,才能写出读者需要的作品。

第二节 曹靖华

曹靖华(1897—1987)是我国译介俄苏文学的先驱者之一,他集中译介俄苏文学作品的20世纪20—40年代是中国社会发生巨变的时代,俄苏文学对这一巨变起了积极的推动作用。如曹靖华所言,他是"借俄国文学的火来照中国暗夜",打开"输送精神粮食的航路"②。

一、踏上俄苏文学译介之路

1897年8月11日,曹靖华出生在河南省卢氏县五里川路沟口村。父亲曹培元,字植甫,为前清秀才,二十多岁考中秀才后,无意追求功名,在山村从事教育直至80余岁。鲁迅曾撰写《河南卢氏曹植甫先生教泽碑文》,称其"专

---

① 巴金:《祝〈萌芽〉复刊》,原载于1981年1月2日《青年报》上。收入《我的写作生涯》,百花文艺出版社2006年版,第522页。
② 《曹靖华散文选》,陕西人民出版社1986年版,第164—165页。

心一志,启迪后进……又不泥古,为学日新,做时代的前驱,与童冠而俱迈……"①在开明父亲的影响下,曹靖华从私塾转到官办的书院"义学"学习,并于1916年考入河南省立第二中学。"五四"运动时,二中毕业班的进步青年成立了"青年学生会",曹靖华是该会的主要负责人。该会会员不限本校本省,芜湖五中的蒋光慈等人也是会员。曹靖华是会刊《青年》半月刊的主编和重要撰稿人,先后发表论文、杂文、新诗十几篇。"五四"精神成了曹靖华走上译介俄苏新文学之路的强大动力。

中学毕业后,曹靖华几度辗转,来到了上海渔阳里外国语学社学习。外国语学社由上海共产主义小组领导,目的是为输送青年去苏联深造作准备,对外以学社名义招生,实际上多数学员由各地共产主义小组介绍而来,曹靖华就是由于蒋光慈和韦素园等人的帮助来到这里,并在此加入社会主义青年团。外国语学社只学俄语,任课的是俄籍华人杨明斋和维辛斯基的夫人库兹涅佐娃。学员除了学习俄语外,还学习相关的马列主义知识,阅读《新青年》等进步报刊和书籍,参加社会活动。学社成立了工读互助小组,帮助《劳动界》杂志社和华俄通讯社刻钢板、校对文稿,有时还为上海共产主义小组印发传单。曹靖华在外国语学社学习生活半年后,被派到苏联学习。据曹靖华回忆,"这所学校实际是中国社会主义青年团的发祥地。……渔阳里开辟了一代人的道路,组织、动员了一批批青年到莫斯科取经,到第一个社会主义国家去学习革命和建设的经验。为我们党培养了一批政治骨干:刘少奇、任弼时、罗亦农、彭湃;也培养了一批军事干部:叶挺、肖劲光、聂荣臻、熊雄……"②

当时的苏联是年轻的苏维埃国家,经历了帝国主义战争和反武装干涉战争后,国家穷困不堪。曹靖华等人在莫斯科的东方大学学习,生活极为艰难。据曹靖华回忆:"对东方大学的学生来说,那时的供应已经算是优厚的。……二十四小时也仅仅是发给半磅面包,连一个人的食量的三分之一或四分之一都不到。……配给一盘汤,所谓'汤'亦不过是开水加盐而已。谁的运气好,才有幸从汤中捞上三两片土豆或胡萝卜。"③让曹靖华感到最为困难的是当时授课的老师不懂汉语,一开口就是一长串陌生的俄语。他们既没有任何教材,也没有工具书。

---

① 《且介亭杂文》,人民文学出版社1973年版,第161页。
② 彭龄:《父亲曹靖华的青年岁月》,《新文学史料》2007年第3期,第86-88页。
③ 彭龄:《父亲曹靖华的青年岁月》,《新文学史料》2007年第3期,第92页。

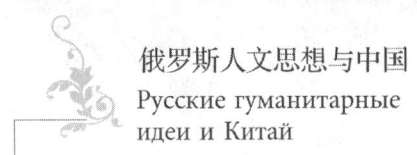

1920年12月，瞿秋白以《晨报》记者的身份来到苏俄，并到东方大学中国班执教，教授俄文，担任理论课的翻译。这位比曹靖华小两岁的俄语老师，以他的信心和热情、才华和学识，在同学中赢得了很高的声誉，也成了曹靖华在东方大学学习期间的良师益友。更重要的是，瞿秋白成了曹靖华走上俄苏文学译介道路的最初指导者和领路人。曹靖华在学习俄语的过程中遇到困难，特别是遇到原意虽懂但中文难于表达得当的词句，就向瞿秋白请教。有一次，曹靖华把契诃夫剧本中两个人物吵嘴时的一句话，直译为"我们见过的"，瞿秋白将它改为"我们见识过的"。加了一个字就使语言更加鲜活准确。在瞿秋白的鼓励下，曹靖华立志掌握好俄语，以便更好地把苏联文学介绍给国内广大读者。从东方大学留学归来，曹靖华又来到北京大学旁听。不久，瞿秋白也回国了，曹靖华常常去请教，瞿秋白认真严谨的翻译作风深深影响了曹靖华。在瞿秋白的帮助下，曹靖华的第一篇译作《蠢货》在《新青年》上发表。

二、1920—1950年代的翻译活动

曹靖华的翻译生涯大致是从1920年代到50年代，而1920年代到40年代则是他最重要的翻译时期。第一个阶段为1920年代，译作主要是一些剧作，如屠格涅夫的《在贵族家长家里的早餐》，契诃夫的《三姐妹》、《求婚》、《结婚》和《蠢货》，班珂的《白茶》，奥涅金的《永恒的女性》，亚穆柏的《可怜的裴迦》，还有《安娜》等。第二阶段为30—40年代，译作集中在小说，如绥拉菲莫维奇的《铁流》、拉普列涅夫的《星花》、聂维洛夫的《不走正路的安德伦》、高尔基的《一月九日》、卡达耶夫的《我是劳动人民的儿子》等。进入50年代后，曹靖华对俄苏文学的翻译逐渐减少，这个时期他的译介作品主要集中在苏联的民间故事，如《关于斯大林的传说》、《关于列宁的传说》、《关于夏伯阳的传说及其他》、《庄家人关于列宁的故事》(塞甫琳娜等著)、《列宁的正义》、《列宁快醒了》等等。

1. 俄苏剧作——早期译介对象

1922年12月，北京大学校庆25周年时，俄语系的师生上演了契诃夫的独幕剧《蠢货》，曹靖华扮演了剧中的斯米尔诺夫。舞台上幽默的语言，夸张的动作，逼真的表演，较好地体现了原作辛辣讽刺的深刻含义。《蠢货》的排演过程，也是曹靖华不断深入理解和研究原作的过程。曹靖华将尝试翻译的《蠢货》译本送给瞿秋白指正。瞿秋白细看后，十分认可，很快就送到他参与

编辑的《新青年》季刊发表,并鼓励曹靖华说:"中国文艺土壤太贫瘠了,你要多学习、多介绍,立志做一个引水运肥的农夫。"①《蠢货》成了曹靖华翻译生涯的不平常的起点。1920 年代,曹靖华主要翻译了屠格涅夫的《在贵族家长家里的早餐》,契诃夫的《三姐妹》、《求婚》和《结婚》,爱伦堡的《烟袋》,斑珂的《白茶》,奥涅金的《永恒的女性》,以及《苏联作家七人集》等。

早期,曹靖华比较青睐剧本,尤其是契诃夫的剧本。契诃夫以生动的艺术形象无情地揭露黑暗的时代,认真探索生活的意义,真挚地抒发对美好未来的向往。这一切,都深深吸引了曹靖华。同时,如曹靖华言,当时时间紧,"没有工夫去看长篇大论的小说,戏剧通过人物对话,开门见山,不像小说有大段大段的描写,让人不着边际。这可能是一种偏见,但对初学外语的人来说,读原文剧本比读原文小说,对掌握提高外语水平来说,倒可能更方便一些。"②通过翻译剧作,曹靖华的俄文水平得到了进一步的提高,为他成功翻译俄苏优秀的小说奠定了良好的基础。值得一提的是,在中国话剧的初创时期,易卜生的"社会问题剧"得到过极大的介绍,影响也很广,当时介绍及创作的话剧大都没有突破这一范围。契诃夫的剧作改变了个人和环境的关系,没有去突出个人的作用,而是在普通人的日常生活中塑造人物的形象和性格,体现了新的戏剧观念和美学原则。曹靖华翻译的剧本为中国早期话剧提供了新的样板和新的观念,为早期话剧开拓了新的视野,这是难能可贵的。③

2. 苏俄小说的译介——新的目标

1927 年,第一次大革命失败后,曹靖华再次赴苏联工作和学习,先在莫斯科中山大学进修和当翻译,并在东方大学任教,后来到列宁格勒东方语言学院和列宁格勒国立大学任教,讲授汉语和中国新文学。曹靖华工作积极,治学严谨,而且努力学习俄语和文学史知识,并与苏联许多汉学家和作家成了朋友。

1928 年 5 月,瞿秋白和曹靖华在莫斯科河畔散步时,提出希望曹靖华全力做好苏联文学和文艺理论的译介工作,并要把这项工作"当做庄严的革命的政治任务来完成",因为"这是革命的需要,是政治的远见,而不是偏爱!"鲁迅先生更是将这项工作比作"为起义了的奴隶们偷运军火"。在瞿秋白与鲁迅的引导下,曹靖华开始不遗余力地译介苏俄文学,译出了绥拉菲莫维奇的

---

① 《曹靖华散文选》,陕西人民出版社 1986 年版,第 37 页。
② 彭龄:《父亲曹靖华的青年岁月》,《新文学史料》2007 年第 3 期,第 99 页。
③ 张德美:《曹靖华纪念文集》,河南教育出版社 1992 年版,第 251-262 页。

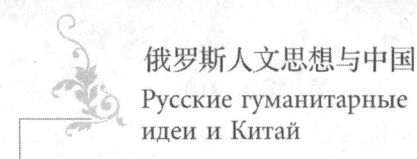

《铁流》,拉甫列涅夫的《第四十一》、《平常东西的故事》和《星花》,聂维洛夫的《不走正路的安德伦》和《平常的事》,高尔基的《一月九日》,阿·托尔斯泰的《十月革命给了我一切》,凯尔升的《粮食》,卡达耶夫的《我是劳动人民的儿子》等重要作品。从这一时期的译作可以看出,曹靖华开始倾向小说题材作品。

曹靖华以译作的方式将自己和国家民族的命运联系在一起。1926年3月18日,段祺瑞政府下令士兵枪杀了数百名手无寸铁的请愿学生,制造了震惊全国的"三一八"惨案。鲁迅在杂文《无花蔷薇之二》中痛斥道:"如此残虐险狠的行为,不但在禽兽中所未见,便是在人类中也极少的,除却俄皇尼古拉二世使哥萨克击杀民众的事,仅有一点相像。"①鲁迅说的相像的事件是指"一月九日"的血案:1905年1月9日,沙皇政府令士兵枪杀了一千多和平请愿的工人。高尔基为此写下《一月九日》一文予以揭露。曹靖华在莫斯科翻译了《一月九日》,寄给鲁迅。鲁迅为译文写了《〈一月九日〉小引》。译作和小引均被中国当局禁止,没能和当时的中国大众见面。

这一时期的译作中,最重要的是小说《铁流》。《铁流》是鲁迅约曹靖华译的,作为"现代文艺丛书"之一种。曹靖华在列宁格勒用了一年多的业余时间译出了《铁流》。冬天缺少燃料,他在室内穿着大衣,戴着皮帽,坚持翻译。为了防止译稿被中国当局没收,他需要复写3份。每笔每画,都得全神贯注,手指上都磨出了老茧。鲁迅收到《铁流》的译稿后,又请瞿秋白译出了苏联文学批评家格·涅拉托夫写的两万字的序文。在其他出版社不敢承印的情况下,鲁迅以三闲书屋的名义自费印行。书一出版就遭到查禁,所印的1000册大多是通过内山书店一册一册地半秘密地卖出去的。此后,反动当局尽管采用多种手段禁止该书的流通,但无法阻止这部书进入更多的读者手中。林伯渠曾在抗战末年对曹靖华说:"延安有一个很大的印刷厂,把《铁流》不知翻印了多少版,印了多少份。参加长征的老干部,很少没看过这类书的。它成了激励人民、打击敌人的武器了……"②瞿秋白在写给鲁迅的信中谈到《铁流》等的出版时说,"应当庆祝这一胜利,虽然还只是小小的胜利。"他还在《〈铁流〉在巴黎》一文中认为,"事实的本身就是最有力量的宣传。任何故意宣传鼓动的小

---

① 《华盖集续编》,人民文学出版社2006年版,第88页。
② 《曹靖华译著文集》第十卷,河南教育出版社、北京大学出版社1992年版,第354页。

说诗歌,都没有这种真实的平心静气的纪事本末来得响亮,来得雄壮——这是革命的凯歌。"①作家孙犁这样写道:"中国大革命前后的一代青年学生,常常因为喜好文学,接近了革命。他们从苏联的革命文学作品里,受到激动,怀着反抗的意志,走上征途……那一时期在中国影响最大的,要算绥拉菲莫维奇的《铁流》和法捷耶夫的《毁灭》。"②

曹靖华回国后,在重庆八年期间,翻译了数百万字的苏联文学,特别是反法西斯文学,如《我是劳动人民的儿子》、《保卫察里津》、《油轮德宾特号》、《侵略》、《望穿秋水》、《死敌》等。曹靖华认为,"我那时翻译的这些作品,就是借以为镜,照中国法西斯头子的嘴脸,鼓舞人民进行正义斗争的。"确实,这些译作为中国抗战军民所珍视。有人曾对曹靖华说:"在敌占区,革命部队有时被敌人包围,在突围的紧要关头,战士们随身携带的一切,全可抛弃。书和枪,唯有革命的书和枪,或则冲出重围,将它带走,或则与自己的生命一同毁灭。"③对译者来说,这是最大的肯定了。作家姚雪垠曾问曹靖华,俄国有那么多文学名著,为什么你只翻译苏联文学? 曹靖华很简单地回答道,当时的中国读者更需要苏联的革命文学。④

3. 苏联的民间故事——晚期集中译介的对象

从 1950 年代开始,曹靖华对俄苏文学的译介减少了。这个时期他对俄苏文学的译介作品主要集中在苏联的民间故事,如《关于斯大林的传说》、《关于列宁的传说》、《关于夏伯阳的传说及其他》、《庄家人关于列宁的故事》(塞甫琳娜等著)、《列宁的正义》、《列宁快醒了》等等。曹靖华所译的这些传说的出处之一,就是高尔基倡导编写的《苏联各民族创作集》。高尔基说过:"如果不知道人民的口头创作,那就不可能知道劳动人民的真正历史。"正史之外总有传说,它在某些方面比正史更真实,更亲切,更感人。苏联故事保留了传统的风格,但用新的内容充实起来,表现了新的人物和新的生活。讲述和创作这些故事的民间文学家,也同一般作家一样参与发展了苏联文学的工作,他们的经验都是值得重视的。

事实上,早在 1940 年时,曹靖华就译介了苏联民间故事《列宁的故事》。

---

① 《中国新文学大系 1927—1937》第十二集,上海文艺出版社 1985 年版,第 232 页。
② 《苏联文学怎样教育了我们》,载《孙犁文集》第四卷,百花文艺出版社 1982 年版,第 429 页。
③ 曹靖华:《飞花集》,上海文艺出版社 1978 年版,第 59 页。
④ 彭龄:《回忆我的父亲曹靖华》,参见《艺术评论》2007 年 12 期,第 78—79 页。

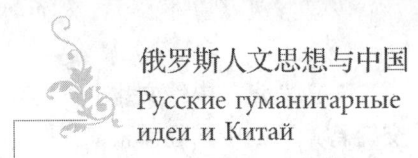

当时国内对苏联儿童文学的译介成了中苏(俄)文学交流中出现的新热点,曹靖华也敏锐地加入了这一行列,他译介的《列宁的故事》很受欢迎,直到1950年代还不断地以各种方式重版。1950年代后,曹靖华依然不遗余力地译介苏联的民间故事。这些民间故事中的儿童文学作品不仅对那一时代中国的小读者产生过很大的影响,而且有力地促进了中国儿童文学的创作,不少作家如陈伯吹、任溶溶等都表示当时是受了苏联儿童文学的影响才走上文学创作道路的。

4. 翻译理念

曹靖华是鲁迅、瞿秋白和茅盾所倡导的直译、正确的白话文、保留原著神韵等科学翻译原则的实践者。在曹靖华看来,翻译没有窍门,也没有捷径,但有章可循。这个"章"体现在他关于翻译的原则与主张中。

(1)翻译要和研究相结合。1950年代,曹靖华在回忆起自己翻译生涯的起点时说:"我以为从事翻译工作,最好学什么,即研究什么,译什么。……有些译者译非所学,就是对他所译的东西,毫无所知,以外行人而来从事某种东西的翻译,这是不能译好的。""要尽可能地积累有关本国和原作者国家的历史、地理、风土人情、自然风貌、文化传统等方面的知识,知识愈广泛,对翻译愈有好处。搞文学的人,也应具备自然科学的起码知识。"[①]

(2)提倡"两条腿走路"。翻译家不仅要精通所学国家的语言,而且要注意掌握好祖国的语言。"鸦片战争以来翻译界有个偏向,不注重汉语。翻译出来的书,看起来比天书还难懂。"因此,在不断提高自己外语水平的同时,一刻也不要放松培养和训练祖国语言的表达能力。"切不可搞了外国文学翻译,中国书就丢开不读了"[②]。

(3)要从对读和比较中提高。"对读就是将优秀的译本与原作对照阅读。这是'笨'办法,但认真去做,既能提高外语水平,又能加强外语的表达能力,一举两得";"文学翻译也应该从各有千秋的译本中比较、摸索、刻苦钻研,从中学习,取其所长……"[③]这实际上也是曹靖华本人的经验之谈。

(4)培养精益求精的译风。曹靖华译风严谨,勤勉踏实。鲁迅在1936年《曹靖华译〈苏联作家七人集〉序》中,称曹靖华"并不一哄而起","当时好像

---

① 《曹靖华译著文集》第九卷,河南教育出版社、北京大学出版社1992年版,第139、526页。
② 《曹靖华译著文集》第九卷,河南教育出版社、北京大学出版社1992年版,第527页。
③ 《曹靖华译著文集》第九卷,河南教育出版社、北京大学出版社1992年版,第527页。

落后","后来却成为中坚。""靖华就是一声不响,不断的翻译着的一个。他二十年来精研俄文,默默的出了《三姐妹》,出了《白茶》,出了《烟袋》和《第四十一》,出了《铁流》以及其他单行小册很不少,然而不尚广告,至今无煊赫之名,且受排挤,两处受封锁之害,但他依然不断的在改定他先前的译作,而他的译作也依然活在读者们的心中。"①如《铁流》从 1931 年至 1978 年共出了 13 版,这期间只要条件许可,他总要予以校改,特别是 1956 年再版时,几乎逐句加工,等于重译。这种不断追求完美的翻译作风令人敬佩。

三、中苏文学和文化交流的桥梁

作为著名翻译家的曹靖华除贡献了大量俄苏文学作品外,也是中苏文学和文化交流的重要桥梁。1950 年代开始他担任北京大学俄罗斯语言文学系主任,为该学科的创建和发展倾注无数的心血;1960 年代他开始进行散文创作,依然不离中苏文学和文化的主线,全方位地向读者展示了这一历史性的课题。

1. 向苏联人民介绍中国新文学的第一人

作为翻译家的曹靖华,在那一时期不仅仅向中国人民介绍苏联进步的文学,同时还向苏联人民介绍中国的新文学。

1925 年,曹靖华在担任国民革命军第二军苏俄顾问团的翻译时,结识了一位苏俄顾问团的朋友,他的中文名字叫王希礼。王希礼是一位汉学家,喜爱中国文学。"五四"以后,苏俄也曾将中国文学作品译介过去,不过选译、编译的大都是中国古典文学,如《论语》、《诗经》、《春秋》、《孟子》,唐宋八大家作品和《聊斋志异》等,对于中国现代文学的介绍几乎是空白。当王希礼向曹靖华了解中国现代文学的情况时,曹靖华向他推荐了鲁迅的《阿 Q 正传》,并找出《呐喊》让王希礼阅读。几天后,王希礼激动地对曹靖华表示,鲁迅是同果戈理、契诃夫、高尔基的,世界第一流的大作家! 王希礼决定将《阿 Q 正传》译成俄文,介绍到苏联去。王希礼在翻译过程中,碰到了很多的专有名词,比如:列传、自传、内传、外传和赌博成语"天门"、"角回"等,对此,曹靖华也解释不清,于是将这些疑难问题整理后,写信向鲁迅请教,王希礼还请鲁迅为俄译本写了一篇序和自传,并提供近照。鲁迅耐心地解答了所有疑难问题,关于赌博

---

① 林佩云、桥长森编:《曹靖华研究专集》,黄河文艺出版社 1987 年版,第 77 页。

问题还绘制了一张图,以说明"天门"、"角回"等的位置,并将《〈阿Q正传〉序》、《自叙传略》和一张照片寄给了曹靖华。这些恐怕是《阿Q正传》其他外文译本都不曾得到的最翔实的材料了。曹靖华后来回忆道,鲁迅先生这种恳切认真的态度,实在令人钦佩。《阿Q正传》的俄译本1929年由列宁格勒的激浪出版社出版,鲁迅的《自叙传略》在1940年由贾钦科译成俄文,发表在《莫斯科东方学研究所研究论文集》上。鲁迅为自己作品"竟得展开在俄国读者的面前"而感到高兴,曹靖华也为此欢欣鼓舞:"在中国大革命前夕,好像第一只春燕,衔着中国文艺的花蕾,在风雪交加中,冲破了封建军阀的天罗地网,横越浩瀚的蒙古沙漠,飞到苏联的,却只有'阿Q'。"①由于翻译《阿Q正传》的缘分,曹靖华开始与鲁迅通信,这对曹靖华的翻译生涯起到了不可估量的重要作用。

1927—1933年在苏联期间,曹靖华教过许多苏联学生,其中一些人后来成为了汉学家。在列宁格勒国立大学任教时,曹靖华在汉语教学上作了颇大的改革,把过去只教文言文改为既教古代汉语又教现代汉语,而且重点教现代汉语。他讲授的中国现代文学也为该校只关注中国古典文学的学术氛围注入了新风。抗战期间,他给苏联驻华使馆人员讲授中国语言文学,解放后在北大主持俄语系期间接纳了不少来华进修的苏联学者,培养和帮助了一些苏联汉学家。下面这些中国语言、文学、历史等方面的专家都与曹靖华的名字相连:施奈德、刘斌、斯萍清、阿赫提金娜、莫罗佐娃、波兹涅耶娃、费德林、贾丕才、叶菲莫夫、杜曼、季托夫、科瓦廖夫、齐赫文斯基、彼得罗夫等。为了表彰曹靖华对促进苏中文化交流的贡献,列宁格勒国立大学于1987年3月授予曹靖华名誉博士称号,苏联最高苏维埃主席团也于同年8月授予他各国人民友谊勋章。②

2. 北京大学俄罗斯语言文学学科的创建者

新中国成立后,曹靖华担任北京大学俄罗斯语言文学系主任,把更多的精力投入到俄语语言文学学科建设上,为该学科的发展和完善作出了巨大的贡献,对中苏文学和文化的交流起到了重要的组织作用。

过去,俄文系长期停办,1951年才恢复建系。这次复办不是简单的恢复,

---

① 《曹靖华译著文集》第九卷,河南教育出版社、北京大学出版社1992年版,第187页。
② 参见周流溪:《非凡的经历踏实的耕耘——曹靖华的风范(二)》,《外语与外语教学》1998年第7期,第41页。

第八章 中俄文化交流背景下的中国翻译家

而是全新的语言与文学并重,复办后的俄文系全称为"俄罗斯语言文学系",属中国第一次尝试,其他院校都只称"俄文系"。曹靖华在俄苏文学翻译界有极大影响力,在他的号召下,北大俄语系很快组建了一支以李毓珍、魏荒弩、田宝齐、龚人放、王岷源等教授为骨干的教师队伍,分别在文学史、文学名著选读、翻译、语法和俄语实践课担任讲授,再加上一批苏联专家和俄语实践课的教师,更使师资阵容强壮,俄文系从此走上正规化。曹靖华的指导思想是全面加强俄语教学,突出文学方向。教学按照三个"基本"安排:一是基本理论,包括文艺学引论和语言学概论等外国文学研究必备的理论;二是基本技能即俄语学习,从入学到毕业四年贯穿始终;三是基础知识,分两条线齐头并进。一条为文学史和文学批评,不但有本系的俄苏文学史,也请别系教师来讲中国文学史、西洋文学史,做到中外文学兼备,另一条是文学选读。

  当时的教学设备十分简陋,甚至连一本像样的可供学生使用的俄华词典都没有,不少同学都借助《露和词典》或俄英词典来学习俄语。教材上,苏联中小学语文课本虽然完整配套,但是不适合中国学生的教学实际,难以采用,当时各课教材主要是由授课老师自编自印。曹靖华编的《七色花》是俄语系自编的第一本俄文文选课教材,它和《卓娅和舒拉的故事》、《党证》和盖达尔的作品等构成俄文文选课的教材,比传统的古典文学读本选材更加开阔,范围更广,跨向了现当代文学、民间文学和儿童文学,也贴近现代语言。这些做法,是国内俄文系首创。他们还首次开设了贯通古今的俄苏文学史,由曹靖华亲自讲授苏联文学史和苏联文学作品选读,从高尔基、十月革命和国内战争文学到反法西斯的卫国战争文学,不但有时间上的系统性,而且有他亲身经历和苏联作家交往的故事,更能传达苏联文学的新面貌,这是当时国内其他高校所没有的优越条件。曹靖华也成了这个学科名副其实的开拓者。[①]

  到了1980年代,在曹靖华等人数十年的努力下,北大俄苏文学学科建设走向完善时期。其中的一个重要表现是:课程设置基本完备。从文学史到小说史、诗歌史、戏剧史,甚至艺术史和民间文学史;从大作家的专题课(古典作家普希金、托尔斯泰到当代作家肖洛霍夫等近10人,每人设一门课)到当代文学概观,课程设置完备,授课教师齐全,学生招生也从本科到硕士、博士形成系统。可以说,在曹靖华的带领下,北大俄语系形成了老中青三代人实力强大

[①] 参见李明滨:《曹靖华与中国的俄苏文学学科之创建》,中国网2007年11月23日。

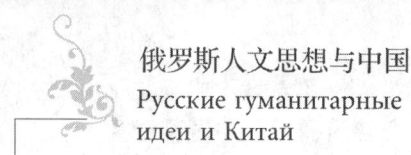

的群体。由曹靖华主编的《俄苏文学史》三卷本从1983年开始,历经十多年的努力,也在这个时期出版。第一卷名为《俄国文学史》,于1989年由人民文学出版社出版,在1992年获得国家教委第二届全国高校优秀教材特等奖,也成为这门高校教学学科最终确立的标志。这套《俄苏文学史》在100多万字的篇幅中,描述了俄国古典文学、苏联现代文学和苏联当代文学发展的全过程。全书气势磅礴,立论明确,材料翔实,是一部质量上乘的统编教材。尤其是第一卷,对普希金、陀思妥耶夫斯基等人的论述十分深入,很有分量。"这部著作所取得的多方面的成就,无疑显示了中国在这一研究领域所达到的新的水平,它不仅对中国俄苏文学研究摆脱庸俗社会学的困扰起了积极的作用,而且为今后的架构新的文学体系和取得研究方法上更大的突破打下了基础。"①

3. 以中苏文化交流为主旨的散文家

1960年代起,曹靖华开始了散文创作。从第一部散文集《花》于1962年问世以来,《春城飞花》(1973年)、《飞花集》、《曹靖华散文选》(1983年第一版,1986年增订版)、《曹靖华散文选集》(孙荪编,2004年)等相继出版。于是,俄苏文学翻译家曹靖华又成了深受读者喜爱的散文家。

与一般的散文家不同,曹靖华散文的内容大致有两个方面:一是对中国革命前辈和苏联著名作家的缅怀以及对艰苦岁月的追思,这方面的题材占了散文中的绝大部分。如《永生的人——怀周恩来同志》、《怀念庆龄同志》、《罗汉岭前吊秋白》、《忆董老》、《最后的声音,可是永远活在我们心中——悼拉夫列尼约夫同志》、《红旗在召唤——纪念高尔基诞生九十五周年》等等;二是对祖国大好山河和旖旎风光的赞美与歌唱。如"云南抒情"、"福建抒情"、"广西抒情"等三组抒情散文及其他。

曹靖华的散文集出版后,即刻在读者中引起了广泛的反响,不少评论家纷纷撰文对曹靖华散文的思想内容和艺术特色进行专题评述。张钟等教授在《当代文学概观》中点评认为:"他的散文大都取材自对往昔艰苦斗争生活的回忆,歌颂了革命者伟大崇高的斗争精神和同志间的深挚友谊,同时也揭露了社会的黑暗和反动派的残暴。字里行间,洋溢着凛然的正气和动人深情,在艺术上力求做到精美动人,确实有梅菊的精神和姿容。""曹靖华散文的语言很

---

① 陈建华:《二十世纪中俄文学关系》,高等教育出版社2002年版,第228页。

有特色。他在现代文学语言的基础上,吸取古文的精美、洗炼,口语的活泼、生动,根据表情达意的需要而运用自如……"①而董必武先生在读了散文集《花》之后,极为赞赏,"每读一篇,辄为擎节",并赋绝句两首,亲笔题写,寄赠曹靖华。原诗如下:"愿花长好月长圆,幻景于今现眼前。洁比水仙幽比菊,梅香暗动骨弥坚。""已见好花常在世,更期元月照中天。谢庄作赋惟形象,愿否同名喻续篇。"

对于散文创作,曹靖华有着自己独到的体会,即要真实。"不但回忆性的散文要注意真实,就是一般散文也应如此。有人怀疑写真实、反对写真实,认为散文可以虚构,我是不同意这个看法的。我始终认为,散文主要是以真实取胜的,不真实就不能感动人。散文的真实应包括两条:一是事实的真实,二是感情的真实。你从未看见过此人、此事、此风景,或者看了自己都不感动,写出来肯定是不感人的。……"②

由于曹靖华散文创作的特殊内容及其特点,他的散文除了一般散文的抒情性等艺术特色外,还具备了独特的史料价值。在散文《好似春燕第一只》中,曹靖华详细地回忆了在前文提到的他向苏联人王希礼推荐中国新文学——鲁迅的《阿Q正传》的历史过程。当时局势动乱,那些信件及附件未能保存下来,而曹靖华作为当时唯一的当事人对此事做了详细的陈述,实在难能可贵。经查,这些记述与鲁迅1925年5月8日、9日、29日及6月8日的日记完全一致,7月10日的日记又与在北京鲁迅博物馆保存的"王希礼信及所赠照片"相吻合。鲁迅《集外集》中的《俄文译本〈阿Q正传〉序及著者自叙传略》也可表明曹靖华的陈述是真实可信的。③

关于曹靖华译作的代表作《铁流》,他在《窃火者》、《怀念鲁迅、法捷耶夫及其它》、《风雪万里栽铁花》、《不尽铁浪滚滚来》、《到赤松林去》等一系列的散文作品里,记述了鲁迅当年热情译介反映苏联国内革命战争作品的情况,鲁迅为出版曹靖华翻译的《铁流》的艰难曲折经过,以及曹靖华亲赴苏联木刻家毕斯克列夫家中取得《铁流》书中的原拓插图的具体过程等等。这些散文,向读者还原了译介某部作品的具体过程,呈现了当年译俄苏文学的艰辛,使读者阅读《铁流》一类作品时体会到当年作为俄苏文学翻译家的不易。

---

① 张钟等:《当代文学概观》,北京大学出版社1980年版,第153、154、155页。
② 林佩云、乔长森编:《曹靖华研究专集》,黄河文艺出版社1987年版,第163页。
③ 参见林佩云、乔长森编:《曹靖华研究专集》,黄河文艺出版社1987年版,第329页。

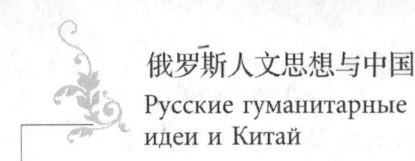

最值得一提的是，在《雪雾迷蒙访书画》、《哪有闲情话年月》等散文中，曹靖华详细回忆了当年在苏联为鲁迅搜集美术作品的经过。当时苏联物资供应奇缺，曹靖华经常饿着肚子在大街上访书问画，甚至连当地的书商都感到惊奇。就这样，曹靖华为鲁迅搜集到大量的木刻手拓珍品和大量的复制品，"从古典到当代，从苏联到西欧，凡有政治意义和艺术意义的，足供我们借鉴和利用的，都在搜集之列。"如《死魂灵》、《城与年》、《浮士德》、《俄罗斯民间故事》等名著插图精本，《苏联书籍封面集》、《苏联作家像集》等大套的古典名画集，《天方夜谭》的极其珍贵的彩色精印插图俄文本等等。其中《引玉集》画册里的美术作品，是曹靖华寄给鲁迅的精湛原拓，共收入59幅，在国内外皆负盛名。这些版画，深刻反映了十月革命和苏维埃政权建立初期的战斗生活，在经过二次世界大战后，有些甚至在苏联本土、在美术家本人手中也流失了，因此《引玉集》的编印出版具有重要的历史价值。这些苏联美术作品揭开了中国革命美术运动的序幕，推动了我国的美术运动。

曹靖华翻译介绍的俄苏文艺作品，约30种，近300万字。在1989年到1993年编印完成的11卷《曹靖华译著文集》中，译作就占了8卷。在中俄（苏）文化交流史和文学翻译史上，将永远铭记他的名字。

第三节 戈宝权

作为中国著名的俄苏文学翻译家，戈宝权一生笔耕不辍，许多人通过他的翻译与俄苏文学结缘，长期的翻译实践还使戈宝权形成了自己独特的翻译技巧和理念。他的翻译成果和翻译理念至今具有重要价值和指导意义。

一、戈宝权的翻译与学术研究之路

1913年2月15日，戈宝权出生在江苏省东台县，父亲戈绍早曾任东台县教育局局长。早年，二叔父戈公振对戈宝权影响较大。戈公振是名记者，著有《中国报学史》。1928年，戈宝权在上海大夏大学（华东师范大学的前身）开始了大学生涯。除学习英语外，他接触了法语、日语和世界语，并初涉英语与日语的翻译。大学毕业后，他任上海《时事新报》编辑，并听从了叔父戈公振的建议,开始学习俄语。

1935年,戈宝权初次来到苏联,任天津《大公报》驻苏记者,并兼任上海《新生周刊》、《世界知识》、《申报周刊》等刊物的特约通讯员,经常为国内报刊撰写介绍苏联情况的稿件。1938年回国后不久加入中国共产党。抗战期间,他在《新华日报》工作,参加了曹靖华主编的《苏联文学丛书》编委会,为新知书店编选了《世界文学丛书》和《史诗丛书》,并翻译了爱伦堡的两本报告文学集。新中国成立后,戈宝权作为驻苏大使在苏联工作了五年。戈宝权的俄语水平达到了极高的水准,俄罗斯著名学者费德林说:"戈宝权不仅掌握了俄罗斯文学语言,而且也掌握了创造俄罗斯经典诗歌的诗歌语言。我应当承认,当时我没有遇见过哪位外国人能像他那样掌握俄罗斯文学语言。"[①]戈宝权丰富的跨文化经验为他的翻译和研究工作创造了极佳的条件。

回国后,戈宝权在中国科学院文学研究所工作,并在华东师范大学等高校兼职。在此期间,他翻译了大量俄苏文学作品,并进行了中俄文学关系等领域的学术研究。他的翻译范围十分广泛,从俄罗斯的普希金、高尔基、勃洛克、叶赛宁、马雅可夫斯基,到乌克兰的谢甫琴科、弗兰科、狄青纳,哈萨克的江布尔、扎巴耶夫,塔吉克的鲁达基,格鲁吉亚的恰夫恰瓦泽,吉尔吉斯的托科姆巴耶夫,亚美尼亚的阿保维扬、伊萨克扬,白俄罗斯的库帕拉、唐克,立陶宛的文茨洛瓦和涅里斯等的作品。戈宝权翻译范围还扩大到东欧诗人,如波兰的密茨凯维奇、柯诺普尼茨卡,捷克的聂姆曹娃、沃尔克尔,匈牙利的裴多菲、阿兰尼,罗马尼亚的爱明内斯库,南斯拉夫的卡拉吉奇,保加利亚的波特夫、雅沃罗夫、瓦普察洛夫,阿尔巴尼亚的恰佑克、米吉安尼特等。他还翻译过智利的聂鲁达,土耳其的希克梅特以至非洲的安哥拉等诗人和作家的作品。[②] 其中许多作家都是经戈宝权首次介绍来到中国。戈宝权的主要译著有《戈宝权译文集》、《普希金文集》、《普希金诗集》、《普希金抒情诗全集》、《普希金童话诗》、《高尔基论文学》、《高尔基小说·论文集》、《爱明内斯库诗选》、《谢普琴科诗选》及勃洛克的《十二个》等,总计有50余种。研究专著有《中外文学因缘》、《鲁迅在世界文学上的地位》、《〈阿Q正传〉在国外》、《〈马克思、恩格斯选集〉

---

① 费德林:《不同凡响的人物》,《文教资料》2000年第1期,第15页。
② 参见戈宝权《我怎样走上翻译和研究外国文学的道路》,载《中外文学因缘——戈宝权比较文学论文集》,北京出版社1992年版,前言第7-9页。

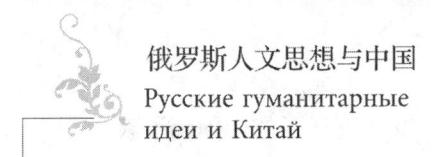

中的希腊罗马神话典故》、《霍加·纳斯列丁和他的笑话》等。①

二、戈宝权的翻译观

作为一名学养深厚,译著多达数百万字的翻译家,戈宝权有其独特的翻译观念与艺术追求,这在他的《漫谈翻译问题》与《漫谈译事难》两篇文章中有很好的体现。

戈宝权认为,翻译活动中,知与行不可分离,实践不能脱离理论,理论则需要实践来加以实现。他表示,翻译既是技术又是艺术,说它是技术,是说它可以学,通过学习可以掌握;说它是艺术,是说它需要创造,需要译者具有艺术家的气质和才气。②

在翻译标准上,戈宝权十分推崇严复的"信、达、雅"原则,"'信、达、雅'这个原则一直到今天恐怕还是谈出了翻译里面的基本问题"③。而其中他又尤为强调"信",在翻译中力求做到从形式到内容都忠实于原文。他引外国批评家的话为证:"一个严谨的译者,不仅会移植一部杰作的内容,并且懂得怎样保存它的形式的优美和原来的印象。这样的人才是传达天才的信使。"(德国文艺批评家希勒格尔语)"一个严谨的译者,应该把原文之必须保全于译文中的东西,丝毫不遗地表达出来。"(西班牙批评家加奈多语)④戈宝权还受到了鲁迅翻译观念的影响,鲁迅主张"应以信为主,以顺为辅","凡是翻译,须兼顾着两面,一当然力求其易解,一则保存着原作的丰姿。"⑤这一点他与鲁迅是一致的。

文中,戈宝权还对译者,即翻译主体提出几方面要求:(1)语言要求。翻译者需要尽可能多懂得几门语言,因为在翻译过程中,作者经常会使用多种语言,比如普希金在小说里常使用法语,如果译者不懂法语,翻译就会遇到困难;同时,这也有助于译者在翻译过程中借鉴和参考多国译者和研究者的经验。(2)知识面与阅历。"一个翻译工作者所具有的学识和文学修养毕竟是有限

---

① 以上书目参见梁培兰:《戈宝权传略》,《文教资料》2000年第1期,第5-7页;戈宝权:《中外文学因缘——戈宝权比较文学论文集》,北京出版社1992年版,前言第7-9页。
② 参见郑海凌:《戈宝权先生的翻译和艺术观》,《俄罗斯文艺》2002年第2期,第73页。
③ 戈宝权:《漫谈翻译问题》,《外国文学》1983年第11期,第53页。
④ 转引自戈宝权:《漫谈译事难》,《译林》1983年第2期,第216页。
⑤ 鲁迅:《"题未定"草》,载《鲁迅全集·且介亭杂文二集》,人民文学出版社1973年版,第112页。

的,但在他翻译的作品里所包容的知识又是无限的"①。这就要求译者必须努力学习和掌握各方面的知识,在娴熟的语言能力之外,还需要掌握其他国家的文学、文化、风俗习惯、社会历史等相关知识。(3)对作品、作家的理解。文本本身可以视为一个内在系统,文本以外的社会文化背景和作家本身则是一个外在系统。译者既要读懂作品文本本身的内容,也要结合文本的外在系统加以理解与剖析。

戈宝权在文章中根据自身翻译经验,列举了翻译过程中可能会遇到的困难。

(1)避免误译难。翻译中的误译在所难免,译者只能通过多次阅读与检查来避免误译,无其他捷径可循。戈宝权从丘可夫斯基《翻译的艺术》一书取例,该书列举了俄国文学史上诸多名家在翻译中出现的错误。如莱蒙托夫将英国诗人彭斯诗中的英文"Kind"(友爱地,温柔地)看成了德语里的"das Kind"(小孩子),于是将"假如我们从没有那样温柔地相爱过"误译为"假如我们不是孩子们"。戈宝权还举瞿秋白翻译的普希金长诗《茨冈》为例,瞿秋白把俄文的"сенъ"(庇荫或住处)看成"сено"(干草),因此就把"Везде была ночлега сенъ"(到处都有过夜的地方),误译为"到处的草堆都算是他的床";把"Он любит их ночлегов сени"(他爱他们过夜的地方)误译成"他爱他们过夜的草堆"。

(2)翻译典故难。外国文学作品经常使用典故,这些典故往往来自古代希腊罗马神话以及《圣经》。译者如果不了解《圣经》和古希腊罗马神话,对这些典故的来历与意义含糊不清,不加以注解,会使读者的理解产生困难,还可能造成误读。在文学作品中往往还会涉及古典文学作品中的经典人物,比如哈姆雷特,堂·吉诃德,叶甫盖尼·奥涅金等,对这些人物形象的熟悉与了解是译者必备的基本功。戈宝权在翻译《论文学中的人民性》一文时,文中提到赫尔岑是那许多"出去得很早"的人当中的一个。他当时无法理解这个句子,后来翻译普希金《荒原上播种自由的人》一诗时,才理解了这句引文的含义——赫尔岑是一位思想的先行者。原诗是这样的:"我是荒原上一个播种自由的人/我出去得很早,在晨星出现以前。"②

---

① 戈宝权:《漫谈译事难》,《译林》1983 年第 2 期,第 217 页。
② 转引自戈宝权:《漫谈译事难》,《译林》1983 年第 2 期,第 218 页。

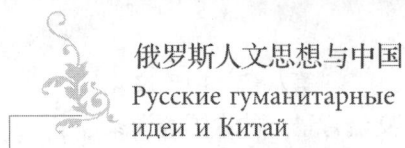

(3) 翻译人名、书名难。外国人的命名系统与中国的姓名编排方式有一定的区别,如何翻译好姓名,并非易事。戈宝权以俄国人姓名为例,俄国女性的名字通常以"娜"和"娃"字结尾,但用"на"字和"ва"字结尾的,也有不少是男人的名字。他就曾经犯过这样的错误,把批评家"谢尔宾纳"译成了"谢尔宾娜"。戈宝权建议,要解决翻译人名的困难,"除了早已习惯通用的译名外,应多查阅商务印书馆出版的《译音表》和各种语言的《姓名译名手册》"①。一些外国文学作品的书名,如果仅从字面含义出发,并非在了解内容的基础上进行翻译,也极易产生疏漏与错误。词典中的每一个词语往往具有多个义项可供参考,选择哪一个义项作为书名需要结合文本内容来决定,特别是涉及亲属关系的词语,因为许多外语里并无兄弟、姐妹、姨表、甥舅之分。耿式之最初由英文转译契诃夫的剧本《文尼亚舅父》时,曾把书名译为《万尼亚叔父》,直到后来才有了《文舅舅》和《万尼亚舅舅》的译本。戈宝权自己在翻译魏列萨耶夫的《普希金传略》时,曾把普希金的伯父误译为叔父;在另一个地方又把他的姐姐误译为妹妹。仅从字面翻译,这些亲戚关系很容易被混淆。

(4) 翻译事物名称难。由于地理、文化与习俗等方面的差异,一些"物"(如建筑物、家具、服装、车辆、食物等)的专有名词是外国生活与文化中独一无二的。戈宝权举例说,"俄国人有一种茶炉子,叫做'самовар','сам'是'自己',加上'вар'是'自己煮'。那是一种炉子,中间放木炭,生了火,把水煮开了,打开水龙头就能喝。有人把它译成'火锅',也有人译成'水火壶'、'茶炊'等等。"②如何解决这些专有名词的翻译与命名问题,是对译者创造能力的考验与挑战,在许多情况下,一些错译的名词与表达也被沿用下来了,译者在翻译时需要进行仔细的区分与鉴别。严复曾形容,"一名之立,旬日踟蹰"③,可见翻译"名"之难。

同时,戈宝权也从自己多年亲身的翻译实践中总结出了几条翻译的原则。

首先,"知其所以然而为之"。翻译外国文学的前提是译者对译著的兴趣与理解。因为担任记者与编辑的缘故,戈宝权曾经翻译过许多非文学的政治报告、会议报告,但他认为自己最感兴趣的还是文学作品。而文学作品中,也

---

① 戈宝权:《漫谈译事难》,《译林》1983 年第 2 期,第 219 页。
② 戈宝权:《漫谈翻译问题》,《外国文学》1983 年第 11 期,第 59 页。
③ 转引自戈宝权:《漫谈译事难》,《译林》1983 年第 2 期,第 217 页。

"只有自己能够理解的、喜欢的东西,才能翻得好"①。对于无法理解的原文文本,译者应该知难而退,因为即使理解得非常透彻,也不一定能翻译好。德国翻译家、文艺学家阿·库勒拉曾说,"译著是属于译文语言的民族文学的,译者是作家、艺术家。译者同作家一样要为每一个词、每一句话、印着他名字的每一本书负责。"②这与戈宝权的观点不谋而合。

其次,在直译与意译这个问题上,戈宝权主张直译。"翻东西首先应该忠实,要忠实于原文,把原文的意思,原文的形式,甚至原文语句的排列,都很好地翻译出来,而且要使得大家也能理解,这样才能忠实地体现原著。"③比如他翻译的普希金的抒情诗《致凯恩》:"Я помню чудное мгновенье(我记得那美妙的一瞬),/Передо мной явилась ты(在我的面前出现了你)。"如果依据汉语的习惯,第二句应该翻译为"你出现在了我的面前",但戈宝权为了保持诗意,别出心裁地选择按原诗的顺序排列词语。这样既符合原文,也不显得突兀。与他的直译观点相一致,戈宝权认为翻译的语言也应该朴素。所谓"信言不美,美言不信",华丽的词语和多样的表达方式如果使用不当,反而会背离原著的本义。戈宝权切中肯綮地说:"朴素是最美的。应该用朴素的语言来体现原文,不要以为用浮华的、修饰过的语言就好。朴素的语言读者能够理解,能够接受,而且最能感人。"④戈宝权还强调保留原文的韵律与格式,反对"中国式外语"。从实际翻译来看,他不仅改造了原文,而且使原文变得更为符合中国人的汉语习惯与语法形式。他甚至创造了许多令俄国人都称道的语言表现方式。比如在普希金脍炙人口的童话《渔夫和金鱼的故事》里,戈宝权开篇翻译为"从前有个老头和他的老太婆,住在碧蓝的大海边;他们同住在一所破旧的小泥棚里面,整整地过了三十又三年"。这个"三十又三年"的表述方式,被俄国人称为"地道的俄文",评价非常高。前苏联有人写了一篇文章评论戈宝权的这句翻译,认为翻得简直同俄文一模一样,十分地佩服。这句话的俄语原文为"Тридцать и три года",直译过来就是三十加上三年的意思,这样的表达方式在汉语中并不常见,但是翻译过来读者不仅不会觉得突兀,反而平添了语言与文字表达的魅力。

---

① 戈宝权:《漫谈翻译问题》,《外国文学》1983 年第 11 期,第 59 页。
② 转引自谢天振:《译介学》,上海外语教育出版社 1999 年版,第 115 页。
③ 戈宝权:《漫谈翻译问题》,《外国文学》1983 年第 11 期,第 59-60 页。
④ 戈宝权:《漫谈翻译问题》,《外国文学》1983 年第 11 期,第 60 页。

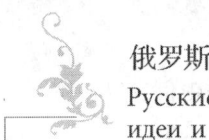

最后,在译者和作家的关系问题上,戈宝权主张,译者应该调动一切思维与想象力回到作者的创作环境中,将自己的翻译过程融入作家创作作品的过程。他回忆了自己翻译高尔基的小说《圣诞节的故事》时融入小说的情境给他带来的帮助:"我自己也好象生活在高尔基的小说里面。他写道:'写完了圣诞节的故事,我丢下笔,就从桌子旁边站起来,在房间里面来回走着。'我翻的时候也是这个心情,我也跟着他走,好象我也在那个房间里……'我的听觉捕捉到了某种奇怪的声音,好象是轻轻的细语,或者是什么人的叹息。它们从大街上穿过墙壁,透进我那个三分之二沉浸在阴影里的小房间。'我翻的时候就要想象,房间三分之二是黑的,因为他桌子上的台灯开着。他听到外面响的声音穿到他房间里面,我也设身处地地去想,就感觉到自己也在那个房间里,在他写作的地方,我感觉到了他写的东西。如果我没有这种感觉,就没法子把它体现出来……'这时,在空中有某种轻盈和白色的东西,不停地从窗前飘过,飘过来就又消失了,把一阵寒气吹向我的心头。'这个我是能够理解的,因为我在苏联生活过。你要是冬天靠近窗子,外面那个寒气能透过玻璃,两层玻璃,吹到你身上来……我翻的时候,就整个投身到它里面,我要感觉到它,体会到它,才能把小说所写的感情,作者的想法,作者的印象,很好地体现出来。"[①]译著既是翻译的过程,也是一个再创作的过程。戈宝权的这一翻译经验,印证了台湾学者冯明惠的观点,"译者必须藉原作品进入原作者所处的时空中,经历当时的文化背景,而后以自己的才质(talent)、感受力(sensitivity)去重复作者初始的创作行为,去再经验原作者所经验的,并试图感受原作者在创作过程中整个的心路历程,然后在译者自身的文化系统中找寻与原作最类同的元素,将作品表达出来。"[②]戈宝权的翻译是建立于"直译"基础之上的"意译",是更为显现翻译者功底与能力的操作实践。驾轻就熟、扎实谨严的语言功底,使他的翻译几乎读不出译文的痕迹;坚持置身处地、在理解的基础上融入原作的翻译技巧与理念,令他的译作几乎可与原作媲美。

---

① 戈宝权:《漫谈翻译问题》,《外国文学》1983 年第 11 期,第 61 页。
② 冯明惠:《翻译与文学的关系及其在比较文学中的意义》,《中外文学》第 6 卷第 2 期,第 145 页。

三、戈宝权对普希金和高尔基作品的译介

1. 译介普希金

提到莎士比亚,中国读者会马上联想到朱生豪;论及巴尔扎克,避不开傅雷;而说到普希金,也绕不开戈宝权。虽然戈宝权不是我国最早译介普希金诗歌的翻译家,但却称得上是普希金诗歌的最佳翻译者之一。他的翻译深入人心,许多读者在比较了多个版本后,仍觉得戈宝权的译本最为贴切与传神。

在大夏大学读预科时,戈宝权最早接触了普希金的作品——翻译本《甲必丹之女》(即《上尉的女儿》)。而普希金的《渔夫和金鱼的故事》则令他真正与俄苏文学结下了不解之缘。1932年,19岁的戈宝权在叔父戈公振住处学习俄语,有一定的俄文阅读基础后,俄语教师推荐他租了一本普希金的童话故事诗《渔夫和金鱼的故事》。戈宝权曾回忆道,"当读到'从前有个老头儿和他的老太婆,住在蔚蓝的大海边;他们同住在一所破旧的小泥棚里,整整地过了三十又三年'这些美丽又朴素的诗句时,它们立即把我带进了普希金的诗歌作品的世界,这就成为了我接触到诗人普希金的开始。"[①] 1935年至1937年,戈宝权一边在苏联任记者工作,一边大量阅读普希金的诗歌和散文作品,"我尤其喜欢他的政治抒情诗和描写美丽的俄罗斯大自然的诗章。普希金的作品不仅丰富了我对俄语的知识,同时也更加增强了我对普希金本人和对俄国文学的热爱与感情。"他开始翻译普希金的诗歌,最初译的是《致恰阿达耶夫》和《致西伯利亚的囚徒》,这两首诗都是政治抒情诗。1937年,戈宝权参加了普希金逝世一百周年的纪念活动,依循普希金的足迹,游历参观了他的出生地、学校与故居,瞻仰了他的墓地。这些情景令戈宝权终生难忘,他说"普希金逝世百年祭活动的情景,一直到今天还深深地留在我的脑海里,成为最珍贵而又最难忘的纪念,同时这也成为我后来走上翻译和研究普希金诗歌作品道路的一个起点"[②]。

回国后,戈宝权与罗果夫合作编写了《普希金文集》,文集图文并茂,收录了由戈宝权翻译的40首抒情诗和政治诗、故事诗《牧师和他的工人巴尔达的故事》《渔夫和金鱼的故事》,以及根据作家维·魏列萨耶夫的著作编写的

---

① 戈宝权:《戈宝权译文集·普希金诗集》,北京出版社1987年版,第274页。
② 戈宝权:《戈宝权译文集·普希金诗集》,北京出版社1987年版,第275页。

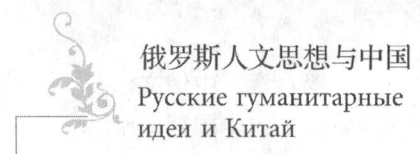

《普希金传略》。普希金的小说、剧本和长诗自 1903 年以来就陆续翻译至中国,但对于抒情诗的译介则相对较少,影响也不大。戈宝权与罗果夫合作的这本《普希金文集》把普希金最为优美动人的抒情诗介绍给了国人,该书于 1947 年出版后立即受到广大读者的欢迎,至 1957 年已印到第 9 版。此外,他还编过《普希金画传》,译过普希金的长篇童话故事诗《沙皇萨尔坦的故事》等。1986 年,北京出版社开始出版五卷本的《戈宝权译文集》,其中第一卷便是戈宝权翻译的《普希金诗集》,该诗集在《普希金文集》的基础上,增添了普希金的 10 首抒情诗与 5 篇童话诗,并于 1994 年荣获中国社会科学院第一届优秀科研成果奖翻译奖。在 1993 年湖南文艺出版社出版的三卷本《普希金抒情诗全集》中,我们也可以看到许多由戈宝权翻译的精彩诗作。

戈宝权还发表了大量关于普希金及其创作的评论和研究文章。如 1934 年初刊于《苏联文艺》的《莱蒙托夫与普希金》,1959 年发表于《文学评论》的《普希金和中国》,1962 年刊登于《世界文学》的《谈普希金的〈俄国情史〉》(为了探求《俄国情史》的真面目,戈宝权花了几十年的心血去寻找这本译作的原版,最后才在阿英的旧书堆里找到了它。经过认真阅读和考证,证实它就是普希金的《上尉的女儿》,这一发现在普希金研究中具有重要意义),1980 年代初为《中国大百科全书·外国文学》写的"普希金"条目,1996 年刊载于《国外文学》的《普希金和他的诗歌作品》等。戈宝权先生被中国学术界公认为"普希金学在中国的开拓者",并在 1987 年莫斯科的普希金诗歌节上荣获苏联文学基金会授予的"普希金文学奖"。

普希金诗歌的翻译者为数甚多。较之其他翻译家的译本,戈宝权的普希金译本具有语言朴实流畅,形式工整,韵味隽永的特点。试将普希金《纪念碑》一诗前两小节翻译的两种译文作一比较:①

> Я памятник себе воздвиг нерукотворный,
> К нему не зарастет народная тропа,
> Вознесся выше он главою непокорной
> 　　Александрийского столпа.

---

① 参见刘恒贤:《普希金抒情诗翻译浅谈》,《通化师范学院学报》1998 年第 2 期,第 36 页。

Нет, весь я не умру – душа в заветной лире
Мой прах переживёт и тленья убежит –
И славен буду я, доколь в подлунном мире
Жив будет хоть один пиит.

刘湛秋译本:"我给自己建立了一座非手造的纪念碑,/在人民走向它的路上,再没有杂草丛生,/它高昂起那不屈的头颅/盖过亚历山大纪念柱的尖顶。//不,整个的我不会死亡——灵魂在圣洁的诗中/将逃离腐朽,超越我的骨灰而永存——/我会得到光荣,即使在这月光的世界上,/到那时只留住一个诗人。"

戈宝权译本:"我为自己建立了一座非人工的纪念碑,/在人们走向那儿的路径上,青草不再生长,/它抬起那颗不肯屈服的头颅/高耸在亚历山大的纪念石柱之上。//不,我不会完全死亡——我的灵魂在遗留下的诗歌当中/将比我的骨灰活得更久长和逃避了腐朽灭亡——/我将永远光荣不朽,直到还只有一个诗人/活在这月光下的世界上。"

对比两个译本,第一行中的"нерукотворный",刘译"非手造"显得别扭,戈译"非人工"更为灵活;第四行刘译"盖过亚历山大纪念柱的尖顶",戈译"高耸在亚历山大的纪念石柱之上","盖过"的效果不如"高耸"来得明了和有气势;第五行刘译"整个的我不会死亡"与中文习惯有误,戈译"我不会完全死亡"在句法上更为妥帖。戈宝权的译诗简洁、流畅、明丽、贴切,再现了原诗的情感内涵与蕴藉。"好的译作要使人读起来不像译作",他的翻译正体现了这一点。因而在众多的普希金诗歌翻译者中,戈宝权的译本历来为人所称道,影响也最为深远。

2. 译介高尔基

除了普希金,戈宝权在翻译活动中最为关注的作家是高尔基。

高尔基对新中国的文艺与作家的影响是巨大和深远的,将高尔基的作品和文论翻译和介绍进中国自然具有重要的意义与价值。戈宝权是中国译介高尔基作品的先行者之一。他在1920年代末30年代初接触到高尔基的《马卡尔·楚德拉》、《伊则吉尔老婆子》和《母亲》等作品,深受感动。1935年,戈宝权在红场见到了陪伴罗曼·罗兰夫妇出席全苏联体育大检阅的高尔基,次年他又在红场参加了高尔基的国葬。1938年戈宝权应茅盾之约,在《文艺阵地》

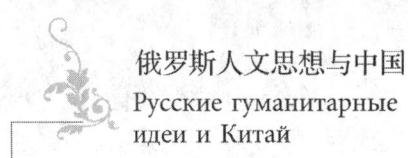

上发表了第一篇与高尔基有关的文章——《高尔基博物馆》。抗战期间,鉴于过去《马卡尔·楚德拉》与《伊则吉尔老婆子》的中译均系由英文转译,戈宝权直接从俄文翻译了这两篇小说。1945年,他还为《青年文艺》月刊翻译了高尔基的文学论文《我怎样学习写作》,并由读书生活出版社印成单行本,深受读者欢迎。同年5月,他还与茅盾等人合译了苏联作家罗斯金的传记小说《高尔基》,由郭沫若作序,北门出版社出版。1946年,为纪念高尔基逝世十周年,戈宝权与葛一虹合编了一本《高尔基画传》。1947年与1948年,他和罗果夫为时代出版社合编了两本《高尔基研究年刊》,并对高尔基的作品在中国的流传和翻译情况做了专门介绍。

1959年,戈宝权应人民教育出版社之约,为中学课本重译高尔基的《海燕之歌》。一代又一代的中国青少年因为《海燕之歌》认识了高尔基,同时也记住了译者戈宝权。为了帮助读者和教师更好地理解《海燕之歌》,他在1978年翻译了高尔基的小说《春天的旋律》(幻想曲),《海燕之歌》正是这篇小说的结尾部分。1978年至1979年,他参加了《高尔基论文学》初编和续编的翻译工作,1980年又参加了人民文学出版社出版的《高尔基文集》(20卷)的编辑委员会,为该文集的翻译、编辑和出版,做了大量的工作,并亲手翻译了高尔基的多篇作品。1987年,上海三联书店重版邹韬奋30年代编译的《革命文豪高尔基》一书时,戈宝权为其写了长篇序言。同年出版的《戈宝权译文集》第二卷《高尔基小说、论文集》收录了戈宝权数十年来翻译的高尔基的短篇小说、诗歌作品、回忆文章、文学批评论文以及书信等,还收录了他撰写的关于高尔基和中国的多篇论文。其中,《高尔基与中国》一文1959年被译为俄文在苏联的《外国文学》上发表,《文学批评家》杂志给予了很高的评价。

2000年5月,戈宝权先生去世,但是他的文学活动,特别是在俄苏文学翻译和研究方面所作出的巨大贡献将流芳后世。

第四节 查良铮

一、诗人翻译家

查良铮(1918—1977),笔名穆旦,是我国著名诗人和翻译家。他少年在

第八章 中俄文化交流背景下的中国翻译家

南开中学读书时就展露出文学上的天赋。1935年考入北平清华大学外文系,并在香港《大公报·副刊》和昆明《文聚》上发表诗作,成为有名的青年诗人。1940年在西南联大毕业后留校任教。他于1940年代出版《探险者》、《穆旦诗集(1939—1945)》、《旗》三部诗集,将西欧现代主义和中国诗歌传统结合起来,诗风富于象征寓意和心灵思辨,是"九叶诗派"的代表性诗人。1949年,他赴美国攻读英美文学硕士,并有意识地选修了俄国文学课程,在他学习俄文的背后,是他对新中国的关注。1953年回国后,他开始任南开大学外文系副教授。在巴金、萧珊夫妇为刚刚回国的查良铮举行的宴会上,查良铮便说起自己翻译俄苏文学的计划。实际上在美国期间,他就已经为季摩菲耶夫的《文学原理》做了许多翻译笔记。这第一本著作的翻译也是查良铮调整自我的过程,在了解和熟悉现实主义的文学观念和创作方法的同时,他也努力适应与新的文化环境相适应的文学话语方式。从1950年代起,查良铮翻译的外国诗歌有:普希金的《波尔塔瓦》、《青铜骑士》、《普希金抒情诗集》、《普希金抒情诗二集》、《欧根·奥涅金》、《高加索的俘虏》、《加甫利颂》,雪莱的《云雀》、《雪莱抒情诗选》,拜伦的《唐璜》、《拜伦抒情诗选》、《拜伦诗选》,以及《布莱克诗选》、《济慈诗选》等。他所译的文艺理论著作有:苏联季摩菲耶夫的《文学概论》(《文学原理》第一部)、《文学原理(文学的科学基础)》、《文学发展过程》、《怎样分析文学作品》和《别林斯基论文学》,这些译本大都产生了较大的影响。综观中国现代诗歌史和翻译史,查良铮无疑都作出了独特的贡献。他的诗追求一种理性与感性的结合,这种结合在他的诗歌翻译中也有所体现。

回国第二年,查良铮开始翻译普希金的诗歌,这一转变意味着他从关注文学理论转向关注诗歌,而且是浪漫主义经典诗歌。如果把查良铮在1940年代对英美现代诗歌的谙熟和钟爱以及在现代主义诗歌创作实践中的贡献和他这一时期的翻译作品联系起来,这样的回归则显得意味深长。这一举动与当时中国对苏联文学越来越狂热的时代热情并不完全吻合,在一定程度上说明查良铮在译作选择的倾向上逐渐忠于自己的艺术鉴赏力。1953—1954年是查良铮译诗的黄金时间,他热情高涨、硕果累累,在短期内相继以"查良铮"本名翻译和出版了普希金的一系列诗歌作品(均由上海平明出版社出版)。此后,他的翻译还扩展到同一时期的英国浪漫主义作品。

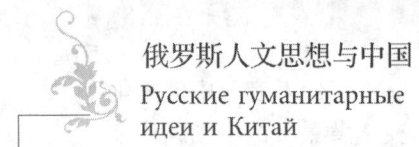

1954年底,查良铮因历史问题①被列为"肃反对象",这位满腔热忱的诗人遭受了极大的精神刺激。他一下子变得"少言寡语……几乎把每个晚上和节假日都用于翻译工作,从没有晚上两点以前睡觉"②,全身心地沉浸于译诗的艺术世界里。1955年,他又有普希金的《加甫利颂》和《拜伦抒情诗选》等译著出版,并重译了普希金的《欧根·奥涅金》。即使在最艰难的岁月里,查良铮也始终不曾放弃。1957年初"双百方针"提出期间国内文化环境相对宽松,上海新文艺出版社相继出版了查译《普希金抒情诗二集》、《波尔塔瓦》、《欧根·奥涅金》、《普希金抒情诗集》(1957)和《高加索的俘虏》、《加甫利颂》(1958)等作品,查良铮对这些旧译的再版一丝不苟、精益求精地进行了认真修订。在"反右"和"文革"中,查良铮只要条件允许,都会以翻译诗歌来抵御时代加诸自身的灾难。在他去世前的近5年时间内,他还重新修订了《欧根·奥涅金》和《普希金抒情诗》等译稿,即使出版无望,翻译仍是他的一项极为重要的工作。

二、翻译季摩菲耶夫的《文学原理》

1949年,由于新生的中华人民共和国在发展社会主义的过程中缺乏现实经验,因此,在新中国成立前后,毛泽东就曾指出:"苏联共产党就是我们的最好的先生,我们必须向他们学习。"③在当时的中国,要发展高校中文教育,必须有适合的文学理论教材,而正是在新中国成立初期中苏关系良好的大背景之下,查良铮本身也计划回国后致力于翻译事业,于是便着手翻译季摩菲耶夫所著的《文学原理》。

《文学原理》是1950年代苏联高等学校通用的文学理论教科书。其作者季摩菲耶夫是当时著名的文学理论家,曾任莫斯科大学语言文学教授、苏联科学院通讯院士、教育科学院院士及高尔基世界文学研究所俄罗斯文学组组长。他1943年撰写的《文学理论》经查良铮翻译,于1953年12月由上海平明出版社发行了《文学概论》和《怎样分析文学作品》两部分,后又于次年二月出版了

---

① 当时查良铮是因为曾参加国民党赴缅甸远征军而被列为"肃反对象":1942年2月,时任西南联大外文系助教的查良铮参加了由杜聿明指挥的中国远征军,任司令部随军翻译,出征缅甸战场,一年后九死一生。他在留美归国去南开大学赴任时,曾向校方说明过这段历史。

② 周与良:《怀念良铮》,载杜运燮、袁可嘉编《一个民族已经起来——怀念诗人翻译家穆旦》,江苏人民出版社1987年版。

③ 毛泽东:《毛泽东选集》第4卷,人民出版社1991年第2版,第1481页。

《文学的发展过程》(《文学原理》的第三部),1955年又发行了《文学原理》合订本。此后这些著作便成为中国读者学习文学理论的范本,各高校也纷纷将此书作为文学理论教材或文学理论课程的必读参考书,对我国文学界产生了正反两面的影响。

《文学原理》的第一卷主要讲文学本质论,强调形象反映论,认为"文学主要地给我们生活的知识",强调文学的真实性、人民性、党性、阶级性、意识形态性。第二卷主要是作品论,讲作品的内容和形式、思想、主题、结构、语言、情节等。第三卷是创作、发展论,主要讲文学创作的现实主义、浪漫主义、社会主义现实主义的方法和文学类型。虽然《文学原理》试图建立马克思主义文艺学的初衷应当肯定,对文艺学研究范围的确立、研究对象的厘定等在当时也具有开创意义,但是从书前引言和书中反复强调的言论可知,其基本主题是斯大林主义(或日丹诺夫主义)。由于它将具有强烈实用性的"对民众进行共产主义教育"视为论述目标,所以理论基础存在的问题更多。在哲学上,为了符合唯物论,它只肯定亚里士多德的《诗学》,有限地肯定黑格尔,对其他人一概持批判态度。它把文学视为生活的形象化形式,认为形象性是文学的唯一特点,还以偏概全地将批判现实主义作品作为典范,将社会主义现实主义作为极致。例如,季摩菲耶夫指出:"只有关于文学的清楚概念(这是由文学原理提供的),但却没有文学历史的知识,不知道最优秀的作家有什么创作,不知道文学史,那是不够的。同样,只懂文学原理和文学史也是不够的,还必须能够运用古今优秀作家所创造的经验、知识、思想和形象来帮助和解决生活向我们提出的课题;换句话说,它们必须与合乎现代观点的文学作品批评相联系,必须和以人民的问题和利益为出发点的文学作品批评相联系。"①季摩菲耶夫的文学理论政治性、片面性、教条性强,工具论色彩比较浓厚,其著作本身存在着很多问题,对我国文学界产生了很大的负面作用。

当然,书中也不乏具有启发性的地方,比如涉及到了"文学是什么"这个重要的问题。季摩菲耶夫曾给文学下定义、回答"文学是什么"的问题,在之后出版的很多文学理论教材中,这仍是需要回答的第一个也是根本的问题。如北京大学出版社2001年出版的《文学原理》,作者明确说:"本书把文学原理系统定位在'五个W'上,即'文学是什么'、'文学写什么'、'文学怎么写'、

---

① 季摩菲耶夫:《文学原理》,查良铮译,上海平明出版社1955年版,第3页。

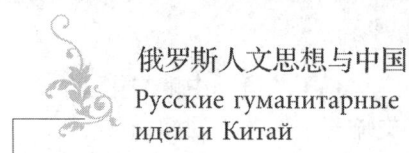

'文学写成什么样'、'文学有什么用'"①。作者要回答的"五个W",第一个W就是"文学是什么"。在陶东风主编的《文学理论基本问题》中,虽然批评了文艺学中的本质主义思维方式,指出了文学界定的困难及其历史维度与复杂性,但书中仍认为"'什么是文学'是文学理论的起点性问题,也是文学理论作为一个独立学科而存在的总问题。文学理论的基本性质和体系构成,都取决于对这一问题的思考和回答"②。由是可见,《文学原理》对中国影响最大的一点是:把给文学下定义、回答"文学是什么",看做是文学理论研究和教材编写的最重要的,也是首要的任务。

同时,关于"文学是什么"这个问题,季摩菲耶夫观点的偏颇也引发了许多学者的深入思考与探究。钱谷融先生在《论"文学是人学"》一文中就对此展开了深刻的阐发,他明确指出:"文艺的对象,文学的题材,应该是人,应该是时时在行动中的人,应该是处在各种各样复杂的社会关系中的人,这已经成了常识,无须再加说明了。但一般人往往把描写人仅仅看做是文学的一种手段,一种工具;如季摩菲耶夫在《文学原理》中这样说:'人的描写是艺术家反映整体现实所使用的工具'。这就是说,艺术家的目的,艺术家的任务,是在反映'整体现实',他之所以要描写人,不过是为了达到他要反映'整体现实'的目的,完成他要反映'整体现实'的任务罢了。……应该说,季摩菲耶夫还是比较重视文学艺术的特征的。在他的那本《文学原理》中,有着很多精辟的见解。那本书,在苏联虽然受到很多人的非常严厉的批评和指责,但我以为这些批评和指责未必都是正确的,然而这里所提到的一点,却是一向毫无异议地为大家所接受的。"③钱先生的文章以此开篇,给了《文学原理》一个客观的评价,提出了"文学是人学"的核心观点,指出文学作品须富有灵性和人性才能真正体现出其价值来,"一切从人出发,一切都是为了人。"

能真正理解和阐释文学是什么,是讨论什么是文学理论,如何进行文学事业建设的重中之重,文学以人为本,要的就是体现人的情感世界,要表现人在复杂的社会关系中的现实状态,反映的是那种代表着综合的现实态势的整体观念,这也是真正的文学艺术所应具备的特质。这种特质在译者查良铮的创作中同样具有举足轻重的作用,可以说查良铮在其诗歌创作中深刻地体现了

---

① 董学文,张永刚:《文学原理》,北京大学2001年版,第2页。
② 陶东风主编:《文学理论基本问题》,北京大学出版社2004年版,第27页。
③ 钱谷融:《钱谷融论文学》,华东师范大学出版社2008年版,第43-44页。

这一点,既关注社会和历史的整体性观念,又能够深入到人的内心世界,从人的情感状态入手去进行诗性的考量,最终创造出许多脍炙人口的"人的诗歌"。

总之,《文学理论》虽然对中国文艺理论界存在着许多负面影响,但在新中国成立初期还是有其积极的作用。回国初期查良铮关于文学理论的翻译更多的是受当时特殊的政治背景和新的文化环境的需要,并不代表他自己的艺术倾向。从回国的第二年起,查良铮便开始了普希金诗歌的翻译,这一转变意味着他的翻译从文学理论转到文学作品,转到传统的俄罗斯文学,特别是对名家名诗的翻译。

三、查良铮与普希金:生命探究与底层代言

在查良铮的诗歌生涯中,其所汲取的域外诗歌精华是非常丰富的:不仅受到在"当代英诗"课上"从霍普金斯一直讲到奥登"①的奇才燕卜逊的重要启蒙,也曾浸润在浪漫派雪莱、拜伦的诗歌热情以及西方现代派大师艾略特等人的睿智和理性中,更重要的是他还领略了俄罗斯的两位举足轻重的诗人普希金和丘特切夫那丰沛的情感和优美的抒情,这些查良铮曾经孜孜以求用译笔传示的诗歌精华,都与他本人的诗歌创作交相辉映,构成中国诗歌史上的一道独特优美的风景。

查良铮几乎译介了普希金所有主要的诗歌作品,从而为中国读者展现了一位优秀完整的俄罗斯诗歌精灵。他以其精粹的译笔,不仅准确地捕捉到诗人的微妙情感,而且将诗中的浓烈情感和异域气息充分展示出来,无论是《波尔塔瓦》、《青铜骑士》,还是极负盛名的《欧根·奥涅金》、《高加索的俘虏》,查良铮都能以其精湛的译笔传达出原诗的语言特点和内在意蕴。

普希金是俄罗斯伟大的民族诗人,他所创作的优秀诗篇使他一跃成为19世纪世界诗坛的一座高峰。普希金代表着一个时代,这是一个黑暗与光明并存的时代,一个希望与绝望相生的时代,普希金承受了时代的痛苦,也见证了时代的变迁。他孜孜不倦地追求的是民族的尊严、国家的独立和社会的进步。通过查良铮所翻译的诗歌,我们可以清楚地看到,诗人普希金有着一颗充满爱

---

① 王佐良:《穆旦:由来与归宿》,载杜运燮、袁可嘉编《一个民族已经起来——怀念诗人翻译家穆旦》,江苏人民出版社1987年版,第2页。

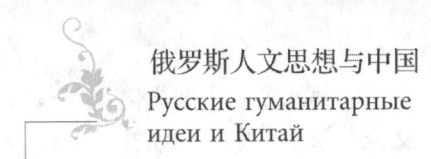

心而又桀骜不驯的心灵,对美好的事物有着由衷的热爱和渴盼,在《我的墓铭》中,他也曾坦荡地向世人说道:"这儿埋下了普希金:他一生快乐,/尽伴着年轻的缪斯,慵懒和爱神;/他没有作出好的事,不过老实说,/他从心眼里却是个好人。"而对丑陋和黑暗则是疾恶如仇并且义无反顾地进行斗争的,他蔑视沙皇的权威,无论是在精神世界还是现实生活中,这点都体现得淋漓尽致,在他的诗歌中,充满着对黑暗和不公的斥责,同样也充满着对美好未来的企盼和希冀。

查良铮同样有着热烈而纯粹的心灵。1942年他作为中国远征军的随军翻译出征缅甸战场,恶劣的自然环境和地理环境以及残酷的死亡的威胁使得查良铮时常在生与死的边缘挣扎,也由此而锻造出了查良铮坚韧无比的内心和像普希金一般无所畏惧的气魄。查良铮在其《活下去》中就曾写道:"希望、幻灭、希望、再活下去/在无尽的波涛的淹没中/谁知道时间的沉重的呻吟就要坠落在/于诅咒里成形的/日光闪耀的岸沿上/孩子们呀,请看黑暗中的我们怎样孕育/难产的圣洁的感情。"①这种对黑暗的憎恶和超越,对光明和希望的渴盼,同时成为了俄中两位伟大诗人矢志不渝的追求。

1953年,当满怀信心的查良铮从国外回来准备为祖国的发展大展拳脚时,一场突如其来的政治风波冲击了他的心灵。此后的20年时间,他经历了巨大的屈辱和痛苦,在这样的逆境和黑暗中,正是普希金的诗歌,重新照亮了他灰色的心灵。他在一封信中写道:"我在这期间投入一种工作,每天校改普希金抒情诗,因为我觉得过去弄得草率,现在有条件精益求精,至今我已重抄改好的诗大约有五百首(有印的,有未印的)以备将来有用的一天。……这里的确有许多艺术和细致的味道。"②可见,在这个也许比战争更能销蚀人的心力的年代中,查良铮通过对普希金诗歌的翻译,重新看到了生命的光亮,重新嗅到了真正的艺术的气息,并且进入了一个让他自己都欣喜若狂的艺术世界中。"这两个多月,我一头扎进了普希金,悠游于他的诗中,忘了世界似的,搞了一阵,结果,原以为搞两年吧,不料至今才两个多月,就弄得不多了,实在也出乎意料"③。普希金成为了贫瘠年代中查良铮最大的精神营养,而查良铮则以超乎常人的精神毅力,对普希金的诗歌进行了又一次的改译,他似乎回到了

---

① 穆旦:《活下去》,载李方编《穆旦诗全集》,中国文学出版社1996年版。
② 穆旦:《蛇的诱惑》,珠海出版社1997年版,第239页。
③ 穆旦:《蛇的诱惑》,珠海出版社1997年版,第270页。

那个在沙俄残酷统治下的黑暗痛苦的年代,看到了那个令他景仰的伟大诗人如何在绝望中挣脱束缚身体和心灵的锁链,歌唱自由:"去吧,从我的眼前滚开,/柔弱的西色拉岛的皇后!/你在哪里?对帝王的惊雷,/啊,你骄傲的自由底歌手?/来吧,把我的桂冠扯去,/把娇弱无力的竖琴打破……/我要给世人歌唱自由,/我要打击皇位上的罪恶。/……"(《自由颂》)

而在此时,查良铮也正经历着没有自由的苦痛,他被剥夺了教育和创作的自由,在接下来的"文革"中更是受尽了折磨和屈辱。因此,普希金给予查良铮的,不仅是空虚和孤独中的慰藉,更是一种不可或缺的想象和力量,就像普希金在《翻腾的浪花》中所写到的:"欢悦吧,风,把这一池水掀起,/快来摧毁这扼制我的堡垒——/雷啊,自由的信号,你在哪里?/让你的霹雳飞驰过这滩死水。"通过诗歌,通过那种种巨大的精神力量,人的心灵得以丰厚,人的生存更为充盈。

在普希金和查良铮的诗歌中都突出地体现了对底层人民的关注,或者通过素描的方式直接表现出对广大劳动人民的同情,或者通过对民众悲苦生活的描绘来表达对战争、对现实和对人生的见解,甚至是带着批判性质的审视。在查良铮的《赞美》中,诗人面对着苍凉而贫瘠的土地,以及在这个大地上耕耘了千百年的穷苦困厄的"农夫",浓郁的感情凝练出饱满的意象,将广大的北方平原人民的痛苦描绘得淋漓尽致,不仅展现了他们穷困而痛苦的生活状态,而且更重要的是,诗人看到了历史和现实的转折,并且预言"一个民族已经起来",这是带着血和泪的悲歌,在批判和赞美的沉重中实现升华。而在普希金的诗歌中,同样不乏对不公的社会现状和对底层农奴的深深同情,以及对压迫者的唾弃和反抗。在《乡村》中,普希金不无悲愤地发出呐喊,不仅通过深沉的情感同情农奴的遭遇,而且对"老爷"们也发出了无情的批判。

无论是各自诗歌中所展现的精神世界,还是某些生活经历和情感经历,查良铮和普希金都体现出了跨越历史和国度的情感和精神联系,这种内在的关联使得查良铮选择了普希金,也使得普希金既成为了查良铮最激情洋溢准备大展拳脚时候的选择,同时也如一盏明灯,照亮了其最困苦穷厄的人生旅途。当查良铮将普希金那充满热情充满力量的诗行通过自己的知识储备和情感世界的感受和过滤,一句一句地译成中文时,也许即便是在经历人生严酷的冬天,他也该不会感到异常的寒冷。

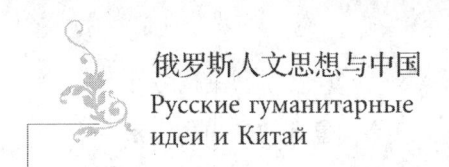

四、查良铮与丘特切夫:生活与自然的灵魂歌诗

费多尔·伊凡诺维奇·丘特切夫(1803—1873),是19世纪俄罗斯著名抒情诗人。屠格涅夫认为丘特切夫创造了"永垂不朽"的语言,托尔斯泰甚至说:"没有丘特切夫的诗歌就不能生活。"然而,这位与普希金、莱蒙托夫一起并列为19世纪俄罗斯伟大诗人的诗坛巨匠在中国却一直没有受到人们充分的关注。是查良铮最早在中国发掘了丘特切夫的价值,把他的诗歌翻译成中文,让国人有机会接触到这位大师的佳作,也为中国的丘特切夫诗歌研究开了先河。"丘特切夫一生写诗400来首,除去50多首译诗及部分政治诗、应酬诗,真正精良的作品不到200首,查良铮从中精选出128首译成中文,丘特切夫那些风格独特、思想深邃、精美动人的诗歌大体已网罗其中,这128首诗堪称首首精品。"①丘特切夫的诗歌以其浓郁的抒情性见长,查良铮对其诗歌的准确而独特的把握,体现出他对丘特切夫诗歌风格和艺术手法的赞同和赏识。为对查良铮和丘特切夫的诗歌通感进行把握,以下便从抒情性的角度对两人的诗歌进行比较。

1. 心灵的情与美

在1953年回国之后,查良铮一直坚持在翻译的这块热土上奋斗不息,直至逝世。查良铮对俄国象征派诗人丘特切夫抒情诗的翻译主要集中在20世纪的60年代,他在《丘特切夫诗选》的译后记中这样评价这位俄国诗人:"一个极有才华的俄国诗人,以歌颂自然、抒发性情、阐述哲理见长,曾一度受到同时期的俄国作家的热烈称颂。"②丘特切夫和查良铮一样,都有着一颗热烈而奔放的心灵,那是对诗歌、对生活的热爱和信心,源于内心深处的情感通过唯美而饱含深情的语言得以抒发,如"炙热的阳光溢满树丛",时而"走进林子,在山泉/所灌溉的树根上憩息",时而"浸沉在日午的炎热中",让"树顶在我们的头上梦呓"③。而对于查良铮来说,尽管"路是无限的悠长的",尽管有着"无尽的呻吟和寒冷",但还是满怀期待地认为"一个民族已经起来"④,那是缘于

---

① 曾思艺语,见陈建华主编《中国俄苏文学研究史论》,重庆出版社2006年版,第61页。
② 穆旦:《穆旦译文集》(8),人民文学出版社2005年版,第150页。
③ 丘特切夫:《"炙热的阳光溢满树丛"》,选自《穆旦译文集》(8),人民文学出版社2005年版,第118页。
④ 穆旦:《穆旦诗全集》,中国文学出版社1996年版,第134页。

内心的渴盼,尽管阴霾满布,但只要有一线的光明流落,希望就还是存在的。

诗人热烈而深沉的情怀总是如放射在人生土地上的一束耀眼光线,但这又不是一泻无余的,在具体的诗歌运行中,诗人往往能够营造出充满韵味的意象,让诗句的意义获得进一步的延展。意象是心与物交流中无声脱落之物,是源于心灵而投射出去的光。在查良铮和丘特切夫的诗歌中,"石头"的意象都是极为突出的,丘特切夫的"石头"蕴含着对命运的关注,在《从山顶滚下的石头呆在山坳》中,诗人这样写道:"从山顶滚下的石头呆在山坳。/它是怎样跌落的?如今已无人知道,/它的坠落可是出于自己的意志?/还是一只有思想的手把它掷弃?/时光过了一个世纪又一个世纪,/还没有人能够解答这个问题。"这首短诗针对"石头"言说命运,表现出诗人对存在的一种观照,通过对"石头"的存在状态进行追问以及追问无果,诗人表达出了一种无法跳出命运掌心的疑窦和无奈。

而"石头"的意象在查良铮的诗中同样表达出一种深切的无奈,如他为自己的三十岁而作的《三十诞辰有感》:"而在每一刻的崩溃上,看见一个敌视的我/枉然的挚爱和守卫,只有跟着向下坠落,/没有钢铁和巨石不在它的手里化为纤粉。"在这里,查良铮所要表达的是那坚固"巨石"也会被时间之手层层剥落,即便多么留恋和忧伤也无济于事,诗人在这里表达的也同样是对时间、对命运的无可奈何之情。这些意象就像是诗人心灵之舟中满载着的情感和美丽,寄寓着对生命和时间之河的思考和想象,同时也含纳着对自我意识和现实存在的观照和抒发。

2. 自然的灵与神

泛神主义的幽灵时常隐没于丘特切夫的诗歌丛林中,丘特切夫最先以写景诗见长,他的诗歌充满着无数自然的元素,将自然与人的生活和心灵连接起来,使自然具备了人的性情和心绪,而人在与自然的对接中,也使人散发出自然的灵性。查良铮的诗歌中也不乏对自然的涉猎,他的诗中涉及季节和时气的诗歌同样脍炙人口,饱含着诗人对自然以及投身于自然的灵气和神魂的无限向往,并且将其投射到现实的思考当中。阿恩海姆(R. Arnheim)曾说:"我们必须认识到,推动我们自己的情感活动起来的力,与那些作用于整个宇宙的普遍性的力,实际上是同一种力。只有这样去看问题,我们才能意识到自身在

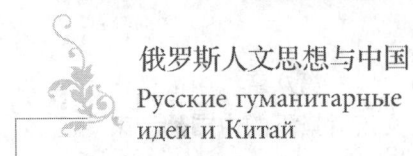

整个宇宙中所处的地位,以及这个整体的内在的统一。"①尤其是对于一个诗人来说,好的诗歌往往包含着融贯自然与生命之后生发的过程,在这当中人的力量的体现并不在于支配和敌对,而是与世界和自然的气脉畅达的通灵,并通过发现和创造表现出来。

查良铮在《丘特切夫诗选》的"译后记"中引用丘特切夫《阿尔卑斯》时评论道:"虽说这些雪山已经死了,却还'像一群颠覆的帝王',给人以权势之感。这个比喻,立刻使阿尔卑斯山扩大为整个世界,使读者想到全体帝王的覆灭,想到他们虽然还有权势,还'可畏',却已是死了,只等待自然的程序来把他们根本消除。接着,诗中就指明:世界虽然死亡,但在死亡的基础上有新生;'只要东方一泛红',我们就看到一片重新形成的、灿烂的风景。"②丘特切夫借阿尔卑斯山壮美的景观发现了自然的伟力,这种源于自然的彻悟,由阿尔卑斯山推延到历史本身,雪山成为了时间新陈代谢的血液,世界的循环与更迭,经由伟岸的大自然加以承接,使整个诗歌具有了无限的深度,在浓郁的抒情中建立起对自然、对历史、对世界的本质的考量和揭示。

而在查良铮的诗歌中,对自然的观照随着时代的变迁和心理的转化而体现出不同的意味。查良铮早期的诗歌在与自然对接的过程中体现出的是一种悲凉的调子,"树,也许正在凛风中瑟缩"(《冬夜》),面对着北方苍茫而阔大的平原,在寒冷的腊月的夜里,诗人低吟"所有的故事已经讲完了,只剩下了灰烬的遗留"(《在寒冷的腊月的夜里》),从中寄寓着对北方人民,对中华民族的命运的深切忧思,诗人借助自然而生发的情绪与此同时也增添了无尽的历史感和时代性。而在查良铮最后的诗篇中,"语言的精练、形式的严谨,都不减当年,只是情绪不同了——沉静,深思,带点忧郁,偶然有发自灵魂的痛叫声。"好不容易等来了"秋天和谐的歌声",但转而又不得不面对的是"严冬已递来它的战书"。就如周珏良所说,"就总体而论,查良铮晚年的诗的基调是坚强而执著于追求,从来没有悲观消极。"③通过心灵与自然的内外贯通,诗人所表现出来的是一种对信念的执著和乐观,尽管无法避离严酷的冬天,但是心

---

① R. 阿恩海姆:《艺术与视知觉》,中国社会科学出版社 1984 年版,第 625 页。
② 丘特切夫:《"炙热的阳光溢满树丛"》,选自《穆旦译文集》(8),人民文学出版社 2005 年版,第 118 页。
③ 周珏良:《穆旦的诗和译诗》,载杜运燮、袁可嘉编《一个民族已经起来——纪念诗人翻译家穆旦》,江苏人民出版社 1987 年版,第 26 页。

灵和诗歌的力量是无穷的,生命的厚度也经由此而得以彰显。

3. 生活的歌与诗

丘特切夫和查良铮的诗歌都有一个共同的特点,那就是让诗歌回归到生活当中,完成对现实的观照,复归人的生命。查良铮曾这么评价丘特切夫的诗歌,"对于人的生活目的及性格发展,丘特切夫的诗表现着积极的关切,这是它时常涉及的主题之一。"①对生活、对人的关注使得查良铮和丘特切夫的诗歌得以站立在宽广而坚实的土地上,从而使其充满了厚度和灵性。

"丘特切夫从落后的、封建宗法制的俄国,来到了被新潮流冲击着的西欧,而且在那儿长期生活着、观察着、体验着。"②在时代以及由时代所营造的生活的新与旧的冲突中,诗人痛苦着,沉思着,也期待着。一方面,诗人对于那些曾经的社会秩序、道德观念和生活方式有着某种在场性,他是从旧时代走过来的;但另一方面,对腐朽老去而必将走向衰亡的封建国度,诗人明显地表现出来的是对新的未来的期望。在《"好似把一卷稿纸"》中,诗人回归到最平常的生活腹地中去唾弃那些冗繁的"稿纸"和"难忍的单调",而要用"一种隐秘的火焰/一字字地把全文变成灰",但从这艰难的过程中也可体现出作者隐忍的痛苦和纠结,"不再折磨,不再继续苦痛/让我闪闪光——然后就死"。这样的源于生活的诗歌更能真实地体现出其深切的忧思和对新的生活状况的渴望。而在时代变幻莫测的年代,查良铮的诗歌同样表现出了一种深深的苦痛。《时感四首》作于1947年,面对着风云突变的年月,面对着"历史与革命",面对着痛苦与死亡,诗人"希望我们能有一个希望",但是又无法回避"受辱,痛苦,挣扎,死亡",在"勇敢"的"茫然"中,在生与死的考验和徘徊中,诗歌在最后实现了大爆发,"冷刺着死人的骨头,就要毁灭我们的一生,/我们只希望有一个希望当做报复。"③在晚年(1864年),丘特切夫经历了情感上的重大挫折,他深爱着的杰尼西耶娃的死带给诗人深深的忧伤,而在1873年,丘特切夫又患上了瘫痪症,但在哀思与病痛中,丘特切夫没有消沉,仍然用诗歌记录着他的生命历程,表达着内心的思想,直到最后。查良铮晚年经历了十年"文革"的浩劫,这些无妄之灾给他带来的无疑是无尽的羞辱和痛苦,历经磨难的

---

① 穆旦:《穆旦译文集》(8),人民文学出版社2005年版,第160页。
② 丘特切夫:《"炙热的阳光溢满树丛"》,选自《穆旦译文集》(8),人民文学出版社2005年版,第154页。
③ 穆旦:《穆旦诗全集》,中国文学出版社1996年版,第134页。

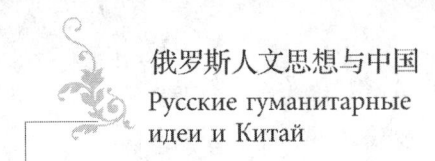

诗人查良铮内心也经历了巨大的裂变,但与丘特切夫相类似的是,这种身心的摧残没有将诗人毁灭。1976 年,查良铮的诗歌生命重新焕发了青春,他用最后的热力谱写了弥足珍贵的生命赞美诗,表达了晚年生活的"苦难与忧思"以及由此而生发的生命思考。

丘特切夫与查良铮的诗歌都充分地表达出了心灵的情与美,通过对自然的灵与神的提炼和拥抱,两人都表现出了一种广阔的诗歌胸襟和珍贵的人文关怀,他们的诗歌也不因为此而飘浮或空洞,而是回归到人的生活,从生活和生命的本在淘洗出思想的金子,这一切都伴随着许许多多哲理的思考,实现的是自我的洗礼与超越,其诗歌抱负和创作精神,也代表了他们内心的灵魂折射。

综上所述,查良铮的译作折射出他独特的心灵律动、凝聚了他一生的精神智慧。正是通过他的努力,才能够使人们在那个知识贫瘠的年代有机会接触和了解普希金、丘特切夫等著名诗人的杰作。著名作家王小波在《我的师承》一文中就坦言对查良铮译诗的偏爱和敬仰,他认为"最好的,还是诗人的译笔;是他们发现了现代汉语的韵律",剩下的事只是学习。在查良铮流畅澄明、凝练精粹的译笔背后,透露出的是顽强的抗争和沉郁的追问。这种在时代压抑下独特的翻译活动与他的诗歌创作实践,为俄罗斯文学在中国的发展作出了独特的贡献。查良铮这个名字,会与他身后留下的卷帙浩繁的译著一起,被世人铭记。

第五节　高莽

高莽是在当代中俄文化交流中作出过重要贡献的翻译家。1926 年,他出生于哈尔滨,曾居住过的南岗和马家沟是半俄罗斯化的住宅区。1933 年到 1943 年,高莽就读于东正教教会的十年制学校,师生以俄罗斯人居多,语文课学的是俄罗斯文学。这一切都对高莽的成长产生了潜移默化的影响。

高莽的翻译生涯始于屠格涅夫的散文诗《曾是多么美多么鲜的一些玫瑰》,该作以其凄凉的情调引起了生活在敌伪统治下的年仅 17 岁的高莽的共鸣,他以"雪客"为笔名将此诗的译稿投到当地的《大北新报》并被刊出。从此,他开始了漫长的翻译人生。1947年,年仅22岁的高莽翻译了根据长篇小说《钢铁是怎样炼成的》改编的剧本《保尔·柯察金》,哈尔滨教师联合文工团上演了此剧。随着年龄的增长,高莽对翻译的理解不断加深,翻译界前辈曹靖华和戈宝权等人的指引成为他前进的动力。"文革"后,他的译著颇为丰富,质量也达到上乘。1997年,他获得俄罗斯授予的"友谊"勋章。

一、高莽的翻译理念

高莽在漫长的翻译生涯中逐渐形成了自己独特的翻译理念,并身体力行地贯彻到翻译实践中。他所翻译的作品涉及多种文体,从歌词、剧本、解说词,到随笔、小说、诗歌等等,涉及面非常广泛。但是,他对诗歌的偏好却贯穿始终,对中国和俄罗斯的诗歌传统也有着深刻的体悟。他说:"如同生活中不能没有悲哀与欢乐、爱恋与憎恶、斗争与妥协一样,生活中也不能没有诗歌。"①

1. 翻译应"去痕迹化"

高莽始终坚持一个原则,即译作必须是艺术作品,尤其是诗歌翻译,必须要以艺术的魅力吸引读者,打动人心。高莽曾经在谈到口译时说:"当双方都不感到翻译的存在,就是最好的翻译",这就是"去痕迹化"。这同样适用于书面翻译。怎样才能做到"去痕迹化",高莽表示:"译者除了通晓两国文字、文化和不同的时代背景之外,还应当感受作者的心态,只有自己进行创作,才能有所领悟。"②也就是说当翻译家和作家两种身份合一时,往往比较容易实现翻译的"去痕迹化",保证译作在文采、意境、精神内涵等方面达到应有的艺术水准,如鲁迅和郭沫若等人的双重身份就使他们的翻译作品较少斧凿痕迹。

高莽钟爱的是诗人所译的诗。他认为,有些诗人不是专业翻译家,未能充分掌握翻译技巧,但由于诗人本身对艺术和语言的敏感,诗人翻译出的诗歌往往韵味足、意境深。高莽很推崇艾德林翻译汉诗的经验。苏联汉学家由于不是诗人,无法保证翻译中国古诗的艺术品质,苏联读者无法从中感受到诗意的美。艾德林与著名诗人阿赫玛托娃合作翻译,结果诗歌颇具韵味,受到读者欢迎。

高莽本人也积极实践这一翻译理念。"多年来他之所以也学着写诗,并

---

① 高莽:《我画俄罗斯》,人民文学出版社2006年版,第2页。
② 高莽:《文学翻译与外国文学》,《国外文学》2000年第4期。

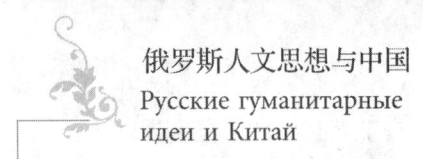

不是想当诗人,而是为了更好地译诗。"①他对自己的诗歌创作也精益求精,这里以两首诗为例。一首是为帕斯捷尔纳克肖像题的七律诗:"白银时代几罂花,独秀应推此异葩。/零五声遂闻艺苑,七旬人忽隔天涯。/自由意志思鸿路,文字樊篱笑井蛙。/寂寞医生一卷在,空教千古说名家。"一首是他为自己创作的画作《普希金在高加索》题的诗(片段):"为正义——/你御前昂首不折腰,/为寻梦——/你冥想远走神州不怕路迢迢,/你的诗五洲传诵,/我同胞更多知晓。"不能说高莽的诗歌创作达到了多高的水准,但是他的努力确实在他的翻译中取得了成效。他翻译的俄罗斯诗歌是国内翻译家的同类翻译中较有韵味的一种。

2. 翻译是戴着镣铐跳舞

回忆半个多世纪以来的翻译生涯,高莽常说:"年轻时胆子太大,什么都敢翻译,但是到了晚年,甚至有些不敢动笔,总觉得对原文没有吃透,用汉文表达不尽原意,尤其是诗歌翻译"②。诗歌是运用特殊的语言和手法所创造的艺术品,具有高度的艺术性,在精练而又有韵律的语言中传达诗人的情感,营造出引人入胜的艺术境界。高莽始终认为,诗是不可译的艺术。

译诗必定掺杂着译者不同程度的创作,原作的艺术性在译作中很难全部再现。因此,高莽认为,要想欣赏外国诗歌,要想从思想内容到艺术形式及其音乐感等方面品味诗歌的全部奥妙与内涵,必须读原文,最好是聆听原文的朗诵。"如果把诗比作一个人,那么译诗充其量不过是他的画像或是他的像片"③。由于译者文学修养、艺术技巧、思想境界的不同,完成的肖像或照片的水平也就各不相同。高莽说,别因为译文不好而否定原作,译作永远达不到原作的魅力,读者应该透过译作去体会原作的精髓。

诗是语言与文字的精练组合,它包含民族语言和文字的各种特色,甚至声音。不同民族的语言决定了不同民族诗歌的特色,所以诗歌必然属于特定的民族和特定的个人。尤其对于中国和俄罗斯这两个极具诗歌传统的民族来说,其诗歌的个性特点非常突出。中国具有两千多年的诗歌传统,形成了严格的民族诗歌形式与韵律,高莽说:"作为拼音文字的俄文,其语法结构、诗体格

---

① 章廷桦:《普希金研究领域的多面手——高莽与普希金》,载《普希金与中国》,岳麓书社 2000 年版,第 173 页。
② 高莽:《高贵的苦难——我与俄罗斯文学》,河南文艺出版社 2007 年版,第 12 页。
③ 高莽:《域里域外》,中共中央党校出版社 1997 年版,第 79 页。

律与汉语的象形字、单音字、平仄音，与我们的语法结构、诗体格律完全不同"①。这就使诗歌在从中文译为俄文或从俄文译为中文的过程中，在原语和译入语之间增加了天然屏障。

高莽认为诗歌不可译，却又同时认为诗歌可译。他坚持翻译俄罗斯诗歌，是因为翻译有着不可替代的价值，它是异域、异民族间文化交流的桥梁。随着经济和社会的发展，文化交流越来越显现出它的重要作用。本国人需要与外国人进行文化交流，但并非每个人都熟练掌握外语，因此，译者成为架构两者的中介。高莽非常注重翻译的社会性，尤其注重翻译的交流功能。

回忆走过的路，高莽说，"早年我译诗完全按照字面意思，一字不落地译出来，自以为是忠实于原著，而读到有的老翻译家的译文，觉得过于自由。可后来随着翻译实践的增加，慢慢地发生了变化，觉得诗的译文也应当是诗，不应是'白开水'，因此译诗不应拘泥于字面，而应在理解原诗的基础上进行再创造。诗与人生是分不开的。它是诗人心声的咏唱，心灵的闪光。译诗再创造时应当很好地探寻诗人的心声，触及诗人的心灵，把原诗的神韵传达出来"②。为了使译文能够最大程度地保持艺术性，高莽在译诗时选择了"先为翻译家，后为读者"的方式，即将诗歌翻译完毕之后，暂时搁置一旁，待一段时间之后，再重新翻出该诗，以读者的身份，如同阅读他人的创作般吟咏一番，在再度审视中发现译作的不足之处，并进行加工。这是高莽在翻译实践中摸索出的方法，其目的亦是为了能够将诗译得像诗，还诗以艺术本色。

翻译家许渊冲曾经说过："翻译求似，而译诗求美，所以译诗应该在真的基础上求美。这就是说，求真是低标准，求美是高标准；真是必要条件，美是充分条件；译诗不能不似，但似而不美也不行"③。因此，诗歌翻译作为一种再创作的活动，应该充分发挥译者的主体性。在翻译过程中，译者既是原作艺术美的欣赏者和接受者，同时又是它的表现者。从欣赏到表现，就是译者的再创作过程。如果不承认在再现原作意象的前提下有伸缩变化的自由，就等于不承认翻译是再创作，不承认不同的语言有不同的规律。但求形似，势必变相；舍形取神，才能保持本色。翻译是戴着镣铐跳舞，高莽认为，在受限制的范围内

---

① 高莽：《域里域外》，中共中央党校出版社1997年版，第79页。
② 章廷桦：《普希金研究领域的多面手——高莽与普希金》，载《普希金与中国》，岳麓书社2000年版，第172页。
③ 许渊冲：《翻译的艺术》，五洲传播出版社2006年版，第131页。

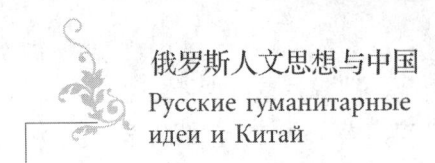

要注重语言的准确、灵活、细腻、优美,向信、达、雅靠近。

3. 翻译家应具备选择的眼光

高莽作为一位长期从事翻译的翻译家,其思想历程随着时代和社会发展也在不断更新与递进;而作为一位时刻以知识分子的高标准严格要求自我的翻译家,高莽则以其深刻的自我反思不断赋予翻译以新的面貌。在他的随笔创作中,不仅回忆自己的翻译生涯、谈论俄罗斯的文化和社会历史,同时也涉及了对自我的反思及对俄苏作家和中俄文学关系的再认识,渗透着他的主体反思意识和对翻译文本及翻译本身的价值重估。

译者作为一种文化的主体,不可避免地受到权力话语和意识形态的制约。"建国初期,50年代我们主要译介苏联文学作品,这跟大的政治环境有关系。建设社会主义新社会需要革命英雄主义,需要激励广大人民群众奋力搏斗的文学作品。苏联这方面有很好的作品,必然要首先译成汉文,推荐给读者"①。因此,高莽早期的翻译选择与时代和社会建立起了紧密的同构关系。他所翻译的《保尔·柯察金》、《永不掉队》等作品,在革命年代影响了一代又一代的年轻人。他努力以歌颂为保卫和建设祖国而奋斗的英雄为己任。

但是,历史也会犯错,与时代同构的翻译也会因此走向某些精神误区。高莽早期对俄罗斯诗人阿赫玛托娃的误解也和历史的错误认知有莫大的关系。1946年,当时的苏共中央做出一项关于《星》与《列宁格勒》杂志的著名决议,对阿赫玛托娃和其他一些艺术家、作家进行了极不公允的批判,决议认为:"阿赫玛托娃是与我国人民背道而驰的、内容空洞、缺乏思想性的典型代表。……对我国的青年教育事业造成危害,因而不能为苏联文学界所容忍"②。在没有读过阿赫玛托娃任何一首诗作的情况下,高莽参与翻译该决议,接受了文件的思想,把阿赫玛托娃视为十恶不赦的坏女人,而且这个观念长期主宰着他的思想。

翻译家的文化身份决定了其作为反思主体的特殊性,外语优势先天地丰富了他们的阅读视野,他们更容易具有跨文化比较的眼光。改革开放以后,北京图书馆开放,允许阅读由美国出版的阿赫玛托娃的作品。高莽接触到诗人的诗作后,深深意识到自己的误解之深,特别是在读到阿赫玛托娃的长诗《安

---

① 高莽:《文学翻译与外国文学》,《国外文学》2000年第4期。
② 高莽:《俄罗斯文学肖像:乌兰汗译作选》诗歌卷前言,广西师范大学出版社2007年版。

魂曲》时,他的心情久久不能平静。他感受到了这位女诗人悲剧的一生以及她诗中所反映的知识分子和妇女的苦难命运。而当高莽读到阿赫玛托娃译成俄文的屈原的《离骚》等作品,领会到她对中国人民的深情,更加觉得自己过去有负于这位女诗人。因此,高莽心中长期有一种压力,总想多译一些阿赫玛托娃的作品,介绍给我国读者,甚至曾想完成她著作的全译。

  高莽怀着特殊的感情翻译了许多阿赫玛托娃的作品,寄托了他对阿赫玛托娃的敬意,同时也饱含着歉意。在他的《俄罗斯文学肖像:乌兰汗译作选》的诗歌卷中,所翻译的阿赫玛托娃的作品占据了最重要的部分。其中一首《风儿,你,你来把我埋葬》更是以其细腻的笔触和悠扬的韵律吻合了阿赫玛托娃微妙复杂、多愁善感的心灵世界。极富质感的细节意象将对死亡的吟咏诠释得异常唯美与伤感。

    风儿,你,你来把我埋葬。
    我的亲属没人来祭奠。
    我头上是迷茫的暮色,
    还有沉静的大地的呼吸。

    我当初和你一样自由,
    不过我有过强烈的求生之欲。
    你瞧,风儿,我的尸骨已寒,
    可是没人收拢我的双臂。

    请你用傍晚昏暗的帷幕,
    把这黑色的伤口盖住。
    请你让淡蓝色的薄雾,
    把经文在我身旁诵读。

    让我孤零零的一个人能够,
    安然轻松地长眠。
    让高高的苔草萋萋吟唱,
    吟唱春天,我的春天。

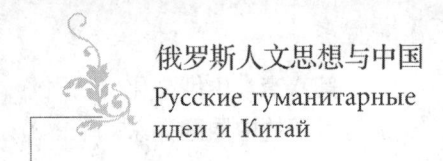

1989年阿赫玛托娃诞辰百年时,高莽为她精心画了一幅名为《白夜》的肖像,以表明那个年代的列宁格勒对阿赫玛托娃既是白天又是黑夜。画面的布局是,阿赫玛托娃伫立在栏杆前,栏杆上挂着耶稣像。栏杆可以理解为监狱,是阿赫玛托娃一生悲苦的象征,而耶稣像则代表了女诗人终身的信仰。除此之外,高莽还在该画作上题了一首深情的诗,高度肯定了阿赫玛托娃的创作,将她奉为"多难的缪斯"。

二、绘画、创作——与翻译相辉映

1. 画家高莽

翻译家高莽的与众不同之处在于,他比别的俄苏文学专家多了一个文化交流的工具——画笔。绘画是高莽的挚爱,在他的文化交流活动中,画笔时刻伴随身边。无论是在国内还是国外,只要有机会接触俄苏作家或文化人士,他都拿起画笔速写,并邀请作家本人在画上签名或题词,这样他留下了宝贵的形象资料,并收在散文或随笔文集里。高莽的绘画取得了令人叹服的成就,被许多国家的艺术界奉为上宾。主要美术作品有油画《马克思、恩格斯战斗生活组画》及近百幅中外著名文艺家的肖像画,这些画作被中国、俄罗斯、法国、德国、日本、拉美等国家的作家协会、中国现代文学馆、巴尔扎克故居纪念馆、高尔基故居纪念馆、日本井上靖文学馆、欧洲和拉美的一些纪念馆收藏。2006年2月,俄罗斯联邦驻华大使拉佐夫向高莽颁发了"俄罗斯美术研究院荣誉院士"证书,并为他披上院士服、戴上院士帽。

高莽的绘画作品以肖像画为最,他曾为《二十世纪俄罗斯文学》画了一百幅作家像。而在《我画俄罗斯》一书中,高莽也充分施展其擅长画人物肖像画的艺才,选用了他为普希金、果戈理、叶赛宁、帕斯捷尔纳克等多位著名俄罗斯作家以及罗加乔夫、阿尔希波夫、费德林等多位俄罗斯汉学家所做的肖像画,这些肖像画的线条明朗细腻、神情丝丝入扣。高莽和其中许多作家、艺术家都有过直接接触,他们的许多肖像都是高莽当面速写而成的,因此这些肖像画更加富有神采,呼之欲出。另外,书中还有一些高莽精心绘制的有关俄罗斯风光的优美恬静的速写画,这部分作品虽然不多,但却恰到好处地渲染了真实的生活气息,让读者有一种亲历目睹之感。

正如高莽在《我画俄罗斯》一书的序言中所说:"我的画很传统,不追求技巧",他创作肖像画不追求技巧的出新,而注重绘画作品中所渗透的感情。"高莽有一双'妙手',那手不大而棱角分明,放到画板上,那是一双有力又值得信赖的手。他作画的时候,动作自然,气韵贯通,瞬息之间,妙手可得"。他用平实但却生动的画笔描绘心中所景仰的作家的人物肖像,所画人物气韵灵动,跃然纸上。

高莽的绘画作品渗透着他对艺术、人生、社会的思索和感悟。在创作肖像画时,高莽注重感受所画对象的特质,并选取独具特色的典型人物环境,将自己对作家的文本、人格的理解和感悟融入其中。绘画高尔基时,高莽的作品里洋溢着浪漫主义气息:高尔基身穿白色俄罗斯汗衫,挽着一件黑色披风,站在伏尔加河畔,劲风吹动着他的头发。远处有一只海燕在翻滚的乌云中翱翔,融合了画家对《海燕》这部作品的理解,表达了他对高尔基敏锐地预感到革命来临的赞赏。而在绘画谢尔盖·叶赛宁时,由于诗人一生眷恋农村,并自认为是"最后一个俄罗斯乡村诗人",他的作品中洋溢着浓郁的大自然和民歌气息,因此,高莽将画作的环境设置在一个美丽的大森林中,诗人手捧一朵小花,无限享受大自然的宁静。而在为祝贺巴金百年寿诞而创作的《巴金和他的老师们》这幅多人物的作品中,高莽则将巴金在《文学生活五十年》中的一段话融汇为绘画的创意,以巴金居于画作的中心,周围都是对巴金影响至深的外国作家,时空交错,人物神态各异,充分展现了高莽对文本的独特理解。

高莽不仅用画笔现实地反映作家或艺术家的生平或思想,同时他还借用画笔艺术化地为诗人实现生前所未实现的夙愿。伟大诗人普希金在高莽的童年时代就走进了他的心灵,学生时代所临摹的普希金像使高莽和这位皮肤黝黑、头发蓬松、两腮留着颊须的俄罗斯诗人结下了不解之缘,高莽也梦想着创作一幅自己心目中的普希金。普希金从少年时代起就对中国怀有兴趣,他的诗中不止一次提到中国和万里长城。他曾请求沙皇允许他随俄国教士团前往中国,但遭到了拒绝。1999年,高莽创作了12幅普希金组画,其中一幅《普希金在长城上》,使普希金的中国情结得到艺术化的呈现,也表达了高莽内心深沉的思想感情和长久以来对诗人普希金的敬仰。这幅充满浪漫主义理想气息的作品赠送给了莫斯科普希金国立纪念馆,并受到了高度认可。

高莽绘画人物肖像时,还经常邀请被画者或其他名人签名或题词,使得画作具有了特别的纪念意义。他所画的12幅普希金组画得到了邵燕祥、牛汉、魏荒弩、戈宝权、李瑛等作家和艺术家的题词。普希金漫步在鲍尔金诺秋林一

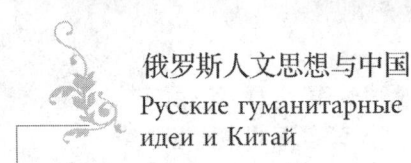

画中,邵燕祥题的是:"黄叶日夜地飘飞,可都是往日欢乐的见证"。普希金决斗后倒在地上一画中,邵燕祥题的是莱蒙托夫的诗句:"谁是自由天才与光荣的刽子手?"犀利闪光、充满激情的题词为画作增添了更多的韵味。高莽本人也经常给自己的画作题诗,如在他所创作的托尔斯泰画像中,他题曰:"问明净草原/ 问日月星河/ 问老庄孔孟/ 问基督佛陀/ 问昨天问今天问明天/ 真理何在求索再求索/ 恨宦门之秽污/ 弃爵位于粪土/ 穿布衣以耕耘/ 进茅屋以问苦/ 求自我之完善/ 祈良心之复苏/ 更挥毫抨击黑暗势力/ 惊天地/ 动鬼神/ 拨万里云雾。"题诗表达了高莽对托尔斯泰一生精神求索的深刻理解,与画作互补。

高莽在《我画俄罗斯》一书的序言中这样表达他的绘画和文学及翻译的关系:"我像爱文学一样热爱绘画。我爱绘画,因为文学和文学翻译不能表达尽我的形象思维。我想用绘画补充我没有用文字说尽的话。我又不想单纯地从事绘画,因为如果没有深厚的文化积淀,只追求绘画技巧出新,又非我所喜好。我从事文学,同时又从事绘画,他们之间有一定的互补作用。"[①]绘画和文字本身形成了某种二度结构的关系,因此,无论是高莽的翻译还是他的绘画,虽然形式不同,但却表达了相同的情感世界和精神状态,表达了他对俄苏文学的热爱。他说:"情——无形,又有形……回顾自己走过的路,画的是肖像,寄托的却是情,在为俄罗斯作家画的肖像中更是如此,……寄托的是对富有民主精神的俄罗斯文学的情。"[②]社会发展的变迁、国际风云的变幻,使高莽饱尝了生活的酸甜苦辣,他在童年时期产生的俄罗斯情结随着年龄的增长、阅历的增多而日久弥坚,更进一步感受到俄罗斯文学的深邃和拷问灵魂的力度,而这些,都在他的绘画中得以形象化地呈现。

2. 作家高莽

除了译著,高莽创作的文学作品也颇为丰富,著有《久违了,莫斯科》、《枯立木》、《圣山行》、《心灵的交颤》、《我画俄罗斯》、《妈妈的手》、《画译中的纪念》、《域里域外》、《四海觅情》等散文、随笔集及传记文学《帕斯捷尔纳克》等。

1989年,高莽从《世界文学》杂志社离休后赋闲在家,拥有了较充分的时

[①] 高莽:《我画俄罗斯》,人民文学出版社2006年版,第2页。
[②] 高莽:《域里域外》,中共中央党校出版社1997年版,第56页。

间,这是他真正创作的开始,也成为他创作的高峰时期。"活一天,干一天,把自己亲身经历又为他人所不掌握的文艺逸事写出来,留给人间"[1],这是高莽对自己离休后生活的规划。1997年,他出版了《域里域外》和《画译中的纪念》,以其真挚的感情、优美的文笔,记录下了交流活动和访师问友的奇闻逸事。1999年的《四海觅情》则不将视野局限在雪国俄罗斯,还向读者展现了"缅甸的风铃"和"炽热的非洲",作家的细腻感受真实地传递了异域风情;2000年的《灵魂的归宿》融汇了建筑、雕塑、历史等文化景观,带领读者领略俄罗斯墓园文化的庄严圣洁;在2001年的《文人剪影》中高莽详细记录了对自己影响至深的许多恩师前辈的教诲及其生平逸事;2003年的《枯立木》则以回忆的笔调,记述了作者的儿时琐记及与书与妻子的逸事,为研究者提供了重要的参考资料。

　　高莽的随笔创作从一定程度上来说是肩负着历史使命的。作为中俄文化交流活动的使者,高莽与俄罗斯作家、文化人士和汉学家及国内许多文化名人都有过直接的接触和交往。作为口译者,他曾陪同茅盾、巴金、老舍、曹靖华、梅兰芳、丁玲、冰心、戈宝权、华君武等先辈访问苏联,参与了许多中苏两国之间的重要文化交流活动。这些亲身经历赋予高莽以他人所无法拥有的见闻和第一手资料。将这种见闻和感受记录下来,能够使后来者了解这些文化交流活动。高莽说,"年轻时,作为口译者,对很多事务领会不深,但作为见证人却记忆犹新,如果再不把当年的经历记录下来,有些珍贵的情景可能随着人去而烟消云散"[2]。深刻领悟到自己的历史使命之后,高莽不遗余力地用自己真诚的笔触记录了许多珍贵的历史镜头。

　　1983年中苏两国恢复关系,高莽应苏联作家协会的邀请,到莫斯科参加第六届苏联文学翻译家国际会议,他见到久别的城市和同行,但许多熟悉的作家朋友已经去世,有些往事也已经如烟。他撰写了《久违了,莫斯科》一书,填补了我国与国外文学界对70—80年代苏联文学研究的空白。书中写道:"往事一幕幕地浮现在我的脑海里,时间过得多么快,人的记忆又是多么珍贵。许多事都被忘得干干净净,而友谊之情却深深埋在心田。"[3]从这段话中可以深刻感受到高莽对久被冷漠的苏联文学的热爱,他急切地想让更多人了解俄罗

---

[1] 高莽:《画译中的纪念》后记,九洲图书出版社1997年版。
[2] 高莽:《高贵的苦难——我与俄罗斯文学》,河南文艺出版社2007年版,第15页。
[3] 高莽:《久违了,莫斯科》,作家出版社1986年版,第116页。

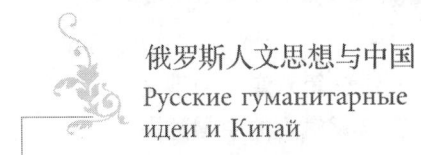

斯人民和为人民而创作的作家、画家。

在《灵魂的归宿：俄罗斯墓园文化》一书中，高莽为读者披露了许多不为人知的中俄文学交流的佳话。比如，米·肖洛霍夫是20世纪苏联乃至世界文坛上的巨人，是许多中国作家学习的楷模。但他对中国作家和中国人民的理解和情谊却不为我国人民所了解。高莽通过《顿河边上的巨石》一文，让我们看到了肖洛霍夫的博大胸襟和深情。"文革"期间，以江青为首的反革命集团推行极左反动路线，我国报刊上咒骂"肖洛霍夫是修正主义文学的鼻祖"。有些心存不良的外国记者和媒体利用这件事挑拨肖洛霍夫与中国人民之间的关系，而肖洛霍夫是如何对待这件事情的呢？高莽在该文中告诉读者："肖洛霍夫出人意料含义深远地回答说：'中国人民将来会做出自己的结论。'"[①]肖洛霍夫在自己的作品中描写过中国战士，他还表示想访问中国，但未能变成事实。高莽以一丝不苟、严肃认真的求实精神和诗人般炽烈的激情，寻找到建立中俄文化交流的先辈们的足迹和许多鲜为人知的生动事实，讴歌了中俄人民之间的伟大友谊。

高莽的随笔文学创作，多数都是图文并茂的，有的配以他本人或其他画家的绘画作品，有的则附上游记的照片，以现代的呈现方式结合传统的细腻文笔，既实现了语言的多层次表达，也满足了广大读者的审美需求。《灵魂的归宿：俄罗斯墓园文化》、《俄罗斯大师的故居》、《圣山行——寻找诗人普希金的足迹》等都做了很有意义的尝试，并赢得读者的青睐。

《灵魂的归宿：俄罗斯墓园文化》一书是高莽图文并茂风格的典型代表，他以文字和图片的完美结合，向读者展示了俄罗斯死亡艺术的魅力。高莽说："墓园奇冷，可我的心在燃烧。"可见墓园对他来说有强烈的吸引力和感染力。俄罗斯这个伟大、光荣的民族特别尊重和珍惜名人永恒的精神。许多构造颖异的墓碑连成一片，形成一个个生命永存的艺术世界。墓的本身是建筑家、雕塑家、文学家智慧的结晶。诚如作者高莽所说："俄罗斯的墓碑，很多是由著名雕刻家和建筑师创作与设计的杰作。俄罗斯人把一些著名的公墓称作'露天雕塑博物馆'是有道理的。"[②]而高莽则在《灵魂的归宿》一书中用50位著名的文学家、艺术家、汉学家及其他文化人士的墓碑，为读者建造了一座富丽堂

[①] 高莽：《灵魂的归宿：俄罗斯墓园文化》，群言出版社2000年版，第145页。
[②] 高莽：《灵魂的归宿：俄罗斯墓园文化》，群言出版社2000年版，第6页。

皇、纤巧精致的"露天雕塑博物馆"。更重要的是高莽通过墓园审视了无数的人生。屠格涅夫墓，让高莽想起自己的青年时代，他翻译的第一篇作品就是屠格涅夫的散文；奥斯特洛夫斯基墓，让他想到友情、爱情和自强不息的人生；托尔斯泰和列宾的墓，让他想到人的伟大与朴实；马雅可夫斯基、叶赛宁和法捷耶夫的墓，令他发出人世沧桑的感叹。

在高莽的作品中，插图不再只是说明性或形象化的显示，图片本身也显示出它自身的意义，成为与文字互相阐释的意义生长点，使意义的空间成倍地扩大，丰富了文本的内涵。高莽对绘画始终如一的热情是他生命中不可或缺的元素。与其说他对美术的运用只是一个文学家的兴趣和爱好，毋宁说这是他对美术精神的理解以及他对文字和美术各有所长的深刻领会。

高莽以翻译、绘画和创作多种方式表达了对历史的反思，而这种反思是在阅读和推敲原作者的思想感情与意图，并在俄语和汉语的转换中深切地感受到的。这种反思可能是零碎的、片段化的、经验性的，在理论上不是非常系统，但却因此在感性认知上具有特别的鲜活性与敏锐性。这种"鲜活"与"敏锐"和一般文学批评家的理论分析文章不一样，往往更侧重主观感受性。正是通过这种理性而直观的反思，作家的价值得到了重估。而作为翻译家，其反思的积极意义也体现于此。

第六节 草婴

草婴是我国当代翻译界译作等身的著名翻译家之一。60多年来，他翻译了肖洛霍夫的《顿河故事》、《新垦地》和《一个人的遭遇》，尼古拉耶娃的《拖拉机站站长和总农艺师》，列夫·托尔斯泰的全部小说，以及莱蒙托夫的《当代英雄》等作品。不仅国内翻译界和广大读者对草婴的译作评价甚高，在1987年莫斯科国际翻译会议上，他还获得了"高尔基文学奖"。

一、走上俄罗斯文学翻译之路

1923年3月24日，草婴出生于浙江镇海。1937年"卢沟桥"事变后，草婴家乡沦陷。同年12月，14岁的草婴随父母全家避难来到上海，然后进入一所

英国人办的中学读书。

1930年代的上海,"是一座各种势力聚集的城市,既有帝国主义的猖獗,也有无产阶级的抗争。封建的、殖民主义的文化泛滥,五四以来的先进文化思想也在这里得到广泛传播"①。"孤岛"时期的上海,出版发行大量进步书刊和文艺作品。草婴说:"日本军国主义的血腥罪行唤起了我少年时期忧国忧民的心情和追求真理的朦胧意识。我如饥似渴地阅读进步书刊和文艺作品,反复阅读刚出版的《鲁迅全集》,开始对俄罗斯文学发生浓厚兴趣。"②1938年3月,少年草婴跟随俄侨女教师苏依柯娃学习俄文。1939年,一个偶然的机会,草婴认识了中共地下党的领导人、俄文翻译家姜椿芳先生,这对草婴的人生道路产生了多方面的影响。

1941年6月22日,苏德战争爆发。8月20日,"上海地下党以姜椿芳为代表与塔斯社上海分社在上海创办《时代》周刊,主要向中国读者报道苏德战争情况,发表战地通讯。"③姜椿芳鼓励草婴为《时代》翻译稿件。这份工作让草婴懂得,翻译是一项能够参加到反法西斯斗争中去的事业。1945年日本军国主义投降后,时代出版社和塔斯社邀请草婴加盟,草婴从此走上专业翻译俄文的道路。

在时代出版社和塔斯社工作期间,草婴的俄文修养有了很大提高。同时,通过阅读大量的俄文作品,渐渐熟悉和了解了苏俄的社会生活,对俄罗斯文学的兴趣日益浓厚。但他最终走上这条道路,则与鲁迅的影响分不开。

草婴在《学习鲁迅》一文中说道,"《鲁迅全集》④出版后,我就反复读","可以说,我读俄文、英文,走上了从事翻译工作的道路,是受了鲁迅的影响。"⑤草婴在"反复阅读"《鲁迅全集》时,不仅在长达十卷的译作数量上看到了翻译文学的价值,他对鲁迅的翻译主张也十分认同,那就是:"借'他山之石'来鼓起中国民众反封建的勇气","因为那些作品富于挣扎、反抗、怒吼的精神,翻译过来,不但能借此转移性情,更可改造社会。"⑥在笔者对草婴先生

---

① 高莽:《翻译家草婴其人》,载草婴著《我与俄罗斯文学——翻译生涯六十年》,文汇出版社2003年版,第188页。
② 《我为什么翻译》(代序),载《我与俄罗斯文学——翻译生涯六十年》,序第1页。
③ 《重新评价俄苏文学》,载《我与俄罗斯文学——翻译生涯六十年》,第101页。
④ 指1938年国内首次出版的由许广平订的《鲁迅全集》。
⑤ 《学习鲁迅》,载《我与俄罗斯文学——翻译生涯六十年》,第147页。
⑥ 许广平:《鲁迅的写作和生活》,上海文化出版社2006年版,第22页。

的一次采访中,他坦言,"看鲁迅的作品,对我走上翻译之路,应该说有很大的影响。……鲁迅翻译介绍了很多外国的文学作品,包括俄罗斯文学作品。……他想通过介绍,让民众了解外国的状况,来克服中国由于封建专制而造成的愚昧无知的状况。"①这得益于鲁迅精神的熏陶中,既有强大的精神力量鼓舞,又有切实的工作实践示范,而这两者的结合,便为当年的草婴指明了一种方向。

草婴的文学翻译之路,始于抗战时期的1942年。他的第一篇文学译作是普拉多诺夫的小说《老人》,发表在上海出版的《苏联文艺》上。解放后的1950年代,他作为专业翻译家主要翻译肖洛霍夫的作品,还翻译了尼古拉耶娃的小说《拖拉机站站长和总农艺师》,以致在"文革"期间被江青点名批判为"肖洛霍夫在中国的吹鼓手"而遭到冲击。"文革"结束后,他主要翻译托尔斯泰的作品,历经20年将其所有小说翻译过来。

二、1950年代对翻译文本的选择

对作家的理解离不开他的作品,而对一位翻译家的认识也要以他所选择的翻译文本为基点。在这一点上,作家是作为"创作的主体",文学翻译家则主要是"选择的主体"。所谓翻译研究的"文化转向",就是从"选择的主体"这一角度来认识翻译家具有的"建构性"意义。

无论原语文本还是译语文本,都是对于一定的历史背景和文化条件的反映,是特定的历史文化语境下的产物。因此,翻译活动就不仅仅是语言的输入和移植,同时也带有文化输入的意味,选择文本的同时就带有一种"文化选择"的倾向性。翻译家的个人眼光、价值观与意志便成为"文本操纵过程"(manipulative textual processes)中的主导性因素,翻译家对于文化的"建构"意义即体现于此。②

如果说草婴最初为《时代》翻译电讯稿主要还是被动地接受翻译任务,那么他在1950年代的翻译则应视为是一种有意识的主动选择文本的过程,如草

---

① 2007年3月25日,采访草婴录音资料。
② 参考迈考拉·沃夫:《翻译的社会学维度》,李瑞林、江莉译,载《国际翻译学新探》,百花文艺出版社2006年版,第127页。

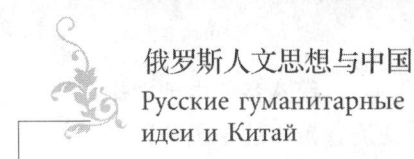

婴所说:"我翻译的选题都是由我自己决定的"①。随着时代的变迁和草婴个人在翻译观上的日渐成熟,文本选择凝聚了翻译家在特定时代对于文学与人生的个人理解与思考。

在1950年代,草婴主要翻译了肖洛霍夫的《新垦地》(第二部)、《一个人的遭遇》、《顿河故事》,以及尼古拉耶娃的《拖拉机站站长和总农艺师》②,这几部译作发表后影响很大。章海陵回忆说:"当年迫不及待地盼望的就是《世界文学》上市,新杂志到手,首先要读的就是您译的肖洛霍夫《被开垦的处女地》"③。

人们当年对《新垦地》的关注是因为书中所描写的农业集体化运动正在中国农村如火如荼地进行中。《新垦地》第一部虽然旨在描述苏联农业集体化这一新事物,但肖洛霍夫"身在农村亲眼目睹了不少阴暗面",看到了"党的干部在粮食收购中对集体农庄庄员进行'折磨、殴打和凌辱'"④,他在作品的描述中已预示农业集体化运动的不妙前景。《新垦地》第二部的主题与第一部不同,"集体化的主题实质上已变成人民与政权相互关系的主题"⑤,更多地带有反思和批判的因素了。草婴正是在肖洛霍夫的作品中发现了这些特征:"当年苏联极左思潮下,肖洛霍夫敢于通过作品和言论来宣扬人道主义思想,并且毫无顾虑地反映生活的真实,不回避矛盾,这在苏联作家中是唯一的。其实他的思想就是继承了老托尔斯泰的思想精华。"⑥草婴从肖洛霍夫的作品中读到了被当时人们所普遍忽略的创作的真实性原则以及作家的人道主义精神。在当时的政治空气下,有这样明确的认识是极不容易的。

《一个人的遭遇》讲述了一个普通的苏联人在战争中的悲惨命运,它打开了苏联人民长期无法宣泄的情感闸门,揭开了那个被英雄主义掩盖了十年的

---

① 《堂堂正正做人,认认真真翻译——许钧·草婴对谈录》,引自《我与俄罗斯文学——翻译生涯六十年》,第157页。

② 《新垦地》草婴的译文先后载《译文》(1955年12月~1957年7月),《世界文学》(1959年1月-1959年11月)。1961-1962年,作家出版社出版草婴译的两卷本《被开垦的处女地》。《一个人的遭遇》草婴译文发表于《译文》(1957年4月),9月出版了单行本(新文艺出版社);《顿河故事》草婴译文1959年由上海文艺出版社出版。以上资料参考何云波、彭亚静:《肖洛霍夫与中国》,载《对话:文化视野中的文学》,安徽文艺出版社2003年版。

③ 章海陵:《草婴印象记》,载《我与俄罗斯文学——翻译生涯六十年》,第207页。

④ 草婴:《俄罗斯五位诺贝尔文学奖得主》,载《我与俄罗斯文学——翻译生涯六十年》,第66页。

⑤ 草婴:《俄罗斯五位诺贝尔文学奖得主》,载《我与俄罗斯文学——翻译生涯六十年》,第67页。

⑥ 访谈《翻译家草婴和他的肖洛霍夫》,《南方都市报》2005年6月20日。

伤口。小说在电台播放时,"莫斯科几乎所有的人都站在街上流着眼泪凝神倾听……"①这是苏联"解冻"文学的标志性成果之一。

草婴是从《真理报》上读到这篇小说的,他读后满怀感动,立即着手翻译。小说原文是1956年12月31日和1957年1月1日刊登的,1957年4月草婴的译作便出现在了《译文》上。他在译文序中写道,"这样一篇字数不多的小说怎么能产生如此巨大的影响? 我认为首先就是真实,只有真情实感才能引起广大读者的共鸣。主人公索科洛夫是个普通军人,但他在战争中的遭遇却具有广泛的代表性。……肖洛霍夫在《一个人的遭遇》里写的是索科洛夫的个人悲惨遭遇,其实也是写千百万苏联人民的遭遇,因此具有深刻的典型意义。"②他还在其他场合表示:"当年中国有很多反映战争的小说,但是还没有一部作品能像肖洛霍夫的《一个人的遭遇》这样深刻,这样使人感动。他将战争给普通人带来的苦难和创伤,用文字真实地表达出来。最了不起的是书中的人物虽然伤痕累累,但还能保持不屈服的、伟大的爱人之心。"③在中苏关系的"蜜月期","全盘苏化"的现象非常严重,当时大量译介过来的苏联作品中不乏平庸之作,但《一个人的遭遇》却是能经受时光检验的杰作。草婴选择了这篇作品,不仅在其艺术性,更是着眼于它的现实主义精神和人道主义精神。

《拖拉机站站长和总农艺师》是苏联女作家尼古拉耶娃1954年发表的一篇小说,小说女主人公娜斯嘉是一个充满活力的年轻人,走出校门后分配到一个边远的拖拉机站当总农艺师,她和充满了官僚习气与保守作风的当地干部进行了勇敢的斗争,最后使落后的拖拉机站一跃成为先进。草婴在1955年将它译成中文,很快成为国内反右斗争前春潮涌动的文坛所关注的热点。这篇作品曾在发行量300万份的《中国青年》杂志上连载,并刊印了124万册单行本。小说主人公娜斯嘉的形象主要代表了一种"积极干预生活"的态度。邵燕祥曾指出:"尼古拉耶娃在解冻时期,是率先突破教条,从理论上揭橥'文学艺术的特征',又在创作上以较高的艺术性来为'后斯大林时期'的政治服务的一位文学界女闯将,以她在50年代初期的实践,应该说是体制内冲锋陷阵

---

① 沙林:《战神的悲壮弥漫在俄罗斯人中》,《中华读书报》2006年10月12日。
② 草婴:《痛苦的遭遇和坚强的人格——〈一个人的遭遇〉译本序》,载《我与俄罗斯文学——翻译生涯六十年》,第56页。
③ 访谈《翻译家草婴和他的肖洛霍夫》,《南方都市报》2005年6月20日。

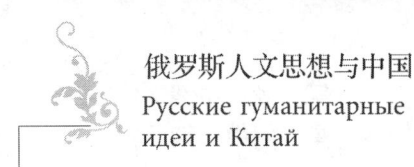

的改革者。"①从这番评价可以看出,草婴当年选择译介这篇作品,无疑具有比较敏锐的眼光。

草婴在一次访谈中说:"我从事翻译工作,不单纯是为了翻译而翻译","主要是从当时形势的需要出发来考虑翻译的,一直到后来都是这样。"②草婴选择的翻译文本蕴含的思想解放意味强烈,这种选择目光的深层原因是他早年受到了以鲁迅为代表的五四新文学精神传统的影响。

也正因为这样,草婴以其独立人格经受住了历史的考验。1955年反胡风集团时,满涛曾经给胡风写过一封信,当时有报纸便要草婴写文章揭发批判满涛,"我当时也比较了解满涛从事的翻译工作,知道满涛是个老实人,爱好做学问,人不坏的,书生气比较厉害,不可能是反革命分子。上海有关的报刊要我写文章揭发批判满涛,我一个字也没写。""1957年'反右'的时候,要给傅雷戴帽子,要我写文章批判他,我一个字也不写,我认为傅雷不是一个对国家没有好处的人,绝不是我们的敌人。我做人有一个原则:人活着,不能说违心的话,做违心的事。"③

三、新时期翻译托尔斯泰

"文革"十年,中国文坛首当其冲,草婴也同样在劫难逃。他回忆说:"'文化大革命'开始时,江青就诬蔑肖洛霍夫是苏修文艺鼻祖,我因翻译他的作品被斥为肖洛霍夫在中国的代理人和吹鼓手,罪责难逃,全家遭殃,我也两次处于生死边缘,好不容易才熬过十年灾难。"④

1975年,受伤住院的草婴有半年多躺在木板上等待断骨自然愈合。这段经历不仅使草婴"懂得了什么叫'痛彻骨髓'",而且也促成了他对社会问题的深层次思考。"我在养伤期间反复思考,为什么江青要首先抓住肖洛霍夫,把他说成是文艺界头号敌人呢?我渐渐懂得了,江青这帮人嗅觉很灵,他们看到肖洛霍夫用高超的艺术手法塑造人物,通过人们悲欢离合的遭遇,揭示人性的坚强和美丽,来宣扬人道主义。这同他们竭力蹂躏人性,摧残千百万人生命,宣扬斗争哲学,鼓吹阶级斗争,煽动人与人之间的仇恨,正好是背道而驰的。

---

① 邵燕祥:《我与诗与政治——诗与政治关系的一段个案》,原载《西湖杂志》2007年第1期。
② 2007年3月25日,采访录音。
③ 访谈《一个人的翻译,一个人的遭遇》,《南方都市报》2006年5月10日。
④ 草婴:《我为什么翻译》,载《我与俄罗斯文学——翻译生涯六十年》,序第3页。

因此,他们要千方百计制造舆论,为开展这场史无前例的浩劫扫清障碍。他们的野心在'文革'前就已开始暴露,掀起一次又一次'大批判',反对人性论,咒骂人道主义,目的都是要加强他们的专制统治,愚弄善良的人们。""在历史上少数人统治多数人,少数人以自己的意志决定多数人的命运,这是人类苦难的根源,也是人类无数次浩劫的原因。要永远结束这样的悲剧,首先必须培养人与人之间的美好感情,建立人与人之间的平等关系,宣扬人与人之间的爱,也就是人道主义精神。"[1]

在苏联文学几乎遭到全面排斥的六七十年代,草婴却为自己订下了翻译托尔斯泰小说全集的计划,并在"文革"后将所有时间与精力投入到他的翻译计划中。俄罗斯著名汉学家李福清说:"一个人能把托尔斯泰小说全部翻译过来的,可能全世界只有草婴"。

托尔斯泰作为"19世纪人类的良心",使草婴看到了在中国大地上实现人性复归的希望之光。他说:"托尔斯泰是伟大的人道主义者,他的一生就体现了人道主义精神,他的作品用感人至深的艺术手法培养人的博爱精神,反对形形色色的邪恶势力和思想。"[2]"'文革'结束后,我更加感到,像中国这样有两千多年封建专制历史的社会特别需要宣扬人道主义思想,需要强调人对人的爱,因此下决心系统介绍托尔斯泰的作品,尤其是他的小说。"[3]在接受《中华读书报》采访时,他意味深长地说道:"我以为要减轻中国人民的苦难,最重要的是要唤起我们人道主义的情怀。"[4]在和翻译家同行许钧的一次对话中,他说:"我觉得人类发展到今天,除了物质上高度发展外,更需要推广人道主义思想,而在东方,由于长期的封建统治和愚民政策,对'人'的不尊重情况尤其严重,种种愚昧、落后、野蛮的行为都是由于不尊重人的基本权利,不把人看做是世界的主人。"[5]2004年11月,在上海举行的草婴文学翻译学术研讨会上,他谈道:"我为什么特别选中肖洛霍夫和托尔斯泰呢?因为我感到从他们的作品里所反映出来的人道主义思想和人性的光辉是最强烈的。中国经历了两千多年的封建专制统治,特别需要培养和唤醒人性的光辉。"草婴曾对冯骥才

---

[1] 草婴:《我为什么翻译》,载《我与俄罗斯文学——翻译生涯六十年》,序第4页。
[2] 草婴:《我为什么翻译》,载《我与俄罗斯文学——翻译生涯六十年》,序第4页。
[3] 草婴:《我的翻译道路》,《文汇报》2006年12月11日。
[4] 访谈《草婴:俄罗斯文学的力量》,《中华读书报》2006年5月25日。
[5] 《堂堂正正做人,认认真真翻译——许钧·草婴对谈录》,载《我与俄罗斯文学——翻译生涯六十年》,第155页。

说:"我深刻认识到缺乏人道主义的社会会变得多么可怕。没有经过人文主义时期的中国非常需要人道主义的启蒙和滋育。托尔斯泰作品的全部精髓就是人道主义!"①

在托尔斯泰的所有小说中,草婴最喜爱的是《安娜·卡列尼娜》。他认为,托尔斯泰对安娜这样的女性"无限热爱","他描写安娜,一反平时朴实无华的语言,竭力使用最绚丽的辞藻。他通过伏伦斯基的眼睛、吉娣的眼睛、陶丽的眼睛、烈文的眼睛精心塑造安娜,使这个贵族少妇成为世界文学史中无与伦比的美丽形象。"②这一观点显然不同于流行的见解,其根源就在于草婴强烈的人道主义精神。草婴在《复活》译本序中强调的还是人道主义精神:"托尔斯泰着墨的也决不只是男女主人公的悲欢离合。他是以玛丝洛娃的悲剧为中心,气势磅礴地描写人民的苦难,因此《复活》在某种意义上也可以说是俄国人民水深火热的受难图。"③

在"文革"结束后,中国知识分子长期被压抑的主体意识得到了前所未有的释放与张扬,反思历史成为一种普遍的思潮,人道主义也逐渐成为一种普遍的信条。草婴的良师与挚友姜椿芳此时全力投入到大百科全书的编纂中,巴金此时开始写作他的《随想录》,而草婴则全身心地开始翻译托尔斯泰小说,他们在精神上是相通的。草婴作为杰出的翻译家,传播了人道主义,维护了人的价值和尊严。人道主义,这是贯穿他一生翻译活动的一条红线。

四、草婴的翻译理念

1. 文学翻译是一种艺术再创作

文学翻译是一种艺术再创作,不仅要发现原作的艺术性,更重要的是,要通过翻译尽可能完美地传达与保留这种艺术性。因此,"艺术性"这一选择标准对草婴而言,不仅是一种主观意愿,也是一种客观限制。他曾说过,"我觉得不是所有的人都能够从事文学翻译工作;另一方面,即使是一个文学翻译家也不是能够翻译所有作家的作品。……文学翻译家只能够翻译他所熟悉他所

---

① 冯骥才:《草婴瘦小的重》,《文汇报》2006 年 8 月 24 日。
② 草婴:《19 世纪俄罗斯妇女的悲剧——〈安娜·卡列尼娜〉译本序》,载《我与俄罗斯文学——翻译生涯六十年》,第 6 页。
③ 草婴:《地狱的折磨与良心的忏悔——〈复活〉译本序》,载《我与俄罗斯文学——翻译生涯六十年》,第 35 页。

理解他所精通的某个作家的作品,是因为每个翻译家都有他的局限性。只有这样,才能使被翻译的文学作品尽可能达到完美,尽可能与原著接近。"①

再创作的艰苦性是不言而喻的。草婴曾经谈到他翻译一部作品要经过很多个步骤,他说:"托翁写作《战争与和平》时,前后用了六年的时间,修改了七遍。译者怎么也得读上十遍二十遍吧? 读懂了,作品中的人物形象在自己的头脑里清晰了,译时才能得心应手。"②至于动笔翻译时,"离不开字典,离不开各种工具书和参考书",核对原文时,又要"仔仔细细一句一句地核对",为了做到译文的流畅,他有时还请演员朋友来朗诵译稿,以便改动拗口的句子。至于在翻译后期作各种精益求精的修改更是无法胜数了。

草婴曾经说过,"一个文学翻译家要把原著作者的精神世界通过他的译文,非常完整地传达给译文的读者,使得译文读者能准确地感受到原著作者的思想感情、精神生活,同样达到原著作者希望达到的要求,也就是说,文学翻译本身也一定要具备像原著一样的艺术标准艺术要求。只有这样,才能很好地来完成文学翻译工作。"③要做到这一点极其不易。有时甚至为了一个词的妥帖,草婴常常反复斟酌与推敲。例如《被开垦的处女地》作为书名在我国已流传了几十年,但草婴在重译之后,毅然将译名改为《新垦地》,他认为,"'新垦地'从理解的意义上来讲,比'处女地'更为汉化"④。

草婴的翻译不拘泥于一字一句的对应,而是注重更实质的意义的传达。例如,肖洛霍夫写卫国战争初期的短篇小说《Наука ненависти》(1942),通常译为《仇恨的科学》,草婴却译为《学会仇恨》,表面看来似乎不如《仇恨的科学》准确,实际上却把握住了问题的实质,简洁明了地指出应该学会仇恨法西斯侵略者。至于有人把它译为文绉绉的《学恨》,那就更加不得要领,因为"学恨"与"仇恨的科学"在意义上毫不相干,倒是能引起"学问没做好留下遗恨"的意思。草婴的翻译没有生硬的直译,而是非常注意译文的汉化,既没有一般译文常有的欧化风格,同时又避免了半文不白的"古化"文风。我们可以《安娜·卡列尼娜》中的一小段文字略作说明:"Ответа не было, кроме того общего ответа, который дает жизнь на все самые сложные и неразрешимые

---

① 访谈《草婴为读者打开一扇窗》,《文汇报》2006 年 7 月 17 日。
② 高莽:《翻译家草婴其人》,载《我与俄罗斯文学——翻译生涯六十年》,第 192 页。
③ 访谈《草婴为读者打开一扇窗》,《文汇报》2006 年 7 月 17 日。
④ 高莽:《翻译家草婴其人》,载《我与俄罗斯文学——翻译生涯六十年》,第 196 页。

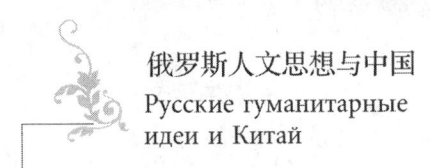

вопросы. Ответ этот: надо жить потребностями дня, то есть забыться. Забыться сном уже нельзя, по крайней мере до ночи, нельзя уже вернуться к той музыке, которую пели графинчики – женщины; стало быть, надо забыться сном жизни."

周扬译文："除了生活所给与一切最复杂最难解决的问题的那个一般的解答之外，再也得不到其他解答了。那解答就是：人必须在日常的需求中生活——那就是，忘却自己。要在睡眠中忘却自己现在已不可能，至少也得到夜间才行；他现在又不能够回到酒瓶女人所唱的音乐中去；因此他不能不在日常生活的梦中忘却自己。"①

草婴译文："在生活中遇到各种最复杂最棘手的问题时，他通常解决的办法就是：过一天算一天，抛弃烦恼忘记愁。他现在也别无他法。但此刻他却不能靠睡眠来忘掉烦恼，至少不到夜里办不到，因此也就不能重温有酒瓶女人唱歌的美梦，只好浑浑噩噩地混日子。"②

稍加对比即可看出，周译文对原文句式结构亦步亦趋，似乎忠实原文却很生硬，对原文意思的把握也不够准确。草婴的译文不仅自然流畅，而且准确把握了奥勃朗斯基的性格和上下文的语境。这语境就是：奥勃朗斯基与法籍女教师的暧昧关系暴露后，与妻子吵翻了，但他一贯浑浑噩噩，还在睡梦中梦见有人大宴宾客，宴席上有酒瓶变成女人唱歌助兴。醒来后他还兴奋得两眼放光。过了好长一段时间才想起与妻子争吵这件事，唉声叹气，不知怎么办才好，于是有了上面所引的这段文字。

不仅如此，草婴还在许多地方纠正了前人的误译。例如，奥勃朗斯基看到报纸上的广告有 предложение молодой особы，周扬译为"某青年征求职业"，草婴则正确地改译为"某青年征婚"，因为 предложение 虽有"建议"、"提议去做的工作"和"向女士求婚"等多重意思，但"求婚"显然比"求职"更符合"重要人士"（особа）的身份。

草婴译著的艺术水准已经得到了国内外学界的公认，他"想为中国读者介绍些优秀的俄苏文学作品"的愿望得到了实现，这离不开他的勤奋与努力，也离不开他作为艺术家对于社会的一份责任感。

---

① 列夫·托尔斯泰：《安娜·卡列尼娜》，周扬译，人民文学出版社1978年版，第7页。
② 列夫·托尔斯泰：《安娜·卡列尼娜》，草婴译，上海译文出版社1982年版，第6页。

2. 翻译家要坚守自己的人文品格

翻译家的身影往往遮掩在原作者巨大的身影后面,成为默默的一群,只有极少数人是例外,他们的名字与原文作者的名字一起被人记住,留在了阅读者的文学记忆中。草婴就是被无数阅读者记住的名字。

对草婴而言,翻译是一种天职,是一生的追求。阅读草婴翻译的作品,能感受一种文如其人的严谨风格;读草婴晚年写的文章,更感受到他对文学内外诸多问题的冷静思考。草婴曾经在《我为什么翻译》一文中写道:"人类经历了苦难深重的19世纪,度过了多灾多难的20世纪,进入了21世纪。在这新世纪开始的时候,我觉得我们应该回顾历史,特别要从刚过去的20世纪中总结必要的教训。……有人说,最有理性的人类制造最无理性的历史,这确实是事实。因此,我觉得改变这种情况是我们的首要任务。"[①]如何让今天的人们能正确看待历史,使他们能独立明辨是非,草婴认为,这就需要思想文化的交流,只有思想文化的交流才能打破愚昧落后和闭关自守的局面,而文化交流必须通过翻译,这便是他一生从事翻译事业的主要原因。在这里,我们看到草婴的着眼点不仅在于现在,更在于长远的未来,他对于翻译事业的期望侧重于对社会思想的激发、对人文精神的培育。

草婴近年来写的一些随笔散文,较为集中地反映了他对知识分子问题的思考。他在给翻译家蓝英年的信中谈到了重新评价俄苏文学的问题,特别谈到了高尔基和法捷耶夫的悲剧。草婴呼吁:"我们从事这方面工作的人有责任澄清许多被歪曲的事情,使大家能重新认识俄苏文学的许多真相,这样才会不盲目迷信,也不全盘否定。"[②]草婴表示:"我翻译俄罗斯文学作品,主要着眼点还是为了中国,为了中国的现在和中国的明天。我特别感受到有一些俄罗斯的东西对中国的借鉴作用特别大。从历史来说,中国经历了从秦始皇开始的近两千年的封建专制的历史,俄罗斯经历了近一千年的沙皇专制统治,从专制皇权控制整个国家命运这一点非常相似,在专制统治下老百姓所受到的苦难也有很多相似的地方,特别是农村,特别是农民,所以我是为了中国广大的读者,为了使中国社会能不断前进这个着眼点来考虑翻译的。……我觉得应

---

① 草婴:《我为什么翻译》,载《我与俄罗斯文学——翻译生涯六十年》,第7页。
② 草婴:《重新评价俄苏文学——给蓝英年的信》,载《我与俄罗斯文学——翻译生涯六十年》,第107页。

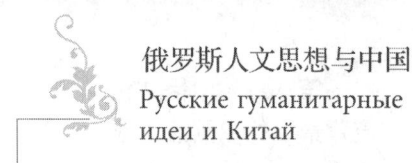

该更好地更多地尽我知识分子的一份责任。"①

草婴是一个有"大爱大恨"的人,他说,"看待社会,从任何时候都应该从历史的高度来看。我们现在也经历了几十年的时间,回头去看,有些事情对,有些错,有些好,有些坏,我经常说,一定要分清大是大非,要培养大爱大恨,小的事情不要去花精神,在大的方面爱憎要不断地培养,有了强烈的爱憎的感情,就成为你工作活动的一种推动力,推动你去做事,去思考问题。"②他在给高莽的信中谈到了知识分子的良知问题。他说:"良知是什么? 是心,是脑,是眼,是脊梁骨,是胆。""心就是良心。做人做事都要凭良心。要是没有良心,什么卑鄙无耻的事都可以做。""脑就是头脑。不论你什么事,什么问题,都要用自己的头脑分析、思考、判断,也就是遇事都要独立思考,不能人云亦云。""第三,是眼睛。经常要用自己的眼睛去观察社会,观察人民的生活,不能只听媒体的介绍,也就是要随时分清是非,尤其是大是大非。""第四是脊梁骨。人活在世上总要挺直脊梁,不能见到权贵,受到压迫,就弯腰曲背,遇到大风就随风摇摆。""第五是胆,也就是勇气,人如没有胆量,往往什么话也不敢说,什么事也不敢做。当然,我并不是提倡蛮勇,但我认为人活在世上一定的胆量还是需要的,如果胆小如鼠,也就一事无成。"③是的,只要活着就要有所担当,那个经历了五四精神的启蒙与战火洗礼的青年,一路经历了多少风霜雨雪,精神之火却未曾熄灭,然而文化精神的传承,仅靠个人之力是不够的,如今已是耄耋之年的草婴还在笔耕不辍,向社会传播爱和人道主义。

草婴说:"我当初取'草婴'这个名字,是受了白居易《赋得古原草送别》的影响,我希望自己能成为一株生命力坚韧的小草,背负着精神重负前行。"④"'离离原上草,一岁一枯荣。野火烧不尽,春风吹又生'。这首诗我很欣赏,他用很普通很渺小的草,来反映他的性格、个性,小草是很渺小的,很容易被人践踏,也很容易被火烧掉。但是春风一吹,又会重新恢复生命力。'婴'呢,就是比草更小,草的婴儿。我觉得我呢应该有这样的精神,尽管我是一个很普通、很渺小的人物,但是我的性格很坚强,不会在任何压力底下屈服,因此我就

---

① 2007 年 3 月 25 日,采访录音。
② 2007 年 6 月 25 日,采访录音。
③ 转引自高莽:《翻译家草婴其人》,载《我与俄罗斯文学——翻译生涯六十年》,第 200 页。
④ 访谈《草婴为读者打开一扇窗》,《文汇报》2006 年 7 月 17 日。

用草婴这两个字作为我的笔名。"①

如草之青,如婴之纯,当我们再度审视草婴走过的翻译生涯和人生道路时,透过历史的长廊,我们感受到一种时光的沉重,同时也看到了一种穿越时光的力量,那是一种从恬淡人生透悟出的人格力量,是一种宽广而深刻的生命视野。

---

① 访谈《著名翻译家草婴的翻译人生》,昆山志远翻译社有限公司 2007 年 6 月 11 日。